"十一五"国家重点图书出版规划项目

·经/济/科/学/译/丛·

Cases to Accompany Contemporary Strategy Analysis

现代战略分析案例集

罗伯特·M·格兰特 (Robert M. Grant) 著

林燕丽 孙琳 陈梅紫 赵丹
程婧 郭婧雅 马幕远 译

中国人民大学出版社
·北京·

《经济科学译丛》编辑委员会

学术顾问　高鸿业　王传纶　胡代光
　　　　　　范家骧　朱绍文　吴易风
主　　编　陈岱孙
副 主 编　梁　晶　海　闻
编　　委　(按姓氏笔画排序)
　　　　　　王一江　王利民　王逸舟
　　　　　　贝多广　平新乔　白重恩
　　　　　　刘　伟　朱　玲　许成钢
　　　　　　张宇燕　张维迎　李　扬
　　　　　　李晓西　李稻葵　杨小凯
　　　　　　汪丁丁　易　纲　林毅夫
　　　　　　金　碚　姚开建　徐　宽
　　　　　　钱颖一　高培勇　梁小民
　　　　　　盛　洪　樊　纲

《经济科学译丛》总序

中国是一个文明古国，有着几千年的辉煌历史。近百年来，中国由盛而衰，一度成为世界上最贫穷、落后的国家之一。1949年中国共产党领导的革命，把中国从饥饿、贫困、被欺侮、被奴役的境地中解放出来。1978年以来的改革开放，使中国真正走上了通向繁荣富强的道路。

中国改革开放的目标是建立一个有效的社会主义市场经济体制，加速发展经济，提高人民生活水平。但是，要完成这一历史使命绝非易事，我们不仅需要从自己的实践中总结教训，也要从别人的实践中获取经验，还要用理论来指导我们的改革。市场经济虽然对我们这个共和国来说是全新的，但市场经济的运行在发达国家已有几百年的历史，市场经济的理论亦在不断发展完善，并形成了一个现代经济学理论体系。虽然许多经济学名著出自西方学者之手，研究的是西方国家的经济问题，但他们归纳出来的许多经济学理论反映的是人类社会的普遍行为，这些理论是全人类的共同财富。要想迅速稳定地改革和发展我国的经济，我们必须学习和借鉴世界各国包括西方国家在内的先进经济学的理论与知识。

本着这一目的，我们组织翻译了这套经济学教科书系列。这套译丛的特点是：第一，全面系统。除了经济学、宏观经济学、微观经济学等基本原理之外，这套译丛还包括了产业组织理论、国际经济学、发展经济学、货币金融学、公共财政、劳动经济学、计量经济学等重要领域。第二，简明通俗。与经济学的经典名著不同，这套丛书都是国外大学通用的经济学教科书，大部分都已发行了几版或十几版。作者尽可能地用简明通俗的语言来阐述深奥的经济学原理，并附有案例与习题，对于初学者来说，更容易理解与掌握。

经济学是一门社会科学，许多基本原理的应用受各种不同的社会、政治或经济体制的影响，许多经济学理论是建立在一定的假设条件上的，假设条件不同，结论也就不一定成立。因此，正确理解掌握经济分析的方法而不是生搬硬套某些不同条件下产生的结论，才是我们学习当代经济学的正确方法。

本套译丛于1995年春由中国人民大学出版社发起筹备并成立了由许多经济学专家学者组织的编辑委员会。中国留美经济学会的许多学者参与了原著的推荐工作。中国人民大学出版社向所有原著的出版社购买了翻译版权。北京大学、中国人民大学、复旦大学以及中国社会科学院的许多专家教授参与了翻译工作。前任策划编辑梁晶女士为本套译丛的出版做出了重要贡献，在此表示衷心的感谢。在中国经济体制转轨的历史时期，我们把这套译丛献给读者，希望为中国经济的深入改革与发展做出贡献。

《经济科学译丛》编辑委员会

目录

序言 I

致谢 III

1 麦当娜 1

麦当娜 20 多年来已经成为世界顶级的女性艺人之一。她表现出在风格上拒绝改变和在她成熟过程中持续改造自己的无穷无尽的能力。我们能从她不同寻常的职业生涯中学到什么样的战略性质和成功基础呢？

2 2009 年的星巴克：咖啡走向寒冬 10

在 20 年的持续发展后，2007 年和 2008 年见证了星巴克销售和利润的下降及股价暴跌的令人震惊的逆转。首席执行官霍华德·舒尔茨回归后执行的是一个缩减费用和振兴的广泛战略。对目前状况和公司方向的评定要求对星巴克的财务业绩和战略作一个仔细评估。星巴克的问题在什么程度上是最近不景气的结果，且它们在什么程度上反映了公司及战略的更根本的弱点呢？

3 2009 年的美国航空业 29

经历了 2005—2007 年间财富的短暂复苏后，美国航空业一度又陷入了行业广泛亏损及频繁破产的境地。为什么一个已经从增加的顾客需求中获益的行业会产生如此可怕的财务业绩？未来的前景是什么？航空业是否被判定为市场竞争激烈且盈利低？或者行业的结构改变和航空公司竞争战略的调整是否会带来一个命运的逆转？

4 2009 年的福特和世界汽车产业 45

跟美国其他汽车制造商一样，福特汽车公司在 2006—2008 年间损失巨大，但是，跟通用汽车和克莱斯勒不一样，它避免了破产。在接下来的五年中福特的生存能力严重依赖于世界汽车行业的状态。这一案例让你以全球汽车业演变的结构和竞争意义的分析为基础，就行业盈利能力的方向给福特公司负责战略规划的领导提出建议。它展示了一个国际化和成熟的行业何以造成了激烈的竞争和微弱的盈利。它也要求对为什么有些公司始终比其他公司盈利能力更强以及其在这个行业取得成功的关键因素进行调查。

5 2009 年的沃尔玛公司 61

沃尔玛从阿肯色州本顿维尔起步，虽出身卑微，但现已成长为世界上最大的零售商和最大的公司（在收入上）。在激烈竞争的折扣零售界，沃尔玛竞争优势的基础是什么？要理解沃尔玛成功的基础，就需要对沃尔玛随时间推移已经建立的资源和能力优势进行仔细的分析。沃尔玛拥有什么样的未来？规模的扩大和成功是否会降低沃尔玛的成本效率？沃尔玛的竞争优势是否会被其他竞争者模仿或者被变化的市场环境所削弱？

6　曼彻斯特联队：准备开始没有弗格森的生活 ……………………………… 82

近20年来，曼联已经成为英国最成功的足球俱乐部。俱乐部面临着这一成功的主要建筑师——经验丰富的团队管理人亚历克斯·弗格森爵士退休后的前景。曼联的委员会和首席执行官为俱乐部接下来的发展应该采取什么样的方法？这个案例调查了财务表现和在专业运动方面的团队表现之间的相互作用，探究了在欧洲专业足球的激烈竞争世界中以团队为基础的能力的决定因素。对曼联——以及任何一个专业运动团队——来说，一个很关键的问题是：杰出的以团队为基础的能力是优质资源（尤其是运动员）的结果，还是卓越的资源协调能力的结果？

7　伊士曼柯达：迎接数字化挑战 …………………………………………… 100

伊士曼柯达面临影像行业技术转变的挑战。柯达已经把它未来的赌注压在成为数码成像的领导者上。尽管有大量的投资、一连串的兼并和战略联盟，柯达在数码成像领域建立竞争优势的能力和能否从投资中得到满意的回报还是存在疑问。这个案例描述了柯达的数码成像战略，探究了柯达的首席执行官安东尼·佩雷斯要想在快速发展的数码成像领域取得成功所面临的发展组织能力方面的挑战。

8　宝洁公司的2005组织计划项目 …………………………………………… 120

2000年6月，宝洁公司的董事会解雇了它的首席执行官并任命A. G. 雷福利接任这个位置。雷福利面临的最重要决定是关于"2005组织计划"该如何做的问题，这是由他的前任发起的组织重建的一个长远方案。这个案例概述了宝洁组织结构的发展，以及影响公司平衡不同方面表现的必要性的一系列复杂问题。假设有必要加强新产品的创新，宝洁是否应该加强全球产品部门的作用？

9　亚洲航空：世界上最廉价的航空公司 …………………………………… 130

以马来西亚为基地的亚航有着比世界上任何更大的航空公司更低的每可用座位公里的成本。这个案例探讨了亚航成本效率的来源，并考察了亚航向远程航行的扩展。尽管亚航从表面上看在吉隆坡到伦敦的航线上是成本领先者，但是同时从事远程和短程航行会使亚航面临其商业模式的单一性和连贯性受到威胁的风险。

10　2008年7月的哈雷·戴维森公司 ………………………………………… 141

在管理层的杠杆收购之后，哈雷·戴维森公司在25年间的运营和财务业绩是很引人注目的。哈雷是在开发有限资源优势的同时克服与哈雷更大的竞争对手相比一系列弱势的战略绩效最大化的一个典型。2009年5月，哈雷的新CEO凯斯·万德尔面临哈雷25年来销售和利润的首次下降。这个案例要求对哈雷·戴维森的竞争优势进行评估，以及考虑一下它当前的问题仅仅是当前经济不景气的结果，还是意味着哈雷竞争地位的一个更根本的衰退。

11 雷斯亚集团和贝尼科尔投放市场 159

雷斯亚，一个已成立很久的谷物碾磨和植物油公司，因为推出包含降低人体胆固醇水平的创新植物成分固醇酯的产品，已经成为赫尔辛基证券交易市场的宠儿。它推出的包含固醇酯的人造黄油——贝尼科尔——已经在芬兰获得迅速成功。案例 A 提出的问题是：雷斯亚在世界市场上应该怎样开发它的创新能力？案例 B 讲述了两年后雷斯亚与强生的全球合作伙伴关系所面临的困难及苦于应付来自联合利华的竞争。哪里出了问题？雷斯亚怎样做才可以回到正轨？

12 视频游戏业的竞争 181

2009 年，视频游戏控制平台的世界市场已经达到了一个有趣的阶段。在由索尼主导 10 年后，任天堂凭借第七代视频游戏机以出人意料的赢家姿态出现。该案例描述了这个行业的竞争历史并要求在这个赢家通吃的行业对关键的成功因素进行分析。任天堂 Wii 的成功指向这个行业动态竞争的一个显著改变。硬件和软件供应商之间的均势已经改变了；在线游戏玩家在增加，这一行业已经失去了一些它赢家通吃的特性。三家领先的竞争者——任天堂、微软和索尼——已经为下一代的视频游戏机做好准备。为了向每个参与者推荐战略，这个案例要求对网络的外部经济效果的潜力、改变技术和人口特征的可能影响及每个公司的资源和能力优势进行分析。

13 2005—2008 年的 DVD 战争：蓝光与高清晰度 DVD 之战 193

东芝公司于 2008 年 2 月 19 日宣布停止生产 HD-DVD，这标志着索尼和东芝之间争夺下一代高性能 DVD 领导权的标准战争的结束。对东芝和索尼之间两年斗争的描述提供了关于标准战争的动态的深刻见解，并让我们考虑东芝为成功对抗索尼的蓝光格式所可能做的不同的事。

14 《纽约时报》 199

2009 年期间，纽约时报公司在艰难地对抗收入下降、大量亏损和再融资方面的困难。这些问题反映了当前的衰退和新闻读者数的长期下降。集团通过降低成本同时寻求应对新闻读者数转变的新商业模式以及从纸质媒体转向网络媒体来应对它的财务问题。

15 意大利埃尼石油公司：建立一个国际能源企业 208

埃尼公司从一家广泛多样化、效率低下的国有公司向一家高盈利、股东所有的主要能源企业的转变是 15 年期间企业转型的一个传说。2009 年，CEO 保罗·斯卡罗尼正在考虑埃尼公司下一个 4 年和更长时间的战略。尽管埃尼公司有着突出的运营和财务业绩，但它也面临企业战略的重要问题。它的企业投资组合中应该包含哪些业务？它应该在这些业务之间如何分配投资经费？什么样的地理范围对埃尼来说是合适的？回答这些问题要求对其油气部门盈利能力的决定因素进行一个详细的分析，以及对埃尼相对于其他一体化的资源大鳄的资源和能力进行一个详细的评估。

16 美国服饰公司：在洛杉矶市中心的垂直整合 236

美国服饰公司是一家与众不同的公司。虽然大部分美国时尚服饰是在低工资国家的沿海地区生产的，但美国服饰公司的 T 恤却是在洛杉矶市中心设计和制造然后在公司所有的零售店销售的。这个案例概述了美国服饰公司的垂直整合战略的逻辑,并考虑到随着规模和国际化范围的扩大以及产品种类多样化的增加公司所面临的挑战。

17 澳拜客牛排馆:进军国际市场 251

20世纪90年代早期,作为非同寻常但与澳拜客的目标市场定位、资源和能力良好适应的一个战略的结果,澳拜客成为美国最成功的连锁餐厅之一。1994年,美国市场饱和度的前景和对海外机会的认识促使澳拜客探索国际扩张。澳拜客的餐厅理念、战略和商业体系能在多大程度上适应海外市场?澳拜客能在多大程度上在海外重建以美国为基础的资源和能力优势,且——给出这些问题的答案——什么类别的国际战略对澳拜客来说是有意义的?这个案例概述了与是否、如何进行国际扩张的决策相关的基本考虑。

18 欧洲迪士尼:从梦想到梦魇 259

欧洲迪士尼是自10年前的"艾波卡特明日世界中心"建立以来迪士尼最大和最冒险的项目。什么样的考虑可以解释迪士尼为欧洲迪士尼所采取的复杂进入模式?不像迪士尼没有股权的东京迪士尼乐园和全资所有的美国乐园,迪士尼在欧洲迪士尼拥有少数所有权和许可及管理协议。分析欧洲迪士尼的暗淡业绩对乐园的未来管理和迪士尼在亚洲建立另一个主题公园的计划有着重要的意义。本案例要求对两个复杂的问题集进行分析:第一个是国外市场进入模式的选择;第二个是对不同国家文化的适应。

19 沃达丰:重新考虑国际化战略 283

2009年初夏,首席执行官维特略·克劳展示沃达丰差劲的盈利能力记录。尽管沃达丰在世界移动通信市场处于领先位置,但仍艰难地应对日益增加的竞争、成熟的市场和资产减值。克劳面对的关键问题是沃达丰在什么程度上可以从广阔的国际范围中获益。沃达丰在25个国家提供服务且在39个国家有伙伴协议,而在无线电通信方面成本降低或通过跨境整合来提供上好的服务的潜力看起来似乎很有限。本案例要求对从无线电通信的全球规模中获得的潜在利益以及沃达丰——尤其是与它在美国和法国的业务相关——的战略优势的发展进行分析。

20 理查德·布兰森和2007年的维珍集团公司 300

理查德·布兰森的维珍集团公司已经持续多样化地进入了一系列不断扩展的行业——无线电话、美国国内航空、健康俱乐部、生物燃料甚至太空旅行。尽管航空和移动电话业务成功了,但其他业务却招致了损失。随着维珍帝国变得更大和更复杂以及布兰森自己越来越老和更少的直接参与,他需要考虑松散的企业帝国的公司战略。是什么样的逻辑——假使有的话——把这个企业的混杂集合联系在一起?是否需要撤出这些业务中的一个呢?什么样的标准应该用来引导未来的多样化?集团的财务和管理结构是否需要改变?

21 谷歌公司:疯狂的成长? 320

谷歌的核心产品是高度成功的网络搜索引擎。而截至2009年,谷歌已经扩张到许多网络服务、计算机软件和广告管理服务领域,其企业战略是什么不再明确。这个案例的挑战是识别什么样的目标在驱动着谷歌的战略,考虑这些目标是否和股东利益相一致,评估谷歌现有活动和产品范围背后的战略逻辑以及为谷歌的未来发展提出建议。

22 美国银行对美林的收购 343

2008年12月，美国银行的董事会有最后的机会来撤销对美林的收购。这一收购为美国银行提供了建立美国最大的财富管理公司和把自己建立成一家领先的全球公司和投资银行的机会。然而，美林损失程度的新证据证实了美国银行正为它的收购付出过多的代价。本案例要求对并购的可能的协同作用作出评估，并评价"综合银行"模式以及考虑整合两家公司的挑战。

23 杰夫·伊梅尔特和2009年的通用电气变革 360

杰夫·伊梅尔特在通用电气的8年是公司历史上最动荡的时期之一。本案例以超出通用电气短期问题的目光来考虑由伊梅尔特落实到位的企业战略和组织改变。伊梅尔特对业务发展、创新和组织整合的更高水平的强调在什么程度上与通用电气的业务环境趋势及公司的资源和能力达成一致？通用电气是否具备实施伊梅尔特战略的管理体系和领导能力？或者公司是否需要留心更激进的战略方法——包括破产？

24 W. L. 戈尔联合公司：谁掌管着这里？ 387

格尔斯特的制造商W. L. 戈尔联合公司以"晶格"原则建立了一个独特的组织结构和管理风格。结果是等级结构的明显缺失和自我管理团队的决策制定的异常分散化。本案例提供了这样一个机会，即考虑戈尔公司管理结构的优势和劣势以及把它运用到其他公司的潜力。

翻译说明 395

序言

《现代战略分析案例集》代表一个对实际战略环境的商业战略分析理念和技巧进行检查的持续承诺。本书是对我的《现代战略分析》（第七版）教材的补充。每个案例都阐明了教材其中一章或更多章节所包含的构想、理念和分析技巧。更重要的是，这些案例要求学战略管理的学生们把这些构想、理念和分析技巧运用到案例所描绘的情境中，来促进深度学习。为了达到这一目标，这些案例和教材的章节紧密相关。例如：

- 案例1（麦当娜）提供机会来探索教材第1章的一些关键主题——也即，作为一个动态突发现象的战略的性质——以及考虑使一个战略成功（就所带来的突出表现而言）的因素。
- 案例2（星巴克）是教材第2章所描述的业绩分析工具的一个应用载体，用以阐明进行财务和战略的综合分析的潜力。
- 案例3和4（2009年的美国航空业和2009年的福特和世界汽车产业）给学生们提供了运用教材第3和第4章所描述的行业和竞争分析工具的机会（特别是波特的"五种竞争力"框架）。
- 案例5、6和7（与沃尔玛、曼联和伊士曼柯达有关）要求对《现代战略分析》第5和第6章所描述的资源和能力进行分析。

类似地，其他案例中的每一个都是为阐明和应用《现代战略分析》的一个或多个章节的工具而设计的——直到探讨教材最后一章所讨论的战略管理新方法的最后一个案例（W. L. 戈尔联合公司）。

这些案例包括许多在之前版本的案例书中出现的案例——所有的这些案例都已做了修订且大部分更新到了2009年。也有许多全新的案例。这些案例包括星巴克、DVD战略、《纽约时报》、美国服饰、沃达丰、谷歌和美国银行对美林的收购，以及W. L. 戈尔联合公司。从早期版本替换而来的案例可以从 http://www.contemporarystrategyanalysis.com 中找到。

大部分案例都涉及最近的商业情境。然而，不管它们在写作时如何与时俱进，在本书到达读者手中时它们都已经成为历史。根据过去而不是现在的信息来教授案例不可避免地包含即时性和不确定性的损失。学生和教师们的挑战是在案例存在的时间分析商业情境，而不受当时流行的事后云评估的影响。然而，我意识到老师和学生们会想知道"接下来发生了什么"。因为这个原因，教学注释和网络支持为现在的信息来源提供指南。

大部分案例集中讲述一个战略决定。沃尔玛在折扣零售上怎样保持它的竞争优势？索尼该如何做来重获它在视频游戏控制平台上的领导权？美国银行董事会是否应该放弃美林的收购？然而，关键的知识不是关于什么是正确的决定，而是在战略决策下能获得关于商业情境的深度洞察力。这些案例都没有单一的正确答案。每个学生和整个班级的表现不是基于所给出的最好建议来评定的，而是基于形成建议的分析和判断来评定的。

我已经尽量通过选取更能集中反映问题的战略案例而不是典型的战略案例来让这些案例尽可能简洁。简短限制了为学生提供的信息量。这是不是意味着学生必须搜索额外的信息？最好不——这些案例提供了所有需要识别的和分析关键问题的数据。更多的数据允许更详细的分析，但却是以决策过程的减慢和超载为代价的。对于大部分公司来说，战略决策是在只有一小部分有关的可用信息下做出的——事件发展得太快以至于不允许奢侈的广泛而深入的调查。

我们希望你会发现这些案例的教育性和令人愉快之处。案例的发展过程是连续的，所以最新的案例请查阅网站。网站也为教师提供教学注释并包含相关的视频剪辑问题。

欢迎对本书提出任何评论和意见——包括对新案例的建议。

罗伯特·格兰特

邮箱：grant@unibocconi.it；grantr@georgetown.edu

致谢

本书作者和出版商对本书版权资料的复制许可表示衷心感谢：

表5—1、表5—5和第五章附录。从walmartstores.com摘录。使用经沃尔玛企业公关部许可。

表9—4和表9—5引自S. Buchholz, N. Fabio, A. Ileyassoff, L. Mang, and D. Visentin, "AirAsia-Tales from a Long-haul Low Cost Carrier," coursework submitted as part of the MSc international management degree, Bocconi University, May 31, 2009。使用经作者许可。

案例17大量使用了M. L. Taylor, G. M. Puia, K. Ramaya, and M. Gengelback, "Outback Steakhouse Goes International," in A. A. Thompson and A. J. Strickland, *Strategic Management: Concepts and Caese*, 11th edn, McGraw-Hill, New York, 1999. Copyright © 1997 by case authors and North American Case Research Association。使用经玛丽莲·L·泰勒（Mariln L. Taylor）许可。

展示19—1摘自"When Global Strategies Go Wrong," *Wall Street Journal Asia*, April 4, 2002。使用经许可。

展示22—2引自Jordi Canals, "Universal Banks Need Careful Monitoring," *Financial Times*, October 19, 2008。使用经乔迪·卡纳尔斯（Jordi Canals）许可。

附录22—3引自Shawn Tully, "The Golden Age for Financial Services if Over," *Fortune*, September 29, 2008。使用经许可。

展示24—1和展示24—2摘自www.gore.com。使用经W. L. 戈尔联合公司许可。

我们竭尽全力地查找了版权所有者以及获得了他们对使用版权资料的许可。出版商为上面所列的任何错误或遗漏致歉，并对收到的任何关于本书错误的提醒表示感激，这些错误我们将在本书修订或再版时加以修正。

1

麦当娜*

■ 急切地寻找一个开始

　　1977年7月，麦当娜·路易斯·西科尼（Madonna Louise Ciccone）在她十九岁生日前不久，怀揣35美元来到纽约市。她离开了她曾经主修舞蹈的密歇根大学安娜堡（Ann Arbor）分校。她在八个孩子中排行老三，是在底特律的郊区被抚养长大的；她的妈妈在她六岁的时候就去世了。她在表演事业界的发展前景看起来并不好。除了舞蹈方面的训练外，她没有多少音乐背景，也没有人脉关系。

　　纽约的生活是一场斗争。"我曾在唐恩都乐工作过，在汉堡王工作过，在艾米店（Amy's）工作过。我有许多只持续了一天的工作。我总是和人们顶嘴，所以他们就解雇我。我曾是俄罗斯茶室的一名外套寄存女孩。我一周在一家健康俱乐部工作一次。"[1] 她花了几个月的时间在阿尔文·艾利舞蹈剧院培训，并有了一连串的被摄影师和艺术家雇用来做模特的机会。1979年间，麦当娜开始开拓纽约的音乐和现场表演。她与男朋友丹·吉尔罗伊（Dan Gilroy）、他的兄弟艾德（Ed）和贝斯手安琪·斯米特（Angie Smit）成立了"早

---

* Copyright © 2010 Robert M. Grant.

餐俱乐部"(Breakfast Club),麦当娜和丹共享浊音和鼓。整整六个月,她是法国歌星帕特里克·贺南戴兹(Patrick Hernandez)的舞者和伴唱歌手,伴随他在欧洲和北非演出。1979年8月,麦当娜拿到了在地下电影导演斯蒂芬·列维茨基(Stephen Lewicki)的低预算电影 A Certain Sacrifice 中当主角的机会,获得了100美元的报酬。

和丹·吉尔罗伊分手后,麦当娜邀请她的前密歇根男友史蒂夫·博雷(Steve Bray)到纽约。他们搬到了音乐大楼(Music Building),一座挤满了工作室、排演室和努力但却贫穷的年轻乐队的改建而成的12层大厦。他们一起致力于歌曲写作和发展他们的音乐风格,同时麦当娜还给经理、代理人、唱片公司和俱乐部所有者打了一连串电话。卡米丽·巴伯恩(Camille Barbone)提供了一纸管理合同,但仅仅是给麦当娜的。然而,巴伯恩不能为麦当娜足够快速地传递成功,所以18个月后麦当娜解雇了她。

寻找一个音乐特色,寻找一种乐曲风格

1981年间,麦当娜的音乐和形象朝一个新的方向发展。受纽约新兴的舞厅的影响,麦当娜逐渐地从伪装者/佩·班纳塔(Pretenders/Pat Benatar)摇滚转向风靡纽约俱乐部的舞蹈音乐。除了和史蒂夫·博雷共同为发展歌曲和混合试听带而工作外,她也致力于自己形象的提升——从廉价商店淘来颜色多样、层次繁多的衣服,并配上围巾和旧首饰,以此形成一种华丽摇滚和垃圾摇滚的混合形象。她接受了"男孩玩具"(Boy Toy)作为她的"标签名",并把它明显地展示在她的皮带扣上。这是她会在珠宝设计师玛丽珀尔(Maripole)的帮助下继续发展的一种风格。她的标志形象——杂乱、糟糕的染发、氖橡胶手镯、黑色蕾丝胸罩、白色蕾丝手套和厚厚的皮带扣很快就在全世界的少女身上看到了。

麦当娜能很快地识别新音乐浪潮的商业启示。舞蹈俱乐部很重要,而舞厅音乐主持人(DJ)则是守门员。带上她的原创唱片,麦当娜和她的朋友经常光顾最火暴的舞蹈俱乐部,在那里她们会凭色彩绚丽的穿着和具有煽动性的舞蹈引起轰动。在跳舞场所工作的一名员工称她为一枚"目标指向最火暴舞厅音乐主持人的寻热导弹"。音乐人马克·卡明斯(Mark Kamins)把她介绍给华纳唱片公司(Warner Records)的分公司——赛尔唱片公司(Sire Records)的迈克·罗森布拉特(Mike Rosenblatt)和西摩·斯坦(Seymour Stein)。很快她得到了一张唱片合同和5 000美元。第一次发行的是一张12英寸的单曲唱片,每面都有着不同版本的"Everybody"字样。这张唱片在舞蹈俱乐部广泛地播放着。

麦当娜开始为第一张专辑而工作。尽管依她申述,她曾允诺她的长期朋友兼音乐合作人史蒂夫·博雷和音乐人马克·卡明斯担任制作人的工作,但她在华纳唱片机构制片人——雷吉·卢卡斯(Reggie Lucas)的支持下把他们俩都抛弃了。和华纳唱片的民族舞蹈制片人——博比·肖(Bobby Shaw)一起,麦当娜开始不间断地和一个个DJ约会,刷新她玩乐时间的纪录。这个"促销

计划"的核心是纽约排行第一的DJ——约翰·"杰丽彬"·贝尼特斯（John "Jellybean" Benitez），麦当娜从1982年10月开始和他约会。

她的第二张单曲 Burning Up 在1983年3月发行，在舞蹈俱乐部中极为流行，并在舞蹈曲目中排行第三。享有华纳兄弟（Warner Brothers）的关注度和资源以及DJ们的社交网络，麦当娜把她需要的大部分曲目放在合适的地方，但也不完全是这样。1983年上半年，她飞往洛杉矶拜访巨星迈克尔·杰克逊（Michael Jackson）那时的经纪人弗莱迪·德曼（Freddie DeMann）。德曼清楚地记得这次会面："我差点站不稳。在我一生中我从来没见过一个比她更具有诱惑力的人。"德曼很快离开迈克尔·杰克逊转而支持麦当娜，为她管理事务。

突破

专辑 Madonna 于1983年7月发行。在1983年年底，这张唱片在单曲 Holiday 的成功支持下爬上了美国专辑排行榜。1984年4月，这张专辑中的另外一首单曲 Borderline 名列前十。麦当娜在《美国舞台》上首次亮相全国电视节目时，主持人迪克·克拉克（Dick Clark）问她："当你长大后你真正想做的是什么呢？""引领全球。"麦当娜回答。

在稍短于一年的时间内，麦当娜已经在那个方向上走了部分的路。1984年秋天麦当娜在电影 Desperately Seeking Susan 中扮演了一个角色。尽管刚开始她只是为电影明星罗姗娜·阿奎特（Rosanna Arquette）当配角而被雇用，但麦当娜逐渐"劫持"了整部影片。当拍摄完成时，它基本上成了一部关于麦当娜演绎自己、穿她自己风格的衣服和以她自己的音乐为特征的一部电影。它的发行伴随着一股"麦当娜热"的出现。她的第二张专辑 Like a Virgin 在1985年2月达到了超白金销量（卖出300多万张），而单曲曲目则具有一系列来自于这张专辑的个人痕迹。麦当娜第一场巡回音乐会的票一售而空。1985年8月16日她嫁给了"坏小子"演员西恩·潘（Sean Penn），进一步巩固了她的名人地位。1985年间，当麦当娜在洛杉矶居住时，她已经是一个明星了，并且很少远离受欢迎的新闻头条。

名誉，运气，声名远扬

在接下来的20年间，麦当娜对名誉触手可及。在1986—1990年之间，她发行了6张专辑。这些专辑中发行的16首单曲让她近乎持续地出现在排行榜上，包括卓越的七个第一的好成绩。在这个过程中，麦当娜拒绝了这个行业的传统智慧——"找到一个赢的公式并且坚持下去"。麦当娜的职业生涯是一个持续不断的新音乐创意和新形象的试验，一个对名誉和称赞的新高度不断追求的过程。确立流行音乐天后的地位后，她并没有停在那里。在20世纪80年代末，她注定成为"这个星球上最具盛名的女人"。

负责的麦当娜

麦当娜为了名誉的奋斗显示了一种会塑造她的整个职业生涯的勤奋工作的动力、决心和欲望。"我坚忍，我富有雄心，并且我确切地知道我想要的是什么——如果那让我成为一位泼妇，也是可以的。"她在1985年向伦敦的《世界新闻》报纸如是说。在电影 Desperately Seeking Susan 的制作过程中，她保持了一个极快的节奏。"在拍摄过程中，我们经常在晚上11:00或12:00回家，又必须在第二天早上6:00或7:00回到片场。大半的时间司机都是在麦当娜的健身俱乐部接到她的。她会在凌晨4:30起床，第一个出去工作。"[2]

对于谁负责管理和发展麦当娜的事业这个问题，从来都不会有任何疑问。尽管麦当娜依靠的是娱乐业的一些最好的头脑和最强势的公司，但很少有人对谁做决定有疑问。她迅速地退出和西恩·潘的婚姻进一步强化了她不愿让杂乱的个人关系使自己的事业目标做出妥协。麦当娜在其1986年6月发行的第三张专辑 True Blue 中坚持做联合制片人。

她1990年"金发雄心"巡回演唱会（1990 "Blonde Ambition" tour）的纪录片 Truth or Dare[3] 清楚地显示了她亲历亲为的管理风格。这场巡回本身就是作为包括音乐、舞蹈和剧院的多重媒体展示的流行音乐会。这次巡回预计在1989年9月开始。麦当娜参与了这场展示的设计和策划的每个方面，包括为舞者和音乐家试唱、计划、服装设计及主题的选择。例如，麦当娜和让-保罗·高提耶（Jean-Paul Gaultier）在曾是最生动的巡回演唱会形象之一的金属、锥形排扣的衣服上的紧密合作。而就巡回本身而言，Truth or Dare 这部影片展示了麦当娜作为有创造力的导演和操作领导的才能。除了她对巡展作品的每个细节的强烈关注外，她也是毫无异议的负责舞者、音乐人、舞蹈编导和技术员的多样化群体之间的团队精神建立的组织领导者；当时间紧迫时激励整个剧团；解决她的脾气不好的、易发火的男舞者之间的争论，确立最高的承担义务和努力的标准。

1990年夏天的"金发雄心"巡回演唱会标志着国际性的"麦当娜热"的新高度。这次巡回和 Dick Tracy 发布相符，这部迪士尼电影是高调的情侣麦当娜和沃伦·比蒂（Warren Beatty）之间的传播媒介。这部影片调整了一系列的好莱坞败局及严格地审视了麦当娜自己的表演能力。麦当娜对"喘息的麦甜心"（Breathless Mahoney）的刻画流露了她在树立风格和施展魅力方面的天赋才能。

声誉和争论

作为一名超级巨星，麦当娜逐渐开始招致恶名，并被推到了可接受范围的边缘。她公开的挑逗性的表演连同大胆、咒骂般的谈话以及把十字架作为装饰物品的行为增加了保守人士和宗教界的担忧。麦当娜的解释只是火上浇油："十字架很性感，因为有个赤裸的男人在上面。"在她迷惑和震撼美国公众的努力中，她的 *Like a Prayer* 专辑在 1989 年 3 月发行，被证明是一个里程碑。

借着"麦当娜热潮"，百事可乐（Pepsi-Cola）为一个基于专辑名称 *Like a Prayer* 的广告付给麦当娜 500 万美元。百事公司没有考虑到的是，麦当娜在专辑发行的同时制作了自己的 *Like a Prayer* 的音乐视频。百事广告第一次投放的第二天，麦当娜自己的 *Like a Prayer* 视频就出现在了音乐电视（MTV）上。这个视频是性和宗教的令人震撼的混合。它特写了麦当娜在燃烧的十字架前跳舞及展现她手上的红斑等行为。受到基督团体和美国家庭联合会的抵制威胁，百事不得不撤回了它的麦当娜广告。

"金发雄心"巡回会直接的露骨表演以及它对性和宗教形象描述的混合导致麦当娜遭到了更高程度的反对——还提高了公众对她的认知度。在多伦多，城市当局威胁要取消这次演出。梵蒂冈罗马教廷谴责这种演出是"亵渎上帝的"。于 1990 年 10 月发行的 *Justify My Love* 视频为麦当娜创造了一个新纪录——它因为对同性恋、裸体等的展示而遭到音乐电视的禁播。再一次，麦当娜很快地把反对转化成了利益：*Justify My Love* 视频的零售得到快速增长，单曲很快就位居排行榜榜首。

性也为麦当娜进军图书出版业提供了基础。她的摄影"艺术"图书 *Sex*，特写了一组麦当娜的暴露造型。尽管这本书价格很高（120 页定价 49.95 美元），但它依然在出版的第一星期卖了 500 000 本。

艾薇塔

人们把麦当娜与之前的超级巨星和性感魅力女神——葛丽泰·嘉宝（Greta Garbo）、玛丽莲·梦露（Marilyn Monroe）、梅·韦斯特（Mae West）、碧姬·芭铎（Brigitte Bardot）——相比，但她在创造一个超越她艺人工作的角色方面更进了一步。这些女性超级巨星往往被她们的电影角色所界定。流行音乐界鼎鼎大名的人物，从莱娜·霍恩（Lena Horne）到珍妮·杰克逊（Janet Jackson），则主要因为她们的音乐而出名。麦当娜取得了一个不再被她的工作所界定的地位。到 20 世纪 90 年代末，麦当娜不再作为一名摇滚歌手或演员而出名——她因成为麦当娜而出名。在接下来的 10 年里，她致力于加强这个地位。战略上，超级巨星的地位能让她更多地受到赞同。加入超级巨星的万神殿能杜绝和次要人物的比较。就像她的网站宣布的那样，她是"偶像、艺术家、煽动者、歌剧中的女主角、电影大亨"。

在她所扮演的角色中，最关键的角色是那些在主要地为展示她的才华而特意编写的戏剧中让麦当娜成为麦当娜的角色。她在 *Desperately Seeking Susan* 和 *Dick Tracy* 中的成功是麦当娜本色演出的结果。然而，这两个角色和麦当娜在安德鲁·洛伊德·韦伯（Andrew Lloyd Webber）音乐剧 *Evita* 的电影版中对伊娃·贝隆（Eva Peron）这个角色的演绎相比相形见绌。麦当娜对这个角色垂涎了好多年并发起了一场生动的竞选活动来得到导演艾伦·帕克（Alan Parker）和阿根廷总统卡洛斯·梅内姆（Carlos Menem）的支持。尽管在之前的角色中麦当娜能使用她作为一名歌手、一个搔首弄姿的人、一名尖锐的演说家和一个勾引男人的女人的天赋，但在 Evita 中，麦当娜可以展示她自己的人生。就像麦当娜那样，艾薇塔有着工人阶级的出身、一颗燃烧的雄心，并用性和精明的判断使自己成为她那个时代的传奇人物。这部在 1996 年 12 月上映的电影获得了巨大的商业上的和决定性的成功。就像 Q 杂志的创办者保罗·都·努瓦耶（Paul Du Noyer）所评价的那样："如果曾有一个麦当娜作为卓越演员梦想的理想媒介手段的话，那么这部电影就是了。"[4]

母亲身份及更多

在 Evita 的大部分拍摄时间中，麦当娜还忙着应付怀孕。1996 年 10 月 14 日，她在洛杉矶的好撒玛利亚人医院（Good Samaritan Hospital）生下了罗德丝·玛丽亚·西科尼·里昂（Lourdes Maria Ciccone Leon）。孩子的父亲是卡洛斯·里昂（Carlos Leon）——麦当娜的私人教练。

就她的人生、形象和事业方面而论，母亲身份对麦当娜来说是一个主要的间断期。新闻开始报道许多她生活方式的改变。麦当娜抛弃用哑铃锻炼转而赞成瑜伽。她开始学习卡巴拉（Kabbalah）（一种"《旧约全书》的神秘诠释"，她解释道）。她发展了一个更亲密的妇女朋友圈子。她增加了花在音乐创作上的时间。她减少出现在媒体上。她的采访中令人惊讶地没有了性、咒骂语和震撼人的价值观。"我认为［母亲身份］让我面对我更多的女性气质的一面。我之前对这个世界有更多的男性气质的观点。我所缺少的和渴望的是一位母亲给予孩子的无条件的爱。所以，有了我的女儿也是类似的事情。就像第一次、真实的、纯洁的、无条件的爱。"[5]

这些变化最清楚地展现在麦当娜的新专辑 Ray of Light 中，它和之前麦当娜的任何专辑都不同。和威廉·欧比特（William Orbit）合作，这张专辑吸收了许多新的音乐来源：电子音乐；传统印第安音乐；麦当娜对这个世界的纠纷和名誉的空虚的思考；反映了她自己情感的发展和不快乐的童年。从该专辑在电视上和视频里的演出轨迹中可以看出，麦当娜展示了一系列全新的面貌，包括摇滚女孩麦当娜（黑色头发、黑色衣服、黑色的指甲油）、湿婆麦当娜（多个手臂并且手上有棕红文身）、艺伎麦当娜（黑色直发、身着和服以及白色的妆容）。

新形象是最具雄心和冒险精神的麦当娜职业生涯的重塑，这是首次没有展示性行为和性暴力。这次改变仍然没有损失受欢迎程度和世界赞誉。Ray of Light 在专辑排行榜上名列第二，仅在美国本土就达到了超白金销量。在音乐电视视频音乐奖中麦当娜总共拿走了六个奖项，并伴随着三项格莱美奖。

大人物麦当娜

麦当娜对她的"艺术"和她"艺术表现的自由"的关注已经扩展到对知识产权的极大兴趣。伦敦的《星期日泰晤士报》(Sunday Times)记录如下:

> 她早期成功而风行一时的 Holiday、Like a Virgin 和 Papa Don't Preach 是专业的歌曲作者所写的,他们拿走了所赚的钱的1/4。1986年以来,尽管音乐能力有限,但麦当娜总是让自己的名字出现在歌曲创作组的第一位。她的合作者经常是天赋未为人知的人,像帕特·伦纳德(Pat Leonard),她与之共同创作和完成了她最成功的、自1986年以来销量排行第24位的专辑 True Blue。只要他们的名字从和她成功的关系中获利——他们的要价因此上升——她就会解雇他们转而雇用其他新人,通常花费的价钱比较低。[6]

麦当娜不仅保持对自己所有之物的控制,而且她逐渐想在利益分配中分到一杯羹。1992年4月她和时代华纳公司(Time Warner,Inc)签了一份6 000万美元的协议。合资企业 Maverick 唱片公司(Maverick Records)是一家为麦当娜的创造和促销天赋提供媒介物的音乐制作公司(同时还有电视、视频和音乐的出版舞台)。华纳唱片提供利益分配。尽管麦当娜为她自己的唱片继续和华纳唱片公司签约,但是 Maverick 为她开发和提升其他音乐人提供了一个途径。Maverick 的早期签约艺人包括专辑 Jagged Little Pill 销量超过3 000万份的阿兰妮丝·莫里塞特(Alanis Morissette)以及威廉·欧比特(William Orbit)、"神童乐队"、"亚声调"和蜜雪儿·布兰奇(Sacha Baron Cohen)。麦当娜也协助了不列颠喜剧《萨莎·拜伦·科恩》(以阿里·G(Ali G)和波拉特(Borat)的名义)在美国市场的投放。

麦当娜对新音乐人的兴趣、制作他们的音乐与她自己广泛的音乐兴趣有关。紧接着 Ray of Light,麦当娜逐渐参与到了电子音乐和世界音乐之中,包括和法国电子乐名将 Mirwais 合作。

重塑继续

在21世纪的前10年期间,麦当娜的事业和她对媒体关注度的控制都没有显示出很多萎靡的迹象。

麦当娜的家庭生活仍然是媒体关注的主要核心。她的第二个孩子罗可(Rocco)是在她嫁给罗可的父亲——英国演员兼导演盖·里奇(Guy Ritchie)后出生的。作为一名英国居民,"马奇"成为英国小报出版界的一个主要的专题栏目。

麦当娜也展现了她把自己的媒体吸引力扩展到令名人们着迷的小报之外的

能力。她于2006年10月对13个月大的马拉维儿童大卫·邦达（David Banda）的收养引起了包括第三世界政治家、反全球化社会活动家、宗教领袖和各种知识分子在内的争议。麦当娜被卷入关于"为婴儿筹款"和"富人适用一套法律，穷人适用另一套"的全球辩论。两年后的第二次收养努力在马拉维的法庭被阻止了。

在事业前线上，麦当娜能很快地识别流行音乐界新出现的商业模式。在前电子时代，现场表演主要是宣传新专辑发行的媒介。看到巡回演唱会作为主要收入流而出现后，麦当娜在2001年回归巡回演唱会。"Drowned World"巡回演唱会之后，接着就是2004年的"Re-invention"和2006年的"Confessions"巡回演唱会。

音乐收入来源从唱片转移到音乐会时，麦当娜重组了她自己的商业安排。当Maverick开始亏损时（和其他大部分公司一起），麦当娜的退出被行业观察家归因为战略才华。Maverick以"财务舞弊"为由控告华纳音乐公司。出于对负面宣传和诉讼运作时间长的担忧，华纳公司在2004年以1 000万美元收购了麦当娜在Maverick的股份来解决了这个问题。

摆脱了Maverick之后，麦当娜有能力招来一个新的商业伙伴。2007年，她和世界最大的音乐会推广公司Live Nation签署了一份1.2亿美元的为期十年的合约。"商业模式已经改变，"她在签字时如是说，"作为一名有创造力的艺人和一名女商人，我必须承认那一点。"谁已经从这笔交易中得到更好的一部分看起来并没有疑问。令人惊讶的是Live Nation从这笔交易中近乎不可能盈利，据报道，它正在考虑把麦当娜的下一张专辑的许可还给她之前的唱片公司华纳。

麦当娜于2008年8月开始的"Sticky and Sweet"巡回演唱会在全球范围、长期性以及创收方面创下了新纪录。在14个多月内，伴随着85场音乐会跨越了世界除澳大利亚外的每个大陆，这次巡回被预测将获得超过4亿美元的收入。麦当娜的演出场场爆满，证明了她吸引新一代粉丝的能力，尽管他们当中的很多在她刻录首张专辑时还没出生。

音乐之外，麦当娜的艺术努力较少取得成功。在喜剧 *Up for Grabs* 中的一次伦敦舞台表演和在电影 *Swept Away* 中与盖·里奇的明星联合都是灾难。第一部儿童图书系列 *The English Roses* 取得了些许的商业成功。

跟随她的2009年9月的最后一场巡回演唱会"Sticky and Sweet"，麦当娜看起来很可能开始她的下一个改变。随着她和盖·里奇的离婚案在2009年上半年的终结，她的"英国淑女"阶段结束了。离婚协议的一部分包括把她在威尔特郡120英亩的乡间别墅转给里奇。她下一次的重塑是什么样子留给每个人猜测，然而，就像《伦敦电讯报》所记录的："没有改变也希望永远不会变的是西科尼女士让世界关注的就像吃了过量咖啡因而带来的热情。"[7]

[注释]

[1] M. Bego, *Madonna: Blonde Ambition*, Cooper Square, New York, 2000, p.46.

[2] C. Arrington, "Madonna," *People*, March 11, 1985.

[3] 这一纪录片在北美外以《与麦当娜同眠》的名称发行。

[4] "Commanding" (Review of Evita), *Q*, December, 1996, see www.pauldunoyer.com/pages/journalism/journalism_item.asp?journalismID=250, accessed October 29, 2009.

[5] M. Murphy, "Madonna Confidential," *TV Guide*, April 11 – 17, 1998.

[6] "Why Madonna's Still a Material Girl," *Sunday Times*, April 5, 2009, http://entertainment.timesonline.co.uk/-tol/arts_and_entertainment/music/article6015124.ece, accessed October 5, 2009.

[7] "Madonna, Mistress of Metamorphosis," *Daily Telegraph*, August 10, 2008.

2

2009年的星巴克：咖啡走向寒冬

伴随着利润的增长以及股价的高涨，星巴克（Starbucks）实现了20年的持续扩张。然而，星巴克的衰退却毫无预料地迅速到来。星巴克的市值是问题显露的领先指标。股价在2006年10月达到40美元的峰值，在之后的两年中出现了超过75%的跌幅（见图2—1）。在2007年间，其同店销售额与运营利润增长速度都减慢了。在对星巴克现行战略以及未来前景越来越多的忧虑中，身兼公司主席之职同时又是创始人的霍华德·舒尔茨（Howard Schultz）在2008年年初重新担任了首席执行官（CEO）。他的转变战略包括大幅减少在美国的新开门店数量，修正运营和人力资源方面的做法，旨在提高顾客服务水平，"重新连接顾客"，重新分配美国本土与海外市场的资源。2008年夏天，舒尔茨宣布在美国关闭600家门店，并撤出澳大利亚市场。

截止到2008年9月的星巴克财务结果显示，经济的低迷对同店销售额以及利润产生了损害。然而，2008年最后一个季度的结果才真正显示了星巴克受到的伤害有多严重：净收入减少了近70%，公司经历了有史以来第一次季度收入的下降。表2—1和表2—2分别显示的是年度和季度结果。公报提示星巴克股价下跌了33美分，达到每股9.33美元。主席和CEO霍华德·舒尔茨评论说：

在疲软的全球消费环境之中，星巴克正在实施一项成熟的计划，通过更为有效的运营，以及维护我们的基本优势和品牌价值来加强我们的经

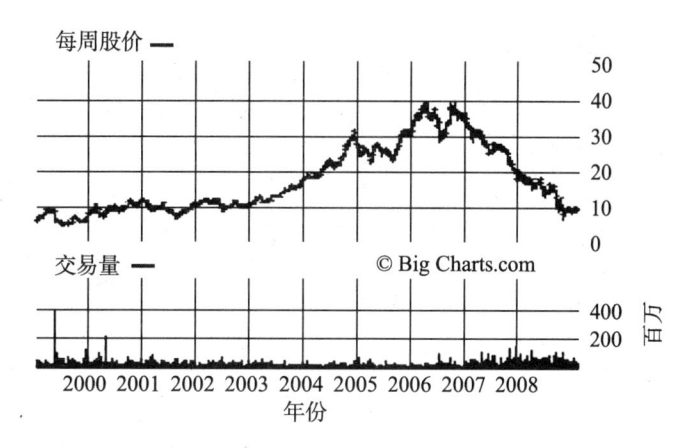

图 2—1　星巴克股价以及交易量，2000 年至 2009 年 2 月

资料来源：www.bigcharts.com.

营。我们保持专注于推动专业和严格的必要之事来创造长期的股东价值，我们也正采取积极的措施，通过提供相关的价值和创新来刺激消费者，甚至是在这一困难时期。[1]

CFO 特洛伊·奥尔斯特德（Troy Alstead）补充说：

> 星巴克拥有一个可靠的资产负债表、强大的现金流和健康的流动性，已经准备好了经受充满挑战性的全球经济的"日晒雨淋"。我们将继续采取必要措施限定我们的成本结构，以符合现在的商业走向，与此同时，做好公司定位，从而在环境改善之时推动利润的增长。[2]

更进一步的紧缩措施还包括：关闭 300 家门店，裁撤 6 700 个工作岗位（包括 700 个法人的和支持性的岗位），在 2009 年节省了 5 亿美元的运营费用，并且在新开门店中将由公司直接拥有的 270 家门店减少到 170 家。舒尔茨将自己的工资从 120 万美元削减到 1 万美元，并且对公司三架喷气式飞机中的两架进行出售。[3]

虽然可以将日益恶化的销售额与盈利表现主要归责于全球经济的衰退，但星巴克日趋走跌的股价却反映了对于公司未来更为广泛的担忧。星巴克在美国的扩张已经使得一些大城市地区门店密度过大了吗？竞争者的增长——不仅来自其他专业的咖啡连锁店，还有主要的快餐连锁店如麦当劳（McDonald's）和唐恩都乐（Dunkin' Donuts），它们都将精制咖啡（gourmet coffee）添加到了它们的菜单中——从根本上改变了零售市场上煮泡咖啡（brewed coffee）的吸引力了吗？星巴克已经无法保持其"星巴克体验"区别于其他竞争者的独特性了吗？这种"星巴克体验"还能够真的被消费者认可和推崇吗？

表 2—1　星巴克公司：财务和运营表现，2004—2008 年

截止到每年的 9 月 30 日（单位：百万美元）	2008 年（52 周）	2007 年（52 周）	2006 年（52 周）	2005 年（52 周）	2004 年（53 周）
运营结果					
净收入					
公司直营零售额	8 771.9	7 998.3	6 583.1	5 391.9	4 457.4

续前表

截止到每年的9月30日（单位：百万美元）	2008年（52周）	2007年（52周）	2006年（52周）	2005年（52周）	2004年（53周）
特种收入					
特许	1 171.6	1 026.3	860.6	673.0	565.8
食品服务和其他	439.5	386.9	343.2	304.4	271.0
总特种收入	1 611.1	1 413.2	1 203.8	977.4	836.8
总净收入	10 383.0	9 411.5	7 786.9	6 369.3	5 294.2
销售成本	4 645.3	3 999.1	3 178.8	n.a.	n.a.
门店运营成本	3 745.1	3 215.9	2 687.8	n.a.	n.a.
其他运营成本	330.1	294.2	253.7	n.a.	n.a.
折旧和摊销成本	549.3	467.2	387.2	n.a.	n.a.
管理费用	456.0	489.2	479.4	n.a.	n.a.
重组费用	266.9	—	—	n.a.	n.a.
总运营成本	9 992.7	8 465.6	6 986.9	n.a.	n.a.
运营收入	503.9	1 053.9	894.0	780.5	606.5
净盈利	315.5	672.6	564.3	494.4	388.9
运营活动中的净现金	1 258.7	1 331.2	1 131.6	922.9	862.9
资本支出（净）	984.5	1 080.3	771.2	643.3	416.9
资产负债表					
运营资本（赤字）	(441.7)	(459.1)	(405.8)	(17.7)	604.6
总资产	5 672.6	5 343.9	4 428.9	3 513.7	3 386.3
短期借款	713.0	710.3	700.0	277.0	—
长期债务	550.3	550.9	2.7	3.6	4.4
股东权益	2 490.9	2 284.1	2 228.5	2 090.3	2 469.9
门店信息					
同店销售额变动百分比					
美国（%）	(5)	4	7	9	11
国际（%）	2	7	8	6	6
合并（%）	(3)	5	7	8	10
每年净开门店数					
美国					
公司直营店	445	1 065	810	580	521
特许加盟店	438	723	733	596	417
国际					
公司直营店	236	286	240	177	160
特许加盟店	550	497	416	319	246
总计	1 669	2 571	2 199	1 672	1 344

表 2—2　　　　　星巴克公司：整理过的利润表，2008 年第四季度

（单位：百万美元）	截至 2008 年 12 月 28 日的 13 周	截至 2007 年 12 月 30 日的 13 周
净收入		
公司直营零售额	2 176.2	2 351.5
特种收入		
特许	334.3	304.8
食品服务和其他	104.7	111.3
总特种收入	439.0	416.1
总净收入	2 615.2	2 767.6
销售成本（包括租用成本）	1 196.8	1 186.0
门店运营成本	936.6	927.3
其他运营成本	72.6	85.7
折旧和摊销成本	134.3	133.2
管理费用	105.2	125.9
重组费用	75.5	—
总运营成本	2 521.0	2 458.1
运营收入	117.7	333.1
利息费用	(13.0)	(17.1)
所得税前收入	98.3	326.7
所得税	34.0	118.6
净盈利	64.3	208.1

星巴克的故事[4]

星巴克是从西雅图派克市场（Pike Place market）中的一家小咖啡店发展成为一家《财富》500 强企业（在 2009 年《财富》500 强榜单中排名第 261 位）的，它的崛起是一个美国商业传奇。

霍华德·舒尔茨居住在纽约，在那里他管理着一家瑞典厨房用具公司的美国分公司。出于对为什么一个小小的西雅图公司星巴克咖啡——卖茶和调味品的公司——会大量订购一种不同寻常的咖啡过滤器（一个热水瓶上放着一个塑料椎体）的好奇，他在 1981 年拜访了这家店。在那里他喝到了一杯由磨碎的苏门答腊豆制成的咖啡，这启发了他。"我意识到我的咖啡是冲泡成的。"星巴克的老板是杰拉德·鲍德温（Gerald Baldwin）和戈登·波克（Gordon Bowker），以前是旧金山大学的学生，已经经营这家公司 10 年了。舒尔茨对其成为

一家全国连锁咖啡店的愿景着了迷。虽然鲍德温和波克对于舒尔茨是否具有使他们的事业更加成熟的精力和志向有所保留，但他们最终还是聘请了舒尔茨作为他们市场营销部门的负责人。

在加入星巴克一年的时间里，舒尔茨对于公司的愿景发生了根本性的转变。在一次去米兰出差的过程中，他发现了"意大利咖啡馆的浪漫气息"并意识到星巴克的发展机遇应该是成为一个人们来分享品尝优质咖啡的体验而不仅仅是买咖啡豆的地方。"用咖啡把人们凑到一块儿的想法在我头脑中明确下来……就我所能想象到的，在当时美国还不存在一个地方能够作为一种渠道通过咖啡把人们聚在一起。"

由于舒尔茨的想法没能够说服他的星巴克老板，1980年，他离开了星巴克并开了他自己的意大利式的咖啡馆"日常"（Il Giornale）。一年后，他买下了星巴克公司和它的6家门店，并且与他的3家"日常"咖啡馆合并，采用星巴克作为壮大后的公司的名字。到1992年星巴克上市时，它已发展到165家门店。从股票市场上融资2 700万美元后，星巴克加快了它的扩张。从它在西海岸西雅图和温哥华的基地扩展到美国和加拿大全国。扩张采取的是一种集群模式——在单个都会区（metro area）开设多家店面。这样的办法能够提高星巴克在当地的品牌知名度，并且能够让消费者在自己家乡的任何地方都能找到一家星巴克咖啡店。国际市场上的扩张则包括1996年进入日本以及1998年进入英国。

星巴克的扩张还通过有选择地收购来实现：1998年收购the U. K. -based Seattle咖啡公司，2003年收购西雅图的百思特咖啡（Best Coffee）和Torrefazione Italia咖啡公司，2006年收购戴德里奇咖啡（Diedrich Coffee）。

星巴克的战略

附录描述了星巴克的业务，并提供了相关数据。

☐ 星巴克体验

星巴克战略的核心就是舒尔茨提出的"星巴克体验"的概念。星巴克咖啡店——像最初的"日常"咖啡馆——建立在舒尔茨创造一个"第三生活空间"的想法之上：它是一个除了家和工作场所以外的地方，在那里人们能够分享品尝优质咖啡的体验。虽然他原始的想法只是复制意大利的咖啡馆，顾客在里面基本上是站着喝咖啡，但是舒尔茨还是改进了他的想法，变为"英国酒馆、德国啤酒花园和法国咖啡馆在美国的等价物"[5]。再加上wi-fi，星巴克成为了既可以工作又可以进行交际的地方。星巴克体验集合了一些要素：

- 始终如一的品质优良的咖啡豆。正如附录中"产品供应"部分解释到的，为了确保星巴克需求得到满足以及对于种植者来说经济上的可行性，星巴克与咖啡种植者之间签订了长期的协议。

● 员工参与。星巴克的柜台员工——咖啡调配员——在创造和支撑星巴克体验中发挥了核心作用。他们的作用不仅是制作和提供优质的咖啡，还包括将顾客引入到星巴克咖啡店独特的氛围当中。星巴克在招聘、培训和薪酬方面的人力资源做法同其他美国餐饮连锁店相比有很大不同。"舒尔茨认为他必须使得员工认同他的理念。他必须向他们注入星巴克的文化，为他们提供个人保障，给他们一个参与到这项成功事业当中的理由。"[6] 星巴克对员工的挑选是认真严格的——特别强调适应性、可靠性、团队合作能力以及对于推进星巴克原则和使命的意愿。它的培训计划覆盖从基本的操作到顾客服务技巧等关于咖啡的方方面面。星巴克在连锁餐饮业中的独特之处在于，它给几乎所有的正式员工都提供了健康保险。

● 社区关系和社会目标。舒尔茨在人力资源管理上的做法不仅仅是教给星巴克的员工作为关键因素如何向顾客传达星巴克体验，而且还有作为一个普通人更为广泛的视野："我想建立一家父亲生前从来没有机会为之工作的公司，在那里不管你来自哪里、是什么肤色、有什么样的教育背景，你都将会被珍惜和尊重。提供医疗保健是星巴克品牌建设中的一件大事，它在我们人群当中建立了难以置信的信任。我们想建立一家将股东价值与我们想要和人们一起创造的文化价值连接在一起的公司。"[7] 舒尔茨的愿景是做既能够赚取不错的利润又能够有益于世界的公司："也许我们有机会做一家不同类型的全球性公司，一家赚取利润的同时展示我们社会道德的公司。"

● 星巴克咖啡店的布局和设计被认为是其体验的关键要素。星巴克有一个专门负责店面家居设计、调试、布局的团队。像星巴克其他一切事物一样，店面设计需要进行认真的分析和计划——就像舒尔茨的格言"零售在于细节"那样。与此同时，星巴克咖啡店总是去适应它不同的邻里，"对所有门店来说都有一个潜在的统一的与公司历史和使命紧密相连的主题——'回归自然'，永不懈怠；没有写在墙上的基本宣言似的社区意识。星巴克店面的设计目的在于要让人们既能够在其中悠然地交往，又能够有效率地工作，还可以享受优质自然的咖啡以及它摄人心魂的芳香。这样的效果是通过设计人员利用大量天然木材和富有层次性的泥土的色彩并伴随着智能的高科技配饰实现的……不管店面有多么的个性化，所有的店面设计几乎都受到了公司最初和发展的影响：西北太平洋干净、纯粹的清新氛围以及米兰浓咖啡馆的都市的柔和。"[8]

● 星巴克的本地化战略——在每一座城市中心都会开20家或者更多的门店——被认为可以帮助创造一种本地化的"星巴克传奇"（Starbucks buzz）来提高顾客的忠诚度。星巴克来自单店的销售分析发现，没有证据显示就近的布局影响到了其他门店的销售。认识到位置的便利对于驾车销售的重要性后，星巴克开始在一些店面中增加可以驾车通过的窗口，并且专门将店面布局在利于顾客驾车通过的地方。

多样化

拓宽星巴克的产品线部分是为了满足顾客的需求（例如，对于冰咖啡的需求产生了星冰乐（Frappuccino）），部分是为了构建星巴克体验。"所有的战略都是为了使星巴克成为人们外出的目的地，"肯尼斯·伦巴第（Kenneth Lombard）——星巴克娱乐部门的负责人解释道。这包括增加食物、音乐、书、视频等。作为一个音乐出版商和CD零售商，星巴克取得了巨大的成功——尤其是它的"艺术家选择"系列，知名的音乐家可以选择他们最喜欢的音乐。"我必须进一步讲下去，"舒尔茨说，"但是那时我开始了解到我们的顾客把我们看成了一个编辑。就像，'我们相信你，帮我们选吧'。"

然而，星巴克的扩张不仅仅局限于公司自有的门店。正如附录举例说明的，星巴克的扩张包括：

- 特许加盟店。为了最终能够在不同的地方都接触到顾客，星巴克放弃了只通过公司自有的店面进行销售的政策。它的第一家特许协议是和在美国机场拥有很多食品饮料特许权的万豪酒店（Host Marriot）签署的。接下来的是和西夫韦（Safeway）及巴恩斯＆诺贝尔（Barnes & Nobel）签署的特许协议，允许在它们的门店中开设星巴克咖啡店。在海外，星巴克的增长依赖于与当地公司的特许经营协议。
- 通过超市和其他食品零售店销售包装好的星巴克咖啡。
- 特许百事可乐（PepsiCo）和联合利华（Unilever）使用星巴克品牌，以提供星巴克瓶装饮料（比如星冰乐和泰舒茶（Tazo tea））。
- 金融服务，特别的是星巴克/银行二合一维萨卡（the Starbucks/Bank One Duetto Visa Card），综合了商店消费卡和维萨信用卡的功能。
- Via免煮咖啡（Via instant coffee）。2009年2月12日，新闻曝光了星巴克将推出一款创新性的免煮咖啡的计划。这款产品是长期研发的结果，该计划是被舒尔茨用来重新振兴星巴克的创新的一部分。Via是基于一个能够使公司"完全复制星巴克咖啡口味"的私人专利加工而成的。它将通过星巴克门店以三袋装2.95美元的售价卖出。其他评论员对此并不乐观。咖啡师的咖啡顾问安德鲁·泽尔（Andrew Hetzel）声明说："对于它将来是什么样子，我已经有了预期，我认为它将对品牌造成损害。"[9]

管理的转机

自2008年1月以CEO身份回归以来，舒尔茨对于星巴克战略的调整不仅仅涉及削减开支。他卓越领导能力的核心在于他的信念，就是公司需要恢复和振兴"星巴克体验"，重新建立起它与顾客之间的联系。

在2008年，星巴克来自各个地区各个层级的员工都来重新审议公司的目标和原则。结果是修订了公司使命的陈述（见附录）。并且重要的是再次强调了将公司的社会责任作为公司的核心价值观。2008年10月，星巴克在新奥尔良召开了年度峰会——第一次在西雅图之外举行。星巴克以这次大会为契机，分配了10 000名志愿者参与到从重漆受损的房屋到打扫街区的社区项目。其他倡议包括：

- 星巴克共享星球——一系列要在2011年达到的关于环境可持续发展、社会服务和道德的目标。
- 对通过2009年公平贸易认证的咖啡进行双倍采购来增加对小规模咖啡农户的支持。
- 与博诺（Bono）和全球基金（Global Fund）合作，将某几款星巴克饮品销售额的5%用于支持在非洲的抗击艾滋病项目。

舒尔茨也重新审视了运营上的做法来检查星巴克体验与星巴克形象是否一致。一个关键的改变是"手工制作"咖啡的回归。为了提高咖啡制作的速度，星巴克用自动的Verismo咖啡机替换了La Marzocco浓咖啡机。前者只需要咖啡调配员按下一个按钮，而后者需要咖啡调配员磨碎每杯咖啡。2008年，星巴克花费了数百万美元来安装新的咖啡机，每杯咖啡都是单独地用新鲜磨碎的咖啡豆在这台机器上制成的。舒尔茨也坚持修改星巴克的食品目录——特别地撤下了气味会影响咖啡香气的烤早餐三明治："早餐三明治提高了我们的收入和利润，但是它们与这里按照咖啡和咖啡的浪漫而布置的一切有冲突。"

大多数时候，舒尔茨会飞到星巴克广阔帝国的各处会见员工（"合伙人"），以此来重新加强星巴克的价值观，重燃他们的斗志和热情。《金融时报》（Financial Times）的珍妮·威金斯（Jenny Wiggins）描述了一场2008年10月在伦敦巴比坎中心（Barbican Center）由1 000名来自英国和爱尔兰的星巴克门店经理参加的会议。除了举例说明"星巴克人道"的鼓舞人心的故事和在创造"珍惜和尊重"顾客的体验中经理所扮演的角色之外，舒尔茨针对当前局势的严重性，以及回归星巴克作为特殊地方的价值观和实践的需要，向他的经理们提出了挑战。[10]

通过重新强调星巴克的核心价值观、转变店面的扩张、取消非核心产品、将重点重新放到咖啡的质量和顾客服务上，舒尔茨做了很多来改正过去的错误。问题是，21世纪第二个十年与20世纪最后一个十年相比，星巴克的理念是否还具有相同的独特性和吸引力。根据品牌咨询公司Pi Global的CEO唐·威廉姆斯（Don Williams）所说："星巴克必须认真而又迅速地重新评估它的品牌代表什么，它的卖点是什么，顾客的体验应该是什么样子。"

即使舒尔茨成功地振兴了星巴克，也可以清楚地看到精制咖啡的市场——尤其是在北美——在过去的20年里已经发生了很大的变化。虽然一个广为持有的观点是星巴克已经充分占领了它的市场，但也可以清楚地看到竞争是激烈的，星巴克受到了来自下游（麦当劳、唐恩都乐）和上游的（意利（Illy）、拉瓦萨（Lavazza））的攻击（见展示2—1）。

☞ 展示2—1

美国咖啡店市场的竞争

优质煮泡咖啡的销售额在2000年（32.58亿美元）到2005年（83.72亿美元）间估计增长了157%。美国咖啡店的总量在2000—2005年间增长了70%，达到了惊人的21 400家，或者说每14 000个美国人就有一家咖啡店。

虽然星巴克是这种增长的主要驱动力量,并且无疑是市场的领导者,但是也受到来自各个方向的竞争(参见表2—3)。

- 星巴克传统的竞争者是独立的咖啡店和已经在当地连锁经营的咖啡馆。
- 星巴克也催生出了一批渴望成长为全国连锁的模仿者,它们中的驯鹿咖啡(Caribou Coffee)——在15个州拥有495家咖啡店——是与星巴克实力最接近的竞争者。
- 星巴克还与在食谱中提供咖啡的餐饮业进行竞争。这些竞争者通过增加优质咖啡到它们的菜单中,增加了它们的销售,与星巴克产生了更加直接的竞争。麦当劳引入了一种优质咖啡(在《消费者报告》中的排名高于星巴克的咖啡),并在它的很多汉堡餐厅中增加了麦咖啡(McCafes)。汉堡王(Burger King)和唐恩都乐在它们的咖啡供应中向高端市场进军。麦当劳和唐恩都乐都把它们的广告对准了星巴克。麦当劳的网站(Unsnobbycoffee.com)暗指星巴克定价过高、唯利是图。唐恩都乐网站(DunkinbeatStarbucks.com)鼓励发邮件传达信息诸如"朋友,不要再让你的朋友喝星巴克咖啡了。"

在美国之外,星巴克在每个国家都面临着不同的竞争环境。在大多数国家中的竞争甚至比在美国更加激烈。星巴克从澳大利亚撤出是由于来自南欧(尤其是意大利)和中东的移民所开发培育的咖啡市场过于复杂。

咖啡制作的高标准以及强大的本地偏好性也是大部分欧洲国家市场的特点。此外,星巴克还不得不与在国际上迅速扩张的意大利咖啡烘焙商——最为著名的意利咖啡进行竞争,意利成功地将自己打造成顶级品质咖啡的代表。星巴克所面对的一个关键挑战是,它曾经培育出了以享受优质咖啡为乐趣的北美市场,而这些新的咖啡行家将继续寻找更为优质的咖啡以替代星巴克。

竞争不仅来自咖啡连锁店的形式。越来越多的喝咖啡的人在家享用优质咖啡。雀巢咖啡和拉瓦萨(A Modo Mio)引进了一系列包括精细的容易使用的咖啡体系的大范围的家用浓咖啡机。

表2—3　　　　星巴克、驯鹿咖啡和麦当劳的财务比较,2005—2008年

	星巴克				驯鹿咖啡				麦当劳			
	截至2008年8月	截至2007年8月	截至2006年8月	截至2005年8月	截至2008年12月	截至2007年12月	截至2006年12月	截至2005年12月	截至2008年12月	截至2007年12月	截至2006年12月	截至2005年12月
销售额(百万美元)	10 383	9 411	7 787	6 369	253.9	256.8	236.2	198.0	23 522	22 787	20 895	19 117
折旧和摊销费用(百万美元)	549	467	389	n.a.	24.9	32.2	21.5	16.4	1 208	1 193	1 191	1 172
管理费用(百万美元)	456	489	479	n.a.	29.1	32.3	25.9	22.7	2 355	2 367	2 296	2 118
运营收入(百万美元)	504	1 054	894	781	(15.5)	(30.4)	(9.5)	(4.1)	6 443	3 879	4 433	3 984

续前表

	星巴克				驯鹿咖啡				麦当劳			
	截至2008年8月	截至2007年8月	截至2006年8月	截至2005年8月	截至2008年12月	截至2007年12月	截至2006年12月	截至2005年12月	截至2008年12月	截至2007年12月	截至2006年12月	截至2005年12月
净收入（百万美元）	316	673	564	494	(16.3)	(30.7)	(9.1)	(4.9)	4 313	2 395	3 544	2 602
公司经营门店	9 217	8 536	7 185	6 135	414	432	440	386	6 502	6 906	8 166	8 173
总门店	16 680	15 011	12 440	10 241	511	484	464	395	31 967	31 377	31 046	30 766
每家公司的门店销售额（百万美元）	0.988	1.018	0.988	0.953	0.553	0.551	0.546	0.554	2 547	2.204	1.885	1.715
总资产（百万美元）	5 673	5 344	4 429	3 514	89.6	111.8	136.3	148.0	28 462	29 392	28 974	29 989
股东权益（百万美元）	2 491	2 284	2 229	2 090	43.9	59.3	88.4	96.9	13 382	15 820	15 458	15 146

附录：从星巴克公司 2008 财年 10 – K 报告中摘录

第一部分

第 1 条：业务

概况 星巴克成立于 1985 年，是现今世界领先的专业咖啡烘焙和零售商。星巴克（连同它的子公司，以下简称"星巴克"或"公司"）购买和烘焙高质量的全豆咖啡并进行销售，而新鲜的经过充分蒸煮的咖啡、意大利风味的浓咖啡饮料、冷冻的混合饮料、各种各样的补充性食物、一系列优质茶、与咖啡相关的设备及附属品主要通过星巴克运营的零售店进行销售。星巴克也销售咖啡和茶制品；通过其他渠道如特许加盟零售店的方式特许使用其商标；通过某种股权投资和特许执照方式，星巴克生产和销售各种各样的现成的饮料。所有公司直营零售店之外的渠道共同地被称为特种经营。

公司的目标是将星巴克打造成世界上最被认可和尊敬的品牌。为了达到这个目标，公司计划继续对零售业务进行有纪律的扩张，增长它的特种业务，有选择性地追求引入新产品和开发新的分销渠道的机会。

收入组成 下表展示的是截止到 9 月 28 日的 2008 财年公司总净收入和相关特种收入组成的百分比。

收入	占总净收入的百分比	占特种收入的百分比
公司直营零售店	84	
特种收入		
特许		
零售店	8	48
包装咖啡和茶	3	21
贴牌产品	1	4
总特许	12	73
食品服务和其他		
食品服务	4	25
其他举措	<1	2
总食品服务和其他	4	27
总特种收入	16	100
总净收入	100	

公司直营零售店 公司的零售目标是通过销售最优质的咖啡和相关产品以及提供给每一位顾客独特的星巴克体验而成为每一个目标市场上领先的咖啡零售商和品牌。星巴克体验，或者说除了家和工作地方之外的第三生活空间，是建立在出众的顾客服务以及干净、保养得好的公司直营零售店基础之上的，这也反映了经营团体的个性，因此建立了顾客的高忠诚度。

星巴克扩张其零售业务的战略是通过在现有市场上选择性地开新店以及在新市场上开店来增加它的市场份额，并以此来支持其长期战略目标的实现。正如在10-K报告的"管理讨论与分析"这部分内容的更多细节中描述的那样，2008年6月，公司承诺关闭近600家效益不佳的在美国的公司直营店。这项决定是在2008年1月首次被宣布的星巴克转变战略中的一个必不可少的组成部分。这是对在美国的公司直营店的投资组合精确评估的结果。门店的关闭开始于2008年第四季度，预计在2009财年结束时完成。

在2008财年间星巴克公司直营零售店的净收入占到总净收入的84%。下表总结了全部公司直营零售店的阶段性数据：

在2008财年年末，公司经营着近2 800家"免下车"零售点（相比之下，2007财年年末时有近2 300家），分别占到公司在美国和加拿大的直营店总量的近39%和34%*。

	净开店数		开店总数	
	截至2008年 9月28日	截至2007年 9月30日	截至2008年 9月28日	截至2007年 9月30日
美国	445	1 065	7 238	6 793
加拿大	104	97	731	627
英国	84	66	664	580
中国	37	42	178	141

---

* 原文分别为35%和31%，疑有误。——译者注

续前表

	净开店数		开店总数	
	截至2008年9月28日	截至2007年9月30日	截至2008年9月28日	截至2007年9月30日
德国	27	36	131	104
泰国	24	18	127	103
新加坡	12	8	57	45
澳大利亚	(64)	4	23	87
其他	12	15	68	56
国际市场总计	236	286	1 979	1 743
公司直营总计	681	1 351	9 217	8 536

所有星巴克店都会提供常规的和不含咖啡因的咖啡饮料，顾客可以在意式风味的特浓饮料、冷冻的混合饮料和冰爽饮料中进行选择，也可在优质茶以及特别包装的烤全豆咖啡中进行选择。星巴克店也提供各种各样的新鲜水果，包括一些健康搭配的选择。食物则包括糕点、精制早餐和午餐三明治，还有沙拉以及汽水、橘汁、瓶装水等。星巴克在美国和加拿大继续扩大它的食物加热计划，到2008年9月28日，这些门店中近一半提供热的食物，主要是早餐三明治。一系列的咖啡制作设备和附属品也在店中进行出售。每一家星巴克店都会结合自身店面的大小以及位置调整它的产品。大店中销售不同规格不同包装的公司的全豆咖啡，以及咖啡制作设备和附属品。较小的店以及销售亭通常销售全产品线的咖啡饮料、有限选择的全豆咖啡和一些诸如旅行杯和印有标志的杯子的附属品。

下表所示为结合产品类别的公司直营店的零售状况：

财年年末	2008年9月28日	2007年9月30日	2006年10月1日
饮料（%）	76	75	77
食物（%）	17	17	15
咖啡制作设备和其他商品（%）	4	5	5
全豆咖啡（%）	3	3	3
总计（%）	100	100	100

特种经营 特种经营力争通过一些渠道在公司直营店环境之外发展公司的品牌。星巴克的战略是通过与那些分享公司价值观以及对质量做出承诺的杰出第三方建立关系，而深入到顾客工作、旅行、购物和饮食的地方。这些关系有多种多样的方式，包括特许协议、食品服务客户和其他与公司核心业务相关的举措。在某些情况下，星巴克在特许经营中会有股利。在2008财年中，特种收入（包括专利费用、特许费用以及源自特种经营的产品销售额）占到总净收入的16%。

特许——零售店 在它的特许零售店运营中，公司放大了它当地合作伙伴的专长，分享了星巴克运营以及门店的发展经验。特许合作伙伴提供改进的、有时是唯一可进入的渴望得到的零售空间。大部分获得许可的人是拥有深厚的市场知识和进入能力的杰出的零售商。作为这些协议的一部分，星巴克收取特许费用以及专利费，将咖啡、茶和相关产品卖给特许加盟店再进行转售。在特许加盟店中工作的员工被要求服从星巴克详细的店铺运营程序，参加类似于提供给公司直营店员工的培训课程的那些课程。

在 2008 财年间，在美国有 438 家星巴克特许加盟零售店开业，到 2008 年 9 月 28 日，公司在美国的特许加盟店总数达到了 4 329 家。在 2008 财年间，有 550 家国际特许加盟店开业。到 2008 年 9 月 28 日，公司的国际运营部分总共有 3 134 家特许加盟零售店。在 2008 财年，来自美国和国际市场的特许加盟零售店的产品销售、专利费、特许费收入占到特种经营收入的 48%。

在 2008 财年年末，星巴克所有特许加盟零售店按地区以及具体位置划分如下表所示：

亚太		欧洲/中东/非洲		美洲	
日本	814	土耳其	107	美国	4 329
中国大陆	269	西班牙	76	墨西哥	241
韩国	254	希腊	76	加拿大	231
中国台湾	221	阿拉伯联合酋长国	69	其他	44
菲律宾	150	沙特阿拉伯	65		
马来西亚	113	科威特	57		
印度尼西亚	69	法国	46		
新西兰	43	瑞士	42		
		其他	147		
总计	1 933	总计	685	总计	4 845

特许——包装好的咖啡和茶 通过与卡夫食品有限公司（Kraft Foods, Inc.）的特许合作关系，公司在全美国的副食商店（grocery）和仓储会员店（warehouse club stores）销售一组精选的包括星巴克咖啡、西雅图的百思特咖啡品牌的包装咖啡和泰舒茶在内的产品。卡夫则管理所有的分销、营销、广告和这些产品的促销。

公司通过直接向好市多（Costco）等仓储会员店的顾客销售以及利用与加拿大和美国的卡夫的特许经营关系这两种方式在国际上销售包装好的咖啡和茶。

在 2008 财年年末，公司的咖啡和茶在近 37 000 家副食商店和仓储会员店可以买到，其中美国有 33 000 家，国际市场有 4 000 家。2008 财年来自这部分的收入占到特种经营收入的 21%。

特许——贴牌产品 公司授权几家国内和国际的合作伙伴生产和销售星巴克品牌的产品。比较重要的授权协议包括：

- 北美咖啡合资公司（the North American Coffee Partnership），一家星巴克与百事可乐各控股 50% 的合资公司。主要生产和销售即饮饮料，包括瓶装星冰乐®饮料和星巴克双份®浓缩咖啡饮料。
- 授权星巴克 Discoveries®——一款杯装冰咖啡饮料在日本和韩国的制造、营销与分销。
- 在 2008 年 8 月与联合利华和百事可乐达成的星巴克超值泰舒®茶即饮饮料在美国和加拿大的制造、营销和分销授权协议。

● 国际咖啡合资公司（the International Coffee Partnership），另一家与百事可乐合资的企业，用来生产、营销和分销国际市场上的即饮饮料，目前包括在中国和墨西哥的瓶装星冰乐®饮料。

2008财年来自这些贴牌产品的收入总共占到特种经营收入的4%。

食品服务 公司销售全豆咖啡和咖啡粉，包括星巴克和西雅图的百思特咖啡品牌，以及高价泰舒®茶和其他相关产品，将这些产品提供给服务于商业、工业、教育、医疗保健、办公室咖啡经销商、酒店、餐馆、航空公司和其他零售商的机构食品服务公司（institutional foodservice companies）。公司直接客户的主要部分是通过西斯科（SYSCO）和美国食品服务公司（U. S. Foodservice）遍布全国的分销网络。星巴克食品服务的销售、顾客服务和支持资源都与西斯科和美国食品服务公司结盟。

2008财年年末，公司全部的食品服务业务已经超过19 000个客户，主要是在美国；并且其收入占到了全部特种经营收入的25%。

产品供应 星巴克坚定地只销售最好的全豆咖啡和咖啡饮料。为了确保它严苛的咖啡标准的承诺，星巴克控制它的咖啡采购、烘烤和包装，以及用于其运营的咖啡的分销。公司从世界各地咖啡产区采购生咖啡豆，对其进行定制烘烤以达到它精确的标准，制成多种混合的或者单一口味的咖啡。

咖啡的供应和价格经常出现明显的波动。虽然大部分咖啡都在农产品市场中进行交易，但公司所想要的高海拔的阿拉比卡（arabica）咖啡往往以在当时通过供需关系形成的咖啡商品价格之上加上一个优厚的溢价进行交易。在生产国，供应和价格受多种因素的影响，包括天气、政治和经济环境。另外，生咖啡的价格在过去还受以及在将来可能还会再受到某些组织和协会的行为的影响，它们历史上曾试图通过建立出口配额或限制咖啡供应的协议来影响生咖啡的价格。

为了确保中美洲高品质生咖啡的持续性和未来供应，以及重新加强公司在咖啡行业中的领导地位，星巴克成立了星巴克咖啡农学公司（Starbucks Coffee Agronomy Company）。

SRL是一家位于哥斯达黎加的全资子公司。配备有农学家和可持续发展研究专家，这个独一无二的农民支持中心，被设计用来主动地反映在咖啡生产国中影响农民和生咖啡供应的变化。在2008财年，公司通过在卢旺达建立一家农民支持中心将这个可持续发展项目扩展到了非洲。

为了确保高品质生咖啡的充足供应，公司使用固定价格和依市场状况来确定价格的采购承诺来购买咖啡。由于生咖啡商品价格的波动性，公司为了在未来时期对其销售成本有更大的确定性，以及通过支付足够的价格给咖啡生产者以促进可持续发展，在历史上就已经使用了固定价格采购合约。当生咖啡的商品价格在一段持续时期内走高的时候，公司不太可能以优惠的条款达成固定价格的合同，而更可能增加采用依市场状况来确定价格的合同来满足它对咖啡的需求。这种类型的合同陈述了质量、数量、交货时期以及固定与生咖啡的商品基准相关的价格，但是允许在合同签署后确定基准价格。依市场状况来确定价格的合同替代固定价格合同这种状况的增加，降低了在未来时期咖啡成本的可预见性，直到生咖啡的价格通过星巴克或销售者变成"固定的"。

公司依靠与咖啡生产者、外贸公司和出口商的关系来保证其生咖啡的供应。公司相信，基于与供应商建立起的关系，在这样的采购承诺下出现不交货的风险是不太可能的。

经营分部 分部信息在相同的模板上整理，以便公司管理层评审财务信息来支持运营决策的制定。星巴克有三个呈送报告的运营分部：美国、国际和消费产品部……

美国 美国运营分部主要通过公司直营店销售咖啡和其他饮料、相配的食物、全豆咖啡和煮咖啡的设备及商品。在美国范围内的特种经营包括特许零售、食品服务客户和其他与公司核心业务相关的举措。

2008财年公司直营零售收入增加（见下表）主要是因为，在过去12个月445家新店的开业，部分抵消了单店销售额5%的下降。在这一年美国的公司直营零售店的业务受美国经济下滑的影响而继续其交易的恶化趋势。

特许收入增加（见下表）主要是由于更高的产品销售额和专利收入，这是在过去12个月新开438家特许加盟零售店的结果。食品服务和其他收入增加主要是由于新的和现有的食品服务客户的增长。

财年年末	2008年9月（百万美元）	2007年9月（百万美元）	变动（%）	2008年9月	2007年9月
				（占美国总净收入的百分比）	
净收入					
公司直营零售	6 997.7	6 560.9	6.7	88.7	89.3
特种经营					
特许	504.2	439.1	14.8	6.4	6.0
食品服务和其他	385.1	349.0	10.3	4.9	4.7
总特种收入	889.3	788.1	12.8	11.3	10.7
总净收入	7 887.0	7 349.0	7.3	100.0	100.0

运营利润明显收缩（见下表），主要是由于重组费用的发生以及由薄弱的交通、包括租用成本在内的更高的销售成本、更高的门店运营成本导致的疲软的收入。2.109亿美元的重组费用使得运营利润减少了270个基点。包括租用成本在内的销售成本的提高主要是因为占收入更高百分比的配送成本和租金费用。更高的门店运营成本归因于疲软的销售额、更高的与薪金相关的开支、支付的取消未来店址的费用和资产减值。

财年年末	2008年9月（百万美元）	2007年9月（百万美元）	变动（%）	2008年9月	2007年9月
				（占美国总净收入的百分比）	
包括租用成本在内的销售成本	3 371.7	2 956.2	14.1	42.8	40.2
门店运营成本[a]	3 081.0	2 684.2	14.8	39.1	36.5

续前表

财年年末	2008年9月（百万美元）	2007年9月（百万美元）	变动（%）	2008年9月	2007年9月
				（占美国总净收入的百分比）	
其他运营成本b	219.6	204.8	7.2	2.8	2.8
折旧和摊销费用	401.7	348.2	15.4	5.1	4.7
管理费用	72.7	85.9	(15.4)	0.9	1.2
重组费用	210.9	—	nm*	2.7	—
总运营成本	7 357.6	6 279.3	17.2	93.3	85.4
股权投资收益	(1.3)	0.8	nm	—	—
运营收入	528.1	1 070.5	(50.7)	6.7	14.6

a. 截止到2008年9月28日的2008财年和截止到2007年9月30日的2007财年，其门店运营成本占相关的公司直营收入的百分比分别为44.0%和40.9%。

b. 截止到2008年9月28日的2008财年和截止到2007年9月30日的2007财年，其其他运营成本占相关的总特种收入的百分比分别为24.7%和26.0%。

* nm表示没多大变化。余同。——译者注

国际 国际运营分部主要通过在加拿大、英国和其他九个市场的公司直营店销售咖啡和其他饮料、相配的食物、全豆咖啡和煮咖啡的设备及商品。特种经营主要包括在近40个国家的门店的特许加盟以及主要在加拿大和日本的食品服务客户。公司在国际上的门店基数继续增加，星巴克希望在投资新兴市场和渠道的同时能从已建立的业务区域获得不断增长的收益。许多公司的国际运营部门正处在初期的发展阶段，需要一个与现有收入水平和运营收入相匹配的更加广泛的支持性组织，而不只是在美国。这项持续的投资是公司实现利润增长的长期平衡计划中的一部分。

2008财年，公司直营零售收入增加（见下表）是由于在过去12个月里新开了236家直营零售店、有利的外汇汇率（主要是加拿大元），以及可比店面销售额增长了2%。在2008财年的第四季度，公司直营零售收入增长较慢，以年率12%的速度增长，可比店面销售额与2007财年相同季度基本持平，主要是受疲软的全球经济下英国、加拿大经济下滑的影响。

特种经营收入增加（见下表）主要是因为在过去12个月里新开445**家特许加盟零售店而产生了更高的产品销售额和专利收入。

财年年末	2008年9月（百万美元）	2007年9月（百万美元）	变动（%）	2008年9月	2007年9月
				（占美国总净收入的百分比）	
净收入					
公司直营零售	1 774.2	1 437.4	23.4	84.3	84.7

** 原文为550，疑有误。——译者注

续前表

财年年末	2008年9月（百万美元）	2007年9月（百万美元）	变动（%）	2008年9月	2007年9月
				（占美国总净收入的百分比）	
特种经营					
特许	274.8	220.9	24.4	13.1	13.0
食品服务和其他	54.4	37.9	43.5	2.6	2.2
总特种收入	329.2	258.8	27.2	15.7	15.3
总净收入	2 103.4	1 696.2	24.0	100.0	100.0

运营利润减少（见下表）主要是由于由在加拿大的午餐和温暖（warming）计划持续扩张引起的包括租用成本在内的更高的销售成本、更高的分销成本以及由店面装修活动造成的更高的建筑维护费。另外，被认定在2008财年的0.192亿美元的重组费用使得运营利润减少了90个基点，这几乎全部归因于澳大利亚61家公司直营店的关闭。

财年年末	2008年9月（百万美元）	2007年9月（百万美元）	变动（%）	2008年9月	2007年9月
				（占国际总净收入的百分比）	
包括租用成本在内的销售成本	1 054.0	824.6	27.8	50.1	48.6
门店运营成本[a]	664.1	531.7	24.9	31.6	31.3
其他运营成本[b]	88.5	69.9	26.6	4.2	4.1
折旧和摊销费用	108.8	84.2	29.2	5.2	5.0
管理费用	113.0	93.8	20.5	5.4	5.5
重组费用	19.2	—	nm	0.9	—
总运营成本	2 047.6	1 604.2	27.6	97.3	94.6
股权投资收益	54.2	45.7	18.6	2.6	2.7
运营收入	110.0	137.7	(20.1)	5.2	8.1

a. 截止到2008年9月28日的2008财年和截止到2007年9月30日的2007财年，其门店运营成本占相关的公司直营收入的百分比分别为37.4%和37.0%。

b. 截止到2008年9月28日的2008财年和截止到2007年9月30日的2007财年，其他运营成本占相关的总特种经营收入的百分比分别为26.9%和27.0%。

全球消费产品部（Global Consumer Products Group，CPG） 全球消费产品运营部通过在美国和国际市场上的特许协议销售全豆咖啡和咖啡粉，以及优质泰舒®茶。CPG也通过它的合资公司、营销和分销协议生产和销售各种即饮饮料。

总净收入增加（见下表）主要是由于在国际即饮饮料业务中更高的专利费和产品销售额、美国包装茶和国际俱乐部包装咖啡的销售的增加。

财年年末	2008年9月（百万美元）	2007年9月（百万美元）	变动（%）	2008年9月	2007年9月
				（占CPG总净收入的百分比）	
净收入					
特许	392.6	366.3	7.2	100.0	100.0
总特种收入	392.6	366.3	7.2	100.0	100.0

运营收入的增加（见下表）主要是由于占相关收入百分比的销售成本的降低，部分抵消了来自股权投资的较低的收入。更低的销售成本主要是由于转向更多高利润产品的销售。

财年年末	2008年9月（百万美元）	2007年9月（百万美元）	变动（%）	2008年9月	2007年9月
				（占CPG总净收入的百分比）	
销售成本	219.6	218.3	0.6	55.9	59.6
其他运营成本	22.0	19.5	12.8	5.6	5.3
折旧和摊销费用	—	0.1	—	—	—
管理费用	6.4	6.3	1.6	1.6	1.7
总运营成本	248.0	244.2	1.6	63.2	66.7
股权投资收益	60.7	61.5	(1.3)	15.5	16.8
运营收入	205.3	183.6	11.8	52.3	50.1

[注释]

[1] Starbucks Corporation, press release, Starbucks Reports First Quarter Fiscal 2009 Results, January 28, 2009.

[2] Starbucks Corporation, press release, Starbucks Reports First Quarter Fiscal 2009 Results, January 28, 2009.

[3] Starbucks Corporation, press release, Starbucks Reports First Quarter Fiscal 2009 Results, January 28, 2009.

[4] 引自 "Starbucks's Timeline and History," www.starbucks.com/aboutus/timeline.asp, accessed October 6, 2009, J. Wiggins, "When the Coffee Goes Gold," *Financial Times*, December 13, 2008。

[5] J. Wiggins, "When the Coffee Goes Cold," *Financial Times*, December 13, 2008.

[6] *Trouble Brews at Starbucks* (Ivey Harvard Business School of Management, University of Western Ontario, Case No. 9B09A, 2009).

[7] 引自 *Howard Schultz: Building the Starbucks Community* (Case No. 9-406-127, 2006)。

[8] "Starbucks: A Visual Cup o'Joe," *Contemporary Design Foundation*, www. cdf. org/issue _ journal/starbucks _ a _ visual _ cup _ o _ joe. html, accessed May 15, 2009.

[9] "Starbucks Instant: Will It Pass The Taste Test?" *Fortune*, February 13, 2007, http: //money. cnn. com/2009/02/13/news/companies/starbucks _ instant. fortune/, accessed May 19, 2009.

[10] J. Wiggins, "When the Coffee goes Cold," *Financial Times*, December 13, 2008.

3

2009年的美国航空业

> 一份在过去的20年里申请破产的129家航空公司的名单中，美国大陆航空公司（Continental Airlines）竟然两次榜上有名。尽管美国航空业的面貌本可以从1992年开始改善，但事实是美国所有航空公司从航空业开始发展的那一天起就没有赚过一分钱，绝对没有赚过一分钱。
>
> 考虑到所有这些情况，要是1903年莱特兄弟（Orville Wright）的第一架飞机起飞的时候我在基蒂霍克*，我会以我的远见和公德心——我把这一优点归功于未来的资本家——把莱特兄弟打下来。我的意思是，连卡尔·马克思（Karl Marx）都不会比莱特兄弟对资本主义造成更多的伤害。
>
> ——沃伦·巴菲特（Warren Buffett），伯克希尔·哈撒韦公司（Berkshire Hathaway）主席

2009年标志着旅客空中旅行创立一百周年。1909年11月19日，德格莱飞艇公司（Deutsche Luftschiffahrt AG）组建成立，在柏林、波茨坦、杜塞尔多夫之间通过齐柏林飞艇运输旅客。[1] 美国航空业没有因一百周年而举办纪念或庆祝仪式。大多数航空公司的首席执行官忙于在20世纪30年代以来最糟糕的经济衰退中竭力保持公司的偿付能力。

---

* 基蒂霍克位于美国北卡罗来纳州，莱特兄弟完成第一架飞机克服地心引力试验的地点。——译者注

2008年的金融危机对于航空业来说是一场灾难：旅客运输量急剧下降，销售利润荡然无存。除了西南航空公司（Southwest）外的所有领先的航空公司在2008年都宣告了巨大的损失（见表3—1）。这是对2006—2007年盛行的乐观氛围的戏剧性终结，当时，航空业经历了急剧的增长并期待一段稀有的财务稳定时期。但是希望的破灭对于航空业来说是家常便饭的事。航空业上一次经历利润复苏是在1999年—2001年中期。2001年9月11日为航空业短暂的繁荣画上了句号。

表3—1　　　　美国最大的7家航空公司的收入、利润及就业情况

	收入		净利润		资产回报率[a]		雇员数	
	2007年（十亿美元）	2008年（十亿美元）	2007年（%）	2008年（%）	2007年（%）	2008年（%）	2002年	2008年
美利坚公司	22.9	23.8	2.3	(9.3)	2.5	(7.9)	109 500	84 100
联合航空	19.1	19.3	2.0	(27.1)	2.6	(24.2)	72 000	53 000
达美航空	19.2	22.7	8.4	(12.2)	0.3	(10.0)	76 100	83 822
西北航空	12.6	13.8	16.7	(45.6)	9.1	(29.6)	44 300	38 000
大陆航空	13.1	14.6	5.1	(4.4)	5.8	(5.1)	43 900	40 120
美国合众国航空集团	11.7	12.1	3.6	(17.7)	6.1	(26.4)	46 600	32 671
西南航空	9.9	11.0	6.5	1.6	7.0	3.8	33 700	35 512

a. 资产回报率＝净收入/总资产。
资料来源：公司的10-K报告。

航空业短期的前景看上去是糟糕的。在2009年3月，国际航空运输协会（IATA）将它对2008年全球航空业损失的估计从50亿美元提高到了85亿美元。2009年，收益预计下降12%——比紧随2001年"9·11"后的2002年的状况更为严峻，净损失预计为47亿美元。"如今航空业的状况十分糟糕。伴随着经济下降，需求恶化的速度比仅仅几个月前能够预计到的状况还要快……航空业急需得到关注。"[2] 唯一相对的亮点是在美国，与需求下降相一致，航空公司缩减了产能，因此IATA预计2009年会有微薄的获利。

美国航空公司2009年第一季度的数据证实了IATA的预测。尽管大多数美国领先的航空公司报告相比上年同期利润下降了10%～20%不等，但所有航空公司相比上年同期都发生了较小的损失。

缩减产能的结果可以从加利福尼亚州和亚利桑那州沙漠的卫星地图上看出，世界上2 300架多余的大型客机中的绝大多数都停在那些沙漠里。商用喷气机二手市场也反映了产能过剩：在2009年3月，新西兰航空公司打算以500万美元出售它的一架波音747-400巨型喷气式飞机，而一架新的此种飞机标价大约为2 400万美元。[3]

尽管有零碎的证据显示美国经济在2009年年底可能会触底，但任何对接下来需求持续复苏的预测都是空白无力的。美国财政部和联邦储备委员会为支持财政系统以及解冻信贷市场所做的努力似乎是成功的，但是结果将会是政府、企业、家庭缩紧的收支表。似乎航空旅行会成为公司和个人消减预算时的主要牺牲品。此外，下降的燃油费所带来的缓和作用正在消失：在2009年的

前5个月，原油的价格自2008年12月的低谷以来几乎已经翻了一番。

这一领域的大多数CEO们首要关注的是短期的生存。大多数航空公司不仅面临着亏损的状况，而且这些损失是由疲软的资产负债表催生而来的。数年的经营亏损、重建改组费用以及对退休人员的福利缺乏支持导致了腐蚀的权益和高筑的债台。然而，因为达到保本的预期有所提升，高级主管们的注意力转向了该行业的长期前景。美国航空业注定要维持激烈的价格竞争、获取低利润以及遭遇在它的历史中已经成为常态的破产吗？或者航空业是否能够在未来成为一个"正常"的产业，即公司能够在大多数时间里收回投资？

行业主管和投资分析家对于美国航空业前景的看法是复杂的。有些人指出航空业未来会呈现出实用和财务稳健的新气象。由于像西南航空和捷蓝航空（Jet Blue）一类的低价运输公司的损失和竞争，"传统航空公司"（legacy carriers）在控制成本方面取得了长足的进步。特别是它们直面工会并且获得了工会在报酬、福利和工作程序方面的大幅让步。它们从外包业务中获得了高效率的好处，更好地利用了信息技术并淘汰了浪费能源的老旧飞机。航空公司在2008—2009年需求骤跌时减少产能的速度和它们避免昂贵的价格战的方法显示它们从痛苦的经历中学到了教训。通过利用规模经济和减少竞争压力，航空业内的合并对盈利是有帮助的。伴随着2005年美国西部航空公司（America West）与合众国航空公司（U.S. Airways）的合并以及2008年达美航空（Delta Air Lines）与西北航空（Northwest）的合并，许多航空公司的高管们开始相信未来的合并既是可行的又是无法避免的："我们觉得合并对航空业是有好处的，如果我们的参与是合理的话，我们会选择合并。合并对于我们这样一个成熟行业的发展来说是一个自然的阶段，"杰克·布莱思（Jack Brace）——联合航空（UAL）的财务总监预测，国内航空业将会合并成2~4个传统网络航空公司，3个是最可能的情况。

其他一些人则不那么乐观。航空业存在的问题不能归因于这一时期具体的环境：国际恐怖主义、高油价以及2007—2009年的信贷危机。数十年来航空业的投入产出比一直很糟糕——不仅在美国是这样，在其他国家也是如此。行业糟糕的绩效表现也不能归因于管理不善。值得注意的是，尽管传统航空公司（例如美利坚公司（AMR）、联合航空、达美航空、美国航空（U.S. Airlines）、美国大陆航空）竭力保持偿付能力，但极少有低价公司获得成功并且低价航空公司也开始挣扎。2008年捷蓝航空和图兰航空（Air Tran）都发生了亏损，西南航空刚刚保本。

悲观者指出了航空业存在的两大不幸特点。首先，当遇到不好的时期时，航空公司纷纷倒闭而极少清算。其次，只要需求开始恢复，航空公司就会增加产能，新的航空公司也会进入，为下一次利润的下降创造条件。"我们曾经好几次处于这种境地，"一位业内资深人士评论道，"航空业似乎正要爬出亏损的泥淖，但其惨淡的经济形势又一次自己宣告了它的失败。"

从管制到竞争

美国航空业的历史发展经历了两大主要阶段：止于1978年的管制阶段和1978年以后的取消管制阶段。

□ 处于管制之下的航空业（1978年之前）

最早的定期航班服务始于20世纪20年代——主要是运输邮件而非运输旅客。到了20世纪30年代早期，跨越大陆的航线被3家航空公司所控制：北方的美国联合航空公司、南方的美国航空公司以及中部的环球航空公司（TWA）。新进入的企业和不断激烈的竞争（特别是达美航空和美国大陆航空公司之间的竞争）给航空业带来了不稳定的威胁，1938年议会成立了美国民用航空委员会（CAB）并授权其管理航空业的产业结构以及业内的竞争。CAB将州际航线的运营权给了现存的23家航空公司，建立了安全准则和优先等级，严格的费用标准，航空邮件的费用，往返路线，兼并、收购以及公司间协议。运价是CAB基于成本加合理回报制定的。结果是僵化的产业结构——尽管有超过80份申请，但1938—1978年间却没有一家新的航空被批准进入。

20世纪70年代，日渐增多的对经济自由主义的支持引发了减少政府管制、加大对市场的依赖程度的呼声，政治意见也随之发生了重大改变。经济的新发展支持了取消管制的政治想法。管制这一方法是基于传统的关于"自然垄断"的争议——自然垄断行业不可能存在竞争市场，而规模经济和网络效应在该行业中是重要的。20世纪70年代早期，可竞争市场理论（the theory of contestable markets）形成。主要的论点在于行业不需要通过竞争性的构建以获得竞争性的结果。只要进入和退出壁垒降低，"边打边跑"式进入的潜能能够使已经建立起来的企业收取竞争性价格并获得具有竞争性的回报率。结果就是1978年10月《航空业解除管制法案》废除了CAB，开创了航空业竞争的新纪元。[4]

□ 取消管制的影响

取消对进入、路线分配、费用的控制造成了新进入的浪潮和价格竞争的高涨。截至1980年，有包括人民航空（People Express）、佛罗里达航空（Air Florida）、中途岛航空公司（Midway）在内的20家新的航空公司成立。

取消管制同样伴随着行业波动的增加：1979年的石油危机、1981年的衰退以及空中交通控制者的罢工。在1979—1983年间，航空业遭遇了大范围的损失及由此引发的破产（超过100家航空公司在1978—1984年间相继倒闭），航空业也掀起了一股并购潮。尽管航空业在1982年进一步强力扩张，但该产业在1990—1994年间经历了利润的下跌。图3—1显示了取消管制以来的行业利润。盈利水平对需求和产能之间的平衡反应非常敏感——损失产生于行业载客率降低到盈亏平衡点载客率水平之下（见图3—2）。竞争在增进效益方面的作用从这一时期实际价格几乎连续下降的情况上来看是十分明显的（见表3—2）。

表3—2　　航空旅行不断下降的价格：单位乘客客运里程收入（美分）

	1960年	1965年	1970年	1975年	1980年	1985年	1990年	1995年	2000年	2008年
名义价格	6.1	6.1	6.0	7.7	11.5	12.2	13.4	13.5	14.6	12.7
1984年不变价格	20.3	19.4	15.4	14.3	14.0	11.3	10.2	8.9	8.5	6.1

资料来源：Bureau of Transportation Statistics.

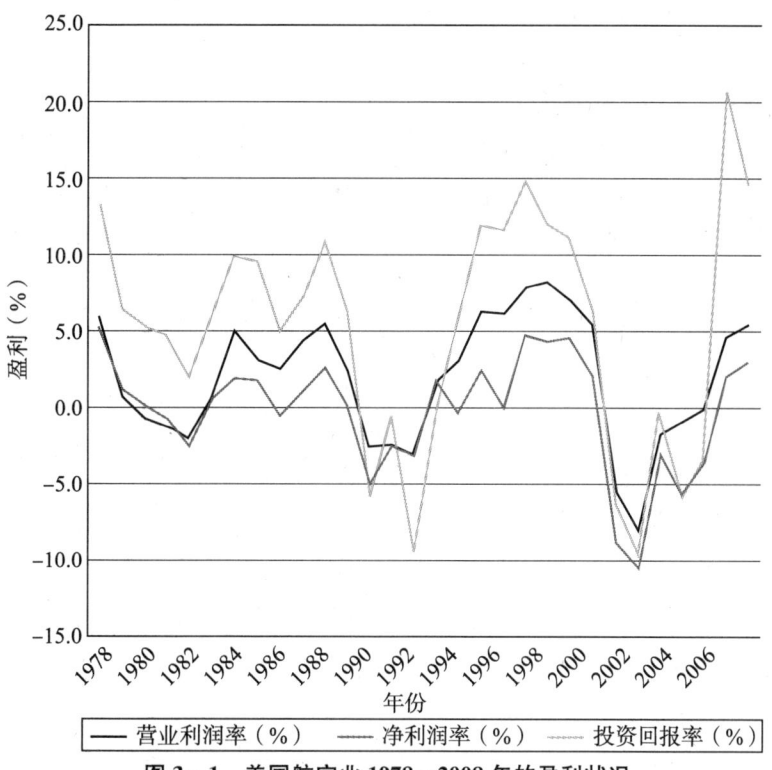

图 3—1 美国航空业 1978—2008 年的盈利状况

资料来源：Bureau of Transportation Statistics.

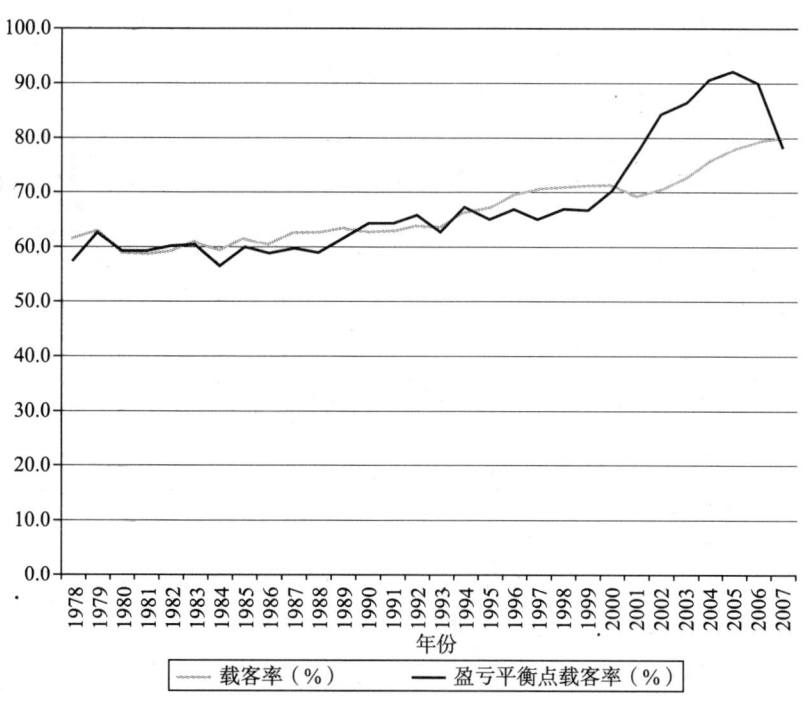

图 3—2 美国航空业 1978—2007 年的载客率

资料来源：Air Transport Association，Annual Economic Reports（Various Year）；Bureau of Transportation Statistics.

解除管制后的公司战略和行业演化

20世纪80—90年代航空业结构的调整主要是航空公司适应新的行业竞争状况和获得竞争优势这些战略的一个结果。

□ 航线战略：轴—辐系统（the hub-and-spoke system）

在20世纪80年代期间主要的航空公司重新安排了它们的航线地图。之前占主导地位的点到点航线系统被另一种新的航线系统所取代。在这种系统中，每一家航空公司都将它的航线集中在几个通过大型飞机提供经常性服务的主要机场，这些起"集成"作用的机场与周边小型机场通过短航线、小型飞机相连。这种"轴—辐系统"有两个主要的好处：

● 它通过削减网络内连接有限个城市的航线数量以及在更少的地点集聚旅客和维持设备而达到更高的效率。它使用更大型的、更有成本效益的飞机来集成运输。轴—辐系统带来的效率好处因航线安排得到了加强，输入的短途到达旅客在特定的时间集中，能使输出的长途到达旅客乘坐大型飞机。

● 它使得主要航空公司在主要地区市场和特定航线上建立起优势。实际上，主要航空公司在它们提供的航线服务上越来越体现出地域区别性。表3—3列出了有一家航空公司在当地市场份额中占主导地位的城市。轴—辐系统还对新航空公司建立了进入壁垒，新航空公司经常发现在主要的集成点处很难找到登机口和降落跑道。

表3—3　2009年某些美国城市最大航空公司的本地市场份额（以旅客人数计）

城市	航空公司	市场份额（%）
达拉斯	美国航空	73
迈阿密	美国航空	71
明尼阿波利斯	西北航空	59
底特律	西北航空	54
休斯敦	大陆航空	62
亚特兰大	达美航空	53
夏洛特	合众国航空	55
巴尔的摩	西南航空	53
纽瓦克	大陆航空	52
旧金山	联合航空	37
丹佛	联合航空	37
辛辛那提	达美航空	33

资料来源：Bureau of Transportation Statistics.

主要航空公司的轴—辐网络系统通过与当地（通勤）航空公司建立战略联盟而得到扩展。美国之鹰（American Eagle）、联合快递（United Express）和达美快线（Delta Shuttle）分别是美利坚公司（美国航空）、联合航空和达美航空建立的加盟公司。这些通勤航空公司使用各自主要航空公司的订票系统并对它们自己的和更大合作伙伴的经营和市场政策进行协调。

□ 并购

解除管制时期新进入的企业减少了航空工业的卖方集中度（见表3—4）。然而，领先企业建立全国（及全世界）航线网络的愿望掀起了行业中的并购潮——一些是由困扰着一些先进航空公司的财政问题引发的。如果没有在反垄断背景下的政府干预的话，并购还会继续发生；然而，司法部对达美航空和西北航空并购案的认可指向了一个更宽松的航空并购方式。图3—3展示了一些主要的兼并和收购。在2002—2005年间，行业集中度由于主要破产航空公司（联合航空、达美航空和西北航空）的产能减少而下降，市场份额由低价航空公司获得。

表3—4　　　　　　　　　　　美国航空业的市场集中度

年度	CR4（%）	年度	CR4（%）
1935	88	1987	64.8
1939	82	1990	61.5
1949	70	1999	66.4
1954	71	2002	71.0
1977	56.2	2005	55.4
1982	54.2	2008	49.1

注：四家公司的集中度测量行业最大的四家公司乘客里程的市场份额。在1935—1954年间，最大的四家公司是联合航空、美国航空、环球航空和东方航空。1982—2005年间，最大的四家公司是美国航空、联合航空、达美航空和西北航空。2008年最大的四家航空公司是美国航空、联合航空、达美航空和西南航空。

资料来源：U. S. Department of Transportation.

□ 价格和成本

伴随解除管制而来的不断加剧的竞争在航空票价中表现得最为明显。价格削减要么由已建航空公司微薄的收益和过剩的产能造成，要么由低价航空公司造成。新的低价航空进入者在引发价格战上发挥了重要作用，价格战也逐渐成为解除管制后竞争的特点。人民航空、布拉尼夫航空（Braniff）、纽约航空（New York Air）和西南航空都通过极其有效的费用结构和极简单的服务带来的最低价格寻求积极的扩张（低价航空公司通过不提供飞行中的餐饮、娱乐和行李处理服务以节约费用）。尽管大多数低价新进入者在航空解除管制的前几年中失败了，但它们很快就被迫切想建立自己的航空公司的新企业替代了。

为了回应低价航空公司低价的倡议，主要航空公司有选择性地降低价格。由于航空公司试图将对价格敏感的休闲消费者从对价格不敏感的商务旅行者中区分开来，票价结构因而变得越来越复杂。因此，价格的幅度变宽了：在同样的行程下，提前预订的要在周六晚上停留的经济舱票价只及一等舱票价的十分

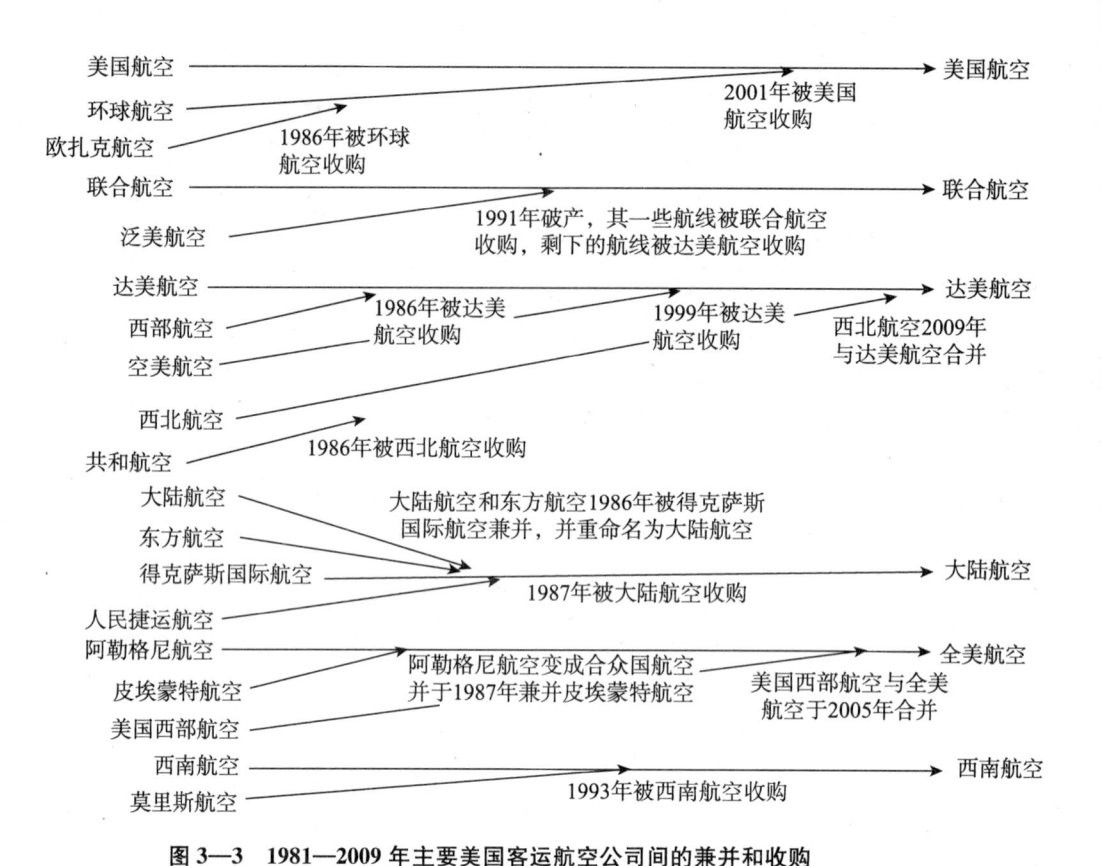

```
美国航空 ─────────────────────────────────────────────────→ 美国航空
环球航空 ──────────────↘                    2001年被美国
欧扎克航空 ───────────→ 1986年被环球       航空收购
                         航空收购
联合航空 ────────────────────────────────────────→ 联合航空
泛美航空 ──────────→ 1991年破产，其一些航线被联合航空
                     收购，剩下的航线被达美航空收购
达美航空 ──────────────────────────────────────────→ 达美航空
西部航空 ──────────→ 1986年被达美    1999年被达美
空美航空 ──────────→ 航空收购        航空收购         西北航空2009年
                                                      与达美航空合并
西北航空 ──────────────────────────────────→
共和航空 ──────────→ 1986年被西北航空收购
大陆航空 ──────────↘  大陆航空和东方航空1986年被得克萨斯
东方航空 ──────────→  国际航空兼并，并重命名为大陆航空
得克萨斯国际航空 ──→                                         → 大陆航空
人民捷运航空 ───────────→ 1987年被大陆航空收购
阿勒格尼航空 ──────↘   阿勒格尼航空变成合众国航空
皮埃蒙特航空 ──────→   并于1987年兼并皮埃蒙特航空       → 全美航空
美国西部航空 ──────────────────→ 美国西部航空与全美
                                 航空于2005年合并
西南航空 ──────────────────────────────────────────→ 西南航空
莫里斯航空 ─────────────→ 1993年被西南航空收购
```

图3—3　1981—2009年主要美国客运航空公司间的兼并和收购

资料来源：更新自 S. Borenstein, "The Evolution of U. S. Airline Competition," *Journal of Economic Perspectives*, 6 (2), 1992, p. 48.

之一。

价格削减同样是根据不同路线有选择性地实施。通常主要航空公司在那些面临着低价竞争对手的航线上提供低价格。作为最大和最成功的经济航空公司的西南航空，不断抱怨它的较大竞争对手降价后的掠夺性价格。然而，主要航空公司对抗低价航空公司的能力受到主要航空公司的成本结构——特别是严格的劳动合同、基础建设和对广泛路网的承诺——的限制。为了与新进低价公司进行竞争，一些主要航空公司设立了新的子公司以效仿低价航空公司的战略和成本结构。这些子公司包括：大陆航空1994年建立的Continental Lite，联合航空1995年建立的Shuttle by United，1993年达美航空建立的Song以及1994年联合航空建立的Ted。2008年联合航空Ted分公司的关闭标志着传统航空公司试图建立自己低价航空公司努力的终结。

2001—2009年的危机时代，主要航空公司为削减成本做出了艰辛的努力。在这一时期，主要航空公司与工会的合同经过了重新谈判，无效的工作方式得到了终止，不能盈利的航线被废弃，雇用的员工数也被削减。然而，低价航空公司与主要航空公司相比在维持持久的成本优势上仍略胜一筹。更高的燃料价格对主要航空公司的打击比对低价航空公司的打击要大。低价航空公司不仅因为拥有更新、更节能的飞机，还因为拥有更稳健的财务状况，从而能够进一步购买燃料，应对上涨的燃油价格。

☐ 对差异化的诉求

在受管制的情况下,航空公司价格竞争的无能导致了竞争转向非价格方面——客户服务和飞机上的食品以及娱乐服务。解除管制无情地暴露了客户忠诚的秘密:大多数旅客发现不同的主要航空公司提供的服务几乎没有区别,并且越来越不在意在某一特定航线上是否选择他们习惯的航空公司。由于航空公司不断降低客户的舒适度,寻求差异化的努力越来越集中在商务舱和头等舱的旅客上。头等舱和商务舱票价的高利润强烈地刺激了航空公司通过提供宽敞的座位和大量的机内服务来吸引顾客。对于休闲旅行者,尚不清楚他们选择航班时除了考虑价格以外还考虑什么因素。经济舱低价提供的低利润限制了航空公司通过提供外加服务而增加成本的愿望。

最为广泛使用和最为成功的建立客户忠诚度的主动措施是常旅客计划(frequent flyer schemes)的引进。美国航空于1981年率先推出常旅客计划,不久便被所有其他主要航空公司效仿。通过提供免费机票、依据航空里程数的升级奖励以及设定获奖门槛水平,航空公司鼓励旅客将其航空旅行集中在一个航空公司。截至2006年年底,航空公司未补偿的常旅客里程飙升到超过10万亿英里。通过吸收其他伙伴公司——汽车租赁公司、连锁酒店、信用卡发行机构——常旅客项目变成了航空公司额外利润的一个重要来源,所创造的利润每年超过100亿美元。

2009年的美国航空业

☐ 航空公司

2009年伊始,美国航空业(包括航空货运公司)包括了151家公司,其中很多都是本地公司。表3—5列出了年利润超过1亿美元的航空公司。航空业由7家主要旅客航空公司主导——联合航空、美国航空、达美航空、西北航空、大陆航空、合众国航空及西南航空(见表3—5)。领先集团的重要性通过与较小航空公司的联盟网络得到了加强。考虑到如此多领先航空公司危险的财务状况,大多数观察家都预计行业内公司联合的趋势将会继续。

☐ 航空旅行的市场状况

21世纪初期,飞机是美国境内长途旅行的主要方式。至于短一些的旅程,汽车是主要的选择。公共交通的其他选择方式——公共汽车和铁路——在超过100英里的旅程中只占了很小的比例。只有在极少的几条线路上(例如,在华盛顿、纽约和波士顿之间)火车比飞机更有优势。

大多数预测指出对航空旅行的需求会持续增长——但是以慢于前几十年增

表 3—5　　　　　　　　　　　2008 年的美国航空公司

	员工数		员工数
主要运输公司			
ABX/Airborne Express	4 983	联邦快递	144 237
空中航线	7 825	Frontier	4 850
阿拉斯加航空	10 195	捷蓝航空	11 852
美国航空	75 074	Mesa	2 940
美国之鹰	9 976	西北航空	29 137
大西洋东南航空公司	4 454	Skywest	9 889
空美航空	5 720	西南航空	35 852
大陆航空	37 720	联合航空	48 571
达美航空	48 248	United Parcel	6 115
Express Jet	5 403	合众国航空	33 809
国内运输公司			
Air Transport Int'l	409	美莎芭航空公司	4 374
威斯康星航空	2 930	迈阿密航空	418
美国阿里真特航空	1 560	Midwest Express	1 183
美捷国际航空	559	北美航空公司	840
箭航空公司	514	全能国际航空公司	1 074
Astar 航空	895	Pinnacle	4 204
Astar Air Cargo	895	极地货运航空公司	366
Atlas Air	1 249	太平洋西南航空	990
大陆密克罗尼西亚公司	1 250	Ryan Int'l	576
Evergreen	484	Spirit	2 410
Executive	1 891	Sun Country	766
西佛罗里达航空公司	61	USA 3000	556
Hawaiian	3 707	美国喷气航空公司	191
Horizon	3 751	World	1 494
卡利塔航空公司	962		
大型地区性运输公司			
Aerodynamics	244	Lynx	375
阿罗哈航空货运公司	393	北方航空货运公司	235
Capital Cargo	217	Pace	482
Casino Express	123	共和航空公司	1 432
圣图伦货运航空	625	穿梭美国航空公司	1 255
Colgan	1 324	南方航空	544
Compass	761	Tatonduk	291
GoJet	445	Tradewinds	69
Gulf & Caribbean	63	维珍美国航空公司	1 305
林登航空货运有限公司	160		

资料来源：Bureau of Transportation Statistics.

速的速度增长。在20世纪80—90年代间，旅客飞行里程数以每年5%的速率增长，然后在随后的十年内增速放缓。2009年3月，美国联邦航空管理局（FAA）预计2009年乘客里程数会下降7.8%，而到2025年这一时期，增长率将会在2%~3%之间。[5] 一些观察家认为这一预计过于乐观：公司和旅客的节约会令需求下降。此外，高涨的电话会议预示着长久以来预期的从面对面商务会议到虚拟商务会议的转变最终到来了。

需求结构正发生着重要的变化。对航空公司特别的担忧源于商务和休闲旅客间市场分割逐步消失的事实。传统观念认为休闲旅客对机票的需求是有很大价格弹性的，而商务旅客对机票的需求是极其无弹性的。因此，航空公司利润的主要来源是能带来高额利润的商务机票。在2008—2009年间，越来越多的公司改变了其航空旅行政策，以限制或消除它们雇员乘坐豪华舱进行航空旅行的权利。[6]

价格方面上涨的压力一部分可以归因于航空票价分配的变化。网络时代的到来吞噬了大批传统旅行代理商——专门销售航空客票的零售商、酒店服务台和假期行李打包公司。与此同时航空公司使用基于电话和网络的销售系统来发展自己的直销机构。然而，航空公司搜寻网络机会的速度仍慢于电子商务企业。尽管有2001年6月Orbitz（航空公司自己的网络销售系统）的成立，但Expedia和Travelocity仍领导着网络机票的销售。网络销售公司不仅比传统旅行社掌握着更强的议价能力，而且为消费者提供了无可比拟的价格透明度，能使以最低价购买的交易迅速实现。

旅行社减少或消失的佣金加速了传统旅行社部门的减少。2008年由航空公司付给代售机构的佣金降低到不足运营费用的1%，1991年为6.2%。2008年传统旅行社行业由少数几家全球性领导者主导，如美国运通公司（American Express）和托马斯·库克（Thomas Cook）。

□ 航空公司的成本状况

飞行操作费用占到了航空总运营费用的三分之一还多一点，服务费和保养维护费约占到了四分之一（见表3—6）。目前为止劳动力成本和燃油费是最大的单项成本构成（见表3—7）。行业成本结构的主要特点是固定费用所占的比例非常高。比如，因为工会合同，公司很难减少经济萧条时期的员工数和工作小时数。主要航空公司需要维持其航线网络，从而减少了成本的灵活性——航空公司希望保留整个航线网络的完整性而不愿意在萧条时期放弃不盈利的航线。行业成本结构还显示出一重要特点，即在产能过剩时期，使计划航班满载的边际成本是非常低的。

表3—6　　2002年、2005年和2007年美国航空业按活动划分的成本结构

成本项目	在总运营费用中所占的比例（%）		
	2002年	2005年	2007年
飞行操作	30.1	36.5	37.9
飞机和交通服务	15.9	14.1	13.6
保养维护	12.2	10.3	10.2

续前表

成本项目	在总运营费用中的比例（%）		
	2002年	2005年	2007年
促销和销售	9.3	5.7	5.2
运输相关费用	10.0	16.7	16.9
旅客服务	8.3	6.2	5.4
管理	7.5	6.0	6.5
折旧和摊销	6.7	4.5	4.3
总计	100.0	100.0	100.0

资料来源：Air Transport Association.

表 3—7　　　　　　　　2006 年和 2008 年美国航空业的运营费用

成本项目	2002—2008年的费用增长率（%）	占总运营费用的比例（%）	
		2006年	2008年
劳动力	−6.0	23.8	24.36
燃油	327.9	25.5	35.94
专业服务	49.9	7.8	8.07
食品和饮料	−11.4	1.5	1.25
降落费	31.4	2	1.93
维护材料	34.6	1.4	2.29
飞机保险	−52.0	0.1	0.48
旅客佣金	−27.0	1.3	0.97
沟通	4.3	0.9	1.01
广告和促销	2.2	0.8	0.60
运输相关费用	167.4	14.7	19.23
其他运营费用	93.6	7.6	3.86

资料来源：Bureau of Transportation Statistics.

劳动力　行业内劳动力成本由于高水平的员工报酬而被推高——航空公司 2007 年的平均支出为 55 950 美元；高出所有私人工业的平均值约 40%。[7] 劳动力成本同样由于与工会达成的糟糕的工作方式所导致的低生产率而被推高。大多数航空公司的工人隶属于许多主要工会中的一个，美国空乘协会、飞行员协会、国际机械师和航天工人协会是最重要的几个工会组织。这些工会有着战斗性的传统，总能成功地通过谈判使工资增长率远高于通货膨胀增长率。

2002—2009 年间，航空公司迫使员工做出重大让步。其结果是平均补偿（包括福利）从 2003 年的 79 356 美元降到了 2007 年的 74 786 美元。行业雇员数从 2000 年 680 000 人的顶峰下降到 2008 年的 532 000 人。[8]

燃油　一架飞机需要多少油依赖于飞机的年龄和它的平均飞行长度。较新的飞机和较长的飞行里程意味着更高的燃油效率。不同飞机的燃油效率是不同的，主要取决于发动机的数量。燃油费是航空公司成本构成中最易变动和最难预测的项目，因为原油价格经常变动。2002 年 1 月—2008 年 6 月期间，纽约原油价格从每桶 19 美元上升至每桶 140 美元，之后于 2008 年 12 月跌至每桶 40 美元。2009 年 4 月，原油价格又攀升至每桶 50 美元。

装备 飞机对于航空公司来说是最大的资本支出项。以每架飞机高达2.5亿美元的单价计算（A380售价约为3.8亿美元），购买新飞机是航空公司财务紧张的一个重要原因。当波音公司和空客公司为抢夺新业务（尤其是在它们的订单数很少的时候，如2002—2004年）而激烈竞争时，对购买新飞机给出的有力的折扣和宽松的筹资优惠掩饰了一个事实，即飞机制造商的一个重要利润来源是零部件销售。在过去的20年中，大型喷气式飞机的制造商由4家减少为2家。洛克希勒（Lockheed）于1984年停止了民用客机的生产；麦道公司（McDonnell Douglas）于1977年被波音公司收购。地区性喷气式飞机的主要供应商为加拿大的庞巴迪公司（Bombardier）和巴西的巴西航空工业公司（Embraer）。2005—2008年期间，波音公司的普通股回报率平均为21.3%。

机场设施 机场在美国航空业中扮演了重要角色。机场通常都高度复杂，拥有昂贵的设施且为数不多。只有最大的城市才有多于一个机场。尽管解除管制后航空运输有了快速、持续的发展，但美国只新建了丹佛这一主要机场。大多数机场归自治市所有，它们通常为该市创造了大量利润。降落费由机场和航空公司之间签订的合同做出规定，通常依据飞机的重量而定。纽约的La Guardia机场有着全美最高的降落费，一架波音747飞机需要超过6 000美元的降落费。2007年，航空公司支付给美国机场超过20亿美元的机场降落费以及30亿美元的旅客设施费。

4家美国机场——纽约的肯尼迪国际机场和拉瓜迪亚机场、芝加哥的奥黑尔国际机场以及华盛顿的里根国际机场——都很"拥挤"，起飞和降落跑道分配给了采用真实（de facto）所有权的单个航空公司。2008年和2009年航空产能缩减暂时缓解了拥堵问题，逆转了对起降跑道的扩大投资。

航空公司间的成本差异 赞成解除管制的论据之一是航空运输中的主要规模经济减少，因此大型和小型航空公司可以并存。但之后也鲜有证据表明大型航空公司比起较小的竞争对手能获得系统的成本优势。然而，与路网密度相关的经济性是存在的——一个区域内航线数量越多，航空公司就越容易通过利用飞机、人员、旅客及设施维护来节省开支。实际上，航空公司之间成本的差异主要取决于管理、制度及历史因素，而非规模经济、范围经济和密度经济的影响。行业中的成本领先者西南航空根据其低成本的目标建立了战略和管理系统。通过在较小的机场提供服务、提供有限的客户服务、使用同一种型号的飞机、员工间的工作共享和支付远低于其他主要航空公司的工资水平，尽管在相对短的航线上运营，西南航空和捷蓝航空是行业内单位有效客运里程（CASM）运营费用最低的公司中的两个。与之相反，在主要航空公司中合众国航空有最高的运营费用——部分因为航线集中在了东北部地区（短途航线以及不利的冬季气候），还因为由严格工会合同引发的低生产率。表3—8显示了不同航空公司单位成本、单位利润和资本使用率的差异。

确定平均费用的一个重要因素是资本使用情况。因为至少在短期看来大多数费用是固定的，创造利润的行为取决于是否达到资本利用的盈亏平衡点。当航空公司在低于盈亏平衡点的产能水平上运行时，公司在巨大的刺激下会削减价格以吸引额外的业务。行业内周期性的价格战通常在需求较少的时期以及有诸多竞争者和过剩产能的航线上开展。航空业之所以在2009年第一季度能够减少损失，是因为航空公司随着下降的需求而相应削减了产能。

获得较高的载客率和避免毁灭性低价是航空公司的当务之急。所有主要航空公司都采取了"产出管理系统"（yield-management systems）——将产能和购买数据与精确的财务分析相结合的极其先进的电脑模型，以进行灵活定价。采取这套系统的目标是使每一架飞机都尽可能多地获利。要达成这一目标就意味着定价类型的增多。

表3—8　　2006年和2008年大型航空公司的运营数据

	有效客运里程（10亿）		载客率（%）		单位有效客运里程运营收益（美分）		单位有效客运里程运营费用（美分）	
	2006年	2008年	2006年	2008年	2006年	2008年	2006年	2008年
美国航空	175.9	150.4	82.0	82.2	12.48	14.50	12.47	15.73
联合航空	139.8	123.2	82.1	81.3	13.13	14.88	13.08	16.18
达美航空	133.5	117.3	77.8	82.3	12.98	16.25	13.57	16.25
西北航空	91.8	72.0	82.7	85.0	14.33	16.63	14.47	17.35
大陆航空	85.5	91.4	83.1	81.4	13.51	15.15	13.26	15.53
西南航空	85.2	94.9	73.0	71.2	9.52	10.65	8.46	10.25
合众国航空	83.9	68.3	77.6	81.8	15.68	16.80	15.20	19.18
图兰航空	15.4	21.9	74.4	78.9	10.10	10.70	9.79	10.98
捷蓝航空	23.8	29.7	82.5	80.5	7.55	10.48	7.48	10.18
阿拉斯加航空	23.2	22.3	76.4	77.3	11.32	13.30	11.52	13.40

资料来源：Bureau of Transportation Statistics，公司10-K报告。

□ 进入和退出

解除管制者抱有的把美国航空商业作为在"竞争市场"中的竞争案例的希望被两个因素阻碍了：极高的进入和退出壁垒以及潜在竞争在降低单条航线的费用方面替代不了真实竞争的事实。[9] 建立一家航空公司的资金要求可以很低（有一架租赁的飞机就足够了），但要提供航空公司的服务就需要建立一整套包括安检口、航空公司和飞机经营许可证、起降跑道、行李搬运服务、市场以及机票分销在内的系统。在某些机场，几家主要航空公司对安检口和降落跑道的控制使得进入这几条航线非常困难，并迫使新建的航空公司使用次要机场。尽管航空业有较高的进入壁垒和惨淡的财务表现，但似乎不缺乏迫切想进入这一领域的企业家，他们被拥有一家航空公司光彩照人的表面现象所吸引。国际航空公司也是美国国内市场的潜在进入者。然而，行业令人失望的状况阻止了综合性的欧盟—美国开放空中运输协议的达成，欧洲航空公司也就不可能进入美国航线。

加剧行业内竞争的一个关键因素是较高的退出壁垒。壁垒阻止了航空公司和资金的大批量退出。制造损失的公司能继续在行业内生存这一趋势可归因于两个重要的退出壁垒：首先，合同（尤其是与员工的合同）增加了巨大的退出成本；其次，《破产法》第11章指出无偿付能力的公司能够寻求到其债权人（以及它们现有合同）的保护，从而能够在法院的监督下继续运营。一个阻碍航空公司财务健康的重要症结是公司要面临着来自破产公司的竞争，而破产公司有着人为降低了的成本这一优势。

展望未来

2009年5月末,大多数行业观察家对行业的未来持悲观态度。尽管美国经济似乎能避免彻底的萧条,但经济复苏的"萌芽"(green shoots)的第一个果实就是油价的反弹。

悲观情绪在股票市场对航空公司的资产评定和信用评级中得到了反映。所有引用的美国客运航空公司2009年5月末的市值总和为174亿美元——不到其最大供应商波音公司市值的一半,仅为埃克森美孚公司(Exxon Mobil)市值的4%。市场几乎都认为航空公司的负债状况是令人沮丧的。只有西南航空达到了可以投资的信用级别,所有其他航空公司的偿债能力被标准普尔(S&P)定为"垃圾"级别(低于BBB—)。到了2009年第二季度,惠誉评级公司将美利坚航空和联合航空的债务评级降低到了CCC。

乐观的一面是,传统航空公司通过提高生产率和减低补贴福利成功降低了成本基数。低价航空公司和传统航空公司之间的成本差异也缩小了。然而,尽管降低成本相对提高了传统航空公司的竞争地位,但整个行业的成本削减——不论是通过降低燃油价格还是通过提高效率——似乎对于整个航空业的利润增加贡献甚微。价格战愈演愈烈意味着行业内全面的成本削减正在通过更低的票价转向消费者。

关键问题是,企业合并与企业削减产能的更大决心能否形成航空业更为稳定的价格。2008年和2009年产能调整的速度意味着航空公司更愿意根据需求调整产能——并由于更加灵活的工会合同而更有能力这样做。关键问题是这种新的趋势能否存续到迎来下一个行业转机。紧缩的信贷市场很可能有助于维持行业对产能扩大的谨慎做法。航空业长期以来入不敷出,这一失败的表现预示着航空公司在筹资购买新飞机和增加其他设备时困难重重。合众国航空的CEO道格·派克(Doug Parker)认为:"我们这一行业能从外部筹到资金弥补长期的损失……但这在未来越来越难了,"他说航空公司的诸如银行、飞机制造商、借贷者和其他供应商这样的财务伙伴发生了"根本性"的改变。[10]

事实显示航空业之前的复苏时期要么终结于外部的变故,要么终结于行业自身固有的过度投资的恶习。在之前的两次转机——1996—1999年和2006—2008年——的案例中外部因素是重要原因("9·11"恐怖袭击和2008年的金融海啸)。但即使没有不利的外部环境,行业也显示出过度乐观和因缺乏财务意识而过度投资的趋势,航空业通过新建航空公司、增加新的机构来扩充产能。预测显示对航空旅行的需求会在2009年后半年和进入2010年时逐渐回升,关键问题就是航空公司能否严格执行在金融危机开始时就实施的成本、产能控制和严格的定价措施。

最鼓舞人心的就是航空公司成功地削减了成本。然而,主要航空公司提升运营效率的努力也引发了一些复杂的问题。普遍认为,如果主要航空公司能将成本降低到西南航空或是其他低价航空公司的水平,那么这些航空公司就能获得与西南航空相近的利润额。然而尽管主要航空公司做出了许多努力,但西南航空、捷蓝航空和其他低价航空公司仍然比传统航空公司有着巨大的成本优势。即便主要航空公司能够继续降低成本,那么谁将会是削减成本后的受益者——是航空公司长期受苦的股东,还是航空公司以低价吸引来的大量消费者?

[注释]

[1] U. S. Centennial of Flight Commission, "The Early Years of German Commercial Aviation," www.centennialofflight.gov/essay/Commercial_Aviation/germany/Tran19.htm, accessed October 7, 2008.

[2] "Airline Industry in Intensive Care," *Financial Times*, March 25, 2009.

[3] "Deserts Littered by State of Airline Industry," *Financial Times*, March 5, 2009.

[4] CAB的废除意味着航空管制的主要责任归于负责航空安全的美国联邦航空管理局。

[5] "FAA: Air Travel will Fall 7.8% in '09'," CNN, March 31, 2009, http://money.cnn.com/2009/03/31/news/companies/Airlines/index.htm, accessed October 29, 2009.

[6] "Business Travel Blues", *Washington Post*, March 17, 2009, http://www.washingtonpost.com/wp-dyn/content/article/2009/03/17/AR2009031701280.html, accessed October 29, 2009.

[7] Air Transport Association, *2008 Economic Report*, ATA, Washington DC.

[8] Air Transport Association, *2008 Economic Report*, ATA, Washington DC.

[9] 关于可竞争性原则以及可竞争性原则在美国航空业的应用,参见S. Martin, "The Theory of Contestable Markets," discussion paper, Department of Economics, Purdue University, July 2000。

[10] "Airlines: Where Capital Goes to Die," *Business Week*, May 5, 2009.

4

2009年的福特和世界汽车产业

危机中的福特

截至2009年6月,福特汽车(Ford Motor)是底特律三大汽车公司(Big Three)中唯一逃过破产劫难的成员。克莱斯勒公司(Chrysler)于4月30日申请《破产法》第11章的破产保护,通用汽车(General Motors)在6月1日也申请了破产保护。对于首席财务总监里维斯·布兹(Lewis Booth)来说,自从他2008年11月上任以来,接下来的8个月他都在不间断的压力中度过。跟随2008年9月雷曼兄弟(Lehman Brothers)的倒闭而来的金融危机吞噬了整个美国的汽车工业。奥巴马(Obama)总统2009年1月上任的时候,美国汽车销量仅为上年同期的一半。这次需求的骤降在美国汽车产业历史上是空前的。由于股民对福特股票的减持,福特2008年遭受了147亿美元的损失。[1]

2009年6月,布兹将注意力由福特短期的生存转为长期的财务展望。福特于2008年12月2日提交到参议院破产委员会的商业计划暗示了公司的财务需求不得不建立在"现阶段的发展率"和"更糟的发展率"之上(见表4—1)。从那以后世界经济趋于稳定,一些预测者也预测美国经济将于2010年重新获得增长。对于世界汽车产业,政府鼓励淘汰旧车和购买更新的节油车的计划对稳定需求非常有帮助——尤其是在欧洲。福特 2009 年第一季度的情况显示出状况改善的迹象：即便销售额一直下降，但第一季度 14 亿美元的损失比起前两个季度的损失还是要小得多。

表 4—1　　　　福特公司预测的美国汽车销量及福特自身的财务需求

	美国汽车销量预测（百万辆）			福特预计的额外融资需求
	2009 年	2010 年	2011 年	（十亿美元）
GDP 下降 3%；经济衰退持续整个 2009 年度	11.0	12.5	14.0	9
更为严重的衰退持续到 2010 年	10.5	11.0	12.0	13

资料来源：Ford Motor Company, Business Plan Submitted to the Senate Banking Committee, December 2, 2008.

由于短期内破产的威胁暂时消退，布兹将注意力逐渐转向福特更长期的财务状况。2008 年 12 月，布兹曾预计福特会在 2011 年达到盈亏平衡。福特成本削减的措施已经结出了果实——福特远早于通用汽车和克莱斯勒开始了自己的重建。2009 年期间福特会看到自己工厂关闭、早期转向小型节能车生产以及出售制造损失的捷豹、路虎和阿斯顿·马丁附属品牌的好处。

然而，布兹意识到福特的利润回报不仅仅依赖于自身的努力，还依赖于后经济衰退时代汽车工业的状况。尽管行业内的短期状况在 2009 年的后半年有所改善，但长期的前景变得越来越让人担忧。

布兹从福特强大的运营和财务表现中找到了安慰，这些能力能够让福特成为危机中优胜劣汰后存活下来的一员。戴姆勒-奔驰（Daimler Benz）的 CEO 也发表了相似的观点，他预计 2009 年将会是汽车产业的"达尔文年"。然而截至 2009 年 6 月，都鲜有物竞天择的事实：

　　自然选择以外的一些事情发生了：全世界的政府，从加拿大和巴西到俄罗斯和韩国，向汽车工业投入巨额现金以维持工厂和装配线的运行。

　　自从去年 10 月全球汽车销售骤降以来，超过 1 000 亿美元的直接"紧急财政援助"基金或像废旧车计划之类的间接政府援助给汽车制造商带来了帮助——从名义上看，这是有史以来政府对制造业最大的一次干预。

　　所有这些援助资金保住了汽车制造业中的工作岗位——工作岗位仍然是很多工业经济的关键，但是这些援助阻碍了长期以来拥有过多生产商的汽车工业的洗牌。普华永道（PwC）的咨询师预计今年行业拥有制造 8 600 万辆汽车的产能，几乎是创纪录的——比起将要销售的 5 500 万辆汽车还要多 3 100 万辆。"揭露行业最大问题——产能过剩——的一个绝佳机会被错过了，"野村证券的分析师迈克尔·廷德尔（Michael Tyndall）说道。在欧洲，由于紧急融资的援助，没有一家工厂永久关闭。

　　"行业未来的状况看似不会和现在一样，除非政府给予大量的资金援助，避免'优胜劣汰，适者生存'自然选择的发生，"桑佛·伯恩斯坦公司的分析员马克思·沃伯顿（Max Warburton）说道。"这是一个对汽车工业本质的良好提醒：一个政府支持下的就业创造计划。"

　　行业长期观察者指出汽车工业从来没有在纯粹的自由市场法则下运行。政府总是在经济衰退时期进行干预。许多作为全国生产冠军的汽车制造商得到了家族的支持，家族企业占到了大型制造商数量的一半左右，这些家族企业的排名通常都很稳定，并控制着股东的价值。家族企业和政府都对行业内合并造成了巨大的障碍。[2]

一想到行业结构从十年前开始就几乎没有变过，布兹感到非常失望：1990—2008年间世界五大汽车制造商（通用汽车、丰田、福特、戴姆勒-克莱斯勒以及大众（Volkswagen））的平均净利润为1.1%；它们的投资回报远低于投资成本，总共给股东造成了数十亿美元的股价损失。然而，即使缺乏现有汽车制造商之间的合并，非常清楚的一点是，行业结构决不会维持平静。伴随着需求从成熟工业国家向亚洲、东欧和拉美等新兴市场国家的转移，来自这些地区的新竞争者出现了。从更深层次看，科技和环保意识的结合正在改变着行业的发展道路。福特计划分别于2010年和2011年引进电能商务汽车和电能汽车。[3]

世界汽车市场的发展[4]

☐ 市场需求的演化

19世纪80年代，第一辆以内燃机驱动的汽车在欧洲产生了——由德国的戈特利布·戴姆勒（Cottlieb Daimler）和卡尔·本茨（Karl Benz）发明。到了世纪之交，在欧洲和美国有数百家小公司从事着汽车制造。接下来的120年见证了汽车工业在世界的不同地方以不同的速度发展。美国市场见证了其汽车工业发展最快的1910—1928年和第二次世界大战后的时期。从20世纪60年代中期起，汽车和卡车的总产量是非常稳定的——尽管有周期性的波动（见图4—1）。西欧和日本也经历了市场的成熟，并于1989—1990年达到了产量的顶峰。在所有工业发达的国家，汽车使用寿命更长的趋势创造了2008年衰退前对汽车的需求下降的趋势（见图4—2）。

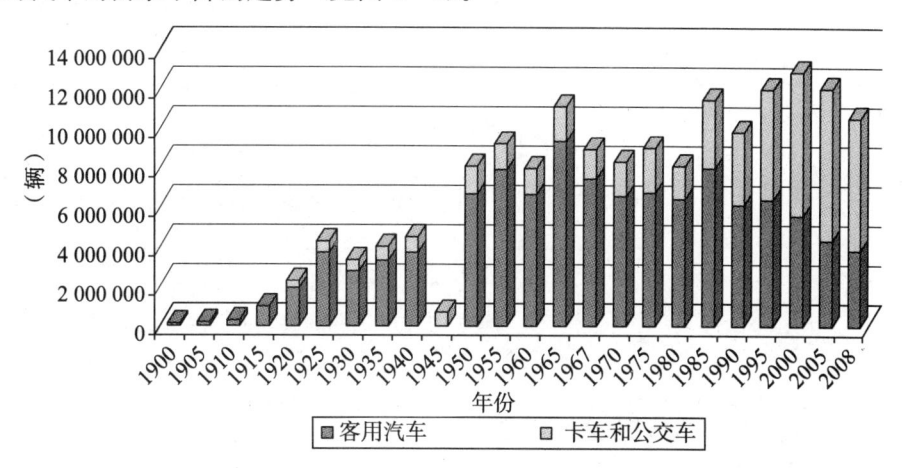

图4—1 1900—2008年美国汽车产量

结果是，汽车生产商渐渐将目光转移到新兴工业化国家以寻找市场机会。20世纪80—90年代期间，诸如韩国、马来西亚、泰国、土耳其和阿根廷这样的新兴工业化国家展现出了非常好的发展前景。2000—2009年，金砖四国（巴西、俄罗斯、印度和中国）是世界主要的增长市场。因此，世界轿车和卡车的产量持续增长（见图4—3）。

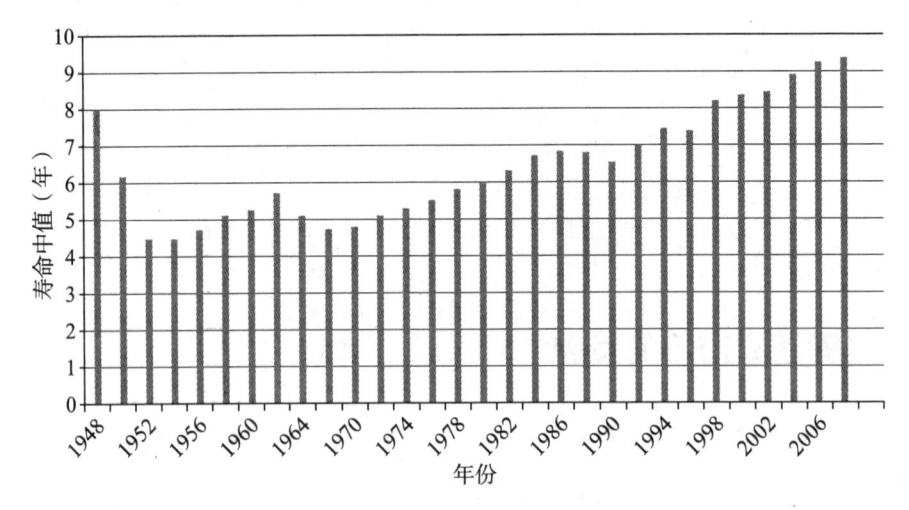

图4—2　美国客用汽车的寿命中值

资料来源：R.L.Polk & Co.

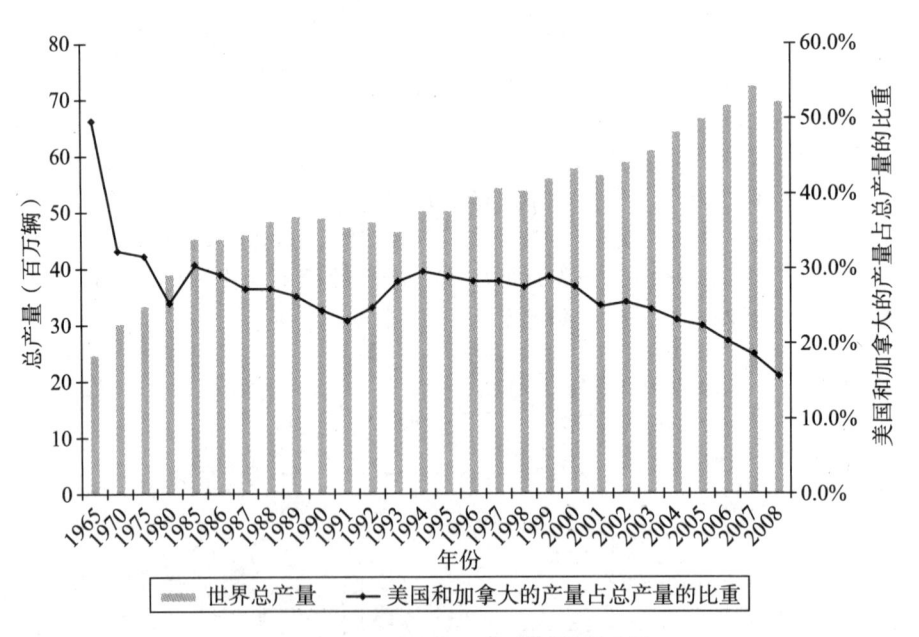

图4—3　1965—2008年世界汽车产量

汽车的进化史

早年汽车工业的特点是汽车设计和技术的极大不确定性。早期"不用马拉的车"就是那一类型——它们遵循着现存马车和旧式轻便马车的设计风格。

早期的汽车呈现出令人眼花缭乱的技术。在早些时候，内燃发动机与蒸汽发动机和电动汽车相竞争。内燃发动机的特点是各式各样的气缸构造。传送系统、方向系统和刹车都展示了种类繁多的技术和设计风格。

在多年的发展中，由于竞争将很多曾经有希望的设计遗弃到了历史的垃圾堆中，汽车制造技术和款式趋向于一致。福特的T型汽车设计是第一个主导的设计——T型汽车的技术和设计特点为其他汽车制造商设立了效仿的标准。汽车技术和设计的融合贯穿于整个20世纪。在20世纪20年代，所有汽车制造商都采用了全封闭的钢质车体。在20世纪的最后几十年里，汽车制造中最显著的区别——大众甲壳虫的后端制冷发动机、雪铁龙2-CV和它独特的刹车和悬挂系统、达夫和它的"Variomatic"传送装置以及一些苏联集团制造商所钟爱的双冲程发动机——被消除了。发动机变得越来越相似；通常是4个气缸排成一行，对于大一些的车采用V-6或V-8构造。较小的汽车中前轮驱动成为了标准；悬挂、转向装置、刹车系统和车身形状变得越来越相似。技术进步是不断增加的；创新主要包括电子设备的新应用，新的材料以及新的安全特点。主要进步是多阀门气缸、牵引控制系统、所有车轮驱动、电动燃料注射、多变的悬挂系统、内部冷却的涡轮、卫星导航系统、防碰撞雷达和智能调度系统。

尽管汽车制造商之间的区别较小，但新产品细分持续出现。新汽车类型包括许多诸如豪华运动型多用途汽车和迷你运动型多用途汽车的"跨界车"（crossovers）。

集中趋势同样在国家间发生。同样的细分市场在不同的国家出现。国家间主要的不同是不同细分市场中的车型不同。在美国，中型家用轿车是最大的细分市场，其中本田雅阁和丰田凯美瑞是主导车型。在欧洲和亚洲，小型家用汽车（微型小客车）形成了最大的细分市场。然而，制造商不管多么重视全球车型，主要的国家间差异都是持久存在的。例如，美国2000—2008年轻型卡车（小型卡车和运动型多用途汽车）的销量超过了客用汽车。在日本，小型汽车，例如铃木牡鹿牌汽车（Cervo），夺取了35%的汽车市场份额。

这种设计融合和技术改变放缓的趋势被一个主要的技术进步打断了。1997年丰田和奥迪引进了批量生产的混合动力汽车——几乎是在保时捷开发出第一辆内燃机发动的电动混合动力车100年后。到了2009年，混合动力车占到了日本汽车市场份额的12%和美国汽车市场份额的3%。一些主要的汽车制造商，包括通用汽车、戴姆勒、三菱和斯巴鲁，计划在2009年下半年和2010年推出全电动汽车，这又一次重访了汽车工业早年的历史——在1900年，美国生产的所有汽车中有28%是全电动的。

□ 制造技术的演进

20世纪伊始，汽车制造（就像马车制造）是一个手工艺产业。汽车是根据客户个人的偏好和要求定做的。在欧洲和北美，有数以百计的公司制造汽车，极少有年生产量超过1 000辆的。当亨利·福特（Henry Ford）于1903年开始制造汽车时，他运用了相似的方法——甚至早期的T型车也采用该方法。他的汽车能够被大众负担得起并可大批量生产的想法依赖于更加精确的机器工具的发展，这种工具使零部件能相互替换。1913 年，福特克服了他新生产系统中的技术挑战。汽车组件要么能大批量生产，要么能够连续生产，之后由半熟练工人在流水装配线上装配。生产量的增长是巨大的。在 1912 年，装配一辆 T 型车需要花费 23 个工人数小时的劳动；14 个月后，只需要花费 4 个工人的劳动。因此而下降的汽车价格开创了大众汽车时代的新纪元。

"福特制"（Fordism）是加工工艺发展过程中的第一项重要变革；丰田的"精益生产"（lean production）是第二项。精益生产这套系统是丰田在二战后的日本研发的，当时关键材料的紧缺鼓励了极端的节俭，消除了存货和浪费。这套系统的关键要素是统计过程控制、适时制定计划、质量管理小组、团队合作以及灵活生产（在一条生产线上生产一种以上的汽车型号）。新生产方式的核心是效率最优化的静态理念向每个员工都参与的持续改进转变。20 世纪 80—90 年代期间，世界所有汽车生产商都采用丰田精益生产的理念，重新设计它们的汽车加工流程。

新的加工技术降低了组装的规模经济程度。大型加工厂制造效率最高的时候达到了每年生产至少 400 000 辆汽车。1990 年以后，大多数新装配工厂产能在每年 150 000～300 000 辆之间。组件和配件方面的规模经济似乎更为重要。对于一家发动机厂商来说，最小的有效规模是每年 100 万单位的产量。

□ 新产品开发

在新产品开发中，规模经济是非常重要的：大量的开发费用需要用大量的汽车来分摊。

不断增加的设计复杂度、电子产品的应用以及新的安全和环境标准导致了研发新车型费用的激增。在 20 世纪 90 年代，从设计图纸到生产线组装，生产一款全新的批量生产的客用汽车需要超过 15 亿美元。福特的蒙迪欧/康拓——它的第一个全球车型——在 1994 年生产制造时花费了 60 亿美元（包括工具花费）。

较小的生产商只有在避免支出这些大量的产品开发费用时才能够生存。一种方法是避免改变新车型。捷豹在被福特收购之前，它的两款车型 XJ6 和 XJS 几乎已经有 20 年的历史了。摩根汽车公司从 20 世纪 30 年代后期起就制造相同的车型。另一种方法就是从大型制造商那里获得设计许可。例如，土耳其的托发斯（Tofas）生产菲亚特设计的汽车，马来西亚的宝腾（Proton）生产三菱设计的汽车，印度的风神（Maruti）生产铃木设计的汽车。

新产品研发费是行业内兼并和收购的重要驱动因素。由分享开发费用带来的节约也促成了合作与合资企业的产生。2009 年的汽车工业就是一个全球性合作协议的网络。这一网络包括合资工厂、技术联盟、组件供应协议和联合市场开发。在新兴市场国家，大多数新的汽车制造工厂是当地企业与海外企业建立的合资公司。图 4—4 显示了福特公司与其他汽车制造商之间的联盟。

在 20 世纪 90 年代，新产品开发能力成为了区别汽车制造商的重要组织能力。设计、研发和投产一辆全新的汽车是一个包括公司所有职能的异常复杂的过程。这需要多达 3 000 个工程师、与几百个供应商合作以及从设计到投入使用长达五年的时间。丰田和本田采用的基于团队的新产品开发方法成为了其他所有主要汽车生产商效仿的标杆。采用这种方法的结果是产品开发所用的时间大大减少了。

试图降低产品研发费用的努力重点围绕三个理念。首先是组件化设计：将汽车分解为许多不同的组件。其次是"虚拟原型设计"：用3D电脑图设计和测试样机。再次是针对多种模型的共有平台的研发。一个"平台"其中有了一辆汽车的结构，其中有平面图、悬挂系统、动力传动的设计以及主要的组件。从2000年到2009年，为了寻求规模经济和便利新产品的开发，在一个生产平台上制造多种车型成为了一个重要的趋势。例如，福特的C1平台用于福特福克斯、马自达3、福特C-max以及沃尔沃S40和G50的制造。发动机方面，福特采用了3个发动机系列：V-8/V-10、V-6以及I-4（4个排成一行的气缸）。I-4发动机有超过100种变体，年产量150万个，并在三个不同的工厂生产——一个在北美，一个在欧洲，另一个在日本。《汽车新闻》（*Automotive News*）报道，"想法就是要在消费者无法看到和感受到的地方共享系统，在消费者能够看到和感受到的地方实行品牌差异化。"

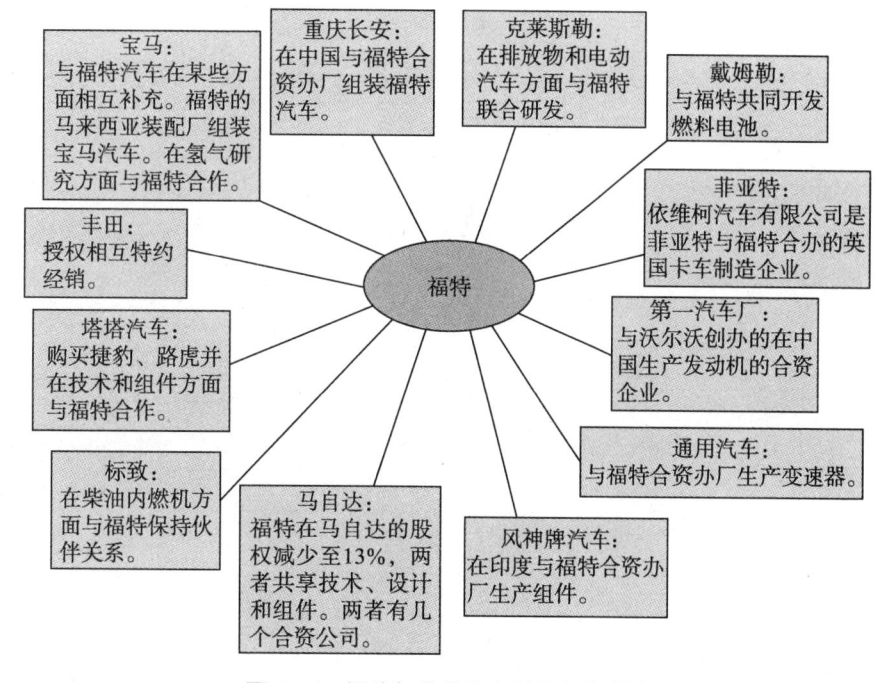

图4—4 福特与其他汽车制造商的联盟

行业状况

制造商

主要的汽车制造商在表4—2中列出。领先制造商的排名被美国、日本和欧洲国家的公司垄断,除了这些国家的公司外,只有韩国的现代(Hyundai)公司在领先制造商之列。所有的主要制造商都是跨国公司:通用汽车和福特在美国境外生产的汽车比在美国境内生产的还要多;本田在美国生产的雅阁(Accord)汽车比在日本生产的还多。因此,一些国家——尤其是加拿大、西班牙以及英国——都是国内没有任何知名的自主品牌却是知名的汽车制造大国。在过去的二十多年中,汽车工业通过兼并和收购不断合并(见表4—3)。20世纪90年代后期日本和韩国的汽车公司出现的财务问题加速了这一进程。因此,美国和欧洲的汽车制造公司获取了日本和韩国汽车行业的较大份额。2008—2009年的金融危机抑制了行业合并;菲亚特对克莱斯勒的收购是唯一重大的收购案件。事实上,汽车公司的主要收入来源于不断的分解(例如通用汽车试图卖掉它的萨博和欧宝子公司)。与此同时,大量专注国内市场的生产商——尤其是来自中国和印度的生产商——正在构筑全球形象。

表4—2　　　　　　　　　　世界主要汽车制造商

		产量(千辆汽车和商务车)						
		1992年	1996年	2000年	2002年	2004年	2005年	2007年
通用汽车	美国	6 764	8 176	8 114	8 326	9 221	9 200*	9 350
丰田	日本	4 249	4 794	5 897	6 626	7 674	7 974*	8 534
大众	德国	3 286	3 977	5 106	5 017	4 785	5 243*	6 268
福特	美国	5 742	6 611	7 206	6 729	6 721	6 818*	6 248
戴姆勒-克莱斯勒	德国	2 782	4 082	4 666	4 456	4 551	4 829*	4 635
现代[a]	韩国	874	1 402	2 488	2 642	2 283	2 534*	3 987
本田	日本	1 762	2 021	2 469	2 988	3 141	3 391*	3 912
标致	法国	2 437	1 975	2 879	3 262	3 078	3 375	3 457
日产	日本	2 963	2 712	2 698	2 719	3 226	3 569*	3 431
菲亚特	意大利	1 800	2 545	2 639	2 191	1 776	1 708*	2 679
雷诺[b]	法国	1 929	1 755	2 515	2 329	2 490	2 533*	2 669
铃木	日本	888	1 387	1 434	1 704	2 392	2 630	2 596
宝马	德国	598	641	835	1 091	1 255	1 328*	1 542
三菱	日本	1 599	1 452	1 613	1 821	1 334	1 381	1 412
马自达	日本	1 248	984	972	1 044	1 104	1 149*	1 287
大发	日本	610	691	n. a.	n. a.	870	909	856
奥托瓦兹	俄罗斯	674	562	756	703	727	732	736
一汽	中国	n. a.	n. a.	n. a.	n. a.	n. a.	n. a.	691
塔塔	印度	n. a.	n. a.	n. a.	n. a.	n. a.	n. a.	588
富士(斯巴鲁)	日本	648	525	581	542	555	571	585
五十铃	日本	473	462	572	437	578	642	532

a. 包括起亚(Kia)汽车。

b. 包括达西亚(Dacia)和三星(Samsung)汽车。

n. a.＝数据未知。

＊销售数据。

资料来源:Ward's Automotive Yearbook.

表 4—3　　1986—2009 年汽车制造商间的兼并和收购状况

年份	收购方	被收购方	备注
2009	大众	铃木	购买了 20% 的股份
2009	菲亚特（意大利）	克莱斯勒	
2009	大众	保时捷	同意合并
2009	北京汽车工业集团	福建省汽车工业集团有限公司；长风汽车制造股份有限公司	
2008	塔塔（印度）	捷豹汽车、路虎（英国）	从福特公司那里购入
2008	上汽集团（中国）	南京汽车集团有限公司	上汽集团现在拥有 MG 和罗孚品牌
2005	南京汽车集团有限公司（中国）	路虎（英国）	
2005	丰田	富士重工业	从通用汽车那里购得了 8.7% 的股份
2002	通用汽车（美国）	大宇（韩国）	持有 42% 的股份
2000	雷诺（法国）	三星汽车（韩国）	持有 70% 的股份
2000	通用汽车（美国）	菲亚特（意大利）	持有 20% 的股份
2000	戴姆勒-克莱斯勒（德国）	现代（韩国）	持有 10% 的股份
2000	戴姆勒-克莱斯勒（德国）	三菱汽车（日本）	持有 34% 的股份
1999	雷诺（法国）	日产（日本）	持有 38.6% 的股份
1999	福特（美国）	沃尔沃（瑞典）	只获得了汽车业务
1999	福特（美国）	路虎（英国）	从宝马那里购入
1998	戴姆勒-奔驰（德国）	克莱斯勒（美国）	有史以来最大的汽车合并
1998	大众（德国）	劳斯莱斯（英国）	从威格士那里购入
1998	现代（韩国）	起亚汽车（韩国）	
1998	大宇（韩国）	双龙汽车（韩国）	
1998	大宇（韩国）	三星汽车（韩国）	
1997	宝腾（马来西亚）	莲花汽车（英国）	
1997	宝马（德国）	罗孚汽车（英国）	
1996	大宇（韩国）	华沙牌汽车（波兰）	
1996	大宇（韩国）	卢布林汽车（波兰）	
1995	菲亚特（意大利）	FSM（波兰）	
1995	福特（美国）	马自达（日本）	
1994	大宇（韩国）	奥特赛特/罗德（罗马尼亚）	
1991	大众（德国）	斯柯达（捷克共和国）	
1990	通用汽车（美国）	萨博（瑞典）	持有 50% 的股份
1990	福特（美国）	捷豹（英国）	
1987	福特（美国）	阿斯顿马丁（英国）	
1987	克莱斯勒（美国）	兰博基尼（意大利）	
1986	大众（德国）	西雅特（西班牙）	

资料来源：报纸报道。

☐ 外包与供应商角色

亨利·福特的大批量制造系统是由其强大的后向整合能力做支撑的。在福特巨大的红河工厂，铁矿石从生产线的一端进入，T型车就从另一端制造出来。福特甚至在亚马逊盆地拥有橡胶种植园。过去30年的趋势是朝着不断增加的原材料、组件和服务外包方向发展，目的是获得更低的费用和更强的灵活性。在20世纪90年代末期，通用汽车和福特都将它们的组件生产业务剥离出来而另外成立公司：分别是德尔福汽车系统公司和伟世通公司。汽车制造商与供应商的关系同样也发生了变化。日本企业式的与一线供应商亲密合作的长期关系替代了美国企业式的与供应商之间基于合同的、保有距离的关系。美国和欧洲的汽车制造商如今都和少数几个供应商保持长期的关系。由于主要零部件供应商在科技开发中承担了越来越多的责任——尤其是在复杂的组件方面，如传动系统、刹车系统以及电子和电器装备——因此它们也扩张了规模，扩大了全球影响。博世公司、电装公司、约翰逊控制公司和德尔福汽车系统公司的规模几乎与一些较大汽车公司的规模一样大（见表4—4）。

表4—4　　　　　　　　最大汽车零部件供应商的收入和利润

	收入（十亿美元）			资产净利率（%）
	1994年	2000年	2008年	2008年
罗伯特博世（德国）	19.6	29.1	58.5	1.7
电装公司（日本）	11	18.2	40.3	6.7
约翰逊控制（美国）	7.1	17.2	35.9	0.6
爱信精机（日本）	7.3	8.9	27.1	4.4
马格纳国际公司（加拿大）	—	10.5	23.7	0.1
德尔福汽车系统公司（美国）	—	29.1	18.1	n.a.
伊顿（美国）	4.4	8.3	15.4	6.6
李尔公司（美国）	3.1	14.1	13.6	(1.0)
法雷奥集团（法国）	3.8	8.9	11.4	(3.2)
伟世通公司（美国）	—	19.5	9.5	1.2
达纳公司（美国）	5.5	12.7	8.7	n.a.

n.a.＝数据未知。
资料来源：福布斯的公司财务报表。

☐ 对削减成本的诉求

行业内不断加剧的竞争增强了汽车制造商削减成本的诉求。削减成本的措施包括：

● 世界范围内的外包活动。如前所述，生产汽车时外包已经由单个零部件的外包发展到主要组件的外包（例如发动机和驾驶系统）。除此之外，汽车公司已经在其内部进行了新的汽车制造供应安排：中国吉利和现代分别为克莱斯勒生产汽车，这些车在北美以道奇品牌销售。

- 准时制生产,极大地降低了存货水平和减少了在产品。
- 将汽车制造转移到成本更低的地区。大众的北美生产工厂位于墨西哥,它还将德国境内的生产转移到捷克共和国、西班牙和匈牙利;日本公司将越来越多的生产转移到东南亚成本更低的地区;梅赛德斯和宝马在美国南部腹地新建立了工厂。
- 合作。在汽车公司中,福特的战略联盟(见图4—4)是为了共担成本而建立的技术和产品开发联合的典范。

尽管汽车公司在降低成本方面做出了持续的努力,但主要汽车制造商仍然不能获得中国、印度和其他低劳动成本国家新兴汽车制造商的低单位成本。2009年塔塔汽车推出的Nano车型加剧了全球主要汽车制造商面临的挑战。Nano是一种四座、使用623毫升的引擎的城市汽车,每加仑汽油能跑约70英里。然而,引起全世界汽车制造商注意的是它的价格:以115 000卢比(2 420美元)的价格成为了世界上最便宜的新车。

产能过剩

行业内最大的结构性问题就是产能过剩。自20世纪80年代早期以来,汽车产能的增长一直超过了对汽车需求的增长。进口限制加重了这一问题。20世纪80—90年代早期,由于日本公司新建了很多"转移"工厂,北美汽车产能获得了极大的增长。20世纪90年代东欧、亚洲和拉丁美洲国家私家驾车的增长所带来的机遇促使世界所有主要汽车制造商在这些国家建立新厂。1992—1997年韩国汽车工业的扩张进一步增加了世界汽车的产能。即使在需求增长最为迅速的国家——例如中国,2002—2008年间销量年增长大约为50%——产能的增长仍超过了需求的增长。2009年伊始,CSM Worldwide预计全球过剩的产能达到了3 400万辆(见表4—5)。

表4—5　　　　　　　　　　2009年1月汽车产能

	产能 (百万辆/年)	产量 (百万辆/年)	过剩产能 (百万辆/年)
北美	17.3	10.1	7.2
南美	5.5	3.7	1.8
欧洲	27.3	17.8	9.5
中东和非洲	2.5	1.7	0.8
日本和韩国	17.3	13.9	3.4
南亚	8.3	4.7	3.6

资料来源:CSM Worldwide.

在未来几年,福特、通用汽车和其他几个公司削减的产能似乎能够抵消在2007—2009年投产的新工厂增加的产能。这些新工厂包括三家新的丰田工厂(一家在印度,两家在中国)、两家在北美开设的新本田工厂、在捷克共和国与美国开设的现代工厂、在斯洛伐克开设的标致雪铁龙工厂,以及在中国和印度开设的至少十二家其他品牌的新工厂。

全球化

进入成长的市场，寻求购买、科技和新产品开发方面的规模经济是汽车制造商全球扩张的主要动因。尽管福特和通用汽车早在 20 世纪 20 年代就开始进行全球扩张，但直到 20 世纪 70 年代世界汽车产业还是由分割的国内市场所组成，各国市场占主导地位的还是本土生产商。每一个较大国内市场的需求主要通过即将成为市场领先者的国内生产制造商得到满足。全球化意味着，尽管目前整个世界范围内的汽车制造商还很少，但大多数国内市场的集中度在不断下降。例如，1970 年三大汽车制造商（通用汽车、福特和克莱斯勒）占有接近 85% 的美国市场，大众和戴姆勒奔驰垄断了德国市场，菲亚特垄断了意大利市场，英国利兰（之后罗孚）垄断了英国市场，西雅特垄断了西班牙市场，雷诺、标致和雪铁龙垄断了法国市场。全球化意味着所有主要汽车制造商在世界上大多数国家展开竞争。因此，本地公司在一国市场上的统治地位被削弱了（见表 4—6）。

表 4—6　不同品牌汽车在各国汽车市场中的份额（%）

	1988 年	2006 年		1988 年	2006 年
美国			**英国**		
通用汽车	36.3	23.5	福特	26.3	18.5
福特	21.7	16.7	通用汽车（沃克斯豪尔）	13.7	12.7
戴姆勒-克莱斯勒	11.3	10.8	标致	8.7	10.0
丰田	6.9	13.9	大众	n.a.	12.9
本田	6.2	8.8	宝马/罗孚	15.0	4.6
法国			**日本**		
雷诺	29.1	24.8	丰田	43.9	40.4
标致	34.2	28.2	日产	23.2	14.0
大众	9.2	11.6	本田	10.8	12.2
福特	7.1	6.0	铃木	n.a.	12.1
意大利			**韩国**		
菲亚特	59.9	28.5	现代	55.9	50.0
大众	11.7	10.8	起亚	25.0	23.3
福特	3.7	7.8	大宇	19.1	10.0
标致	n.a.	9.6			
雷诺	7.1	6.4			
德国					
大众/奥迪	28.3	27.8			
通用汽车（欧宝）	16.1	9.7			
福特	10.1	8.0			
梅赛德斯	9.2	11.3			

n.a. = 数据未知。

资料来源：Japan Automobile Manufacturers Association；Korean Automobile Manufacturers Association；A. K. Binder (ed.), Ward's Automotive Yearbook, 2009, Wards Communications, Southfield MI, 2009.

新市场的兴起以及对低制造费用的诉求使得全球汽车生产分布状况发生了较大改变（见表4—7和表4—8）。1990—2008年期间，由于国内市场的快速增长和较低的制造成本，中国、韩国、巴西和印度跻身世界主要汽车制造国。然而，尽管德国、日本和英国的制造成本高昂（见表4—9），但其持久的领导地位还是展示了在维持经营多年的制造中心竞争优势方面集聚效应的力量。

表4—7　按国家和地区划分的世界汽车产量（占世界总量的百分比）

	1960年	1989年	1994年	2000年	2005年	2008年
美国	52.0	23.8	24.5	22.2	20.0	18.6
西欧	38.0	31.7	31.2	29.9	28.4	20.7
中欧和东欧	2.0	4.8	4.3	4.6	5.4	9.5
日本	1.0	18.2	21.2	17.7	17.0	16.7
韩国	—	1.8	4.6	5.0	5.3	5.5
其他国家	7.0	19.7	14.4	20.6	24.0	29.0
总产量（百万辆）	12.8	49.5	50.0	57.4	66.8	69.4

资料来源：A. K. Binder (ed.), Ward's Automotive Yearbook, 2009, Wards Communications, Southfield MI, 2009.

表4—8　2008年排名前15的汽车制造国家（千辆汽车；不包括卡车）

	1987年	1990年	1995年	2000年	2005年	2008年
日本	7 891	9 948	7 664	8 363	9 017	9 916
中国	n.a.	n.a.	356	620	3 118	6 341
德国	4 604	4 805	4 360	5 132	5 350	5 532
美国	7 099	6 077	6 338	5 542	4 321	3 777
巴西	789	663	1 312	1 348	2 009	2 561
韩国	793	987	1 893	1 881	2 195	2 436
法国	3 052	3 295	3 051	2 883	3 113	2 144
西班牙	1 403	1 679	1 959	2 445	2 098	2 014
印度	n.a.	n.a.	n.a.	541	999	1 507
俄罗斯*	1 329	1 260	834	967	1 288	1 469
英国	1 143	1 296	1 532	1 641	1 596	1 448
墨西哥	266	346	710	1 130	846	1 217
加拿大	810	1 072	1 339	1 551	1 356	1 195
波兰	301	256	260	533	527	840
意大利	1 701	1 874	1 422	1 442	726	659

* 1987年和1990年为苏联。

资料来源：Japan Automobile Manufacturers Association; Korean Automobile Manufacturers Association; A. K. Binder (ed.), Ward's Automotive Yearbook, 2009, Wards Communications, Southfield MI, 2009.

表4—9　汽车工人的小时报酬（美元/小时，包括福利）

	1975年	1984年	1994年	1998年	2002年	2004年	2006年
德国	7.89	11.92	34.74	34.65	32.20	44.05	45.93
美国	9.55	19.02	27.00	27.21	32.35	33.95	35.12
英国	4.12	7.44	15.99	20.07	21.11	29.40	29.95

续前表

	1975年	1984年	1994年	1998年	2002年	2004年	2006年
法国	5.10	8.20	18.81	18.50	18.73	26.34	29.41
日本	3.56	7.90	25.91	22.55	24.22	27.38	27.84
西班牙	—	5.35	15.37	15.34	15.11	21.55	24.18
韩国	0.45	1.74	7.81	7.31	12.22	15.82	19.04
意大利	5.16	8.00	16.29	16.44	15.67	21.74	18.62
墨西哥	2.94	2.55	2.99	2.21	3.68	3.50	3.73

资料来源：U. S. Department of Labor, Bureau of Labor Statistics.

展望

当布兹重新审视他对下一个计划期的财务预测时，他意识到福特创造利润的能力不仅依赖于世界汽车市场需求的复苏，而且依赖于竞争将如何影响汽车行业在接下来的四年中能够创造的利润率的种类。在合并、合理化产能以及新兴市场制造商进入世界市场方面将要发生的事情必定会对行业总体上将能获得多少利润产生重大影响。2009年6月鲜有证据表明已被业内人士预计到的结构变化正在发生，尤其缺乏证据表明衰退和规模经济正将整个行业推向迅速合并的浪潮。尽管对于有一整套生产设备的汽车制造商来说最小的有效规模为年产五百万辆这一观念广为认可，但一些行业内最成功的公司——例如宝马、铃木、上汽集团和塔塔汽车——年产量远低于这一最小有效规模的门槛。与此同时，年产量远超过五百万辆汽车的通用汽车和福特正在死亡线上挣扎。

布兹同样意识到了尽管从行业呈现出来的状况看现存汽车制造商在政府的支持下逐渐僵化，但仍然还有彻底改变的潜力。对环境的关注与技术进步的结合有可能导致许多不同的发展状况。伴随着全球变暖的加速，政府管制和消费者偏好很有可能加速大型车向小型车的转变以及加快内燃发动机的过时。向电动汽车的转变将会为一系列新进入者提供机会——尤其是那些在电动发动机方面能力较强的公司。对环境的担忧——尤其是不断加剧的城市拥堵——同样可能导致转而支持公共交通工具以及对私人交通工具需求的大幅下降，或者是个人驾车转为通过短期租赁而不是通过汽车拥有。

布兹特别认识到了行业倾向于保留关于汽车市场及其经济动力的过时假设——确实如此，这是底特律三大汽车公司处于如此绝望的困境中的一个主要原因。这些根深蒂固的假设包括：规模经济是赢取竞争优势的主要推动力，内燃发动机没有可行的替代物，效率的获得需要一整套车型，大车比小车获利更多，以及就型号和装备而言，消费者认为越大、越多就越好。最近发生的事情证实了这其中很多假设的错误性。关于不同细分产品的吸引力的传统观念似乎被打破了：一些最为流行的——也是最为盈利的——新上市产品都是小型车，尤其是宝马迷你和菲亚特Cinquecento。丰田普锐斯和本田Insight在全球的成功表明了即便是缺乏政府引导，消费者也具有环保意识。产品开发的新方式——包括虚拟样机、模块化设计以及共同设计与开发——有可能颠覆传统的规模与竞争优势之间的关系。效率基于大批量生产的逻辑同样正在被灵活制造方面的新发展和客户化定制带来的不断增加的机会所挑战。宝马迷你和菲亚特Cinquecento的吸引力部分源于它们具有巨大的客户化定制的潜力。

附录

表4—10　公司销售额（十亿美元）

	1980—1984年[a]	1985—1989年[a]	1990—1994年[a]	1995—1999年[a]	2000—2004年[a]	2005年	2006年	2007年	2008年
通用汽车	68	110	128	169	186	193	207	181	149
福特	42	77	96	149	166	177	160	172	146
克莱斯勒	13	28	39	58	—	—	n.a.	60	n.a.
戴姆勒	12	34	59	71	166	177	200	146	135
丰田	18	42	82	107	125	173	179	203	265
大众	16	28	48	64	96	113	138	160	160
本田	8	18	35	50	62	80	84	94	121
菲亚特	18	27	42	50	59	55	68.4	86.1	83.7
日产	16	26	51	57	58	81	89	109	91
标致	13	19	28	35	58	67		89	77
雷诺	15	31	31	37	44	47	55	60	53
宝马	5	10	21	34	45	55	65	82	
三菱	12	14	25	32	27	20	41	43	61
现代	n.a.	n.a.	n.a.	18	38	58	68	74	
马自达	n.a.	12	21	18	19	25	25	28	35

a. 年平均值。
b. 2000—2006年为戴姆勒-克莱斯勒。
n.a.=数据未知。
资料来源：公司财务报告，Hoovers网站。

表4—11　公司盈利（净资产收益率，%）

	1980—1984年[a]	1985—1989年[a]	1990—1994年[a]	1995—1999年[a]	2000—2004年[a]	2005年	2006年	2007年	2008年
通用汽车[b]	11.4	11.8	3.2	27.5	11.7	n.c.	n.c.	n.c.	n.c
福特	0.4	21.8	5.9	35.4	(7.7)	18.8	n.c.	(48.2)	n.c.
克莱斯勒	66.5	20.8	2.0	24.5	—	—	n.a.	n.a.	n.a.
戴姆勒	24.3	18.3	6.9	22.1	7.7	8.0	9.5	13.1	5.5
丰田	12.6	10.6	6.1	6.8	10.1	13.6	12.6	12.9	(5.0)
大众	1.6	6.3	(0.4)	11.1	6.8	4.7	7.3	13.0	13.4
本田	18.1	11.8	5.3	15.1	13.2	11.9	11.3	11.1	1.3
菲亚特	10.9	18.7	6.8	7.6	(24.2)	3.5	16.0	28.3	23.3
日产	10.3	4.7	3.6	(0.1)	29.3	17.2	13.0	13.7	(8.9)

续前表

	1980—1984年[a]	1985—1989年[a]	1990—1994年[a]	1995—1999年[a]	2000—2004年[a]	2005年	2006年	2007年	2008年
标致	(15.2)	36.7	12.5	3.0	13.4	n.a.	n.a.	5.8	(3.8)
雷诺	(152.4)	51.1	9.1	11.0	14.7	17.6	14.2	12.7	3.2
宝马	14.8	10.4	9.7	(4.0)	15.4	13.2	14.5	11.8	12.7
三菱	10.0	7.9	4.8	(5.3)	(113.3)	(131.7)	3.7	11.2	(25.7)
现代	n.a.	n.a.	n.a.	4.4	10.6	n.a.	10.7	12.5	11.0
马自达	n.a.	4.8	5.0	6.3	(34.2)	17.1	4.9	12.0	15.8

a. 年平均值。
b. 通用汽车2006年净损失20亿美元，2007年净损失390亿美元，2008年净损失310亿美元。
n.a.＝数据未知。
n.c.＝未统计（股东权益为负数）。
资料来源：公司财务报告，Hoovers网站。

[注释]

[1] 福特公司的股东权益在2008年年末为负的173亿美元。

[2] "U. S. Car Industry: Back on the Road," *Financial Times*, June 17, 2009.

[3] Ford Motor Company, Business Plan Submitted to the Senate Banking Committee, December 2, 2008, p. 16.

[4] 注意不同的统计部门使用不同的"汽车"定义。基本区别是用来运输人的汽车（客车）和用来运输货物的商用汽车（货车）。问题是，在美国，主要用于个人交通的运动型多用途汽车和敞篷小型载货卡车被列为轻型卡车。理论上我们想把汽车工业定义成包含汽车和轻型卡车（有盖货车、敞篷小型载货卡车、运动型多用途汽车、客运面包车），不包括重型卡车和大型公交车。然而，我们运用的大多数数据集合了私人乘用车和所有商用汽车。

2009 年的沃尔玛公司

> "如果你不想在周末工作的话,就不要在零售行业工作了。"
> ——山姆·沃尔顿(Sam Walton)如是解释周六企业会议

2009 年 2 月 1 日,麦道克(Mike Duke)继李·斯科特(Lee Scott)之后任世界上最大的零售商——沃尔玛公司的 CEO。他的新办公室——沃尔玛公司创始人山姆·沃尔顿曾经用过的 CEO 办公室——恰如其分地表现了沃尔玛集团的超大规模、4 010 亿美元销售额、逾 200 万雇员与它的节省、简单之间的对比。《财富》杂志形容这间办公室为"不比一个婴儿房大多少"[1]。

从 1970 年阿肯色州、密苏里州和俄克拉何马州的小型连锁折扣店到世界第二大公司(以经营利润计)的转变,是 20 世纪最瞩目的企业成功案例之一。它的创始人山姆·沃尔顿用平易近人的魅力、家庭作坊式的企业智慧、先进的信息技术以及供应链管理创造出了世界上最有效率的零售组织。在李·斯科特的领导下,沃尔玛的发展更上一层楼。在斯科特 9 年的 CEO 生涯中,他极大地扩展了沃尔玛在美国之外的经营版图,并通过树立具有社会责任感、环境意识以及淡然的反工会形象策划了沃尔玛外部形象的转变。斯科特领导的成功在以 2009 年 1 月 31 日为止的会计年度结算后尤其显著:面临着美国 60 年以来最严重的经济低谷,沃尔玛实现了 7.2% 的利润增长和 5.3% 的净收入增长。

尽管转型很成功,但道克提交给沃尔玛股东们的第一份报告还是把公司领导力的延续放在了最重要的位置:

我的第一个工作日在2月的第一个星期日来临。所以我的妻子苏珊（Susan）和我花费了几个小时把一些箱子和物品挪到我的新办公室来。但是我们没有铺地毯、摆家具，甚至没有放山姆·沃尔顿的老木质镶板。墙上的几幅图片是个例外，我们把它布置成与山姆·沃尔顿、大卫·格拉斯（David Glass）和李·斯科特时期一模一样，而就是在那些时期，他们做出了把我们公司逐步发展成为伟大公司的决定。我现在荣幸之至，却又谦卑之至，坐在他们曾经坐过的桌子前。[2]

他重点强调的战略与他的前任几乎没有偏差：

不管是面对今天困难的经济形势还是未来变化的世界，我们公司都是定位准确的。我们有一个杰出的管理团队，能够有效执行我们的战略，每一天都能有所表现，取得成果……

我们的团队专注于提高投资回报率。我们的资金周转率督促着决策规模的扩大。公司对于技术进行进一步投资以保持在这一领域一直以来的领导力。这些努力最终也会通过我们对资金、信息技术以及物流的运用而对沃尔玛效率的提高有所贡献……

我们的战略正在起作用，我们也在创造越来越多的动力。我们将会保持我们对在每个市场上的价格领先优势的关注，不管我们是在与圣保罗工作的妈妈们洽谈还是与东京的商人们洽谈……

我坚信我们的战略、机会以及能力能使我们作为个体或公司整体都运行得很好。通过良好的执行以及对我们价值观的坚持，我们计划使自己更进一步地远离行业竞争，更努力"节省人们的钱使他们生活得更好"[3]。

与此同时，道克很怀疑"大宗化"战略在新的十年的使用是否能够充分保证沃尔玛的卓越表现。在2000—2009年的这一个十年中，沃尔玛保证了10%的年增长率和21%的净资产收益率——在成熟的、竞争激烈的折扣零售业领域已经非常成功了。但是，保持这样的表现会变得愈加困难。

由于沃尔玛继续扩展产品线及服务范围——加入杂货品、流行服饰、音乐下载服务、线上非处方药购买、金融服务以及健康服务等等，它面临着范围更广泛的竞争。尽管沃尔玛几乎在成本上无法被超越，但它却面临着更时尚（隶属于TJX集团的T. J. Maxx折扣店）、更注重质量（美国全食超市公司（Wholefoods））、以服务为导向（美国劳氏公司的百思买集团（Best Buy））以及更多专注于产品多样化的竞争者。在传统的折扣零售业，美国塔吉特公司（Target）也在逐渐成长为一个强大的竞争者。2009年3月，塔吉特公司通过在阿肯色州的罗杰斯——沃尔玛第一家折扣店的选址处——开店表明了它的竞争态势。[4]沃尔玛同样也面临着"返回的僵尸"：几个早些时候衰落的零售商——凯马特公司（Kmart）、西尔斯（Sears）和美国彭尼公司（J. C. Penney）——在新的管理下重获生机。仓储会员店方面，其山姆会员店在好市多（Costco）之后位列第二。

不断扩大的规模加强了沃尔玛的买方势力，但也带来了问题。沃尔玛的成功很大程度上是依靠它庞大的规模与惊人的速度和敏捷度结合在一起的能力。批评家却对过短的命令执行链以及高层管理团队与个体店铺经理的密切关系颇有微词。这种联系的一个重要组成部分就是在沃尔玛本顿维尔总部的"星期六早晨会议"。2008年1月，会议规模的不断壮大以及把所有沃尔玛执行层召回到本顿维尔的愈加困难，使得这些会议——被沃尔玛称为"文化的脉搏"的会议——由每周一次改为每月一次。[5]

扩大的规模也使得沃尔玛成为竞争对手的更大目标。沃尔玛多年来一直被一些想要团结沃尔玛两百万雇员的工会所攻击。尤其在近些时候，"本顿维尔巨兽"聚集了来自多方的愤怒——环境保护人士、反全球化行动者、妇女和儿童权利鼓吹者、中小企业代表以及数量不断增加的具有不同政治基调的立法者。在道克的前任的领导下，沃尔玛越来越对社会形象重视起来，时机虽晚，但是却在积极地营造一个重视社会责任及环境责任的形象。结果是一系列新高层执行职位的任命——包括全球伦理领袖以及一个处理政府关系的新执行副总裁——以及更多花费在华盛顿以及媒体上的高层管理时间。

沃尔玛扩大的地理范围也引起了复杂的战略组织问题的讨论。不像其他成功的国际零售商（例如宜家（IKEA）），沃尔玛缺少针对不同市场环境的稳定战略。更进一步而言，沃尔玛的成功因国而异。总体而言，沃尔玛在国际市场上的盈利远比在美国市场上的盈利低。沃尔玛的身份与文化都深刻地植根于美国南部的小城镇腹地，那么其海外运营日益增长的重要性又意味着什么呢？

展望未来，道克意识到他的第一个挑战将会是保持并加强四十年来曾经驱使沃尔玛成功的原则和能力：对于成本效益的不懈追求，高端的物流管理，对消费者的承诺，以及对于雇员忠诚和责任意识的培养。他的第二个挑战将会是使沃尔玛对未来做好准备，一个不可避免地与过去不同、要求迎合消费者的新需求、面对新的竞争挑战以及获取新能力的未来。

沃尔玛的历史

在1945—1961年，山姆·沃尔顿和他的兄弟巴德（Bud）一起在阿肯色州乡村地区开设了15家本·弗兰克林（Ben Franklin）杂货专营连锁店。感受到来自新成立的折扣零售商——拥有业态商店（format store）所提供的宽产品线——的越来越激烈的价格竞争，山姆·沃尔顿和巴德开始发展属于自己的折扣零售商理念。在折扣店分布于各大城镇的时期，大众都认为最少100 000的人口数量是支撑一个折扣店的必要条件。山姆·沃尔顿却相信，只要价格适宜，折扣店在小一些的社区也是可以生存的："我们的战略就是把规模适宜的店铺开设在其他人忽略的乡村小镇。"[6]第一家沃尔玛在1962年开业；到1970年就已经有30家沃尔玛店铺分布在阿肯色州、俄克拉何马州以及密苏里州的小型及中型城镇了。

商品的配送在沃尔玛曾是个难题：

> 我们现在在地处偏僻地区，所以我们不像在大型城镇的我们的竞争者那样，拥有迫不及待地为我们服务的分销商。我们的唯一选择是建立我们自己的配送中心，这样我们就可以低价大量购进商品然后存储商品。[7]

1970年，沃尔玛建立了自己的配送中心，同年，公司上市，以更好地处理公司巨大的金融投资。这种大型配送中心的不断复制服务于高达 100 个折扣店，也形成了沃尔玛扩张战略的基础。1980 年，沃尔玛的 330 个分店遍布于美国南部并逐渐扩展至中西部。到 1995 年，沃尔玛开遍了美国的 50 个州。地理性扩张是递增的。在一个新的区域发展时，沃尔玛会首先设立几个由最近的配送中心负责的店铺，当店铺的数量达到临界数量时，沃尔玛将会新建一个配送中心。由于沃尔玛已经发展成了一个国家级的零售连锁企业，所以它也进入了一些发达零售区域，包括一些面临激烈竞争的大城市。在早期时候，沃尔玛是城镇唯一的折扣零售店，但是到 1993 年，55% 的沃尔玛店铺都面临着来自凯马特的直接竞争，23% 则面临着来自塔吉特的直接竞争。[8]

□ 多样化战略

沃尔玛面临着持续不断的其他可选择的零售业态。像海伦的艺术制品（Helen's Arts and Crafts）和深度折扣药店（Dot Deep Discount Drugstores）这样的模式是失败的，但是也有其他的业态——比如说山姆仓储会员店和大卖场——迅速成长为沃尔玛业务中非常重要的部分。

山姆会员店是对价格俱乐部（Price Club）（好市多的起源）配送概念的一个模仿。由于仓储店铺不对大众开放，因此不可以被称为零售商。它们实行会员资格准入，经营较少的商品品类，但大多数商品都采用合装包和餐饮尺寸包装。从字面上理解，这些会员店提供以托盘为数量单位的产品和最少的顾客服务。这是为了达到采购经济最大化、运营成本最小化，并将这种节约通过低价格让渡给所有会员。仓储会员店的竞争环境也是凶猛的，这也导致了不同区域的快速并购。沃尔玛在 1991 年收购了批发公司（Wholesale Company），并在 1993 年好市多与普莱斯科公司（PriceCo）合并时收购了凯马特的 PACE 仓储会员店。

沃尔玛大型零售业态的零售店曾为大卖场（平均占地面积是 187 000 平方英尺，而沃尔玛的折扣店仅仅为 102 000 平方英尺，沃尔玛仓储会员店也平均占地 129 000 平方英尺）。大卖场业态是以法国零售商家乐福首创的"大型超级市场"的欧洲概念为模型的。一个大卖场结合了折扣店和超级市场的特点：除此之外，大卖场还设立了一些特殊的商品单元，比如眼镜店、美发沙龙、干洗店以及数码照片冲印店等等。大卖场通常都实行 24 小时营业制，每周七天都不歇业。大卖场和山姆仓储会员店都通过一个不同于折扣店的特殊的配送网络供应商品。1998 年，沃尔玛的第一家社区店开业，这种业态的经营面积一般都保持在 42 000 平方英尺左右。

沃尔玛也通过它的网站 walmart.com 和 samsclub.com 建立了大量线上交易业务。它在网络上的存在通过它的网络药店和音乐下载服务得以广泛传播。

□ 国际扩张

对于本地市场饱和度的忧虑导致了对外扩张。1992 年，沃尔玛与墨西哥最大的零售商 Cifra S. A. 成立了一个合资企业，开始在墨西哥的几个城市开设沃尔玛折扣店和山姆会员店。2000 年，沃尔玛获得了 Cifra 51% 的股份，获得了合资企业的控制权。到 2003 年，沃尔玛（墨西哥）成为了该国的最大零售商。

1994年，沃尔玛从伍尔沃斯公司（Woolworth）手中收购了120家Woolco店并改造成了自己的折扣店业态模式，正式进入加拿大市场。再一次地，沃尔玛建立了自己在该国的最大零售商地位。

在欧洲，沃尔玛却面临了困难。在英国，它的阿斯达（Asda）子公司没能成功地从市场领导者乐购手中获取份额。在德国，沃尔玛也在经历了8年的失败之后，将85家折扣店转让给了麦德龙（Metro）。

在过去的10年里，沃尔玛的国际扩张主要集中在拉丁美洲和亚洲。亚洲的经验是复杂的、集成的。沃尔玛2006年撤出了韩国以及撤回了其在日本的西友连锁店（沃尔玛拥有51%的股权）的股份，它的低价战略在对产品质量挑剔的日本消费者中折戟沉沙。[9] 在中国，它的包括138家沃尔玛大卖场和3家山姆会员店的绿地式进入也收获甚微。此外，通过它所拥有的35%的好又多（Trust-Mart）股权，沃尔玛拥有了102家好又多店铺。表5—1展示了沃尔玛的国际化发展。

表5—1　　　　　　　沃尔玛在不同国家的店铺分布情况，2009年1月

国家	店铺数量	备注
美国	3 960	包括2 176个超级市场、1 100个折扣店、574个山姆会员店和110个邻里市场。
墨西哥	1 197	1991年进入：与Cifra合资。连锁店包括沃尔玛、莱莎、郊区店、VIP店以及马尔卡玛（Mercamas）。
波多黎各	56	1992年进入。
加拿大	318	1994年进入：收购了Woolco。
阿根廷	28	1995年进入：绿地式进入。
巴西	345	1995年进入：与洛加斯（Lojas）美国合资。包括Todo Dias、Bomperco以及Sonae店。
中国	243	1996年绿地式进入；在2006年收购了好又多35%的股份和102家店铺。
英国	358	1999年通过收购阿斯达进入市场。经营沃尔玛超级商店以及阿斯达超级市场和折扣店。
日本	386	2002年进入：收购了西友38%的股份。主要是小店铺和一些超级商店。
哥斯达黎加	164	持股30%。
萨尔瓦多	77	中美洲零售控股公司，它的一家子公司。
危地马拉	160	2005年收购皇家阿霍德（Ahold）。
洪都拉斯	50	后来持股。
尼加拉瓜	51	所持股份增加到51%。
智利	197	2009年1月通过收购Distribución y Servicio SA进入市场。
总计	7 590	

资料来源：www.walmartstores.com.

总体而言，沃尔玛在海外市场的表现是不一致的。它表现最强劲的国家是美国的邻国——墨西哥和加拿大。

□ 山姆·沃尔顿

沃尔玛的战略和管理模式与成立者的哲学认知和价值观是密不可分的。直到1992年山姆·沃尔顿去世，他一直是沃尔玛独特零售方式的体现。在山姆·沃尔顿去世后，他的信仰和商业原则也一直作为沃尔玛发展过程中的灯塔。正像凯马特的创始人哈利·坎宁安（Harry Cunningham）所观察到的那样："山姆建立的贯穿整个公司的沃尔玛文化是所有一切的核心。"[10]

对于山姆·沃尔顿而言，对金钱的节约和珍视是一个信仰。比竞争者的价格低这个想法促使他无休止地要求成本效益。沃尔顿建立了一个每项花费都需要质疑的文化。它是否是必需的？能不能用更便宜的方式完成？他树立了一个少数管理者可以达到的榜样：以走路替代乘出租车，出差时在预算汽车旅馆与他人分享房间，避免任何企业的陷阱以及炫耀成功与富裕的行为。对沃尔顿来说，财富是一种威胁和尴尬，而不是一种奖励和特权。他自己的生活方式几乎反映不出来他是美国最富有的人（在被比尔·盖茨超越之前）。他也特别看不起同僚们的炫富行为："在我们的任职人员名单上已经有很多百万富翁了。但是他们的炫富行为却让我几乎疯掉。总会有些人偶尔做一些炫耀的事情，我通常都毫不犹豫地在星期六早晨会议上对这件事大谈特谈。我不认为大房子和炫目的车子是沃尔玛文化的一部分。"[11]

他对于细节的注意也是非常传奇的。作为总裁和首席施行官，他很清楚对他来说最重要的是他的雇员、顾客和运营的细节，前人对这些事项的处理都会为未来创造价值。他避免待在办公室而是花费更多的时间在店铺中。他的大半生命都花费在路上（或者在空中驾驶自己的飞机上）、对店铺和配送中心的即兴参观上。他在塔斯卡卢萨收集销量好的商品的信息；在圣玛利亚收集边际利润下降的信息；在卡本代尔收集新的童装陈列系统使销量增加15%的信息。他关注细节的激情甚至扩展到了竞争者的店铺：参观竞争者的店铺，他因清点竞争者店铺停车场的车辆而闻名。

他与雇员的关系是他在沃尔玛的管理的核心。在一个公认的提供低收入和艰苦工作条件的工业环境中，沃尔玛创造了一个独一无二的动机和参与的精神。他强烈地相信给予人们责任并相信他们是必要的，同时辅以行为的监督。

在1992年山姆·沃尔顿过世以后，他的习惯和表达成为了神圣的信条，领导着公司和它的所有雇员。例如，沃尔玛的"10英尺态度"的保证就是基于山姆·沃尔顿对一个店铺雇员的要求："我希望你承诺，每当你离一个顾客在10英尺以内时，就直视他的眼睛，问候他并询问是否可以提供帮助。"[12] "日落规则"——每个要求，或大或小都要在同一天内获得服务——已经成了沃尔玛快速反应管理系统的基础。山姆·沃尔顿对沃尔玛管理系统和管理模式的贡献也在沃尔玛网站中关于沃尔玛文化的部分上体现出来（参见附录）。

山姆·沃尔顿吸引雇员和消费者的忠诚度的能力很大程度上归功于他在枯燥乏味的折扣零售店市场上聚集兴奋点的能力。他在沃尔玛雇员中树立了积极的工作态度并且陶醉于他作为公司拉拉队队长的职责。沃尔玛对于使命口号的替换——从"天天低价"到"节约金钱，更好生活"——体现了沃尔顿对于沃尔玛在人们幸福生活中扮演的重要角色的坚持。

2009年的沃尔玛

□ 业务

沃尔玛这样描述它的业务：

> 沃尔玛百货有限公司在世界各地经营各种业态的零售店铺并致力于通过节约人们的金钱来提高他们的生活质量。我们通过提供天天低价的不同质量、不同品类的商品和服务来赢得顾客的信任，并促进一种奖励、用户双向理解、尊重和差异化的文化的形成。天天低价是我们的价格哲学，在这种方式下，我们每天提供一种低价产品，这样消费者就不用担心我们的价格会在持续的促销活动中变化。
>
> 我们的运营包括三个业务部门：沃尔玛美国、国际业务部门以及山姆会员店。
>
> - 我们的沃尔玛美国业务部是公司最大的业务部门，构成2009年会计年度63.7%的净销售额，管理着美国的三种不同业态的零售店铺以及线上零售业务walmart.com。沃尔玛美国的业态包括：
>   - 折扣店。平均规模为108 000平方英尺，提供多品类的一般商品以及种类有限的食品。
>   - 大卖场。平均规模为186 000平方英尺，提供多品类的一般商品和全线的超级市场。
>   - 社区店。平均规模为42 000平方英尺，提供全线的超级市场和有限品类的一般商品。
> - 2009年1月31日，我们的国际业务部门包括在14个国家以及波多黎各的零售运营。这一部分占2009会计年度净销售额的24.6%。国际业务部门包括了很多不同业态的零售店和饭馆，包括美国之外的折扣店、大卖场、山姆会员店。
> - 我们的山姆会员店包括美国的仓储会员俱乐部和线上零售业务sams-club.com。山姆会员店占2009会计年度净销售额的11.7%。我们的山姆会员店平均规模为133 000平方英尺左右。[13]

表5—2展示了这三种业务部门的销售量和利润。

□ 绩效

表5—3总结了从1998年到2009年沃尔玛一些关键的财务数据。表5—4显示了沃尔玛与其他折扣零售商的近期绩效。

表 5—2　　沃尔玛：按部门划分的表现（1月31日为会计年度结束日）

	2000年	2001年	2002年	2003年	2004年	2005年	2006年	2007年	2008年	2009年
销售额（十亿美元）										
沃尔玛店铺	108.7	121.9	139.1	157.1	174.2	191.8	209.9	226.3	239.5	255.7
山姆会员店	24.8	26.8	29.4	31.7	34.5	37.1	39.8	41.6	44.4	46.9
国际业务	22.7	32.1	35.5	40.8	47.6	56.3	62.7	77.1	90.6	98.6
销售额增长										
沃尔玛店铺（%）	14.0	12.1	14.1	12.9	10.9	10.1	9.4	7.8	5.8	6.8
山姆会员店（%）	8.4	8.1	9.7	7.8	8.8	7.5	7.3	4.5	6.7	5.6
国际业务（%）	85.6	41.4	10.6	14.9	16.7	18.3	11.4	30.2	17.5	9.1
运营收入（十亿美元）										
沃尔玛店铺	8.70	9.70	10.30	11.80	12.90	14.20	15.30	16.62	17.52	18.76
山姆会员店	0.85	0.94	1.03	1.02	1.13	1.30	1.40	1.48	1.62	1.61
国际业务	0.82	1.11	1.46	2.00	2.40	3.00	3.30	4.26	4.77	4.94
运营收入/销售额										
沃尔玛店铺（%）	8.0	8.0	7.4	7.5	7.4	7.4	7.3	7.3	7.3	7.3
山姆会员店（%）	3.4	3.5	3.5	3.2	3.3	3.5	3.5	3.6	3.6	3.4
国际业务（%）	3.6	3.5	4.1	4.9	5.0	5.3	5.3	5.5	5.2	5.0

资料来源：Wal-Mart Stores Inc.，10-K Reports.

表 5—3　沃尔玛公司：1998—2009 年的财务数据摘要（1月31日为会计年度结束日）

	1998年	1999年	2000年	2001年	2002年	2003年	2004年	2005年	2006年	2007年	2008年	2009年
净销售额（十亿美元）	118.0	137.6	165.0	191.3	217.8	229.6	256.3	285.2	312.4	345.4	374.5	401.2
净销售额增长率（%）	12.0	17.0	20.0	16.0	4.0	5.0	12.0	11.3	9.5	11.7	8.6	7.2
美国同等店铺销售额增长率（%）	6.0	9.0	8.0	5.0	6.0	6.0	4.0	3.3	3.4	2.0	1.6	3.5
销售成本（十亿美元）	93.4	108.7	129.7	150.3	171.6	178.3	198.7	219.8	240.4	264.2	286.5	306.2
销售、管理及行政花费（十亿美元）	19.4	22.4	27.0	31.6	36.2	40.0	44.9	51.2	56.7	64.0	70.3	76.7
税费（十亿美元）	0.6	0.5	0.8	1.1	1.1	0.8	0.7	0.9	1.2	1.6	1.8	1.9
收入税（十亿美元）	2.1	2.7	3.3	3.7	3.9	4.4	5.1	5.6	5.8	6.2	6.9	7.1
运营收入（十亿美元）	3.4	4.2	5.4	6.1	6.4	7.8	8.9	10.5	11.4	12.2	12.9	13.3
净收入（十亿美元）	3.5	4.4	5.4	6.3	6.7	8.0	9.1	10.3	11.2	11.3	12.7	13.3
流动资产（十亿美元）	19.4	21.1	24.4	26.6	28.2	30.7	34.5	38.9	43.8	47.0	47.6	48.8

续前表

	1998年	1999年	2000年	2001年	2002年	2003年	2004年	2005年	2006年	2007年	2008年	2009年
存货（十亿美元）	16.8	17.5	20.2	21.6	22.7	24.4	26.6	29.8	32.2	33.7	35.2	34.5
固定资产（十亿美元）	23.6	26.0	36.0	40.9	45.8	51.4	58.5	68.1	79.3	88.4	97.0	95.7
总资产（十亿美元）	45.4	50.0	70.3	78.1	83.5	94.8	104.9	120.2	138.2	151.6	163.5	163.2
流动负债（十亿美元）	14.5	16.8	25.8	28.9	27.3	32.5	37.4	43.2	48.8	52.2	58.5	55.3
长期负债（十亿美元）	7.2	6.9	13.7	12.5	15.7	16.6	17.1	20.1	26.4	27.2	29.8	31.3
长期租赁负债（十亿美元）	2.5	2.7	3.0	3.2	3.0	3.0	3.0	3.2	3.7	3.5	3.6	3.2
股东权益（十亿美元）	18.5	21.1	25.8	31.3	35.1	39.5	43.6	49.4	53.2	61.6	64.6	65.3
流动比率	1.3	1.3	0.9	0.9	1.0	0.9	0.9	0.9	0.9	0.9	0.8	0.9
资产报酬率[a]（%）	8.5	9.6	9.5	8.7	8.5	9.0	9.0	9.3	8.9	8.8	8.5	8.4
净资产收益率[b]（%）	19.8	22.4	22.9	22.0	20.1	21.0	21.0	22.6	22.5	22.0	21.0	21.2
其他年终数据（店铺数量）												
美国折扣店	1 921	1 869	1 801	1 736	1 647	1 568	1 478	1 353	1 209	1 075	971	891
美国超级市场	441	564	721	888	1 066	1 258	1 471	1 713	1 980	2 256	2 447	2 612
美国山姆会员店	443	451	463	475	500	525	538	551	567	579	591	602
美国邻里市场	—	4	7	19	31	49	64	85	100	112	132	153
国际业务部门	601	715	1 004	1 071	1 170	1 272	1 355	1 587	2 285	2 757	3 121	3 615
雇员（千人）	825	910	1 140	1 244	1 383	1 400	1 400	1600	1 800	2 100	1 900	2 100

a. （未扣除未合并子公司少数股东权益以及累计会计变化的净收入）/平均资产。
b. 净收入/平均股东权益。
资料来源：Wal-Mart Stores Inc.，10-K Reports.

表5—4　沃尔玛和其竞争者：绩效对比（除标注外均以十亿美元为单位）

	沃尔玛		塔吉特		Dollar General		好又多	
	2007年	2008年	2007年	2008年	2007年	2008年[a]	2007年	2008年
收入								
销售收入	348.7	378.8	59.5	63.4	9.2	5.6	56.5	63.5

续前表

	沃尔玛		塔吉特		Dollar General		好又多	
	2007年	2008年	2007年	2008年	2007年	2008年[a]	2007年	2008年
毛利润	84.5	92.3	20.1	21.5	2.4	1.6	8.0	9.0
毛利润率（%）	24.2	24.4	33.8	33.9	26.1	28.6	14.2*	14.2**
销售、管理及行政花费	58.5	64.0	13.5	14.5	2.1	1.0	5.8	6.4
折旧	5.5	6.3	1.5	1.8	0.28	0.15	0.57	0.66
营业利润率（%）	5.9	5.8	8.5	8.3	2.7	6.6	2.5	2.7
总净收入	11.3	12.7	2.8	2.8	−0.008	−0.005	1.08	1.28
净利润率（%）	3.2	3.4	4.7	4.5	−0.3	−0.1	1.7	1.8
财务状况								
现金	7.37	5.57	0.81	2.45	0.12	0.22	3.36	3.28
存货	33.69	35.18	6.25	6.78	1.43	1.29	4.88	5.04
总流动资产	46.59	47.59	14.71	18.91	1.74	1.52	9.32	9.46
总资产	151.19	163.51	37.35	44.56	3.04	8.66	19.61	20.68
短期负债	8.28	11.27	1.36	1.96	0.008	0.003	0.11	0.14
总流动负债	51.75	58.45	11.12	11.78	0.83	0.86	8.58	8.87
长期负债	30.74	33.40	8.68	15.13	0.26	4.28	2.11	2.21
总债务	89.62	98.91	21.72	29.25	1.29	5.95	10.98	11.49
股东权益	61.57	64.61	15.63	15.31	1.75	2.70	8.62	9.19
财务比率								
总资产周转率	2.31	2.32	1.59	1.42	3.03***	0.65****	2.88	3.07
存货周转率	8.51	7.51	6.70	5.81	6.43	4.34	13.01	11.20
债务/权益	1.46	1.53	1.39	1.91	0.74	2.20	1.27	1.25
资产报酬率（%）	7.46	7.79	7.46	6.39	4.54	−0.15	5.52	6.20
净资产收益率（%）	18.33	19.70	17.83	18.61	7.90	−0.47	12.56	13.95

a. 仅包括47周的数据。

* 原文为12.3，疑有误。——译者注

** 原文为12.4，疑有误。——译者注

*** 原文为21.18，疑有误。——译者注

**** 原文为8.37，疑有误。——译者注

沃尔玛店铺的经营活动[14]

采购与供应商关系

沃尔玛的采购规模和议价能力意味着沃尔玛对制造商而言既是诱惑又是恐慌。被接受为沃尔玛的供应商意味着进入了美国零售市场的极大一部分。同

时，沃尔玛的采购者也清楚地了解他们的供应商可以利用规模经济的能力并因此将供应商的边际利益压低到微薄水平。所有与美国供应商所打的交道都发生在沃尔玛本顿维尔总部。待挑选的供应商们被带领到"供应商序列"50个小隔间中的一个里。隔间中的陈设只包括一个桌子和一些折叠椅——有时甚至没有椅子。供应商把向沃尔玛出售货物的经历视作恐吓和折磨："只要你被招待在其中一间朴素的小屋子里，你就要准备好迎接桌子对面的火眼金睛并降低价格。"[15]另外一位供应商说："所有正常的接触方式都是禁止的。他们最重要的目的是确定每个人在任何时候在任何情况下都知道谁在负责任……他们讲话很轻柔，但是他们却有着食人鱼的内心，如果你在进去之前还没有完全做好准备，那么你就有大麻烦了。"[16]沃尔玛对供应商的要求不仅仅是低价格。沃尔玛也在逐渐增加自己在供应商招聘政策上的参与度，包括工作环境的安全性、工作时间和避免雇用童工。

所有的谈判都是直接发生在制造商和沃尔玛之间的：沃尔玛拒绝与制造商的代表处或代表机构进行业务往来。为了避免过于依赖某一个供应商，沃尔玛限制每一个供应商出售的总数量。导致的结果就是议价能力的不对等。因此，沃尔玛的最大供应商宝洁（Procter & Gamble，P&G）也仅仅占有沃尔玛3%的销售额，但是同时却占P&G销售额的18%。

国际业务扩展使得沃尔玛可以通过全球采购扩展采购的辐射范围。到2003年为止，阿斯达从沃尔玛的全球网络中采购了逾2 000种产品。这个网络包括了23个国家的23个采购办公室。[17]

沃尔玛把无情的讨价还价和与大供应商的密切合作结合起来。它与宝洁的合作就提供了一个这种关系的典型。公司在20世纪90年代开始使用电子数据交换系统（EDI），到了1993年，已经有70个宝洁的雇员在本顿维尔工作，处理与沃尔玛之间的销售和配送业务。[18]

到了20世纪90年代中期，沃尔玛在大约70%的供应商中实现了EDI。通过沃尔玛的供应链管理的"零售链接"系统，数据交换包括了销售点数据、存货水平、沃尔玛的销售额预测、供应商的生产和配送日程以及电子资金转账。

20世纪90年代中期与思科系统的合作使得"零售链接"与互联网连接起来，供应商可以登录沃尔玛的数据库获取实时的不同店铺的对应产品的销售额和存货信息。供应商可以因此与沃尔玛的采购者合作以进行预测、存货管理以及开展运输业务。这样就实现了更快的补货、更少的存货以及更迎合本地消费者需要的产品组合。这对于供应商的重要作用就是使其生产周期与沃尔玛销售额相匹配。

仓储和配送

沃尔玛被视为世界物流领域的领导者。与其他任何折扣零售商相比，它向自己的店铺运送了更多的产品。很多折扣零售商严重依赖它们的供应商将所提供的商品配送到独立店铺，而沃尔玛采购产品的82%却都被运到沃尔玛自己的配送中心，在这里它们被装载在沃尔玛的卡车中。这一系统的效率依赖于沃尔玛的辐射状配置。分销中心分布于将近100万平方英尺的地区，24小时运营，以200公里为半径服务75～110个店铺。商品通过供应商或沃尔玛自己的卡车运送到配送中心，然后再运送至沃尔玛店铺。沃尔玛店铺的分组使得卡车可以在单次运送中实现对几个沃尔玛店铺的部分运载。回程时，沃尔玛的卡车可以带回返还的商品并从本地供货商那里提货。因此，卡车回程时通常都载重逾60%。不像其他的零售商（或者制造商）将运输外包出去，沃尔玛拥有4 000多辆卡车和15 000多辆拖车。

沃尔玛一直在寻找使它的物流系统更便宜、更有效率、更可信的方法。最初沃尔玛采取"跨码头"系统——货物从驶入的卡车上卸下并重新装载到运出的卡车上，不作为存货储存起来。在2005年，沃尔玛引入了"混合"系统以减少存货，加快商品运送到店铺的速度，并且减少卡车数量。新的系统使得沃尔玛的配送系统上了一个台阶。第三方物流公司也响应沃尔玛，在整个美国建立"合并中心"以对供货商提供少量多次的提货，更频繁地向沃尔玛的配送中心送货。新的系统将会允许沃尔玛以五天而不是四周为基期向供应商订货，因而将实现分销中心和店铺双方的存货降低。

2005年，沃尔玛在全球扩展了供应链。它的"直接进口"包括：第一，直接从海外供应商处采购而不是通过进口获得；第二控制进口物流。覆盖400万平方英尺，沃尔玛在田纳西州贝敦的进口配送中心是美国最大的服务于单一公司产品的物流设施。新的配送中心不仅提供了沃尔玛对进口供应商发挥更大控制力的机会，而且也避免了像长滩这类西海岸港口的拥挤和拖延。[19]

2003年，沃尔玛宣布采用射频识别（RDFI）技术，成为了这一领域的先驱。然而，它的供应商对RDFI技术的缓慢采用使其到2009年都没能减少以存货控制为目的的人工条形码扫描。

沃尔玛不断寻找对物流系统的改善措施。在2009年1月底结束的这一会计年度里，沃尔玛的报告显示更紧凑的装载卡车实现了更高的存货营业额和更低的配送成本。

☐ 店铺管理

沃尔玛通过低价为消费者量身打造的多种质量的产品以及提供一个惬意的购物经验来进行零售店铺的管理。沃尔玛的店铺管理拥有以下几个特征：

- 商品。沃尔玛的店铺提供多种的国家知名品牌的产品。在2006—2009年之间，对于更多高档产品的诉求使得沃尔玛扩展了品牌宽度。沃尔玛已经成为苹果、戴尔、索尼、戴森和厨宝这些品牌的重要分销伙伴。传统意义上的沃尔玛不像其他大零售商那样强调自有品牌；但是2008—2009年，沃尔玛对它的Great Value自有品牌产品进行了大力投资。在它的"社区店铺"哲学下，沃尔玛持续不断地在店铺间层面上为本地市场需求量身打造商品品类。通过一段时间的积累，个体店铺销售点数据分析的日益增加的复杂程度就极大地增加了沃尔玛对于本土需求的反应。

- 店铺管理的权力下放。个体店铺经理在处理产品品类、产品店内摆放与设置价格上被赋予了可观的决定权。这与其他折扣零售店——价格和商品决策通常都要在大区办公室和总部办公室制定——大不相同。分散决策权力在各个店铺中也很明显，因为独立部门（例如，玩具、美容美体、电子产品等）的经理们可以在增加销售额和减少成本上提出和采用自己的观点。

● 客户服务。折扣店过去工作日从早9点到晚9点营业，周末的营业时间更短。大卖场则一直开放。尽管狂热地要求成本效益，但沃尔玛在与顾客进行个人层面上的沟通方面做得很好。店铺会雇用"迎宾人员"——通常都是退休人士——欢迎顾客，分发购物袋。店铺内所有的雇员都被要求直视顾客的眼睛，对顾客微笑，并打招呼。为了提高顾客忠诚度，沃尔玛持续实行一个名为"保证满意"的项目。项目保证沃尔玛的消费者可以无条件退货。

营销

沃尔玛是在山姆·沃尔顿"顾客是上帝"的理念下成立起来的。对沃尔玛而言，客户服务的核心是低价格。因此，沃尔玛的营销战略是基于"天天低价"的口号的：沃尔玛的客户吸引力是行业领先的，在所有品类上、任何时间都是如此，在因促销而降价时除外。

"天天低价"居于沃尔玛与顾客关系的中心地位对沃尔玛的营销活动有非常重要的作用。沃尔玛可以凭借它使其名声口口相传，因而可以花费很少的广告和其他促销费用。典型的广告包括每个店铺每月递送到户的广告传单和一些电视广告。因此，沃尔玛在过去3个会计年度内的广告费与销售额的比例都是0.55%——而沃尔玛的大多数竞争者一年的广告费与销售额的比率都在1.5%~3.0%之间。不过，沃尔玛有超过20亿美元的广告预算，这使它成为世界上最大的广告商之一。

沃尔玛通过提供给消费者无与伦比的货币价值以强调对消费者的服务。除此之外，沃尔玛也崇尚传统的美国价值观——努力工作、节俭、个人主义、机遇与集体主义。这种美国核心价值观的认知被强有力的爱国主义和国家需要所支持。

但是，随着沃尔玛逐渐沦为政治和群体压力的目标，前任首席执行官李·斯科特开始了沃尔玛展现给世界的形象的转变。2004年，沃尔玛发布了它的第一份道德起源年报，在这份年报中，沃尔玛公布了对供应商遵守其行为标准的审核结果。2005年11月，斯科特宣布沃尔玛参加一个环境可持续发展的项目，针对再生能源、减少垃圾以及产品品类向环境友好型转化树立目标。[20] 两年之后，沃尔玛发布了第一本可持续发展年报。

对社会责任与环境责任的承诺可以被看做是沃尔玛为了扩展消费者吸引力所作的努力，同时也是为了回应那些激进组织对沃尔玛无情企业巨头——通过剥削和压迫获得成功——的评价。沃尔玛通过吸引更多中高收入消费者扩展了它的消费者基础，并且还向美国政治自由的地区（例如西海岸和新英格兰地区）以及美国境外扩展，如此可以建立一种超越"天天低价"的吸引力。

2008年，沃尔玛开始了整个公司的标示更换——包括公司标志和店铺的重新设计。新的标志用小写字母替代了大写字母，减少了"＊"连字符（"Wal*Mart"），并且增加了一个"日出"的设计。根据商标咨询师Marty

Neumeier 的说法："新的日出设计看起来更接近自然,我的感觉是它意味着我们是一个有生态意识的公司。"活版印刷的教授 Tobias Frere-Jones 观察到小写字母倾向于被解读为更随意、更亲切。[21] 新的标示与店铺的重新装修项目——包括扩宽通道,提高照明度,降低货架——恰好重合。[22]

□ 信息技术

沃尔玛是采用信息沟通技术进行决策、提高效率和处理消费者反应的先驱。20 世纪 70 年代期间,沃尔玛是第一批使用电脑进行存货控制、在供应商中推广 EDI 系统、介绍用于销售点的条形码扫描和存货管理的零售商。为了将店铺和收银机的销售额与供应链管理和存货管理挂钩,沃尔玛在 1984 年投资了 2 400 万美元来建立自己的卫星。到 1990 年,沃尔玛的卫星系统已经成为世界上最大的双向综合私人卫星系统,具有双向交互式对话与视频能力,能够提供存货管理的数据传输、信用卡授权以及加强的 EDI 系统。

20 世纪 90 年代,沃尔玛率先使用数据挖掘技术进行商品零售:

> 在沃尔玛,信息技术使我们用最直接的办法获取信息:可以精确地通过任何给定购物车里的商品来收集和分析我们自己的内部信息。流行的术语是"数据挖掘",沃尔玛在大约 1990 年左右就开始如此操作。结果就是,到现在为止,一个巨大的购买信息数据库可以使我们为正确的商品设置正确的价格并将其放在正确的商店销售。我们公司的系统每分钟更新 840 万个被消费者带回家的商品的信息——以及购物筐中商品之间的关系。
>
> 数据分析允许沃尔玛针对产品和店铺进行预测、补货以及交易。例如,通过多年累积下来的天气、学校时间安排、其他相关变量的信息以及销售额,沃尔玛可以预测佳得乐在某一个特殊店铺的日销售量,并因此自动调整相应的店铺配送数量。[23]

销售点数据分析也在规划店铺样式上提供帮助:

> 在收银台观察带有婴儿和小孩子的家庭,可以发现他们当中也存在一些明显的购买模式。经过仔细考虑的产品摆放不仅能简化这类消费者的购物路径——在有婴儿服装和儿童药物的婴儿通道放置纸尿裤、婴儿食品和配方——同时也是把高收益产品放在其他产品中的好办法……买箱子的消费者通常也在寻找旅行需要的其他产品——比如说旅行闹钟和熨斗。在很多沃尔玛店铺,这些产品现在都已经被合理地放置在行李箱售卖区旁边。
>
> 通常的线索都很简单:我们服务消费者;消费者倾向于购买他们容易找到的商品。这听起来只是一个简单的想法,但是首先你必须了解消费者的需求,这是信息的主要来源。[24]

信息技术在连接和整合整个沃尔玛价值链上扮演着重要的角色:

> 沃尔玛的信息系统网站扩展到任何一家店铺的院墙之外。从收银台、货架处编译进来并通过集体配备的手持计算机监控器获取的基本信息,使得沃尔玛不仅可以管理店铺内的供货和存货,甚至可以一直延伸到货源

处。沃尔玛给予供应商对一些系统的访问权限，这使得它们可以准确地了解正在销售的东西以及制定相应的生产计划。这不仅使我们的存货处于控制之下，也帮助供应商提供给消费者低成本的产品。销售量和存货信息在几秒钟之内就可以由沃尔玛传送到供应伙伴处，所以买方和卖方都可以了解同样的信息，并在相互理解的基础上进行谈判——这比传统、技术落后的系统节约了相当可观的时间和能量。

我们的购买者也能从供应商对产品的了解中获益，而供应商则从沃尔玛的市场经验中获益。将这些信息系统与我们的物流相结合——我们的辐射系统就是把配送中心放置在用卡车一天之内就可以将产品运送到店铺的地方——所有的细节都拥有满足我们的消费者的需求的能力，甚至在消费者没有走进我们的商店时我们便已知悉他们的需求。在今天的零售世界，速度是至关重要的竞争优势。当将信息应用于为消费者提供更优质的产品和服务时，沃尔玛遥遥领先并在扩大领先优势。用高级副总裁兼首席信息官兰迪·莫特（Randy Mott）的话来说："预测未来的最好方法是创造未来。"[25]

人力资源管理

2009年沃尔玛的人力资源管理实践是以山姆·沃尔顿对公司与雇员、雇员与消费者的关系的认知为基础的。所有的雇员——从主管级别的人员到收银员——都以"合伙人"的关系而彼此了解。沃尔玛与它的合作者互相尊重，寄予期望，密切交流，明确激励。

沃尔玛的雇员工资相对较低——中等水平的零售员工按小时计算的工资为8.46~12美元不等。但是，这种水平比整个零售业的工资要稍高。雇员的福利包括覆盖了沃尔玛94%员工的公司健康计划，以及覆盖了所有拥有1年及以上沃尔玛工龄的员工的退休计划。

沃尔玛补偿制度的一个重要特色就是它是利益驱动型的。这对小时工也同样有效。雇员也可以加入股票购买计划。沃尔玛的退休人员中包括很多的百万富翁——他们并不都是管理人员：1989年，第一位小时工百万富翁从沃尔玛退休。

沃尔玛反对工会因为它认为工会的存在是管理层和雇员在规划公司未来的成功过程中的一个障碍。尽管工会下大力气招聘沃尔玛员工，但是工会的渗透性一直很差。在2000—2008年期间，美国食品和商业工人工会与美国劳工联合会—产业工会联合会共同进行了一场招聘沃尔玛员工的活动，然而收效甚微。[26]

合伙人享受高度的决定权并且关于公司的运营和店铺经营有持续的沟通。公司运营和战略的每一个方面都是管理层和店铺雇员之间紧密合作的结果。为了控制"监守自盗"的行为，公司采用了连坐系统：公司由于货品丢失而产生的成本会由公司和店铺的雇员共同承担。沃尔玛的丢失率据估计为1%左右，而行业数据则为2%。

沃尔玛提高雇员参与度的方法是大量使用经过合理规划的对热情和承诺的

宣传。沃尔玛从管理层到店铺层的问候方式的主要特色是"沃尔玛式问候"——山姆·沃尔顿在去韩国之后发明的。问候和答复的礼仪（"Give me a W!"或者"Give me an A!"之类的语句）包括一个"沃尔玛式波浪"——员工们会和谐地摇动背部。

《财富》杂志指出家庭和合作主题相混合的沃尔玛式问候提供了一个被称为"沃尔玛式悖论"的恰当比喻。

矛盾在于，沃尔玛既代表了主流价值观，又代表了大企业的效率；既代表了谦卑的矫饰，又代表了百万兆字节的每分钟的销售数据；既代表了沃尔顿阿肯色州家乡的炸鸡午餐会，又代表了华尔街的需求。

批评家说沃尔玛是把家庭化信念当做一种掩盖无休止利益驱动的公司本质的欺骗手段和战略。令沃尔玛以外的人感到怀疑和矛盾的是在沃尔玛工作的人认为这是常态。这反映了山姆·沃尔顿——沃尔玛的创始人——与在其中工作的人达成了协议。

这种协议不仅仅是山姆先生偶尔的拜访。沃尔玛声明它在很多小而具体的方面都为员工考虑：周末加班发一倍半的工资，"门户开放"政策使得工人可以将自己关心的问题反映到各层次的管理者那里，真正的晋升机会（70%的店铺管理者是从小时工开始做起的）。[27]

沃尔玛人力资源管理实践的矛盾一直继续着。雇员中形成的热情支持着他们的参与度和授权水平（自主激励水平），这在大型的零售组织中是独一无二的。与此同时，成本减少的巨大压力以及频繁的销售增长也导致了一些对员工的滥用。沃尔玛曾在一些现在和前雇员发起的集体诉讼中折戟。在一系列的法庭判决下，沃尔玛由于没能保证工人享受合法的休息时间以及在女性工资和晋升上的系统歧视，而不得不赔偿现在和前雇员未付的工作时间以外的工作报酬。

☐ 组织和管理模式

沃尔玛的管理结构和管理方式是被山姆·沃尔顿的原则和价值观模式化了的。随着沃尔玛在规模和地理范围上的扩张，沃尔顿认为管理者应该与消费者和店铺运营保持高度的联系，因而形成了一种店铺间和店铺与本顿维尔总部之间的紧密个人化交流的结构。沃尔玛的大区副总裁每人负责对10～15个区域副总裁的工作进行监督（而区域副总裁又管理着8～12个店铺）。沃尔玛快速反应的管理系统的关键在于店铺与总部之间的联系。前任CEO大卫·格拉斯（David Glass）是这样解释的：

这是一种非常简单的想法。在办公室中，没有非常具有建设性的事情发生。每个人都已经前往区域办公室，但是我们决定将本顿维尔总部的每个人在每周一到周四下放至店铺。周四晚上返回。周五的早晨，我们会召开采购会议。但是到了周六早晨，我们会获取我们一周的销售额。我们也会从实地考察的人手上获取其他信息。这些考察者会告诉我们竞争者在做些什么，我们也从整周都出去考察的人手上获取报告。所以我们之后便决定我们要采取何种正确的行动。在周六中午之前，大区管理者必须与所有的区域经理通电话，向他们指明我们将要做什么或改变什么。到周六中午，我们就使得所有的正确工作都各就各位。我们的竞争者大多数时候在周一获得一周前的销售数据。现在，他们已经落后 10 天了，而我们已经做出修正了。[28]

周六早晨的工作会议之前有另外 3 个重要的会议。运营会议在周二下午召开。会议要求 70 个高级执行人员以及物流、计划和信息管理者参会。会议将包括一些非商品的事宜——包括存货管理、供应链效率以及新店铺的开发。会议以简短为原则。

周五上午 7 时开始管理会议，这包括了沃尔玛 200 多个高层管理者。为了参加这个会议，沃尔玛的 39 个大区副经理需要在周四晚上从他们的"领土"回到本顿维尔总部。会议处理战略的和重要的运营问题。午餐时，在同样的礼堂，商品会议召开。在这里，采购者和企业执行层的人士会面。这种会面首先使得采购者直接看到什么在卖，什么没有在卖；其次，也给大区副总裁提供一个直接解决店铺商品问题的方法；再次，会得到关于竞争者行动的报告。会面处理缺货、库存过多、新产品的提议以及多种多样的产品错误。到下午的早些时候，大区副总裁和采购员就会收到一封邮件，告知他们优先注意的应在这一天结束之前就采取的特殊行动。

接下来只是一个两个半小时的周六工作会议，但却是这一周的高潮和沃尔玛独一无二管理模式的最清晰的体现：

> 这个工作会议是这个巨人（沃尔玛）的灵魂……这是公司一些其他重要会议——从店铺日常的变化会议到办公室一周的管理、商品、运营会议，再到 5 个每年有 10 000 个参会者的公司规模的大会议——的模板。这些会议不仅加强和个性化了沃尔玛全球 150 万个"合作伙伴"的福音文化，也保证了这个零售巨头在货架过道上的灵活性。会议使得整个公司可以在一周有时甚至是一天的基础上经营全部业务，正如它的创始人在经营专售廉价物品的商店时对迂回竞争快速做出反应并例行公事般地实现增长那样。[29]

周六工作会议具有信息共享、培训投入和重塑动机的混合作用。会议以一周的绩效数据回顾为开端，然后是针对好的和坏的绩效的提问环节。会议也包括聚焦于产品销售实践和新产品线的展示以及有可能包括卡洛斯·戈恩（Carlos Ghosn）、史蒂夫·乔布斯（Steve Jobs）、杰克·韦尔奇（Jack Welch）或者其他娱乐明星和运动明星在内的嘉宾出席。会议以 CEO 的讲话结束。到了 2008 年，沃尔玛逐渐扩大的规模使得这些会议变得笨重——更不必说沃尔玛最大的礼堂都无法容纳参会者了。2008 年 1 月，沃尔玛宣布它传奇的星期六工作会议将改为每月一次并且在附近的本顿维尔中学举行。

一些经理认为星期六工作会议的降级是基于长期的认识——世界最大型的公司之一已经不能再用这种山姆·沃尔顿所采用的个人化的、阿肯色州特色的管理模式继续经营了。其他人则有不一样的理解：沃尔玛正在失去支撑它成功了近 40 年的独一无二的精神和驱动力。

附录：沃尔玛的文化[30]

随着沃尔玛持续不断地进入新区域和新媒介，我们的成就归功于我们的文化。不管你走进你家乡的沃尔玛店铺还是旅行中的国家的另外一家沃尔玛店铺，你总能得到最低的价格和你所期待的真诚的服务。你会在店铺的任何部门有宾至如归的感觉……这就是我们的文化。

□ 山姆·沃尔顿的三个基本观点

山姆·沃尔顿在革命性哲学定义上建立了沃尔玛，包括在工作场合、客户服务方面的优秀表现以及永远不变的最低价格。我们一直对山姆·沃尔顿在1962年确立的三个基本观点保持忠诚。

尊重个性 "我们的人民使我们不同"不是一个空洞的口号——在沃尔玛这是一个现实。我们是一群有奉献精神的、努力工作的普通人，但是我们聚集在一起就能做伟大的事情。我们有不同的背景、不同的肤色、不同的信仰，但是我们却相信每个个体都值得尊敬和尊重。（Don Soderquist，高级副总裁，沃尔玛公司。）

服务消费者 我们希望我们的消费者相信我们的价格哲学，并且总能找到最低的价格和尽可能好的服务。如果没有了消费者，我们什么也不是。

沃尔玛文化一直强调客户服务的重要性。我们的全国范围内的合作伙伴和拥有沃尔玛店铺的社区一样多样化。这使得我们可以为每一个走进店铺的个体消费者提供服务。（汤姆·考福林（Tom Coughlin），总裁和首席执行官，沃尔玛店铺部门。）

追求卓越 新的观点和目标使得我们达到前所未有的高度。我们尝试寻找新的革新方法去突破限制、持续改善。"山姆从来不满足于价格低到所需要的程度，或者商品的质量高到值得的地步——他信奉追求卓越的信念，在它成为一个受欢迎的概念之前就是如此。"（李·斯科特，总裁和CEO。）

山姆经营规则 人们经常问，"什么是沃尔玛成功的秘诀？"为了答复这个一直存在的问题，在山姆·沃尔顿1992年的书《美国制造》中，他归纳了一个囊括十个关键因素的清单，揭晓了谜底。这些被称为"山姆经营规则"。

规则一。对你的生意负责。比其他任何人都相信它。我认为我带到工作上的绝对热情克服了我的每一个缺点。我不知道你是否天生具有这种热情，或者在培养它。但是我知道你需要它。如果你爱你的工作，每一天你都会尽量做使它更好的事，很快，你周围的每个人都会从你身上感染到这种热情——好像发烧一样。

规则二。与所有的合作伙伴分享利润，并把他们视作搭档。反过来，他们也会把你视作搭档，与他们一起你会表现得比最远大的期望还要好。如果你喜欢，保持合作关系和控制权，但是要在这种关系中乐于为他人服务。鼓励你的合作伙伴持有公司的股份。提供折价股份，并且在退休时赠与股份。这是我们做过的最好的事。

  规则三。激励你的搭档。仅仅靠金钱和所有权是不够的。持续地、一天一天地想出新的且更有趣的方法去激励、挑战你的搭档。设立高目标，鼓励竞争，然后记下分数。在离谱的回报率上打赌，如果事情变得没有新鲜感，就用轮岗解决问题；让经理人与另外的人交换工作以保持挑战性。让每个人都在猜你的下一个恶作剧会是什么。不要太容易被猜到。

  规则四。与你的搭档交流一切可以交流的事情。他们知道的越多，他们理解的就越多。他们理解的越多，他们关注的就越多。他们一旦开始关注，就没有什么可以阻止他们了。如果你不信任你的合作伙伴，不让他们了解正在进行的事，那么他们会意识到你不是真正把他们当做搭档。信息就是力量，授权给你的合作伙伴，你可以获得比承担将信息告知他们的风险更多的回报。

  规则五。欣赏你的合作伙伴为生意所做的一切。一张支票和一张股权证只能买到一种忠诚。但是我们所有人都会乐意被告知有些人真的欣赏我们为他们所做的一切。我们喜欢经常听闻这些，尤其是在我们认为自己在做一件非常值得骄傲的事情的时候。没有什么事可以替代几个精挑细选的、在正确时机下真诚的赞美。它们绝对免费——却带来巨大财富。

  规则六。庆祝你的成功，尝试在失败中发现幽默。不要把自己太当回事。放轻松，这样你周围的人也会放轻松。享受快乐。经常展现出乐观的心态。当所有其他的事情失败时，穿上套装唱一首愚蠢的歌。然后让每个人都和你一起唱。不要在华尔街跳草裙舞，这已经被做过了。想想自己有什么绝技。所有这些都比你认为的更重要、更有趣，而且这真的会迷惑竞争对手。"我们为什么要把沃尔玛的那些乡巴佬当回事呢？"

  规则七。认真倾听公司中每个人所讲的话。找到办法让他们说话。在一线工作的人——事实上他们是与消费者对话的人——是真正了解正在发生什么的人。你最好了解他们知道什么。这是整体质量的全部含义所在。在你的组织中贯彻责任感，要使这些想法浮出水面，你就必须倾听你的合作伙伴真正想告诉你的是什么。

  规则八。超出你的消费者的期望。如果你这样做了，他们会不断再回头。给他们所需要的——并且更多一点。让他们知道你看重他们。改正所有的错误，不找借口——道歉。承认所有做过的事。我曾经写在沃尔玛第一条标语中的最重要的两个词就是"保证满意"。它们现在仍旧在那里，而且使一切事情都不同了。

  规则九。比你的竞争者更好地控制花费。这是你永远可以发现竞争优势的地方。经营的 25 年来——早在沃尔玛成为国家最大零售商之前——我们的花费与销售额的比率都是行业最低的。你可以犯很多不同的错误然后改正，前提是你的经营效率非常高。否则即使你很聪明，你也可能因为效率低下而破产。

  规则十。力争上游。另辟蹊径。不投机取巧。如果其他每个人都在用一种方法做这件事，那么很有可能你会通过完全相反的办法找到你的位置。但是准备好面对这样一群人，他们可以阻止你，告诉你你在向错误的方向走。我猜在这些年里，我听到的最多的一句话是：一个不足 50 000 人口的城镇不能支持一个折扣店很久。

[注释]

[1] "Changing of the Guard at Wal-Mart," *Fortune*, February 18, 2009.

[2] Wal-Mart, Annual Report, 2009, p. 3.

[3] Wal-Mart, Annual Report, 2009, pp. 2 – 3.

[4] "Target Thrives in Wal-Mart Country," *Fortune*, June 10, 2009.

[5] "Wal-Mart Alters Regular Saturday Meeting," *Morning News*, January 14, 2008, www. nwaonline. net/articles/2008/01/14/business/011508bizsatmeetings. txt, accessed October 16, 2009.

[6] S. Walton, *Sam Walton: Made in America*, Bantam Books, New York, 1992.

[7] *Forbes*, August 16, 1982, p. 43.

[8] *Wal-Mart* Stores, Inc. (Harvard Business School Case No. 9 – 974 – 024, 1994).

[9] "Why Wal-Mart Can't Find Happiness in Japan," *Fortune*, July 27, 2007.

[10] From the Wal-Mart web site: www. walmart. com.

[11] S. Walton, *Sam Walton: Made in America*, Bantam Books, New York, 1992.

[12] 参见 www. walmart. com/cservice/aw _ samsway. gsp, accessed October 16, 2009。

[13] Wal-Mart Inc., 2009 10-K Report.

[14] 这份对于沃尔玛零售运营的描述来自它位于美国的折扣店。

[15] Bill Saporito, "A Week Aboard the Wal-Mart Express," *Fortune*, August 24, 1992, p. 79.

[16] Bill Saporito, "A Week Aboard the Wal-Mart Express," *Fortune*, August 24, 1992, p. 79.

[17] "At Wal-Mart, Less is More," *Journal of Commerce*, November 2005. Reprinted in *DSC Logistics and Supply Chain Management*, http: //www. dsclogistics. com/newsrelease _ 05NovJournalofCommerce. php, accessed 29 October 2009.

[18] 对沃尔玛和宝洁关系的发展的进一步分析请见:"Lou Pritchett: Negotiating the P & G Relationship with Wal-Mart"(Harvard Business School Case No. 9-907-011, 2007)。

[19] "Inside the World's Biggest Store," *Time Europe*, January 20, 2003.

[20] "The Green Machine," *Fortune*, July 31, 2006.

[21] "Wal-Mart Gets a Facelift," *Business Week*, July 2, 2008, http: //www. businessweek. com/innovate/content/jul2008/id2008072 _ 324653. htm, accessed October 29, 2009.

[22] "Wal-Mart Moves Upmarket," *Business Week*, June 3, 2009, http: //www. businessweek. com/innovate/content/jul2008/id2008072 _ 324653. htm? campaign _ id = rss _ daily, accessed October 29, 2009.

[23] Wal-Mart Stores, Annual Report, 1999, p. 9.
[24] Wal-Mart Stores, Annual Report, 1999, p. 9.
[25] Wal-Mart Stores, Annual Report, 1999, p. 11.
[26] "Unions vs. Wal-Mart: Up against the Wal-Mart," *Fortune*, May 17, 2004.
[27] "Sam Walton Made us a Promise," *Fortune*, March 18, 2002.
[28] "The Most Underrated CEO ever," *Fortune*, April 5, 2004, pp. 242-248.
[29] "Wal-Mart's $288 Billion Meeting," *Fortune*, April 18, 2005.
[30] "The Wal-Mart Culture" from www.walmartstores.com; "Sam's Rules for Building a Business," from Sam Walton and John Huey, *Made in America*. (New York: Doubleday, 1992).

6

曼彻斯特联队：准备开始没有弗格森的生活*

2009年7月，大卫·吉尔（David Gill），曼彻斯特联队（简称曼联）的总经理，正在陪同曼联进行亚洲之旅。这是一系列在马来西亚、印度尼西亚、韩国和中国与本土球队的比赛，表面上来看是球队赛季前训练的一部分——事实上，它的目的却纯粹是商业化的。

这次亚洲之旅的行程最初是由已经确定的交易决定的：吉隆坡的比赛是对马来西亚电信公司200万英镑赞助的报偿；韩国、中国和印度尼西亚的比赛反映了与锦湖轮胎和首尔市（韩国）、爱国者（中国）以及3家印度尼西亚公司的交易。保持在这些国家的曼联球迷军团的热情和承诺是非常重要的。就亚洲整体而言，曼联估计有8 000万支持者。"我们在亚洲的粉丝为俱乐部带来了大量财富，球队在亚洲所受到的欢迎也是地球上任何地方所无法相比的。"大卫·吉尔观察到。[1] 仅韩国就有120万曼联信用卡持有者。

当曼联的飞机7月16日在吉隆坡降落时，机上有73位乘客，包括一些在第二天对阵马来西亚国家队中没有任何职务的雇员。他们包括了由理查德·阿诺德（Richard Arnold）带领的在伦敦的曼联商业办公室的一个团体。他们的职责就是敲定一系列盈利的赞助交易、合作伙伴关系以及领地协议。

曼联的亚洲粉丝团是曼联与AON四年8 000万英镑赞助交易的关键因

---

* 该案例由罗伯特·格兰特撰写，西蒙·派克（Simon I. Peck）、克里斯托弗·卡尔（Christopher Carr）和提莫西·史密斯（Timothy Smith）做了辅助性的工作。Copyright © 2010 Robert M. Grant。

素——AON 的公司标志将会印制在曼联 T 恤上，替代 AIG。根据大卫·珀洛佩（David Prosperi）——AON 全球公共关系副总裁的说法：

> 在 AIG 第一年赞助协议生效后，AIG 公司从闻所未闻变成了位列世界前 100 个知名品牌中的第 47 位。在全球品牌知晓度方面，特别是在亚洲，曼联在运动界无可匹敌。我们相信，亚洲，特别是印度和中国，是利益增长的核心区域，若与曼联品牌合作，我们相信这一定会极大地帮助我们建立品牌并扩大我们在这一区域的经营。[2]

对于大卫·吉尔来说，他心目中第一位的问题不是曼联的商业交易。只要球队继续赢得比赛、上演精彩球赛，商业利润——来自 T 恤售卖、广播以及赞助的收入——就会滚滚而来。曼联视野中的最大乌云就是即将来临的它的老球队经理人亚历克斯·弗格森（Alex Ferguson）的退休。这位经理人在过去的 23 年里塑造了曼联球队的成功，并且所赢得的荣耀数量超过了整个球队在他就任前所获得过的。尽管弗格森没有透露任何退休的意向，但是大卫·吉尔认为，弗格森很可能选择在 2009—2010 赛季离开。即使弗格森决定继续执教到下个赛季，吉尔也可以设想他在不久之后的离开——到 2009 赛季结束，弗格森就 68 岁了。

弗格森离开对曼联的影响是远远无法估计的。在他在俱乐部的 23 年里，弗格森已经建立了一整套关于检查、训练、团队纪律、团队战术和策略的基础设施。在寻找一个比弗格森还优秀的经理人时，吉尔不得不寻找超越前人的优秀特性并且思考决定英国和欧洲足球成功的基本问题。

竞争环境

英格兰足球联赛

英格兰专业足球联盟的最高级组织是英格兰足球超级联赛（简称英超联赛），包括了 20 支最好的英国球队。每个球队都与其他球队比赛两次，一次主场，一次客场，赢得比赛得 3 分，平局得 1 分，输掉比赛得 0 分。在每个赛季结束后，英超联赛垫底的三支球队会被下一级别联赛的前三支球队代替。获得最多积分的英超联赛球队获得英格兰足球联赛冠军。

英格兰足球的管理机构是足协（FA）。足协杯将会对英格兰所有级别联赛采取单淘汰赛——允许一些低级联赛知名度低的球队与一些高级联赛的顶级俱乐部竞争（有时候甚至会赢）。表 6—1 展示了 1980—2009 年英格兰足球联赛表现最好的球队。

表 6—1　　　　表现突出的英格兰足球俱乐部，1980—2009 年

年份	联赛冠军	第二名	第三名	FA 杯冠军
2009	曼联	利物浦	切尔西	切尔西
2008	曼联	切尔西	阿森纳	朴次茅斯
2007	曼联	切尔西	利物浦	切尔西
2006	切尔西	曼联	利物浦	利物浦

续前表

年份	联赛冠军	第二名	第三名	FA杯冠军
2005	切尔西	阿森纳	曼联	阿森纳
2004	阿森纳	切尔西	曼联	曼联
2003	曼联	阿森纳	纽卡斯尔联队	阿森纳
2002	阿森纳	利物浦	曼联	阿森纳
2001	曼联	阿森纳	利物浦	利物浦
2000	曼联	阿森纳	利兹联队	切尔西
1999	曼联	阿森纳	切尔西	曼联
1998	阿森纳	曼联	利物浦	阿森纳
1997	曼联	纽卡斯尔联队	阿森纳	切尔西
1996	曼联	纽卡斯尔联队	利物浦	曼联
1995	布莱克本	曼联	诺丁汉森林队	埃弗顿
1994	曼联	布莱克本	纽卡斯尔联队	曼联
1993	曼联	阿斯顿维拉	诺威治城市队	阿森纳
1992	利兹联队	曼联	谢菲尔德星期三队	利物浦
1991	阿森纳	利物浦	水晶宫	托特纳姆热刺
1990	利物浦	阿斯顿维拉	托特纳姆热刺	曼联
1989	阿森纳	利物浦	诺丁汉森林队	利物浦
1988	利物浦	曼联	诺丁汉森林队	米尔顿凯恩斯
1987	埃弗顿	利物浦	托特纳姆热刺	考文垂
1986	利物浦	埃弗顿	西汉姆联队	利物浦
1985	埃弗顿	利物浦	托特纳姆热刺	曼联
1984	利物浦	南安普顿	诺丁汉森林队	埃弗顿
1983	利物浦	沃特福德	曼联	曼联
1982	利物浦	伊普斯维奇	曼联	托特纳姆热刺
1981	阿斯顿维拉	伊普斯维奇	阿森纳	托特纳姆热刺
1980	利物浦	曼联	伊普斯维奇	西汉姆联队

资料来源：www.european-football-statistics.co.uk.

欧洲联赛

欧洲联赛包括了欧洲足球的32支顶级球队。球队通过成为或者接近各自国家的联赛冠军而获取资格。在英格兰，前四名队伍有参加冠军联赛的资格，在苏格兰，前两名队伍有资格。取得冠军联赛的参赛资格是主要的国家足联每一个有志向队伍的重要目标，因为它能带来巨大的电视及门票收入。冠军联赛的后一阶段是欧洲冠军杯联赛（简称欧冠杯），该赛事通过淘汰赛形式诞生一名冠军。这项赛事的冠军代表了欧洲足球俱乐部的最高荣耀，从经济上和竞争力上都是如此。

表6—2展示了欧洲领先的足球队在国家级和欧洲杯比赛中的表现情况。

1992年，欧洲冠军杯联赛正式成立，它的威望和经济利益对英格兰足球联赛有非常深刻的影响。名列前茅的球队——曼联、切尔西、利物浦和阿森纳——以及其他球队之间的经济鸿沟不断加深，欧洲竞赛的利润为顶级球员的购买、加强领先俱乐部集团的势头以甩掉一般球队买单。

表6—2　　　　　　　欧洲前25名的足球俱乐部，2000—2009年

俱乐部	总分（2000—2009年）	俱乐部	总分（2000—2009年）
曼联（英格兰）	1 460	里昂（美国）	1 076
巴塞罗那（西班牙）	1 411	奥林匹亚科斯（希腊）	1 001
皇家马德里（西班牙）	1 314	基辅迪纳摩FK（乌克兰）	948
拜仁慕尼黑（德国）	1 314	不来梅（德国）	923
阿森纳（英格兰）	1 310	格拉斯高凯尔特（苏格兰）	921
切尔西（英格兰）	1 276	拉科鲁尼亚（西班牙）	919
利物浦（英格兰）	1 199	尤文图斯（意大利）	917
AC米兰（意大利）	1 178	阿姆斯特丹（荷兰）	914
国际米兰（意大利）	1 177	AO雅典帕纳辛纳科斯（希腊）	910
波尔图（葡萄牙）	1 170	FK顿涅茨克矿工（乌克兰）	903
瓦伦西亚（西班牙）	1 105	里斯本竞技（葡萄牙）	881
PSV（荷兰）	1 088	格拉斯高流浪者（苏格兰）	872
AS罗马（意大利）	1 083		

注：得分基于队伍在国家联赛、国家杯以及欧冠杯和国际托托杯的表现。在国内的表现根据国家联赛的竞争标准予以调整。

资料来源：www.european-football-statistics.co.uk.

球员

专业足球队的团队表现如何的重要决定因素是组成球队的球员的质量。世界顶级球员2008—2009赛季的表现见表6—3。

表6—3　　　　　　　世界杯球员排名，2008—2009年

名次	球员	国籍	球队
1	克里斯蒂亚诺·罗纳尔多	葡萄牙	曼联
2	莱昂内尔·梅西	阿根廷	巴塞罗那
3	费尔南多·托雷斯	西班牙	利物浦
4	卡卡	巴西	米兰
5	哈维	西班牙	巴塞罗那
6	史蒂芬·杰拉德	英格兰	利物浦
7	塞缪尔·埃托奥	喀麦隆	巴塞罗那
8	卡西利亚斯	西班牙	皇家马德里
9	伊涅斯塔	西班牙	巴塞罗那
9	比利亚	西班牙	瓦伦西亚
11	安德烈·阿尔沙文	俄罗斯	泽尼特圣彼得堡
12	弗兰克·兰帕德	英格兰	切尔西
13	德罗巴	科特迪瓦	切尔西

续前表

名次	球员	国籍	球队
14	迈克尔·巴拉克	德国	切尔西
14	法布雷加斯	西班牙	阿森纳
16	伊布	瑞典	国际米兰
17	伊曼纽尔·阿德巴约	多哥	阿森纳
18	弗兰克·里贝里	法国	拜仁慕尼黑
19	范尼斯特鲁伊	荷兰	皇家马德里
20	阿奎罗	阿根廷	马德里竞技
21	约翰·特里	英格兰	切尔西
22	布冯	意大利	尤文图斯
23	德科	葡萄牙	巴塞罗那和切尔西

注：基于157个球队经理和145个国家队队长的评价。

资料来源：www.fifa.com.

超级巨星最近几年竞争的加剧主要由以下两个因素造成。第一，逐渐增长的全球足球市场和足球产品市场极大地增加了顶级球员团队贡献以及个人市场驱动的价值。第二，新的经济力量在逐渐涌入足球市场——特别是美国、中东以及俄罗斯投资者对英格兰足球超级联赛俱乐部的介入。因此，尽管全球经济衰退，转会费依然在2009年夏天达到新高。表6—4展示了一些大额转会交易。

表6—4　　　　欧洲足球界最贵的转会费（2009年6月之前）

名次	球员	来自	转至	转会费（百万美元）	年份
1	克里斯蒂亚诺·罗纳尔多	曼联	皇家马德里	93.1	2009
2	齐达内	尤文图斯	皇家马德里	76.0	2001
3	伊布	国际米兰	巴塞罗那	66.0	2009
4	卡卡	米兰	皇家马德里	65.1	2009
5	路易斯·菲戈	巴塞罗那	皇家马德里	58.5	2000
6	克雷斯波	帕尔马	拉齐奥	53.6	2000
7	布冯	帕尔马	尤文图斯	49.2	2001
8	罗比尼奥	皇家马德里	曼城	49.0	2008
9	维埃里	拉齐奥	国际米兰	48.3	1999
10	舍甫琴科	米兰	切尔西	46.5	2006
11	贝尔巴托夫	托特纳姆热刺	曼联	46.4	2008
12	内德维德	拉齐奥	尤文图斯	46.2	2001
13	费迪南德	利兹联队	曼联	43.9	2002
14	门迭塔	瓦伦西亚	拉齐奥	43.8	2001
15	罗纳尔多	国际米兰	皇家马德里	43.0	2002
16	贝隆	拉齐奥	曼联	42.4	2001
17	本泽马	里昂	皇家马德里	34.9	2009

资料来源：www.wikipedia.org.

足球经济

如果决定一个队伍表现的最重要资源是球员的质量，那么球队获取高质量球员的能力则取决于一个俱乐部的财政力量。俱乐部的财政力量主要有两个方面：商业活动的现金流量以及投资者和贷款人的融资。

收入

俱乐部的基本收入来源是：

- 比赛日收入。票房收入取决于主场比赛的场次、平均上座率以及平均票价。欧洲顶级球队中，上座率取决于体育馆的容量。最近几年，很多球队重新修建了体育馆——其他一些（例如阿森纳）则建造了新馆。大部分票房收入来自于赛季票房。利润增长的重要来源是团体票和VIP主场包。
- 广告收入。除了北美和日本，足球是世界上最受欢迎的电视广播运动。世界上最受欢迎的体育赛事是足球世界杯。2006年世界杯在213个国家对累计260亿观众直播；决赛的观看者高达71 510万。俱乐部间的比赛不只在本国电视台播出，海外电视台也在不断增加转播。在英格兰，直播权的谈判在英超联赛和电视网络之间展开。2006年，英超联赛的电视转播权以总计27亿英镑的价格卖给天空电视台（Sky TV）、桑塔纳电视台（Santana）、英国广播公司（BBC）和海外电视台——英超联赛的每个俱乐部在2007—2010年的平均收入为4 500万英镑。欧冠杯的电视转播权由欧洲足球的管理组织——欧足联管理。欧冠杯的国际电视台的观众使获得联赛资格的球队获得巨大的收益提升。2008—2009赛季，曼联、巴塞罗那、切尔西、拜仁慕尼黑从欧足联处获得的收入都超过3 000万欧元。
- 赞助和商业盈利包括体育馆和俱乐部网站上的广告费用收入、赞助合约以及授权合约——将俱乐部的标志用于生产俱乐部官方产品（复制版球衣、围巾、游戏、杯子、玩具以及其他各种产品）的费用。很多俱乐部都有两个主要的赞助商：服装供应商（比如耐克、阿迪达斯或者彪马）和标志出现在队服上的公司。主要的赞助商条约包括尤文图斯和利比亚国营石油公司（Tamoil）之间5年1.1亿欧元的合约、阿森纳和阿联酋航空公司（Emirates）之间15年1亿英镑的合约、曼联和怡安保险公司（Aon）4年8 000万英镑的合约，以及切尔西和三星5年5 000万英镑的合约。赞助商的利润都集中于少数领先俱乐部。在西班牙，皇家马德里和巴塞罗那占西班牙足球甲级联赛（简称西甲）超过60%的赞助收入，AC米兰、国际米兰和尤文图斯占意大利足球甲级联赛（简称意甲）全部收入的50%以上。欧洲领先的俱乐部已经在营销、产品生产和品牌管理方面变得越来越复杂，而皇家马德里和曼联在推销和发展品牌全球化方面名列前茅。

一个俱乐部的潜在赞助收入以及商业收入取决于俱乐部的品牌资产和顶级

球员资产。皇家马德里签约巨星齐达内（Zidane）、贝克汉姆（Beckham）以及克里斯蒂亚诺·罗纳尔多（C罗）使得俱乐部的授权及产品销售收入剧增。外籍球员在建立球队在球员母国的支持率方面具有重要作用。在朴智星加入曼联后，曼联在韩国的商业收入有大幅增长。

作为欧洲联赛之一，英格兰足球超级联赛是收入最大的联赛，2007—2008联赛赛季收入为24亿欧元（按英镑计算增加了26%）。意大利足球甲级联赛、西班牙足球甲级联赛以及德国足球甲级联赛的收入都大约为14亿欧元。对于2007—2008赛季的英格兰足球超级联赛来说，电视广播贡献了9.31亿英镑（与上一年相比增加了43%），商业收入贡献了4.47亿英镑（增加12%），以及比赛日收入贡献了5.54亿英镑（增加3%）。[3]

表6—5展示了欧洲领先的足球俱乐部的财务数据。

表6—5　　　　　　　欧洲领先的足球俱乐部的财务数据

	国家	收入 （百万欧元）	税前利润[a] （百万欧元）	俱乐部价值[b] （百万英镑）	债务 （百万英镑）
皇家马德里	西班牙	365.8	51.6	850	196
曼联	英格兰	324.8	101.9	1 140	616
巴塞罗那	西班牙	308.8	68.8	960	41
拜仁慕尼黑	德国	295.3	37.6	774	0
切尔西	英格兰	268.9	(8.3)	486	447
阿森纳	英格兰	264.4	51.0	690	896
利物浦	英格兰	210.9	33.3	704	415
AC米兰	意大利	209.5	36.9	691	0
罗马	意大利	175.4	43.9	266	24
国际米兰	意大利	172.9	17.2	258	199
尤文图斯	意大利	167.5	29.3	419	21
里昂	法国	155.7	59.9	295	53
沙尔克04	德国	148.4	26.1	356	135
托特纳姆热刺	英格兰	145.0	44.6	310	90
汉堡	德国	127.9	28.0	n.a.	n.a.

a. 扣除利息、税、折旧和摊销前的利润。
b. 俱乐部价值基于固定资产和球员合约确定。
资料来源：www.forbes.com/lists/2009/34/soccer-values-09_soccer-team-valuations_value.html.

□ 成本

工资和薪水——大多数为球员的成本——是欧洲足球俱乐部的最大成本条目。在2007—2008赛季，英格兰足球超级联赛俱乐部的工资成本是收益的62%，意甲的工资成本占收益的68%，西甲占63%。在英格兰足球俱乐部中，切尔西的工资账单数目最大，占到全部收益的81%。曼联和阿森纳付给球员的工资大约占收益的一半。2008—2009赛季，世界最贵的球员是大卫·贝克汉姆（洛杉矶银河队/AC米兰——4 270万美元）、莱昂内尔·梅西（巴塞罗那——3 770万美元）、罗纳尔迪尼奥（AC米兰——2 580万美元）以及C罗

(曼联——2 410 万美元)。[4]

行业领先俱乐部的其他主要成本条目包括：

● 球员转会费。球员在俱乐部之间的转会是双方俱乐部和球员本人达成一致的结果。球员通过最高长达 5 年的合约与俱乐部签约。在合约到期时，他们变成自由球员。少数大手笔的俱乐部会预先决定转会费。在 2000—2002 赛季，皇家马德里是主要的驱动者；到了 2004—2006 赛季，切尔西是转会费膨胀的主要力量；2008—2009 赛季，曼联对新球员 1.85 亿英镑的阔绰开价把球员价值推到了新的高峰。

● 体育馆。领先的俱乐部会对设备的扩建和升级有固定投入。在一些情况下，这包括建造全新的体育馆。阿森纳的新体育馆在 2006 年开放，共花费 4.3 亿英镑。

融资来源

只有少数欧洲足球俱乐部是上市的俱乐部（包括阿贾克斯、AS 罗马、赛尔特和拉齐奥队），其他都是私人拥有的。传统意义上来说，足球俱乐部都为本地的一些富商所拥有。比如，尤文图斯为阿涅利家族（菲亚特）所拥有，AC 米兰为贝卢斯科尼所拥有，国际米兰为马西莫·莫拉蒂所拥有，马赛队为罗伯特·路易达孚所拥有。最近几年，欧洲足球已经吸引了不少国际资金来源。英国俱乐部中，在国外出生的亿万富翁拥有的队伍包括切尔西（阿布拉莫维奇）、曼城队（曼苏尔酋长本·扎耶德·阿勒纳哈扬）、女王公园巡游者（米塔尔钢的拉克什米·米塔尔），以及富勒姆（穆罕默德·法耶兹的哈罗德）。曼联和利物浦分别为美国投资者格拉泽家族和汤姆·希克斯所拥有。但是，因为这些投资者主要通过借贷规划他们的购买，因此，俱乐部也没有获得资金的注入，而这些巨大的投资又刚好不能被使用到切尔西和曼城队新球员的购买上。

收益率

尽管影响力和盈利都在迅速增长，但欧洲专业足球业仍旧是一种高度不盈利的商业形式。德勤对于经营盈利的分析显示，英国和德国的联赛具有较明显的盈利，法国和意大利的联赛则正经历着（逐渐扩大的）大量损失。而且，这些利润测评还是在未考虑利息、税收和折旧（球员价值的折旧是非常重要的一项成本）的前提下计算的。如果按净利润排序，曼联、阿森纳和拜仁慕尼黑是仅有的具有巨大盈利的俱乐部（见表 6—6）。

表 6—6　　欧洲足球俱乐部的利润率（2000—2006 年）

俱乐部	销售利润率（%）[a]
阿森纳	5.6
切尔西	(60.4)
利物浦	(1.2)
曼联	12.6
凯尔特	(4.0)

续前表

俱乐部	销售利润率（%）[a]
流浪者	(20.9)
拜仁慕尼黑	4.7
国际米兰	(78.4)
尤文图斯	(17.0)
皇家马德里	0.4

a. 税前利润与销售收入的比值。

团队和团队建设

由表6—3中优秀队员的数量和排位来衡量，欧洲最众星云集的球队应属巴塞罗那和切尔西。获得世界顶尖球员只有两种办法：买断或者培养。一个俱乐部从多大程度上可以依赖于购买球员由它在转会费上的花销决定。表6—7显示出皇家马德里和切尔西在星级球员转会费上的巨大花费。其他表现优秀的球队——比如说拜仁慕尼黑、巴塞罗那、阿森纳和瓦伦西亚则将重点放在培养自己的星级球员上面。少数一些领先的俱乐部可以从培养和出售球员中获得利润——比如波尔图、AC米兰和PSV，它们出售球员的盈利都超过基于一定保证金的在球员上的花费。

表6—7　　　　　　　　　　　　球员转会费上的花销

俱乐部	表现得分，2003—2009年	毛转会费，2003—2009年（百万英镑）[a]	净转会费，2003—2009年（百万英镑）[a]	球队规模，2009年7月	球队平均年龄，2009年7月（岁）
巴塞罗那	200.0	362	249	24	26.8
曼联	192.5	322	100	34	25.6
皇家马德里	183.0	626	438	29	26.2
拜仁慕尼黑	179.5	197	122	25	26.5
AC米兰	169.0	164	(66)	30	28.6
利物浦	162.5	303	157	33	24.5
阿森纳	162.5	173	22	31	23.3
瓦伦西亚	155.5	163	98	30	26.5
切尔西	144.5	589	430	29	27.4
国际米兰	142.0	294	140	31	27.4
波尔图	140.0	132	(173)	31	25.4
奥林匹克	139.0	127	18	34	24.4
PSV	124.5	75	(17)	25	26.5
罗马	123.0	140	75	46	25.0
尤文图斯	115.5	233	68	29	28.1

a. 包括了从2003—2004赛季一直到2009年6月的转会项目。

资料来源：www.transfermarket.co.uk.

□ 教练、管理和组织

经营一个专业的足球俱乐部包括两个完全不同的管理领域：管理球队在球场上的表现以及为获得收益和利润而经营商业活动。很多英格兰和苏格兰俱乐部的组织目的是达成两项目标中的任何一个。球队的治理是直接董事的责任，他们会指定一个首席执行官来负责球队的管理和商业事宜，而一个球队经理负责教练、团队选择以及推荐购买和售卖球员事宜（在董事会的预算约束下）。

对于一些英格兰俱乐部来说，这种球队与商业活动之间的管理不那么清晰。而界限混淆的通常原因是拥有者想自己参与球队管理。比如说，在切尔西，穆里尼奥（Jose Mourihno）的离开就是由于阿布拉莫维奇对于球员选择、团队选择和战术风格的干涉而产生的摩擦。

在整个欧洲大陆，俱乐部有不同的组织结构。巴塞罗那和皇家马德里都是为它们的本地支持者所拥有，这些支持者也决定俱乐部总裁的人选。这些总裁负责商业以及团队管理。皇家马德里最近的总裁卡尔德隆（Jose Calderon）以及弗洛伦蒂诺·佩雷斯（Florentino Pérez）就在队伍选择以及球员获取中扮演了非常重要的角色。因此，教练留任的时间非常短——皇家马德里在2003—2009年之间雇用和解雇了10任总教练。

欧洲大陆俱乐部的第二种组织特色是团队管理在教练和足球经理之间的划分。它们这样解释这种分工：教练可以将他的精力集中于第一队伍，而足球经理则控制管理候补队员和年轻队伍、物色新球员，并扮演教练和董事会之间的接口。足球经理的进入在很多英格兰俱乐部导致了教练和经理之间的摩擦（例如切尔西和纽卡斯尔联队）。

每个俱乐部最重要的选民就是它的粉丝。粉丝不仅是球队利润的来源——他们也是一个俱乐部文化和传统的保管人。他们的支持是团队表现的重要影响因素。但同时，粉丝的狂热和承诺也是一把双刃剑——粉丝可以在重要关头提高团队表现能力；当他们反对球队教练和拥有者时也会破坏团队表现。在巴塞罗那，粉丝对教练何塞普·瓜迪奥拉（Josep Guardiola）的吹捧加强了他们对球队的支持，同时也加强了他在这支超级巨星组成的球队中的威望。

尽管教练或经理在不同俱乐部的职责不同，但是很显然他们的表现是团队成功至关重要的因素。在团队最初的建设、基本动机和纪律的建立、团队战略战术的来源方面，教练是为团队成功负责的唯一人选。某一个俱乐部持续几个赛季的成功通常都与同一位教练有关（见表6—8）。[5] 但是，怎样来定义一个优秀的教练则是很困难的。教练们的成功都是不同的领导模式的结果。弗格森严厉、气势凌人的方式与斯文·埃里克森（拉齐奥和英格兰）冷静、保持风度的方式以及温格（摩纳哥和阿森纳）有智慧的方法和穆里尼奥（波尔图、切尔西和国际米兰）压迫性的特质大相径庭。某种教练方式是与不同球队和不同环境相适应的；教练在某个球队获得成功，通常意味着在另外一个队伍执教的惨淡失败。[6]

但是，教练的执教显然也是有一些普遍因素的。首先，善于发现有天赋的人是至关重要的。在有卓越潜力的足球运动员得到全面发展之前，发掘他们的能力是使他们在队伍中得到锻炼的基本因素。其次，混合和平衡有效的团队组合中单个球员的能力对团队设计和发展至关重要。最后，所有伟大的教练都能够激励他们的运动员并能够在他们身上发掘出尊严和忠诚。

表6—8 世界久负盛名的教练，1990—2007年

弗格森	1974—1978年，圣美伦；1978—1986年，阿伯丁；1986年—，曼联
温格	1984—1987年，南希；1987—1994年，摩纳哥；1994年—，阿森纳
萨基	1985—1987年，帕尔马；1987—1991年，1996—1997年，AC米兰；1991—1996年，意大利；1998—1999年，马德里竞技；2004年，皇家马德里
克鲁伊夫	1986—1988年，阿贾克斯；1988—1994年，巴塞罗那
穆里尼奥	2001—2002年，莱里亚；2002—2004年，波尔图；2004—2007年，切尔西；2008年—，国际米兰
里皮	1989—1991年，切塞纳；1991—1992年，卢切斯；1992—1993年，亚特兰大；1993—1994年，那不勒斯；1994—1999年，2001—2004年，尤文图斯；1999—2000年，国际米兰；2004—2006年，2008年—，意大利
斯科拉里	1986—1987年，尤文都德；1988—1990年，1992年，卡迪西亚；1993—1996年，格雷米奥；1997—2000年，帕尔梅拉斯；2000—2001年，克鲁塞罗；2001—2002年，巴西；2003—2008年，葡萄牙；2008—2009年，切尔西
博斯克	1999—2003年，皇家马德里；2004—2005年，贝西克塔斯
卡佩罗	1991—1996年，1997—1998年，AC米兰；1996—1997年，2006—2007年，皇家马德里；1999—2004年，罗马；2004—2006年，尤文图斯；2008年—，英格兰
贝肯鲍尔	1984—1990年，西德；1990—1991年，马赛；1994年，1996年，拜仁慕尼黑
雅凯	1976—1980年，里昂；1980—1989年，波尔多；1989—1990年，蒙彼利埃；1990—1991年，南希；1993—1998年，法国
希丁克	1987—1990年，2002—2006年，PSV；1991—1994年，瓦伦西亚；1995—1998年，荷兰；1998—1999年，皇家马德里；1999—2000年，皇家贝蒂斯；2000—2002年，韩国；2005—2006年，澳大利亚；2008—2009年，切尔西；2006年—，俄罗斯
特拉帕托尼	1974—1976年，米兰；1976—1988年，1991—1994年，尤文图斯；1986—1991年，国际米兰；1994—1995年，1996—1998年，拜仁慕尼黑；1998—2000年，佛罗伦萨；2000—2004年，意大利；2004—2005年，宾菲加；2006—2008年，萨尔斯堡；2008年—，爱尔兰
罗布森	1969—1992年，伊普斯维奇；1982—1990年，英格兰；1990—1992年，1998—1999年，PSV；1992—1994年，里斯本竞技；1994—1996年，波尔图；1996—1997年，巴塞罗那；1999—2004年，纽卡斯尔
安切洛蒂	1996—1999年，帕尔马；1999—2001年，尤文图斯；2001—2009年，AC米兰；2009年—，切尔西

资料来源："Top 50 Managers of All Time," *Times on Line*, September 12, 2007.

2005年的欧洲顶级球队中，工作政策的差异化可能是很容易被观察到的。皇家马德里的方法很简单：购买世界最好的球员。皇家马德里的总裁弗洛伦蒂诺解释说，"这是对这个俱乐部来说唯一既经济又关注运动的可能方法……我们有最好的球员，因此我们在世界上也有最好的形象。我们的策略就是让最好

的球员转来，让每个人都知道谁才是最好的球员。"AC米兰则依赖于成熟的天赋：它们的球队包括了若干30岁左右的球员。阿森纳的温格（"教授"）集中于把具有天赋的年轻球员团体变成一个气氛宽松、互动的球队，形成一种快速移动和攻击性的球路。曼联强调表现突出的年轻球员的发展，并使他与已经成熟的、非常有经验的其他球员融合。

尽管全世界有成千上万的专业足球俱乐部拥有一百多年的经验，但球队表现的决定因素仍旧是一个谜。为什么某些球队比其他球队表现好，为什么同样的球队可能在一场比赛中大放异彩而在另一场中一败涂地，这很可能由一系列复杂的违背分析论的因素决定。当然一个队伍的表现不仅仅是球队中球员质量的和。也许对于一个教练来说，最伟大的成就就是把一个由不知名球员组成的、经济上也捉襟见肘的球队建设成一个伟大的球队。因此，弗格森在阿伯丁的成就、穆里尼奥在波尔图的成就、阿尔夫·拉姆齐在伊普斯维奇的成就以及乔克·斯坦在格拉斯哥凯尔特的成就都是微薄资源下的团队建设的胜利。相对地，皇家马德里和切尔西的大量财富使它们建立众星云集的队伍，这也使其他一些不能达到如此程度的球队望而生畏。

曼联的历史

曼彻斯特联队成立于1878年，在1885年成为一个专业的足球俱乐部。曼联队的体育场——老特拉福德球场目睹了球队1910年的第一场主场比赛。在20世纪50—60年代，曼联在它传奇的球队经理马特·巴斯比（Matt Busby）的领导下声名鹊起。但是，在1958年，8位巴斯比的得力干将在一次欧洲联赛的回程飞机事故中遇难。巴斯比对曼联队伍的重建在1968年得到了认可——曼联成为了第一支赢得欧洲杯的英格兰球队。在1969年巴斯比退休之后，曼联逐渐衰落下来，利物浦成为了英格兰最优秀的球队。在弗格森到来前的18年里，曼联一场冠军都没有得到，仅有一次名列前茅。

弗格森年代

弗格森由于他在阿伯丁执教的巨大成功——带领阿伯丁打破流浪者和赛尔特一直垄断苏格兰足球的局面，并带领球队一路获得欧洲杯冠军——于1986年受聘于曼联。

弗格森出生于戈万一个困难的造船业社区的一个工人家庭，戈万临近格拉斯哥——一个因球迷的激情和忠诚而闻名的城市。弗格森的生活都是围绕足球展开的。弗格森曾作为球员效力于几个苏格兰足球俱乐部，包括圣约翰斯顿、格拉斯哥流浪者和艾尔德里，之后开始了他的执教生涯。他从联赛最底层的球队东士特宁开始执教，之后转至圣美伦，然后到阿伯丁。

在曼联执教的最初六年里，弗格森系统地重建了整个球队。他对整个球队的球员进行了重新筛选，保留像布莱恩·罗布森（Bryan Robson）这样的杰出的有天赋的球员，而剔除那些他认为缺少必要的天赋或者是不适合的球员。尽管这是球队纪律形成和几个有天赋的新球员（包括马克·休斯、保罗·因斯、艾瑞克·坎通纳和罗伊·基恩等等）加入的新时期，但是成功的到来却非常缓慢。在 1990 年，曼联队获得了第一个主要的成功：英格兰足总杯冠军和之后一年的欧冠杯冠军。但是到了 1993 年，弗格森才达成他最初的目标：英超联赛的冠军。

在重新配置和充实曼联的第一支球队的过程中，弗格森也在稳定发展有天赋的年轻球员。在 1990 年，曼联赢得了英格兰青年联赛冠军，队伍的成员包括瑞安·吉格斯、大卫·贝克汉姆、尼基·巴特、加里和菲尔·内维尔以及保罗·斯科尔斯。在 1994—2003 年，这些曼联自己培养的优秀青年球员形成了曼联队的核心，统治了英格兰足坛。这段黄金时期在 1999 年曼联达成英格兰历史上史无前例的成功时达到顶峰：球队赢得英超联赛冠军、足总杯冠军、欧冠杯冠军以及洲际杯冠军——打败了南美洲冠军帕尔梅拉斯。

2003—2008 年，弗格森重建了曼联队。1999 赛季帮助球队夺冠的很多重要球员都被交易出去，包括大卫·贝克汉姆、罗伊·基恩、皮特·舒梅切尔、安迪·科尔、泰迪·谢林汉姆以及夏侯·斯塔姆。他们被一些很有天分的新球员代替，包括里约·费迪南德、克里斯蒂亚诺·罗纳尔多、韦恩·鲁尼、路易斯·萨哈、范德萨、埃弗拉、维迪奇、欧文·哈格里夫斯以及迈克尔·卡里克，而这些球员将在 2008 年欧冠杯曼联的夺冠中扮演重要角色。

□ 所有权

1991—2003 年间，曼联是一个上市公司，在伦敦证券交易所榜上有名。到了 2005 年，曼联被美国商人马尔科姆·格雷泽（Malcolm Glazer）买下，他是坦帕湾海盗（Tampa Bay Buccaneers）的拥有者之一，具有国家美式足球联盟的特许经营权。这项交易引起了曼联粉丝的愤怒；不仅因为格雷泽只是"一个不懂足球的美国佬"，还因为他的购买都是通过借款完成的。在格雷泽的所有权下，曼联的董事会把格雷泽的六个孩子以及乔尔·格雷泽（Joel Glazer）任命为总裁。

除了过渡期的困难，新的所有权并没有引起预想的那样大的摩擦——而且比其他俱乐部比如切尔西和利物浦面临的摩擦都少。原因在于格雷泽家族希望对俱乐部管理退居二线。球队经理弗格森和首席执行官大卫·吉尔被授予了可观的决定权自由。而且，最初的担忧——曼联繁重的债务会限制弗格森购买新球员的能力的发挥——被证明是无根据的。

□ 弗格森的管理模式

在球队所有者和粉丝都对短期成功寄予厚望的今天，弗格森强调长期的成功：

> 我管理的目标一直是为俱乐部多年的成功或者十多年的成功奠定基础……当我在 1986 年 11 月 6 日加入曼联时，它已经 18 年没有拿过一个冠军头衔了。没有人告诉我如果我不能结束这样的情况，那么就是失败。

把球队放在一个持续有挑战性的位置,我知道,是一个很长的过程。我宁愿从最基础的做起,纠正我发现的错误,在组织的各个层次扩大我的坚持和影响。我希望与周围的每个人形成一种个人的联系——不仅是球员、教练和幕后工作人员,还包括办公室的工作人员、厨师、餐厅的服务员和清洁人员。所有人都应该相信他们是俱乐部的一部分,了解变革正在发生。[7]

起点是训练和团队纪律的建立。弗格森对酒精宣战,喝酒是英国专业足球的一个通病,也是弗格森认为与专业足球不匹配的嗜好。新的也更严格的训练安排包括对参与、准时和努力一丝不苟的认可。他的训练部分通过不断的重复建立了个人和团队技巧:"精炼技术到习惯的地步。"

在长期队伍建设方面,弗格森很注重发掘和发展有天赋的年轻人:"从我成为联队的经理时开始,我就为青年政策的确立负责,那是其他所有英国俱乐部都嫉妒的事。第一件迫切的事就是发现未经雕琢的天才。"[8]

弗格森在曼联的最初动机之一是将球探的规模从5人增加到20人,并且指导他们寻找最杰出的天才。曼联青年学院在弗格森的授意下被建立成国家最好的青年训练营。逐渐地,曼联的球探会将发掘新球员的范围扩展到全世界。2008年,俱乐部任命了两个全职球探在巴西寻找新球员。[9]

对弗格森来说,团队建设比获得和发展有天赋的球员、发展他们的技术并且建立合作有更多的事做:

> 最好的队伍之所以突出是因为他们是一个团队,因为个体的球员真正的合作是整个球队在同一个精神下发挥作用。精神支持应该稳定地支持着球员,使他们拥有力量,弥补他们的缺陷。他们依赖于其他人,信赖其他人。一个经理应该促成这种统一意识的产生。他应该创造他和球员之间的联系,以使团队表现达到最好,这在他们是分离的个体时是不可想象的。[10]

弗格森激励球员的办法包括忠实的支持,以及在他认为不应该犯错误的地方提出批评。弗格森诱发聪明但是却不稳定的法国球员艾瑞克·坎通纳(Eric Cantona)精湛表现的能力很大程度上归功于他在坎通纳与权威人物争论时对坎通纳坚定不移的支持。同时,弗格森也因他的脾气和严厉的长篇大论而著名。这些在球员身上发生得太过寻常,因此他们被戏称为"弗格森的电吹风"。这种对抗曾经导致大卫·贝克汉姆要求在眼睛上方刺青——因为弗格森把一只足球鞋踢到了贝克汉姆的眼睛上方。弗格森对他的队伍在中场休息时的谈话为队伍下半场的努力提供了强大动力。在1999年欧冠杯的决赛上,曼联以0:1告负上半场。他告诉他的队伍:"在这场比赛结束后,欧冠杯的冠军将会距离你只有六英尺之遥,但是如果我们输了,你就碰也别想碰。对你们中的很多人来说,这回是你们距离欧冠杯最近的一次。如果你没有尽全力,你就不要回来。"

弗格森管理运动员的方法的核心是他对"没有球员比俱乐部大"的坚持。他与他的优秀球员间的冲突结果都被充分曝光——通常球员都在几场比赛中被驱逐出首发队伍或者被卖给其他俱乐部。

在球队战略和比赛战术方面,弗格森强调控制中场。这要求"受控制的可持续的卡位,球员需要有娴熟的控球技术以及通过计算的精准的球路……曼联足球的核心就是在中场高标准的传球。"[11] 弗格森一直青睐顶级的意大利球队对于比赛中节奏控制的多样化——用一段低耗体力的控球放慢比赛节奏，突然袭击和闪电战紧随其后。弗格森的队伍设计以重点协调的中场组合为特色，这个组合建立在比如基恩、斯科尔斯、贝克汉姆、吉格斯和罗纳尔多等球员周围，佐以有创造力的前锋，比如坎通纳、范尼斯特鲁伊、考尔和鲁尼。

弗格森是"阵容轮换"的创造性实践者——重新配置球队使球员得到休息，同时应用战术暴露对方弱点。在连续性的比赛中，曼联的首发队伍通常是阵容庞大的，在比赛进行中，弗格森会充分使用每一位替补球员。这样的球队灵活性要求每个球员有充分的协调性——他们必须习惯于在不同的组合中踢球，并使自己的球路与队友的不同球路相契合。[12]

尽管曼联对新球员的花销在欧洲足球俱乐部中数一数二，但弗格森的购买通常都与被其他俱乐部给出更高估价的球员售卖相匹配。主要的球员销售包括：大卫·贝克汉姆、胡安·贝隆、范尼斯特鲁伊和罗纳尔多（以 8 000 万英镑创造了世界转会费的纪录）。因此，曼联在球员转会费上的净花费与其他欧洲领先俱乐部相比是非常少的。

曼联的商业和财务表现

曼联和皇家马德里被认为是欧洲足球中最商业化的两只球队。在建立全球的粉丝集体并将这种支持转变为盈利的方式上，曼联是欧洲其他俱乐部的楷模。

"我们不仅是一个足球俱乐部，更是一个国际化品牌……并且建立这个品牌是非常重要的，"前任商业经理安迪·安森（Andy Anson）说。除了所有的曼联商标，俱乐部还开发了一些附属品牌："Fred the Red"被设计出来以吸引孩子们；"MUFC"的目标人群是青少年，"Red Devils"系列产品则主要针对成年人。其他的品牌都与特殊的许可协议相结合——众所周知的"Red Cafes"和"Theatre of Dreams"餐厅。分公司曼联国际在 1998 年成立，目的是发展曼联在英国之外的商业机会——特别是在北美和亚洲。

除了最初的赞助商 Nike 和 AIG（将会被 Aon 在 2010 年代替），曼联的赞助商还包括了：

- 百威，"曼联的官方啤酒。"
- 奥迪，"曼联用车的官方供应商。"
- 博发（Betfred），"曼联官方赌球合作伙伴。"
- 恒宝手表，"曼联官方计时用表。"
- 印度尼西亚电信公司 Tri Indonesia，"曼联印度尼西亚官方电信合作伙伴。"
- 印度电信公司 Bharti Airtel，"曼联印度官方电信合作伙伴。"
- 7 家其他赞助商。

商业计划包括：

- 曼联金融，提供信用卡、抵押贷款、退休计划产品。

- 曼联移动，向曼联的球迷提供短信和视频流服务。
- 曼联 TV，在网络电视上播放曼联的球赛。
- 曼联足球学校，在曼彻斯特和英国的其他地方以及美国、加拿大、瑞士、新加坡、马来西亚和其他国家开设。在巴黎和中国香港的迪士尼乐园也有曼联足球学校。
- 曼联超级商店提供很多曼联授权的产品，这些产品在老特拉福德球场的零售店和线上 http://store.manutd.com 都有销售。
- 曼联老特拉福德球场会举办各种活动。通常吸引人的是曼联博物馆和球场参观。除此之外，套房、酒吧和会议室可以出租，用于会议、借贷、聚会、婚礼和晚宴。2006 年球场的扩大使得曼联的利润有了巨大增长——大概来源于 7 500 个增加的座位。

这是英格兰第一家上市的俱乐部，并且也是确立用企业方式治理俱乐部的最成功的一家。格雷泽家族的购买改变了俱乐部的财务结构，但是也限制了曼联财务活动的影响力。俱乐部的商业盈利在持续增长——特别是海外地区——但是，没有明显的证据证明曼联从马尔科姆·格雷泽备受称赞的推广公司中获得明显的收益。

附录中是曼联的财务信息。

2009 年 7 月

2009 年 7 月 28 日，当红衫军团从亚洲巡回赛回归之时，媒体的兴趣聚集于俱乐部是否会将出售 C 罗的收入用在获取拜仁慕尼黑的弗兰克·里贝里（Franck Ribery）的转会上。同时，弗格森也对即将到来的赛季满怀期望：至少 100 粒进球，其中鲁尼 18 粒、欧文 15 粒。

同时，弗格森即将在 2010 年退役的消息也引起了一些希望替代他的人们蠢蠢欲动。弗格森之前在葡萄牙国家队的助手和教练卡洛斯·奎罗斯（Carlos Queiroz）就很明显地表示希望能到曼联执教。弗格森之前的对手——国际米兰的现任教练穆里尼奥也声明对这一职位感兴趣。[13] 另外一个受到青睐的候选人是戈登·斯特拉坎（Gordon Strachan），他是弗格森之前的球员，曾经是赛尔特非常成功的经理人。

作为曼联的首席执行官，大卫·吉尔评价了弗格森可能的继任者，他意识到俱乐部面对着一个两难的境地。在弗格森 24 年的执教之后，保持弗格森成型的现在的训练、筛选和团队发展系统是非常重要的。就这一点来说，弗格森之前的助手奎罗斯（Queiroz），或者现任的助手麦克·费伦（Mike Phelan）、索尔斯克亚（Ole Gunnar Solskjær）中的一个，或者布赖恩·麦克莱尔（Brian McClair）就比较合适。问题是曾经成功的弗格森的助手的性格能否有权威和力量在曼联高收益的球星面前实现自己的领导能力和威望。相反地，如果曼联任命一个被证明有领导能力的经理——例如穆里尼奥——那就意味着在教练战略上一个革命性的改变，弗格森的基本设置很有可能被取代和重建。

附录：曼联筛选过的财务数据，2000—2008年（千英镑）

	2008年[a]	2007年[a]	2006年[a]	2005年[a]	2004年[b]	2003年[b]	2002年[b]	2001年[b]	2000年[b]
营业额	257 118	212 189	167 751	157 171	169 080	173 001	146 062	129 569	116 005
扣除折旧及摊销前的集团运营利润	86 005	79 786	46 254	46 131	58 340	57 269	41 402	38 194	35 125
折旧	(7 271)	(7 630)	(5 147)	(6 054)	(6 591)	(7 283)	(6 923)	(6 514)	(5 052)
球员摊销	(35 481)	(24 252)	(23 427)	(24 159)	(21 839)	(21 018)	(17 647)	(10173)	(13 092)
特殊成本				(7 286)	—	(2 197)	(1 414)	(2 073)	(1 300)
集团运营利润	42 821	47 797	17 680	8 632	29 910	26 771	15 418	19 434	15 681
出售球员的（损失）盈利	21 831	11 760	12 462	(556)	(3 084)	12 935	17 406	2 219	1 633
净应收（应付）利息	462	343	722	2 477	1 066	(316)	27	727	456
日常业务税前利润	66 416	59 627		10 764	27 907	39 345	32 347	21 778	16 788
税	(19 916)	(17 338)	(9 222)	(4 224)	(8 486)	(9 564)	(7 308)	(7 399)	(4 838)
期内盈利	46 754	42 289	21 603	6540	19 421	29 781	25 039	14 379	11 950
固定资产	267 452	283 020	228 989	202 823	204 504	n.a.	n.a.	n.a.	n.a.
流动资产	179 236	115 310	71 765	83 465	24 258	n.a.	n.a.	n.a.	n.a.
债务	(81 421)	(82 494)	(31 356)	50 304	53 430	n.a.	n.a.	n.a.	n.a.
股东权益资金	294 018	245 304	202 666	180 846	173 354	156 418	137 443	120 457	114 950

注：2000—2005年的数据指曼联集团，2006—2008年的数据指曼联有限公司。因为会计准则的变化，2000—2004年与2005—2008年的数据不可比。

a. 6月30日前的11个月。
b. 7月31日前的12个月。

资料来源：年报。

[注释]

[1] "Manchester United's global appeal goes from strength to strength," *Daily Telegraph* (July 16, 2009), www.telegraph.co.uk/sport/football/leagues/premierleague/manutd/, accessed July 25, 2009.

[2] "Manchester United's global appeal goes from strength to strength," *Daily Telegraph* (July 16, 2009), www.telegraph.co.uk/sport/football/leagues/premierleague/manutd/, accessed July 25, 2009.

[3] Deloitte, *Annual Review of Football Finance*, 2009, highlights, see www.deloitte.com/dtt/cda/doc/content/UK_SBG_ARFF2009_Highlights.pdf, accessed July 29, 2009.

[4] "Beckham Again World's Best-paid," *Sports Illustrated*, March 30,

2009.

[5] 在英国足球中，这包括了马特·巴斯比领导下的曼联、比尔·香克利（Bill Shankly）和鲍勃·佩斯利（Bob Paisley）领导下的利物浦、乔克·斯坦领导下的凯尔特、唐·里维（Don Revie）领导下的利兹以及布莱恩·克拉夫（Brian Clough）领导下的诺丁汉森林队。

[6] 克劳迪奥·拉涅利（Claudio Ranieri）在切尔西、马德里竞技以及瓦伦西亚的第二次服役没有在佛罗伦萨以及第一次在瓦伦西亚服役时成功；布莱恩·克拉夫也没能在德比、诺丁汉森林队、布莱顿或者利兹联队复制他功勋卓著的表现；博比·罗布林（Bobby Robson）37 年的教练生涯既包括了在伊普斯维奇、波尔图、巴塞罗那的杰出成就，也包括了在 PSV、里斯本竞技、纽卡斯尔联队的差劲表现。"大菲尔"斯科拉里在切尔西也没能待够一个赛季。

[7] Alex Ferguson, *Managing My Life*, Hodder & Stoughton, London, 1999, p. 242.

[8] Alex Ferguson, *Managing My Life*, Hodder & Stoughton, London, 1999, p. 274.

[9] "Manchester United Invest in Brazilian Talent," *Independent*, October 17, 2008.

[10] Alex Ferguson, *Managing My Life*, Hodder & Stoughton, London, 1999, p. 274.

[11] Alex Ferguson, *Managing My Life*, Hodder & Stoughton, London, 1999, p. 437.

[12] "Sir Alex Ferguson Proves Mastery at Manchester United with Rotation System," *The Times*, May 11, 2009.

[13] "Jose Mourinho Wants to Succeed Sir Alex Ferguson at Manchester United," *Daily Telegraph*, July 28, 2009.

7

伊士曼柯达：迎接数字化挑战

　　2005年6月1日，伊士曼柯达的首席运营官安东尼·佩雷斯（Antonio Perez）从丹·卡普（Dan Carp）手中接任首席执行官。他被任命的原因以及柯达董事会对他的期待是非常清晰的。两年之前，他从惠普被挖到柯达，就因为他在惠普数字成像举措上的成功领导。在惠普，安东尼·佩雷斯主要负责喷墨打印机业务，因此，作为消费业务的首席执行官，他领导着惠普向建立数字成像和电子印刷业务的方向努力。作为伊士曼柯达的CEO，他的任务是继续完成他的前任乔治·费舍（George Fisher）和丹·卡普的任务，把柯达从一个摄影公司转变为一个数字成像业的世界领先者。

　　他任职的前八个月就在这个目标上实现了进步。2005年，柯达成为了美国数码照相机市场的领导者，排名世界第三（见表7—1）。拥有75 000个零售照片亭和领先的线上数码摄影服务（EasyShare Gallery），柯达领导着打印数码照片的零售市场。在商业印制方面，柯达通过高分辨率的彩打系统巩固了它的全球领先优势。在医疗保健方面，柯达是数字牙科成像的领导者，并且在数字化X射线市场上不断增加市场份额。

　　但是，财务数据却显示了完全不一样的情况。2005年，柯达公告了6亿美元的运营损失以及13.62亿美元的净损失。当柯达传统胶卷业务的现金流萎缩得比它预期的要快时，它的数码业务——在激烈的竞争、密集的产品循环、削减的产品价格这一背景下——不能填补这个差距。自从在1998年7月以99美元达到顶峰后，柯达的股票就持续下跌，直到跌至2006年1月底的24美元。

表7—1　　世界数码照相机市场的品牌份额（以数量计）

品牌	2005年	2004年	2003年	2002年	2001年	2000年
索尼（％）	15.2	16.7	18	20	25	26
佳能（％）	17.4	17.1	16	14	10	9
奥林巴斯（％）	9.8	7.7	13	16	11	18
柯达（％）	14.2	11.8	12	10	14	11
惠普（％）	4.4	n.a.	n.a.	3	8	7
富士（％）	7.8	8.5	10	15	14	12
总销售量（百万）	78	64	48	28	17	n.a.

资料来源：IDC, The NPD Group/NPD Techworld.

佩雷斯对此做出的回应是加速柯达资源从传统业务到数字成像业务的再分配。2005年7月，他在原定的15 000个裁员指标的基础上增加了10 000个，以减少柯达"年复一年的流血"。柯达的制造能力也将被减少三分之二。他也强调要逐渐淘汰胶卷："我们需要为这个转型确立一个终点，而且我们需要尽快到达。"[1]

2006年1月在拉斯维加斯的消费品电子产品展上，佩雷斯在重新定义柯达的发展方向上更进一步："很快，我将不会再回答关于胶卷的问题，因为我不会了解。胶卷业务会变得小到不值得我介入。"他也在淡化柯达未来将作为一个数字成像硬件公司的形象。他将数码照相机描述为"不能随周围环境发展的恐龙"。他还争论道，数字成像的未来将不会以单机照相机为基础，而将以一种可以让消费者在比如手机或网络等不同媒体上搜索、分享以及展示图片的技术为基础。[2] 软件将在行业中扮演中流砥柱的作用；它将会被应用在存储、组织以及分享数码图像方面：

> 很快你就会在你的计算机上拥有10 000张图片。那将绝对是一件可怕的事情……如果你看看我们雇用的人员，你会惊讶于我们软件员工的数量。我们有人机界面专家和理解由不同颜色和形状构成不同情绪的员工。我们已经变成了一个非常现代的公司。[3]

佩雷斯的野心和乐观的展望没有给股票市场带来多大信心。德意志银行的克里斯·惠特莫尔（Chris Whitmore）指出了在数字成像业务上盈利的困难："柯达在进入一个高度竞争但是却有很少的边际收益的市场。"商业印刷和医疗成像有更好的收益潜能，但是柯达却不一定能在这些方面建立强有力的竞争优势。在商务印刷方面，花旗集团的马修·特洛伊（Matthew Troy）质疑柯达整合自己多项收购的能力。在医疗成像方面，他认为柯达缺少与通用电气和西门子竞争的实力："柯达尝试用大型的设备和更宽的专业知识追加销售……柯达缺少可以竞争的复杂规模。"[4]

柯达的历史，1880—1993年

乔治·伊士曼（George Eastman）把摄影从一个只有专业摄影师在工作室

中才能完成的活动变成了一个每天的消费爱好。他的主要发明是卤化银胶卷和第一部完全可移动照相机。1901年，他在纽约罗切斯特成立了伊士曼柯达公司，为业余摄影爱好者提供多种多样的产品及服务支持。便于使用是重点："你按按钮，剩下的我们来处理"是第一条宣传标语。到乔治·伊士曼1932年去世时，伊士曼柯达已经成为世界上领先的集生产、分配和处理设施于一身的领先跨国公司，以及世界上识别度最高的商标之一。

二战之后，财富的增加和业余时间的增加使得柯达进入了一个新的增长时期。利用它聚合物的技术，柯达的子公司——伊士曼化学公司——成为了一个主要的塑料生产商。但是，到20世纪70年代末期，柯达就面临了第一个竞争挑战。在照相机行业，柯达的领先优势被日本照相机业的发展（虽复杂但却便于使用的35毫米照相机）削弱了。胶卷方面，富士胶片公司采用了一个快速扩张的国际战略。更震撼的是新的成像技术的发明。宝丽来在快照方面具有领先优势，富士施乐（Xerox）引领了静电纯纸印刷（electrostatic plain-paper copying）的新领域，个人计算机迎来了一系列新印刷技术。

☐ 早期的电子化，1980—1993年

在科尔比·钱德勒（Colby Chandler）和凯·惠特莫尔（Kay Whitmore）任期内，柯达开始了一系列多样化的进程，包括进入医疗保健领域（柯达制药成立于1986年）以及大量富有想象力的举措。这些包括：

- Eikonix公司，收购于1985年，使得柯达在扫描、编辑、留存打印的商业成像系统上确立了领先优势。
- 柯达在1986年开发了世界上第一个万像素电子图像传感器——140万像素。1989年，紧随其后的是大量关于扫描、电子图像采集的新产品的开发，包括文件影像处理系统Imagelink和显微数字图像采集Optistar。
- 柯达也成为了图像存储和检索系统的领导者。它的KAR4000信息系统提供了计算机支持的存储和缩微胶片图片检索（1983年）。Ektaprint电子出版系统和柯达数字管理系统整合了编辑、存储、检索以及印刷文本和图表的系统功能（1985年）。
- 柯达也从事一系列数据存储产品工作，包括软盘（1985年Verbatim被购进）、可以存储68亿字节信息的14英寸光盘（1986年）、磁盘驱动器的磁记录头（通过1985年对Garlic公司的收购获得）。
- 柯达收购了IBM的复印机服务业务。
- 作为与飞利浦合作的结果，柯达宣布它的照片CD系统于1990年成立。照片CD允许数字化的照片图像可以存储在CD中，因此就可以在个人电脑中被观看和修改。
- 1991年，柯达推出了它的第一个数码照相机——1.3万像素的柯达DCS-100，这是柯达的数码技术和尼康的机身集合的结果。价格是13 000美元。

创建数码战略：乔治·费舍和丹·卡普，1993—2005 年

20 世纪 90 年代初，柯达的发展形势很清楚——扩展到了过多有想象力的领域但是却不专注于这些传统成像业务之外的任一领域。1993 年，柯达的董事会罢黜了惠特莫尔，任命了乔治·费舍——那时候摩托罗拉的 CEO。费舍拥有应用数学博士学位和贝尔实验室 10 年的研究经历，他对于电子科技有科学家的敏感，同时他在摩托罗拉的经验又使得他具有将新的科技变成世界为之震动的新产品的能力。

从惠特莫尔的罢黜开始，费舍对于柯达的战略眼光就是一个成像公司："我们不是在摄影胶片业务市场，也不是在电子市场；我们专注于图片业务。"[5] 为了将柯达的努力集中在数字化挑战上，费舍的第一步动作就是剥离伊士曼化学公司，并且卖掉柯达的大部分医疗保健业务（不包括医学成像业务）。

费舍的数字化战略是在柯达已有的很多数字化成像项目中创造更多的相关性。部分目标可以通过创立一个由新聘任的卡尔·盖斯汀（Carl Gustin）（曾经在苹果电脑公司和 DEC 工作）负责的单独的数字项目部门实现。在他保持和继续他的前任丹·卡普的成功时，柯达开发了包括以下核心主题的数字化政策。

☐ 渐进的方式

"未来不是轻率地建立数字化信息高速公路的决定或者其他什么，而是通过数字化科技提升摄影的一步一步的努力。"费舍说道。[6] 这种认为数字成像是进化而不是革命的观点是柯达在数字科技方面建立重要地位的关键。如果摄影从传统的基于化学的科技向完全的数码科技——消费者可以拍数码照片，下载到电脑上，进行编辑，并且上传到网络上浏览——迅速转换的话，柯达将会面临一个极端困难的时期。新的数码价值链不仅仅会使柯达现有的核心竞争优势变得冗余（它的汞化银技术、全球零售促销网络和设备）——数字价值链的大部分价值已经掌握在计算机硬件和软件公司手中。

对于柯达而言，幸运的是，20 世纪 90 年代，数码技术对传统摄影成像进行了有选择的入侵。直到 21 世纪初，数码照相机才渗透了有限的市场；大部分的照片还是使用传统胶片摄制的。

此后，混合法就占据了柯达战略的中心地位——柯达向使用者介绍那些真正能够提高功能的数码成像的方面。因此，在消费者市场上，柯达意识到图像采集市场依旧可以被传统的胶片统治一段时间（数码照相机与传统的照相机相比提供更差的解决办法）。但是，数字成像却为图像修改和转换提供了即时的潜力。

如果消费者在继续使用传统胶片的同时，寻求编辑和发送照片的数字化途径的优势，那么就又为柯达巨大的零售网络提供了宝贵的机会。柯达在 1988 年安装了第一台将传统照片数字化、编辑和打印图片的自动设备。1994 年，柯达在它的零售店里安装了它的自动机器"图片制作者"，消费者可以将传统

照片通过多种数字输入方式或者数字扫描方式加以处理后,进行编辑和打印。"图片制作者"允许消费者编辑他们的图片(变焦、剪裁、消除红眼、加入文本)并在不同的模式下印制。乔治·费舍这样强调零售亭在柯达数码战略中的重要作用:

> 四年之前,当我们谈到数码照相的可能性时,人们都会笑。现在,高科技世界的行动浮躁不已,声称数字成像也许是计算机世界最大的增长机会。它可能如此。我们确实把它视作为人们"开拓影像新天地"(Take Pictures. Further.)的未来实践者。
>
> 我们开始于零售、配送的重要据点。现在当消费者打开装满照片的信封时,他们正处于满意的最高点。我们相信普遍存在的照片零售机构还会继续是人们获取照片的主要途径。我们的战略是继续建立和扩大我们可以获得的已有的市场势力/力量,同时,准备为快速增长的却相对小而完全竞争的数字市场服务。柯达将会规划它快速扩张的 Image Magic 点和服务亭,并把这些变成巨大全球网络的节点。公司将会允许零售商使用这些工作站把数码技术带给普通摄影者,为消费者和零售商一类的人群扩展这些照片的价值,这同时也可以为柯达创造一个高盈利的消费者业务。[7]

尽管拥有喷墨打印机的人逐渐增多,但是很大一部分的消费者都继续使用零售店的照片打印设备。到 2000 年年底,大概有 30 000 个零售点提供照片制作设备。到 2004 年年初,柯达在美国拥有 24 000 个已安装的柯达图片制造设备,全世界有超过 55 000 个,成为自助服务印刷亭的绝对领导者。G3 图片制造者——柯达在 2004 年开发的第三代零售印刷亭可以在短短 5 秒钟之内打印一张照片。

柯达同样使用数字科技加强照片冲印的质量。因此,柯达第一实验室为照片冲印提供了基础数码设施,使得每个底片都可以被数字化,并且通过关注消费者照片中的普遍问题来提供更好的照片。

柯达的混合战略在推出传统胶片的数字增强技术上也可见一斑。1996 年,柯达推出了它的 Advantix 先进照片系统,这个系统既可以将化学胶片储存起来,也可以把电子数据保存在单个胶片上。但是,这个新的标准没能在市场上引起强烈反响。

尽管数码照相机的决议失败,费舍却意识到了它们的潜能,并因此推动柯达奠定其在激烈的市场竞争中的地位。柯达的数码照相机既统治了尖端市场,也占领了低端市场。1994 年 1 月,柯达推出了它与联合出版集团(Associated Press)共同开发的 DigitalNews 系列数码照相机,该照相机的主要目标人群是新闻摄影记者,售价 15 000 美元。柯达也推出了售价 75 美元的苹果快照自动照相机(柯达制造,苹果公司进行市场营销),这是当时市场上最便宜的照相机。1995 年 3 月,柯达将第一家全功能的数码照相机介绍到市场上,价格在 1 000 美元以下。在接下来的 6 年里,柯达继续研发新型的、更复杂的数码照相机,包括与佳能共同开发的专业照相机。到 2000 年,柯达的产品已经包括了多种多样的照相机。最高端的是 DC4800 照相机,带有 310 万像素处理器;另外一个是 PalmPix 照相机,它允许一个掌上电脑可以被当作一个数码照相机使用。

□ 消费者市场：强调简单和使用便捷

费舍对消费者市场和商业市场采取不同的策略。当商业和专业市场为柯达先进科技提供最好的试验台时，消费者市场的部分则强调，柯达可以通过提供蕴涵"简单、质量和价值"理念的产品来保持作为一个大型市场领导者的地位。增量策略在消费者市场是很显然的；这一策略可以充分开发品牌和分销优势。关键在于为消费者提供一条从传统到数码照相的通路。

柯达继续跟从它最初的观点："你按按钮，剩下的我们来处理！"费舍和卡尔普都相信在数字成像市场上，柯达应该复制它在传统成像业的市场地位：柯达应该成为大规模市场的领导者，为因技术进步而疑惑的消费者提供安全、可信赖的和便捷的服务。这就要求柯达提供一个从传统成像到数字成像的转移路径。因此，柯达将会提供一系列的服务，允许消费者通过多种形式将传统的照片数字化，编辑数码照片，获取打印的照片。

简洁和大规模市场的领导地位也意味着柯达可以提供数字成像需要的集成产品和服务。柯达系统最基本的特性将是便于使用。"对柯达而言，数字成像的全部就是便于使用，以及帮助人们获得打印版本——也就是说，使人们获得过去使用胶片照相机也可以获得的体验。"柯达摄影集团的领导人马丁·柯尼（Martin Coyne）在 2002 年柯达媒体论坛上如是说。他用一系列数据支持他的论点——数据显示，90% 的消费者对于传统照相机获得的打印版照片感到满意，对于数字照相机只有 50%~70% 的消费者感到满意。[8] 一个系统策略而不是产品策略是基于这种认识的，即大多数消费者没有时间和耐心阅读说明并组装不同的设备和软件。柯达相信它的集成系统策略能够对构成消费者绝大部分的女性有特殊的吸引力。

就这样，柯达的 EasyShare 系统在 2001 年推出。根据威利·史（Willy shih）——数字和应用成像部门的总裁——的说法，EasyShare 的目的在于：

>……为消费者提供第一份便于使用的数码照相的经验……数字成像不仅仅是关于数码照相机的，这仅仅是第一步……人们将会需要从他们的电脑上获得他们的照片，并且想要通过打印和邮件分享。所以我们开发了一个系统，让这种体验尽可能地容易。[9]

因此，一个新的系统被开发出来，在这个系统中，消费者可以使用数码照相机或手机照相机拍照（或者将传统照片数字化），通过多种设备浏览照片，在家、零售亭或者通过柯达线上处理服务（online processing service）来印制数字照片。图 7—1 显示了柯达的 EasyShare 系统的概念。

到了 2005 年，EasyShare 系统的大部分元素已经就位：

● 柯达拥有了一系列 EasyShare 数码照相机。尽管市场上有很多同期竞争者（到 1998 年，已经有 45 家公司提供数码照相机），日本也在传统和数码照相机方面统治市场，但柯达成功地将自己定位在了全球三大公司之列。它的 EasyShare 系列在全球获得了大量的市场份额。

● EasyShare 软件允许下载、排版、编辑、通过电子邮件发送图像以及线上订购服务。EasyShare 软件和柯达的照相机捆绑在一起，也可以免

```
         手机照相机
   数码照相机        消费者媒体
                         移动服务
              柯达EasyShare
              媒体库
   专业印刷              基于电脑的
                         线上服务
       零售亭印刷    家庭印刷
```

图 7—1 柯达的 EasyShare 网络："你的图片——任何时间，任何地点"

资料来源：基于 Bob Brust，"Completing the Kodak Transformation," Presentation, Eastman kodak Company, September 2005。

费从柯达的网站上下载。

● EasyShare 照相机底座允许数字图像从照相机传输到电脑上，只需要一个按钮的转换。但是，不需要通过电脑就可以印制图片的能力更加重要：EasyShare 打印机底座允许图片可以直接通过照相机印制，不需要通过电脑下载。为了向消费者提供集成的服务，柯达开始提供打印照相机图片的特殊功能的打印机。首先，柯达从美国利盟公司（Lexmark）购进喷墨打印机。2003 年，带有 EasyShare 底座的打印机代表了柯达的一个重要进步：照相机底座和打印机的结合可以使得热感打印"一触即可"，既不需要连接电脑，也不需要直接通过照相机。2002 年，柯达收购了 Scitex，一个连续流动喷墨打印机的领导者，使得它在多样化数据的数码成像上的能力获得提高。安东尼·佩雷斯在 2003 年作为首席运营官的就职推动了柯达向打印机的介入："一个公司要想成为数字成像业的领导者，它需要参与数字输出。"[10]

● 线上数字成像服务。柯达迅速地意识到了互联网允许消费者转化和存储他们的照片并订购打印的潜能。根据威利·史的说法："下一个应用程序的杀手锏……是当照片遇到网络效应时。或者，换句话说，当互联网有数码照片陪伴时。"柯达的图片网络在 1997 年推出。消费者可以通过一个零售照片店将传统照片数字化，然后上传到柯达图片网络的个人网络账户里。接下来的一年，柯达开发了它的线上图片印刷系统 PhotoNet，让消费者可以上传他们的数码照片文件夹然后印制它们。柯达同样也与 ALO 建立了伙伴关系，共同提供 You've Got Pictures 软件，柯达负责为它的线上图片冲印竞争者（包括 Razorfish 在内）提供印刷服务和运营支持。2001 年，柯达通过收购 Ofoto 成为了线上图片扩印的领导者。除了线上印制服务（消费者可以通过电子邮件发送数码照片而后通过信件获取它们照片的打印稿），Ofoto 还允许会员建立线上相册，因此家人和朋友可以浏览该相册并自行印制。2005 年 1 月，柯达将 Ofoto 更名为柯达 EasyShare 媒体库。

商业和医疗保健市场

商业和专业市场对柯达来说很重要主要有两个原因。首先，它们是柯达尖端数码技术的领先市场。在数码照相机方面，领先的使用者是新闻摄影师和使用自动谍战机进行侦查的美国国防部。更一般地来说，政府在卫星成像、军用计划、天气预报、侦察活动上的复杂需要青睐数字技术的转换、传输和存储图像功能。在美国太空计划中，柯达照相机和成像设备伴随了很多任务的达成，包括火星探测器项目和 IKONOS 地球轨道卫星项目。在柯达的研究活动中，它在一定程度上受益于美国国防部和 NASA 合约。在医疗保健和商业市场，柯达采用系统策略，力求将硬件、软件和耗材整合到一起为消费者提供解决方案。

在医疗保健方面，医疗成像（特别是 CT、MRI 和超声）要求数字技术可以提供 3D 成像、诊断和图像存储。在商业印刷方面，数字成像提供了出版、报纸和杂志印刷革命的基础。通过一系列广泛的商业应用——从新闻业到高速公路安全再到房地产业，数字成像传输图片（特别是通过互联网）和与复杂的 IT 管理系统连接以进行图片存储和检索的能力发挥了巨大的积极作用。商业消费品巨大的产品溢价（对于数码照相机来说，专业照相机的售价可以高达基本消费者版本的 100 倍；价格差异对于彩色打印机来说也是如此）意味着柯达的研发在消费者市场细水长流的期望下，注重这些高端使用者。

在商业印刷和出版方面（2005 年更正为柯达图文影像集团），柯达在出版、包装以及数据处理工业中的商业扫描、格式化以及印刷系统业务方面确立了强大的市场地位。这一部分包括 NexPress，提供一系列高端的彩色和黑白打印机[11]；柯达宝丽光图像，图像通信的领导者；克里奥公司，商用打印机使用的印前和工作流程系统的供应商；柯达万印，连续喷墨技术供应商；Encad，宽幅喷墨打印机制造商；柯达文档产品和服务组织，提供文档扫描仪、缩微胶片和支持服务。柯达的机会在于开发出从传统胶版印刷到数字化、全色彩、多样化印刷的转移路径。这样的机会建立在两个关键优势上：第一，柯达的专有喷墨技术，第二，柯达在可变数据印刷——要求单独定制产出的印刷形式（就好像个性化的产品销售名录和账单一样）——方面的领导地位。

在医疗保健领域，柯达的市场地位与在消费者照片市场相似：它的优势在于 X 光片以及相关化学产品和配件。因此，数码技术的入侵对柯达构成了主要的威胁。在费舍和卡普的领导下，柯达通过扩展在医疗成像上的投入进行回应。它的 Ektascan 图像链接系统使得医疗图像可以转化为数字图像，因此可已通过医院间的电话传输。该系统于 1995 年开发，紧随其后的就是 1996 年的 Ektascan 医疗激光打印机。通过 1998 年收购 Imation 的 Dry view 激光成像业务，柯达扩大了它的领先优势。除了印制医疗图像，柯达在医疗保健信息系统领域投资巨大，包括图片存档和通信系统（PACS）。柯达同样开创了强大的、集成的牙科成像业务。

在很多政府服务领域，柯达利用它在"信息影像"方面的能力——通过信息技术集成图片——在关于图片管理和检索的大型合约上投标。柯达的数字扫描和文档管理系统被应用于美国、英国、法国、澳大利亚和巴西的国家统计局。在德国邮政部门，柯达的一个团队创造了世界纪录——在 24 小时之内达成了 170 万份文档的数字化复制。

□ 雇用、联盟和收购

传统的柯达商务系统是基于纵向整合和自我完善的：在罗切斯特基地，柯达开发自己的技术，生产自己的产品，并通过自己的巨大全球网络向全世界提供其产品。在数字成像上，柯达不仅缺少很多开展数字成像业务的公司所拥有的东西，而且科技发展速度也太快，不能简单依赖于闭门造车。因此，当柯达将它的能力基地从化学成像向数字成像转型时，它不得不将眼光投向外界，以寻找它需要的知识。

柯达从传统意义上来说是一个终身雇佣制的公司，它培养自己的高级管理者。但是乔治·费舍从摩托罗拉的跳槽改变了一切。在费舍的领导下，柯达进行了一个主要的雇佣变革，即雇用那些新的数字战略所需要的科技专家和管理者。从硅谷跳槽到罗切斯特基地的主要高管包括柯达数字成像部门的第一位领导者威利·史，他曾在 Silicon Graphic 和 IBM 任职。柯达也从富士施乐、惠普、Lexmark、苹果、通用电气、奥林巴斯光学和 Lockheed Martin 招募了一些高级管理者。表 7—2 展示了柯达顶级管理队伍的背景。

表 7—2　　　　　　　　柯达资深管理者团队，2005 年

姓名	职务	入职时间	之前任职公司
企业主管			
Robert L. Berman	高级副总裁	1980 年	柯达公司
Charles S. Brown, Jr.	高级副总裁，首席行政官	1973 年	柯达公司
Richard G. Brown, Jr.	首席会计官及总会计师	2003 年	安永会计师事务所
Robert H. Brust	首席财务官及执行副总裁	2000 年	通用电气，优利公司
Carl E. Gustin, Jr.	高级副总裁，首席营销官	1994 年	美国数字设备公司，苹果公司
Joyce P. Haag	总法律顾问及高级副总裁	1981 年	伊兰，布朗，Code，福勒，Vigdor 威尔逊律师事务所
William J. Lloyd	高级副总裁，喷墨系统主管	2003 年	Inwit，金普斯，惠普
Daniel T. Meek	高级副总裁，全球制造与物流主管	1973 年	NYPRO 公司，威宝公司
Antonio M. Perez	董事长，首席执行官	2003 年	惠普总裁及 CEO
部门主管			
Mary Jane Hellyar	高级副总裁，胶片和冲印系统集团总裁	1982 年	柯达公司
Philip J. Faraci	高级副总裁，消费者数码成像集团总裁	2004 年	Phogenix 成像，金普斯
James T. Langley	高级副总裁，图像处理集团总裁	2003 年	惠普
Kevin J. Hobert	高级副总裁，医疗健康集团总裁	2003 年	通用电气医疗系统集团

资料来源：Eastman Kodak Annual Report，2005；www.kodak.com.

费舍意识到，柯达从图像捕捉到印制照片的纵向整合战略在数字成像时代将不再发挥作用，因为他已经明白数字成像链条已包含了一些在某些领域发展非常好的公司——有时候也是垄断型的公司。例如，Adobe系统占据了图像格式化软件方面的支配地位；惠普、易普生和佳能是家用喷墨打印机的领导者；微软在PC运行系统方面的统治地位意味着任何图像编辑软件都要与它的Windows系统兼容。1997—2003年柯达数字成像产品的领导者威利·史观察到："我们不得不挑选出我们可以增加价值的地方而摒弃那些我们无能为力的。"[12] 困难在于如何识别柯达可以增加价值的活动和产品领域。

在很多案例中，这意味着与在数码科技和硬件、软件产品业的领先公司达成伙伴关系。柯达已经建立了这样一个联合企业和战略联盟的网络。除了与佳能、美国在线服务公司（AOL）和海德堡公司（Heidelberg）的联盟，柯达的盟友还包括：

- 英特尔公司：进行图片CD的开发和共同营销；开发数码图像存储媒介以及在按使用次数收费的基础上为归档和下载医疗图像开发一个ASP系统。Adobe系统同样也与柯达和英特尔合作共同生产用于图片CD的软件。
- 惠普：柯达喷墨技术的最初来源Phogenix图像公司是柯达和惠普利用柯达DLS软件，为共同开发高质量的针对小型和微型图片冲印实验室的喷墨解决方案而成立的合资公司。[13]
- 微软公司：合作建立以Windows为基础的图片转换协议，合作开发图片-CD以及针对数码照相机的FlashPix图片存储功能（与惠普一起）。
- 奥林巴斯：共享数码照相机技术；开发网页存储和印制图片的共同标准（每个公司都有超过一千种针对数码照相机和数码图片系统的格式）。
- AOL：柯达与AOL合作创造AOL的You've Got Pictures服务——上传、存储和共享数码照片。
- 三洋电机公司：共同开发彩色的、有源矩阵有机发光二极管显示器（OLED）。
- IBM：生产CMOS图片传感器的联盟。联合生产的第一批传感器于2005年7月问世。

在柯达认为强有力的地位对其战略很重要的活动和市场上，以及它需要用来弥补本公司不足的科技上，柯达会采用并购的手段。尽管柯达的利润在很多时期都是处于压力之下，但它的规模和资产负债表的实力都意味着它仍然是业内资产最雄厚的公司之一。2000年股票市场中科技板块泡沫的破灭，帮助柯达以最低廉的付出达成了很多重要的并购。这一时期的主要收购项目如表7—3所示。

表7—3　　　　柯达的主要收购项目，1994—2006年

1994年	Qualex公司	数字冲印服务提供商，成为柯达线上冲印服务的重要部分
1997年	王氏试验室	收购其软件单元
1998年	图片视觉公司	图片线上数字成像服务以及零售解决方案的供应商；该服务被整合进柯达的图片网络业务
	汕头时代照片材料公司，厦门福达感光材料公司	柯达加强其在中国摄影胶片市场的地位

1999 年	怡敏信公司	柯达收购了怡敏信的媒体成像业务
2000 年	Lumisys 公司	桌面计算机放射成像系统和 X 射线胶片数字化仪的领先供应商
2001 年	贝尔豪威尔公司 全摄影公司 Encad 公司	仅仅收购成像业务 先进的线上图片服务 宽幅商用喷墨打印机
2003 年	Practiceworks 公司 乐凯胶片有限公司 激光太平洋媒体公司 Algotec 系统有限公司 应用科幻公司	数字牙科成像以及牙科管理实务软件 收购中国最大的摄影胶片制造商 20％的股份 电影制片人后期制作服务供应商 图片存档系统开发商 数字 PIC 快速胶片处理技术
2004 年	NexPress 公司 赛天使数码印刷公司 启能工业公司 美国国家半导体公司	收购了海德堡合资公司 50％的股份，提供高端按需彩色印刷系统以及黑白可变数据印刷系统 高速可变数据喷墨打印的领先公司（重命名为柯达 Versamark 公司） 柯达购买了其很多股份 柯达收购了该公司的高级成像业务
2005 年	柯达宝丽光图像有限责任公司 克里奥公司	柯达收购孙氏化学公司合资企业中 50％的股份，该合资企业是图像交换业的领先者 全世界商用打印机印前和工作流程系统的领先供应商

资料来源：Eastman Kodak, 10-K Reports.

柯达和数字成像市场，2006 年

数字成像市场——特别是消费市场——和其他建立在数码科技上的市场拥有相似的特性。像个人计算机、手机、袖珍计算器、DVD 播放器、数字成像硬件设备都经历着剧烈的市场竞争、超低的市场进入门槛、下降的价格和商品。因此，很多产品的边际利润或者非常少或者几乎不存在。

数码照相机面临着尤其残酷的市场竞争。残酷的价格竞争限制在被索尼、松下、三星和其他电子消费品公司占领的低端市场。2006 年，这些公司正在逐渐向高价格的数码单反照相机市场升级，而这些市场在此之前都被佳能和尼康占据。一些观察者相信，2006 年数码照相机市场将会开始衰退，因为越来越多的消费者将会使用手机拍照。

打印机市场的情形也类似，20 家公司——包括惠普、佳能、易普生、利盟（Lexmark）、施乐、三星、兄弟（Brother）、戴尔、柯尼卡（Konica）、富士、松下、东芝和苹果——可以生产喷墨打印机。不同的是，对于打印机行业来说，墨盒可以带来高边际利润。

对于柯达也一样，它最高的边际利润来自于耗材——尤其是相纸。但是，柯达在本土市场面临着强有力的市场竞争，尤其是来自施乐、惠普、3M、王子制纸的竞争，还有一些其他小品牌的竞争。在提供冲印和商业打印机方面，柯达能够从提供打印机的硬件的领先地位中获取利润。为了应对相纸的商品化，柯达开发了喷墨相纸方面的很多新技术。在这之中，最重要的是 Colorlast 技术，该技术的开发是为了使相片的保真度和活力保持 100 年或更久。但是，在所有市场上，柯达都陷入了困境——人们开始使用电子设备浏览相片、阅读杂志而不是采用打印出来的形式。

在以数码技术为基础的其他行业里，利润的最初来源是软件而不是硬件。因此，在个人计算机行业，微软通过操作系统（Windows）和办公软件（Microsoft Office）的垄断地位赢得了巨大利润。Google 在互联网搜索引擎上的成功也是相似的。在视频游戏业，游戏研发者和出版者而不是游戏机制造商赚取最多的钱。软件同样也是数字成像业的主要利润来源。因此，在开发、编辑、展示和传输数字图像软件业，Adobe 系统是主要的参与者。2005 年，Adobe 赚取了超过 30% 的回报。在编辑数码图像的软件中，基本图像修改的程序包括微软的 Picture It，同时，更复杂的图片编辑和格式化软件包括 Adobe 的 Photoshop——市场上的领导者。

柯达的软件开发最初着重于专有的图像处理软件，包括一些向冲印室、零售店、商业打印社和医疗成像设备提供的系统。但是，随着 1990 年柯达 PhotoCD 系统的推出，柯达高度参与到了发展家用市场软件上。柯达的主要优势在于它的色彩管理软件，以及针对管理零售过程和印制服务的 DLS 系统管理及软件升级服务。2003 年，尽管 Adobe 系统通过 Photoshop 和 Acrobat 产品统治了图像展示、格式化和修改市场，但柯达还是推出了它的 EasyShare 软件。Adobe 迅速推出了 Photoshop Album——一个售价 49 美元的 Photoshop 软件的衍生物。2004 年，谷歌 Picasa 免费图片编辑软件的推出更增加了价格压力。

严峻的价格竞争也是线上图像共享和图片印制服务的一个特点。当柯达的 EasyShare Gallery 成为市场领导者时，它经过了与一系列线上公司的竞争，包括 Shutterfly、喀嚓鱼、沃尔玛图像中心、富士电影网、雅虎图像和西尔斯图像网。随着摄影的重心逐渐向手机转移，柯达开始寻求成为通过手机进行线上图片分享的领导者。2003 年，通过与诺基亚和 Cingular 公司的合作，柯达推出了柯达手机服务，使用者可以存储和整理手机拍摄的照片。到 2005 年，照片可以通过手机在柯达的 EasyShare Gallery 上上传和下载。图像同样可以经由手机传送至柯达的零售打印亭。

到 2006 年年初，很明显在 EasyShare 品牌下，柯达为消费者创造了完整的数字成像系统。柯达最终成为了一个完整系统的提供者。柯达在数字成像产业链条的每一个环节都有涉及，并且通过它的 EasyShare 品牌，柯达在与消费者共享它的系统能力。柯达可以服务于不同类型的消费者的能力是尤其重要的。通过零售网络，柯达为使用传统胶片的消费者提供了数字扫描、放大和存储服务。对于使用数码照相机的消费者，柯达通过零售亭和网络提供修改和印制服务，并且借由 EasyShare 打印机，柯达允许消费者独立地选用其他品牌的数码摄影产品，无须使用任何柯达的零售服务。

柯达的资源和能力

数字成像是传统意义上的"颠覆性技术"。[14] 对于传统的摄影公司来说,它是一种"摧毁能力"[15]——新技术制度意味着它们的资源和能力很多都接近无用。对于照相机公司——比如佳能、尼康、奥林巴斯和宾得——来说,数字成像却不是威胁:数码后背(digital back)可以增加到传统的照相机结构中;这些公司的光学能力仍旧重要。而且,照相机公司已经获取了很多微电子技术。对于胶片公司——柯达、富士胶片、爱克发、依尔福——即科技能力依赖于化学科技的公司来说,数字成像的威胁更为明显。这是转换时期——从传统成像到数字成像——对于柯达如此重要的原因。只要摄影胶片的替代是逐步的,柯达就可以利用它的品牌优势和巨大的分销系统,来提供混合的解决方案;同时可以使用从胶片部分获得的时间和现金流,投资于柯达在数字成像时期需要的资源和能力。问题在于很多与柯达在数字成像"体育场"上竞争的是已经发展良好的微电子公司:思科、理光和惠普已经经由办公电子设备和印刷进入数字成像业,索尼则通过电子设备消费品进入。这些公司都拥有不同的资源和能力组合,在不同的领域有各异的优势和劣势。

佩雷斯意识到更新柯达的资源和能力基础的挑战并不局限于科技。在 2005 年 5 月的 J. P. 摩根科技会议上,佩雷斯强调了这样的变化同样包括生产流程、设计和不同的价值来源(见表 7—4)。

表 7—4　　　　　　　　　伊士曼柯达的"基本挑战"

改造范围	
从	至
模拟技术	数码技术
设计周期长	快速成型
工业生产流程	灵活生产流程
产品价值	解决方案价值(产品+耗材+服务)
大量生产,大量存货	无库存模式
高利润率,冗杂的结构	低利润率,简化的组织

资料来源:A. Perez, "Creating the New Kodak," J. P. Morgan Technology Conference, May 2005.

考虑到柯达的竞争地位以及未来的潜能,佩雷斯特别关注以下的资源和能力:

- 品牌和分销
- 技术
- 新产品开发
- 金融

品牌和分销

柯达资源的最大优势在于它的品牌资产和分销系统。将近一个世纪在全球摄影业名列前茅，柯达在业内获得了无与伦比的品牌认知度和遍及全球的分销系统。柯达可以带来引起消费者兴趣的新产品，并且用全世界最为人知且最受尊重的品牌来作支撑，这为公司在因技术变革而引起消费者迷茫的市场上争取了巨大的优势。柯达的品牌声誉是由它巨大的、遍布世界的分销系统支撑起来的，这一系统最初是通过零售摄影店、胶片处理机和专业摄影室形成的。这种零售系统对于柯达的整个数码战略异常重要，因为柯达为消费者提供的数字成像使用服务是经由这些零售店和冲印店完成的。

在何种程度上柯达的分销和品牌优势能继续作为柯达在数字成像业竞争优势的来源而存在呢？柯达的零售网络是一种贬值资产，因为消费者自己的家用计算机、电子邮箱和打印能力在增加。根据首席营销官卡尔·盖斯汀所说，品牌将会继续作为柯达最有价值的资产而存在："我总说我们的品牌是防弹的，当提及图片、记忆、信任、依赖、家庭价值以及更多东西的时候。"在数字成像产品的调研中，近些年，柯达的品牌不是排在第一就是排在第二。但是，市场的巨大改变也会使柯达品牌战略的改变成为必要。盖斯汀说：

> 柯达的名字是享誉各处，还是在各处都不同？品牌需要标语吗？需要很多标语吗？它在消费市场是否有和在商业和服务市场同样的意义？这都在调查中。[16]

这些问题通过在 2001 年推出 EasyShare 品牌的决定得以解决。EasyShare 成为柯达数字消费品的子品牌——包括硬件（照相机和打印机）、软件（柯达 EasyShare 软件可以进行数字图像的转化、提高和分类）以及服务（例如柯达线上 Easyshare Gallery）。

在专业的、商业的、医疗的和政府的相关市场，佩雷斯相信柯达的品牌和声誉被认为是可信赖的、资产安全的，柯达提供复杂产品和支持服务的能力也被认为是一个明显的优势。

□ 技术

在技术方面，柯达带着它的一些发展良好的优势步入了数字成像时期。它自 20 世纪 80 年代以来针对数字成像的巨大研发投入在广泛的领域创造了专有技术。尽管研发在 20 世纪 90 年代末期被削减，但柯达仍保持着在图片业界世界上最大的研发投入努力。柯达在其美国、英国、法国、日本、中国和澳大利亚的实验室内，雇用了超过 5 000 名工程师和科学家，包括 600 多名博士。2003 年柯达申请了 748 项美国专利，2004 年为 724 项，2005 年为 575 项。表 7—5 展示了一些柯达拥有科技强项的重要领域。

另外，一个世纪的摄影图像的创新和研发赋予了柯达发现超前的特殊图像技术的敏锐的洞察力和直觉。柯达成像能力的核心是它的色彩管理能力。根据《商业周刊》在费舍加入柯达十年前的观察：

> 知道如何将电子图像捕捉和色彩管理结合起来是柯达多年来的经验。柯达是可以审阅、捕捉图像的电子传感器及设备的世界冠军，并且有很多色彩热敏打印的专利。它同样对于色彩管理软件也很有心得，可以使得屏幕上显示的颜色与你最终打印出来的颜色相匹配。[17]

表7—5　　　　　　　　　　　　　柯达的技术能力

技术领域	柯达的能力
色彩科学	柯达是色彩的生产、控制、测量、设置以及视觉角度定位的领先者，特别是在预测图像捕捉设备以及成像系统的表现方面。柯达是比色法以及测量、量化对光线刺激的视觉反应的先驱。
图像处理	包括控制图像清晰度、杂色和色彩再现的技术。最大化图像的信息内涵并压缩数据以进行经济存储及快速传输。柯达是自动图像平衡的图像处理算法、主题和文本识别以及图像提升和操纵的领导者。这些在数码图像冲印上对图片质量提升包括场景反射、光线条件、清晰度以及其他条件组合的调整是至关重要的。
成像系统分析	提供测量成像系统特性的技术以及部件。预测系统模型对于柯达的新产品开发是非常重要的，通过此模型可以预测各部件对于整体系统表现的影响。
传感器	柯达是图像传感器技术的世界领导者，在设计和制造电子传感器——包括CCD和DMOS——方面拥有30多年的经验，这些传感器适用于照相机、拍照手机、机器视觉产品以及卫星和医疗成像方面。第一批装备了柯达与IBM新一代CMOS传感器的照相机于2007年宣布推出。
墨水技术	柯达在染料和颜料方面是技术突出的领先者。它开创了微铣削（micro-milling）技术（本来是为药物传递系统开发的）。它拥有保湿剂（防止打印头喷嘴堵塞）以及表面张力和黏度调节剂（控制墨水流量）的先进技术。
喷墨技术	喷墨打印头电热控制的发明以及墨水的创新使得柯达可以在喷墨打印方面进行大量的技术革新。在商业印刷方面，柯达的连续喷墨技术使得喷墨打印的灵活性可以与图像分辨率和保真度的大幅提高相匹配，而不需要借助于电脑。
微流体技术	微流体是研究那些控制极小流量的微型器件的科学，与薄膜包衣、液体混合、化学传感和液体喷墨印刷都有关。
印刷媒体	柯达在了解如何将高分子科学以及化学工程应用于接收墨水的材料方面无与伦比，这些材料包括纸、玻璃、塑料。柯达的优势包括特殊设计的喷墨媒体，这些媒体由有机或者无机高分子材料覆盖于纸或清洁胶片的外部组成，覆盖层由水凝胶、无机氧化物及类似物质构成。
电子显示技术	通过它与三洋的合资企业，柯达开创了应用于自发光平板显示器有机发光二极管技术。柯达的OLED展示面板主要应用于照相机以及其他小屏幕设备，但是柯达同样也致力于能够应用于数字相框中的大型显示器的开发。
软件	在佩雷斯的领导下，柯达大幅增加了它在软件上的投资。它的EasyShare软件关注图片处理、打印和存储的便捷使用——甚至在没有电脑的情况下。柯达的商务软件在工作流程的解决方案（柯达EMS办公软件）、浏览软件（完美页面）以及印刷软件（柯达专业数码印刷软件）方面处于领先地位。柯达在控制软件以及印刷算法方面的特别优势克服了很多喷墨的技术限制，并优化了色彩和色调的再现（例如柯达的一触打印系统）。

资料来源：www.kodak.com.

　　柯达使用"颜色科学"这一术语来指代颜色的生产、控制、测量、规范和视觉感知；这包括"比色法"，即颜色特性的测量。

　　柯达的科技能力意味着它在数字成像价值链的每一个基本环节都有投入，

但是，在大多数环节中，柯达缺少相应的市场领导力（见图7—2）。

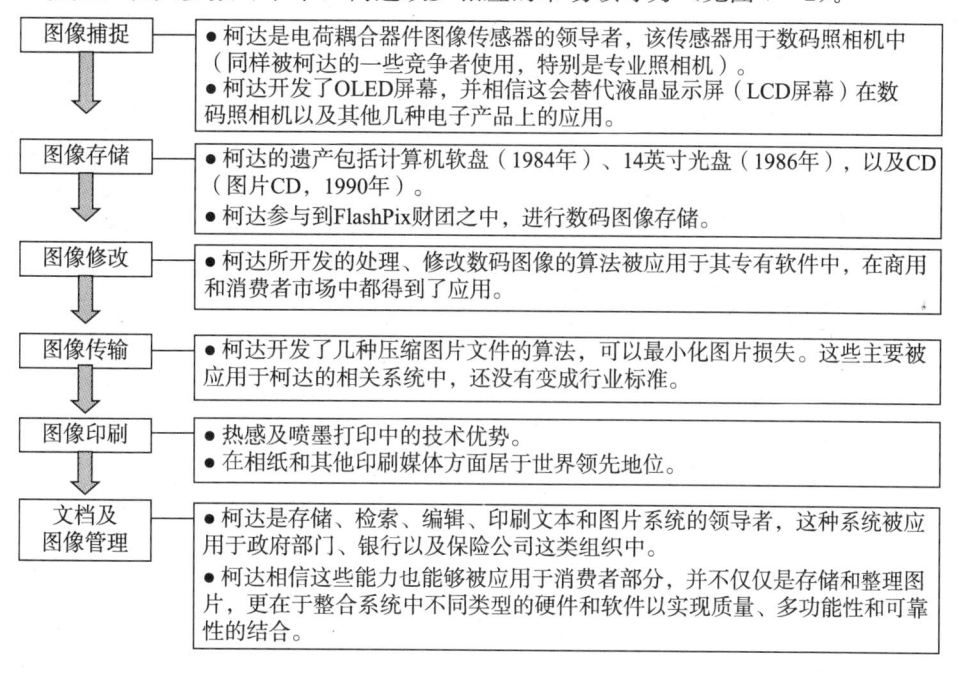

图像捕捉	• 柯达是电荷耦合器件图像传感器的领导者，该传感器用于数码照相机中（同样被柯达的一些竞争者使用，特别是专业照相机）。 • 柯达开发了OLED屏幕，并相信这会替代液晶显示屏（LCD屏幕）在数码照相机以及其他几种电子产品上的应用。
图像存储	• 柯达的遗产包括计算机软盘（1984年）、14英寸光盘（1986年），以及CD（图片CD，1990年）。 • 柯达参与到FlashPix财团之中，进行数码图像存储。
图像修改	• 柯达所开发的处理、修改数码图像的算法被应用于其专有软件中，在商用和消费者市场中都得到了应用。
图像传输	• 柯达开发了几种压缩图片文件的算法，可以最小化图片损失。这些主要被应用于柯达的相关系统中，还没有变成行业标准。
图像印刷	• 热感及喷墨打印中的技术优势。 • 在相纸和其他印刷媒体方面居于世界领先地位。
文档及图像管理	• 柯达是存储、检索、编辑、印刷文本和图片系统的领导者，这种系统被应用于政府部门、银行以及保险公司这类组织中。 • 柯达相信这些能力也能够被应用于消费者部分，并不仅仅是存储和整理图片，更在于整合系统中不同类型的硬件和软件以实现质量、多功能性和可靠性的结合。

图7—2 柯达在数字成像供应链上的科技地位

在图像输出层面上，柯达相信消费者将会继续需要打印照片。在打印的媒介，特别是特种涂布纸方面，柯达是世界领先的。在2000—2003年间，柯达推出了一系列包含新技术的喷墨打印纸。

□ 新产品开发

尽管柯达在基础研究、应用研究和成功开发新产品的悠久历史上都有优势，但卡普敏锐地意识到批判者将会针对柯达将新产品引入市场的弱点发起批评：柯达步伐太慢，它的营销人员也对数字世界理解太少。

柯达的产品研发过程反映了公司在化学工业中的传统。产品开发根据传统开始于基础调研，在这里，在进入世界市场之前，新产品要通过一个长而细致的产品开发过程被开发出来。作为柯达的主席和CEO，乔治·费舍的主要目的就是精简和加速柯达冗长的产品开发过程。为替代柯达"阶段和通道"（phases-and-gates）的连续发展过程，费舍挪用了曾经在摩托罗拉奏效的方法——更多新产品开发的权力的下放，使用多功能开发团队以加快循环周期。与外部公司合作以获取对方的技术和能力同样也要求快速。柯达与其他公司订立合作协议几乎没有问题——它的规模、品牌名称以及科技实力使它成为一个对小型的、科技导向的数字成像公司非常有吸引力的合作者。对柯达来说，真正的挑战在于克服长时间与外界隔绝的和层级化的管理模式，以使得新成立的联盟收获硕果。柯达的联盟记录和合作企业是复杂的。为开发针对胶片和图片流程的数字迷你实验室而与惠普联合形成的企业Phogenix在成立3年后的2003年5月解散。[18]

□ 金融

柯达能够经受住数字成像市场中的不确定性和科技快速变化的关键优势在于它的规模和财务安全。对比其他新成立公司希望在市场上确立地位，柯达则独立于风险资本家和 IPO 市场的变幻莫测。与它的一些大型的、成功建立的对手相比，柯达从它的传统胶片业务中可以获得安全的现金流。

2004 年年初，伊士曼柯达保持了财力上的雄厚，但是却不像上一年那样强大了。自 20 世纪 90 年代末期起，债务已经显著增长，退休人员的医疗保健福利已经构成了主要的长期债务。同时，由于核心摄影业务的退化以及正在形成柯达利润表的常规特色的重构成本，盈利在 2000—2003 年间也有显著减少。因此，一些分析家怀疑柯达是否具有足够的资金能力去经营它的"数字化增长战略"，因为该战略包括在 2004—2006 年资本支出和并购中投入 30 亿美元。表 7—6 和表 7—7 归纳了柯达近期的财务数据。

表 7—6　　　　伊士曼柯达：筛选过的财务数据，2000—2005 年（百万美元）

	2000 年	2001 年	2002 年	2003 年	2004 年	2005 年
来自损益表						
销售额	13 994	13 234	12 835	13 317	13 517	14 268
产品销售成本	8 019	8 670	8 225	9 033	9 582	10 617
销售成本、一般成本和管理成本	2 977	2 627	2 530	2 648	2 491	2 668
研发成本	784	779	762	781	836	892
运营收入	2 214	345	793	238	−87	−599
利息花费	178	219	173	148	168	211
其他收入（收费）	96	−18	101	51	161	44
重组以及其他成本	−44	659	98	484	695	690
预提所得税	725	32	153	−66	−175	689
净盈利	1 407	76	770	265	556	−1 362
来自资产负债表						
总流动资产	5 491	4 683	4 534	5 455	5 648	5 781
现金和现金等价物	246	448	569	1 250	1 255	1 665
应收账款	2 653	2 337	2 234	2 389	2 544	2 760
存货	1 718	1 137	1 062	1 075	1 158	1 140
财产、设备和装置	5 919	5 659	5 420	5 094	4 512	3 778
其他非流动资产	1 767	2 072	3 540	4 269	3 131	3 221
总资产	14 212	13 362	13 494	14 818	14 737	14 921
总流动负债	3 275	5 354	5 502	5 307	4 990	5 489
应付债务	3 403	3 276	3 351	3 707	3 896	4 187
短期债务	2 058	1 378	1 442	946	469	819
其他债务						
长期债务	1 166	1 666	1 164	2 302	1 852	2 764
离职后负债	2 610	2 728	3 412	3 344	3 338	3 476

续前表

	2000年	2001年	2002年	2003年	2004年	2005年
其他长期负债	671	720	639	601	737	1 225
全部负债	10 784	10 468	10 717	11 554	10 917	12 954
股东权益	3 428	2 894	2 777	3 264	3 820	1 967
全部负债（和权益）	14 212	13 362	13 494	14 818	14 737	14 921
来自现金流量表						
运营活动现金流：						
持续经营业务盈利	1 407	76	770	365	556	−1 362
非现金项目调整	−425	1 989	1 448	1 361	590	2 542
运营活动净现金流量	982	2 065	2 204	1 645	1 168	1 208
投资活动现金流：						
其他资产收入	−945	−743	−577	−506	−460	−472
来自业务/资产的销售	277	0	27	26	24	130
兼并所得净现金	−130	−306	−72	−679	−369	−984
投资活动现金流	−783	−1 074	−758	−1 267	−120	−1 304
金融活动净现金流	−314	−804	−1 331	270	−1 066	533
雇员数量（千）	78	75	70	64	55	51

资金来源：伊士曼柯达年报。

表7—7　　伊士曼柯达：按部门划分数据，2000—2005年（百万美元）

	2000年	2001年	2002年	2003年	2004年	2005年
持续经营净销售额：						
数字及胶片成像系统	10 231	9 403	9 002	9 415	9 366	8 460
健康集团	2 220	2 262	2 274	2 431	2 686	2 655
图文影像集团	1 417	1 454	1 456	967	1 343	2 990
所有其他	126	110	103	96	122	163
所有	13 994	13 229	12 835	12 909	13 517	14 268
息税前持续经营盈利（亏损）：						
数字及胶片成像系统	1 430	787	771	427	598	362
健康集团	518	323	431	497	452	354
图文影像集团	233	172	192	82	−39	1
所有其他	−11	−60	−28	−93	−191	−177
所有	2 170	1 222	1 366	913	820	540
持续经营净盈利（亏损）：						
数字及胶片成像系统	1 034	535	550	370	520	212
健康集团	356	221	313	415	366	196
图文影像集团	90	84	83	35	−8	−9
所有其他	−2	−38	−23	−95	−163	−98
所有	1 478	802	923	725	715	301
部门总资产：						
数字及胶片成像系统	7 100	9 225	8 798	9 129	8 458	7 070
健康集团	1 491	2 038	2 011	2 598	2 647	2 404

续前表

	2000年	2001年	2002年	2003年	2004年	2005年
图文影像集团	1 045	1 438	1 405	1 011	1 638	3 543
所有其他	−92	−16	66	12	98	139
所有	9 544	12 685	12 280	12 750	12 841	13 156

注：这期间柯达在它的部门报告中作了一些变动。2003年，图像部门变为了数字及胶片成像系统，商业成像变成了图文影像集团。

展望未来

在从拉斯维加斯消费者电子展回到纽约罗切斯特柯达的总部之后，安东尼·佩雷斯对他在柯达工作的3年进行了总结——首先是作为首席运营官，然后是作为首席执行官。作为一个统治传统市场如此长久的公司，柯达在科技覆灭中的幸存是卓尔不群的。对于一个公司来说，成为与其之前的科技完全不同的市场的领导者是特别困难的。很多传统照相产业中柯达的竞争者——爱克发、宝丽来、柯尼卡——都没能实现这种跨越；只有富士胶卷在它跨越数码鸿沟的能力上超过柯达——2005年之前，富士大幅增长并且持续获益。[19]

从近乎为卤化银照相胶片的垄断者，柯达作为数码照相机、线上图片存储和处理、光传感器和数码图像展示的全球领导者重新崛起。在佩雷斯的领导下，已经没有老柯达和新柯达：老柯达已经被埋葬了。

但是佩雷斯认为他的工作才刚刚开始。柯达已经成功地跨到了另外一边。他成功地采用了数码技术，改善了那些技术，并且开发了众多非常成功的产品。但是却没有经济回报。柯达仍旧在赔本。

可能有一部分问题产生于因柯达关闭工厂解雇员工而造成的重构成本。但这仅仅是一部分。在消费市场上，柯达在很多硬件产品上都在亏损，为软件产品让路。商业和医疗保健领域显示了更多的收益期望，但是在这两个市场，柯达仍旧在整合它的多项并购和巩固市场地位。耗材和冲印服务的利润也十分吸引人，但是越来越多的消费者使用屏幕来浏览图片而不是打印纸，这种趋势的蔓延使得这两项业务受到威胁。

柯达的数字战略已经表现出了客观的享有竞争优势的潜力，特别是在向消费者提供整合的方案、强调易于使用、为确立在数字成像价值链上的地位而联合并购方面。这些重要的话题现在已经把竞争优势的来源与利润的聚集联系到了一起。

数码消费品似乎不会提供吸引人的利润——仅仅是由于竞争太激烈了。柯达的组件反而提供了更好的赌注：柯达在保护传感器和OLED技术上拥有很多的专利。但是，佩雷斯相信，一些最好的机会将来自满足消费者关于数字图片的整合需要。

[注释]

[1] "Banishing the Negative: How Kodak is Developing its Blueprint for a

Digital Transformation," *Financial Times*, January 26, 2006.

[2] "Banishing the Negative: How Kodak is Developing its Blueprint for a Digital Transformation," *Financial Times*, January 26, 2006.

[3] "Kodak Zooms in on Software as Industry Focus Shifts to Computers," *Financial Times*, January 9, 2006.

[4] "Bill Miller's Kodak Moment," *Fortune*, November 14, 2005.

[5] Address to the Academy of Management, Boston, August 1997.

[6] "Kodak's New Focus," *Business Week*, January 30, 1995, pp. 62-68.

[7] Eastman Kodak Company, "Kodak Leaders Outline Road Ahead to get Kodak 'Back on Track'," press release, November 11, 1997.

[8] Eastman Kodak Company, "The Big Picture: Kodak and Digital Photography," www.Kodak.com/US/en/corp/presscenter/presentations/020520mediaforum3.shtml.

[9] 参见 www.Kodak.com/US/en/corp/presscenter/presentations/020520mediaforum3.shtml, accessed October 29, 2009.

[10] Interview with Antonio Perez, President and COO, Kodak, *PMA Magazine*, February 2004.

[11] NexPress 最初是与海德堡合办的合资公司；柯达在 2004 年购买了海德堡的所有股份。

[12] "Why Kodak Still Isn't Fixed," *Fortune*, May 11, 1998.

[13] Eastman Kodak Company, "Kodak and HP Joint Venture to be Named Phogenix Imaging," press release, August 1, 2000.

[14] J. L. Bower and C. M. Christensen, "Disruptive Technologies: Catching the Wave," *Harvard Business Review*, January-February, 1995.

[15] M. Tushman, and P. Anderson, "Technological Discontinuities and Organizational Environments," *Administrative Science Quarterly*, 31 (1986): 439-465.

[16] Interview with Carl Gustin, Chief Marketing Officer, Kodak, *PMA Magazine* (February 2004).

[17] "Kodak's New Focus," *Business Week*, January 30, 1995, pp. 62-68.

[18] 杰夫·马切尔（Jeff Macher）和巴拉克·里奇曼（Barak Richman）在 "Organizational Responses to Discontinuous Innovation: A Case Study Approach," *International Journal of Innovation Management* 8 (2004): 87-114 中描述了柯达与英特尔为开发图片 CD 创立的合资公司："新产品的会议由于物流限制、相邻部门非应邀的和不必要的介入而遭罪……[这个]项目的缓慢开始突出了公司现行的模式和操作不适用于开发一个尽管快速崛起但却不稳定的新科技。"

[19] 富士胶卷的运营利润率在 2006 年 3 月 31 日会计年度结束时是 2.8%；从四年之前的 10.8%下降到此。

8 宝洁公司的 2005 组织计划项目[*]

2000 年的上半年，宝洁公司——世界上最大的个人和家用产品供应商——面临着股价下滑和领导地位危机的局面。

2000 年 3 月 7 日，宝洁公司宣布它将不能达到第一季度的预期收益，股票价格也从每股 86 美元下跌到每股 60 美元。总体来说，2000 年 1 月——股票涨至最高点 116 美元时——到 2000 年 3 月 7 日之间，宝洁公司的股票下跌了 52%。然而宝洁最大的危机不在于市场资产缩水 850 亿美元，而是信心——在行业中名列前茅的自信——危机贯穿整个公司。在我们商业市场上的很多地方，最有实力的竞争者都会受到攻击。宝洁世界各地的业务单元都在指责总部存在的问题，而总部又把问题归咎于各业务单元。

在我被任命为新任首席执行官的那一天，宝洁的股票又下跌了 4 美元，15 天后，又下跌了 3.85 美元——对于建立信心来说这不算多。[1]

2000 年 6 月 8 日，宝洁公司的董事会成员解雇了其首席执行官德克·雅格（Dirk Jager）；任命了 A. G. 雷福利（A. G. Lafley）作为继任者。雷福利在此之前已经在宝洁公司召开了一系列高级会议，最近一次是作为全球美容护理组织的带头者。

当开始着手处理降低宝洁公司表现的最基础的战略问题时，雷福利直接实施了一系列缩减成本的措施和管理变革。但是，有一个重要的决定确实不能迟

---

[*] 该案例由罗伯特·M·格兰特准备。信息来自三个更早的案例研究：*P & G Japan：The SK-II Globalization Project*（Harvard Business School Case No. 9-303-003，2003）；*Procter & Gamble：Organization 2005*（Harvard Business School Case No. 9-707-519，2007）；*Procter & Gamble：Organization 2005 and Beyond*（ICFAI Knowledge Center，Case No. 303-102-1ECCH，2003）。

疑。1998年7月，宝洁公司宣布了2005组织计划——对于宝洁组织的重新设计计划，这包括从基于地理区域的结构划分到全球市场结构划分的转换。新的结构在1999年7月实施，但是直到雷福利上任为首席执行官，宝洁公司仍旧处于明显的组织动荡中。

考虑到2005组织计划在增加销售额或者提高宝洁边际收益方面的失败，以及与雷福利前任的明显关系，很多宝洁的高级管理者趋向于放弃这一计划而采用宝洁之前的区域结构。但是，如果放弃已经就位小半年的结构，宝洁将面临更大的动荡风险。而且，雷福利已经意识到2005组织计划是对宝洁协调国家和区域间认知/感知不充分的一个反应。

宝洁组织结构的革命

宝洁公司于1837年在辛辛那提开始制作香皂和蜡烛。20世纪，包括大范围的品牌化和包装消费品的宝洁多样化战略是三项重要的管理改革的结果。第一是1890年中央研究实验室的成立，这成为系列新产品推出的重要来源。第二是1924年市场调研部门的确立。第三是品牌管理概念的提出，品牌管理是指个体产品会被分配给公司品牌经理管理的系统。

在美国，宝洁的结构首先演变为分权化的公司，每个单独的产品部门都有自己的制造、营销和销售职能；然后变成了一个矩阵组织，产品部门构成基本结构，但是各部门的功能主体都与公司层面的功能主体保持"虚线"联系。因此，在洗衣用品部门，生产部门经理首先向部门的副总裁报告，然后向公司制造部门的副总裁报告。

海外扩张是建立在独立的国家子公司基础上的。由负责海外运营的第一副总裁沃尔特·林格尔（Walter Lingle）确立基本原则："我们必须量身定做我们的产品，以面对每个国家的消费者需求。"但是我们必须创立当地的国家子公司，并使其尽可能地接近美国宝洁公司的结构、政策和实务。20世纪60—70年代，宝洁的地理范围和国际规模得到了迅速增长。但是，国家层面的功能复制也造成了明显的低效率。巩固区域化总部功能的尝试包括1963年布鲁塞尔宝洁欧洲总部技术中心的创立。该中心组织市场调研，进行工程研发，开发可以适用于本国并在自己国家推出的新产品。

尽管区域化总部比国家子公司具有日益增长的优先权，但产品政策、新产品的引入和一些功能性活动的跨区整合还是很有限的。而且，当已经存在的组织结构使得宝洁公司的产品和营销可以适用于现有的市场时，宝洁便失去了扩张新市场的动力。在20世纪80年代，亚洲——特别是日本——为宝洁提供了非常振奋人心的机会，到20世纪80年代末，苏联的解体以及东欧的开放，为宝洁提供了大幅扩张进入这些没有达到饱和的市场的机会。[2]

全球矩阵

1989年，宝洁公司在它的组织结构中进行了一次比较大的改革。它创造了全球产品结构，每个产品类别都由一个直接向首席执行官汇报的总裁直接负责。这一国家的总经理和区域主管保留盈亏责任、人力资源管理报告以及事业管理这三项职责。但是，新的全球类别执行总裁在研发业务上被赋予了极大的控制权。对每一个类别，研发副总裁都在全球产品类别范围内被任命负责研发的管理。这些研发副总裁直接向他们的全球类别总裁汇报。结果就是向可以在全球范围内应用的产品类别平台技术的转移。

新的结构加强了宝洁公司的组织职能。制造、购买、工程规划以及分配都被整合到了一个由高级副总裁管理的单一供应职能下面。这个职能旨在促进宝洁全球产品供应功能的端到端整合。供应链整合对于整合宝洁公司此次并购进来的制造和分配设备尤其重要。

1994年，宝洁公司的销售职能重构为消费者业务发展（CBD）职能。这种强化了的全球消费职能的主要目的是与宝洁公司的最大消费者发展更亲密的关系。CBD的最初动机之一就是在沃尔玛的本顿维尔总部开设办公室。

图8—1展示了1990年宝洁公司的部分组织结构图。为了说明地理结构与产品结构之间的关系，图8—1展示了宝洁日本公司详细的产品组织结构。

新的结构改善了全球合作状况，并且巩固了一些跨部门的活动和设置。但是，这些改善却只对宝洁公司的增长起到了些微的促进作用。表8—1显示了宝洁公司的一些重要的财务数据，表8—2表明了区域划分的情况。到德克·雅格（Dirk Jager）——宝洁的首席运营官——在1999年年初就任为CEO时，宝洁并没有发挥全部潜能的观念已经普及公司内外。1999年年中，《经济学家》杂志报道道：

> 没有几家公司面临着像宝洁公司一样的价格竞争。由于不愿意降低价格，又不能以创新者的地位将自己与其他公司区别开来，公司在过去的三个季度中都没能增加它的规模，并且在过去的五年里已经失去了大约10%的市场份额……宝洁公司的问题反映了它风险规避的文化；允许不同国家的经理人在研发、销售以及营销上投反对票；以及它的不同生产平台的混搭。

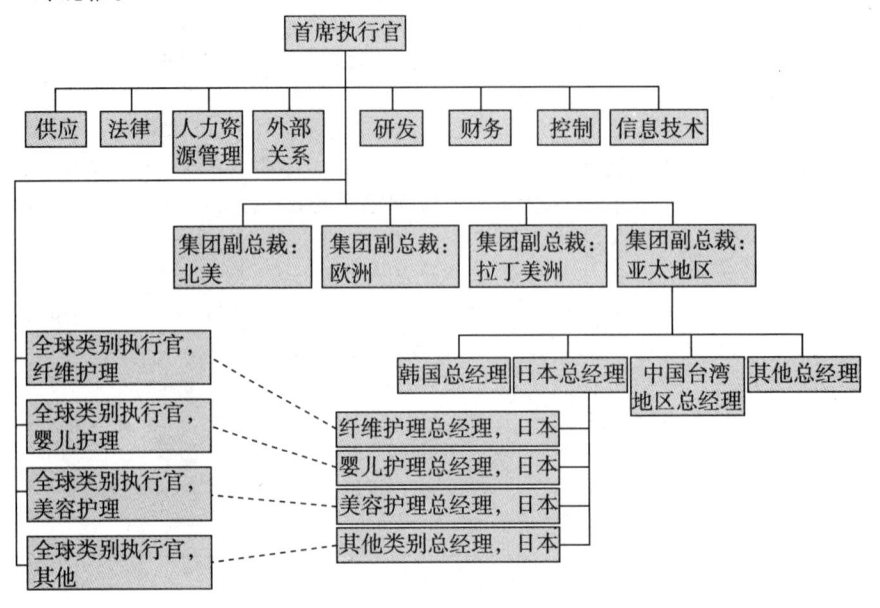

图8—1　宝洁1990年的组织结构

表 8—1　　　　宝洁：1992—2000 年的财务数据（会计年度于 6 月 30 日结束；除特殊说明外以千美元为单位）

	1992 年	1993 年	1994 年	1995 年	1996 年	1997 年	1998 年	1999 年	2000 年
净销售额	29 362	30 433	30 385	33 482	35 284	35 764	37 154	38 125	39 951
商品成本	17 324	17 683	17 338	19 561	20 938	20 510	20 896	21 027	21 018
毛利润	12 038	12 750	13 047	13 921	14 346	15 254	16 258	17 098	18 933
总的销售、管理及行政费用	9 171	9 589	9 377	9 677	9 531	9 766	10 203	10 845	12 165
其中：广告支出	2 693	2 973	3 284	3 284	3 254	3 466	3 704	3 639	3 793
研发费用	861	956	964	1 148	1 399	1 469	1 546	1 726	1 899
运营收入	2 867	3 161	3 670	4 244	4 815	5 488	6 055	6 253	6 768
净收入	1 872	269	2 211	2 645	3 046	3 415	3 780	3 763	3 542
运营现金收入	3 025	3 338	3 649	3 568	4 158	5 882	4 885	5 544	4 675
投资现金支出	(2 860)	(1 630)	(2 008)	(2 363)	(2 466)	(2 068)	(5 210)	(2 175)	(5 345)
净资产收益率（%）	23.2	2.9	22.6	25.0	26.0	28.3	30.9	31.2	28.8
雇员（千）	106	103.5	96.5	99.2	103	106	110	110	110

表 8—2　　宝洁：1996—1999 年的区域财务数据（会计年度于 6 月 30 日结束；单位为千美元）

		北美	欧洲、中东、非洲	亚洲	拉丁美洲	其他
净销售额	1999 年	18 977	11 878	3 648	2 825	797
	1998 年	18 456	11 835	3 453	2 640	770
	1997 年	17 625	11 587	3 573	2 306	673
	1996 年	17 230	11 458	3 881	2 173	542
净盈利	1999 年	2 710	1 214	2 79	318	(758)
	1998 年	2 474	1 092	174	274	(234)
	1997 年	2 253	956	275	256	(325)
	1996 年	1 953	793	273	219	(192)
可辨认资产	1999 年	11 390	6 286	2 793	1 577	10 067
	1998 年	11 063	5 998	2 499	1 519	9 887
	1997 年	10 280	5 433	2 726	1 389	7 716
	1996 年	10 382	5 853	2 770	1 270	7 455

□ 2005 组织计划

雅格首要关注宝洁公司 20 世纪 90 年代销售额的低增长。在他看来，核心问题在于缺乏创新。宝洁公司的扩张是基于创新的：合成洗涤剂，含氟牙膏，一次性尿布。宝洁源源不断的创新出了什么问题呢？雅格援引了 1982 年宝洁公司最后的产品创新——Always 系列女士卫生用品。甚至当新产品推出时，宝洁公司复杂的区域和国家组织的弱合作也导致了缓慢的全球产出。帮宝适的一次性纸尿裤是一个经典的例子：1961 年在美国推出，1973 年进入德国，

1978年进入法国，1981年进入英国。因此，在国际市场上，竞争者总是能在宝洁公司之前推出相似的产品。

雅格的回应是一项在他担任首席运营官时一直在进行的具有野心的六年的组织重构项目。1999年宣布2005组织计划时，雅格说：

> 成功首先是由成长决定的。除非公司能以一个可以接受的速度成长——年复一年——否则它难以维持它的组织。成功同样意味着利润的增长。否则，它不能产生投资、承担风险以及把握机会的资源和能力。我们今天所启动的项目的设计目的在于把成长提高到一个持续较高的水平。几年之后回来再看一看。我相信加速成长的最好办法是更投入地进行创新以及在整个公司内部更快速地稳定移动。[3]

2005组织计划承诺将会成为宝洁历史上最大的动荡之一。它包括了一系列促进创新的新的举措、关闭工厂、广泛的就业损失、动机和文化规范的改变，这些举措都旨在使宝洁公司减少风险规避，可以更快地回应。项目预算为19亿美元。

雅格在宝洁的20年里，他逐渐意识到组织的官僚化、循规蹈矩、风险规避以及缓慢这些特点。更积极地创新以及对这些目标做出回应将会引发一场文化革命。通过给组织施压以增加新产品研发的增长率和产出速度，他希望能够撼动组织并使它从惯性中脱离出来。这能够通过增加工薪来达到效果。减少风险规避文化的关键在于更强调绩效。对于高级管理者来说，与绩效相关的变化表现在年度报酬中的比例从20%到80%不等。股票期权也从高级管理者向中级管理者扩展。宝洁复杂、乏味的预算制定过程被组织为一个基于绩效扩展目标的单一整合后的业务策划流程。

新结构

2005组织计划的核心是宝洁公司组织结构的基本再定位。基本的利润责任从宝洁公司的4个区域化组织转移到了7个全球业务单元（GBUs）。这些全球业务单元被赋予了产品开发、制造和类型内营销的全球责任。区域化组织被改成了7个市场开发组织，主要职责在于实现GBU全球战略的本地化实施。包括会计、人力资源、薪酬管理和信息技术在内的功能性的服务被囊括进了新的全球业务服务单元。图8—2展示了新的结构。

当GBU总裁们的基本战略任务是改善并推出新产品时，GBU现在对盈亏负责的事实意味着它们最终也对业务范围内的整个功能主体的绩效负责。对于GBU的总裁们来说，一个主要目标就是通过更广泛的跨部门整合来提高效率。这包括标准化生产流程、简化品牌系列以及协商营销活动。例如，婴儿护理的GBU意图减少宝洁公司的12个不同纸尿裤生产流水线，使之变成一个标准化的生产模式。通过强调品牌的全球潜力，宝洁公司将300多个品牌关闭或卖掉。

为了更进一步将宝洁公司的基本组织结构从地理区域转到业务划分，组织重构也尝试通过减少从CEO到前线管理者的层级结构来减少官僚作风，加强

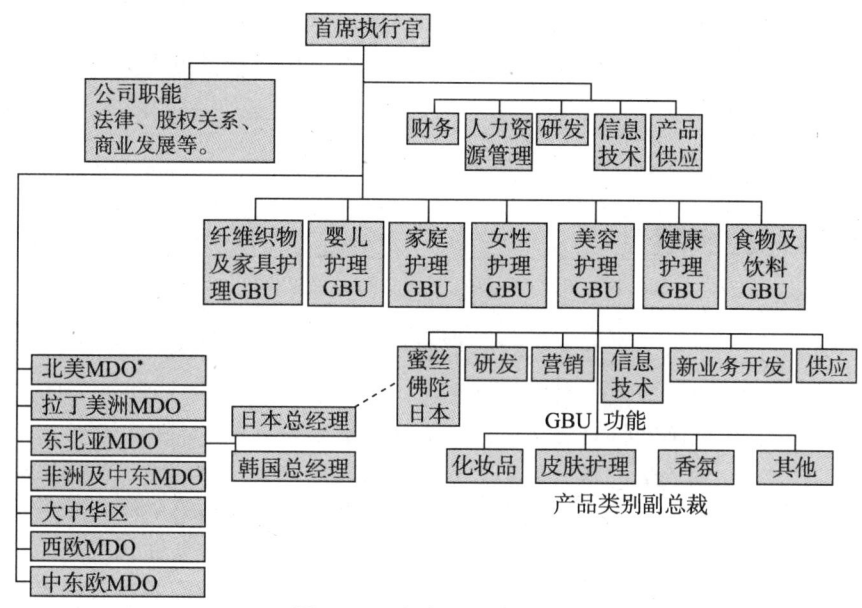

```
                        首席执行官
            ┌──────────────┴──────────────┐
    公司职能                        ┌────┬────┬────┬────┐
    法律、股权关系、              财务 人力资源 研发 信息 产品
    商业发展等。                       管理      技术 供应
            │
            │         ┌─────┬─────┬─────┬─────┬─────┬─────┐
            │      纤维织物 婴儿  家庭  女性  美容  健康  食物及
            │      及家具护 护理  护理  护理  护理  护理  饮料
            │      理GBU   GBU   GBU   GBU   GBU   GBU   GBU
            │                                 │
            │                    ┌────┬────┬──┴──┬──────┬────┐
    ┌───────┤                 蜜丝  研发 营销  信息  新业务开发 供应
    │ 北美MDO*                佛陀                技术
    ├──────────┐              日本
    │ 拉丁美洲MDO│                       GBU 功能
    ├──────────┤   ┌────────┐
    │ 东北亚MDO │──│日本总经理│         ┌────┬────┬────┬────┐
    ├──────────┤   ├────────┤        化妆品 皮肤护理 香氛 其他
    │ 非洲及中东MDO│  │韩国总经理│
    ├──────────┤   └────────┘             产品类别副总裁
    │ 大中华区  │
    ├──────────┤
    │ 西欧MDO  │
    ├──────────┤
    │ 中东欧MDO │
    └──────────┘
```

图8—2 宝洁1999年的组织结构

* 即市场开发组织（Market Development Organization）。——译者注

问责。这包括增加中层管理者的决策权威。通过去掉很多等级化的审批流程，宝洁希望能够更快地做出决策，并且使决策和实施间的拖延可以消失。

1999年9月—2000年6月

雅格实现了他的承诺，为宝洁带来了影响深远的改变。而他失败的地方在于没能实现期望提高的绩效。他作为CEO的第一年进行得很顺利——股票市场对于他撼动宝洁公司的计划反应良好，甚至在2005组织计划推出后的两个季度——1999年7—11月——都显示了令人满意的销量和利润增长，尽管计划也造成了一定程度的动荡。2000年1月末，宝洁的股票价格达到了史上最高值。2000年3月7日，宝洁修改了它2000年第一季度的预期盈利：从盈利增长2%，调整为因为更高的成本而导致的盈利下降10%。事实上，那一季度的盈利降低了18%。股票市场的反应是残酷的。3月7日，宝洁公司的股票价格下跌了30%；到3月底，股价已经不足峰值的50%。6月8日，宝洁修改了对2000年盈利和销售额下跌的预期。对于一个以表现稳定并且能够达成财务目标而闻名的公司而言，这一切已经足够了。雅格在金融圈的信誉已经受到了损害。

雅格被董事会驱逐仅仅是因为他与华尔街的关系失灵吗？两个其他因素也扮演着重要角色。首先，尽管宝洁在推出新产品的速度上有了可观的增长，但公司建立的核心品牌仍旧丧失了市场份额。其次，雅格难以驾驭的激进的管理风格在宝洁管理层已经引起了不小的反对意见：

雅格被解雇也意味着这位57岁的执行官在改革的过程中也面临了来

自宝洁文化不小的阻力。首席执行官已经声明他的方法就是要撼动整个公司风险规避和官僚的文化,而且他也不害怕创造敌人。事实上,他可能只做到了这一点。[4]

雷福利的决定

雅格不光彩的离开毫无疑问使得被称为"雅格的宝洁蓝图"的2005组织计划声誉受损。对雷福利来说,是继续加强2005组织计划的实施还是采取全新的措施,将对定义他对宝洁的贡献至关重要。

宝洁是世界上最复杂的公司之一。它由超过300个品牌、成千上万的产品以及110 000个在140个不同国家和广泛业务部门工作的雇员组成。这种复杂性对宝洁的组织结构提出了一些最小要求:它需要在每一产品领域合作,在每一个功能下合作,在每一个国家内合作。它同样需要整合销售活动,以满足多产品多国家的消费者,比如沃尔玛和家乐福。当某些矩阵形式不可避免时,这个矩阵应该采取什么形式呢?特别地,每个部门的职责是什么?直到1999年,按地理区域划分的组织结构仍然处在首位。它对于财务控制(也就是前面提到的"盈亏责任")、战略制定以及人力资源考核和控制仍旧有决定权。1999年,决策权转移到了业务领域。但是,加强全球产品部门高于区域部门和国家分公司的权力这一话题还是没有得到清楚的表现。

全球产品部门的成立在于获得效率和创新优势。全球产品部门使得跨部门整合变得更加容易,并且避免了国家间功能和设置的复制。全球产品部门允许进行与科技相关的不同类别产品的调研活动,并且允许新的产品在合作的方式下在全球同步推出。

但是,在大部分宝洁产品市场上,国家和地区各个市场间的不同仍旧是巨大的。极少数的宝洁产品是全球标准化的(普林格尔薯片几乎是宝洁所有产品中最接近全球产品的)。在皮肤护理和化妆品、家用产品以及很多食品方面,消费者的偏好在国家间也是非常不同的——甚至在一个国家内也是不同的。不同的分销渠道也需要不同的国家差异化战略,需要考虑包装、产品大小、营销、销售以及分销。在皮肤护理产品(见展示8—1)以及洗涤剂(见展示8—2)方面,国家间的市场差异严重限制了全球产品战略的潜力。

赞同全球标准化产品的一个关键论据就是全球化在减少国家间市场差异方面的能力。[5]但是,当越来越多的国家进入全球交易和金融交易系统——特别是俄罗斯以及中国和东欧——时,很多跨国公司逐渐开始整合以国家为基础的战略,并在这些国家发展自己的业务。在宝洁公司的案例中,很明显可以看到盈亏责任从区域化组织向全球业务单元的转移仅仅发生在发达国家。对于正在崛起的东欧、东南亚以及大中华区,区域组织仍旧保持着盈亏责任。这就意味着,对于某些正在崛起的市场,比如中国,通过宝洁不同产品部门的紧密合作来获得一个连贯的国家战略,优先于这些业务单元内部的全球合作需要。

☞ 展示 8—1

2005 组织计划正在行动中：SK-Ⅱ案例

2005 组织计划的推广介绍导致宝洁公司管理的巨大中断。最新任命的北美区域组织的总裁 A. G. 雷福利被任命为美容部门的全球业务单元总裁。他同样获得了北美区域市场发展组织总裁的职务。"这是疯狂的一年，"他回忆道，"太多需要构造的东西，但是却超过了最宏大的设计，我们根本不知道该如何处理。"

在众多吸引他的措施和项目中，他被 SK-Ⅱ 的案例——一个由宝洁日本公司开发的皮肤清洁产品的案例吸引。2005 组织计划带来的管理层变化之一就是，将保罗·德·切萨雷（Paolo de Cesare）——宝洁欧洲皮肤护理业务的总裁——擢升为副总裁，并且任命其为蜜丝佛陀日本的总裁。在旧的组织结构下，他的基本报告关系应该是通过宝洁日本公司向宝洁亚太公司汇报。在新的组织结构下，他直接向雷福利的全球美容业务单元汇报，并且在虚线的基础上向东北亚的 MDO 总裁报告。在全球美容国际单元中，德·切萨雷成为单元的全球领导团队之一，他的主要目的是发展全球品牌。团队由雷福利领导，由 3 个关键 MDO 的业务总经理以及研发、消费者研究、产品供应、人力资源以及财务部门的代表组成。日本蜜丝佛陀组织开始越来越多地参与到美容护理全球产品发展的业务中来——部分原因就是日本在化妆科技上的领先地位以及日本消费者极端的高品质需求。发展过程由宝洁之前的组织结构下的全球类别组织赞助，使用消费者研究来获取全世界范围内未满足的消费者需要，指定一个主要研究中心来开发针对需要的技术，然后吸引领先市场的营销公司在开发出来的技术的基础上创建一个新产品的概念。对于洁面产品的案例来说，消费者研究人员发现，尽管存在区域化差异，但是针对已经存在的产品和实践，仍然存在广泛不满。克里斯·巴特利特（Chris Bartlett）这样描述下一阶段：

> 集合了宝洁全世界的研发部门的高质量技术人员，一支技术队伍在辛辛那提的研发部门被组织起来。例如，由于每个日本女人平均花费 4.5 分钟在洁面步骤上，而典型的美国女人只花费 1.7 分钟，因此日本技术人员便努力寻求洁面步骤的专业知识以及对开发富含泡沫的产品的特殊理解。应用宝洁公司纸业务部门开发的无纺布基材技术，核心技术团队发现：当 10 微米纤维被编织成网状时，在吸收污垢和杂质方面非常有效。通过把这种物质植入干喷清洁剂和保湿剂中，并通过若干步的清洁程序，技术人员发现他们可以开发一种可降解的清洁布，正好可以满足消费者的需求。在这一项被称为"Chassis"的技术被研发之后，日本的一个技术团队就采用它开发了另外一种清洁剂配方，包括 SK-Ⅱ 成分的 Pitera 配方。[6]

这一全球计划的结果就是两种非常不同的产品在两个主要的国家市场上的推出。美国市场开发了 Olay 系列，一步到位地将洁面、调理和提亮肤色的作用结合在一起。日本团队则开发出了 SK-Ⅱ 系列，定位在"净化按摩棉"上，通过按摩加速皮肤的新陈代谢，同时通过微纤维的作用清洁毛孔、吸收杂质以提亮肤色。当 Olay 面部护理棉在美国标价 7 美元时，SK-Ⅱ 的净化按摩棉在日本售价相当于 50 美元。

2005组织计划的关键目标是加速新产品的全球产出。然而，虽然雷福利准备好与美容护理全球领导团队讨论 SK-Ⅱ进入其他市场（特别是欧洲和中国）的会议，但是很显然，在国家市场间也存在需要纳入考虑范围的巨大差异。不仅女性的洁面步骤不同，而且女性对于产品的不同效果特点也有不同的侧重关注，在皮肤护理产品方面愿意付出的费用的变化情况也不能仅仅用收入来衡量。进一步地，国家的分配结构不同会导致更大的差异。SK-Ⅱ是为日本化妆品零售业量身打造的，对能够向消费者介绍产品以及用途的美容顾问进行了充分利用。而在美国，只有高档百货商店以及少数特殊消费品商店使用美容顾问；美国的广大市场是由药店和折扣店组成的，完全不能满足对于 SK-Ⅱ的价格定位和消费者教育程度的要求。

资料来源：这份资料大部分来源于 *P & G Japan*：*The SK-Ⅱ Globalization Project* (Cambridge, MA：Harvard Business School Case No. 9-303-003，2003)。

☞ 展示 8—2

全球化和本地化品牌

对于向消费者提供品牌商品和服务的跨国公司来说，决定是否要用全球化品牌替代本地化品牌是一个既重要又困难的战略问题。不管公司是通过并购还是通过开设全资海外子公司进行跨国经营，很多跨国公司都发现它们笨重的品牌组合——包括一些全球化品牌和一些本地化品牌——很多都对总体销售额贡献有限。例如，在1999年，联合利华25%的品牌创造了90%的利润，因此，它开始了简化品牌组合的运作，在5年之内，将1 600个品牌减少到400个。

全球化品牌提供了本地化品牌所不具有的两种优势：

- 全球化品牌优势地位所带来的差异化优势以及它们对于富裕的、全球移动的消费者的吸引力。
- 跨越国界带来的规模经济和溢出造成的广告营销中的成本效益。

尽管拥有这些优势，很多公司还是采取本地化品牌，因为将消费者从本地化品牌转移到全球化品牌会面临着失去市场份额的风险。

不同的跨国公司采用了不同的品牌战略。在零售银行业务方面，汇丰银行和桑坦德银行将本地银行替代为母品牌；意大利联合信贷银行和苏格兰皇家银行保留了大部分本地银行。在室内用品和个人用品上面，宝洁、联合利华和高露洁致力于发展全球品牌，汉高则由于保留了国家品牌因而也保留了强大的本地身份。

在洗衣用品方面，汉高的不同品牌开创了洗衣用品行业内最大的国家不同。例如，南欧的消费者比北欧的消费者用的水更冷，并且加了更多的漂白剂。包装上也不同，北欧消费者更喜欢紧凑型包装。汉高占领市场的洗涤剂——碧浪——在德国、法国和荷兰畅销，而在西班牙和意大利则使用其他品牌。即使是它的国际品牌，汉高也在产品配方和品牌定位上制造差异。比如，在法国，碧浪强调净白和去污效果；在荷兰，碧浪则被定位为一个环境友好型的洗涤剂；在意大利，消费者偏好去污能力和蓝颜色，汉高因此推出了一个除碧浪之外的品牌（以保持北欧的碧浪是纯白色）；在西班牙，公司则收购了一个现有品牌。

宝洁向全球化品牌战略的偏移有时也会遇到本地化挫折。2000 年，宝洁公司将在德国畅销的童话洗衣粉重命名为黎明。产品的配方没有任何变化，但是一年之内，宝洁德国洗衣粉的市场份额大幅下降。

资料来源：摘自 Randall Frost, "Should Global Brands Trash Local Favorites?" BrandHome (March 7, 2005), http: //www. brandchannel. com/features_effect. asp? pf. id=253。

[注释]

[1] A. G. Lafley, "Getting Procter & Gamble Back on Track," *Rotman Integrative Thinking Seminar*, University of Toronto, April 21, 2003, www. rotman. utoronto. ca/integrativethinking/Lafley. pdf, accessed October 13, 2009.

[2] "Procter's Gamble," *The Economist*, June 10, 1999.

[3] 引自：*Procter & Gamble：Organization 2005 and Beyond* (ICFAI Knowledge Center, Case No. 303 - 102 - 1 ECCH, 2003)。

[4] "What's Driving P&G's Executive Spin Cycle?" *Business Week*, June 8, 2000.

[5] 最早提出这一论据的是 Ted Levitt in "The Globalization of Markets" *Harvard Business Review* (1983)：92 - 102。

[6] C. A. Bartlett, *P & G Japan：The SK-II Globalization Project* (Harvard Business School Case No. 9 - 303 - 003, 2003)。

9

亚洲航空：世界上最廉价的航空公司*

截至2009年，亚洲航空（AirAsia，以下简称亚航——译者注）已经确立了自己作为亚洲最成功的廉价航空公司的地位。在2002年1月—2009年3月之间，亚航已经从2架飞机和200 000的旅客行程次数扩张到79架飞机和11 800 000的旅客。它的航线发展已经超出马来西亚，覆盖了10个东南亚国家。除了它在马来西亚的首都吉隆坡（KL）的中心外，它还通过在泰国和印度尼西亚建立合资的航空公司复制它的体系。

截至2007年，瑞银（UBS）的研究表明亚航以每可用座位公里（ASK）的成本显著低于西南航空、捷蓝航空、瑞安航空或者维珍蓝航空而成为世界上最廉价的航空公司（见图9—1）。它也是世界上盈利最多的航空公司之一。2008年，当世界上极多数航空公司根本不赚钱时，亚航的资产收益率达到了4%。[1] 2009年它以"世界最佳廉价航空公司"荣获Skytrax奖。

亚航已经在美国西南航空公司开创的低成本航空公司（LCC）模型上建立了自己的业务并通过众多的模仿者在全世界范围内复制。亚航已经把基本的

---

* 由罗伯特·M·格兰特所撰写。这个案例借用了 Sara Buchholz, Nadia Fabio, Andrés Ileyassoff, Laurent Mang and Daniele Visentin, *AirAsia—Tales from a Long-haul Low Cost Carrier*, Bocconi University (2009), 以及 Thomas Lawton and Jonathan Doh, *The Ascendance of AirAsia: Building a Successful Budget Airline in Asia* (Ivey School of Business, Case No. 9B08M054 2008)。使用已获得作者批准。© 2010, Robert M. Grant.

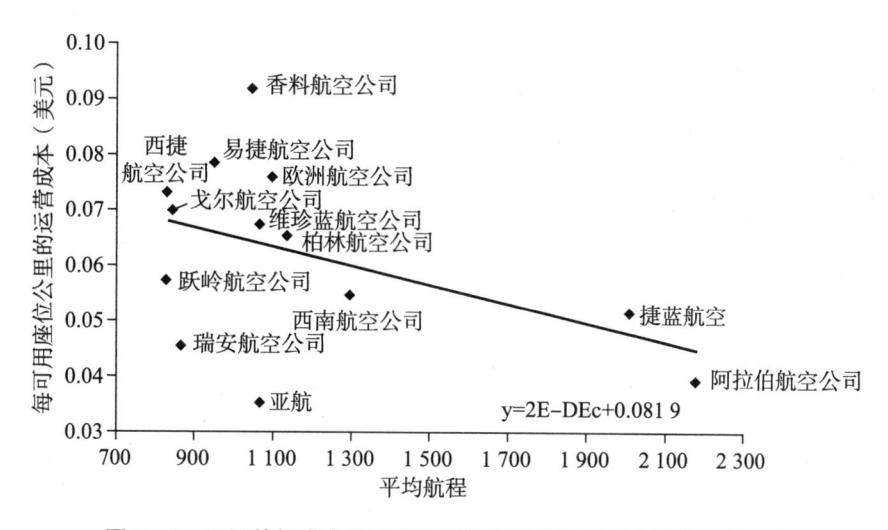

图9—1 不同的低成本航空公司以美分计的每可用座位公里的成本

资料来源：AirAsia Presentation，CLSA Forum，Hong Kong，September 2007.

LCC模型应用到了市场当中——在保留这个战略的主要操作特点时，它适用于东南亚的地理和体制特征。然而，在2007年，亚航开始了一个对LCC模型的主要背离项目：通过开拓到澳大利亚和中国的航线而扩展到远程航行领域，然后在2009年，拓展到了印度和英国。传统观念是LCC模型的有效性依靠具有一种单类型的飞机和极少的乘客便利设施的短的和适中距离的航班——跨洲航班的要求违反了这些基本条件。极少的廉价航空公司会冒险开展远程航行，甚至更少的公司会在这方面取得成功。

要评估亚航从一个区域性的航空公司扩展到一个国际性的航空公司的潜力，需要对它现有成本优势的基础进行详细分析，并评估这些成本优势在远程市场的可转移性。

亚航的历史

亚航的成长和托尼·费尔南德斯（Tony Fernandes）的创业努力密切相关。作为一名马来西亚医生的儿子，托尼带着跟随父亲的步伐进入医药专业的期望被送到英国的寄宿学校。这位儿子有了另外的想法，在取得伦敦经济学院（London School of Economics）的会计学学位后，他进入了音乐出版界，首先和维珍（Virgin）合作，之后是时代华纳（Time Warner）。他对开航空公司的决定做了如下的描述：

> 我当时正在酒店里看电视，当时正播出斯特里奥斯（Stelios）在谈论易捷航空公司并在缩减国有运输公司——英国航空公司的份额。（听起来很熟悉？哈哈哈。）这引起了我的好奇心，因为我不知道廉价航空公司是什么，但我一直想创立一个以低费用进行远程航行的航空公司。
>
> 所以我去了卢顿，花了整整一天的时间待在那里。我很诧异人们是怎

么以低于10英镑的价钱飞去巴塞罗那和巴黎的。每件事都是有组织的，每个人都有积极的态度。就是在卢顿机场的那个时间点我决定开创一个廉价航空公司。[2]

其后他遇见了瑞安航空公司的前运营总监麦卡锡（Conor McCarthy）。他们两人制定了成立一家服务于东南亚市场的价格低廉的航空公司的计划。

他寻求马来西亚政府的支持，前首相马哈蒂尔·穆罕默德（Mahathir Mohammad）鼓励费尔南德斯收购一家苦苦经营的政府所有的航空公司——亚航。带着投资群体自己的资金和支持，他们以1马来西亚令吉（RM）——并承担了40 000 000马来西亚令吉的债务（约11 000 000美元）收购了亚航。2002年1月，亚航仅以3架飞机和一个被麦卡锡描述为"一个瑞安运营战略、一个东南亚人民的战略和一个易捷航空品牌化战略"[3]的商业模式重新运营。

受马来西亚新兴的繁荣和休闲及商务旅客寻求廉价国内交通所带来的一个大的潜在市场的刺激，亚航的国内业务迅速扩张。2004年1月，亚航开始其第一次从吉隆坡到泰国的普吉岛的国际服务；2004年2月，它寻求通过提供由新山始发的航班来开拓新加坡市场，只越过了新加坡的边境，然后在2005年它开创了到印度尼西亚的航班。

国际扩张由它在2004年10月最初筹得的717 000 000马来西亚令吉的首次公开招股所激起。对横跨东南亚的航空公司放宽管制也便利了国际扩张。为了开发泰国和印度尼西亚的廉价旅行市场，亚航采取了在泰国（泰国亚航）和印度尼西亚（印尼亚航）建立合资公司的新型战略来开创在曼谷和雅加达的新航空中心。在这两个案例中，这些公司的运营发包给亚航，这种方式能使亚航从这些联营公司中收取一笔月费。

一开始，费尔南德斯就已经把他的眼光放在远程航行上——受他的偶像即横跨大西洋的廉价空中旅行先锋费雷迪·雷克（Freddie Laker）例子的指引。然而，这对他和马来西亚政府的良好关系来说有点冒险，因为这会把亚航推入与国有航空公司——马来西亚航空（Malaysian Airlines）直接竞争的境地。因此，费尔南德斯成立了一家分公司——亚航X（AirAsia X）来发展它的远程业务。亚航X 16%的股份由亚航持有（保有增持到30%的期权），48%由阿尔诺风险投资公司（Aero Ventures）持有（由托尼·费尔南德斯联合创立），16%由理查德·布兰森（Richard Branson）的维珍集团持有，余下的20%由巴林（Bahrain）的马纳拉财团（Manara Consortium）和日本的欧力士公司（Orix Corporation）持有。在运营上，亚航和亚航X联系密切。

2007年，飞往中国之后，航班开始飞往澳大利亚。截至2009年7月，亚航X有从吉隆坡到澳大利亚的黄金海岸、墨尔本和珀斯的航班；到中国大陆的天津和杭州的航班；到中国台北和伦敦使用5架空客340s——截至年底将有另外3架交付使用。计划的未来路线包括阿布扎比（2009年10月）、印度（2010年）和之后的悉尼、首尔及纽约。在阿布扎比，亚航X计划建立一个服务于法兰克福、埃及也可能包括东非的航空中心："你不能仅从亚洲到达东非，"费尔南德斯说。[4] 为了维持它的扩展，亚航X预订了10架于2016年交付的空客A350。

亚航的策略和文化

☐ 策略

亚航把它的策略描绘如下：

- 安全第一：和世界上最有声誉的保养提供商建立伙伴关系，遵从世界航空规则。
- 高飞机利用率：实行地区最快速的周转时间——仅25分钟，确保更低的成本和更高的工作效率。
- 低费用，无装饰：向顾客提供不在质量和服务上妥协的定制服务。
- 流水线操作：确保过程尽可能简单。
- 简洁的分配体系：提供一个宽广的和创新性的分配渠道范围来使预订和旅行更加简便。
- 点对点网络：使用点对点网络来保持操作的简单和低成本。[5]

在它扩展到远程之前，亚航把它的地理覆盖定位为航空中心周围的三个半小时的飞行时间。费尔南德斯对他成长战略的信心基于这样一个事实："这个范围囊括了大约5亿人口。这个市场中只有一小部分人经常乘飞机旅行。亚航相信这个市场的某部分已经历史性地处于'正在服务中'的状态，且这个团体的低票价刺激了在这些市场划分内的旅行。"[6] 其"现在每个人都能飞行"的口号囊括了亚航扩张东南亚航空旅行市场的目标。

为了渗透目标市场，亚航把重点放在推销和品牌发展上。"这个品牌的定位是：突出一个把重点放在顾客服务的同时提供一次愉悦飞行经历的安全、可信赖的廉价航空公司的形象。"作为一个廉价航空公司，亚航相对来说有一大笔投放于电视、出版和网络广告中的花费。亚航反周期性地使用广告开支：在非典爆发期间和巴厘岛轰炸之后，亚航增加了广告和推销上的投入。另外寻求最大化所接收的新闻覆盖量。亚航也通过联合品牌和赞助关系建立了自己的形象。一笔和AT&T威廉姆斯F1赛车队（AT&T Williams Formula 1 race car team）的赞助交易使亚航能把它的A320之一绘在威廉姆斯车队的赛车服上。它对曼联的赞助使它能把曼联选手的画像喷绘在它的飞机上。它还赞助了英格兰超级联赛的裁判员。和《时代杂志》的一则合作性广告交易使得一架亚航飞机被喷绘上时代的商标。

它的互联网广告包括在雅虎移动首页的横幅广告和一个针对亚航花旗银行信用卡的Facebook应用，目标是增加可见性、促进相互作用和让使用者认可亚航品牌。

这个重点的品牌建设已经给亚航提供了能满足其他旅行者需要的服务平台。亚航提供了一列连接机场到市中心的可预订座位的AA直达穿梭巴士，该预订与网上飞机票的预订同时进行。费尔南德斯也设立了秋恩酒店（Tune

Hotel），这是一家和亚航联合的品牌的无附加装饰的连锁酒店。秋恩理财（Tune Money）提供在线金融服务——又是和亚航联合的品牌。

☐ 文化和管理风格

亚航的企业文化和管理风格反映了托尼·费尔南德斯自己的人格特性：

> 费尔南德斯先生说他进入这个行业时并没有预先形成的观念，但发现它是个严格的间隔密封舱且功能失调。他想要亚航反映他自己的不拘谨、开放和令人欢欣鼓舞的人格特性。他经常戴着棒球帽，穿着开领的衬衣和牛仔裤，他为公司缺少等级制度（在亚洲很罕有）而自豪，这意味着任何人都能获得提升去做其他人的工作。亚航雇用的飞行员刚开始都从行李处理者和乘务员做起；至于他自己，费尔南德斯先生也把他所说的话付诸实践。他每个月花一天的时间来做行李处理者，每两个月做一次乘务舱的工作人员，每三个月做一次登记员。他甚至建立了一个"文化部门"来"传递信息和举行社交聚会"。[7]

招股说明书把亚航的文化描绘如下：

> 集团以建立一个强势的、团队倾向的公司文化为荣。集团的雇员理解和赞同集团的核心战略并积极注重保持低成本和高工作效率。亚航通过提供基于每个员工对亚航工作效率的贡献的红利来激励员工，并希望通过适用于所有员工的ESOS［员工分享所有权计划］来提高员工的忠诚度。集团的管理鼓励能创造一个动态工作环境的开放式沟通，并按每季度一次的标准会见所有员工来回顾亚航的成果以及提出降低成本和提高工作效率的新方法。员工……经常和亚航高层管理者直接交流，并提出亚航如何提高效率和生产率的建议……

除上述以外，亚航：

- 通过赞助许多社会事件和提供一个充满生机和友好的工作环境来极力在员工中提倡热情和承诺。
- 在它和第三方的关系中力求做到诚实和透明……
- 促进一个无歧视、英才管理的环境，在这个环境中向员工提供晋升的机会，而不管他们的教育水平、种族、性别、宗教信仰、国籍或年龄。
- 强调在所有亚航的运营中通过聚合不同场所的员工在同一常规基础上工作来保持一个恒久不变的服务质量。[8]

亚航的运营

亚航的运营战略包括如下部分：

- 飞机。和其他廉价航空公司一样，亚航运作的是一种单类型的飞机——空客A320。（它在2005年由波音737转换而来。）单一的飞机类型可以在购买、保养、飞行员培训和飞机使用上提供节约措施。

- 无虚饰飞行。亚航提供单一的舱位等级,这样让每架飞机有更多的座位。例如,当它使用波音737时,和一个典型的两个舱位等级的布局所拥有的132个座位相比,设立的是148个座位。顾客服务极少:飞机上不提供赠送的餐饮(但是零食和饮料是可以购买到的),乘客需为超过低水平的免费交运限额的行李付钱,在班机之间没有行李转移——旅客必须自己转移行李。亚航没有用登机桥来让乘客登机和下机——另一个成本节约的措施。航班的机票是无纸化的,也没有指定的座位。这样的简单性能使飞机快速周转,也能更好地利用飞机和乘务人员。

- 销售和市场。亚航通过它自己的网站和呼叫中心参与直接销售。所带来的结果是,它避免了向旅行代理商支付佣金。

- 外部采购。亚航通过外购让第三方承担更有效率和效益的运作从而取得简单化和成本经济。因此,大部分飞机保养被外包给第三方并基于竞争性的招标签订合同。亚航的大部分信息技术要求也是外部采购的。

- 信息技术。亚航使用的是连接了基于网路的销售和存货系统,也连接了亚航呼叫中心的纳维塔开放天空(Navitair's Open Skies)电脑订票系统(CRS,即中央预订系统)。这个CRS与亚航基于需求给每架飞机座位定价的收益管理系统(YMS)相结合。这个CRS也允许旅客打印自己的登机牌。2006年,亚航实行了一个允许顾客通过手机预订座位、核对航班安排和获取亚航实时更新的促销信息的无线传递系统——由于手机的高度使用,因而它在亚太地区是一项重要的设备。在YMS通过提供趋势分析和最优化定价来最大化收益的同时,APS通过使用由YMS产生的信息来更有效地计划和安排所需设备,以此最小化运营成本。这两个IT系统让亚航在物流和国内活动中降低了成本。2005年期间,亚航采用了一个ERP(企业资源计划)系统来支持它的活动进程统计,以便于月底的财务结项以及加速报告撰写和数据检索。[9] 这些被一个先进的计划和安排系统取代,最优化了亚航的价值链管理和未来资源需求预测。

- 人力资源管理。人力资源管理对亚航来说从在托尼·费尔南德斯的领导下重新运营以来已经成为一个重点。重中之重是基于能力来选拔求职者,然后创造一个能发展雇员并留住雇员的环境和体系。保留率对亚航来说异常的高,它不仅是衡量积极性和工作满意度的首要指标,也是一项成本节省措施:因为亚航的员工具有多项技能,所以每位员工的培训成本趋于很高。公司所有层级员工包括管理层的工作灵活性是亚航生产率的一项主要来源。

亚航:成本信息

为了提供一个亚航的运营效率和成本地位的可比较视图,表9—1给出了马来西亚两家居于领导地位的航空公司:马来西亚航空公司(MAS)与亚航的运营和财务信息。尽管MAS的路线网络和亚航的很不同(MAS在中等和远程航线方面有一个较大的份额),但也遭受了和亚航相似的成本状况。

亚航自 2002 年重新运营以来于 2008 年首次亏损。这是费尔南德斯解除未来喷气燃料购买合同的决定所带来的结果。当原油价格在 2008 年下半年期间开始下降时，费尔南德斯相信亚航为了从更低的燃料价格中获益，最好从现有合同中脱身以避免承受亏损。

表 9—1　　亚航和马来西亚航空公司在运营和财务业绩方面的对比

	亚航	马来西亚航空公司
运营数据		
旅客搭载量（百万）	11.81	13.76
可用座位公里（百万）	18.72	53.38
收入客公里（百万）	13.49	36.18
座位酬载率（%）	75	67.8
每可用座位公里成本（仙*）	11.66	22.80
每可用座位公里收入（仙）	14.11	20.60
2008 年 12 月 31 日的机队数量	78	109
员工数量	3 799	19 094
飞机使用（每天小时数）	11.8	11.1
财务数据（百万马来西亚令吉）		
收入	2 635	15 035
其他运营收益	301.8	466.0
总运营费用	2 966	15 198.3
包括：		
—员工成本	236.8	2 179.9
—折旧	347.0	327.9
—燃料成本	1 389.8	6 531.6
—保养和总成本	345.1	1 146.4
—衍生品解约的损失	830.2	—
—其他运营费用[a]	139.2	5 020.0
运营利润（损失）	(351.7)	305.5
财务成本（净）	517.5	60.8
税前利润（损失）	(869.2)	264.7
税后利润	(496.6)	245.6
总资产	9 520.0	10 071.6
包括：		
—飞机、资产、工厂和设备	6 594.3	2 464.8
—存货	20.7	379.7
—现金	153.8	3 571.7
—应收账款	694.4	2 020.1
负债	6 690.8	433.4
股东权益	1 605.5	4 197.0

a. 对于亚航来说，主要的构成部分是飞机租赁费用和外汇损失。对于马来西亚航空公司来说主要的构成部分是：飞机的租用费、销售佣金、降落费和建筑物的租用费。

＊ 马来西亚辅币单位。——译者注

向远程航行拓展

费尔南德斯意识到从东南亚的短程航班到多于四小时的到中国、澳大利亚、欧洲和中东的航班拓展要求在运营实践中做出重要的改变及较大的新投资——首要是在较大型飞机方面。创立亚航X的目的在于便利远程航班采取独立的运营措施，同时也把这次冒险的风险分摊在几个投资者中。亚航X的投资者们也贡献了有价值的专业知识：维珍集团在建立和运营四家航空公司（维珍大西洋航空公司（Virgin Atlantic）、维珍快运航空公司（Virgin Express）、维珍蓝航空公司（Virgin Blue）、维珍美国航空公司（Virgin USA））方面有丰富的经验，且空中风投公司（Air Ventures）的主席是加拿大航空公司的前CEO罗伯特·米尔顿（Robert Milton）。

表9—2展示的是亚航和亚航X在运作和服务方面的主要区别。

表9—2　　　　　　　　　　　　亚航和亚航X的对比

	亚航	亚航X
概念	廉价短程航班，无虚饰	廉价远程航班，无虚饰
飞行范围	离出发城市4小时以内的飞行时间	离出发城市多于4小时的飞行时间
飞机	带有180个座位的空客A320	带有多于330个座位的空客A330
座位类型	单一舱位等级	经济舱和溢价舱（先前被称为XL）
座位选择	带有优先登机选择权的自由座位	带有提前座位选择权的指定座位
飞机中进餐	广泛的可在飞机上购买的便餐和零食	提前预订包括提供给亚洲人、西方人、素食者和孩子的全餐；轻便小吃也是可以在飞机上购买到的

吉隆坡到伦敦：价格和成本对比

价格和成本的对比给出一幅亚航在远程市场中的竞争能力的清晰画面——亚航必须把自己放到和世界一些主要航空公司相抗衡的位置。在吉隆坡和伦敦之间，亚航至少和6家国际性航空公司竞争，其中最直接的竞争者是马来西亚航空公司、阿联酋国际航空公司（Emirates）和英国航空公司（British Airways）。

这两个城市之间的往返飞机票价的对比展示在表9—3中。就像表9—4显示的，这些费用的差别反映了亚航和它的远程航行竞争者之间的成本差别。这些成本差别并没有把座位利用率的差别考虑在内，这会对每位旅客的平均成本造成很大的影响。亚航报道说它的吉隆坡—伦敦航班有着超过90％的座位利用率。对于作为一个整体的航空公司，表9—5显示了座位利用率。

表9—3　费用比较：亚航与它在吉隆坡和伦敦之间的竞争者

	亚航 X[a]	其他廉价航空公司[b]	亚航价格优势	其他廉价航空公司名单
吉隆坡—伦敦往返航程	433.96美元[c]	683.68美元	36.5%	1. 海湾航空公司 2. 卡塔尔航空公司 3. 阿联酋国际航空公司
伦敦—吉隆坡往返航程	433.96美元[c]	530.35美元	18.2%	1. 阿联酋国际航空公司 2. 阿联酋联合航空公司 3. 海湾航空公司

a. 2009年9月1日—10月1日之间的平均费用。
b. 2009年9月1日—10月1日之间每天平均最低航空费用。
c. 平均飞往国外费用：187.87美元；平均国内飞行费用：209.48美元；用餐和行李收费：36.61美元。

表9—4　航班运营成本比较，吉隆坡到伦敦（以美元计）

	亚航	英国航空公司	马来西亚航空公司	阿联酋国际航空公司	
飞机类型[a]	空客 340-300	波音 747-400	波音 747-400	波音 777-300	
路线	KUL-STN	KUL-LHR	KUL-LHR	KUL-DXB-LHR	
最大载客量	286	337	359	360	
				KUL-DXB	DXB-LHR
飞行燃料费用	79 299	159 522	159 522	77 525	80 822
租赁费用	5 952	0	0	0	0
途中导航收费	7 949	12 294	12 294	1 435	6 613
终端的导航到达收费	419	645	645	0	645
降落/停靠	1 100	2 200	2 200	2 200	2 200
起飞处理	6 000	12 000	12 000	12 000	12 000
到达处理	6 000	12 000	12 000	12 000	12 000
部分合计				105 160	114 280
每次航班总费用[b]	106 719	198 661	198 661	219 440	
每位旅客平均费用[b]	373.14	589.50	553.37	609.56	

a. KUL=吉隆坡，STN=伦敦斯坦斯特德，LHR=伦敦希思罗，DXB=迪拜。
b. 包括保养、折旧、便餐供应和乘务人员工资。

资料来源：S. Buchholz, N. Fabio, A. Ileyassoff, L. Mang, and D. Visentin, *AirAsia—Tales from a Long-haul Low Cost Carrier* (Bocconi University, 2009). Data based on NewPacs Aviation Tool Software。使用经作者许可。

表 9—5　　　　　　　　航空公司之间在座位利用率上的区别（%）

	2004 年	2005 年	2006 年	2007 年	2008 年
亚航	77.0	75.0	78.0	80.0	75.5
阿联酋国际航空公司	73.4	74.6	75.9	76.2	79.8
英国航空公司	67.6	69.7	70.0	70.4	71.2
马来西亚航空公司	69.0	71.5	69.8	71.4	67.8

资料来源：S. Buchholz, N. Fabio, A. Ileyassoff, L. Mang, and D. Visentin, *AirAsia—Tales from a Long-haul Low Cost Carrier*（case report, Bocconi University, 2009）。使用已获得作者批准。

远程航班的前景展望

毋庸置疑的是亚航在于东南亚建立一家廉价航空公司方面已经取得了显著成功。它的成本效率、增长率、品牌认知度和顾客服务方面的奖项、航空公司管理和企业家能力都具有杰出成就，不是简单地复制由西南航空公司所倡导的廉价航空公司的商业模型，而是改写了这一模式，并用源于托尼·费尔南德斯的人格魅力和领导风格的创新、动态和市场眼光来使其获得提升。

然而，它的亚航 X 冒险显示了一整个系列的新挑战。亚航已经成功地把一些竞争优势从亚航转移到了亚航 X。低成本加上燃料利用率高的新飞机、次要的机场和人力资源实践活动让亚航 X 在它大部分的航线上都能成为低成本运营商。亚航的品牌和名声为亚航 X 在每条它新开创的航线上提供了可信性和声誉。通过共享基于互联网和电话航班预订系统以及这两家航空公司之间的行政和运作服务，亚航 X 有能力确保成本效率，而这对于一个独立新启动的公司来说几乎没有可能实现。

尽管如此，对于亚航 X 和已有的国际航空公司进行竞争的能力还是保有怀疑的。不像吸引了国内和地区空中旅行的一整个新市场的亚航，亚航 X 必须从现有的国际航空公司中抢夺生意，而这些国际航空公司的商业模式提供了一些优于远程廉价航空公司的核心竞争优势。特别是其密集的国内和地区航线网络为它们的跨洲航班提供了补给。这些补给是由联运机票、行李转运和频繁的飞行员方案来支持的。其利润来源和那些廉价航空公司大不相同：它们大部分的利润是从头等舱和商务舱旅客中赚取的，这样可以用它来补贴经济舱的费用。

这些挑战指向亚航 X 和亚航密切整合的好处。亚航 X 的首席执行官阿斯兰·奥斯曼-瑞尼（Azran Osman-Rani）为赞成把亚航 X 并入亚航的运作和财务逻辑而辩："如果亚航没有作为交通量来源的干线，那么对它来说，将来会很困难，所以亚航需要亚航 X 的增长，两个公司的合并会使它能够在远程航班市场上利用成长机会。"作为对两个公司合并的真实逻辑是为了让亚航为亚航 X 的损失提供资金这一指控的回应，阿斯兰说："无意义的东西，我们会清楚地对它进行抵制。就截止到 2009 年 3 月 31 日的第一季度来说，我们的净利润是 18 000 000 马来西亚令吉，并且我们的净现金流是正的。我们甚至拥有

3 000 000马来西亚令吉的现金。我们处于一个非常好的位置并且基础更加稳固，现在是一个谈论两公司合并的很有趣的时候。"[10]

[注释]

[1] 扣除折旧、摊销和利息的运营利润占平均总资产的百分比。

[2] 见 www.tonyfernandesblog.com，accessed June 3, 2009。

[3] 引自 Lawton and J. Doh, *The Ascendance of AirAsia: Building a Successful Budget Airline in Asia* (Ivey School of Business, Case No. 9B08M054, 2008)。

[4] "AirAsia X to Hub in Abu Dhabi: AirAsia CEO," *Khaleej Times*, August 5, 2009.

[5] "Company Profile," http://www.airasia.com/site/my/en/page.jsp;jsessionid=2FE125E6F301CBFA16C86B62ED064A20?name=Company%20Profile&id=75dbf230-acle2082-29962900-ae960618.

[6] "AirAsia Berhad," *Offering Circular*, October 29, 2004, p. 3.

[7] "Cheap, but Not Nasty," *The Economist*, March 19, 2009.

[8] "AirAsia Berhad," *Offering Circular*, October 29, 2004, p. 5.

[9] C. Cho, S. Hoffman Arian, C. Tjitrahardja and R. Narayanaswamy, *Air Asia—Strategic IT Initiative* (student report, Faculty of Economics and Commerce, University of Melbourne, 2005).

[10] "AirAsia X CEO backs Merger with AirAsia Bhd," *The Star Online*, July 23, 2009, http://biz.thestar.com.my/news/story.asp?file=/2009/7/23/business/4369512&sec=Business.

10

2008年7月的哈雷·戴维森公司

　　你们已经向我们展示了如何做到最好。你们已经成为新技术的引领者。你们忠实于勤奋工作和公平竞争的美国基本价值观……最重要的是，你们已经工作得越来越巧妙，工作得越来越好，工作得越来越团结……就像你们再次向我们展示的那样，美国是一个特别的地方。我们正在走向史无前例的繁荣……并且我们将会在哈雷公司走向繁荣。

　　——罗纳德·里根总统，哈雷·戴维森工厂，约克，宾夕法尼亚州，1987年5月6日

　　这个公司自20世纪80年代以来的复苏真的很引人注目。当你陷入极端糟糕的境地时，人们会说美国的工业已经结束了，我们不能在全球经济中竞争，下个世纪将是属于其他国家和其他地方的。今天，你们不是残存者——你们是带着创纪录的销售和营业收入蒸蒸日上的；也是美国管理最好的公司之一。

　　——比尔·克林顿总统，哈雷·戴维森工厂，约克，宾夕法尼亚州，1999年11月10日

　　哈雷·戴维森的产品给我留下了深刻的印象。它是美国最好的产品之一。今天我把关于全体员工的印象添加到我对产品的印象中……他们的团队精神给我留下了深刻印象，这些人的确享受他们正在做的事情这一事实也给我留下了深刻印象，他们被他们所造出来的产品所影响这一事实也给我留下了深刻印象。

　　——乔治·W·布什总统，哈雷·戴维森工厂，约克，宾夕法尼亚州，2006年8月16日

2009年5月1日,凯斯·万德尔(Keith Wandell)接任了哈雷·戴维森公司(Harley-Davidson, Inc.)的首席执行官职位。他面临一个与他的前任们所面临的完全不同的戏剧性的处境。2008年的年度财政见证了哈雷自1984年以来的首次收入下降和摩托车装运的急剧减少(见图10—1)。在几十年的顾客等待名单和生产力不足之后,万德尔为了缩减生产力不得不裁员及合并工厂。

7月16日公布的季度财务结果显示了需求的进一步恶化。2009年上半年期间,摩托车装运下降了12.7%,收入比上年同期下降了15.1%。信贷紧缩也影响了哈雷的资产负债表。哈雷销量的一个很大的比例是由它自己的金融服务子公司的贷款来提供资金的。由于不能把它的顾客借款转化为证券,哈雷被迫保留更多的借款在自己的资产负债表上。随着顾客信用违约率的上升,哈雷注意到自己面临着比以前更多的风险。

万德尔把这些问题看成是周期性的。信用市场和宏观经济预测已经指向美国经济走出低谷及复苏的方向。此外,尽管利润急剧缩减,哈雷仍然是2008年世界上最盈利的摩托车公司,平均每股回报率是29%。万德尔更多地关注对哈雷生意的长远影响。

哈雷的长期利润增长取决于保持高价的重型摩托车的销售方面的扩张能力。由于美国市场构成了哈雷摩托车收入的69%,并且在下一个十年美国政府和美国家庭面临的是它们资产负债表的痛苦重建,所以看起来在8 000~26 000美元之间的对奢侈产品消费的需求很可能还将继续减弱。

哈雷在众多对手中提高市场份额的机会受哈雷已经占据美国重型摩托车市场50%以上的份额这一事实的限制。实际上,哈雷自己的市场面对竞争时可能会很脆弱。然而没有其他公司可以把骑士的情感依恋复制到"哈雷经验"中,总是会存在摩托车手可能会寻找一种不同类型的经验和变得更加着迷于欧洲和日本制造商生产的高度精心设计的运动车型的风险。这样的担忧由人口趋势所引起。哈雷的核心市场是婴儿潮一代——而这一群人正更多地到达退休年龄而转向养老院而不是户外运动。

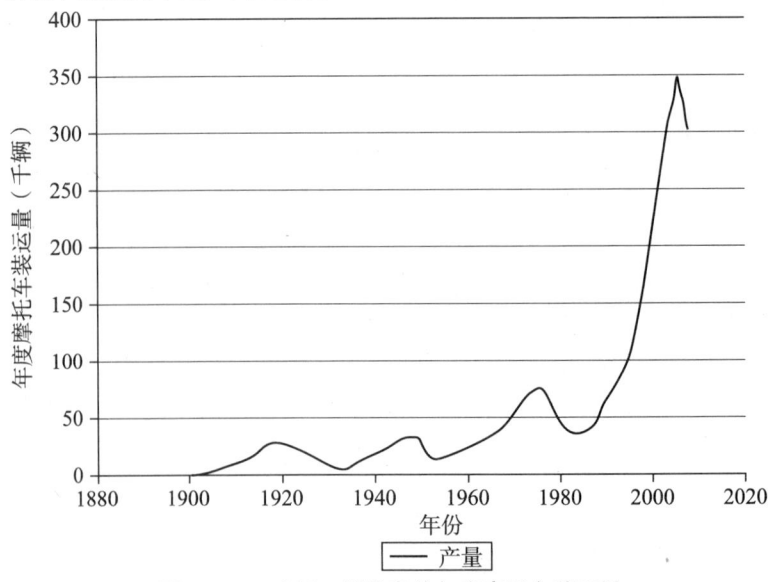

图10—1 哈雷·戴维森的年度摩托车装运量

哈雷·戴维森的历史

☐ 1903—1981 年：从诞生到成熟

哈雷·戴维森公司由威廉·哈雷（William Harley）与威廉·戴维森（William Davidson）、亚瑟·戴维森（Arthur Davidson）和沃尔特·戴维森（Walter Davidson）三兄弟成立于 1903 年。哈雷的 1903 年车型是在戴维森家的小木屋里造出来的，有一个 3 马力的引擎。1909 年哈雷推出了它的第一款双气缸、V 型双引擎、深色特征、隆隆作响的摩托车——哈雷摩托车因而闻名。1953 年印度摩托工厂（Indian Motorcycle factory）在伊利诺伊州斯普林菲尔德（Springfield）的停业意味着哈雷·戴维森是 1910 年曾存在的 150 家美国摩托生产商的唯一幸存者。

哈雷·戴维森在战后的时代面临新挑战。日益富裕和青年文化的兴起创造了对摩托车的新需求。然而，这主要是由进口产品来满足的：首先是英国（截至 1959 年，BSA、凯旋（Triumph）、诺顿（Norton）占据了美国市场 49% 的份额），然后是日本。刚开始哈雷从作为一项休闲运动的摩托运动的复兴中获益，但很快它就面对着直接竞争：1969 年本田汽车公司（Honda）推出了它的四气缸的 CB750，对任何哈雷或英国生产的产品来说都是巨大的技术领先。在同一年，哈雷·戴维森被美国机械和铸造公司（AMF）并购。生产能力扩张到每年 75 000 单位导致了可怕的产品质量问题，之后是财务亏损和美国重型摩托车市场领导力的丧失。

☐ 1981—2008 年：重生

1981 年，由沃恩·比尔斯（Vaughn Beals）领导的哈雷高层管理者们组织了一个 AMF 的哈雷·戴维森子公司的杠杆收购。哈雷以一个独立的负债累累的私有公司出现。这次收购伴随着一场严重的经济衰退和利率高涨。哈雷的销量下降，在 1981—1982 年间共损失 60 000 000 美元。只有大大地削减成本和得到针对日本进口的暂时保护，哈雷才能幸存下来。

与此同时，管理团队致力于重建生产方法和工作做法。管理者们拜访了几个日本的汽车工厂并仔细学习了丰田汽车公司（Toyota）的准时生产（JIT）系统。这次收购后的四个月内，哈雷的管理开始了一个试用 JIT 库存和生产安排的项目，这个项目在它的密尔沃基引擎工厂里被称为"MAN"（恰如所需的物料）。目的是减少库存和成本，提高质量控制。一年内，所有哈雷的制造操作都转成了 JIT：元件和分段装配通过响应最终需求的生产系统来"牵引"。

带着新改进的生产方法和工人与管理层之间新的合作精神，哈雷增加了销售，重归盈利状态，这让它能在 1986 年公开上市。由于增加了对新车型、工厂和经销网络的投资，哈雷在超级重型市场（850 立方厘米（cc）以上）的份额从 1986 年约 30%增长到 1990 年的超过 60%。20 世纪 90 年代见证了重型摩托车市场的不间断增长和哈雷市场份额的持续上升。公司的最大挑战是满足对其产品的巨大需求。为了克服这一限制，公司于 1996 年宣布了要在 2003 年公司 100 周年诞辰之前极大地增加公司生产能力的 2003 计划。宾夕法尼亚州的堪萨斯市和约克的新生产工厂、一些新车型的创设和国际扩张导致销量在 2004 年超过 300 000 辆，在 2007 年接近 342 000 辆——与 1983 年相比增长了 10 倍。

重型摩托车市场

重型摩托车部分（650cc 以上）是 1990—2007 年间世界摩托车市场增长最迅速的部分，美国市场构成这个增长的大部分。1990—2007 年间的重型摩托车在世界主要市场的销量几乎增加了 2 倍。北美是大型摩托车的最大市场，代表世界主要市场 56%的销量。

在北美，哈雷巩固了市场领导地位，占据了约大型摩托车销量的一半。然而在国外，哈雷没有能力复制这一市场支配地位，除了在一些市场的强劲销量——哈雷取得了掌握日本重型摩托车市场领导权而把本田汽车挤到第二位的引人注目的业绩。另外，在欧洲，哈雷落后于它的日本竞争者及宝马（见表 10—1 和表 10—2）。

表 10—1　重型摩托车（651cc 以上）的零售量，2000—2008 年（千辆）

	2000 年	2001 年	2002 年	2003 年	2004 年	2005 年	2006 年	2007 年	2008 年
北美（总额）	365	423	475	495	531	554	579	555	477
哈雷·戴维森[a]	163	186	220	238	256	265	282	267	235
市场份额（%）	44.6	43.9	46.4	48.1	48.2	47.8	48.6	48.1	49.3
欧洲（总额）	293	321	332	323	336	351	377	372	384
哈雷·戴维森	22	23	24	26	25	30	34	42	45
市场份额（%）	7.4	7.1	7.1	8.1	7.3	8.5	9.1	11.3	11.7
日本/澳大利亚（总额）[b]	63	64	64	59	n.a.	n.a.	n.a.	n.a.	n.a.
哈雷·戴维森[a,b]	13	14	14	15	10	11	13	23	25
市场份额（%）	20.5	21.9	21.9	25.4	n.a.	n.a.	n.a.	n.a.	n.a.

a. 包括布尔（Buell）。

b. 2004—2008 年只包括日本。

n.a.＝无法获得。

资料来源：Harley-Davidson 10 - K Reports.

表 10—2　　重型摩托车（651cc 以上）的市场份额，2005—2007 年（%）

	北美			欧洲		
	2005 年	2006 年	2007 年	2005 年	2006 年	2007 年
哈雷·戴维森	47.8	48.6	48.7	8.9	9.1	9.6
本田汽车	16.6	15.1	14.3	13	14.6	12.3
川崎	6.9	7.1	7.5	12.6	10.7	11.3
铃木	12.6	13.1	12.7	13.3	14.8	16.5
雅马哈	9.3	8.8	9.2	15.8	15.5	13.6
宝马	3.3	—	—	17.7	16.5	15.1
杜卡迪	—	—	—	5.2	5.2	5.9
凯旋	—	—	—	5	5.1	6.5
其他	4.5	7.3	8.3	8.5	8.5	9.2

资料来源：Harley-Davidson，Annual Reports，2005，2007.

重型摩托车市场由三部分构成：

● 巡航摩托车。这些是"大的、吵闹的、低速驾驶的、具有男子汉气概的酷酷的摩托车"[1]，典型地具有大的移位 V 型双引擎和一个直立骑行位置。它们的设计所反映的主导风格既不是舒适也不是速度。对于住在洛杉矶、纽约、巴黎和东京等拥挤城市中的城市男性（和一些女性）来说，巡航摩托车是很实际的交通工具，但它主要是风格的表现方式。巡航摩托车部分几乎是由哈雷创造的，在美国很超群，代表超过一半的重型市场。哈雷的大部分竞争者在这方面模仿了传统哈雷设计的主要特征。

● 旅行摩托车。这些包括为更远距离驾驶而特别装备的巡航摩托车和使远距离驾驶舒适而进行特殊设计的摩托车（包括本田金翼和较大的宝马系列）。这些旅行摩托车以有像音响系统、双向对讲和加热器这样的奢侈品为特征。虽然哈雷在风格和形象上引领了这一部分市场，但本田和宝马为使长距离驾驶更加顺利和舒适，已经通过使用多气缸、传动轴引擎和先进的悬架系统精心设计了它们的摩托车。

● 表演摩托车。这些是基于赛跑摩托车的，含有高科技，带有高转速引擎，强调重速度、加速和跑道类型的摩托车；这种车型向驾驶者的舒适度做出了最小的让步。这个部分在欧洲和亚洲/太平洋市场是最重要的，分别代表了 62% 和 65% 的重型摩托车的总销量。这个部分由日本的摩托车公司主导，像杜卡迪（Ducati）和凯旋（Triumph）这样的欧洲专家也有一个显著的表现。哈雷 1993 年通过它的"枝条"——于 1998 年完全并购的布尔摩托公司（Buell Motorcycles）进入这个表演摩托车部分。

不像其日本竞争者，哈雷是高度市场集中的。除了单气缸的布尔-风暴（Buell Blast）外，哈雷的车型都不只是重型摩托车（超过 650cc 的移置引擎）——它们集中在较窄的超级重型部分（超过 850cc）。

2009 年的哈雷·戴维森

品牌

哈雷的高层管理团队把哈雷·戴维森的形象和在顾客中产生的忠诚度当成

它最大的资产。哈雷·戴维森是美国风格的典范。这个著名的展翼鹰指的不仅是世界上最古老的摩托车公司之一的品牌，而且是和它关联的整个生活方式。哈雷曾被描绘为"最终骑摩托车的人的地位象征着……一个准宗教，一个机构，一种生活方式。"[2] 和其他一些公司一起——也许是沃尔特·迪士尼（Walt Disney）和李维·斯特劳斯（Levi Strauss）——哈雷与美国文化有着一种独特的关系。哈雷所代表的价值——个性、自由和冒险——可以追溯到牛仔和昔日的拓荒者，以及在那之前首先把人类带到美洲的探求者。作为从这个行业的先锋时期唯一幸存下来的美国摩托车公司，哈雷·戴维森代表了美国工程业和制造业的传统。

哈雷品牌的吸引力不仅对公司的市场极为重要，而且对它的整体战略也很重要。战略的中心要旨是加强和扩展公司与顾客之间的关系。哈雷·戴维森很久之前就意识到它并不是在卖摩托车——它是在卖哈雷经验。它的年度报告做了相当多的努力来表述这一经验：

> 一个由一种自然爆发的、纯正的欢乐所产生的寒战席卷了你的身体。你被来自各行各业和全球各个角落的人们所包围。他们完全是陌生人，但是你就像了解自己的家庭成员一样了解他们。他们被同样的热情——同一个梦想——带到这个地方，并且他们用同样的机器到达这里。这是一个你可以真正做你自己的地方。因为你不仅仅适合它。你属于它。[3]

如果哈雷摩托车的吸引力是它所表达的形象和所代表的生活方式，那么公司必须保证这一经验与形象相符。为增加哈雷在顾客的骑乘经验中的参与度，哈雷于1983年成立了哈雷车主会（HOG）。通过HOG，公司参与组织社会和慈善事务。自首席执行官以下的员工都被鼓励积极参与HOG的活动。每年，高层管理者们会代表性地参加共超过150场的表演、赛车和骑乘。公司和顾客之间的关系被威利·G·戴维森（Willie G. Davidson）概括为："我们和你们一起骑乘。"HOG提供带来这种共同感受的组织联系："这种驾驶哈雷·戴维森摩托车外出的感受把我们联系在一起，就像没有其他经历所能做到的一样。这让HOG和世界上其他的组织都不同……这种氛围更像是家庭重聚而不是有组织的集会。"[4] 哈雷车主的忠诚反映在他们再次购买和升级哈雷的产品上。一半以上的总销售是卖给以前有过一辆哈雷的顾客，而20%的则是第一次摩托车购买者。

自20世纪80年代以来，哈雷顾客的人口和社会经济概况已经发生了极大的转变：哈雷车主曾经是蓝领的年轻人，现在已经是中产阶级的中年人：

> 一辆新的哈雷·戴维森摩托车的美国零售购买者是一位平均四五十岁的已婚男性（近2/3的新哈雷·戴维森摩托车的美国零售购买者的年龄在35~54岁之间），有着约87 000美元的中等家庭收入。近3/4的新哈雷·戴维森摩托车的美国零售购买者至少受过一年高中以上的教育，32%的购买者有大学学位或达到毕业的程度。约12%的新哈雷·戴维森的美国零售摩托车由女性购买。[5]

☐ 产品

扩展哈雷的市场吸引力是对产品政策和设计的主要启示。自从在AMF年度期间介入小型摩托车市场遭遇惨败后，哈雷已经意识到它的竞争优势在超级重型摩托车上。在这方面它果断地坚持它从早些年就让哈雷具有自己特色的经典设计。哈雷摩托车的核心是从 1909 年以来就成为哈雷与众不同特征的空气冷却 V 双型引擎。哈雷的架构、手把、油箱和坐椅也反映了传统的设计。

哈雷对传统设计特征的承诺可以看成是出于必要性的美德。它较小的公司规模和无力分享汽车和自行车方面（不像丰田和宝马）的研发技术限制了它投资科技和新产品的能力。所带来的结果是，哈雷在机动技术的应用方面落后于竞争者：不仅它的摩托车看起来是旧式风格，而且很多技术也是旧式风格的。当哈雷在 1998 年推出新的双型凸轮 88 引擎时，《摩托车》杂志报道如下：

> 丰田平均每年推出两款新的（或重新改进的）马达。其他日本制造商约擅长于一款。杜卡迪和宝马每几年做一些事。剩下的只有摩托古兹和哈雷……这款双型凸轮 88 是哈雷自 1986 年推出斯波特斯特（Sportster）系列摩托车以来的第一款新型马达，也是自 1984 年推出原始进化系列以来的第一款 Big Twin 摩托车。[6]

哈雷的引擎是公司总体技术落后的代表。在本田转移到每气缸多排阀、顶置凸轮轴、液体冷却和电子点火装置很久以后，哈雷还在继续依靠风冷推杆引擎。在悬挂系统、制动系统、传输上，哈雷也远远落后于本田、雅马哈和宝马。

虽然如此，哈雷一直在参与持续的升级——主要是增量改进旨在提升能量传递和可靠性、增强制动能量和减震效果的引擎、框架、变速箱。哈雷也通过和其他公司包括保时捷（Porsche）、福特和吉米尼赛车技术公司（Gemini Racing Technologies）的结盟来获得机动技术。

除了是一个技术落后者外，哈雷在新产品开发和新车型的投产方面非常活跃。截至 2009 年，哈雷共推出了 31 种哈雷·戴维森车型和 10 种布尔车型。哈雷的产品开发努力由 2004 年加倍扩大产品研发中心规模和原型制作实验室的成立所辅助。哈雷的大部分产品开发努力仅限于风格变动、新油漆设计和工程提升。然而，2000—2008 年间，哈雷加速了技术进步并采用了更多全新的产品开发技术。它于 2001 年 10 月推出的威路德（V-Rod）车型有着创新设计和一种全新液体冷却的引擎特征。布尔的范围也为哈雷引擎留出了更大的余地。2002 年的布尔霹雳（Firebolt）突出了一款新型马达、全铝框架和由杜卡迪引领的"赤裸"设计，而 2006 年的尤利西斯（Ulysses）则是哈雷·戴维森的首款"冒险运动摩托车"。2006 年，哈雷引进了另外一款新引擎——带有电子点火装置和一个新的 6 档变速器的 Twin Cam 96 双凸轮发动机。

值得注意的是，在 2001 年 10 月—2009 年 6 月间，哈雷仅向美国专利局申请了 90 项专利。这些大部分是和边缘项有关的：一个挂包支架系统、脚踏板、真正的光源组件、一个可调节的靠背、一个指示灯燃料测量仪。作为对比，在同一时期内，铃木申请了 247 项专利，川崎申请了 502 项，雅马哈申请了 2 057项，本田申请了 3 971 项。

哈雷产品战略的核心是这样一个构想，即作为公司提供大范围客户化机会的成果，每位哈雷驾驶者拥有一辆独特的、个性化的摩托车。新摩托车允许对坐椅、杆、挂钩、操作装置和喷漆工作做多种选择，通过 7 000 个大范围的配件和像"铬合金咨询"的特殊服务来增加潜力。

使产品差异化和范围经济相一致对哈雷来说是一个持续的挑战。解决办法是在标准化核心元件的同时提供大范围的顾客化选择。比如，在不同的哈雷·戴维森车型中有三种马达类型（Evolution XL 系列、Twin Cam 88 系列、Revolution系列）、四种基本的框架、四种类型的油箱等等。

哈雷产品线也包括一个大的价格范围。斯波特斯特系列车型被定位为一种学徒期的摩托车，起始价为 6 999 美元，还不到有着"定做色调"的超经典厄勒克特滑行车型（Ultra Classic Electra Glide）的价格 22 159 美元的 $\frac{1}{3}$。最贵的是 31 994 美元的三轮的 Tri-Glide 车型（包括无黑色喷漆和一个倒挡）。

□ 布尔

布尔为扩大哈雷对年轻驾驶者及对速度和机动性能更感兴趣人群的吸引力提供了机会。布尔摩托车公司由前哈雷工程师艾瑞克·哈雷（Eric Harley）成立，它开发了使用哈雷发动机和其他部件的摩托车，但把它们安置在一个更轻、更硬的框架上。哈雷于 1998 年完全取得布尔的所有权。布尔车型更轻的重量和优越的处理也被看成是对于高度看重运动表现的欧洲顾客的吸引人之处。在美国，典型布尔顾客的年龄比哈雷顾客年轻七岁，价格大约为 10 000 美元，相比之下，哈雷的价格平均为 17 500 美元。成立布尔车主冒险集团（BRAG）是为了建立和 HOG 同样成功的驾驶者共享类型。有着 490cc 单汽缸马达和 4 595 美元价签的布尔风暴（Buell Blast）是哈雷的一个主要尝试：它是 20 世纪 70 年代以来哈雷首次进入中量级摩托车市场。但是，尽管在开发和投产新车型上大量投资，但 2001—2006 年间布尔的销售量总体增长很少（见表 10—3）。

表 10—3　　　　1997—2006 年的哈雷·戴维森装运量（千辆）

	1998 年	1999 年	2000 年	2001 年	2002 年	2003 年	2004 年	2005 年	2006 年	2007 年	2008 年
哈雷·戴维森摩托车装运量											
—美国	110.9	135.6	158.9	186.9	212.8	237.7	260.6	266.5	273.2	241.5	206.3
—出口	39.9	41.6	45.8	47.5	50.8	53.5	56.7	62.5	76	89.1	97.2
摩托车产品结构（%）											
—斯波特斯特	22.5	23.6	22.6	21.7	19.4	19.7	22	21.3	18.5	21.8	20.0
—定制	51.3	49.6	49.3	50.5	53.7	52	48.6	45.2	46.2	43.7	46.4
—旅行	26.2	26.8	28.1	28	26.8	28.4	29.4	33.5	35.4	34.5	33.6
布尔摩托车装运量	5.5	6.8	6.9	9.9	10.9	10	9.9	11.2	12.5	11.5	13.1
公司总额	156.3	184	211.6	244.3	274.5	301.2	327.2	340.2	361.6	342.1*	316.6**

* 原数据为 330.6，疑有误。——译者注
** 原数据为 303.5，疑有误。——译者注

□ 分销

升级哈雷分销网络是它 20 世纪 80 年代和 90 年代的转变战略的核心。在收购时期，哈雷 620 个美国代理权是由热衷者所运作的，有着不规则的营业时

间、摩托车的少量存货和备货及无差别的顾客服务。如果哈雷的业务是销售一种生活方式和一种经验，那么经销商在传递那种经验中扮演了一个关键角色。此外，如果哈雷的目标市场已经转向成熟的高收入个体——那么哈雷需要提供一个和这个群体期望相符的零售经验。

哈雷的经销商发展项目增加了对经销商的支持，同时推行了更高标准的售前和售后服务，也要求更好的经销设施。经销商有义务配备全线的哈雷替换零部件和附件，履行哈雷摩托车的服务。培训项目帮助经销商处理更高的服务要求和鼓励它们发现及满足哈雷现在所吸引的专业的中产阶级顾客的需求。哈雷是把新服务介绍给顾客的先锋。这包括测试驾驶设备、骑手指令培训和摩托租赁，通过基于经销商的设计中心、色彩顾问和保险服务来辅助车主的定制要求。近85%的美国哈雷经销权是独家的——远多于任何其他摩托车制造商。

由于经销商在哈雷·戴维森和顾客关系中的关键地位，经销商关系继续成为哈雷的战略重点。基于把同样的零售经验带给世界各地顾客的目的，它的零售团队和经销商联系紧密。哈雷·戴维森大学的建立是为了"提升经销商在每个领域的竞争力，从顾客满意到存货管理、熟练服务和前线销售"。经销商管理对哈雷促进金融服务、零部件和附件及一般产品的销售增长目标至关重要。哈雷相信其经销网络的质量和有效性是其产品强势需求的决定因素。

其他产品

零部件、附件和"一般产品"（衣服和收藏品）的销售构成2008年总收入的20%——比其他任何摩托公司都高（见表10—4）。衣服销售不仅包括骑乘服饰，还包括大范围的男士、女士和小孩的服饰。

只有一小部分的具有哈雷·戴维森商标的衣服、收藏品和其他产品是通过哈雷经销网络卖出的。大部分具有哈雷·戴维森名字和商标许可的"一般商品"由第三方制造商生产的衣服、礼品、珠宝、玩具和其他产品所代表。欧莱雅提供了一条哈雷·戴维森古龙水的生产线。为扩大许可产品的销售，哈雷·戴维森开设了许多销售衣服、附件和礼品但没有摩托车的"次级零售点"。哈雷·戴维森金融服务的设立是为了向哈雷经销商和顾客提供信用、保险和延长担保。2000—2007年之间是哈雷利润增长最迅速的时期，2007年构成大约12%的运营利润。然而，信用紧缩使生意陷入困难的境地。无力把顾客的赊销转化为债权，哈雷被迫把这些借出保留在自己的财务报表上，导致现有资产大量增加。一些分析家认为建立消费贷款已使哈雷更不愿意向购买者提供100%的贷款，这样压制了销售量。

表10—4　哈雷·戴维森的非摩托车销售，2000—2008年（百万美元）

	2000年	2001年	2002年	2003年	2004年	2005年	2006年	2007年	2008年
零部件和附件	447.9	509.6	629.2	712.8	781.6	815.7	862.3	868.3	858.7
一般产品	151.4	163.9	231.5	211.4	223.7	247.9	277.5	305.4	313.8
金融服务	140.1	181.5	211.5	279.5	305.3	331.6	384.9	416.2	377.0

□ 国际扩张

哈雷·戴维森成长战略的关键是扩大产品在美国以外的销售,关键问题是哈雷必须使它的产品、形象和接近顾客的方法适应海外市场状况。哈雷的形象扎根于美国文化——从何种程度上来说哈雷对于欧洲和亚洲顾客的吸引源于它作为一个美国偶像的地位?"美国和哈雷是联系在一起的,"英国《摩托车》杂志的雨果·威尔逊(Hugo Wilson)评论道,"喜欢哈雷的伙计也是拥有牛仔长筒靴的家伙。你得到一辆哈雷,那么你就买进了美国的神秘色彩。"[7]同时,需求和消费者状况的组成在海外市场也是不同的。

欧洲是哈雷海外雄心的焦点,仅因为它是世界上第二大重型摩托车市场。欧洲也是哈雷的一大挑战。不像在美国,哈雷在欧洲从来没有一个主要地位——必须努力从在重型摩托车部分确立领导地位的对手那里获取市场份额:宝马、本田、川崎和雅马哈。欧洲摩托车市场和美国市场显著不同,因为表演摩托车占据70%的重型摩托车市场,而旅行和巡航摩托车只占30%。欧洲购买者具有见识和风格意识,但是他们的风格偏好和美国车主大不相同。欧洲的道路和骑乘风格也和美国不一样。结果,哈雷为欧洲市场修改了它的一些车型。例如,美国的斯波特斯特系列有一个直手把而不是卷曲的鹿角型,还有一个新的悬挂体系以便于更好地转弯。名字也改为"Custom 53"。哈雷软尾(Softail)车系也接受全新的外貌,成为"暗夜列车"(Night Train)。就像在美国那样,HOG在建立品牌形象和顾客忠诚度方面扮演着重要的角色。哈雷2003年6月在巴塞罗那的百年庆典吸引了150 000人——很大一部分是来自欧洲各地的哈雷车主。

哈雷国际战略的核心是建立分销网络。2000—2008年间,哈雷扩大了它的海外分销网络并在英国牛津建立了一个新的欧洲总部。2008年,哈雷在美国有686个经销商,在加拿大有71个,在欧洲有383个(包括中东和非洲),在亚洲/太平洋有201个,在拉丁美洲有32个。

2006—2008年间,哈雷在渗入国际市场上取得了更大的成功。2008年摩托车和其他产品的非美国销量达到17.5亿美元,代表31%的摩托车部分的净收入——和2006年的20%相比有所增长。

2008年7月,当它宣布以1.05亿美元并购意大利摩托车生产商奥古斯塔(MV Agusta)时,哈雷增加了它在欧洲的存在。根据哈雷的新闻报道:

> 奥古斯塔集团有两个摩托车家庭:一条生产线是奥古斯塔品牌销售的专用的、特级的、高性能表现的运动摩托车;一条生产线是卡吉瓦(Cagiva)品牌销售的轻型摩托车。奥古斯塔的F4-R摩托车由一个1 078cc的线列四气缸液体冷却发动机提供动力,估计为190马力。公司通过世界范围内约500个经销商来销售产品,它们很大一部分是在欧洲。2007年,奥古斯塔发出了5 819辆摩托车。2008年期间奥古斯塔由于财务困难而显著减少了产量。

"摩托车是哈雷·戴维森、布尔和奥古斯塔的心脏、灵魂和激情,"哈雷·戴维森公司的首席执行官吉姆·西默(Jim Ziemer)说。"两者都有伟大的产品和与不可思议的忠实的顾客之间的密切联系。奥古斯塔和卡吉瓦品牌在欧洲都是著名的和被高度认可的。它们和美丽、特级、意大利性能的摩托车是同义的。"西默说。[8]

□ 运营

就像已经提到的，哈雷·戴维森在20世纪80年代和90年代的发展的重中之重是升级它的制造运营。工厂和设备的投资包括加工技术的引进和生产能力的扩张。特别注重通过总体质量管理、准时生产安排、计算机辅助设计/计算机辅助制造、责任授予和对车间所作的决定来发展制造能力。表10—5显示的是哈雷的主要制造和开发设备。

尽管哈雷的制造设备和操作能力持续发展，但它与本田及其他日本制造商比起来的低生产容量还是处于明显的成本劣势。一个关键的成本劣势是购买部分。买进的、定制化部件构成了制造成本的很大一部分且哈雷缺少本田和宝马的购买力。为弥补讨价还价影响力的不足，哈雷和其关键供应商培养了密切的关系，把采购经理放在管理结构中的上层管理的位置。它的供应咨询委员会（SAC）在哈雷网络里促进协作和最好的实践的分享。[9] 哈雷的采购主管卡利·伯里曼（Garry Berryman）评论道："通过供应咨询委员会，我们能够利用较小的私有供应商的一些企业家部分，并把那种热情、精神和能量注入那些可能是较大的公有公司。用这种方法，供应咨询委员会不仅为提高购买效率服务，也提供分享信息、创意和战略的论坛。"[10]

表10—5　　　　　　　　　哈雷·戴维森的主要设备，2008年

位置	功能	平方英尺
梅诺莫尼福尔斯，威斯康星州	摩托车传动系生产	881 600
密尔沃基，威斯康星州	公司办公室	515 000
沃华多沙，威斯康星州	摩托车传动系生产	430 000
沃华多沙，威斯康星州	产品开发中心	409 000
富兰克林，威斯康星州	配送中心	255 000
战斧，威斯康星州	玻璃纤维/塑料部分生产和着色	211 000
东特洛伊，威斯康星州	布尔摩托车组装	40 000
堪萨斯市，密苏里州	摩托车部件制造，喷漆以及斯波特斯特系列的戴纳（Dyna）车型组装	450 000
约克，宾夕法尼亚州	摩托车部件制造，喷漆，软尾和旅行车型组装	1 321 000
马瑙斯，巴西	为巴西市场组装车型	82 000
瓦雷泽，意大利	奥古斯塔和卡吉瓦摩托车组装	1 378 600
伦巴第，意大利	奥古斯塔和卡吉瓦仓库	446 500
阿德莱德，澳大利亚	摩托车轮生产	485 000

资料来源：Harley-Davidson 10-K Report, 2008.

哈雷的生产能力也被它的分散的制造运营所限制：在威斯康星州的密尔沃基制造发动机；在宾夕法尼亚州的约克和密苏里州的堪萨斯市组装。为了缩减成本，哈雷着手实施了一个工厂合并的项目。密尔沃基地区的两个动力传动厂

将会被合并成一个单一的设备，宾夕法尼亚州约克的分开上色和加框操作设备将会被合并成一个单一的工厂。2009 年 1—7 月之间宣告的这些措施将会减少约 2 400 份工作，每年减少约 250 000 000 美元的费用。

☐ 人员和管理

哈雷·戴维森复兴的中心是一种管理层和员工之间新型关系的创立。接着 1981 年的管理收购，哈雷的新管理团队系统反思了管理层—员工关系、雇员责任和组织结构。结果是员工承诺和工作满意度的改变。哈雷的员工关系重点是参与、自我管理、开放式沟通和慷慨的健康及假期福利条件。哈雷于 1998 年开设的堪萨斯市组装工厂以为了提高员工忠诚和参与度而设计的一个管理结构和工作方法为特征。工厂经理和其他行政人员在生产车间的"牛栏区域"而不是在单独的办公室里工作。整个工厂被组织成一个个团队。生产由 8～15 人的自然工作组完成。从这些工作组中选出的代表因为制造、发动机生产、组装和喷漆而组成了四个工序操作组。总的工厂管理是由一个包括工厂经理、工会代表、从工序组选出的代表和六名员工的 14 人工厂领导团队执行的。[11]

哈雷在促进激励和加速创新学习的无等级的、以团队为基础的结构有效性方面的信念在包括公司总部的整个公司内都很明显。"在我们的新组织里，"业务发展部副总克莱德·费斯勒（Clyde Fessler）解释道，"哈雷·戴维森摩托公司已经被分成了三个被称为'圈'的广泛功能区。它们是需求创造圈（CDC）、产品生产圈（PPC）和支持供应圈（PSC）。每个圈都是由在这个圈代表这一功能的领导所构成的。"[12] 每个圈以一个团队的形式运作，领导权从一个人转到另一个人那里，由所处理的问题决定。所有的协调由三个圈任命的个体组成的战略领导委员会（SLC）提供。

竞争

尽管哈雷坚持称它是提供一个独特的哈雷经验而不是和其他摩托制造商竞争，但它从其他制造商中拿走的市场份额及产品和地理范围的扩展越多，它就越多地陷入与其他生产商的直接竞争中。直接竞争最明显的迹象是模仿：本田、铃木、雅马哈和川崎长久以来一直紧跟着经典哈雷的生产线提供 V 双型巡航摩托车，但是价格更低和带有更先进的技术。为了和哈雷竞争，这些日本制造商的关键优势是得自于更多容量的范围优势。然而，尽管它们有很大的溢价，哈雷·戴维森摩托车从一个和其他品牌相比更小的折旧率中获益。

哈雷相对于竞争对手缺少多样化。本田、宝马和铃木是汽车的重要生产商，雅马哈 1/3 以上的营业额来自船和雪上摩托。这些公司可以从它们跨不同汽车部门的技术分享、工程能力及市场与分配的专业中获益。另外，足够的规模赋予其与供应商更大的讨价还价能力。

模仿者也包括几家国内生产制动火箭风格的巡航摩托车公司。近几年来，艾克沙修（Excelsior）、北极星（Polaris）（胜利）和一个复苏的印第安（Indian）公司都已经进入美国超级重型市场，大部分都以超过哈雷摩托车的价格销售（印第安公司最佳的首席系列（Indian Vintage Chief）标价为 35 499 美元）。

图 10—2 展示的是竞争产品供应，而表 10—6 显示的是价格比较。附录 2 给出了一些领先的竞争者的概况。

哈雷·戴维森胖男孩 　　　　本田影子精神750

雅马哈流浪者 　　　　铃木林荫大道C50

川崎伏尔坎900 　　　　北极星首脑

图 10—2　巡航摩托车，2009 年车型

表 10—6　　　　V 双型巡航摩托车的价格比较，2009 年

制造商和模型	发动机	建议零售价（美元）
哈雷·戴维森		
斯波特斯特 883 Low	V 双型，气体冷却，883cc	6 999
胖男孩	V 双型，气体冷却，1 540cc	15 999
VRSC 威路德肌肉	V 双型，液体冷却，1 131cc	17 199
经典版继承者	V 双型，气体冷却，1 450cc	17 999
本田		
影子精神 750	V 双型，液体冷却，顶置凸轮轴，745cc	7 699
VTX1300C	V 双型，液体冷却，顶置凸轮轴，1 312cc	10 299
VTX1800N	V 双型，液体冷却，顶置凸轮轴，1 800cc	13 699

续前表

制造商和模型	发动机	建议零售价（美元）
铃木		
林荫大道 C50*	V 双型，液体冷却，顶置凸轮轴，805cc	7 199
林荫大道 C90	V 双型，气体冷却，顶置凸轮轴，1 475cc	11 299
林荫大道 M109R	V 双型，液体冷却，1 783cc	13 799
川崎		
经典伏尔坎 900	V 双型，8 阀门，顶置凸轮轴	7 499
Mean Streak 伏尔坎 1600	V 双型，气体冷却，1 552cc	11 099
雅马哈		
V 星定制	V 双型，顶置凸轮轴，气体冷却，推杆，649cc	6 290
流浪者	V 双型，顶置凸轮轴，气体冷却，推杆，1 670cc	12 390
北极星		
首脑	V 双型，每气缸 4 阀门，1 634cc	16 399

* 原文为 S50，疑有误。——译者注
资料来源：不同摩托车制造商的网站。

□ 面对明天的挑战

首席执行官凯斯·万德尔在他 2009 年 7 月 16 日和分析家们的会议中，把重点放在哈雷面临的需求低迷和哈雷就费用缩减与产品减少所作的反应等方面的短期问题上。万德尔有信心哈雷会从 2008—2009 年的衰退中以极好的形态恢复过来。他尤其受哈雷 2009 年的销售与它的那些主要竞争者相比显示出更大回弹这一事实鼓舞——导致的结果是，哈雷在美国重型市场的份额已经从 50%飞跃到了 58%。

更长期的威胁是更多的困难。一篇以《哈雷，你不再年轻》为题的《纽约时报》文章，已经刻画了哈雷未来市场地位的暗淡画面：

在神气十足 20 年后，这家所制造的摩托车被忠实的顾客亲切地称为"大飙客"（Hogs）的重型摩托车公司正处于气急败坏中。哈雷的核心客户是灰色的婴儿潮一代，在许多情况下，他们的储蓄在市场的低迷期成为泡影。很少人会有心情为某样基本可以被称为大玩具的东西而支付多达 20 000 美元或更多，而反过来，公司没有吸引许多更年轻的市场……

它的核心顾客已经泛灰化了，他们更小频率地购买新摩托车。哈雷车主的平均年龄从 5 年前的 42 岁增加到 49 岁。但是公司的执行者们表面上看起来并不为那些 35 岁和更年轻市场的暗淡增长而担忧，更没有采取措施把他们变成哈雷的车主。

他们说他们很有信心婴儿潮一代还有多于 15 年的骑乘生涯。"他们并不即将由于他们的年纪增长而停止骑车，"里彻（Richer）先生说。"离开我们的核心顾客同时也是获利最多的顾客将是很蠢的举动。"

由于哈雷把大部分的焦点放在老龄化客户中，像宝马、本田和雅马哈这样的竞争对手正在吸引更少有兴趣在他们老一辈所骑的车子上巡游的更

年轻顾客。旨在面向更年轻群体的轻型运动摩托车的美国销量已经在过去的五年内增加了50%以上,而日本制造商有它们自己受欢迎的巡航摩托车。哈雷大体上已经占据了30%的全美摩托车市场,但它在美国构成了一半的重型摩托车销售……

"哈雷认为婴儿潮一代的消费者在总体上信用很好,"西北部的凯洛格管理学院的一名市场学教授格雷戈里·卡彭特(Gregory Carpenter)说。"但是为了成长和兴盛,他们必须创造和更年轻顾客的深厚感情关联。"

十年前,哈雷的执行者们作了一个现在看起来是目前问题的主要导因的决策。决定满足堵在两年的等候名单里的顾客,哈雷增加了产量。去年,哈雷从2000年的159 000辆增长到生产了多于303 000辆的摩托车……

现在,市场上有如此多的"大飙客",哈雷有一个涉及它品牌的问题。

"传统上,哈雷·戴维森有一群非常忠诚的顾客,"《投资潮》的高级研究分析师安东尼·吉卡斯(Anthony Gikas)说。"但是这些骑者由于每个人都有一辆哈雷摩托车而对这个品牌失去了兴趣。它再也不是一个俱乐部了。"[13]

为反映这些挑战,一名密尔沃基的博客者提问道:

所以哈雷做了什么呢?

一个方法是继续把重点放在它做得最好的大型摩托车上。尽管那个战略可能在一些方面有意义(着重于你所知道的,对品牌识别保持忠诚等),但那种倾向将意味着增长预期大幅降低,并且如果目前的顾客消费环境长期保持的话,它将遭受厄运。而与此同时它的核心顾客恰好越来越老了。

或者它可以做人们这些年所说的它应该做的事(和哈雷自己断断续续地暗示它可能会做的事):制造更小、更舒适的摩托车。那比它听起来的容易,然而会迫使哈雷在日本制造商的领地内和它们竞争。但是如果市场正离哈雷远去,那它还有选择吗?[14]

附录1:从哈雷·戴维森财务报表中选择出来的项目,2000—2008年(百万美元)

	2000年	2001年	2002年	2003年	2004年	2005年	2006年	2007年	2008年
损益表									
净销售额	2 906	3 407	4 091	4 624	5 015	5 342	5 801	5 727	5 594
总利润	991	1 153	1 418	1 666	1 900	2 040	2 233	2 114	1 931
研发费用	76	130	140	150	171	179	177.7	186	164
销售、行政和工程费用	513	552	639	684	727	762	846	901	985
营业收入	515	663	883	1 149	1 361	1 470	1 603	1 426	1 029
包括:									
金融服务	37	61	104	168	189	192	211	212	83
利息收入	18	17	17	23	23	23	27	22	9

续前表

	2000年	2001年	2002年	2003年	2004年	2005年	2006年	2007年	2008年
其他收入/（费用）	16	—7	—13	—6	—5	—5	—5		5
税前收入	549	673	886	1 166	1 379	1 488	1 624	1 448	1 034
所得税	201	236	306	405	490	528	581	514	379
净收入	348	438	580	761	890	960	1 043	934	655
资产负债表									
资产									
现金	419	439	281	329	275	141	238	403	594
为投资保留的金融应收账款ª	581	921	1 139	1 391	1 656	1 943	2 101	1 575	1 378
应收账款	98	119	109	112	121	122	143	181	296
净存货	192	181	218	208	227	221	288	350	401
现有总资产	1 297	1 665	2 067	2 729	3 683	3 145	3 551	3 467	5 378
净财产、工厂和设备	754	892	1 033	1 046	1 025	1 012	1 024	1 061	1 094
总资产	2 436	3 118	3 861	4 923	5 483	5 255	5 532	5 657	7 829
负债									
长期债务的目前部分	89	217	383	324	495	205	832	398	0
应付账款	170	195	227	224	244	271	763	300	324
现有总负债	498	716	990	956	1 173	873	1 596	1 905	2 604
非现有负债									
长期债务	355	380	380	670	800	1 000	870	980	2 176
其他长期负债	97	158	123	86	91	82	109	152	175
退休后津贴、保健福利	81	90	105	127	150	61	201	193	274
所有者权益	1 406	1 756	2 233	2 958	3 218	3 084	2 757	3 352	3 357
总负债和权益	2 436	3 118	3 861	4 923	5 483	5 255	5 532	6 796	6 786
现金流									
经营活动	565	757	546	597	832	961	762	798	—685
资本支出	—204	—290	—324	—227	—214	—198	—220	—242	—232
总投资活动	—171	—772	—720	—540	—570	177	—35	391	—393
融资活动	—158	34	80	81	—316	—1 272	—637	—1 038	1 293
现金净增加	236	20	—95	137	—54	—134	97	164	191

a. 另外，哈雷·戴维森还为销售保留金融应收账款（主要是向顾客提供的贷款）。这些从2007年的7.81亿美元上升到了2008年的24.44亿美元。

资料来源：Harley-Davidson 10-K Reports（www.harleydavidson.com）.

附录2：本田、雅马哈、宝马和哈雷·戴维森的财务数据比较

（百万美元，除非另有说明）

	本田摩托			雅马哈摩托		
	2006年	2007年	2008年	2006年	2007年	2008年
收入	84 218	94 241	121 229	5 181	5 339	5 323
总利润率	29.20%	29.10%	28.80%	36.00%	36.00%	37.40%
销售、管理及行政费用	15 015	16 988	20 080	1 631	1 652	1 671
运营收入	7 386	7 241	9 626	234	269	319
税后净收入	4 228	4 327	5 135	273	270	384
净利润率	6.00%	5.30%	5.00%	5.30%	5.10%	7.20%
营运收入/总资产	8.22%	7.08%	7.56%	4.64%	4.95%	6.08%
总资产	89 859	102 310	127 417	5 044	5 423	5 241
货物出售成本	59 588	66 854	86 286	n.a.	n.a.	n.a.
存货周转率	6.76%	6.65%	7.12%	6.80%	6.90%	6.90%
存货	8 809	10 057	12 113	756	798	740
总权益	35 069	38 102	45 897	3 109	3 410	3 327
净资产收益率	12.06%	11.36%	11.19%	8.78%	7.93%	11.53%
运营现金流	4 901	7 689	11 382	247	385	361
投资活动现金流	−5 718	−9 611	−17 033	−176	−218	407
研发费用	4 354	5 352	5 703	233	235	241
广告费用	3 062	2 992	2 793	250	256	282
摩托车装运量（千辆）	10 271	10 369	9 320	n.a.	n.a.	n.a.
员工（千）	145	167	179	27	26	25

	宝马			哈雷·戴维森		
	2008年	2006年	2007年	2008年	2006年	2007年
收入	64 644	82 453	n.a.	5 801	5 727	5 594
总利润率	23.10%	21.80%	n.a.	39.50%	37.90%	33.70%
销售、管理及行政费用	10 215	11 737	n.a.	846	901	985
运营收入	5 343	6 200	n.a.	1 603	1 426	1 029
税后净收入	3 792	4 613	n.a.	1 043	934	655
净利润率	5.60%	5.90%	n.a.	16.90%	15.20%	11.00%
营运收入/总资产	5.12%	4.73%	n.a.	28.98%	25.20%	13.14%
总资产	104 300	130 995	n.a.	5 532	5 657	7 829
货物出售成本	49 685	64 516	n.a.	3 742	3 817	3 958
存货周转率	5.54%	5.96%	n.a.	12.99%	10.91%	9.87%

续前表

	宝马			哈雷·戴维森		
	2008年	2006年	2007年	2008年	2006年	2007年
存货	8 963	10 817	n. a.	288.0	349.7	400.9
总权益	25 238	32 005	n. a.	2 757	3 352	3 357
净资产收益率	15.02%	14.41%	n. a.	37.83%	27.86%	19.50%
运营现金流	13 167	17 360	n. a.	762	798	−685
投资活动现金流	−18 035	−25 387	n. a.	−35	391	−393
研发费用	4 160	4 363	n. a.	178	186	164
广告费用	5 941	6 302	n. a.	70	77	89
摩托车装运量（千辆）	100	102	n. a.	362	331	303
员工（千）	104	104	n. a.	9	9	9

资料来源：公司财务报告。

[注释]

[1] G. Strauss, "Born to be Bikers," *USA Today*, November 5, 1997.

[2] M. Ballon, "Born to be Wild," *Inc*, November, 1997, p. 42.

[3] Harley-Davidson, Inc. *Annual Report*, 2000.

[4] 参见 www. harley-davidson. com/experience/family/hog。

[5] Harley-Davidson, Inc. 10-K Report for 2008, p. 8.

[6] *Motorcycle*, February, 1998.

[7] 引自："Motorcycle Maker Caters to the Continent," *USA Today*, April 22, 1998。

[8] "Harley-Davidson to Acquire MV Agusta Group Expanding Presence in Europe," press release, Harley-Davidson, Inc. , July 11, 2008.

[9] K. R. Fitzgerald, "Harley's Supplier Council Helps Deliver Full Value," *Purchasing*, September 5, 1996.

[10] A. Millen Porter, "One Focus, One Supply Base," *Purchasing*, *June* 5, 1997.

[11] S. Roth, "Harley's Goal: Unify Union and Management," *Kansas City Business Journal*, May 16, 1997.

[12] C. Fessler, "Rotating Leadership at Harley-Davidson: from Hierarchy to Interdependence," *Strategy and Leadership*, July 17, 1997.

[13] "Harley, You're Not Getting Any Younger," *New York Times*, March 21, 2009.

[14] 参见 http://brewcitybrawler. typepad. com/bre_city_brawler/2009/01/screw-it-lets-ride-is-not-a-strategy. html, accessed July 25, 2009。

11

雷斯亚集团和贝尼科尔投放市场*

案例 A：1997 年 1 月的情况

1996 年间，一个 57 岁的建立于芬兰西南部雷斯亚地区的谷物碾磨公司雷斯亚集团（Raisio Group）从默默地出现到成为芬兰第二大有价值的上市公司（在诺基亚之后）和举世瞩目的焦点。1995 年年底贝尼科尔（Benecol）投放市场，它的降脂人造黄油吸引了全世界食品加工者和超级市场群体的兴致，激起了汹涌而来的投资者的兴趣。对这一产品的需求已经超过雷斯亚生产贝尼科尔中的活性成分固醇酯的能力。在赫尔辛基股市上，国外需求推动了雷斯亚的股价从年初的 61 芬兰马克（FIM）上涨到年底的 288 芬兰马克（在夏天触及 322 芬兰马克后）。[1] 首席执行官马蒂·绍耶勒那（Matti Salminen）评论道：

---

* 这个案例引自一个早期案例：Michael H. Moffett and Stacey Wolff Howard, *Benecol: Raisio's Global Nutriceutical* (Thunderbird, The American Graduate School of International Management. Case No. A06-99-0004, 1999)。我衷心感谢协助准备这个案例的阿岩·巴恰塔亚（Ayan Bhattacharya）。Copyright © 2008 Robert M. Grant。

1996年在雷斯亚集团的历史里被当成"贝尼科尔年"——这就是这一新降脂人造黄油在增加集团可见性和拔高它在我们所有运营部门中的形象方面的角色。尽管到现在我们甚至还没能力来满足贝尼科尔人造黄油的国内需求，但这一产品已经闻名于世了，也被寄予厚望。贝尼科尔现象使我们的股份涨了五倍，使集团增加了几十亿芬兰马克的资本。[2]

贝尼科尔人造黄油的国际预期（和其他潜在的固醇酯合成的食物产品）已经把一群股票分析家和投资组合经理吸引到了雷斯亚的总部。不仅贝尼科尔的潜在市场被认为是巨大的——仅美国就被看成有几十亿美元的市场潜力——而且利润机会也看起来极好。在芬兰，贝尼科尔的销售价格约为平常固醇酯价格的6倍。除了是市场的第一人外，雷斯亚有能力通过它与生产相关的专利、活性成分和固醇酯的使用以及贝尼科尔品牌名称的识别来保持它的市场领导地位。

然而，雷斯亚内爆发了一场关于开发雷斯亚创新能力所提供的巨大商业潜力的最佳战略的激烈辩论。这个辩论集中于两个问题。第一个是雷斯亚的重点是否应该放在供应贝尼科尔人造黄油或它的活性成分固醇酯上。尽管贝尼科尔人造黄油在芬兰获得了显著成功，但人造黄油仅是若干潜在的可添加到食物和饮料产品中的固醇酯之一。若干雷斯亚管理者们争辩如果把固醇酯供应给许多食物和饮料公司，那么公司就可以更广泛地开发创新能力。第二个问题是关于雷斯亚开发国际潜在创新能力的方法。尽管雷斯亚在芬兰是一个值得注意的人造黄油制造商，但在国内市场外只拥有几个设备和有限的经验。许多跨国食品公司和龙头食品零售商已经和雷斯亚接触并表达了对许可协议、合资企业和供应协议的兴趣——关于贝尼科尔人造黄油、固醇酯或关于二者。雷斯亚是应该把它的知识产权许可给其他公司，和其他国外公司建立合资企业，还是应该把它的技术保存在国内并运用它来为雷斯亚建立一个跨国公司呢？

□ 历史

雷斯亚集团在1939年以Vehnä Oy的名字成立，这是一个坐落于雷斯亚城里的谷物碾磨公司。1950年，一个叫做Oy Kasviöljy-Växtolje Ab的植物油工厂在这个碾磨工厂旁边建立。这两个公司在把菜籽油开发推向芬兰市场方面合作。它们最终在1987年联合成立雷斯亚Tehtaat Oy Ab。[3] 这个公司从谷物和菜籽油扩展到动物饲料、麦芽产品、土豆淀粉和人造黄油。20世纪60年代，淀粉的生产为许多化学产品的供应尤其是造纸工业提供了基础。

在这个时期，雷斯亚发展了一大笔业务。这从对瑞典的麦芽出口开始，接着是出口人造黄油、面食和其他食物产品给苏联，随后是波兰。在俄罗斯的圣彼得堡地区和在爱沙尼亚，雷斯亚的美丽雅品牌产品在面粉、面食和早餐麦片中都是市场领导者。芬兰于1995年加入欧盟使雷斯亚能在欧洲其他国家扩大销售。截至1996年，雷斯亚39%的销售额是来源于芬兰以外的。雷斯亚增加的国际网点分布包括瑞典和波兰的人造黄油工厂和为瑞典、美国、法国、德国和印度尼西亚的造纸业供应淀粉和其他产品的合资企业。

从早些日子开始，雷斯亚就已经表现出可观的创业积极性和技术独创性。

它的第一家油碾磨工厂是由自己的员工使用备件、废金属、创造性的即兴创造所建立的。雷斯亚的第一家人造黄油公司的建立部分是为了激发当时它在人造黄油生产中并没有广泛使用的菜籽油的需求。雷斯亚也保持了一个活跃的研发项目。贝尼科尔就是雷斯亚研究植物固醇的结果。雷斯亚的年度报告描述了这个故事：

> 植物固醇的降脂效应早在20世纪50年代就已闻名于世，自那时以来，全世界的科学家一直在研究植物固醇和它们的性能。
>
> 1972年，佩卡·普什克（Pekka Puska）教授所领导的一项工程在北卡罗来纳州开展。这项享有国际声望的工程旨在减少这一地区心血管疾病的高发率。
>
> 1988年，赫尔辛基大学的药学系开始和赫尔辛基及图尔库中心医院、雷斯亚集团合作，旨在研究菜籽油在血液胆固醇水平上的效应。已经在脂肪代谢方面做了广泛研究的塔图·米耶蒂宁（Tatu Miettinen）教授向雷斯亚集团建议在植物固醇上做研究。
>
> 接下来的那一年，研发经理英格玛·韦斯特（Ingmar Wester）（隶属于雷斯亚的人造黄油分所）和他的研究团队找到了一个把植物固醇转化成适合食品生产的可溶于油脂的固醇酯的方法。1991年其申请了一项专利。这开始了一个针对产生固醇酯降脂效应的无争议证据的密集研究时期。1993年，这个北卡罗来纳项目作为其他临床研究的一部分开始了一个长时期的固醇酯研究。
>
> 消化系统从两个渠道接收胆固醇，也即食物和人类身体本身。通常，进入消化道的胆固醇大约50%会被分解，而剩下的则被人体吸收。可溶于油脂的植物固醇被表明可以有效阻止胆固醇的吸收。在一个含有固醇酯的饮食中，进入消化道的80%的胆固醇被分解，只有20%被人体吸收。植物固醇本身并没有被吸收，而是被自然分解。
>
> 北卡罗来纳研究的发现于1995年11月被公布在《新英格兰医学杂志》上。（这篇文章报道，在经过14个月的实验后，每天摄入25克的固醇酯会减少人体心血管10%的总固醇量，以及减少14%的更有危害性的低密度脂蛋白胆固醇。）同一时间，固醇酯生产和使用的第一项专利发布了。
>
> 第一个固醇酯产品贝尼科尔人造黄油在芬兰市场上推出。它所引发的兴趣很快超过了芬兰和国际的期望。贝尼科尔这一注册名称从那以后被确认是所有包含固醇酯的产品的通用名称。
>
> 固醇酯的生产开始是要用到实验设备的，这限制了供应。植物固醇、原材料的可获得性是另一限制因素。所有的植物都包含小量的植物固醇，但是只有从非常大数量的植物的加工中才能经济性地重新获得。因为没有植物固醇的需求，所以没有对分离设备进行投资。[4]

展示11—1描述了固醇和甾醇类会减少胆固醇的这一性质。附录给出雷斯亚和固醇酯有关的主要专利信息。

□ 1997年的雷斯亚

1997年年初,雷斯亚集团有着866 000 000美元的年销售额以及2 594名员工。这个集团包含三个部门:

- 食品部门(47%的总销售额),包括的子部门有:人造黄油(39%的销售额),美丽雅有限公司(Melia Ltd)(面粉、面食、早餐谷物食品、燕麦片),油碾磨,土豆加工(主要是冷冻炸薯条),麦芽作坊,美食男孩(Foodie Oy)(黑麦产品、豌豆汤、冷冻糕点面团、沙拉酱)。
- 化工产品部门(34%的销售额)。
- 动物饲料部门(19%的销售额)。

在芬兰之外,雷斯亚在瑞典、爱沙尼亚、拉脱维亚、英国、法国、西班牙、德国、比利时、波兰、加拿大、美国和印度尼西亚拥有下属公司。雷斯亚也在墨西哥(49%的所有权)和智利(50%的所有权)设有合资企业。图11—1展示的是雷斯亚的股票价格。表11—1显示了雷斯亚的财务状况。

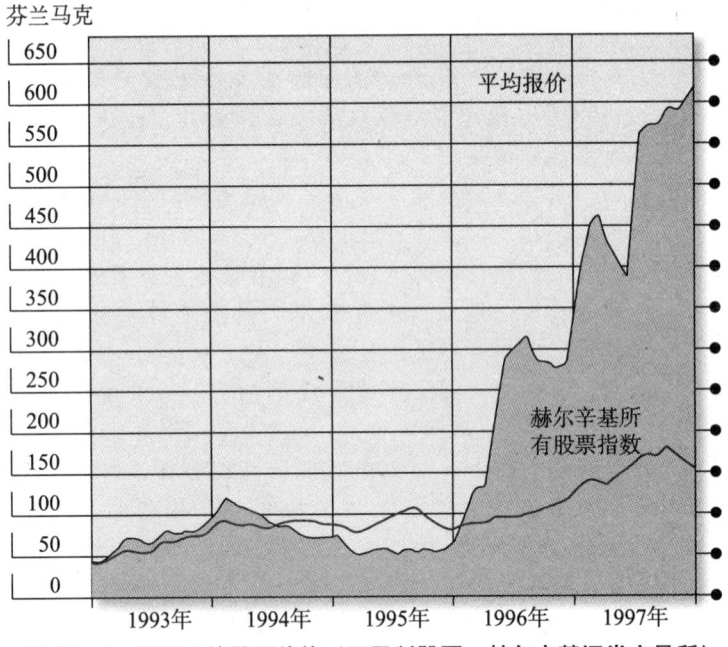

图11—1 雷斯亚的股票价格(无限制股票,赫尔辛基证券交易所)

☞ 展示11—1

固醇和甾醇类

固醇在保持植物和动物细胞膜方面起了很重要的作用。植物固醇(植物甾醇)可以降低人体血液中低密度的脂蛋白(LDL),因此减少了冠状心脏疾病。植物中有40多种固醇已经被识别出来,其中谷甾醇、豆甾醇和菜油甾醇是最丰富的。

植物固醇（植物甾醇）与甾醇相似，也能在植物中被天然地发现——尽管比甾醇的数量少。

自20世纪50年代以来，植物固醇降低人类胆固醇水平的效应已经被熟知。谷甾醇被作为降低血清胆固醇水平的一个补充物和一个药物（Gytellin*，由礼莱药厂推向市场）。然而，植物固醇的使用受低溶解性问题的限制。

芬兰化学家英瓦尔·韦斯特（Ingvar Wester）做了一个重要突破，他使植物固醇氢化来生产固醇，然后使固醇酯化来生产可溶于油脂的固醇酯。不像甾醇酯，固醇酯不被人体吸收。芬兰的临床试验表明固醇酯可减少多达15％的人体总血清胆固醇含量。

植物固醇也可以通过植物油加工的副产品被生产出来。植物油加工过程的最后阶段之一是油的脱臭——高温蒸馏移走游离脂肪酸。甾醇可以从产生的蒸馏物中重新获得。

植物固醇本身有一种蜡质一致性和一个高熔点，为食品加工带来了溶解度问题。虽然，某种程度上它们的原始形态是油脂可分解的，但是在一个产成品中要产生有效的效应所需要的数量会导致颗粒化。这一问题的解决方案是酯化：来产生甾醇类和固醇类。1996年间，联合利华从事了植物固醇的酯化。同时，阿彻·丹尼尔斯·米德兰（Archer Daniels Midland）被认为正在进行会让甾醇引进脱脂系统的开发过程，因此能完全创造新的产品线（例如，把甾醇添加到饮料中）。

表 11—1　　　　　　　　　　　　雷斯亚的财务业绩，1987—1996 年

	1987年	1988年	1989年	1990年	1991年	1992年	1993年	1994年	1995年	1996年
销售额（百万芬兰马克）	2 011	2 184	2 487	2 557	2 315	3 070	3 549	3 518	3 224	3 928
变化（％）	+9	+9	+14	+3	−9	+33	+16	−1	−8	+22
芬兰出口（百万芬兰马克）	126	106	110	136	172	241	389	358	519	735
国际销售额（百万芬兰马克）	288	16	189	217	279	405	561	568	886	1 541
营业利润（百万芬兰马克）	214	247	232	213	316	431	492	428	383	420
占销售额的百分比	10.6	11.3	9.3	8.3	13.6	14.0	13.9	12.2	11.9	10.7
折旧后利润（百万芬兰马克）	147	167	120	90	185	252	294	230	183	196
占销售额的百分比	7.3	7.6	4.8	3.5	8.0	8.2	8.3	6.5	5.7	5.0
税前利润[a]（百万芬兰马克）	97	98	91	64	63	114	185	35	140	162
占销售额的百分比	4.8	4.5	3.7	2.5	2.7	5.2	5.2	1.0	4.3	4.1
净资产收益率（％）	15.5	15.3	5.4	0.1	6.9	10.3	10.3	9.4	6.8	5.8
投资回报率（％）	12.6	13.1	9.0	5.8	10.7	13.7	12.4	10.3	8.5	8.5
股东权益（百万芬兰马克）	670	994	1 123	1 224	1 246	1 246	1 517	1 564	1 648	1 973
资产负债表总额（百万芬兰马克）	1 831	2 257	2 493	2 872	2 702	3 268	3 302	3 071	3 175	3 678
股权比例（％）	36	44.3	46.0	46.7	47.3	44.3	46.5	51.4	52.1	54.0

* 谷甾醇制剂的商品名。——译者注

续前表

	1987年	1988年	1989年	1990年	1991年	1992年	1993年	1994年	1995年	1996年
速动比率	0.8	1.0	0.8	0.8	0.9	0.8	1.0	1.1	0.9	1.1
流动比率	1.6	1.7	1.6	1.5	1.6	1.5	1.6	1.6	1.6	1.8
总投资（百万芬兰马克）	101	329	269	462	197	293	174	188	380	387
占销售额的百分比	5.0	15.1	10.8	18.1	8.5	9.5	4.9	5.3	11.8	9.9
研发费用（百万芬兰马克）	16	28	31	52	31	35	40	54	54	87
占销售额的百分比	0.8	1.3	1.2	2.0	1.3	1.1	1.1	1.5	1.7	2.2
直接税（百万芬兰马克）	5	10	27	25	20	20	47	21	32	64
员工数量	1 538	1 581	1 877	1 987	803	1 985	2 106	1 958	2 054	2 365

a. 扣除拨款、税收和少数股权后的结果。

资料来源：雷斯亚集团年报。

贝尼科尔投放市场

雷斯亚以一小桶 250 克约 25 芬兰马克（4.5 美元）的零售价投放贝尼科尔人造黄油——相比之下，通常的人造黄油是 4 芬兰马克。尽管价格高，但这一产品一出现就从货架上被抢购一空，雷斯亚被迫制定向分销商定量配给的体系。1996 年期间，雷斯亚估计只有能力满足约 2/3 的国内需求。

为了便利贝尼科尔业务的快速发展，1996 年 3 月，贝尼科尔人造黄油细分成单独的贝尼科尔单位。这一单位由朱克·凯塔兰塔（Jukka Kaitaranta）领导，据报道他是朱克·梅基（Jukka Maki）的代理首席执行官和食品部门的主管。成立该单位的目的在于在 1997 年期间使贝尼科尔在雷斯亚内部能成为一个独立的部门。贝尼科尔单位负责业务发展的所有方面，负责为这一项目和研究的执行去获取植物固醇、生产固醇酯及管理国际宣传。

关键问题是活性成分固醇酯的供应有限。虽然植物固醇——生产固醇酯的原材料——是大量蔬菜加工物质的一个通常的工业副产品，但几乎没有人有合适的系统来收集它们。雷斯亚的植物固醇供应的主要来源是欧洲最大的纸浆和造纸公司芬欧汇川（UPM-Kymmene）。1996 年期间，贝尼科尔单位和芬欧汇川为增加供应量谈判，也寻找从植物油加工中获得甾醇类的途径。也是在 1996 年，雷斯亚集团在雷斯亚建立第一家固醇酯工厂并宣布在 1998 年 1 月前建立把固醇酯总生产能力提升到 2 000 公吨的第二家工厂的计划。雷斯亚人造黄油部门的首席执行官卡利·约金农先生（Kari Jokinen）估计这一固醇酯的生产会让人造黄油的生产量达到 25 000 000 千克，这可以向一个总人数为 60 000 000 的市场供应。[5] 贝尼科尔单位也开始在雷斯亚主要工业区的一个新的 1 500 平方米的研发实验室工作。

1996 年期间，雷斯亚开始计划贝尼科尔的国际投放。第一个国外市场是瑞典。瑞典的投放将由雷斯亚获得的瑞典人造黄油生产商之一的 Carlshamm Mejeri AB 的 77.5% 的资金也即 44 400 000 美元来辅助。然而，雷斯亚的视野不仅局限在斯堪的纳维亚半岛——甚至不仅仅是欧洲。贝尼科尔人造黄油被看成具有巨大的国际市场潜力。美国市场的销售量会是巨大的，假设美国每年花费约 330 亿美元在健康食品和减肥产品上。有人预测表明贝尼科尔人造黄油的销售量可以达到 30 亿美元。

截至 1997 年 1 月，雷斯亚一直被来自全世界的要求和建议"轮番轰炸"。英国的超市连锁老大塞恩思伯里（Sainsbury's）此时也要求贝尼科尔人造黄油的一个自有标签版本。[6] 其他食品加工公司对购买贝尼科尔人造黄油或雷斯亚固醇酯技术或者二者的许可感兴趣。

雷斯亚的高级执行官们意识到需要调整产品配方、市场战略和分销战略来适应不同国家市场的需求。此外，存在和食品生产市场相关的复杂国际规则——尤其是那些包括声称有益健康的食品添加剂的规则。雷斯亚的执行官们对麦克尼尔消费者产品公司（McNeil Consumer Products Company）即美国制药和消费产品公司强生（Johnson & Johnson）的一个部门尤其感兴趣。麦克尼尔是世界上最大的非处方药供应商，并以它的像泰诺、易蒙停和美林这样的领先名牌产品而闻名。麦克尼尔的总部在宾尼法尼亚州的华盛顿堡，并且它能够获得一系列相关的资源——不仅仅是强生在世界范围内的市场和分销体系。

□ 竞争

为制定贝尼科尔全球推广的一个战略，雷斯亚面临许多不确定性。雷斯亚执行官们尤其需要考虑的一个问题是贝尼科尔面对竞争的潜力。1991 年，雷斯亚申请了第一项专利，该专利与从植物甾醇中获取固醇酯的工序及它作为一个人类食品添加剂在减少胆固醇含量方面的使用有关。1996 年，它的第一个和固醇酯相关的专利获得批准。同一年，雷斯亚申请了一个和固醇酯的加工和使用相关的更广泛的专利（见附录）。然而，许多竞争产品也能有效减少胆固醇。特别是自然可获得的植物甾醇减少胆固醇的性质是广为人知的。尽管雷斯亚坚信它拥有把植物甾醇转换成可溶解油脂形式的唯一有效方法，但也考虑到其他工序也可能提供作为食品添加剂的植物甾醇的使用的替代方法。托尔·伯格曼（Tor Bergman）——化工产品部门的主管（也很快被任命为贝尼科尔部门的主管）估计雷斯亚大约领先它的竞争者 18～24 个月。

除了植物甾醇和固醇外，一系列日益增加的减少胆固醇的药物也可在市场上获得。主要的类别是包含洛伐他汀（商标名称是 Mevacor）、辛伐他汀（商标名称是 Zocor）、普伐他汀（商标名称是 Pravachol）、氟伐他汀（商标名称是 Lescol）和阿托伐他汀（商标名是 Lipitor）等的他汀类药物。他汀类药物通过降低人体胆固醇的产生量和增加肝脏移除血液中已有的低密度胆固醇的能力来起作用。

此外，有许多具有降低血液中胆固醇含量的功效的自然食品。这些包括鱼、亚麻籽油、大蒜、膳食纤维、甘蔗原素（来自蜡状蔗糖的脂肪醇）和香胶脂（一种来自印度的古老药草）。

□ 规则

贝尼科尔人造黄油归入通常被称为"保健营养品"和"功能性产品"的一个广泛产品类别。这些是可能具有有益的功能性效应或生理效应的食物产品或补充物。保健营养品传统上包括如下的食物补充物：维生素丸、草药产品和近期包含了具有独特营养效益的添加剂的食品——提升能量的饮料、富含维生素的谷类食品和其他相似的东西。保健营养品在食物和药物之间占据着一个中间的地位。和它们相关的规则也处于食物规则和药物规则之间。它们在不同国家之间也存在很大的区别。日本是少数几个把功能性产品归为一个独特类别的国家之一，且自 1991 年以来，拥有一个良好发达的与食品相关的审查和批准食品健康诉求的行政体系。另外，加拿大对关于功能性产品和药物的健康诉求并没有做出区别——不可避免地导致功能性产品的一个高度限制性的管理环境。具有代表性地，规则要求和食物产品有益功效有关的声明只能是健康声明（改善健康）和非药用声明（和疾病的预防和治疗有关的声明）。贝尼科尔最重要的市场是美国和欧盟。而这里的规则还远不明朗（见展示 11—2）。

新兴的策略

直到 1997 年年初，雷斯亚一直为其固醇酯技术的推广追寻一个大的自给自足的战略。它用自己的技术在自己的工厂里制造固醇酯。不是把固醇酯卖给其他食品制造商来并入它们的产品中，而是采用了一个垂直整合战略。它的固醇酯只使用在自有品牌的人造黄油——贝尼科尔上，贝尼科尔由它自己的工厂来生产，且通过它自己的销售和分销体系来推广和分销。

☞ **展示 11—2**

和"功能性产品"有关的国家规则

美国

在 1990 年《营养标签和教育法案》（NLEA）下，美国食品和药物管理局允许某些有充分证据关系的健康诉求，比如钙和骨质疏松之间、钠和高血压之间。1997 年《食品和药品管理现代化法案》（FDAMA）允许两种类型的健康诉求：

- 权威观点的健康诉求（例如全谷物食品与心脏病及某些癌症风险之间的关系，钾元素与高血压、中风风险之间的关系。）
- 有食品强化剂限制的合格诉求——典型的是以药丸、药片、胶囊或液体的形式，被列为食品强化剂，并没有作为传统食物或正餐的替代消费品或者消费推广品。这样的诉求是建立在科学证据的优势上的。

在实践上，这意味着三种可能的取得对提供规定的健康益处的食物产品的支持的方法：

- 作为膳食补充品。这是最简单的方式。申请者需要在首次商业展示前 60 天向美国食品和药物管理局签署文件通知并提供支持证据。
- 作为食品添加剂。这是一个更耗时的过程，包括更强的证据和申请人召集的一个独立专家小组的鉴定，并向美国食品和药物管理局提交报告。
- 作为药物。最后，一个新的食物产品能够作为药物。这一过程尤其需要几年的时间。

加拿大

《加拿大食品和药物法案》规定所有代表着对人体结构和功能进行治疗、处理、缓解、预防、减少风险和纠正或改进的产品被规定为"药物",而不管是否存在科学证据。

欧盟

20世纪90年代欧盟处于在独立成员国之间协调关于食物产品健康诉求的立法的过程。第258/97号法案是关于应用到主要是分子结构、微生物或者从植物或动物中分离出来（但这并不应用到食品添加剂中）的新食物或成分中的新型食品或新型食品成分的。这样的新型食品由成员国的政府评估，这做出了一个决定产品是否符合欧盟健康和精确标签标准以及是否需要额外评估的最初评定。

如果委员会或成员国都不提出异议并且不需要额外评定，那么成员国会通知申请者可以将产品投放到市场上……任何关于可能会对公众健康造成影响的新型食品或食品成分的决定或规定必须送交食品科学委员会。

快速审批对于本质上与已存在于市场上的产品相似的产品也是可以的，但是全新的产品则需要食品科学委员会的全面评定。贝尼科尔似乎是一个全新的食物产品（假设它是固醇酯的第一次使用）。然而，它在欧盟法案生效之前就已经在芬兰市场上存在的事实让其能够避免全面的评定批准。

日本

1991年，日本第一个实行一个功能性产品监管体系的全球性管辖权。在日本的体系下，特定保健用食品（FOSHU）有一个区别于富含维生素和矿物质及不带有特定保健用食品诉求的膳食补充品的特殊监管方面的批准过程。"特定保健用食品"被定义为"保持健康的特殊功效能在关于食物/食物内容与健康关系的可获得性数据基础上被预测到，以及具有表明消费者可以预测摄入这些特殊食品的某些健康效用的许可标签的食物。"经批准的特定保健用食品从日本卫生部获得一项批准，日本厚生劳动省确认了它们在疾病预防和健康促进方面的角色。为了取得特定保健用食品的地位和一个批准的健康诉求，一些公司向厚生劳动省呈递了一个科学档案，这包括为健康诉求而展示医药和营养基础的科学文件材料以及功能性成分的推荐剂量。厚生劳动省已经建立了一个往往需要约一年的时间来完成的详细批准程序。日本预计拥有继美国之后的世界第二大功能性产品市场。

资料来源：Michael H. Moffett and Stacey Wolff Howard, *Benecol*：*Raisio's Global Nutraceutical* (Thunderbird, The American Graduate School of International Management, 1999). Sean A. MacDonald, "A Comparative Analysis of the Regulatory Framework Affecting Functional Food and Functional Food Ingredient Development and Commercialization in Canada, the United States (U.S.), the European Union (E.U.), Japan and Australia/New Zealand," *Agriculture and Agri-Food Canada*, (August, 2004).

要想全面开发创新潜力，雷斯亚将需要汲取其他公司的资源。很显然，降脂食物的市场是全世界的。此外，在食品中使用固醇酯的潜力并不只限于人造黄油。雷斯亚设想它在各种各样健康食物产品中的使用，包括沙拉酱、乳制品和快餐店食品。如果雷斯亚的固醇酯技术在欧盟、北美、远东和澳大利亚能有效开发，那么这将对食品加工设施、市场知识、监管技术、分配设施提出要求，这已大大超出雷斯亚的供应能力。时间是一个很关键的问题。雷斯亚获得了固醇酯生产工序的专利并把它加入到食物产品中。

在强生公司内，雷斯亚具有一个有能力把贝尼科尔人造黄油和其他贝尼科尔产品推向世界市场的潜在合作伙伴。强生公司拥有全球制造、推销和分销能力以及美国、欧洲和大部分其他国家的食品和药品批核程序的广泛经验。它被普遍地认为是世界上最有效的健康产品推销公司之一，有着质量和社会责任的突出声誉、全球销售和分配范围及通过与食品和药品有关的政府规则为产品提供指南的广阔经验。它把保健食品看成其成长战略的一个重要方面。它的第一项保健食品是为不能消化乳糖的人群制造的乳糖酵素（Lactaid）。乳糖酵素以囊片以及降乳糖牛奶和无乳糖食品的形式售卖。它也供应已被美国食品和药物管理局批准并在近 30 个国家销售的低卡里路的果糖——蔗糖素。

同时，雷斯亚内部也有声音表明看到了和强生专有关系的风险。如果固醇酯能作为大范围产品的可能性添加剂，那么雷斯亚和单一产品——人造黄油——有关联是否有意义，并且雷斯亚是否需要把它的命运和单一的伙伴相关联？雷斯亚的一个替代方法将会是把焦点放在主要成分固醇酯的供应上。雷斯亚执行委员会在其召开的一次会议上讨论了孟山都（Monsanto）和纽特（NutraSweet）的案例。其中提到，随着纽特（阿斯巴甜的品牌名）的发展，孟山都并没有向前融入日常饮食食品和饮料的生产，而是成为纽特对大范围不同饮料供应商和食品加工商的一个供应商。

与固醇酯的生产和供应相关，雷斯亚也面临一些关键性战略选择。1996年的严重问题看起来似乎是固醇酯生产的能力有限。甚至加上计划于 1997 年建成的新工厂，雷斯亚仍将无法满足贝尼科尔人造黄油芬兰和附近市场的潜在需求。如果（就像所预期的那样）贝尼科尔产品的需求将是全世界范围的，那么它将需要在贝尼科尔产品所制造和推广的所有地区生产固醇酯。这样，即使雷斯亚同意强生公司生产和推销贝尼科尔产品的许可证发放协议，雷斯亚也将需要指定供应固醇酯的条件。所有雷斯亚甾醇类的要求由造纸业集团芬欧汇川提供。雷斯亚和芬欧汇川在发展从木浆处理中分离植物甾醇的技术方面紧密合作。为确保用于固醇酯生产的植物甾醇的充足供应途径，雷斯亚将需要与森林和农业产品的加工商紧密协作。雷斯亚正在考虑特别地为植物甾醇的开采和供应与芬欧汇川建立一个合资企业。不考虑和强生公司的贝尼科尔产品生产与分配的全球许可发放协议是否正在进行，雷斯亚面临着关于固醇酯生产和植物甾醇供应的关键性决定。它是应该把固醇酯的生产保存在机构内部还是它也发放这项技术的许可？

案例 B：1997—2000 年的发展

和强生公司的协议

1997 年期间，雷斯亚集团和强生的麦克尼尔子公司之间的协商上升到这两个公司之间签订一份协议的点上。雷斯亚 1997 年的年度报告概述了这个协议：

> 1997 年 7 月，雷斯亚集团和强生集团的子公司——美国麦克尼尔消费者产品公司签订了一份合作协议。这份协议赋予麦克尼尔在美国、加拿大和墨西哥市场上使用贝尼科尔商标和专利的权利。雷斯亚集团保留产品要求的固醇酯供应的权利。麦克尼尔旨在于 1998 年期间推出第一项产品。雷斯亚因为这些许可权利的分配而得到一笔款项并将得到与贝尼科尔产品的销售和固醇酯的配送这两者的运作发展和版税相关的酬金。
>
> 强生是世界上与健康相关的产品的最大和最多用途的生产商。它 1996 年的营业总额达到 216 亿美元并在 50 个国家拥有 170 个运营公司。
>
> 11 月，雷斯亚集团签订了一份将拓展与强生公司合作的全球规模的新意向书。欧洲和日本将取得与美国并肩的作为贝尼科尔主要市场的位置。这份协议也包括通过和其他生产与贝尼科尔产品系列相配合的产品的强势品牌公司合作来加强贝尼科尔的品牌地位。这份意向书导致 1998 年 3 月 1 日签订最终协议。
>
> 这些协议确认了雷斯亚集团将在自己手里保留固醇酯的所有生产原则并将在芬兰和邻近区域发展贝尼科尔的生产和推销。全球推销将和一个强势的、有技能的合作伙伴共同进行。[7]

对贝尼科尔的期望很高。雷斯亚的顾问们预测保健食品世界范围的总销售额是每年 350 亿美元，包括补充物（像维生素和矿物质）。其中，功能性产品以年增长 25%～35% 来构成大约 1/3（100 亿～120 亿美元）的份额。如果其他工业国家对贝尼科尔的消费者反映和芬兰的一样，那么贝尼科尔有希望成为一个"重磅炸弹"。截至 1998 年年初，雷斯亚的股票价格超过了 12 欧元——三年多里上升了 1 200%。

这份协议将包含雷斯亚和强生之间的密切合作。雷斯亚不仅向强生供应固醇酯——这份协议也包括这两个公司在逐个项目的基础上协调医药及临床研究和推广以及在产品发展方面合作。

和强生伙伴关系的建立是源于 1997 年上半年雷斯亚顶级管理的主导优先权。结果，其他几项方案被搁置了。雷斯亚 1997 年的年度报告也提到："贝尼科尔产品在芬兰市场上的推出因为大量集团水平的许可协议和在所有市场上接受一个共同方式的必要性而延迟。"[8]

固醇酯生产

倘若贝尼科尔的全球销售是乐观的且雷斯亚现在由于固醇酯的短缺而不能满足国内需求,那么贝尼科尔人造黄油的全世界投放将严重依赖于固醇酯生产的扩大。

首要的是增加雷斯亚植物甾醇的采购。雷斯亚 1997 年的年度报告描述了这一探索:

> 生产固醇酯所需要的植物甾醇一开始就由芬欧汇川集团的 Kaukus Oy 供应。Kaukas 在纸浆蒸煮过程中分离出甾醇,是甾醇分离技术的先驱。
>
> 1997 年 4 月,雷斯亚和芬欧汇川建立了一个名为甾醇技术有限公司的合资企业。雷斯亚拥有 65% 的控股权。这个公司开发甾醇分离方法并把它们推销给森林工业。1997 年 10 月,甾醇技术公司开始在 Kaukas 工厂建立一个实验性的甾醇重获单位,预期于 1998 年 3 月完工。
>
> 为了促使甾醇生产大量增长,雷斯亚和法国公司 Les Derives Raisiniques et Terpeniques 签订了一份协议。这份协议所涉及的新工厂应在 1999 年投入生产。为雷斯亚保留了整体额外的生产能力。
>
> 8 月,雷斯亚和美国维实伟克公司(American Westvaco Corporation)就在美国合作研究生产植物甾醇的方法签订了一份意向书。目的是在南卡罗来纳州建立一家于 2000 年投入生产的甾醇生产工厂。
>
> 11 月,雷斯亚和智利雅迪公司(Harting)就在智利建立名为 Detsa 的合资企业签订了一份协议。雷斯亚拥有 49% 的控股权。Detsa 将建立一家甾醇工厂,而甾醇技术公司将负责技术问题。
>
> 当 Detsa 工厂于 1999 年建成时,雷斯亚贝尼科尔每年可处理的甾醇原料将达到近 400 吨。提炼成固醇酯,这个量将满足四百万人的每日需求。如果芬兰由贝尼科尔潜在使用者组成的人口百分比也是同样的水平,那么这个量将足够供应由近 2 亿消费者构成的市场。[9]

雷斯亚自 1996 以来就在总部运营一家粗具雏形的固醇酯工厂。它已计划为扩大固醇酯产量建立一个临近的单位。然而,继强生协议之后雷斯亚决定重点是在美国开始固醇酯的生产。因此,1997 年 6 月,雷斯亚开始在南卡罗来纳州的查尔斯顿建立一家固醇酯工厂。

国际投放

美国

1998 年期间,强生计划在美国和欧洲投产贝尼科尔人造黄油。在相当多的分析和考虑后,强生决定为符合美国食品和药物管理局的规则,将把贝尼科尔作为一个膳食补充品迅速推广到美国市场。就像展示 11—2 所表明的,这将包括最少的延迟以及允许强生增进在贝尼科尔的降脂利益。

然而,1998 年 10 月,美国食品和药物管理局的一封信破坏了在美国的投产：

> 这封信的目的是通知你们带有原型标签来推销这一产品……在《联邦食品、药品和化妆品法案》下将是非法的……贝尼科尔的标签通过以下几种方式来推广：产品替代黄油或人造黄油的叙述以及画出产品在普通黄油或人造黄油中使用的插图，提升产品口味和特色的陈述，以及像"……通过你所吃的食物帮助你自然地控制你的胆固醇"这样的叙述，这些表示这个产品是作为一个传统食物来使用的。因此，这一产品并不是膳食补充品。

作为一种含有没有得到安全批准的添加剂的食物，贝尼科尔人造黄油受美国食品和药物管理局规则的管制，强生将需要着手进行固醇酯的安全和效能的证据提交过程。

强生停止了贝尼科尔的美国投产并决定把这个产品作为一个食物产品推出，不带有任何直接的健康申明。截至1999年年初，贝尼科尔从允许贝尼科尔于1999年5月投产的一个独立的专家小组那里得到了"一般认为安全"（GRAS）的地位。

欧洲

在欧洲，强生避免了像延迟贝尼科尔美国投产那样的规则争辩，主要是因为1995年在芬兰的推出早于欧盟新规定。尽管如此，欧洲的投产仍然需要考虑不同国家的规定，而贝尼科尔的构成也需要适应不同国家的偏好。1999年3月，贝尼科尔在英国投产，而于9月在比利时、荷兰和卢森堡投产。在欧洲投产了4种产品：常规和低脂肪的贝尼科尔推广（人造黄油）和一个天然及一个草本的奶酪的推广。2000年秋天，贝尼科尔产品在瑞典和丹麦投产。

□ 竞争

联合利华

贝尼科尔全球投产的延迟消除了雷斯亚在降脂人造黄油方面先进入者的优势。和贝尼科尔的美国首次投产几乎同时，联合利华投产了它的竞争性产品"Take Control"，它包含从植物油中提取的甾醇酯。因为和雷斯亚的固醇酯相比，Take Control 的甾醇酯准备起来更简单和更便宜（它不要求一个复杂的氢化过程），因此联合利华的产品能以更低的价格销售。开始，雷斯亚和强生并没有过度地考虑价格差别，它们相信固醇酯比甾醇酯在胆固醇减少方面更有效。然而，一些最新的研究表明这一区别可能非常小。

2000年9月，雷斯亚和强生从美国食品和药物管理局得到一些极好的消息。在对证据进行仔细审核后，美国食品和药物管理局决定强生可以为贝尼科尔人造黄油中的固醇酯减少冠心病的效果发布直接健康声明。唯一的不足是这一规定也给了联合利华的甾醇酯成分同样的权利。

尽管克服了监管困难，但贝尼科尔的市场反应仍令人失望。强生花了4 900万美元在美国宣传贝尼科尔，但是贝尼科尔1999年5—12月的美国零售额只达到了1 700万美元。另一项估计是它在1999年5—8月之间的美国销售额为4 200万美元。

联合利华的初始投产碰到了相同的结果。据估计，1999年期间，Take Control 1 500万美元的宣传费用只带来了1 300万美元的销售额。截至2000年1月，Take Control已经取得了1.6%的美国人造黄油市场，贝尼科尔拥有1.2%。为响应这一糟糕的消费者反应，强生把市场战略的重点从消费者广告转到向美国医生们提供贝尼科尔有益健康的信息。

强生在欧洲大部分国家能在联合利华之前进入降脂人造黄油市场。联合利华以"Pro-activ"投产了甾醇酯人造黄油——它已有的Flora和Becel低饱和脂肪人造黄油类别的一个扩展。在英国，联合利华的Flora Pro-activ于2000年年初投产——贝尼科尔投产9个月后。但是，联合利华在美国杂货店产品方面拥有的更优越的销售和分销体系及更低的价格（和Flora Pro-activ的每包250克1.99英镑相比，贝尼科尔的零售价是每包250克2.49英镑）意味着联合利华很快就比贝尼科尔的市场份额多了一倍。市场观察者也提到联合利华的推销比强生更有效：

> 这一品牌由告诉人们关于像日常饮食、停止吸烟、生活方式和锻炼等心脏疾病预防知识的Flora项目这一营养行销努力做后盾。Flora赞助了伦敦马拉松和其他运动项目。在Pro-activ进入市场前，桶装的普通Flora已经印上这样的话语，"作为帮助降低胆固醇的日常健康饮食的一部分"，这是一个由联合利华支持的科学表述。此外，Flora的名字由大量的"智慧共享"组成——从20世纪80年代一直到20世纪90年代中期，Flora品牌构成了60%的媒体传播类别。因为Flora在消费者心中已经和心脏健康有了三十年的联系——并具有良好的滋味——因而其合乎常理地使Flora的品牌资产具有了杠杆效应。

> 伦敦Flora马拉松无疑变成了伦敦Flora Pro-activ马拉松。公司很少宣传关于构成要素的信息——"植物甾醇"的字样只在宣传册的大约第六页提到。但这就像它所应该具有的样子——联合利华销售的是Flora作为一个知名的值得信赖的食物品牌的益处；它并不特别地销售植物甾醇。

> 相反，竞争对手强生的麦克尼尔消费者产品集团于1995年年末（之后由雷斯亚所有）在芬兰投产降脂品牌贝尼科尔时并没有预先存在的超市品牌来扩展。因此，贝尼科尔在英国是从零品牌资产出发的。在Pro-activ进入市场时，贝尼科尔已经取得了3 000万美元的销售额——对于一个全新的品牌来说没有比这更小的成就了——它拥有一个0.5%的数量份额和一个2.5%的价值份额。

> 作为品牌的创造者，贝尼科尔必须确立价格点，它把其定在为普通收益差的7倍。作为回应，联合利华把价格定在比贝尼科尔市场价便宜25%的水平来增加Pro-activ的竞争优势。

> 将Flora这一名称所蕴涵的大量品牌资产加入到这些因素中，就会毫不奇怪Flora Pro-activ现在在英国比贝尼科尔多卖了近3倍。[10]

其他竞争者

联合利华不是唯一对固醇酯和甾醇酯市场感兴趣的公司。截至 2000 年，雷斯亚最坏的一些担忧成真了。数个公司已经进入降脂营养食品的市场或者已经宣告它们进入的意图：

● 福布斯美泰和诺华（Forbes Medi-Tech and Novartis）。1999 年 4 月，瑞士制药公司诺华和加拿大生物科技公司福布斯美泰签订了一份 5 年的协议来许可 Phytrol——一种和固醇酯有相似的胆固醇降低性质的以植物甾醇为基础的要素。诺华将负责临床试验、调整意见书和最终产品的商业化。Phytrol（也以 Reducol 销售）于 2000 年 5 月取得美国食品和药物管理局"一般认为安全"的批准。[11] 2000 年，诺华宣布和桂格燕麦（Quaker Oats）建立合资企业阿尔特斯食品公司（Altus Foods），它将制造包含 Phytrol 的健康食品。诺华以阿维娃（Aviva）的品牌名投产了许多包括早餐谷物和谷物棒的产品。然而，市场反应充其量是不冷不热。在英国，阿维娃系列在投产六个月后被撤回。

● 保利希（Paulig）。1999 年 7 月，芬兰的保利希（一家以咖啡和香料经营闻名的公司）宣告了它从玉米、大豆和松树中提取的植物甾醇成分 Teriaka。因为其制造使用正常的加工过程且不要求化学合成或高温/高压，所以它被认为可以在《欧盟新型食品规定》下很快取得批准。

● 宝洁在 CookSmart 的品牌名下引进了一系列包含甾醇酯的食用油。

● 阿彻·丹尼尔斯·米德兰开发了一个专利未定的甾醇成分，它可分散在液体中，允许甾醇类添加到饮料、牛奶制品以及其他水溶性和无脂肪产品中。

● 孟山都在 2000 年取得了一项由甾醇类、蛋白质和食用油组成的"植物甾醇蛋白质混合物"的专利。这一产品声明将提高甾醇类降低胆固醇的效果。

□ 危机上升

2000 年期间，雷斯亚来自贝尼科尔部门的损失迅速上升。2000 年上半年，据报道它由于一项 3 800 万欧元的非经常性费用而损失了 4 400 万欧元。这可以和 1999 年同期的 1 120 万欧元的总利润相比（尽管完全是由和强生的协议一次性付款导致的）。在 1999 年上半年—2000 年上半年之间，雷斯亚贝尼科尔部门的第一个六个月的总收入从 4 700 万欧元下降到了 1 600 万欧元，反映了强生结束付款和销售给强生的固醇酯急剧减少。表 11—2 和表 11—3 显示了雷斯亚 1996—2000 年间的财务状况。

公司 2000 年上半年的报告分析了这些问题：

集团的贝尼科尔业务发展可回溯到 1996—1997 年预测在全球功能性产品中包含进固醇酯的贝尼科尔产品有一个迅速和引人注意的增长愿景。这个愿景基于雷斯亚和麦克尼尔的联合评估、市场及领先投资顾问的需求分析。

表 11—2　　　　　　　　　　雷斯亚 1996—2000 年的财务指标

	1996 年	1997 年	1998 年	1999 年	2000 年
销售和运营					
营业额（百万欧元）	661	858	833	763	800
变化（%）	+22	+30	-3	-8	+5
芬兰出口（百万欧元）	124	135	178	145	131
国际总营业额（百万欧元）	259	423	421	374	399
占营业额的百分比	39.2	49.3	50.5	49.0	49.9
总投资（百万欧元）	65	73	75	61	49
研发费用（百万欧元）	15	17	18	16	18
占营业额的百分比	2.2	1.9	2.1	2.1	2.3
平均员工数量	2 365	2 817	2 904	2 897	2 775
盈利状况					
运营结果（百万欧元）	33	41	52	16	-32
占营业额的百分比	5.0	4.8	6.3	2.1	-4.0
扣除额外项目后的结果（百万欧元）	28	35	42	6	-47
扣除税收和少数股东权益后的结果（百万欧元）	27	20	39	-2	-47
占营业额的百分比	4.1	2.3	4.7	-0.3	-5.8
净资产收益率（ROE）（%）	4.5	7.8	9.2	0.4	-14.9
投资回收率（ROI）（%）	9.2	10.1	11.1	4.0	-4.2
财务和经济状况					
股东权益（百万欧元）	291	298	317	304	260
净附息负债（百万欧元）	119	143	174	233	251
资产负债表总额（百万欧元）	619	643	690	744	750
股权比例（%）	47.3	46.6	46.0	41.0	34.7
速动比率	1.1	0.8	0.7	0.6	0.7
流动比率	1.8	1.5	1.2	1.2	1.2
业务现金流（百万欧元）	43	60	47	6	16

资料来源：Raisio Group 2000 Annual Report.

表 11—3　　　　　　雷斯亚 1997—2000 年的部门业绩（百万欧元）

		1997 年	1998 年	1999 年	2000 年
贝尼科尔	营业额	16	48	52	23
	营业利润	n.a.	n.a.	7.5	-45.6
人造黄油	营业额	282	235	200	204
	营业利润	n.a.	n.a.	79.5	78.0
谷物	营业额	287	274	235	244
	营业利润	n.a.	n.a.	0.8	0.7
化学制品	营业额	278	277	299	347
	营业利润	n.a.	n.a.	20.3	11.9

资料来源：Raisio Group annual reports，1998-2000.

雷斯亚于是制定了贝尼科尔产品的原材料即甾醇的长期可使用的安全措施——它的战略性目标。因此，雷斯亚立即在植物和树木甾醇市场上采取了旨在大量采购甾醇的行动。由于世界供应有限并且可以说实际上不足以达到贝尼科尔营业时设立的目标，所以植物甾醇在长期采购协议下获得。

鉴于旨在发展更多树木甾醇分离的几个项目已经投产，植物甾醇生产的有限性因此让雷斯亚面临一个战略挑战。最大的挑战是智利的一个很难完成的油和甾醇分离项目（Detsa）和为北美计划的 Westerol 项目。树木甾醇的供应也通过若干契约合同和财务安排而有了保障。

然而，自从 1995 年在芬兰投产以来，贝尼科尔产品实际上只到达了美国、英国、爱尔兰以及比利时、荷兰、卢森堡经济联盟国家的市场，且主要在 1999 年的下半年，而在这个秋天进入瑞典和丹麦市场。市场渗透因此比预期的更慢，部分原因是规则障碍。目前的经验表明雷斯亚关于具有降低胆固醇效用的食品的计划过度乐观了。到目前为止，还没有实现计划的 20%。

作为它的高期望和目标的结果，雷斯亚在树木甾醇项目和甾醇与固醇存货上占用了大量资源。然而，从今天的市场状况来看，公司必须回顾并再评估它的甾醇战略和完成正在进行项目的先决条件，还有已经采购的固醇类和甾醇类的价值。

为了遏制损失，雷斯亚重新协商了一些长期甾醇购买协议，从智利的甾醇分离合资企业中撤出及取消了在新西兰的 Solexin 植物甾醇项目。其他甾醇分离项目将需要在逐个案例的基础上复核。甾醇和固醇的存货以目前的市场价格重新评估，一些包含的固定资产也被记录下来。

雷斯亚相信核心问题在于和强生的协议。强生的全球许可意味着雷斯亚完全依赖于强生对贝尼科尔的承诺和强生成功的市场战略。注意到联合利华在美国和欧洲把贝尼科尔推到第二名的能力，雷斯亚中的许多人相信公司下注在错误的赛马上。尽管强生在美国食品和药物管理局规则和卫生保健方面具有专业知识及大量的研发经费，但就推销食品和卖给超市而言，强生和其他大的制药公司一样在品牌和包装食品方面的专业知识与渠道权力有限。

2000 年期间，雷斯亚的股票价格呈自由落体下降。2000 年 10 月，雷斯亚的股票和 1998 年中期的高峰相比已经失去了 85% 的价值（见图 11—2）。首席执行官托尔·伯格曼（Tor Bergman），作为雷斯亚化学部门和贝尼科尔部门的主管，已经成为贝尼科尔战略的主要建设师及倒塌的主要受害者。他在 2000 年 8 月离开了雷斯亚，由 Lasse Kurkilahti 继任首席执行官。新 CEO 的 2000 年回顾与之前向股东汇报的乐观语气形成强烈对比。在承认 2000 年是"过去 10 年中最糟糕的一年"后，他继续概述了雷斯亚国际竞争面临的挑战：

早先，雷斯亚和芬兰及北欧的公司竞争；现在，它的竞争者是欧洲或者全世界的参与者……在 80 年代的封闭经济中形成的各种企业在今天的开放经济中将无法生存，企业的唯一希望在于变得具有竞争力。雷斯亚集

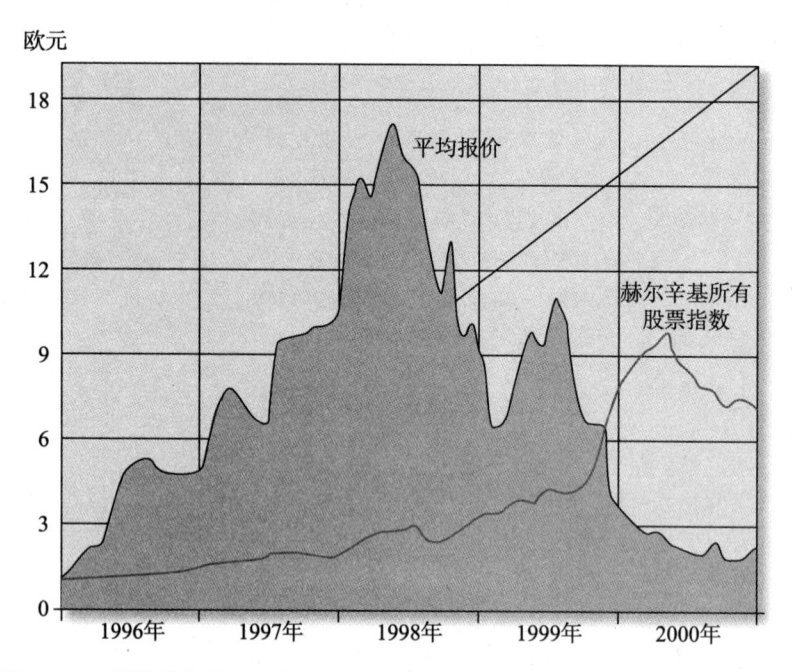

图11—2 雷斯亚集团公开有限公司无限制股票的价格（赫尔辛基证券交易所）

注：图11—1和图11—2由于1998年6月的一个10∶1的分股而不能直接比较。图11—2显示了分股调整的雷斯亚股票价格。

团必须把它的资源集中在更少的领域。[12]

贝尼科尔在这些"更少的领域"中将占据一个突出的位置。然而，要成功，这一部门需要一个新的战略。出发点是和强生的一个新型关系。2000年12月，一项新协议达成：

> ……这给了贝尼科尔部门机会，来在临床领域实施一个集中于功能性食品成分——也即固醇酯和甾醇酯的全球战略。新协议覆盖了贝尼科尔固醇酯业务的两个主要方面。两个公司都同意麦克尼尔将集中在北美、欧盟（包括芬兰、瑞典和丹麦）、日本和中国市场。反过来，雷斯亚的市场领域包括斯堪的纳维亚、波罗的海地区、东欧国家、近东、拉丁美洲、远东和大洋洲。这两个公司也就贝尼科尔成分市场导向的交付协议取得了相同意见。雷斯亚进一步取得了销售和推广固醇酯的全球权利。两个公司可能各自同意为了扩大产品范围让第三方加入它们的市场区域。由于协议已经签订，许多和预期的新合作伙伴的有前景的开放已经建立……
>
> 2001年期间，贝尼科尔部门将把它的新全球要素战略带入执行阶段……目标是通过各种类别的产品把固醇酯和甾醇酯推销给消费者来创立一个全球业务伙伴网络。和阿根廷的Mastellone Hnos公司（2000年12月）、芬兰的Valio公司（2000年12月）及Atria公司（2001年1月）的新合作是雷斯亚新战略实行的第一批案例。这些协议为2001年取得进一步的成就提供了一个极好的基础。[13]

附录：雷斯亚和固醇酯相关的主要专利

美国第 5、502、045 号专利 "减少血清胆固醇水平的固醇脂肪酸酯的使用"

发明者：Tatu Miettinen、Hannu Vanhanen、Ingmar Wester
受让人：Raision Tehtaat Oy AB
提交：1993 年 11 月 22 日
授予：1996 年 3 月 26 日

摘要

这个发明与一个能降低血清胆固醇水平的物质及制备相同物质的方法有关，这一物质是谷甾醇脂肪酸酯或者脂肪酸酯混合物。这一物质可以如此使用或添加到食物中。

声明

我们声明：

1. 降低胆固醇吸收进血液的方法包括口服时摄入一个包含 β-谷甾醇脂肪酸酯的有效含量，这通过一个酯化作用催化剂中含有 2 和 22 之间碳原子脂肪酸酯的 β-谷甾醇的酯化作用来制备。

2. 根据声明 1 的方法，其中 β-谷甾醇的酯化作用是在一个溶剂自由的食品级加工过程中进行的。

3. 根据声明 2 的方法，其中酯化作用产生的温度大约在 90℃～120℃之间，真空大约在 5～15 毫米汞柱之间。

4. 根据声明 3 的方法，其中催化剂是乙醇钠。

5. 声明 1 的方法中，脂肪酸酯由脂肪酸酯混合物组成。

6. 根据声明 1 的方法，其中 β-谷甾醇由一个商业的 β-谷甾醇混合物的氢化预先制备。

7. 根据声明 1 的方法，其中酯化作用是以脂肪酸酯的理想配比过剩的形式进行的。

8. 根据声明 1 的方法，其中这一物质的有效数量是每天 0.2～20 克之间。

"描述" 部分的摘录

……目前的发明和降低血清中胆固醇水平的一个类型完全不同的甾醇的使用相关。其中包含 α 饱和甾醇的脂肪酸酯，尤其是已被观察到在降低血清中胆固醇水平方面有特殊功效的β-谷甾醇脂肪酸酯（β-谷甾醇＝24-乙烷基-5.α.-胆甾烷-3.β.-醇）。所说的酯类可以这样制备或使用，或者它们可以添加到食物中，尤其是食品的脂肪部分。β-谷甾醇脂肪酸酯混合物由硬化一个商业β-谷甾醇混合物得到（谷甾醇＝24-乙烷基-5-胆甾烷-3.β.-醇）。可以利用先前知道的胆固醇硬化技术通过在有机溶剂中加入Pd/C催化剂的方法来硬化β-谷甾醇……这一混合物由美国食品和药物管理局批准（Cytellin，礼莱药厂）。在反应中达到了超过99％的硬化度数。硬化中使用的催化剂通过薄膜过滤器的方法移除，采购的甾醇酯是晶状的、洗过的、干燥的。依照发明，包含大约6％的菜油甾烷醇的β-谷甾醇混合物通过一般所知道的化学酯化技术与不同的脂肪酸酯混合物酯化……任何植物油脂肪酸的甲酯混合物都可以在反应中使用。一个例子是菜籽油和甲酯的混合物，但是任何包含2~22个碳原子的脂肪酸都是可以使用的。固醇脂肪酸酯制备的发明方法有利地和之前专利中的方法偏离，除了游离固醇、脂肪酸酯或脂肪酸酯混合物和催化剂之外没有其他物质在酯化反应中使用。使用的催化剂可以是任何已知的相互酯化的催化剂，像钠乙醇盐。

☐ 美国第5、958、913号专利"降低血清中高胆固醇水平的物质和制备及使用这一物质的方法"

发明者：Tatu Miettinen、Hannu Vanhanen、Ingmar Wester
受让人：雷斯亚贝尼科尔有限公司
提交：1996年11月5日
授予：1999年9月28日

摘要

这个发明与一个能降低血清中低密度脂蛋白的胆固醇水平的物质及制备和使用相同物质的方法有关，这一物质是脂溶性的β-谷甾醇脂肪酸酯。这一物质口头上可以称为食品添加剂、代食品或膳食补充品。每天摄入0.2~20克的β-谷甾醇已被验证可以降低胆汁胆固醇和内生胆固醇的吸收。

声明

声明如下：

    1. 一个可以降低血清中固醇水平或降低固醇从肠道吸收进血液的食品成分，该食品成分包括一项营养物质以及一项至少由一个5α-饱和甾醇脂肪酸酯组成的甾醇成分，该甾酯成分能降低血清胆固醇水平或者能使胆固醇的吸收量有效减少。

    2. 声明1中所声明的这一食品成分，其甾醇成分中包含β-谷甾醇脂肪酸酯。

    3. 声明1中所声明的这一食品成分，其脂肪酸包含2~22个碳原子。

    4. 声明2中所声明的这一食品成分，其脂肪酸包含2~22个碳原子。

    5. 声明1中所声明的这一食品成分，其5α-饱和甾醇脂肪酸酯是通过在一个不含溶剂的食品级加工过程中酯化这一 α-饱和甾醇和脂肪酸产生的。

6. 声明 2 中所声明的这一食品成分，其 β-谷甾醇脂肪酸酯是通过在一个不含溶剂的食品级加工过程中酯化 β-谷甾醇和脂肪酸产生的。

7. 声明 5 中所声明的这一食品成分，其酯化步骤是在一个酯化催化剂的参与下进行的。

8. 声明 6 中所声明的这一食品成分，其酯化步骤是在一个酯化催化剂的参与下进行的。

9. 声明 7 中所声明的这一食品成分，其酯化催化剂包括乙醇钠。

10. 声明 8 中所声明的这一食品成分，其酯化催化剂包括乙醇钠。

11. 声明 5 中所声明的这一食品成分，其酯化步骤是在一个大约 90℃～120℃的温度以及 5～15 毫米汞柱的真空中进行的。

12. 声明 6 中所声明的这一食品成分，其酯化步骤是在一个大约 90℃～120℃的温度以及 5～15 毫米汞柱的真空中进行的。

13. 声明 5 中所声明的这一食品成分，其酯化步骤是在没有额外的可内部酯化的酯质的参与下进行的。

14. 声明 6 中所声明的这一食品成分，其酯化步骤是在没有额外的可内部酯化的酯质的参与下进行的。

15. 声明 1 中所声明的这一食品成分，其营养物质中包含从由食物油、人造黄油、黄油、蛋黄酱、沙拉酱和酥油组成的群组中挑选出来的一种。

16. 声明 2 所声明的食品混合物，其中的营养物质包括从由食用油、人造黄油、黄油、蛋黄酱、沙拉酱和酥油构成的群组中挑选出来的一种。

17. 因此，降低血清中胆固醇水平的方法包括口服时主要对声明 1 中所声明的食品混合物加以控制，其中甾醇成分含有有效降低血清胆固醇水平的量。

18. 因此，降低血清中胆固醇水平的方法包括口服时主要对声明 2 中所声明的食品混合物加以控制，其中甾醇成分含有有效降低血清胆固醇水平的量。

19. 声明 17 中所声明的方法，口服时要控制在每天大约 0.2～20 克的甾醇成分。

20. 声明 18 中所声明的方法，口服时要控制在每天大约 0.2～20 克的甾醇成分。

21. 因此，降低胆固醇从肠道吸收进血液的方法包括口服时主要对声明 1 中所声明的食品混合物加以控制，其中甾醇成分含有有效降低血清胆固醇水平的量。

22. 因此，降低胆固醇从肠道吸收进血液的方法包括口服时主要对声明 2 中所声明的食品混合物加以控制，其中甾醇成分含有有效降低血清胆固醇水平的量。

23. 声明 21 中所声明的方法，口服时要控制在每天大约 0.2～20 克的甾醇成分。

24. 声明 22 中所声明的方法，口服时要控制在每天大约 0.2～20 克的甾醇成分。

发明的简要说明

目前的发明和降低血清中胆固醇水平的一个类型完全不同的甾醇的使用相关。这个物质包含 α-饱和甾醇的脂肪酸酯，特别是已被观察到在降低血清中胆固醇水平方面有特殊功效的谷甾醇脂肪酸酯。

目前的发明包括口服有效含量的 β-谷甾醇的脂肪酸酯并吸收进身体来降低从消化道吸收进血液的固醇酯含量的一种方法。更理想地说，这个发明进一步包括每天口服摄入约 0.2～20 克的 β-谷甾醇脂肪酸酯。这一酯类以食品添加剂、代食品或者膳食补充品的形式摄入。当作为食品添加剂时，β-谷甾醇的脂肪酸酯可以添加到像食用油、人造黄油、黄油、蛋黄酱、沙拉酱、酥油的食物产品中以及其他包含必不可少脂肪成分的食品中。

[注释]

[1] FIM＝芬兰马克。1996 年期间的平均汇率是 1 美元＝4.54 芬兰马克。

[2] Raisio Group, "Chief Executive's Review," *Annual Report*, 1996, p. 3.

[3] 公司在 1997 年 9 月被重新命名为雷斯亚集团公开有限公司。通篇案例我们把公司称作"雷斯亚集团"。

[4] Raisio Group, Annual Report, 1997, p. 38.

[5] "Market Split over 'Miracle' Margarine," *Financial Times*, October 25, 1996, p. 26.

[6] "Wonder spread from Finland." *The Grocer*, May 18, 1996, p. 9.

[7] Raisio Group, Annual Report, 1997, p. 39.

[8] Raisio Group, Annual Report, 1997, p. 39.

[9] Raisio Group, Annual Report, 1997, p. 40.

[10] J. Mellentin, "Trusted Brands Sell Healthy Hearts," *Functional Foods and Nutraceuticals*, June 2002.

[11] 见 http：//resources.bnet.com/topic/cholesterol＋and＋fda.html accessed October 29, 2009。

[12] Raisio Group, Annual Report, 2000, p. 5.

[13] Raisio Group, Annual Report, 2000, p. 19.

12

视频游戏业的竞争

世界电子游戏业在2009年夏季迈入了一个崭新的不寻常的发展阶段。1995—2006年间，这个行业一直被索尼所掌控。索尼家用电视游戏机（简称PS）的销售额在过去的两个产品周期里都占据世界视频游戏机销售额的一半以上。但是，在视频游戏机迈入新一代时，也就是自电子游戏业开始的20世纪70年代以来的第7个年代，一种全新的局面出现了。曾经被认为是索尼一枝独秀的市场现在由索尼、微软以及任天堂（Nintendo）三分天下，三家企业在市场份额上的差异非常之小。[1]

就单位产品销售额来说，任天堂的Wii在三家企业中是绝对的赢家（见表12—1）。然而，从营业收入角度来看，三家企业所占的市场份额几乎是相等的，这揭示了一个事实，那就是PS3（索尼出品，在美国售价399美元）明显比Xbox 360（微软出品，在美国售价199美元）和Wii（在美国售价199美元）要贵不少。任天堂从连续几年落后于索尼、微软而屈居第三到现在作为行业的新的

表12—1 截至2009年3月31日几大销售额领先的游戏机在主要市场的总销售额

游戏机品牌	日本	美国	欧洲
任天堂Wii（百万美元）	8.1	20	15
微软Xbox 360（百万美元）	1.0	14	9
索尼PS3（百万美元）	3.0	7	9

资料来源：根据http://en.Wikipedia.org/wiki/Seventh-generation_video_game_console的信息估算得出；弗雷斯特研究公司（Forrester Research）。

引领者而出现，这的确是命运的一大转变。过去，很多观察家都不认为任天堂会是一个有力的竞争者——同索尼和微软相比，它的资金和技术都比较欠缺。

在索尼和微软的产品发展团队准备好去应对下一轮的竞争的时候——据说这两个公司都要在2012年发布新的游戏机——任天堂Wii的成功来得如此突然，对这两个公司的电子游戏发展战略都造成了一定程度的困扰。

任天堂的Wii无疑挑战了过去对于视频游戏的种种固有的观念。视频游戏机的演化轨迹被认为将走向更强大的功能性的类型。索尼和微软如此重视视频游戏这一市场，并且投入如此多的资源在里头，其中一个原因便是它们都认为视频游戏机是通用家庭娱乐所需要的设备，同时也是和互联网链接的一个方式。因此，索尼和微软不仅将视频游戏机看作关乎利益的重要产品，同时也认为视频游戏机是在家庭娱乐不断发展的市场中企业占据市场的一个关键因素。例如，索尼的PS3是它与东芝在高清视频磁盘的竞争中重要的支柱。而Wii的出现及发展却打击了这个逻辑。与PS3和Xbox 360不同，Wii是一款具有以上两者的少数普通娱乐功能的专用游戏机器。

Wii的成功也预示了视频游戏市场将迎来重大的改变。这个行业通常的判断是市场主要面向11~30岁的男性。为了抓住这个人口群体，在视频游戏机研发和推出时，需要迎合铁杆玩家的需求。为了吸引这部分老练且密集的消费者，需要硬件有巨大的处理能力，并且需要通过将电影品质和逼真的图像与鲜明的人物个性和复杂的故事情节结合起来，创造出绚丽的图形和游戏。然而，任天堂Wii的主要市场还是在休闲玩家之中。相对于索尼PS3和微软Xbox 360来说，任天堂Wii的处理速度和图像的功率是相当低的。该游戏的吸引力在于玩该游戏的人可以学习的是速度而不是其复杂性。

在索尼和微软开发其新一代的游戏控制台的时候，一个很关键的问题就是任天堂的Wii是不是一个"离群者"。如果是的话，索尼和微软这两大企业就可以继续运用它们那一套从21世纪初开始使用并领导了它们的战略逻辑。如果不是的话，那么索尼和微软就最好开始模仿Wii的战略。这个赌注是很大的。近些年来，游戏机的硬件和软件的世界市场大概有250亿美元，几乎每一代的游戏平台的销售额都超过上一代（见图12—1）。不断增长的巨额利润使得两个企业对于抓住未来市场的引导权具有同样的兴趣。

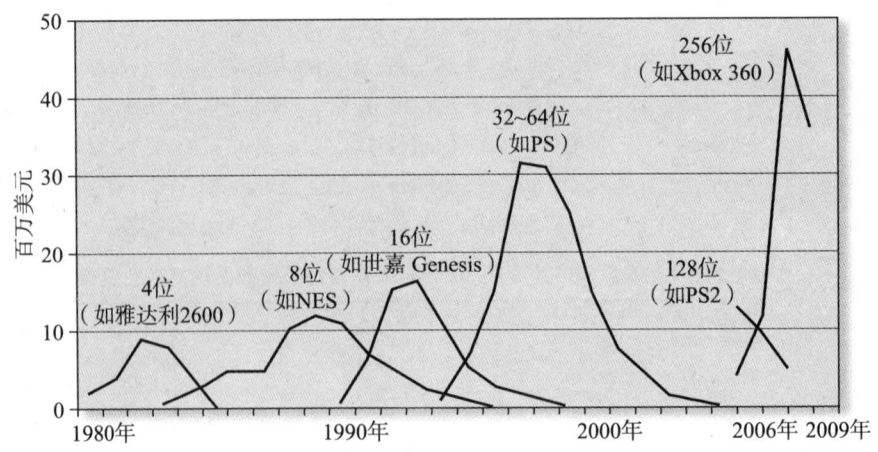

图12—1 按产品代际划分的游戏机在世界上的单位销售额

视频游戏业在 1972—2007 年的历史

☐ 1972—1985 年：雅达利（Atari）及第一、第二代控制平台期

20 世纪 70 年代后期家庭视频游戏市场作为街机视频游戏的拓展而诞生。最早一代的家庭游戏操作平台是一台只安装了一个游戏的专用机器。Pong——1972 年由诺兰·布什尔（Nolan Bushnell）所开发的游戏机便属于最早开发的一批游戏机之一。诺兰·布什尔组建了雅达利公司来销售这个游戏机。1976 年，雅达利公司被华纳传媒有限公司（Warner Communications, Inc.）收购。

第二代的游戏机有着 4 位（bit）处理器和可互换式盒式磁盘。随着太空侵略者（Space Invader，1979 年）和吃豆人（Pac-Man，1981 年）的推出，布什尔设计的雅达利 2600 家庭视频游戏的操作平台，引发了视频游戏的一次流行热潮。到 1982 年，雅达利公司占据了视频游戏市场近 80% 的份额。

在雅达利 2600 的游戏营销上，雅达利公司无法阻止独立的软件开发商的进攻。1982 年期间，可与雅达利兼容的操作平台的 20 家新供应商进入市场，并且在那年有 350 款新游戏推出。操作平台的销售下降，加上游戏的超额供给，造成了雅达利公司的视频游戏销售额从 1982 年的 30 亿美元下降到 1985 年的 1 亿美元，结果给华纳公司造成了巨大的损失。

☐ 1986—1991 年：任天堂和第三代控制平台

1983 年，任天堂——日本街机视频游戏供应商中的领头羊——推出了 8 位的家庭游戏机。这一款游戏机被称为红白机（Famicom），又被称为 NES（Nintendo Entertainment System），于 1985 年秋季在美国推出上市，并从此掀开了任天堂娱乐公司发展史上崭新的一页。它在第一年的销售额就超过了一百万部。任天堂的销售业绩是被由一位传奇的游戏开发者宫本茂（Sigeru Miyamota）所设计的游戏金刚（Donkey Kong）、塞尔达传说（Legend of Zelda）、超级马里奥兄弟（Super Mario Brothers）（最后在全世界卖了 4 000 万份）驱动的。截至 1988 年，任天堂占据了美国视频游戏市场（23 亿美元）80% 的份额。

任天堂之所以能获得市场主导地位以及巨大的利润，源于它在硬件和软件方面严谨的管理。任天堂在游戏供应上有着严格的控制，从质量源头一直到正式发布。由于占有市场的主导地位，这使得任天堂可以对游戏设计者设定一些严格的要求。设计者需要按照 NES 的要求在游戏开发和推出市场时都遵守严格的规定。装有一个安全芯片的磁盘保证了只有正版的磁盘才能在 NES 上使用。任天堂掌握了全部磁盘的生产，为此多付了游戏设计者 20% 的版税以及

每个磁盘 14 美元的制造费用（之前的制造费用仅为 7 美元）。最小的订单——日本的 1 万份以及美国的 5 万份——必须先付账。任何针对 NES 开发的游戏在两年之内都不可以在任何电脑系统上发布。

1984—1992 年间，任天堂的销售额从 2.86 亿美元上升到了 44.17 亿美元。到 1990 年，在美国和日本，平均三分之一的家庭拥有一台 NES，任天堂在这两个国家视频游戏家用机市场中的份额占到了 90% 以上。任天堂在这一时期的股本回报率达到了 23.1%，而它的股票市场价值在 1990—1991 年期间超过了索尼和日产（Nissan）。

□ 1992—1995 年：世嘉（Sega）及第四代控制平台

世嘉最初和雅达利、任天堂一样是做街机游戏机器的。世嘉 1988 年 10 月在日本和 1989 年 9 月在美国推出了它的 16 位的家庭视频游戏系统 Genesis。虽然不管是图像画面还是声音都比任天堂 8 位的系统要好，但 Genesis 的销售最开始很一般。直到 1991 年 6 月刺猬索尼克（Sonic the Hedgehog）的推出，情况才有所转变。在独立游戏开发商的支持下，截至 1991 年 9 月，有 130 个软件产品可以为 Genesis 所用。

任天堂在 1991 年 9 月也推出了它的 16 位游戏机——任天堂的超级-NES。它庞大的安装基础、品牌影响力以及分销实力，使得它在日本保持了领导地位。然而在美国和欧洲，世嘉 16 位系统的更大的软件库（1993 年有 320 个，而任天堂有 130 个）使得它可以和任天堂两分天下。

□ 1995—1998 年：索尼 PS 和第五代控制平台

新一代的 32 位的游戏机是 1994 年 11 月与"土星"游戏机一起由世嘉发布的。一个月之后，索尼开发了它的 PS 游戏机，这是索尼视频游戏领袖久多良木健（Ken Kutaragi）六年来努力开发的成果。索尼 PS 和世嘉土星都用光盘替代了磁盘。索尼在发布 PS 的同时也推出了数目可观的新游戏——这是积极拉拢顶级游戏开发商、不断对游戏开发注资以及提供各种软件开发工具的结果。索尼也进入了拥有一系列强大的资源、强大的品牌声誉、世界分销渠道和来自电影部门的内容的阶段。PS 的推出是精心策划的，是由一个巨大的广告预算来支持的——产品发布前的推广包括激发玩家浓厚兴趣的大量隐晦和模糊的广告。世嘉对其土星系统的处理却并没有那么好——少量的游戏、杂乱无章的分销、制造能力的欠缺意味着索尼有能力来取代世嘉早期的领先地位。

在同一时期，任天堂试图通过在技术上不断超越索尼来重新夺回领先地位。任天堂 1996 年 6 月在日本、1996 年 9 月在美国、1997 年春季在欧洲所发布的 N-64 系统使用了 64 位的处理器，同时配备有好几个流行的新游戏，包括超级马里奥 64。虽然 N-64 相比 PS 在价格上有很大的优势（N-64 售 199 美元，而后者售 299 美元），但它保留了过去磁盘存贮游戏的方式。磁盘的生产涉及较高的固定成本，同时也不允许灵活快速的制作以及分发额外的游戏副本。

其结果是，索尼采取了与任天堂不同的软件策略。当任天堂集中于数量较少但是大卖的游戏时（1997年N-64的平均销售量超过了40万台），索尼走的是更大游戏量的道路（在任何时候都有超过300个游戏），其中很多游戏是瞄准少数人的喜好的（平均每个PS的游戏销售了大概6.9万份）。这样的策略所带来的结果就是，索尼的PS在全世界主要市场都占据了领导权。

1999—2005年：第六代，索尼与微软的天下

128位的视频游戏机是由世嘉于1998年11月推出的DC（Dreamcast）主机*拉开序幕的。其最具创新的特色是允许游戏互动的互联网连接能力。尽管首次推出取得了成功（分别在两国销售的前三个月里，日本销售了90万份，美国销售了150万份），但DC机并没能够击倒索尼获得市场领导权。128位同64位的技术相比，优势并不是非常大，而传统的网络连接并不能够支持需要快速做出反应的互动游戏。世嘉公司从独立的开发商那里只获得了有限的支持，没能为DC机找到一个杀手级应用。

2000年3月4日，索尼在日本发布了PS2。虽然落后于DC的发布17个月，但索尼对PS2信息的定期泄露吸引了大家对还没有上市的PS2的兴趣，并且逐渐破坏了世嘉公司想要推广DC的努力。久多良木健的信念一直是要设计处理能力十倍于最初的PC且性能和图像画面超过任何一台PC的游戏机。具有电影风格的图形、DVD播放器和互联网连接的潜力，PS2希望能成为一个访问互联网，提供网络游戏、电子商务、电子邮件，播放音乐和视频的多功能工具。索尼的总裁平井一夫（Kazuo Hirai）说，"PS2不仅是视频游戏娱乐的未来，更是娱乐的未来。"

然而，尽管花费了数十亿美元在产品开发、新的制造工厂和一个庞大的全球广告运动上，但PS2的推出还是被关键组成部分的缺失特别是图形合成器（索尼自产的）和名为Emotion Engine的微处理器（产自东芝）毁坏了，这导致了PS2在美国圣诞这个销售关键期的缺货。PS2的电源和复杂性，连同其技术的怪癖，为开发人员带来了复杂的问题，大多数推出的PS2都是早先版本的修正。

即便索尼为新一代游戏机带来了巨大的资源，成功依旧很难保证。2001年11月由于微软的进步，这个行业的竞争格局有所改变。软件巨头的进入被视为视频游戏机潜力无限的象征。曾经一度被认为是孩子们玩具的游戏机，由于可以提供电影、音乐以及最近由PS所展现的沟通功能，开始被视为电子娱乐的主要工具而出现。

Xbox是一个技术突破："它可以说是有史以来最强大的游戏机，在和500多个游戏玩家和游戏创作者协商后制定。它具有一系列惊人的功能：一个733兆赫（mhz）的处理器，64兆（MB）的存储器，一个DVD播放器，杜比数字5.1环绕音效，一个使得它成为唯一的可以连接互联网和连接宽带的游戏机的以太网接口。"[2] 然而，就连续几代的游戏机而言，技术能力越来越不是一个区别因素，关键的区别是软件，而这是微软面临的一个问题。Xbox发布的时

---

* 由于其螺旋形的标志，在中国被称为蚊香。——译者注

候有 19 个游戏可以使用，而 PS2 是 200 个。

尽管 Xbox 在六个星期的圣诞购物期间售出了 150 万台而在美国成功推出，但日本被证明是一个艰难的市场。不仅 Xbox 推出时的市场销售量令人失望，而且 Xbox 的声誉也被关于刮伤的 CD 和 DVD 的投诉所损坏。微软将自己置于索尼之后的第二位的能力是基于三个因素：在 IT 界的强大的信誉、最后一战 1（Halo）和最后一战 2（Halo2）一鸣惊人的推出以及 Xbox 的联机功能。2002 年 11 月，微软推出其 Xbox Live——一款有互动游戏和可直接下载新游戏的在线游戏服务。Xbox 推出几天后，任天堂投入了 GameCube 游戏机的战斗中。

在索尼和微软的激烈竞争中主要的伤亡者是世嘉和任天堂。即便在价格上大幅降低，世嘉的 DC 的销售在微软还未进入的时候就开始大幅下降。2000 年年末，世嘉宣布了撤离视频游戏机硬件市场而开始专攻软件市场。同时，任天堂在销售额上尾随索尼和微软。截至 2006 年，索尼销售了大概 1.11 亿台 PS2，而 Xbox 销售了 0.24 亿台，GameCubes 销售了 0.21 亿台，DC 销售了 0.1 亿台。

☐ 第七代：任天堂卷土重来

在下一轮的竞争——第七代的电子游戏机的竞争中，有三个上一轮竞争中的幸存者凸显出来，即索尼、微软、任天堂。然而，索尼和微软都相信市场将走向双寡头垄断。任天堂既没有可以与索尼和微软媲美的财务资源，也没有这样的技术资源。这些新一轮的竞争将显现在视频游戏产业的竞争态势中一些重大变化和一些令人惊讶的财富逆转上。

（一）微软 Xbox 360

第一个第七代游戏机微软的 Xbox 360 于 2005 年 11 月 25 日推出。Xbox 360 是第一台接近于全球性发布而不是分阶段部署的主要游戏机。日本市场的发布仅晚于北美市场 3 周。这次的推出显现出 Xbox 的市场定位的一个重大转变。同最初的强调处理能力和关注铁杆玩家的 Xbox 相比，Xbox 360 的定位避开了技术，而重视通用性、设计和酷感。Xbox 360 的战略强调了硬件针对家庭娱乐的多功能性和微软强大的在线业务。通过 Xbox Live，用户可以购买和下载视频游戏、游戏中的其他事物（如武器、服装）以及电视节目（包括高清晰度电视节目）。

（二）索尼 PS3

与此同时，索尼 PS3 的推出受到了多重时滞的困扰。大部分的问题涉及硬件的技术野心。PS3 的革命性的多核 Cell 处理器——由 IBM 和东芝联合开发——被证明是困难和昂贵的制造。据估计，每个单元的处理器成本为 230 美元。存在更多问题的是被索尼推迟推出的蓝光 DVD 驱动器，其初始生产生本被认为约每单位 350 美元。美林预计，PS3 的组件的总成本可能达到每单位 900 美元了。[3]

蓝光驱动器是索尼的战略中的一个核心要素。它为了下一代高清晰度DVD的技术格式标准与东芝展开了激烈的竞争。

软件是 PS3 的另一个问题。硬件的复杂性和功率扩展了为 PS3 所写的游戏的潜力和成本。软件开发成本估计是那些为 PS2 而开发的成本的四倍或五倍。为了鼓励开发人员进行 PS3 的编写，索尼不得不削减其特许权使用费。在其首次推出时，索尼为 PS3 提供了 15 个游戏，虽然其中很少有能充分利用 PS3 的技术能力的游戏。最流行的新游戏是"抵抗——人类的堕落"。

2006 年 11 月 11 日在日本和 2006 年 11 月 17 日在北美推出的 PS3 被产品短缺毁坏了。在日本和美国推出后，PS3 在日本和美国的在线拍卖网站上的销售价格大大高于其零售价。欧洲和澳大利亚市场的推出确定在 2007 年 3 月 23 日。产品短缺的结果之一是索尼 PS2 的持续走强。在 2006 年 12 月的关键月，美国人买了 140 万台 PS2，超过了 PS3（49.1 万台）、Xbox 360（110 万台）、任天堂 Wii（60.4 万台）。

（三）任天堂 Wii

新一轮竞争中最大的惊喜之一是任天堂 Wii 的第一次高调亮相。在技术上，任天堂 Wii 游戏机缺乏 Xbox 360 或 PS3 的先进功能，其主要创新点是对一系列手部动作敏感的远程魔杖般的控制器。因此，任天堂声称 Wii 比其他游戏机更直观、更容易理解。这与旨在招募新的游戏玩家和针对非常广泛的群体包括老年消费者的营销策略有关系。Wii 于 2006 年 11 月 19 日在北美推出，12 月 2 日在日本推出，12 月 8 日在欧洲推出。这次推出伴随着为 Wii 设计的 16 个游戏，其中包括几个现有专营权的新版本（例如塞尔达传说：黄昏公主）。任天堂还发起了其有史以来最大规模的广告攻势。

表 12—2 比较了第七代的游戏机。表 12—3 显示了领先的视频游戏控制台在不同的几代产品上的销售台数。

表 12—2　　　　　　　　　　第七代游戏机的比较

主机	硬件	连接能力	DVD	游戏	价格（2006 年 12 月）
索尼 PS3	Cell Broadband Engine；550 MHz RSK GPU（图形处理器）；可连高清电视	20GB 版本：蓝牙 2.0，一个以太网接口，四个 USB 接口 60GB 版本：闪存卡、SD 卡和记忆棒插槽，WiFi	结合蓝光格式，向后与 DVD 兼容	截至 2006 年年底共 50 个游戏	20GB 的版本：499 美元 60GB 的版本：599 美元
微软 Xbox 360	IBM Xenon，PowerPC CPU；500MHz ATI 定制 GPU；可连高清电视	可选购 WiFi 版本 核心版本：3 个 USB 接口，以太网接口 20GB 版本：无线连接	DVD 播放器，可以 199 美元的价格升级为 HD-DVD（高清 DVD 格式）	截至 2006 年年底共 130 个游戏（其中 65 个允许通过 Xbox Live 进行线上互动），向后兼容	核心版本：299 美元 20GB 版本：399 美元

续前表

主机	硬件	连接能力	DVD	游戏	价格（2006年12月）
任天堂 Wii	IBM Broadway Power-PC CPU；带有 ATI EDTV 视频输出的 GPU	蓝牙，2个 USB 接口，SD卡插槽，可通过 IE 联网或通过 Wii 局域网联网	暂没有 DVD 格式，计划于 2007 年在日本市场推出结合 DVD 的版本	在其推出市场时有 30 个游戏可用，向后与 Game Cube 兼容	250 美元

表 12—3　　　　不同平台游戏机的全世界的销售量（单位：百万台）

	第二代	第三代	第四代	第五代	第六代	第七代（截至 2009 年 3 月底）
任天堂	—	NES：60	超级 NES：49	N-64：32.9	GameCube：21.2	Wii：50.4
世嘉	—	Master System：13	MegaDrive/Genesis：29	Saturn：9.3	Saturn：9.3	
索尼	—	—	—	PS：100	PS2：140	PS3：26.7
微软	—	—	—	—	Xbox：24.0	Xbox 360：30.2
其他	雅达利 2600；Fairfield Channel F；Magnavox Odyssey	雅达利 7800：小于 0.3	NEC Turbo-Grafx：11	3DO：1.2		

资料来源：根据报刊文章的数据总结得出。

2009 年的视频游戏业

视频游戏市场

在 2007 年和 2008 年消费支出达到了一个高峰后，在 2009 年，全球视频游戏业正在经历收缩。三个主要的游戏机的销售量大幅下降，部分是市场饱和的结果，部分是全球经济衰退的结果。游戏的销售合同也批驳了广泛持有的视频游戏抗衰退的假设。在美国，这一方面的消费支出下降得特别严重（见图 12—2）。

然而，大多数观察家认为，近期的低迷是周期性的，而不是一个长期的下降指示器。作为娱乐的一种形式，视频游戏继续增长。在美国超过 40％ 的家庭拥有视频游戏机且在游戏机和游戏上的年度支出超过了影院的票房收入。虽然游戏机的价格在 2008 年和 2009 年已削减，但视频游戏机的价格下降问题不像电脑的价格下降问题那么严重。

视频游戏市场的长期发展的核心是扩大消费群。视频游戏不仅从日本、北美和西欧扩展到世界上绝大多数地方，它对于人口的吸引力也在增加。一旦维护好十几岁的男孩的客户群，到2008年，18～44岁年龄组中大多数人就都是视频游戏的玩家，甚至在55～64岁年龄组中，24%的人也在玩视频游戏。女性的参与也在很大程度上增加了。虽然玩视频游戏的儿童长大后继续这样做，但作为成年人，游戏喜好随着年龄的增长会有很大的变化。青少年多关心什么流行什么不流行。成年人游戏市场的用户群很广泛，成年人喜欢与他们的生活方式和兴趣一致的游戏。玩体育游戏在成年男性中非常普遍。然而，年龄在12～17岁的男性每周平均花14小时在家玩游戏。在同一年龄段的女性平均每周花4小时。大幅增长的成年人和女性为视频游戏的普及做出了贡献。

视频游戏的增长已经为视频游戏出版商开辟了一个全新的收入来源：2005年广告产品仅在美国的视频游戏领域就产生了5 600万美元的广告收入。微软和谷歌都收购了专门从事视频游戏广告的广告商。

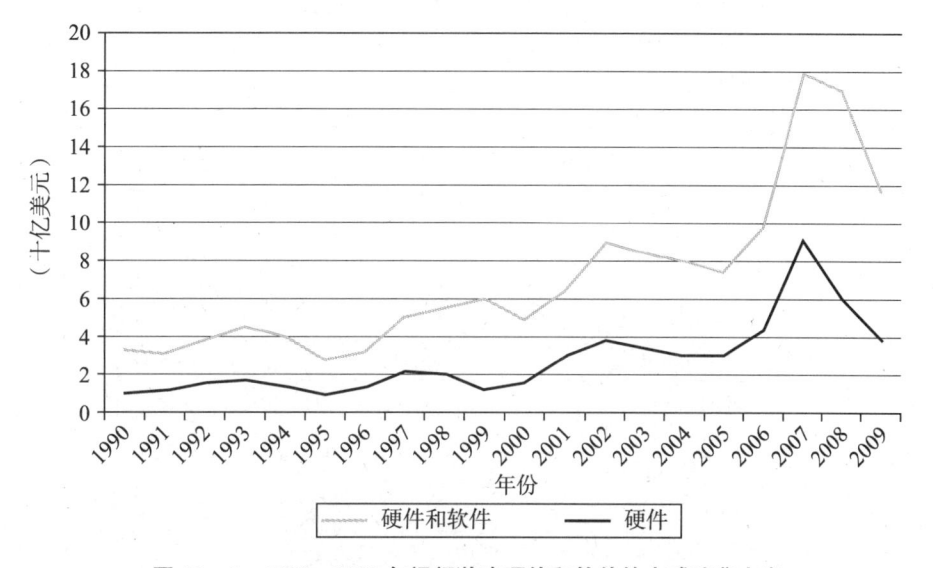

图12—2　1990—2009年视频游戏硬件和软件的全球消费支出

软件

每个视频游戏机供应商（"平台提供商"）许可第三方软件公司来开发和发布其系统的游戏。两种类型的公司都参与了视频游戏软件业务：视频游戏出版商，它负责融资、制造、营销和销售视频游戏；视频游戏开发商，它负责开发软件。视频游戏出版越来越由少数几个大公司占主导地位，最突出的是美国艺电公司（见表12—4）。通常情况下，软件出版商提交了一份建议或一个原型给游戏机厂商，由其进行评估和审批。软件公司和硬件供应商之间的许可协议使得游戏机厂商有权审批游戏内容和控制发行时间，并提供了一个来自软件公司的专营权。游戏开发商所得到的特许权使用费，通常为游戏出版商的收入的5%～15%。

不断增加的游戏开发成本是满足多功能、3D、电影般的质量而制造游戏机的结果。雅达利公司1982年推出的Pac-Man涉及1个开发者，开发成本大概为10万美元。在2004为Xbox而发布的最后一战2涉及了190个开发者，花了大概40万美元的成本。到2006年年底，最后一战2已售出800万份，每份50美元。就新一代游戏机而言，大多数游戏的开发成本超过了120万美元。在成本和收益的模式方面，视频游戏非常像电影，有着相似的成功率，只有少数是赚钱的大片。表12—5显示了2008年最畅销的游戏名单。像电影一样，通过一系列续集来创造专营品牌已成为一个关键的竞争战略。开发成本上升是造成出版商之间的整合的一个关键因素。

表12—4　　2006年出版厂商在美国视频游戏市场上的份额分布

出版厂商	以市值划分的份额（%）
美国艺电公司	19.8
日本科乐美公司	9.8
Take-Two Interactive	9.9
美国动视公司	8.8
其他	52.7

资料来源：www.researchandmarkets.com/reports/354861/video_game_industry.htm.

表12—5　　2008年在美国销售领先的视频游戏（按销售单位的数量排名）

游戏名/平台	出版厂商	发布日期	销售单位（千）	平均零售价格（美元）
Wii Play（Wii）	任天堂	2006年12月	5 280	50
Mario Kart Wii（Wii）	任天堂	2008年4月	5 000	50
Wii Fit（Wii）	任天堂	2008年5月	4 530	90
Super Smash Bros. Brawl（Wii）	任天堂	2008年3月	4 170	50
Grand Theft Auto IV（Xbox 360）	Rockstar Games	2008年4月	3 290	40
Call of Duty：World at War（Xbox 360）	美国动视公司	2008年11月	2 750	60
Gears of War 2（Xbox 360）	微软	2008年11月	2 310	40
Grand Theft Auto IV（PS3）	Rockstar Games	2008年4月	1 890	40
Madden NFL 09（Xbox 360）	美国艺电公司	2008年8月	1 870	30
Mario Kart DS（DS）	任天堂	2005年12月	1 650	40

随着出版商力量的增长和成本的上升，独家关系从大多数许可合同中消失了，最领先的游戏是跨平台的。例如，几款曾经为PS3所专有的游戏现在同时也在Xbox 360上发布。这些游戏包括侠盗车手4（Grand Theft Auto IV）、最终幻想13（Final Fantasy XIII）、虚拟战士（Virtual Fighter）、鬼泣（Devil May Cry）等。Wii有好几款专用游戏，其中大多数是由任天堂开发的。

视频游戏的开发需要技术和创新天赋的融合。开发流程包括游戏开发和设计、动画制作、音响工程、技术写作、刊登审查以及质量保证。在一个新的平台上完成一个新的游戏需要大概18~36个月。把一个游戏连接到一个平台上就要花9个月。许多基于人物和情节的游戏要么属于游戏开发商，要么由第三方授权。媒体公司和体育组织的知识产权的专有权利由软件出版商支付许可费，该费用在 1998—2002 年间大幅增长。获得基于热播电影（例如《哈利·波特》）来开发游戏的许可证大概要花上几百万美元。在体育市场，体育联盟（NFL，NHL，MLB，NBA，FIFA）的许可证通常涉及预付款支付，再加上为所出售的每一单位的批发价格支付的 5%～15% 的版税。

软件的销售额不仅超过了硬件销售额，同时占据了这一行业几乎所有的利润。游戏机厂商遵循"剃须刀和刀片"的商业模式：游戏机亏损销售，利润由软件销售收回——两个游戏的内部开发费用和特许权使用费收自第三方游戏发行商。结果就是平台供应商的强周期性收支：推出一个新的控制平台会导致大量的现金流出，平台提供商只有具备了大量的安装基础才能开始收回投资。

□ 游戏机供应商

对于游戏机厂商来说，2009 年是令人不安的一年。索尼和微软取得的收入并不落后于任天堂，但这两家企业在其视频游戏业务上仍在赔钱。在产品推出的前两年，损失是可以预期的——但 Xbox 360 已经推出近四年、PS3 已经推出近三年了。大多数观察家认为，这些损失主要是和这两个游戏机相关的先进技术规格成本带来的结果。这一点在 PS3 的情况下尤其明显。相比之下，作为其廉价元件的结果，任天堂从一开始就从它的 Wii 中获得收益。

此外，软件利润没能够填补这一缺口。截至 2008 年 3 月在美国对应于每一个主机大概只销售了 3.8 个 PS3 游戏，而对应于每一个游戏机大概销售了 3.5 个 Wii 游戏。相比之下，每个 Xbox 360 用户平均购买了 7.5 个游戏。这说明专业游戏玩家和游戏开发商的首选平台是 Xbox。

对于索尼而言，与 PS3 相关的损失使得在设计一个游戏机来作为一般的家庭娱乐设备的同时还赢得游戏玩家的喜爱成为一个挑战。在 PS3 的 DVD 播放器中加入蓝光的决定，与其提供卓越的视频游戏并没有多大的关系——利用其功能的游戏玩家很少，拥有 HDTV（高清电视）的玩家也很少。

三个领先游戏机供应商对于未来专注于两方面的问题。首先，什么因素将决定这其中的某一个会成为下一代视频游戏机的竞争战中的领导者？其次，随着游戏开发商和出版商的规模和实力的增长，游戏机生产商会不会失去其主导产业发展变革的能力，以及在拥有主导产业变革能力的同时会不会失去其谋取利润的能力？

■ 附录：主机制造商方面的财务数据

任天堂　　　　　　　　　　　　　　　　　　　　　　　　　　　　　　（十亿日元）

	1998 年	1999 年	2000 年	2001 年	2002 年	2003 年	2004 年	2005 年	2006 年	2007 年	2008 年
总销售额	534	573	531	463	554	504	514	515	509	966	1 672
营业收入	172	156	145	85	119	100	110	113	91	226	487

续前表

	1998年	1999年	2000年	2001年	2002年	2003年	2004年	2005年	2006年	2007年	2008年
净收入		84	86	56	97	106	67	33	87	98	174	257
营业收入/平均总资产（%）	10.6	9.9	6.1	9.7	9.5	8.9	10.5	9.7	7.9	19.5	27.0
平均权益收益率（%）	14.0	12.9	7.7	12.2	12.0	7.4	3.7	9.6	10.4	16.8	11.0

索尼 （十亿日元）

	1998年	1999年	2000年	2001年	2002年	2003年	2004年	2005年	2006年	2007年	2008年
销售，其中：	6 761	6 804	6 687	7 315	7 578	7 474	7 496	7 160	7 475	1 016	1 284
游戏	700	760	631	661	1 004	936	754	703	918	974	1 219
营业收入，其中：	526	348	141	225	135	185	99	114	191	71	374
游戏	117	137	77	(51)	84	113	68	43	9	(232)	(124)
净收入（亏损）	222	179	122	17	15	116	89	164	124	126	369
营业收入/平均总资产（%）	6.7	5.5	3.7	3.1	1.7	2.2	1.1	1.2	1.9	0.6	2.9
平均权益收益率（%）	13.2	9.8	6.1	0.1	0.1	4.8	3.6	6.3	4.1	3.94	(3.08)

微软 （十亿美元）

	2000年	2001年	2002年	2003年	2004年	2005年	2006年	2007年	2008年
销售，其中：	22 956	25 296	28 365	32 187	36 835	39 788	42 282	51 122	60 420
家庭娱乐	n. a.	n. a.	2 453	2 748	2 731	3 110	4 292	6 069	8 140
营业收入，其中：	11 006	11 720	11 910	13 217	9 034	14 561	16 472	18 524	22 492
家庭娱乐	n. a.	n. a.	(847)	(924)	(1 011)	(451)	(1 283)	426	(1 969)
净收入	9 421	7 346	7 829	999 3	8 168	12 254	12 599	14 056	17 681
营业收入/平均总资产（%）	24.4	21.2	18.8	17.9	10.3	17.6	23.6	29.3	30.9
平均权益收益率（%）	26.9	16.6	15.7	17.6	11.7	19.9	28.6	16.45	42.47

[注释]

[1] 视频游戏机的连续换代，传统上都是根据处理器的位数大小来决定的。实践来看，位数的大小对信息处理能力来说是一个微弱的指标。超过32位的游戏机，其主机功能与位数大小没有太大的关系——处理器的时钟速度显得更为重要。

[2] "Out of the Box at Last," *Financial Times* (Creative Business section), November 20, 2001.

[3] "Delays likely for Sony's PlayStation 3," *Financial Times*, February 20, 2006.

13

2005—2008年的DVD战争：蓝光与高清晰度DVD之战

东芝公司于2008年2月19日星期二宣布，它将停止生产高清晰度DVD（HD-DVD）的DVD光盘和播放器。该公告标志着东芝和索尼之间建立下一代数码多功能光碟（DVD）的格式的战争的终结。[1]

在争夺标准的战争历史中，HDV格式的战争出奇的短。围绕着两个相互竞争的格式的下一代DVD技术的发展源头可以追溯到2002年。然而，公开的战争直到2005年夏天才开始，当时，试图达成一个单一标准的协议的谈判终于失败了。具有新技术的产品一直没有出现，直到2006年4月HD-DVD出现和2006年6月蓝光出现。然而，仅仅19个月后——其间基于两种格式中的一种或另一种的产品在努力竞争市场第一的地位——这一切都结束了。过去的几周内东芝公司的地位崩溃，索尼胜利登场。

技术

光碟（optical disc）1958年由大卫·保罗·格雷格（David Paul Gregg）发明并于1961年注册专利。第一个使用该技术的商业产品是由飞利浦和MCA在1978年推出的激光碟系统。然而，后来光碟被录像带所取代。

光碟的突破是飞利浦公司和索尼公司于1983年开发的光盘（CD），并在后来成为音频的主导媒介。在光盘之后是DVD，它于1996年出现在日本，1997年出现在美国，欧洲1998年出现了DVD。DVD的成功推出，是全行业讨论的结果，是不同格式的支持者被迫同意一个共同的技术标准的结果。这个产业群形成了DVD联盟。

在20世纪90年代，发展高清晰度DVD的推动力来自高清晰度电视的出现。随着高清晰度电视的出现，下一代消费电子产品浪潮中出现了对能够存贮高清晰度图像的存储介质的需要。对HD-DVD格式和蓝光格式来说，鲜明的特色是短波蓝色激光技术的使用，而不是前几代人所使用的红色激光。蓝色激光使得在一个标准的12厘米长的光盘中存储的数据量大量增加。

HD-DVD和蓝光之间的主要区别是DVD的保护播放器的塑料的厚度：HD-DVD保留0.6毫米的传统的DVD光盘的厚度；而蓝光格式的特色是一个0.1毫米的涂料。其结果是，双层蓝光DVD可以容纳50GB的数据，双播放器HD-DVD容纳30GB。与此相比，传统的DVD仅为8.5GB。

对于蓝光格式的拥有者特别是电影制片厂来说，蓝光格式有一个额外的好处。虽然这两种新的格式都嵌入了新的AACS（高级访问内容系统）的反盗版装置，然而蓝光格式还包括另外的保护层。微软关心的是蓝光提供了额外的保护，从而限制了PC用户将其他电脑功能与视频图像整合在一起。在2005年7月，比尔·盖茨（Bill Gates）提出，蓝光标准需要改变以使"其在个人电脑上更顺利地运行"。

蓝光的技术改进花费了一些成本。而通过修改用于生产普通DVD的生产线可以生产HD-DVD："这是一个简单且低成本的一步，从制造标准DVD转向生产HD-DVD，"东芝公司发言人马克·诺克斯（Mark Knox）说。（一个制造厂的）改变成本低于15万美元。[2] 蓝光光盘需要装备制造业的重大变化。言下之意是，蓝光光盘的拥有者和消费者将花费更为昂贵的成本。

这两种格式都不可在现有的DVD播放器上播放。此外，HD-DVD播放器无法播放蓝光光盘，反之亦然。因此，电影制片厂和视频游戏出版商面临不得不以三种格式来贮存媒体：HD-DVD、蓝光和传统的DVD。HD-DVD和蓝光播放器是向后兼容的，它们可以播放传统的DVD。

至于内容制作商需要制造和经销商需要储存的格式的数量节约问题，HD-DVD联盟所看到的优势之一是，可以生产还包括一个标准的DVD版本的HD-DVD光盘游戏或电影。2006年9月，东芝宣布："东芝与光盘制造商日本Memory-Tech合作，已经成功地把HD-DVD和DVD结合起来制成了一个3层双格式的光盘，所产生的光盘符合DVD标准，所以它可以播放DVD、HD-DVD。"[3]

此外，蓝光的更大好处是具有在现阶段很难满足的超大的存储容量。现有的高清晰度的完整的电影可以很容易地在两种类型的光盘上兼容。蓝光在一张光盘上"存储一整季的电视连续剧"的能力，并提供同一部电影的多种格式似乎给大多数消费者提供了边际收益。蓝光相对于HD-DVD来说，似乎其主要优势是适应视频娱乐的未来发展的潜力。索尼美国公司的战略营销高级副总裁蒂姆·巴克斯特（Tim Baxter）说，"你打开一个全新的具有创新可能性的频谱。这种格式在这个假期和未来10年都将大有用武之地。"[4]

建立"乐队彩车"

在 2002 年 2 月,蓝光光盘协会成立了,创始成员有日立、松下、先锋、飞利浦、三星、夏普、索尼和汤姆逊。后来戴尔电脑公司、三菱和 TDK 纷纷加入。HD-DVD 推广集团的成员包括东芝、NEC、三洋、微软、建伍、英特尔、Venturer Electronics 和 Memory-Tech 公司。有些公司同时是这两个组织的成员,这样的公司包括惠普、LG 电子、宏碁、华硕、建兴、安桥、Meridian 和阿尔派。

蓝光是居于领先地位的电影制片厂的最爱:迪士尼、福克斯、狮门、米高梅,当然,索尼影业也与蓝光保持一致。而环球公司是唯一的主要的加入 HD-DVD 阵营的工作室。派拉蒙(包括其附属公司 Nickelodeon 电影、MTV 电影、梦工厂图片和梦工厂动画)和华纳兄弟同时支持两种标准。

产品的推出

即使两个阵营都在开发两种格式兼容的产品,避免昂贵的格式之战的努力也还在继续。然而,在 2005 年 8 月 22 日,蓝光光盘协会和 DVD 联盟宣布统一标准的谈判失败了。从那时起,竞争转变为尽快把光盘和硬件推向市场,以建立市场份额的领导地位。

HD-DVD 首先在市场推出,其标志是 2006 年 4 月 18 日开始在美国销售的零售价为 499 美元的东芝 HD-A1。三星 BD-P1000 是第一款蓝光光盘播放器,在 2006 年 6 月底推出,零售价为 999 美元。

在 2006 年 4 月,环球公司和华纳兄弟都开始公布现有电影的 HD-DVD 的价格在 29～35 美元之间。索尼电影公司率先推出每部大概为 28.95 美元的 8 部电影的蓝光版本,以配合三星 BD-P1000 的推出。然而,早期蓝光电影遇到了重大的质量问题。好几部电影都遇到了电影光盘传输欠佳的问题。一直到 2006 年 10 月都是只有单层录像才可以在容量限制在 25GB 内的蓝光光盘上使用。[5]

其他两个主要纳入新一代的 DVD 驱动器的硬件产品是个人电脑和视频游戏机。东芝和索尼是个人电脑市场的主要参与者。东芝推出了兼容 HD-DVD 的笔记本电脑 Qosmio G35-AV650。

在 2006 年 5 月,索尼推出了带有蓝光驱动器的 VAIO 笔记本电脑。到 2006 年年底,NEC 和惠普已推出了带有 HD-DVD 的笔记本电脑,而戴尔同索尼在其中一个型号的笔记本电脑上使用蓝光。

视频游戏机市场的领导者是索尼的 PS 以及微软的 Xbox。下一代游戏机的战斗开始于 2005 年 11 月微软推出 Xbox 360。Xbox 360 拥有一个标准的 DVD 驱动器。2006 年 11 月,微软推出了为其 Xbox 360 所使用的作为一个单独的插件的 HD-DVD 驱动器，在美国售价 200 美元，在英国售价 130 英镑。微软不愿意安装一个内置的 HD-DVD 的播放器，原因如下：首先，缺乏开发利用 HD-DVD 功能的游戏；第二，它认为，网络在线游戏将在几年内取代 DVD 形式的游戏。

对于索尼而言，其新的 PS3 视频游戏机形成了其蓝光战略的核心组成部分。索尼推出 PS3 的蓝光光盘播放器的决定被广泛地看作是一个战略错误。新一代游戏机 PS3 延迟推出给了微软一年多的领先时间。这也大大增加了成本。利用蓝光的技术潜力来开发游戏的成本和复杂性，意味着很少有新的高清晰度游戏推出。PS3 在美国以 499 美元的价格推出，被看作是面对 Xbox 360 的市场发展势头和任天堂 Wii 低成本的挑战，索尼所进行的一次孤注一掷的赌博。以 499 美元的价格估算，索尼每出售一台游戏机损失将超过 200 美元。

视频游戏开发商和出版商签约参与这个或那个竞争对手的格式比电影制片厂慢。然而，2007 年 1 月 7 日，在美国艺电公司（世界上最大的游戏软件公司）和威望迪环球游戏加入蓝光协会时，索尼的发展得到了一次重大的推动。

经销商在标准之争上因为相当大的成本负担已经疲惫不堪。领先的零售商（包括沃尔玛、塔吉特和百思买）和电影发行商如 Blockbuster 和 Netflix 觉得有义务这两种格式都使用。

转换联合

关键的竞争是获得电影制片厂的支持。尽管各大电影公司初始对于蓝光较为偏好，但在收入和其他诱惑性因素的影响下，大多数电影公司倒戈了。早在 2005 年，华纳兄弟和派拉蒙就宣布支持 HD-DVD 格式，不过在 2005 年 10 月宣布支持两种格式。然而，在 2007 年 8 月，派拉蒙和梦工厂丢弃了蓝光，宣布将推出专门的 HD-DVD 的高清晰度电影。工作室提到了成本和技术优势，但大多数观察家认为，东芝提供的 150 万美元的现金和宣传保证是一个更大的因素。索尼首席执行官霍华德·斯金格（Howard Stringer）爵士非常积极地利用他的好莱坞关系来在电影制片厂之间建立对蓝光的支持。

双格式不断带来的问题导致几个经销商放弃 HD-DVD。在 2007 年 6 月，美国最大的电影出租公司通过独家销售两种格式后发现，超过 70% 的高清晰度租金来自蓝光光盘。在 2007 年 7 月，目标公司开始仅销售蓝光独立播放器。

2007 年期间，蓝光在硬件和软件两方面都显著超越了 HD-DVD 的销售，同时 PS3 提供了一个特别有力的推动作用。家庭媒体研究公司估计，2007 年一整年蓝光对 HD-DVD 的销售量在美国是 3：1，在欧洲是 10：1，在日本是 100：1。

竞争中的一个重要事件是 2008 年 1 月 4 日华纳兄弟宣布从 2008 年 6 月起不再支持 HD-DVD。华纳公司的举动的意义是，它是 DVD 电影方面的最大功臣。东芝回应将削减其 HD-DVD 播放器的价格高达 50%；然而，在华纳宣布这项决定之后，为了抵制随之而来的连锁反应，东芝所能做的非常少。2008 年 1 月，英国零售商 Woolworths 表示，从 2008 年 3 月起将只存贮蓝光光盘。

2008年2月11日起，百思买开始推荐客户在数字格式上选择蓝光。然后，2008年2月15日美国最大的DVD零售商沃尔玛宣布，从2008年6月起将停止销售HD-DVD产品。此外，同年2月，Netflix——最大的在线视频租赁服务公司——开始将其HD-DVD的库存清仓。

2008年2月19日，环球影城的一直支持HD-DVD的唯一工作室也投奔蓝光。就在同一天，东芝公司宣布将停止开发、制造和销售HD-DVD播放器和录像机。第二天，剩下的HD-DVD的支持者派拉蒙也宣布它将转向蓝光。

甚至在东芝公司宣布这一决定前，HD-DVD的命运就已经是显而易见的了。2008年2月16日，《纽约时报》发表了它的讣告：

> HD-DVD，东芝和好莱坞电影制片厂曾经的宠儿，经过短暂的疾病期后在星期五逝世。死因被确定为沃尔玛决定存贮只使用蓝光格式的高清晰度DVD和播放器。
>
> 此外，并没有举办葬礼的计划……[6]

成本和收益

关于DVD战争主要参与者的成本和利益并没有可靠的数据。显然，东芝公司是财务方面的主要输家。《日经商业日报》报道，截至2008年3月31日，东芝终止其HD-DVD项目预计可能有100亿日元（合9.86亿美元）的损失。[7] 然而，大多数观察家认为，全部成本——包括研发经费、对合作伙伴的奖励金、硬件被迫降价和库存注销——可能会更大。

在何种程度上索尼是赢家？其成本不仅包括大量的蓝光研发经费，而且包括支持其联盟伙伴的成本，以及硬件和软件的降价及延迟推出PS3（直到蓝光准备好）的成本。此外，索尼的蓝光技术所产生的收入有限，首先，索尼公司为支持者加入蓝光阵营而提供了非常有利的授权发牌条款；其次，商业生活的流行普及将是短暂的。麻省理工学院斯隆管理学院的教授尹佩玲（Pa   ）认为：

> 技术市场的特点是创新，去年最新和最好的会被明年的最新和最好的取代。约瑟夫·熊彼特（Joseph Schumpeter）描述这种模式为"创造性破坏理论"。蓝光和HD-DVD仅仅是新一代的光盘，其取代了上一代的标准DVD。因此，在有限的时间内（直到新一代的技术诞生）就有公司在这一代技术的闪亮的新项目中获得回报。[8]

由于没能在统一标准上达成共识，所以这一代的媒体存储技术在淘汰前被开发的时间大大缩减："现实情况是，相对来说本来可以更快地获得更高的销售额，但是由于索尼和东芝播放器没能够达成协议，两家公司都失去了这样的机会。"[9]

[注释]

[1] 关于DVD首字母缩写的正确解释，是一个存在争议性的问题。其中

最普遍的两种说法是 "digital versatile disc" 和 "digital video disc"。

[2] "Format Wars: Everyone Could End Up Losing," *Financial Times*, April 3, 2006.

[3] 参见 http://news.digitaltrends.com/news-article/11271/three-layer-disc-combines-dvd-hd-dvd, accessed October 17, 2009。

[4] "Format Wars: Everyone Could End Up Losing," *Financial Times*, April 3, 2006.

[5] "Two years of battle between HD-DVD and Blu-ray: a retrospective," www.engadgethd.com/2008/02/20/two-years-of-battle-between-hd-dvd-and-blu-ray-a-retrospective/, accessed November 12, 2008.

[6] "Taps for HD-DVD as Wal-Mart Backs Blu-ray," *New York Times*, February 16, 2008.

[7] "The Fall of HD-DVD Will Cost Toshiba $986 Million," March 17, 2008, www.dailytech.com/article.aspx?newsid=11069, accessed October 17, 2009.

[8] "What Are the Lessons of the Blu-ray/HD-DVD Battle?" A Freakonomics Quorum, March 4, 2008, http://freakonomics.blogs.nytimes.com/2008/03/04/what-are-the-lessons-of-the-blu-rayhd-dvd-battle-a-freakonomics-quorum/, accessed November 12, 2008.

[9] "What Are the Lessons of the Blu-ray/HD-DVD Battle?" A Freakonomics Quorum, March 4, 2008, http://freakonomics.blogs.nytimes.com/2008/03/04/what-are-the-lessons-of-the-blu-rayhd-dvd-battle-a-freakonomics-quorum/, accessed November 12, 2008.

14

《纽约时报》

■ 这位"良好灰色女士"的困难时光

2009年的最初几个月,是纽约时报公司(NYT)——《纽约时报》和《波士顿环球报》的出版商以及一些区域报纸和几个非印刷媒体企业的所有者的困难时期。与其他美国报纸出版商一样,NYT有削减广告预算的周期性问题,以及网上信息来源导致报纸越来越无立足之地的读者数量下降的长期问题。

在1月和2月,公司考虑到其偿债能力——特别是在5月到期的4亿美元的再融资信贷额度——倾向于连番投机行为。在1月,公司从墨西哥亿万富翁卡洛斯·斯利姆(Carlos Slim)处购买了利率为14%的2.5亿美元的贷款,获得了呼吸的空间。在2月,其当年的股息被取消了。

2008年的财政收支结果表示,其收入的缩减速度快于公司能够做到的节省开支的速度。一旦把减值准备考虑进来(主要与商誉和报头值(Masthead value)的冲减有关),《纽约时报》的净亏损几乎达5 800万美元(见表14—1)。

表 14—1　纽约时报股份有限公司：挑选的财务数据（千美元，另有说明的除外）

	2008年	2007年	2006年	2005年	2004年
收入	2 948 856	3 195 077	3 289 903	3 231 128	3 159 412
营业成本	2 791 613	2 928 070	2 996 081	2 911 578	2 696 799
资产减值	197 879	11 000	814 433	—	
出售资产收益	—	(28 578)	—	122 946	—
营业（亏损）利润	(40 636)	227 429	(520 611)	442 496	462 613
净利息支出	47 790	39 842	50 651	49 168	41 760
持续经营部门收入	(66 139)	108 939	(568 171)	243 313	264 985
停止经营部门收入——广播媒体集团	8 300	99 765	24 728	15 687	22 646
净收入	(57 839)	208 704	(543 443)	253 473	287 631
财产、工厂和设备	1 353 619	1 468 013	1 375 365	1 401 368	1 308 903
总资产	3 401 680	3 473 092	3 822 928	4 564 078	3 994 555
总负债	1 059 375	1 034 979	1 445 928	1 396 380	1 058 847
股东权益	503 963	978 200	819 842	1 450 826	1 354 361
平均股东权益收益率（%）	—8	23	—48	18	21
总负债比总资本（%）	68	51	64	49	44
营业利润/收入（%）	—1	7	—16	14	15
流动资产比流动负债（%）	0.60	0.68	0.91	0.95	0.84
雇员（全职）	9 346	10 231	11 585	11 965	12 300

资料来源：New York Times Company, Inc., 10-K Report, 2008.

NYT的股价反映了普遍的对公司前景的悲观情绪。2008年9月，其股价一直在14美元以上进行交易。而在2009年2月20日，收于3.44美元。2009年4月29日，在股东年度会议上，董事会主席小阿瑟·苏兹贝格（Arthur Sulzberger Jr.）谈到了公司的问题以及董事会处理的战略：

今天上午的发言主要有两个发言人：珍妮特·罗宾逊（Janet Robinson）——NYT总裁兼首席执行官及我。我会谈谈我们与同行正在面临和努力度过的经济衰退、广告量下降以及技术散乱的问题，这些是所有媒体行业经历的一个残酷的挑战。

今天上午，正如您将听到和看到的，NYT也不例外。在这个不确定的时代，NYT董事会的董事及高级管理人员，继续领导着我们的企业，我们遵循四个基本前提：

● 第一，质量将依旧是我们提供一切的关键性特征；
● 第二，企业将继续面对困难，但我们绝对致力于创造更大的股东价值；
● 第三，重新获得业务增长并不是一个单一的解决方案可以做到的；
● 第四，我们将依我们新的思考和分析来运行。

我将对后面两个想法进行阐述：我们认识到，国家和国际媒体如《纽约时报》和《国际先驱论坛报》的解决方法将不同于那些我们当地的报纸，如《萨拉索塔先驱论坛报》和《威尔明顿星报》。当然，About.com面临的问题和解决方案也有所不同。

在我们所有的产业中，那些搅动整个媒体行业的世俗的和周期性的力量，对《波士顿环球报》的影响最显著。我们必须做出回应，巩固印刷设施，提高流通价格和精减员工。但为了保持环球成本和收入的平衡，还有很多需要我们去做的……

我们知道，有相当大的挑战摆在我们面前，但过去的经验教导我们，结果将由我们遵循这一准则的能力决定，即那个已经成功推动公司发展如此久的一条准则。该准则可以概括为这一思想：优质新闻吸引观众，接下来便吸引优质广告。

正是这种几十年来以各种方式所表达的想法，使得NYT成为世界上最强大的新闻声音。我们高质量的新闻是我们的股东的基本资产。就在3天前我们的质量再次被颁发给《纽约时报》男性和女性记者的五个普利策奖所确认……

现在让我回到一个基本的问题，我反复问：在这种新的经济环境中是否存在优质新闻？

让我重新整理一下措辞，我们扪心自问：怎样才能充分提高我们的收入数字，使我们有必要的金融基础，以支持我们在《纽约时报》、《波士顿环球报》或任何我们的区域媒体方面的新闻采编业务？

在NYT，我们专注于三个关键杠杆来实现这一基本目标：吸引更多的用户，加深他们的参与度，然后从他们的使用中赚取收入。要有效做好这一切，我们需要继续关注这项新媒体的发展，然后根据那样的公司理念进行相应的投资。这当然不是一件容易的事，但我们对人类的行为和数字变革方面的见解正在帮助指导我们。

整个2008年和2009年的头几个月，我们继续创建丰富且引人注目的网络新闻新形式。我们的目标是响应观众对互动性、社区和多媒体的需求，以及对主题范围越来越广的新闻和信息的需求。我们正在积极地用我们的新闻内容来满足读者的愿望。我们的读者希望分享它、记录它或者给予评论。他们想使用我们的新闻作为他们创造的原材料……

我们的战略是以这个根本前提为基础的，那就是我们必须参与到互联网上，而不是简单的登录，这要求我们不仅仅是在网上发布新闻内容，而是应该成为全网络出版商。

目前，我们正在努力提升我们在线上活动的活跃度，但从长期来看，我们尚未获得所需要的收入。同时，我们正研究一大批的战术和选择，使得财务符合公司业务的新现实。当我们将事业发展到迈向可持续电子化的未来时，我们逐渐清楚地意识到网络上的成功需要大量的重新概念化、周到的执行和一个充分利用网络的强烈意愿，以及一个为企业家和技术工作者——当然还有记者——提供的令人惊叹的实验室。

关于我们公司在网络上的努力，我们已经谈了很多，我想一些股东会怀疑这一切的网络活动是否预示着纸媒体的结束。

当然不是了！目前我们公司收入的88%左右来自纸媒体。现在我们拥有大概83万已经订购《纽约时报》两年或两年以上的读者，这些读者被我们公司称为忠臣。这个数据是在2006年65万的基础上增长起来的。整个公司第一季度的总发行收入同比增长38%，明显比其他同行更高，这是一个规模较大的、较为稳定的例子。虽然其他报纸削减了其在国际和国内的规模,甚至还有一些令人遗憾的例子:报纸公司停止作业,但是我们仍相信《纽约时报》将有机会在纸媒体领域填补这一空白,并促进公司在发行、新闻服务及其他产品方面的收入增加。[1]

苏兹贝格最后提醒股东们要保持 NYT 的长期战略的一致性和坚定性,以此结束了他的演讲:

我们的数字化未来之路不是一个新鲜事物。让我向我的同事们重提十年前我在 1999 年的年度演说中对工作人员讲的一些话:

此次演讲的核心是,从现在起的十年或者一个世纪,《纽约时报》仍然可以在这一领域保持优质新闻领导者的地位,无论它是怎样传播的。这些计划要求我们转变之前的战略即侧重于我们所生产的具体产品,转向围绕我们的读者——高质量读者战略。我们的目标是要比别人更好地了解我们的读者,以满足他们的信息和事务需求——我们可以靠自己;在必要时也可以和他人形成合作伙伴关系;为他们提供纸媒体形式的和数字化的、持续的和急需的服务。

十年了,我们这样做了,所掌握的工具和平台也更多了。我们理解读者,他们以一个曾经无法想象的数量走向我们。现在,由于世俗的和周期性的变化正在改变着我们的市场,我们要从根本上重新构想读者与我们的关系。

这意味着什么?

具体来说,我们都在重新思考我们提供了什么价值。正如你会在未来几个月内听到的一样,我们将:

- 仔细认真分析品牌的忠诚度以及发行收入。
- 探索新的网上财务战略。
- 衡量我们凭借品牌、技术和思想领导地位为广告带来的附加值。
- 思考如何将手机、电子阅读器和社交网络更好地融合在一起。

从根本上说,我们正在对优质新闻在 21 世纪发挥的作用进行越来越深入的探讨。我们要确定如何最好地利用我们所知道的信息,并且创造一个更有效的商业模式。当然,在整个媒体行业中,企业对长期金融稳定的研究都很普遍,并且每个企业都会有自己的答案。

在 NYT,我们用我们的基石一样的信念来指导与读者的新关系,那就是利用世界级的新闻、观点、照片、录像和博客日志,在世界发生了什么这一话题上互动,从而获取价值提升;并且我们读者的生活也将变得更加个性化、即时和直接。

这就是为什么我们会毫不怀疑地相信我们的未来。[2]

苏兹贝格对 NYT 未来的信心并没有被广泛共享。怀疑人士还指出报纸的发行量下降,报纸的年轻读者锐减,广告从纸媒转向网络,以及大型报纸没能为它们的网络出版创建一个可行的商业模式。另外关于由家族控制的董事会成员们的财务敏锐性,也是让人担忧的一点。2006 年,NYT 拒绝了通用电气公司前任主席杰克·韦尔奇(Jack Welch)以 6 亿美元购买《波士顿环球报》。后来《波士顿环球报》成了 NYT 最大的现金流出部门。2007 年,NYT 迁到价值 5 亿美元的位于曼哈顿市中心的新总部。1997—2004 年，公司又花费 30 亿美元进行股票回购，其中平均每股价格 37 美元。公司主席苏兹贝格是该报纸创始人的曾孙，一些股东将其看作是问题的一部分，而不是能够解决问题的人。然而，自从 1969 年 NYT 上市后，依靠这种双级股权结构，苏兹贝格家族早已能够主导董事会了。传媒大亨鲁伯特·默多克（Rupert Murdoch）称《纽约时报》为他"最喜欢的失事列车"，并且他将这一指责强硬地压在苏兹贝格肩上，他指责苏兹贝格在迫切想让《纽约时报》成为全国性的报纸时，放松了报纸和纽约之间的联系。[3]

2009 年的纽约时报公司

公司业务

NYT 由两个业务部门组成：

- 新闻媒体集团，包括：

  ➢ 纽约时报媒体集团，包括《纽约时报》、NYTimes.com、《国际先驱论坛报》和纽约广播电台的一档节目：WQXR-FM。

  ➢ 新英格兰媒体集团，包括《波士顿环球报》、Boston.com、《沃塞斯特电讯报》、《公报》和相关网站。

  ➢ 区域媒体集团，包括在亚拉巴马州、加利福尼亚州、路易斯安那州、南北卡罗来纳州的 15 家日报，以及其他的发行刊物。

- About 集团，其中包括这些网站：About.com、ConsumerSearch.com、UCompareHealthCare.com 和 Caloriecount.about.com。

除此之外，NYT 在一家加拿大新闻纸公司拥有股权，它是 Marine and Metro Boston（一家免费的日报）的纸张制造商，并在波士顿红袜队和芬威球场拥有 18% 的股权，在新英格兰体育广播网拥有 80% 的股权，在鲁什-芬威车队有 50% 的股权，而且在全国运动汽车竞赛协会里，鲁什-芬威车队很有实力。

到目前为止，新闻媒体集团包含公司运营事业的很大一部分。然而，广告收入的削减、发行量的下降以及由免费报纸和非印刷新闻来源导致的激烈竞争，给公司获得利润带来了很大的压力。表 14—2 展示的是 NYT 两大业务部门的业绩。表 14—3 展示的是 NYT 三大主要报纸的发行量，而表 14—4 展示的是 NYT 的网站访问流量。

在新闻媒体集团中，《纽约时报》是公司的珍宝，它是在美国的全部 50 个州里发行的唯一一家普通日报。就新闻名誉这方面来说，《纽约时报》是不可逾越的。到 2009 年，该报纸的普利策奖获奖数是 101 个——比其他任何一家报纸的两倍还要多。报纸的专栏专家有尼古拉斯·克丽斯塔（Nicholas Krista）、托马斯·弗里德曼（Thomas Friedman）、诺贝尔经济学奖获得者保罗·克鲁格曼（Paul Kurgman）。公司将提高《纽约时报》封面价格的能力（从 2007 年 7 月到

2009年5月，价格由1美元涨到2美元）归因于其优质新闻报道的吸引力。

网站的收入几乎全部是由广告创造的，而报纸的收入主要来自广告。所以，正如表14—5所展示的，NYT的一大部分收入是广告商提供的。

表14—2　　　　　　　纽约时报公司：业务部门业绩（千美元）

	2008年	2007年	2006年
收入			
新闻媒体集团	2 833 561	3 092 394	3 209 704
About集团	115 295	102 683	80 199
收入总额	2 948 856	3 195 077	3 289 903
营业利润			
新闻媒体集团	(30 392)	248 567	(497 276)
About集团	39 390	34 703	30 819
公司	(49 634)	(55 841)	(54 154)
总额	(40 636)	227 429	(520 611)
合资公司的净收入（亏损）	17 062	(2 618)	19 340
净利息支出	47 790	38 842	50 651
扣除所得税和少数股东权益前的持续经营业务收入（亏损）	(71 364)	184 969	(551 922)

资料来源：New York Times Company, Inc., 10-K Report, 2008.

表14—3　　　　　　　纽约时报公司报纸的平均日发行量（千份）

	2008年	2007年
《纽约时报》（星期一至星期五）	1 033.8	1 066.6
《纽约时报》（星期天）	1 451.3	1 529.7
《国际先驱论坛报》	240.3	241.6
《波士顿环球报》（星期一至星期五）	323.9	364.6
《波士顿环球报》（星期天）	500.0	544.1

资料来源：New York Times Company, Inc., 10-K Report, 2008.

表14—4　　　　　　　2008年纽约时报公司的主要网站

	2008年美国的月平均访问量（百万）	内容	收入来源
NYTimes.com	19.5	《纽约时报》的网站	广告
IHT.com	6.3*	《国际先驱论坛报》的网站	广告
Boston.com	5.2	《波士顿环球报》的网站	广告
About.com	39.0	770位顾问准备的超过7万个的主题信息	广告
ConsumerSearch.com	n.a.	专家和用户生成的消费产品评论	广告
UCompareHealthCare.com	n.a.	关于某些医疗服务的质量的信息	广告
Caloriecount.about.com	n.a.	体重管理工具、社会支持和营养信息	广告

*全球访客。

资料来源：New York Times Company, Inc., 10-K Report, 2008.

表 14—5　　　　　纽约时报公司：主要收入和成本的组成部分（千美元）

	2008年	2007年	2006年
总收入，其中：	2 948 856	3 195 077	3 289 903
—广告	1 779 699	2 047 468	2 153 936
—发行	910 154	889 882	889 722
—其他	259 003	257 727	246 245
总生产成本，其中：	1 315 120	1 341 096	1 435 456
—原材料	250 843	259 977	330 833
—工资和福利	622 692	646 824	665 304
—其他	441 585	434 295	439 319
销售费用、一般费用及管理费用	1 332 084	1 397 413	1 398 294
折旧与摊销	144 409	189 561	162 331
总营业成本	2 791 613	2 928 070	2 996 081

资料来源：New York Times Company, Inc., 10-K Report, 2008.

成本缩减

NYT 在管理上应对收入缩水的主要方法就是进行成本缩减。在 2009 年的年会上，公司的首席执行官珍妮特·罗宾逊为股东们进行了演说展示，确定了成本节约的五个领域：

- 加强企业的合并。《纽约时报》已将纽约市的两家印刷工厂合并成一家单独的工厂，并每年节约了 3 000 万美元。《波士顿环球报》的两家印刷厂也将一样，每年节省约 1 800 万美元。
- 关闭那些无法达到公司财务目标的业务。在 2009 年早期，NYT 关闭了"城市和郊区"业务，它是公司在纽约地区零售和书报亭的发行业务。这样做每年估计能提高 2 700 万美元的营业利润。
- 精简机构——主要通过将一些职能外包出去，如：广告服务、发行电话营销、客户服务、金融后台职能。一些更小型报纸的印刷业务也会被外包给别的公司。
- 减少在边缘地区的发行资源。
- 减少新闻纸的消耗量，并通过消除报纸的某部分内容（比如杂志指南和电视指南）和减少《纽约时报》的版面来降低生产成本。[4]

出售资产

纽约时报公司已经撤销了大量的非核心业务。2007 年，它将 9 家本地的电视台出售出去；2008 年也卖掉了基于亚拉巴马州的《每日时报》（*Times Daily*）。2009 年，它正协商将自己在新英格兰体育风险投资公司（波士顿红袜队和芬威球场的所有者）18% 的股份以及在新英格兰体育广播网（一家有线电视网络）80% 的股份卖出去。

寻求一个新型的商业模式

NYT 提供"优质新闻报道，无论它是怎样传播的"，苏兹贝格提出的这一想法引起了许多人认为 NYT 的核心竞争力是新闻报道，而它主要的传播媒体——印刷的报纸——在长期来看将会衰弱下去。苏兹贝格的想法缺乏一个明确的商业模式。

在美国报纸行业的"大厮杀"中，盈利的冠军开始是那些因彻底的外包活动而使成本大量削减的公司，以及那些非常着重当地需求，建立了很大差异性的公司。

所有的报纸都经历过这样的困难：为它们的网络版本建立一个可行的商业模式，以及在网络和纸质版本之间建立一种协同关系。在 NYTimes.com 的案例中，最初是向国际访客收取费用，而在 1997 年，为了努力增加网络读者，报纸的网络版本开始能够免费阅读。2005 年，NYTimes.com 转向一个混合模式——靠其优质的内容，对阅读"时报精选"收取一笔费用，而《纽约时报》的网络文档则可以免费进入。2007 年，因 NYTimes.com 提供免费使用功能，故其获得广告收入的愿望得以实现。2009 年，公司再次评估出了一个最好的收费方案。

一份报纸需要创建一个可行的网络商业模式，这是其不得不面对的一个挑战。德鲁克研究所主任瑞克·沃兹曼（Rick Wartzman）提供了一个在网络上运营的解决方案："网络需要包含比大部分报纸还要多的内容。这意味着网络商业模式不再是试探性的不彻底的首创模式。陈旧的版本必须让位于全互联网操作。印刷业应该永远停止运转，运货卡车也应该被扔到废料场。"举一个例子，他建议道，如果《洛杉矶时报》仅在网络上运营，那么依靠 275 名员工便可以赚得 10% 的净利润率。[5]《赫芬顿邮报》则被看成在线报纸的一个典型模范。

在线报纸的"内容收费"倡导者和那些视广告创收为唯一可行的商业模式的人之间展开了集中的辩论。谷歌公司的首席执行官埃里克·施密特（Eric Schmidt）坚定地站在"内容免费"这一方，并认为应该靠广告创收。他提出，只有当新闻内容很独特时，读者才愿意付钱阅读。而对于大部分的新闻来说，免费提供阅读是一个别无选择的方式，因为这些新闻可以在太多的网络来源中获得。在线报纸的发展机会就是能够提供有针对性的广告——这就是为什么他会把谷歌公司看作报纸公司的必要合作伙伴。就在线报纸的设计来说，他指出一家在线报纸的关键特性在于：第一，它应该记住每个读者所阅读过的文章故事，这样新闻内容便可以按客户的要求来定制；第二，它能够允许读者对所感兴趣的主题进行更深一步的阅读。[6]

然而，对于在线报纸内容的商业模式的讨论，引起了大家关于印刷版报纸采用的是哪一种传统商业模式的疑问。在美国和世界其他国家，从其报纸行业的历史发展看，利润通常都不是最重要的，它排在政治影响和多数报纸所有者的自我表达之后，隶属第二位。所以对于那些已经很富有的人来说，报纸的所有权对其吸引力很大，这也就意味着虽然报纸行业的成本超过收入，但是它在财务上还是可行的。《纽约时报》对这些富人和名人的吸引力已经由大量的潜在购买者表现了出来——除了传媒大亨鲁伯特·默多克和电信大亨卡洛斯·斯利姆（Carlos Slim），好莱坞的唱片巨头大卫·格芬（David Geffen）也表达了购买报纸股权的兴趣。

一个关键的问题便是：报纸的财务问题会不会缩减这些潜在的"富爸爸"的支付意愿。《金融时报》提醒道：

> 然而，即使富有的赞助人也有理由表现得很谨慎。大亨山姆·泽尔（Sam Zell），这个最引人注目的人物，最近刚刚进入报纸行业，他花82亿美元购买的美国论坛公司（Tribune Company）最终在破产法庭寿终正寝。长久以来报纸公司都被看作是为其所有者的声誉增添色彩的有用资产，但如今它们倒被视为玷污所有者名字的巨大风险。[7]

报纸行业内的财务困境能够引起如此多的关注和担忧，其原因便是报纸已被看成一项有价值的公共服务——这个"第四等级"身份的服务，能够提高那些有不当行为的政治家和有势力的个人的公共曝光度。如果新闻自由是一个民主国家的中心组成部分，那么一家慈善机构可能是其最合适的商业模式。北卡罗来纳大学的佩内洛普·缪斯·阿伯内西（Penelope Muse Abernathy）提出了四个报纸资助事业的方案：为资助报纸的新闻部门而建立一个基金；对报纸的一些报道覆盖面给予慈善支持，比如海外和文化的报道覆盖面；由一所大学或者其他教育机构购买报纸的股权；将其卖给一位天使投资者，在其运营下成为一家"低利润的有限责任公司"。[8]

非营利性组织也加入到新闻行业中来。Propublica公司是由保罗·斯泰格尔（Paul Steiger）领导的一家公司。斯泰格尔是《华尔街日报》的前任高级编辑，他依靠慈善捐助建立起一家调查性新闻公司。之后这便足以为《纽约时报》和其他报纸提供事迹报道。《纽约时报》同样和一家网站Spot.Us合作，记者可以将他们希望追踪报道的事迹的想法放在这个网站上，他们做这个需要一定的花费，每次需要从社会上筹集20美元。[9]

[注释]

[1] 2009年纽约时报公司年度股东大会，2009年4月23日。
[2] 2009年纽约时报公司年度股东大会，2009年4月23日。
[3] "Feeling the Pinch," *The Economist*, December 4, 2008. "All the News that's Free to Print," *The Economist*, July 21, 2009.
[4] 2009年纽约时报公司年度股东大会，2009年4月23日。
[5] "Out with the Dead Wood for Newspapers," *Business Week*, March 10, 2009.
[6] "View from the Top: Eric Schmidt of Google," *Financial Times*, May 21, 2009.
[7] "Playthings for Rich Men could be Unsafe Toys," *Financial Times*, January 21, 2009.
[8] Penelope Muse Abernathy, "A Nonprofit Model for The New York Times?" Duke Conference on Nonprofit Media, May 4–5, 2009.
[9] "All the News that's Free to Print," *Economist*, July 21, 2009.

15

意大利埃尼石油公司：建立一个国际能源企业

2009年5月标志着保罗·斯卡罗尼（Paolo Scaroni）担任意大利石油巨头公司意大利埃尼石油公司（Eni）为期5年的首席执行官的职业生涯的开始。在他的领导下，碳氢化合物的产量增加了11%（大多数其他的油气公司早已减产），销售额增长了86%（用欧元计量），并且营业收益增长了50%（用欧元计量）。埃尼公司的资本总额已经从690亿欧元下降到570亿欧元——尽管如此，埃尼公司在它上市的三个证券市场（米兰、伦敦和纽约），其股票指数都是走高的。同时，埃尼公司保持着意大利最有价值公司的地位，其市值几乎是排在第二的 Enel 公司（斯卡罗尼加入埃尼公司之前，在这家公司担任 CEO）的2倍。

领导阶层的人员变动对于埃尼公司来说，不会使其在企业战略上发生任何重大改变。斯卡罗尼依旧大力执行前任首席执行官 Vittorio Mincato 的两大战略：

- 非常重视在上游投资，通过埃尼公司的选择性收购所提供的油气储存，促进其公司的有机增长。
- 承诺发展垂直一体化的天然气行业。这一行业通过发展管道和液化天然气（LNG），将埃尼公司在非洲北部和西部的天然气产品与其在欧洲的下游天然气行业连接起来，并与俄罗斯天然气工业股份公司合作，将埃尼公司下游天然气行业拓展到其他欧洲国家并且发展埃尼公司的发电行业。

然而,在竭力执行该战略时,斯卡罗尼被迫要通过一个异常混乱的环境。在他任职埃尼公司的四年期间,石油价格在 32 欧元/桶~148 欧元/桶之间波动,欧洲的炼油毛利先是扩大,接着是急速缩减,与生产国政府的关系也因民族主义、中东争端以及生产国要求更大的产品股份和更多它们的碳氢化合物资源所带来的利润而变得有争议起来。在委内瑞拉和哈萨克斯坦,埃尼公司已经被有关政府逼迫而做出了巨大让步。

向前展望,埃尼公司依然决心执行其增长战略——油气开采的上游部门和欧洲天然气市场的下游部门。然而,大量的不确定因素使得埃尼公司的未来模糊不清。

目前埃尼公司面临最迫切的问题是,全球经济衰退导致石油需求量减少,天然气和电力的能源价格也急剧下降。在埃尼公司 2009 年第一季度的业绩报告中,显示出与 2008 年第一季度相比,其纯利润下降了 43%。

然而,在长期来看,关系到埃尼公司的未来的最大的不确定因素就是,石油和天然气储藏越来越难发现。在越来越偏远、地质构造越来越复杂的地点勘探石油,造成勘探和开发成本的急剧上涨。世界上脆弱不堪的地缘政治状况也在很大程度上加大了投资风险。因为其在哈萨克斯坦、俄罗斯、伊朗、阿尔及利亚、尼日利亚、刚果和安哥拉的上游活动,埃尼公司被看成因政治不稳定而尤其容易受到攻击的对象。

对埃尼公司垂直一体化的天然气战略的威胁并不全都在上游部门。国家天然气巨头公司比方说埃尼公司和法国燃气公司就被欧洲委员会视为推广欧洲天然气市场自由化计划的严重障碍。欧洲委员会尤其担心由天然气配送设施的所有权问题造成的垄断势力。最终埃尼公司被要求将它的国内输气管道和气体储藏资产分离到一个叫 Snam Rete Gas 的新公司。委员会认为埃尼公司的国际输气管道是其竞争者的一个障碍。

日益严重的全球变暖问题对于油气行业来说是一个新的威胁。尽管全球经济衰退使得公众的视线从气候问题转移开,但是人们越来越意识到全球变暖问题已经到了一个转折点,即气候转变正在加快并且变得不可挽回。

埃尼公司的发展历史

Mattei 和埃尼公司的创立,1926—1962 年[1]

1926 年,意大利总理本尼托·墨索里尼(Benito Mussolini)创建了一家名为阿吉普(Azienda Generali Italiana Petroli,Agip)的国有石油公司。[2]在第二次世界大战结束时,前党派人士 Enrico Mattei 被任命为阿吉普公司的领导,并且其被命令解散这个法西斯经济干预的残余产物。与命令恰恰相反,Mattei 让阿吉普公司重新致力于勘探开采事业,1948 年,阿吉普公司在意大利波河流域的北部发现了一个巨大的气田。1949 年，Mattei 又接手管理一家名为斯纳姆（SNAM）的意大利燃气销售公司。Mattei 以新发现的气体储藏和快速铺设的输气管道为基础，利用这次机会创立了一个国家能源系统。"Mattei 预先铺设输气管道，然后再来谈判……他简直无视私人和公共的权利与法律……理论上来说很多工作都是在晚上进行的。"[3]

1953 年 2 月 10 日，为了"保证和提升国家在碳氢化合物和天然气领域的国家利益主动权"这项任务，政府将阿吉普公司、斯纳姆公司和其他国有能源企业合并，建立了 Ente Nazionale Idrocarburi（Eni）公司。Mattei 被任命为新公司的第一任主席和首席执行官。埃尼公司的 36 家子公司在油气产业以外的行业包括工程服务、化学制品、肥皂和房地产方面都拓展得很好。

在 Mattei 的领导下，埃尼公司致力于建设一个集中一体化的国际油气公司，它保障了意大利的能源供给的独立性并且对意大利的战后经济复兴做出了巨大的贡献。Mattei 不久便使自己成为国家英雄："他为战后的意大利表达了很强烈的观点——反法西斯主义，国家重建和复兴，以及不依靠旧关系，以一个完全靠自己的'崭新的人'出现。"[4]

Mattei 的果敢和足智多谋在埃尼公司的国际发展方面尤其凸出。国际石油巨头——这些由于它们的共谋趋势而被 Mattei 称作"七姐妹"的几大公司投资了在中东和拉丁美洲的大部分世界著名的石油源地。1957 年，Mattei 与伊朗国王签订了产量分成协议，这标志着权力由石油巨头向生产国政府的根本性转变，也使得埃尼公司成为石油行业中的"顽童"。这份协议也具有革命性的作用，它创立了一个由伊朗人担任主席的勘探生产合资公司，并且是由埃尼公司和伊朗国家石油公司两家公司共享收益。"Mattei 准则"是埃尼公司在1958—1960 年间拓展其上游产业利益到利比亚、埃及、突尼斯和阿尔及利亚时遵守的基本准则。Mattei 同时和苏联达成了一项易货贸易的协议。到 1960 年，意大利是除中国以外苏联的最大石油客户。

在意大利国内，Mattei 一直在赢取政治支持。这些通常是因为埃尼公司在政治上促进了投资，尤其是收购了陷于困境的公司。到 1962 年，埃尼公司"从事了各种各样的行业，比如汽车旅馆、高速公路、化学制品、肥皂、肥料、合成橡胶、机械制造、仪器制造、纺织、发电、销售、合同研究、工程制造、建筑、出版、核能、钢管、投资银行业，等等，甚至还有教育业，而这些提到的只是其中的一小部分。"[5]

□ 埃尼公司受到国家的监督，1962—1992 年[6]

1962 年 8 月 27 日，56 岁的 Mattei 因飞机失事而去世。他留下的是一个巨型的企业帝国，这家公司的战略是 Mattei 个人的远见，且其整合力量来自Mattei 的非凡领导力和个人权威。在 Mattei 逝世的时候，他不仅仅是埃尼公司的总裁，也是其主要经营公司的领导人。[7]没有 Mattei 的有力领导，权力会转移到政客这一边；渐渐地埃尼公司成了政府经济、工业和就业政策的一个工具。[8] 1975 年后，埃尼公司的主席失去了其经营公司的直接控制力——政府基于政治考虑来任命公司的首席执行官。然而，埃尼公司继续扩大其石油和天然气的利益。主要措施包括从苏联购买天然气（包括埃尼公司从奥地利—捷克斯洛伐克边境到意大利铺设输气管道),铺设从阿尔及利亚和突尼斯到意大利的 Trans-Med 管道以及在西非、刚果和安哥拉的近海项目。但是其财务状况一直不是很乐观——埃尼公司仅仅在 1988—1990 年间有明显的盈利(见表 15—1)。

☐ Bernabè 时代:私有化和转型,1992—1998 年

到 1992 年意大利政府面临来自欧洲委员会的压力,并且新的欧洲货币联盟要求削减公共部门赤字和对工业实行自由放任的政策,国家要放开对其的干预。1992 年 6 月,改革者朱利亚诺·阿玛托(Giuliano Amato)总理公布了给予埃尼公司更大的自主权的第一步骤——埃尼公司变为一个股份制公司,而它与政府的关系转移到财政方面。同时,44 岁的经济学家 Franco Bernabè 被任命为该公司的 CEO。尽管缺乏部门管理经验,Bernabè 对埃尼公司的前景有着很清晰的远见,使其成为私有化、一体化的能源公司,减少其多元化经营的业务。[9]

在 1993 年腐败丑闻席卷整个意大利时,Bernabè 领导埃尼公司从根本上转型的时机到来了。1993 年 3 月期间,埃尼公司的主席 Gabriele Cagliari 以及几个高级董事会成员和主管因腐败而被逮捕。[10]在接下来的三个月里,Bernabè 进行了一次全面重组的管理。埃尼公司和其主要的子公司的董事会人员被迫辞职,并且 250 名董事会新成员被任命。[11]

Bernabè 的经营战略是"减少经营业务的数量,将埃尼公司从一个松散的集团,转向集中经营其能源核心业务。"[12]随着 EniChem(埃尼公司棘手的化工制品业务)的产量减半,Nuovo Pigone(一个涡轮机制造商)的销售额也下降了。在 1993 年整个年度内,即 Bernabè 担任首席执行官的第一年,埃尼公司的 73 个业务被停止经营或者销售,而且有 15 000 个员工被迫下岗。成本节约加上资产出售使得埃尼公司 1994 年的利润几乎达到 20 亿美元。[13]

1995 年 11 月 21 日,埃尼公司用 15%的总资产进行首次公开募股,为意大利财政部筹集了 33 亿欧元;并且在 11 月 28 日,埃尼公司的股票开始在米兰、伦敦和纽约证券所上市交易。经过 40 多年的寻求罗马政客的指导之后,埃尼公司的高管层不得不适应新的长官们——涉及全球金融资本的投资界人士。

对股东利益负责为进一步重新调整提供了动力:"埃尼公司的战略是将重点放在从规模、技术和成本构成上看,有着一个领先市场地位的业务和地理区域。为此目的,埃尼公司将通过收购、合资经营、转让部分资产等手段来实现动态管理投资组合。埃尼公司同样将非战略业务外包出去。"[14]资本投资越来越集中在上游部门业务中。在炼油、营销和石油化学制品方面实行成本缩减和资产出售等举措。

结果是惊人的。在 1992—1998 年期间,Bernabè 使得埃尼公司的负债减半,由亏损转向实质性的盈利,并且减少了 46 000 名雇员。然而,1998 年是 Bernabè 在埃尼公司的最后一年:他的成功使其成为领导另一新兴私有化巨头公司(意大利电信公司)转型的最合适人选。

表 15—1　埃尼公司的销售额、利润、就业和生产，1985—2008 年

	1985 年	1986 年	1987 年	1988 年	1989 年	1990 年	1991 年	1992 年	1993 年	1994 年	1995 年	1996 年
销售额（百万美元）	24 328	22 557	24 464	25 220	27 105	41 764	34 594	38 659	33 595	30 670	35 335	37 973
纯收益（百万美元）	406	42	544	1 006	1 176	1 697	684	−768	154	1 977	2 704	2 930
雇员（千人）	129	130	119	116	136	131	131	126	109	92	86	83
油气生产（千桶/天）	371	384	443	490	538	590	618	860	901	941	982	984

	1997 年	1998 年	1999 年	2000 年	2001 年	2002 年	2003 年	2004 年	2005 年	2006 年	2007 年	2008 年
销售额（百万美元）	34 323	33 177	31 225	46 000	43 607	51 379	59 322	72 394	91 423	109 492	119 541	158 978
纯收益（百万美元）	2 980	2 891	3 019	5 671	7 333	4 816	6 323	9 020	10 897	11 613	13 715	14 050
雇员（千人）	80	79	72	70	71	81	77	71	72	73	75	78
油气生产（千桶/天）	1 021	1 038	1 064	1 187	1 369	1 472	1 562	1 624	1 737	1 770	1 736	1 797

资料来源：埃尼公司各年的年度报告。

□ Mincato 时代：从结构调整到增长，1998—2005 年

Vittorio Mincato 给埃尼公司带来了不同的背景和管理风格。作为比 Bernabè 资深 12 年的前辈，Mincato 已经在埃尼公司工作了 42 年——包括担任 EniChem 公司的主席 15 年，在 EniChem 他是改革和重组的先驱。

如果说 Bernabè 的战略是集中经营埃尼公司的核心能源业务，那么 Mincato 的战略便是发展它们。在 1999 年的年度报告中，Mincato 简要概括了他将实行的战略：

> 1999 年年底通过的一个四年计划源自一个新的战略构想，它的特色在于：一方面在上游业务上的有争议的增长期权，另一方面，在能源市场上以顾客为导向的方针。
>
> 针对上游部门，我们计划要求到 2003 年时碳氢化合物的生产要增长 50%。这个目标将由两个部分组成：第一个部分以普通增长为代表……第二个增长部分同企业的合并与收购计划有关……
>
> 在天然气部门，埃尼公司已经在三个层面上很活跃。第一，公司在下游业务活动中实行一个国际化战略，目的是到 2003 年，在外国增长市场每年最少销售 100 亿立方米的天然气……第二，随着 EniPower 公司的创立，基于欧洲对天然气需求量的增长将来自联合循环电力生产的扩大这一事实，埃尼公司开始对它在电力部门的业务活动进行重新调整，这对于巩固埃尼公司在天然气产业链中的地位是一个必需的步骤。
>
> 为了支持开辟意大利的天然气市场，我们开始对斯纳姆公司的业务活动进行调整，将运输业务……从供给和销售业务中分离出来。
>
> 对我们来说，要影响我们这个行业的变化范围，需通过强大的效率提高来实现。因为这个原因，削减成本的计划被修改，储蓄额提升到 10 亿欧元（增加了 2.5 亿欧元），这本来是埃尼公司计划到 2003 年通过节约成本来达到的……然而各部门的成本将被缩减，石油化工部门将被实行强有力的措施——即到 2003 年，该部门所占净资产的比重将下降到 7%。[15]

由于埃尼公司战略的清晰以及它执行的有效性，在 2005 年 Mincato 退休的时候，他赢得了来自投资界和行业内部的一致喝彩。在上游部门，埃尼公司拓展了它在哈萨克斯坦（埃尼公司在这里接手作业量巨大的卡沙甘油田）、西非、伊朗和墨西哥湾的勘探活动。此外，埃尼公司分别在 2000 年 5 月以 13 亿欧元、2000 年 12 月以 41 亿欧元，以及在 2002 年 11 月以 11 亿欧元购得英国婆罗洲、LASMO 和 Fortum 公司在挪威的油气资产。

在天然气业务上，埃尼公司着手多个大型项目来连接天然气的生产和市场。其中最大和最有野心的便是 Blue Stream 项目，这是一个与俄罗斯天然气工业股份公司对半持股的合资经营项目，该项目是为了在黑海海底建立从俄罗斯通向土耳其的输气管道。Blue Stream 项目是随着从利比亚到意大利的 Greenstream 输气管道而建立起来的。两个项目都是由埃尼公司的分公司 Saipem 来负责的。

在国外，埃尼公司收购了一些天然气分配公司并占有主要股权，这些公司

分别是西班牙的 Union Fenosa Gas（50%）、德国的 GVS（50%）、葡萄牙的 Galp Energia（33%）。埃尼公司同样进入匈牙利、希腊和克罗地亚的下游天然气市场。在意大利国内，埃尼公司开始很大比重地投资发电行业。

在下游部门，埃尼公司追求经营合理化以及在炼油和销售上的成本节约。在 1999—2005 年期间，炼油产量由每天 664 000 桶缩减到每天 524 000 桶，而且零售加油站的数量也减半。埃尼公司的化工制品业务被一个独立的公司 Polimeri Europa 合并。

在公司内部，Mincato 力图使埃尼公司成为一个更加一体化的公司。2000—2004 年期间，Mincato 将埃尼公司由一家控股公司转变为一家多部门公司。其中主要的子公司之前是由它们自己的董事会和首席执行官自主运营的，Mincato 将它们整改成三个部门：勘探和生产部门、天然气和电力部门、炼油和市场营销部门。公司一体化的一个关键方面是，相比于传统的"人事"活动，一个全公司的人力资源战略应更加强调员工培训、评估和职业规划。

为了给埃尼公司缔造更加干净的身份和形象，在广告宣传和合作交流中，口号"埃尼的方式"被作为公司的广告语。"埃尼的方式"所包含的主题是技术强度、独创性、冒险精神以及社会和环境责任感。

斯卡罗尼领导下的埃尼公司所实行的战略，2005—2009 年

保罗·斯卡罗尼在担任埃尼公司的 CEO 之前，曾经是意大利最大的电力供应商 Enel 公司和英国玻璃公司 Pilkington 的 CEO。他本科毕业于博科尼大学，并在哥伦比亚大学获得 MBA 学位。外界对斯卡罗尼担任埃尼公司的 CEO 表示欢迎，虽然最初他们表示过不安：

> 作为世界第六大的油气公司埃尼公司的老板，Vittorio Mincato 对公司的治理（在意大利）持续地遭受了很大的保留意见，尤其是上周的免职处理。不仅仅这些有才能的并且不问政治的管理者被那些对工业一无所知的人取代，如今埃尼公司整个董事会都忽视掉了这一问题。[16]

在接下来的 12 个月里，斯卡罗尼通过和投资界有效的沟通并且领导埃尼公司提出国际倡议——特别是关于生产国的倡议，平息了早期的大家的恐惧害怕。从最开始斯卡罗尼就声明他不会完全脱离 Mincato 推行的战略。在接受《金融时报》的采访时，他承诺用一个十年战略来使埃尼公司转变成世界级的油气巨头："这是我的想法，而且我也在公司内部说明了。埃尼公司已经从一个小公司发展起来，接近于成为大型油气公司。它比五年前的规模还要大。我们将利用自身独有的特色来制定一个长期增长战略。"这将是一个有机增长的过程："现在不是一个收购的好时机。如果找到合适的目标企业，那么所有的公司都有能力去得到它，因为每个公司都有足够的钱。在金钱游戏里，我们不是最富有的。"

为了获得增长，埃尼公司需要利用自身独特的优势，比如说它所拥有的政治敏感的长久经验，在产油国保持中立的立场："我们想利用我们公司和国家

的影响力来起到一个积极作用。"不同于他之前在 Enel 公司的工作，他在埃尼公司不需要进行广泛的调整："在埃尼实行的战略都是稳固而有效的，如果它不出错，我们便不用修改战略。"[17]

□ 上游业务的增长

2005—2008 年期间，每年的资本支出都上涨一倍，其中超过三分之二的资本支出用于勘探和生产业务。埃尼公司在上游业务中实行的主要举措包括以下几个部分：

- 在哈萨克斯坦，埃尼公司的巨型卡沙甘油田，储藏量超过 150 亿桶石油，它是近 30 年来世界上发现的最大的油田。埃尼公司对其持有 18.5% 的股份，并且是该油田的作业者。这个油田是埃尼公司上游业务中最大的项目。然而，它也是斯卡罗尼的一个巨大挑战。2006—2008 年期间，正是石油价格上涨的时期，经常性费用的超支（整个项目成本估计由最初的 570 亿美元增加到了 1 360 亿美元）和推迟（第一批石油产出日期从 2005 年推迟到 2013 年），阻碍了项目的发展。在埃尼公司任职的最初四年中，和哈萨克斯坦政府的关系这一项，一直摆在斯卡罗尼日常工作的第一位。哈萨克斯坦政府抱怨埃尼公司对项目管理不善，而埃尼公司认为这与项目的技术、地质和逻辑复杂性以及世界上工程师、地质学家和技术专家的缺乏有关。在 2008 年 8 月签订的一项新协议中，减少了埃尼公司和其合作伙伴在该项目中的股份，并且埃尼公司作为该油田的开发商的角色也被一家合营企业所取代。
- 在俄罗斯，埃尼公司利用自己曾经是苏联的最大的天然气客户之一这一历史渊源，拓宽与俄罗斯天然气工业股份公司的关系。2007 年 4 月，埃尼公司收购了四家俄罗斯石油公司的股权，其中包括以 30 亿欧元的价格购得俄罗斯天然气工业股份公司石油业务的 20% 的股权。然而该公司保留了其买回这些资产的权利并在 2009 年 4 月实施了这一权利。[18] 2007 年 11 月，埃尼公司又与俄罗斯天然气工业股份公司成立了一家合资公司来建设 South Stream 管道——这条管道是用来把中亚的天然气输送到南欧的。
- 在刚果，埃尼公司和刚果共和国谈判达成了一项协议，这被一些评论者奉为未来石油公司与产油国政府的一种关系模式。这项 2008 年 5 月签订的协议，内容包括埃尼公司将投资 30 亿美元发展各种项目。除了岸上及近海的勘探和生产项目，埃尼公司将利用埃尼公司 M'Boundi 油田的伴生气来建立两个发电厂。这个发电项目还包括分销基础设施的建设，并将提供刚果电力需求量的 80%。除此之外，埃尼公司还将开发一个棕榈油种植园来生产生物燃料。埃尼基金会则资助当地的卫生诊所和儿童接种疫苗计划。
- 在利比亚，作为利比亚石油生产的最久合作伙伴，以及石油的最大购买商，埃尼公司通过延长 25 年的特许权期限并且同意将 10% 的股权卖给利比亚政府，来建立和巩固在当地的地位。[19]
- 埃尼公司的一些最重要的新的上游措施会影响到 LNG 业务的发展。这个业务在埃尼公司有着战略性的重要地位。迄今，埃尼公司的垂直一体化天然气业务已发展起来，它利用管道，将北非和俄罗斯的天然气源头与它在意大利的大型国内市场连接起来。通过 LNG 业务，埃尼公司能够在地理上拓展天然气的生产和营销。LNG 项目包括埃及、阿尔及利亚、尼日利亚、安哥拉以及印度尼西亚这几个国家。在卡塔尔，埃尼公司购买 LNG 的协议，为其和卡塔尔石油公司建立联盟、着手进行在非洲和地中海地区的油气勘探项目提供了基础。

表 15—2 描述的是埃尼公司的产量和储藏量的地理分布。

埃尼公司上游战略的一个重要特点就是，把精力集中在各个国家的那些从传统意义上讲被称为很难做生意的地方。据石油政治专家 Steve LeVine 所说："为了在石油巨头险恶的新世界里得以生存，意大利的埃尼石油公司持续开辟出了一条成功的道路——上床睡觉，不和世界级的国有石油企业竞争……对'七姐妹'来说，它已经成长蜕变成一个获得巨大成功的继承者，这是西方石油巨头公司作为世界独裁者能找到的最大的安慰。在它的同胞与乌戈·查韦斯（Hugo Chavez）、弗拉基米尔·普京（Vladimir Putin）拌嘴争斗时，埃尼公司赢得了一个舒适的怀抱。"[20]

针对因投机取巧和不遵守规则行事而遭受的指责，斯卡罗尼的回应是实事求是的："我们和拥有天然气的国家做生意，如果瑞士有天然气，那我们就会和瑞士合作。"实际上，对于产油国和西方油气公司间早已改变的力量均衡，埃尼公司利用灵活创新的方法来保持和产油国的关系，这是能够被接受的："事实就是如此，石油是他们的……如果你被当作合作伙伴，你就能开发他们的石油；否则，你就会被踢出局。"[21]

表 15—2　埃尼公司各个地区的碳氢化合物产量和储藏量（千桶油当量/天）

	意大利	北海	北非	西非	世界其他地区	全世界
产量						
2008 年	199	237	645	335	381	1 797
2007 年	212	261	594	327	342	1 736
2006 年	238	282	555	372	323	1 770
2005 年	261	283	480	343	370	1 737
2004 年	271	308	380	316	349	1 624
2003 年	300	345	351	260	306	1 562
2002 年	316	308	354	238	256	1 472
2001 年	308	288	317	233	223	1 369
2000 年	333	168	306	225	155	1 187
1999 年	358	154	269	206	77	1 064
1998 年	394	156	236	196	56	1 038
1997 年	404	155	229	180	54	1 022
储藏量						
2008 年	681	510	1 922	1 146	1 983	6 242

资料来源：埃尼公司各年的年度报告。

埃尼公司同样通过有选择的收购活动来继续增加它的油气储藏量——既收购特定资产，也收购整个公司。除了在俄罗斯的投资活动，埃尼公司还购买了如下资产：

- 以 14 亿美元购买了 Maurel and Prom 公司在刚果的资产（2007 年 2 月）。
- 以 48 亿美元从道明尼资源公司（Dominion Resources）手中购得一个墨西哥湾的油田（2007 年 4 月）。
- 以 23.6 亿欧元购得 Burren Energy Plc 公司的主要资产：在土库曼斯坦的天然气田（2008 年 1 月）。
- 以 7 亿欧元的价格收购了 First Calgary Petroleum 有限公司（包括该公司在阿尔及利亚的上游资产）（2008 年 11 月）。

斯卡罗尼在 2009 年 2 月创立的战略计划，保证了埃尼公司在碳氢化合物生产上能够持续稳定地增长（见附录 4）。

下游：在欧洲开展天然气业务

不同于其他油气巨头公司，石油的提炼和石油产品的营销占埃尼公司下游业务相当小的部分，仅仅占公司总资产的 11%。炼油和营销业务大量集中在意大利国内，占其石油产品销售额的 70%，2008 年几乎相当于意大利市场的 31%。在国外，埃尼公司销售石油产品的主要市场在奥地利、匈牙利、斯洛伐克、瑞士和德国。它在任何一个国家的最大市场份额都没有超过 12%。在斯卡罗尼的管理下，埃尼公司持续削减炼油产量并且不断减少零售商店的数量。公司同样也缩小了其炼油和营销活动的地理范围——较早地从非洲和北欧撤出，并紧接着出售其在西班牙和葡萄牙的下游业务。

在天然气业务方面，斯卡罗尼持续扩张埃尼公司在欧洲的天然气市场规模——由于欧盟试图创立一个有竞争力的欧洲天然气市场，这一部分是用来补偿其在意大利市场被削弱的竞争优势的。2007 年埃尼公司在法国购买了 Altergaz 公司 27.8% 的股权。同样它在比利时也购买了天然气公司 Distrigas NV 57% 的股权。在俄罗斯，埃尼公司与一家俄罗斯发电厂签订合同，为其提供天然气，这使得埃尼公司成为进入俄罗斯天然气下游市场的第一家欧洲公司。

斯卡罗尼将埃尼公司的垂直一体化战略看成其在欧洲天然气市场中的核心竞争优势：

> 埃尼公司对在欧洲的天然气交易活动有着一个非常清晰的思路。我们都是以勘探和生产部门为上游，以分配、运输和销售部门为下游。我们替你来解答公司是如何对这两个部门进行一体化运营的：我们公司 35% 的天然气资产是通过我们的天然气和电力部门来销售的，所以我们早已做好大多数竞争者在天然气的中游和下游业务上会做的工作：上游一体化，并且将我们自己的天然气资产销售出去……当然我们有关于采购气体的一个广泛的投资组合，它包括从阿尔及利亚到利比亚、波兰、挪威，当然还有俄罗斯。
>
> 总结起来，在天然气业务上，我们将稳固的上游地位与广泛和均衡的基础设施，以及在意大利和欧洲拥有的一个稳固的市场销售地位紧密结合起来。再没有任何成员能在欧洲市场上有这样一个拥有特权的地位——我希望能够将我们的商业活动的每一个部分都展示给你看——我们同样还拥有令人兴奋的增长时机。

据负责天然气供给的管理者 Marco Alvera 所说，埃尼公司的天然气垂直

一体化战略有着以下五大优势：

> 第一，我们的天然气，无论是自有的还是承包的，都来自十个不同的国家。这使得天然气的供给有着足够的差异性和安全性。第二，它对LNG业务的一体化发展有着杠杆作用。第三，我们有着吸引人的契约结构和条款。第四，我们拥有一套巨大的跨欧洲南北与东西方向的运输和存储资产。第五，我们有着明显的商业灵活度，这使得我们每天能够让每个合同的天然气生产和抽取量都不同。下面让我们依次来看一看这几个优势。[22]

在第四点上，Alvera指出埃尼公司的运输基础设施起着关键作用：

> 在欧洲，我们可以自由进入每个主要的天然气消耗和生产国。这一理想的局面有助于非意大利国的业务增长。历史上，我们的运输和大量的存货系统的发展给天然气带来了固定的兴衰时期，在意大利这一模式被叫做"意大利中心"。它们将天然气输送到北欧、东欧或者西欧。我们所需要做的只是使天然气的运输经过那些地区，在它去意大利的途中，当我们需要它的时候便及时拦截获取。如果我们能用一个LNG战略和通货互换协定来补充完善以上这些方面，那么其便能有效地使我们在欧洲的全部市场或者所有的目标市场在不花费任何额外费用的情况下都能获得天然气的供给。这是非常独特的一点。

> 这使我们拥有一个独特的灵活性，我们可以用三点来总结。首先，除了必要的运输设施能够使用以外，在天然气合同方面我们也有着很强的结构灵活性。依照合同我们所能获得的天然气最大数量和最小数量每年能相差140亿立方米。从全局角度来看，这几乎是整个欧洲天然气需求量的3%。其次，幸亏在欧洲的大多数下游、中游和上游市场有我们的存在，我们对自身的行业有了更广泛和深刻的认识。最后，我们当然能够利用一套独特的关系，在一些案例中这些关系可以追溯到过去50年中，并且我们和真正的战略伙伴有着很好的合作。

> 总结来看，我想说在欧洲天然气市场上，没有其他的作业者能够宣称像埃尼公司的天然气和电力部门一样，有着同样的规模和资产抵押灵活性。随着我们继续由先前的意大利国有垄断公司转向一个在天然气市场上的真正的欧洲领导企业，提高我们的优化性能，将推动我们继续发展甚至将来建立一个我们自己的联盟。

对于埃尼公司实行的天然气垂直一体化的战略来说，给其带来最大障碍的应该是欧盟试图建立一个有竞争力的欧洲天然气市场。欧盟对天然气市场上的竞争的指导，逼迫埃尼公司不得不将其在意大利的下游的天然气市场份额缩减到50%，并且将天然气储存和运输资产分离到独立的受控公司。

埃尼公司的反应是将其控制的所有天然气业务转移到一个独立的公司。2001年，Snam Rete Gas公司被创立，来自行管理埃尼公司主要的（高压）配气系统。2008年，埃尼公司将其油品储运公司Stogit and Italgas以总额48亿欧元的价格卖给了Snam Rete Gas公司。

图15—1展示的是埃尼公司的油气垂直链。值得提到的很有意思的地方是，尽管埃尼公司致力于天然气的上游和下游业务的国际扩张，但它的销售和资产的很大比重仍然在意大利国内（见图15—2和图15—3）。

石油（百万吨）

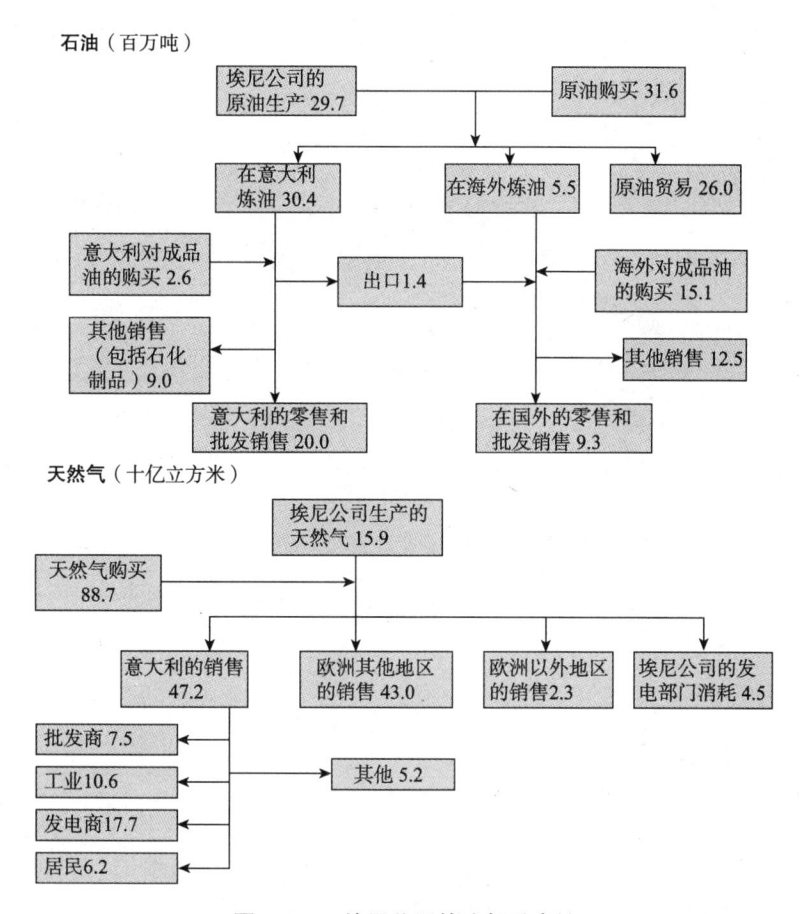

```
埃尼公司的原油生产 29.7 → ← 原油购买 31.6
    ↓                              ↓
在意大利炼油 30.4    在海外炼油 5.5    原油贸易 26.0
```

意大利对成品油的购买 2.6 → 出口 1.4 ← 海外对成品油的购买 15.1

其他销售（包括石化制品）9.0

意大利的零售和批发销售 20.0

其他销售 12.5

在国外的零售和批发销售 9.3

天然气（十亿立方米）

```
埃尼公司生产的天然气 15.9
天然气购买 88.7
```

意大利的销售 47.2 ／ 欧洲其他地区的销售 43.0 ／ 欧洲以外地区的销售 2.3 ／ 埃尼公司的发电部门消耗 4.5

批发商 7.5
工业 10.6
发电商 17.7
居民 6.2

其他 5.2

图 15—1 埃尼公司的油气垂直链

资料来源：Eni Fact Book 2008, www.eni.it/attachments/publications/reports/reports-2009/fact_book_2008.pdf, accessed October 29, 2009.

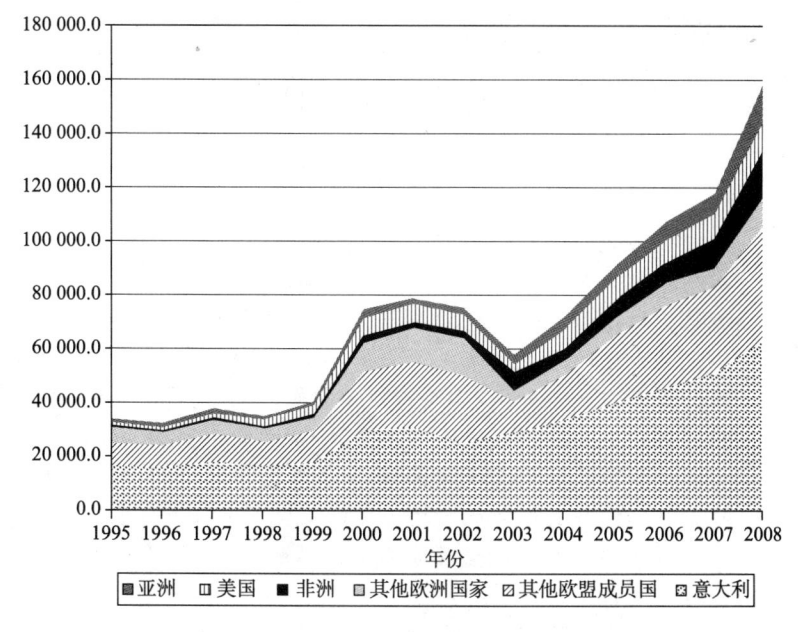

图 15—2 埃尼公司各地区的销售（百万美元）

图例：亚洲 ／ 美国 ／ 非洲 ／ 其他欧洲国家 ／ 其他欧盟成员国 ／ 意大利

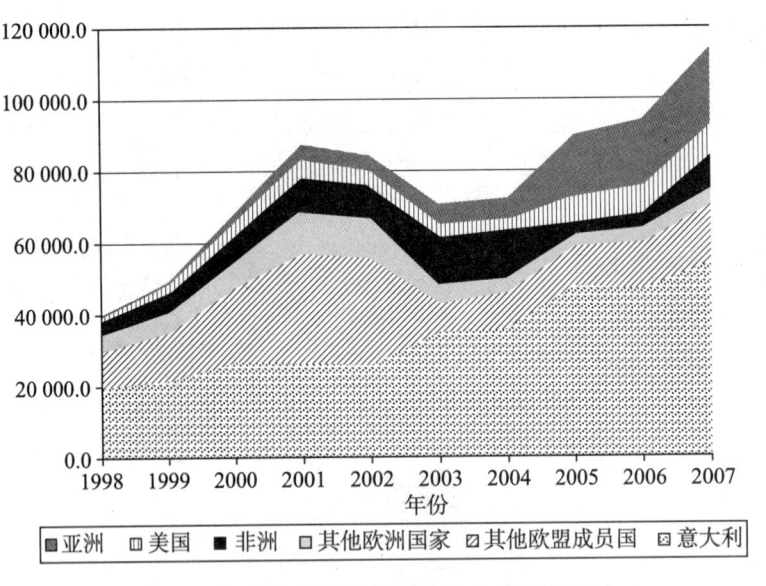

图 15—3　埃尼公司各地区的资产（百万美元）

2009 年的石油行业

石油行业由两个主要部分组成：上游部门和下游部门，上游包括勘探和生产，下游被分成石油产品的提炼和营销、天然气的分配和营销。在上游和下游之间的是中游的活动，它由油气运输（管道及海运）和贸易组成。

公司

石油行业主要有三种类型的公司：

● 大型油气公司以它们的年龄、规模、国际化范围和垂直一体化为特征。它们是该行业中最久远、规模最大的公司。1998—2002 年间，一股兼并和收购的浪潮引起了包含一批"超级巨头"的精英团体的涌现，包括埃克森美孚石油公司、英国石油公司、荷兰皇家壳牌公司、雪佛龙德士古公司、康菲石油公司和道达尔公司（见表 15—3）。其中一些巨头企业同样也是大型的化工制品生产商（例如：埃克森美孚石油公司、荷兰皇家壳牌公司、道达尔公司）。而其他企业则是放弃了它们大部分的化工生产活动（英国石油公司、道达尔公司）。对于这些兼并与收购活动所获得的真实经济利益，我们是无法得知的。通过构建一个上游主要项目的投资组合，公司便拥有分散风险的优势。从事多个项目也能够呈现出潜在的创新和学习能力。然而，没有证据显示"超级巨头"企业比"巨头"企业更具规模经济优势。

表 15—3　　　　　　　　　　　　油气行业中主要的兼并与收购活动[a]

1995 年的大型石油公司	1995 年收益（十亿美元）	合并日期	2008 年的大型石油公司	2008 年收益（十亿美元）
埃克森石油公司	124		埃克森美孚石油公司	425
美孚石油公司	75	1999 年		
壳牌集团	110		荷兰皇家壳牌公司	458
安特普莱斯石油公司	1	2002 年		
英国石油公司	56		英国石油公司	361
美国石油公司	28	1998 年		
阿科公司	16	2000 年		
雪佛龙公司	31	2001 年	雪佛龙德士古公司	255
德士古公司	36	2001 年		
道达尔公司	28		道达尔公司	223
佩特罗芬纳公司	n.a.	1999 年		
埃尔夫阿奎坦集团公司	n.a.	2000 年		
美国康诺克石油公司	15		康菲石油公司	225
菲利浦斯石油公司	13	2002 年		
托斯克公司	n.a.	2001 年		
埃尼公司	36		埃尼公司	158
雷普索尔石油公司	21		雷普索尔-YPF 公司	68
YPF	5	1999 年		

a. 只包含公司收益超过 10 亿美元的收购活动。

- 国有石油公司（NOC）是由产油国政府创立，用来管理本国的石油储藏量的国有垄断企业。就生产和储藏量来说，NOC 主导了主要石油公司的排名（见表 15—4）。在 20 世纪 60 年代中期—80 年代早期，政府将石油巨头的石油资产国有化，创立了大多数的国有石油公司。2000—2008 年期间，国有石油公司和石油巨头的关系有了实质性的转变。由于产油国抬高了原油价格，加上日益增长的民族主义势力，NOC 的野心越来越大，它们加强控制国家的碳氢化合物资源，在产品和收益方面也要求更多的股权利益。在委内瑞拉、玻利维亚和俄罗斯，国外的石油公司被迫将上游资产转让给国家政府或者本土公司。而在其他地区，当地政府对石油公司强行征收更高额的税，并且重新谈判参股协议。渐渐地，NOC 成为了各大石油巨头的直接竞争对手。其中一些国有石油公司，比如巴西国家石油公司和中国海洋石油总公司，已经跃居成为国际上的主要石油公司。其他的如沙特阿拉伯国家石油公司、科威特国家石油公司和委内瑞拉国家石油公司则开展了大量的下游（与化工制品）业务，并压缩在炼油和散装化学品业务上的利润率。在石油服务公司例如哈利伯顿公司和斯伦贝谢公司的帮助下，NOC 获得了现代技术并且更少依赖于那些石油巨头。

- 独立石油公司。在所有的垂直层次上，专业公司占有非常重要的地位。在勘探和生产业务方面，一些公司是重要参与者，比如说戴文能源公司、阿纳达科石油公司、凯恩能源公司和伍德赛德能源公司，特别是在边境地区的勘探作业尤为出色。它们在运营和财政上的成功，充分驳斥了这样的推论：在石油行业中，要成为石油巨头，基本要求是公司规模很大。在炼油业务上，这些独立的炼油企业如美国的瓦莱罗公司，早已成为石油巨头并廉价出售了其下游资产。（附录3列出了世界上具有公开交易的股票的最大的油气公司。）

表15—4　　　　　美国《石油情报周刊》评选的前40家石油公司

2005年排名	2004年排名	PIW指数	公司	国家	国家所有权（%）
1	1	30	沙特阿拉伯国家石油公司	沙特阿拉伯	100
2	2	36	埃克森美孚石油公司	美国	0
3	4	39	伊朗国家石油公司	伊朗	100
4	3	44	委内瑞拉国家石油公司	委内瑞拉	100
5	5	48	英国石油公司	英国	0
6	6	59	荷兰皇家壳牌公司	英国/荷兰	0
7	9	68	中国石油天然气股份有限公司	中国	90
8	8	78	雪佛龙公司	美国	0
8	7	78	道达尔公司	法国	0
10	9	83	墨西哥石油公司	墨西哥	100
11	11	94	康菲石油公司	美国	0
12	12	96	阿尔及利亚国家油气公司	阿尔及利亚	100
13	13	100	科威特石油公司	科威特	100
14	14	106	巴西国家石油公司	巴西	32
15	24	108	俄罗斯天然气工业股份公司	俄罗斯	50
16	19	130	卢克石油公司	俄罗斯	0
17	16	132	阿布扎比国家石油公司	阿拉伯联合酋长国	100
18	17	134	埃尼公司	意大利	0
19	18	137	马来西亚国家石油公司	马来西亚	100
20	21	143	尼日利亚国家石油控股公司	尼日利亚	100
21	20	152	雷普索尔-YPF公司	西班牙	0
22	25	156	利比亚国家石油公司	利比亚	100
23	22	168	伊拉克国家石油公司	伊拉克	100
24	23	183	埃及国家石油公司	埃及	100
24	26	183	卡塔尔石油公司	卡塔尔	100
26	31	185	俄罗斯国家石油公司	俄罗斯	75
26	27	185	苏尔古特石油天然气股份公司	俄罗斯	—
28	28	189	中国石油化工集团公司	中国	55
29	30	191	挪威国家石油公司	挪威	71
30	32	224	印度石油天然气公司	印度	74
31	33	241	美国马拉松石油公司	美国	0
32	29	242	尤科斯石油公司	俄罗斯	—
33	15	253	印度尼西亚国家石油公司	印度尼西亚	100
34	37	277	叙利亚石油公司	叙利亚	100
35	34	283	阿曼石油开发公司	阿曼	60
36	50	292	奥地利石油天然气集团	奥地利	32
36	36	292	阿塞拜疆国家石油控股公司	阿塞拜疆	100

续前表

2005年排名	2004年排名	PIW指数	公司	国家	国家所有权（%）
38	41	298	秋明英国石油控股公司	俄罗斯	0
39	40	303	加拿大能源公司	加拿大	0
40	35	310	哥伦比亚国家石油公司	哥伦比亚	100

注：美国《石油情报周刊》是采用公司的产出和财务指标来评选排名的。

☐ 垂直一体化战略

石油巨头所实行的战略中最主要的一个特征便是，将垂直一体化战略贯穿整个价值链，从勘探到石油和其他的成品油的零售，各方面都有涉及。垂直一体化的基础是公司有将上游产品转到下游销售的需要。在石油领域，一套全球运输和储存基础设施的发展，原油和成品油的竞争市场，以及专业公司在价值链的每一个环节都存在，这些都降低（如果没有消除的话）了垂直一体化战略的竞争优势。作为回应，石油巨头拆散了它们的垂直一体化结构。这其中包括分散上下游密切的业务联系，并从一些纵向环节中退出——例如将油田服务、海运、计算机业务外包出去——而且廉价出售化工厂。然而，所有的石油巨头仍然都保持涉足勘探、生产、炼油和营销环节——尽管公司的重点越来越被放在上游业务上，并且没有采取任何举措来保证上下游的密切协调。

在天然气方面，情况就有所不同了。由于运输和储存天然气存在物理性障碍，这意味着将天然气储藏量货币化，需要对连接生产和消费的运输、液化和储存环节进行专门的投资。然而，与石油不同，大多数天然气巨头在下游天然气业务方面缺乏历史地位。渐渐地这些企业向前整合了下游天然气业务，要么是直接整合，要么通过与天然气营销公司联盟并签订长期合约来完成。为了充分开发利用离主要市场很远的天然气田，大多数的天然气巨头都非常关注对LNG这个领域的投资。

对天然气行业实行垂直一体化战略的渴望，同样为企业进入发电行业提供了强大动力。到2005年，埃克森美孚石油公司拥有3 700兆瓦的发电量，并且在电力生产上投资了20亿美元。

对所有的巨头公司来说，天然气是21世纪最初十年的优先发展项目。曾经被认为是无用的障碍的天然气原来是可燃烧的，世界对天然气的需求量罕见地上涨到石油的两倍之多。到2008年，天然气的消耗量（按照油当量来衡量）几乎是石油的80%。如果说20世纪是"石油时代"，那么，21世纪的上半世纪则被一些评论者称为"天然气时代"。

☐ 技术和知识管理

为了探索寻找能源储藏，石油巨头甚至去了北极和深海地区。而为了延长旧油田的寿命，各大公司纷纷发展再度开采技术。利用该技术，公司从重质高硫原油、煤、石油砂和油页岩中生产出了合成原油。另外公司也采用天然气合成油（gas-to-liquid）技术从天然气中提取汽油。

结果就是石油公司越来越依赖技术,然而,石油巨头对研发部门的投资还是比较适度的(在近年来,少于公司收益的0.3%)。逐渐地它们将技术密集型的业务活动外包给别的公司。在上游部门中,那些石油服务公司在定向钻井、4D地震模拟和"智能油田"管理方面,一直都是技术领先者,尤其是美国的斯伦贝谢公司。

然而,在石油行业中,对知识的需求不仅仅局限于技术方面。行业的技术、逻辑、政治和财政复杂性意味着,获得竞争优势的关键动力是拥有能够汲取经验并将它传达到整个公司的能力。在21世纪的早些年里,所有的领先油气公司便都采用了一些知识型的管理方法,来提高它们对知识获取、储存和利用的效率。许多新的知识管理系统很大程度上都是依靠网络技术、分布式计算以及数字无线通信技术来提高决策的速度和质量的。

□ 石油行业靠什么提高盈利能力

勘探和生产 2002—2008年石油价格的上涨强化了这个行业的传统观点:上游业务是能源行业获取利润的主要来源。正如表15—5所示,相比下游业务和化工制品来说,上游业务实质上为石油巨头带来了更多的利润。尽管上游活动仅占大型石油公司总收益的五分之一,但是2004—2008年期间,它们贡献了超过三分之二的总利润。而上游业务为何能够有如此丰厚的利润,其原因并不完全清楚。石油行业的结构——许多生产者和一个商品——没有显得特别吸引人。然而,一个关键的结构影响便是(石油输出国组织OPEC),该组织占了超过一半的世界石油生产,并通过给成员国限定生产配额来维持高价格。一旦OPEC对石油生产实行的准则瓦解了,石油的价格便会下降——有时是灾难性的(正如在1986年和1998年年底发生的)。然而,2002—2008年期间,石油价格(和上游利润)大规模上涨,主要是因为印度等国对石油需求量的增加,导致了油荒的出现。正如表15—6所显示的,问题并不是缺乏储藏量(除了储藏量已经枯竭的美国和欧洲),而是投资不足所导致的限制生产(如俄罗斯、伊朗、利比亚),加上国内动荡不安(如伊拉克、尼日利亚),以及管理不善(如委内瑞拉、墨西哥),最终造成了石油产量不足。

2006—2008年的高石油价格与对现有储藏量的限制使用有关,这也促使各大公司渐渐转向深海勘探和非传统的石油(石油砂、油页岩)。结果这导致了发现和提取成本的大幅上升(见表15—7)。

油气公司渴望控制不断增加的上游成本,这促使它们将自己越来越多的研发活动外包出去。钻井、地震勘测、钻井设计、平台建设和油田维护,这些项目逐渐都由石油服务公司负责。因为这些公司发展了专利技术,有更丰富的经验,并通过兼并和收购活动成长发展起来,所以这个领域的领导者如斯伦贝谢公司、贝克休斯公司、哈利伯顿公司以及戴蒙德海底钻探公司开始成为在石油行业有实力的竞争者。

上游部门所获得的可观的回报率,意味着一体化石油公司的资本投资开始逐渐集中在上游部门。2000—2008年期间,这些领先石油巨头在上游部门的投资比下游部门多了3~4倍(见表15—8)。而在以往的几十年里,上下游的资本投资则被分配得更为均衡。

表15—5　石油巨头各业务部门在盈利能力上的差异，2006—2008年（%）

	勘探和生产		炼油和营销		天然气和电力		化工制品		企业其他部门	
	资产利润（2006—2008年）	所占总资产的份额（2008年）	资产利润（2006—2008年）	所占总资产的份额（2008年）	资产利润（2006—2008年）	所占总资产的份额（2008年）	资产利润（2006—2008年）	所占总资产的份额（2008年）	资产利润（2006—2008年）	所占总资产的份额（2008年）
埃克森美孚石油公司	28.45	46.83	13.37	25.60	n.a.	n.a.	19.47	8.84	−0.65	18.73
荷兰皇家壳牌公司	20.40	37.70	7.38	28.51	6.03	17.41	5.32	5.46	4.47	6.86
英国石油公司	24.87	59.88	3.53	33.00	n.a.	n.a.	n.a.	n.a.	−6.16	8.36
雪佛龙德士古公司	18.22	58.20	9.26	27.43	10.82	32.30	10.90	2.56	−5.55	11.81
埃尼公司	20.99	42.53	4.15	11.22	n.a.	n.a.	−1.38	2.66	−29.60	0.80
道达尔公司	32.96	53.91	14.32	24.87	n.a.	n.a.	6.84	11.89	6.47	9.33
雷普索尔公司	19.07	34.27	11.22	34.40	14.97	10.23	10.09	5.68	−3.65	15.41

注：资产利润是依照以下方法计算的：
埃克森美孚石油公司：税后收入/部门资产。
荷兰皇家壳牌公司：期间盈利/部门资产。
英国石油公司：息前利润/部门资产。
雪佛龙德士古公司：部门收益/部门资产。
埃尼公司：调整后的净利润/部门资产。
道达尔公司：营业净收入/动用资本。
雷普索尔公司：部门营业利润/部门资产。

资料来源：公司年度报告。

表 15—6　　　各个国家的油气生产量和储藏量，1991 年和 2007 年

	石油生产量（千桶/天）		天然气生产量（十亿立方米/天）		石油储藏量（十亿桶）	天然气储藏量（万亿立方米）
	2007 年	1991 年	2007 年	1991 年	2007 年	2007 年
沙特阿拉伯	10 413	8 820	75.9	35	264.2	7.17
美国	6 879	9 076	545.9	510	29.4	5.98
俄罗斯	9 978	9 326	607.4	600	79.4	44.65
伊朗	4 404	3 500	111.9	26	138.4	27.80
墨西哥	3 477	3 126	46.2	28	12.2	0.37
委内瑞拉	2 613	2 501	28.5	22	87.0	5.15
挪威	2 556	1 923	89.7	27	8.2	2.96
中国	3 743	2 828	69.3	15	15.5	1.88
加拿大	3 309	1 980	183.7	105	27.7	1.63
英国	1 636	1 919	72.4	51	3.6	0.41
阿拉伯联合酋长国	2 915	2 639	49.2	24	97.8	6.09
伊拉克	2 145	279		—	115.0	1.78
科威特	2 626	185	12.6	1	101.5	3.17
尼日利亚	2 356	1 890	28.4	4	36.2	5.30
阿尔及利亚	2 000	1 351	83.2	53	12.3	4.52

资料来源：BP Statistical Review of World Energy，2008.

表 15—7　　　美国能源公司各地区的成本计算，1993—2007 年
（2007 年美元/每桶油当量）

	美国岸上	美国近海	加拿大	欧洲经济合作与发展组织	非洲	中东	东半球其他地区	西半球其他地区	全世界
1993—1995 年	4.53	4.58	6.35	5.25	3.32	3.23	5.51	2.66	4.65
1998—2000 年	5.21	10.52	7.18	7.85	2.93	5.92	7.88	4.59	6.14
2001—2003 年	9.16	10.24	12.26	9.86	5.79	6.22	4.05	3.98	7.35
2004—2006 年	11.54	65.49	19.89	23.41	26.36	5.41	13.03	43.87	17.65
2005—2007 年	13.38	49.54	17.01	31.58	38.24	4.77	20.56	30.30	18.49

资料来源：Energy Information Administration，U.S. Department of Energy.

炼油和营销　在石油领域，下游业务包括炼油，成品油的批发、零售营销和分销。主要的成品油种类按重要性排序如下：汽油、柴油、航空燃料、民用燃料油、液化石油气（LPG）和石化原料（比如石脑油）。从历史上看，下游的盈利少于上游（见表 15—9）。因为生产能力过剩，炼油和零售分销部门都遇到了强大的竞争压力。

表 15—8　　　石油巨头各业务部门的资本投资，2003—2007 年

	平均每年的资本支出（百万美元）	勘探和生产（%）	炼油和营销（%）	化工制品（%）	天然气和电力（%）	企业其他部门（%）
埃克森美孚石油公司	16 975	78.2	14.7	4.0	2.6[a]	0.5
荷兰皇家壳牌公司	16 400	68.0	17.8	3.2	9.3	1.7
英国石油公司	17 900	69.3	17.0	—	3.3	6.0
道达尔公司	12 193	72.3	17.4[b]	9.9	—	0.4
雪佛龙德士古公司	10 800	77.0	17.6	1.6	—	3.8[c]
康菲石油公司	11 425	57.9	16.2	—	—	25.9[d]
埃尼公司	9 611	65.7	8.6	1.5	17.6	6.8[e]

a. 煤炭和电力；下游的天然气业务被包含在炼油和营销部门。
b. 包括下游的天然气业务。
c. 包括电力业务。
d. 主要项目是在卢克公司的投资。
e. 包括工程与建设。
资料来源：公司年度报告。

表 15—9　　　美国石油公司各项业务的投资回报，1980—2007 年（%）

	1980—1984 年	1985—1989 年	1990—1994 年	1995—1999 年	2000—2003 年	2004—2007 年
美国的石油和生产业务	15.40	4.00	5.80	10.10	14.40	18.99
美国的炼油和营销业务	5.10	8.00	2.70	5.70	7.90	22.33
国外的石油和生产业务	19.30	12.20	9.10	12.40	12.90	21.48
国外的炼油和营销业务	10.40	6.80	10.10	7.00	6.20	19.73
核能、非常规石油和煤	5.50	4.70	2.90	6.10	3.70	16.02

资料来源：Energy Information Administration, U. S. Department of Energy.

2004—2006 年期间，炼油利润急剧上涨。公司之间的相互合并，加上环境法规条例的影响，过剩生产能力被压缩；在美国，炼油厂的停产造成了一次临时紧缺。然而，经济衰退、提高了的燃料效率以及在 2007—2008 年期间亚洲和中东地区新的炼油产能的出现导致了盈利能力的下降。在零售环节，因为过剩的生产能力，以及连锁超市开始进入汽油分销领域（尤其在法国和英国），盈利不尽乐观。

下游的天然气和电力部门　在石油巨头之中，埃尼公司异乎寻常地立足于天然气领域，而不是石油领域。对大多数石油巨头来说，石油早已成了它们的主导利益，所以很少有石油公司会在天然气领域实行和石油领域相同的垂直一体化战略。最终，在多数国家里，天然气产业链相对于石油产业链来说，显得更为零散，石油产业链中包括由石油公司负责的勘探和生产业务，以及传统上由国有或者国家监管的事业单位负责的分销业务。20 世纪 80—90 年代期间，天然气的需求量增加，石油巨头重新将其上游活动转向天然气领域。然而，天然气的储藏是毫无价值的，除非公司将它们带到市场上来。因此所有的石油巨头都大力发展天然气的运输和下游的分销业务。下游天然气市场的调节和公有燃气设施的私有化，为石油巨头们提高在天然气营销和分销领域的存在感，创造了很好的机

会。类似地，发电市场管制规定的撤销也为石油巨头提供了更深远的机遇。它们不仅可以直接进入电力行业，也可以寻求独立的电力生产商，为其提供天然气。

尽管下游的天然气和电力部门能带给石油巨头更好的增长机会，但是这些业务活动所带来的回报率却是无法和上游比较的。新开放的天然气和电力自由市场吸引了一大批不同行业的公司加入进来，并且竞争异常激烈。同时，比起传统的公共事业，石油巨头在这些市场中还是相对较新的成员。激烈的竞争加上投资过剩会导致盈利能力的降低。2002年，美国和英国市场电力批发价格的猛跌，使得大量的电力生产者陷入严重的财政困难。

化工制品 石油化工制品部门展示出很多和炼油部门一样的结构特征：采用资本密集型的操作流程来生产商品，有很多竞争对手，产能过剩（很大一部分原因是亚洲和中东生产者的新投资）的持续趋势导致价格和利润走低。化工制品领域的竞争优势主要依靠的是规模经济、技术优势（比如专利产品和工艺）和低廉的原料成本。在油气巨头之间，公司对化工制品有两种明显的看法。一些公司比如埃尼公司，认为化工制品行业根本没有吸引力，它们相信化工厂还是由化工企业来经营比较好。另外一些公司（包括埃克森公司、壳牌集团和道达尔公司）则视化工制品业务为公司的核心业务，并且它们还认为炼油和石油化工制品之间的一体化战略，为其带来了成本优势。

2009年埃尼公司的未来展望

在前三任CEO即Bernabè、Mincato和斯卡罗尼的领导管理下，埃尼公司的战略稳步发展，这在集团中提供了稳定性和清晰的认同感与方向感。埃尼公司是一家国际化的能源巨头，它以研发部门为重点，并致力于成为欧洲一流的天然气供应商。在上游，埃尼公司把精力集中在里海和非洲的核心地区；在下游，则是关注意大利和周边的欧洲各国。该公司强大的工程技术和石油服务业的专业，使得这两个上下游部门能联系起来。而其对有机增长、资本纪律和股东回报率方面的强调与重视，在很大程度上帮助了公司在石油行业和国际金融界中建立声誉。向前展望，埃尼公司着重发展天然气，并且在政治上具有挑战性的生产国中，它是一个有价值的合作伙伴，有着高效率的工作能力，这些都帮助埃尼公司在将来拥有很好的地位。

但是，面对埃尼公司取得的所有坚实的成果，斯卡罗尼意识到在良好的外部环境下，公司杰出的业绩早已被取代。接下来的五年给整个行业以及埃尼公司都带来了不确定性。但几乎可以肯定的是，保持生产增长、提高利润以及为股东创造价值，这些在将来会比以往更难完成。到2006年，埃尼公司出售了大部分的非核心业务，并且消除了从过去国有时期继承过来的无效率。要想在将来提高利润，就必须寻求获利性增长的机会，并对现有的竞争优势进行有效利用，以及建立竞争优势的新来源。

在上游领域，埃尼公司——与其他石油巨头——面临日益边缘化的风险，因为产油国希望从它们的油气储藏中分得更大价值的股份，并且其国有石油公司在有野心地扩张下游业务，甚至走向国际。尽管已跻身世界上最大的公司之列,但是就油气储藏量来说,这些石油巨头还远远不够成为行业里最强的一员(见附录3)。同时,相对于许多国有石油公司来说,它们属于高成本的生产者。到目前为止,许多产油国政府日益自信,并允许埃尼公司将自己定位为它们的一个合作伙伴。然而,埃尼公司在哈萨克斯坦遇到的困境表明,石油巨头和产油国政府之间的矛盾冲突已成为石油行业的一大特征。欧盟与俄罗斯之间关系的持续紧张,把埃尼公司与俄罗斯天然气工业股份公司的密切合作关系带到了一个尴尬境地。

即使没有这些威胁的存在,要想发挥埃尼公司的潜力,仍需要发展其反应和协调能力,而这需要将技术、实体资产、专门技能、独创性有效地结合起来,以充分利用日新月异的世界能源市场上不断涌现的机会。尽管埃尼公司已从一家松散的控股公司成功地转变成一家更为紧密的一体化的多部门公司,但是它在有效实行公司战略时仍然面临着内部挑战。其中一个关键的挑战即是国际化。在下游领域,埃尼公司严重依赖意大利市场(见图15—1),并且从总体上看,意大利几乎占据了埃尼公司一半的销售额和资产(见图15—2与图15—3)。埃尼公司的企业文化和员工反映出很强的国内取向——在公司高级经理的队伍中,很少有非意大利人。

第二个内部挑战则是一体化。埃尼公司下游庞大的天然气业务为其上游天然气生产提供了市场,并且公司内部的工程与建设能力帮助上下游很好地连接起来。埃尼公司在天然气领域实行垂直一体化战略的这种能力,是公司竞争优势的一个重要来源。然而,要实现这种潜力,要求埃尼公司不同部门和子公司之间的有效合作。尽管埃尼公司是一个多部门公司,但在充分开发利用海外机遇时,有效的合作越来越需要密切灵活地协调公司传统的具有独立意识的业务。

最后,关于公司规模的争议仍然是个待解决的问题。埃尼公司致力于公司的有机增长,这一点是被投资分析员所称赞的。然而,埃尼公司在行业中的投资项目的复杂性和成本持续稳步增长。埃尼公司是否拥有必要的规模和那些大型企业玩耍?公司是否还有多元化的地点和项目来分散技术和政治风险?埃尼公司为了生成强大的股东回报而倾注了全部的能力,而斯卡罗尼却继续保持沮丧的心情,因为股票市场对埃尼公司的投资质量缺少信心。埃尼公司的估值比率一直低于国际石油行业的那些同伴(见表15—10)。

表15—10　　　　　石油巨头的估值倍数(2009年4月28日)

	价格/收益比率	价格/账面价值比率	价格/销售比率	价格/现金流
埃克森美孚石油公司	7.38	2.83	0.67	5.36
英国石油公司	8.17	1.31	0.63	4.77
雪佛龙德士古公司	5.44	1.48	0.47	4.32
道达尔公司	5.59	1.76	0.53	5.11
荷兰皇家壳牌公司	6.96	1.70	0.32	4.23
埃尼公司	3.77	1.35	0.56	3.56
雷普索尔-YPF公司	3.65	0.87	0.30	n.a.
康菲石油公司	负值	1.08	0.24	2.62
行业平均	7.50	1.08	0.24	3.30

资料来源:Hoover's Online (www.hoovers.com);*Financial Times*.

附录1：埃尼公司：选定的财务数据，2002—2008年

利润表（百万美元）	2002年	2003年	2004年	2005年	2006年	2007年	2008年
收入	51 379	59 322	73 063	92 412	109 479	120 674	160 024
产品销售成本	33 440	39 132	47 550	60 223	72 437	79 705	112 320
毛利润	17 939	20 190	25 513	32 189	37 041	40 968	47 704
毛利润率	34.9%	34.0%	34.9%	34.8%	33.8%	33.9%	29.8%
销售、管理及行政费用	3 253	3 584	4 024	4 155	4 599	5 206	5 886
折旧与摊销	5 771	5 831	6 028	7 168	8 090	9 913	14 428
营业收入	8 915	10 774	15 375	20 865	24 352	25 849	27 402
营业利润率	17.4%	18.2%	21.0%	22.6%	22.2%	21.4%	17.1%
营业外收入	45	19	3 210	3 882	5 206	6 103	11 738
营业外支出	206	7	3 404	4 336	5 003	6 239	12 051
税前收入	8 664	10 580	16 198	21 545	25 693	27 438	28 298
所得税	3 279	3 669	5 770	10 079	13 316	12 630	14 247
税后净收益	4 816	6 323	9 781	11 466	12 377	14 808	14 050
净利润率	9.4%	10.7%	13.4%	12.4%	11.3%	12.3%	8.8%
平均运用资本回报率	13.7%	15.6%	16.6%	19.5%	20.0%	20.5%	15.7%
资产负债表（百万美元）	2002年12月	2003年12月	2004年12月	2005年12月	2006年5日	2007年12月	2008年12月
现金	3 423	4 113	1 244	1 653	5 021	2 896	2 850
应收账款及其他应收款	14 186	17 043	17 030	22 198	23 687	28 326	32 666
存货	3 355	4 031	3 530	4 418	5 988	7 534	8 941
其他流动资产	1 868	2 244	3 135	3 018	3 131	7 569	10 121
流动资产总额	22 832	27 431	24 939	31 288	37 826	46 325	54 578
固定资产净值	35 327	42 443	50 327	55 816	55 833	68 688	86 958
其他非流动资产	10 840	13 024	15 072	16 870	17 614	23 987	29 851
总资产	69 000	82 898	90 338	103 974	111 273	139 000	171 387
应付账款	5 806	6 975	7 238	10 131	13 265	15 196	18 507
短期债务	8 273	9 939	5 146	5 719	4 284	10 635	10 155
其他流动负债	8 560	10 285	10 696	12 029	12 374	15 602	23 304
流动负债总额	22 639	27 199	23 080	27 879	29 924	41 433	51 966
长期债务	6 868	8 251	9 433	9 490	9 335	15 522	20 476
其他非流动负债	9 766	11 734	13 755	17 976	20 103	23 317	27 636
总负债	39 274	43 783	46 268	55 345	59 362	80 272	100 078
少数股东权益	2 196	2 638	3 926	2 913	2 734	3 341	5 989
股东权益总额	27 530	35 714	44 070	48 629	51 911	58 728	71 310
现金流量表（百万美元）	2002年	2003年	2004年	2005年	2006年	2007年	2008年
经营活动现金净流量	11 091	12 257	15 500	18 521	21 421	21 258	32 047

附录2：埃尼公司的经营业绩，1999—2008年

勘探和生产	1999年	2000年	2001年	2002年	2003年	2004年	2005年	2006年	2007年	2008年
已探明的碳氢化合物的储藏量（百万桶油当量）	5 534	6 008	6 929	7 030	7 272	7 218	6 837	6 436	6 370	6 600
储藏寿命指数（年）	14.0	14.0	13.7	13.2	12.7	12.1	10.8	10.0	10.0	10.0
碳氢化合物的生产（千桶油当量/天）	1 064	1 187	1 369	1 472	1 562	1 624	1 737	1 770	1 736	1 797
天然气和电力										
全球天然气销售量（十亿立方米）	63.08	65.50	67.10	68.54	78.33	87.03	94.21	98.10	98.96	104.23
电力销售量（亿千瓦时）	0	4.77	6.55	6.74	8.65	16.95	27.56	31.03	33.19	29.93
炼油和营销										
原油加工量（百万公吨）	40.65	41.27	39.99	37.73	35.43	37.69	38.79	38.04	37.15	35.84
炼油产能（千桶/天）	664	664	664	504	504	504	504	524	534	544
成品油的销售量（百万公吨）	51.82	53.46	53.24	52.24	50.43	53.54	51.63	51.13	50.14	50.68
零售销售量（百万公吨）	14.21	13.92	14.11	13.71	14.01	14.40	13.72	12.48	12.65	12.67
当年年底的加油站（个）	12 489	12 085	11 707	10 762	10 647	9 140	6 282	6 294	6 441	5 956
加油站平均输出量（千升/年）	1 543	1 555	1 621	1 674	1 771	1 970	1 926	2 470	2 486	2 502
工程与建设										
获得订单（百万欧元）	2 600	4 726	3 716	7 852	5 876	5 784	8 395	11 172	11 845	13 860
未交货订单（百万欧元）	4 439	6 638	6 937	10 065	9 405	8 521	10 122	13 191	15 390	19 105

附录3：2000年福布斯全球排行榜中的石油和天然气公司

排名	公司	国家/地区	销售额（十亿美元）	利润（十亿美元）	资产（十亿美元）	市场价值（十亿美元）
2	荷兰皇家壳牌公司	荷兰	458.36	26.28	278.44	135.10
4	埃克森美孚石油公司	美国	425.70	45.22	228.05	335.54
5	英国石油公司	英国	361.14	21.16	228.24	119.70
9	雪佛龙公司	美国	255.11	23.93	161.17	121.70
11	道达尔公司	法国	223.15	14.74	164.66	112.90
13	俄罗斯天然气工业股份公司	俄罗斯	97.29	26.78	276.81	74.55
14	中国石油天然气股份有限公司	中国大陆	114.32	19.94	145.14	270.56
18	埃尼公司	意大利	158.32	12.91	139.80	80.68
25	巴西国家石油公司	巴西	92.08	14.12	120.68	110.97

续前表

排名	公司	国家/地区	销售额（十亿美元）	利润（十亿美元）	资产（十亿美元）	市场价值（十亿美元）
33	中国石油化工集团公司	中国大陆	154.28	7.43	100.41	93.50
53	海德罗石油公司	挪威	93.38	6.20	82.42	53.30
64	俄罗斯石油公司	俄罗斯	46.99	11.12	77.40	34.07
76	卢克石油公司	俄罗斯	66.86	9.51	59.14	26.62
101	雷普索尔-YPF 公司	西班牙	68.48^E	3.95	68.79	18.95
121	印度信实工业公司	印度	34.03	4.87	43.61	35.95
124	加拿大能源公司	加拿大	30.06	5.94	47.25	29.69
132	美国西方石油公司	美国	24.48	6.86	41.54	42.03
135	美国马拉松石油公司	美国	70.25	3.53	42.69	16.47
145	斯伦贝谢公司	荷兰	27.56	5.43	31.99	45.52
152	印度石油公司	印度	24.04	4.95	35.35	28.91
163	英国天然气集团	英国	18.34	4.56	35.83	48.10
168	苏尔古特石油天然气股份公司	俄罗斯	24.25	3.64	40.29	19.65
193	赫斯公司	美国	41.09	2.36	28.59	17.84
199	阿纳达科石油公司	美国	15.72	3.26	48.92	16.07
207	印度石油公司	英国	51.66	1.97	33.64	10.20
211	秋明英国石油控股公司	俄罗斯	36.25	5.94	27.94	9.45
230	哥伦比亚国家石油公司	哥伦比亚	15.42	5.29	22.16	33.38
231	越洋公司	瑞士	12.67	4.20	35.17	19.11
233	日本石油公司	日本	65.46	1.49	45.98	7.05
234	加拿大森科尔能源公司	加拿大	24.37	1.73	26.35	19.51
244	泰国国家石油公司	泰国	57.08	1.47	25.21	12.18
246	中国海洋石油总公司	中国大陆	11.97	4.12	24.62	39.17
249	赫斯基能源公司	加拿大	20.01	3.04	21.48	18.21
251	加拿大自然资源公司	加拿大	11.47	4.04	34.55	17.44
271	奥地利石油天然气集团	奥地利	35.57	1.91	29.52	7.91
273	加拿大石油公司	加拿大	22.51	2.54	24.61	10.72
305	南非萨索公司	南非	16.62	2.87	17.71	15.98
322	台塑石化股份有限公司	中国台湾	21.62	2.15	15.15	15.22
325	克洛斯提柏石油公司	美国	7.70	1.91	38.25	18.35
346	美国国民油井华高公司	美国	13.43	1.95	21.48	11.16
365	哈利伯顿公司	美国	18.28	1.54	14.39	14.63
366	日本国际石油开发株式会社	日本	12.05	1.74	17.96	16.34
372	阿帕奇公司	美国	12.39	0.71	29.19	19.78
380	康菲石油公司	美国	225.42	−17.00	142.87	55.29
394	韩国 SK 集团	韩国	69.66	1.48	61.16	2.62
395	西班牙石油公司	西班牙	25.85	1.02	13.90	12.68
405	切萨皮克能源公司	美国	11.63	0.72	38.44	9.77
414	加拿大管道公司	加拿大	13.07	1.08	20.01	11.20
434	墨菲石油公司	美国	27.51	1.74	11.15	7.97

附录4：埃尼2009—2012年的战略计划和目标

2009年2月13日，伦敦——埃尼公司的首席执行官保罗·斯卡罗尼今天向金融界介绍展示了埃尼公司2009—2012年的战略计划。

尽管能源市场存在不确定性和不稳定性，但埃尼公司基于优质项目的一个牢固的投资组合坚持推动碳氢化合物生产和储藏量增长的战略。同样，埃尼公司将会巩固其在欧洲天然气市场上的领导地位，并在行业中保持最高的股息率。

☐ 勘探和生产

埃尼公司坚持实行推动生产增长的战略，并在2009—2012年期间保持一个3.5%的年平均增长率。这个增长战略是以一项有机发展计划为基础，靠130%的储藏量替代率来实现的。除了这项四年计划，埃尼公司还希望以3%的年平均增长率来保持强劲的生产增长能力，一直到2015年。

到2012年，设想碳氢化合物的价格为每桶55美元，生产量将超过200万桶油当量/每天。2009年，设想碳氢化合物的价格为每桶43美元，生产量将超过180万桶油当量/每天。

生产增长战略将以三大主要战略区域为重点：非洲、经济合作与发展组织的成员国以及中亚地区/俄罗斯。到2012年，超过90%的生产和投资将会集中在这些地区。

埃尼公司将保持一个平稳的增长，甚至在石油价格更低的条件下，这多亏了公司重视发展传统业务并拥有一套优质的投资组合，它们大部分位于低成本生产地区，并以拥有规模经济利益的大型项目为基础。

在接下来的四年里，超过50万桶油当量/每天的新产品将投入生产，其中与项目有关的85%的产品，甚至每桶的价格低于45美元，都将是可盈利的。

☐ 天然气和电力

埃尼公司将巩固它在欧洲天然气市场的领导地位，除了拥有庞大的基础设施体系和客户群，还多亏了大量签订的供应合约的多元化和大规模，埃尼公司才能够在欧洲天然气市场保有独特的竞争地位。

尽管在欧洲天然气市场的增长比我们预期的要低，但是埃尼公司仍将以一年7%的增长率，来增加其国际上的天然气销售量，这里同样要感谢Distrigas公司做出的贡献。这样的增长速度将促使埃尼公司到2012年时天然气的总销售量达到1 240亿立方米。

埃尼公司能够持续增加其在核心欧洲国家的市场份额，而由于墨西哥湾生产的天然气的货币化，公司也将提高在美国市场的销售量。

在这个四年计划里，多亏了受监管业务的业绩增长及其在国际市场上的扩张,埃尼公司在天然气和电力领域估计将总共获得 200 亿欧元的调整后息税折旧摊销前利润,比之前计划设定的目标多了 10 亿欧元。

☐ 炼油和营销

埃尼公司在该部门实行的战略,主要集中在对炼油体系的选择性强化、营销活动的品质标准的提高以及营业效率的普遍提高这三方面上,并设立了一个目标:到 2012 年,排除设想的影响,息税前利润能够提高 4 亿欧元。

在炼油业务上,埃尼公司计划在石油馏分和利用专有技术方面提高其复杂性和收益性。

在营销业务上,埃尼公司的目标是巩固自身在意大利市场的领导地位,通过客户忠诚计划以及扩大非石油产品的销售量,计划到 2012 年将市场份额提高到 32%。

☐ 投资计划和效率方案

在 2009—2012 年这个四年计划中,埃尼公司将投资 488 亿欧元,比 2008—2011 年的计划稍微少一点。在勘探和生产部门的投资额预计有 340 亿欧元,并且在将来的四年里甚至以后,都保持生产的增长。

至于效率方面,在 2008 年年底缩减了几乎 10 亿欧元的成本后,埃尼公司在 2006 年开展的方案中效率翻倍。新的四年计划将促使埃尼公司到 2012 年时成本节约翻倍为 20 亿欧元左右,不论是按照实值计算,还是和 2005 年的基准相比较。

资料来源:Eni 2009 - 2012 Strategic Plan and Targets, www.eni.it/en _ IT/attachments/media/pressrelease/2009/02/eni - 2009 - 2012 - strategic-plan-and-targets.pdf, accessed October 29, 2009.

[注释]

[1] 我们翻阅了关于"Eni"的全部案例。在公司的大部分发展历史中,公司的全名是 Ente Nazionale Idrocarburi,但是我们对其首字母缩写 ENI 更为熟悉。1992 年 8 月,该公司被改名为 Eni SpA。

[2] 和其他欧洲国家政府一样,意大利认识到石油日益增长的战略重要性,并且它希望摆脱自身在燃料供给方面对外资跨国公司的依赖。1914 年英国政府从英国石油公司购得一部分控股权益,而法国则在 1924 年创建了 Compagnie Francaise des Pétroles(道达尔石油公司)。

[3] D. Votaw, *The Six-Legged Dog: Mattei and ENI—A Study in Power*, University of California Press, Berkeley, CA, 1964, p. 15.

[4] Daniel Yergin, *The Prize*, Simon & Shuster, New York, 1992, p. 502.

[5] Daniel Yergin, *The Prize*, Simon & Shuster, New York, 1992, p. 23.

[6] Section sourced from company report, "L'Eni di Fronte a un Bivio," Eni S. p. A, 2002.

[7] D. Votaw, *The Six-Legged Dog: Mattei and ENI—A Study in Power*, University of California Press, Berkeley, CA, 1964, p. 71.

[8] "L'Eni di Fronte a un Bivio," Eni S. p. A, 2002, p. 5.
[9] *Franco Bernabè at Eni* (Harvard Business School Case 9 - 498 - 034, April 7, 1998).
[10] 主席 Gabriele Cagliari 后来在监狱中自杀。
[11] "L'Eni di Fronte a un Bivio," Eni S. p. A, 2002, p. 11.
[12] "Eni Savors the Taste of Freedom", *Financial Times*, June 9, 1994.
[13] ENI SpA, Securities and Exchange Commission, Form 20F, 1996.
[14] Securities and Exchange Commission, ENI S. p. A., 20 - F for 1996, p. 3.
[15] "Letter to Shareholders," Eni, Annual Report, 1999, pp. 4 - 5.
[16] "Italy: The Real Sick Man of Europe," *The Economist*, May 19, 2005.
[17] "Eni's New Chief Intends to become a Big Player," *Financial Times*, September 22, 2005.
[18] Lex column, "Gazprom/Eni," *Financial Times*, April 7, 2009.
[19] "Rome's Colonial Past key to Libya's Eni Stake," *Financial Times*, December 9, 2008.
[20] 参见 http://oilandglory.com/labels/ENl.html, accessed October 19, 2009。
[21] "How Italy's ENI Vastly Boosted Oil Output," *Business Week*, April 20, 2009.
[22] Eni S. p. A. Gas seminar conference call, December 1, 2006.

16

美国服饰公司：在洛杉矶市中心的垂直整合*

2008年12月是美国服饰公司（American Apparel）作为一家公众公司的第一年的年底。2007年12月19日，公司股票以APP为代码开始在美国证券交易所进行交易。2008年对于这家以洛杉矶为基地的T恤和休闲服公司来说是有重大意义的一年。在来自公开市场的资本的补给下，公司开始了一个新的扩张阶段：新开超过80家门店——包括第一次进入西班牙、巴西、中国和澳大利亚——与2007年相比销售额增长超过62%。通过获得《卡桑德拉报告》（Cassandra Report）的"2008最引领潮流品牌"榜单排名第二（次于耐克）——打败苹果（第三）的结果，它作为"周围最热品牌之一"的地位得到认可。执行主席道夫·恰尼（Dov Charney）被授予2008年"年度零售人物"迈克尔奖。

虽然他的战略挑战的是服饰行业的传统做法，但仍取得了成功。在畅销的时装行业，将生产环节外包到低工资国家被视为唯一可行的战略。然而美国服饰公司通过遵循垂直一体化的模式，将生产集中在洛杉矶，获得了很高的利

---

* © 2011 R. M. Grant, S. J. J. McGuire, E. A. Drost。这个案例是由罗伯特·M·格兰特、埃伦·A·德罗斯特（Ellen A. Drost）、史蒂芬·J·J·麦克奎尔（Stephen J. J. McGuire）撰写的。它引自一篇较早的由E. A. 德罗斯特、史蒂芬·J·J·麦克奎尔、克里斯蒂娜·伊夫斯（Christina Eaves）、丽莎·图森特（Lisa Tousant）、桑迪·约翰逊（Sandy Johnson）、谢里登·奥玛斯卡雷（Sheridan Mascarenhas）和威廉·德雷舍（Willam Drescher）撰写的案例。经允许进行再创作。

润。美国服饰公司认为美国制造的高成本，能够被高质量、优秀的款式和图案以及更快的市场反应速度所带来的溢价冲销掉。这些重要的优势来自美国服饰公司设计、生产、营销和零售环节之间紧密的联接。除了在加利福尼亚而不是在中国生产所产生的劳动力成本推高了美国服饰公司的制造成本，它的成本更多地是被支付给员工的优厚工资以及提供的津贴所抬高，这是在竞争激烈的服装制造行业中前所未闻的。员工津贴包括健康医疗、退休金以及各种令员工愉快的事物。

美国服饰公司的独特性来自它的创建者、执行主席道夫·恰尼。恰尼宣称自己是一个活跃分子（hustler），他的生活方式和管理风格引起了大多数公众公司都想避开的争论。恰尼对于一些前卫的社会话题和性的开放坦诚的态度激起了从时尚杂志到全国性电视媒体的疯狂热炒。他为美国服饰公司的广告活动所选择的具有刺激性的照片很好地引起了人们的关注，其中很多都是带有强烈批判色彩的。在媒体和网络上，他被描绘成一个暴露狂和性爱狂魔。实际上在美国服饰公司上市的时候，恰尼成功地化身成了一名不墨守成规之人和创新者。美国服饰公司不是进行首次公开发行股票，然后被一家领先的投行所认购，而是选择了通过 Endeavor Acquisition 公司——一家"特殊目的收购公司"（以一家"空壳公司"而闻名），是专门成立用来帮助其他公司借壳上市的——而获得上市。观察者注意到这笔交易"允许恰尼的公司上市而不需要受到大多数股票挂牌所需的监管"。[1]

展望未来，恰尼相信美国服饰公司面临巨大的增长潜力。他认为美国服饰公司在一个"充满吸引力的而又缺乏周到服务的有着巨大潜力的市场部分中"运营。这种潜力既涉及城市地区，又涉及美国服饰公司尚未顾及的、顾客群不是公司所谓的"大都市年轻人群"这种目标群体的农村地区。他提出的长期目标包括年均增长 20%、运营利润为 15%、每股盈利增长 20%～25%。[2]

这些雄伟的增长目标展示了美国服饰公司新的挑战。随着其规模的扩大、零售店在全球的扩张，它的商业模式的扩张带来了债务的增加。对外扩张使得美国服饰公司需要在洛杉矶建立新的工厂。国际市场的扩张意味着更长的供应链和更为复杂的物流。通过产品线的扩张——美国服饰公司已经从 T 恤和针织棉服装扩展到了更广的服装服饰产品线——其单店销售额得到了瞩目的增长。产品线的增长进一步增加了采购、生产和分销的复杂性。总体而言，美国服饰公司紧密的合作、垂直一体化商业模式正在向多个方向伸展。除了规模扩张的挑战之外，恰尼也必须忍受公司作为一家公众公司的新的身份。这产生了关于他的个性和管理风格的问题。管制会增加到什么程度？金融市场的监管是否需要一个更加传统的领导方式？

■ T 恤业务

T 恤——像粗布牛仔裤——是美国服装产品的精髓所在。在北美每年会有价值约 200 亿美元的约 14 亿件棉 T 恤通过零售被卖掉。T 恤最初是内衣服装，但后来成为了周末美国人最为普遍的夏季外衣。它们承载的设计和文字是指明个人从属于一个运动队、学校、政治运动、宗教、慈善团体或者具体的社会事件的重要的声明。虽然 T 恤在美国文化中有重要地位，但大多数还是要从中国、墨西哥以及中美洲国家进口。许多进口是通过美国的生产企业比如吉尔丹运动服（Gildan Activewear）、汉佰（Hanesbrands）和德尔塔服装公司（Delta Apparel）进行的，它们在墨西哥、拉丁美洲以及加勒比地区有工厂。进口 T 恤中的很大比例，它们的棉花来自美国，然后在中国进行纺织。（美国是世界上最大的棉花纤维出口国。）[3] 在 2005 年 12 月，一件 T 恤的进口价格平均是 1.51 美元。[4] 虽然进行了进口保护，但是美国服装工业整体上已经明显衰落。当以《多种纤维协定》（Multifiber Agreement）而闻名的配额制于 1974 年产生的时候，服装工业有 140 万美国工人。到了 2006 年被取消的时候，总数已经下降到 27 万人。

美国 T 恤市场以存在大量供应商为特色。在批发层面，空白 T 恤由主要的供应商（比如吉尔丹运动服、汉佰、罗素运动（Russell Athletic）和鲜果布衣（Fruit of the Loom））销售给添加自己的设计或者公司、俱乐部标识的丝印机公司。在零售层面，有许多不同类型的零售商进行竞争——独立的专卖店、百货公司，还有像盖普（Gap）、都市户外服饰（Urban Outfitters）、H&M、美国鹰（American Eagle）以及永久 21（Forever 21）这样的连锁店。价格比较分散：在西尔斯（Sears），一件最普通的 T 恤零售价为 6.99 美元，而在诺德斯特姆（Nordstrom），一件范思哲（Versace）限量版 T 恤售价 225 美元。表 16—1 展示了一些领先的休闲服装供应商。

表 16—1　　　　　领先的时尚服装公司的销售额和利润

	销售额 （十亿美元）	净收入 （十亿美元）	资产回报率 （%）
盖普（美国）	14.53	0.97	12.3
印地纺织（西班牙）	14.00	1.86	18.0
Hennes & Mauritz（瑞士）	10.91	1.88	30.5
VF（美国）	7.64	0.60	9.3
Next（英国）	6.62	0.70	21.6
罗斯服饰（美国）	6.40	0.30	12.1
思捷环球（中国）	4.77	0.83	30.3
汉佰（美国）	4.25	0.13	2.0
阿贝克隆比·菲奇（美国）	3.54	0.27	5.9
J. Crew（美国）	1.43	0.05	7.6
吉尔丹运动服（美国）	1.25	0.14	7.9
美国服饰（美国）	0.55	0.01	4.2

资料来源：www.hoovers.com 以及公司年报。

道夫·恰尼和美国服饰公司的发展

道夫·恰尼的性格可以这样来描述：杰出到狂暴、聪明到极致、民主到大胆。土生土长的加拿大人有一种对于T恤和资本主义的热情。恰尼认为"国家主义已经结束了"，在美国的"肯做"（can do）精神中倒有一些特殊的东西。[5]

恰尼对服装业的创业兴趣在16岁的时候显露出来，当时他从美国的凯马特中采购美国生产的T恤，然后用一辆U-Haul卡车把它们带到加拿大。他在老蒙特利尔广场（Montreal Forum）音乐会外面卖它们。[6] 在塔夫茨大学（Tufts University）读到四年级的时候，他辍学了，向父亲借了1万美元，搬到南卡罗来纳州，开始了他的T恤事业："真棒，美国服饰公司。"在他主要的合同生产商关门大吉而自己也倒闭之前，他在紧身的女式T恤产品线上成功了。[7]

恰尼在1998年搬到了加利福尼亚州，在那里他认识了萨姆·林（Sam Lim），一家位于洛杉矶高速路边上的裁剪和缝制设备厂的老板。[8] 恰尼开始和萨姆·林、萨姆·金（Sam Kim）这两个韩国人一起做事业。他们在一起组建了一家叫"两个韩国人和一个犹太人"的公司。[9] 最终萨姆·金卖掉了他的股份，恰尼和林继续发展他们的事业，直到成为现在的美国服饰公司。

恰尼建立的美国服饰公司是一家集纺织、裁剪、缝制、染色以及成衣为一体的T恤生产商。最初，主要的顾客是那些印刷自己的标志然后进行零售的自有品牌服装公司。当认识到这是一个竞争激烈的市场后，恰尼将焦点转向了专门的丝印机公司："你们的客户总是希望使它更加便宜。没有忠诚度……有这样多的来自世界各地的供应，使得聚焦于那个领域的做法不可行。因此，我们逐渐降低自有品牌包装的业务，将我们的品牌聚焦在服务于专卖行业（specialty industry）的可盖印的T恤行业上。"[10]

美国服饰公司的主要竞争者是空白T恤巨头恒适（Hanes）和鲜果布衣。美国服饰公司将焦点放在质量和设计上以区别于对手。与标准宽大的粗针（heavy-knit）T恤不同的是，美国服饰公司提供以更细的线紧密编织的紧身的女式和男式T恤。在2003年10月，美国服饰公司开设了自己的第一家零售店。恰尼将洛杉矶的门店更多地视为一项实验而不是新的模式："它可以被认定为一个展示公司和顾客聪明才智的地方……它不是一个赚钱机器——让我们把它放到一边。"[11] 洛杉矶店很快便被在纽约、蒙特利尔的门店所效仿。到2004年年底，美国服饰公司在北美经营有34家门店，在英国有3家。之后恰尼便全力发展这一模式。直到2005年，作为公司CEO的恰尼都只领取少于10万美元的薪水，公司的长期发展优先于他个人的财富增长。"我们需要更深层次的挖掘，以洞察我们现在所处的市场……我们现在正在建立我们的根基。我们想成为我们所做事业中的佼佼者。一旦我们……一旦我们强大了，我们将征服这个世界。"[12]

■ 恰尼富有争议的形象

道夫·恰尼关键的时尚创新是将T恤转变成了能够提高穿衣者性吸引力的服装。然而，性在美国服饰公司的成功上扮演了更为广泛的角色。除了它充满挑逗性的广告，公司有一种文化，就是承认性驱动着它的顾客和员工。假如美国服饰公司的关键产品的特色是它的时尚服装所带来的性感魅力,那么在公司范围内的性开放能够提高设计和营销这些产品的能力。

恰尼自己对于这种文化的贡献包括在办公室中他只穿着本公司的内衣,以及和他员工之间的性关系。"我不是在说我想在工作中强迫所有的女孩,"恰尼陈述道,"而是假如我在工作中恋爱,那它将是美丽的和性感的。"[13] 在2005—2007年间,美国服饰公司面临四项性骚扰诉讼,其中三项在经过私下和解后予以撤销,第四项引发了洛杉矶公平就业机会委员会办公室对于该公司性骚扰的广泛调查。[14] 恰尼将诉讼归结为对公司不满的员工通过利用加利福尼亚州的诉讼文化来获得个人满足感。[15]

诉讼的结果是,美国服饰公司要求员工签署一份文件:

> 美国服饰公司设计和生产性感T恤和与性有关的服装。在营销和销售活动中会利用涉及性的图像及口语交流。从事设计营销和其他创造性工作的员工将接触到涉及性的语言和可视化的形象。这是在这些领域的员工的工作的一部分。[16]

2009年的美国服饰公司

到2009年年初,美国服饰公司已经成长为美国市场上领先的T恤供应商之一——卖给丝印机公司的空白T恤以及通过自己的零售店以自己的品牌提供的最终产品。虽然只占到美国服装业的一点份额(约0.5%),但它仍是最大的美国服装生产企业之一。这反映出它是在国内生产的少数美国服装制造企业之一:大部分时装公司集中精力做设计、营销以及渠道,生产环节则进行外包或离岸生产。美国服饰公司的洛杉矶总部是美国最大的裁剪缝制生产工厂。

美国服饰公司的独特性是它高度的垂直一体化:在它的洛杉矶总部中,它不仅承担了大多数环节的生产,还进行自己的设计、营销、广告以及拥有并经营所有的零售店,甚至海外的门店。表16—2展示了公司的财务信息。

表16—2　　　　选择性的财务数据,2005—2008年(百万美元)

	2008年	2007年	2006年	2005年
摘自运营损益表中的项目				
净销售额	545.1	387.0	264.7	188.1
销售成本	245.9	171.6	138.4	101.0
总利润	299.2	215.5	126.3	87.1
运营成本	263.1	184.40	135.1	76.8
其中				
销售费用	168.5	115.6	84.0	45.8
仓储费用和管理费用	15.6	10.7	6.7	4.2
一般费用和行政费用	78.9	58.1	36.8	26.9
运营收入	36.1	31.1	9.3	10.2
利息费用	13.9	17.5	10.8	6.3

续前表

	2008年	2007年	2006年	2005年
税前收入	21.4	15.3	(0.3)	4.0
所得税	7.3	(0.2)	1.3	0.4
净（损失）收入	14.1	15.5	(1.6)	3.6
摘自资产负债表中的项目				
流动资产	187.0	152.8	97.0	85.8
其中				
存货	148.2	106.4	76.5	67.5
总资产	333.0	233.4	163.1	124.2
流动负债	74.3	150.7	59.8	44.9
其中				
透支和当前银行债务	3.8	102.8	6.2	9.3
应付账款	26.3	21.9	30.1	18.3
长期债务	100.0	0.6	52.7	43.0
总负债	196.6	171.5	136 455	110 280
股东权益	136.4	171.5	11.7	13.9
现金流				
运营活动产生的现金净额	21.2	(5.4)	7.7	(1.1)
用于投资活动的现金净额	(72.2)	(23.8)	(16.9)	(15.9)
金融活动提供的现金净额	41.2	44.5	10.6	17.4

资料来源：American Apparel，10-K Reports.

产品发展和设计

将T恤重新打造成时尚服装是公司商业概念的基础。这涉及对于尺寸、质地、形状保持能力和颜色更为细致的关注。"我们进行改革并将时尚带到了产品的设计上，"恰尼解释说，他认为自己的主要成就是"使空白T恤女性化"。[17] 先前，T恤只是"宽大的、型号单一的"服装，没有性别区分，公司解释说：

> 美国服饰公司的设计理念和审美观是通过给都市的年轻成人全年提供颜色繁多，价格合理，核心的、形象的、永久的样式风格来吸引他们。自建立以来，美国服饰公司就以一个信念进行经营，那就是在追求好的设计、高质量的时尚服装的年轻成人中，将会有很大的市场潜力。[18]

美国服饰公司在总部建立了一个自己的设计团队。团队由批准所有新的服装设计的恰尼领导。产品开发部门的每一名成员都由恰尼亲自招收，搜寻他认为有"预见未来之眼"的设计者。[19] 这个团队不看时尚杂志，也很少关注时尚潮流的走秀。这个团队在经典的款式以及过去的款式中寻找灵感。除此之外，也在诸如洛杉矶、伦敦和纽约这样的大城市的年轻人中发现新兴款式的走向。它的服装让人们想起了20世纪70年代的都市服装，代表了一种复古的时尚款式。设计者经常去一些古色古香的制衣商店，来为新设计寻找灵感。

到 2009 年，公司将产品线扩展到了所有的 T 恤上。它能够提供 20 000 多个库存单位（SKUs），包括布料衬衫、裙子、粗布牛仔裤、毛衣、夹克、泳衣、婴儿服装以及各种各样的包括帽子、太阳镜、领带、围巾等其他产品——甚至狗的毛衣在内的服饰。美国服饰公司打算继续引入新的产品以完善现有的产品，来吸引新的顾客。

生产

美国服饰公司的总部和主要制造工厂是先前的洛杉矶市中心南太平洋铁路火车站，占地 80 万平方英尺。最后的染色和成衣环节是在加利福尼亚州的霍桑一个独立的工厂中完成。尽管换了三次工作场所，但洛杉矶工厂的生产能力仍然不足，从而使得美国服饰公司于 2008 年在加利福尼亚州的南盖特和加登格罗夫建立了新的工厂。其生产运营描述如下：

美国服饰公司采购纱线，然后送到编织者那里编织成"坯布"即没有染色和加工过的布。公司目前独立地在加利福尼亚州洛杉矶和加登格罗夫的针织厂中进行部分针织业务。公司运转圆纬机和针织横机，生产平针织物、单珠地、渔网布并把棉花和棉纱/涤纶纱织成罗纹。公司也利用第三方编织商。公司的编织工厂编织近 80% 的美国服饰公司所用的布料。截止到 2008 年 12 月 31 日，公司为此雇用了近 100 名员工。

在洛杉矶和加登格罗夫工厂里生产出的坯布以及由其他针织商生产的布料被成批地进行漂白、染色并运送到公司的染色和成衣工厂或者其他委托的染色房。在一些情况下，染色的布料会被转送到分包单位那里进行布料洗烫。公司在洛杉矶大都市区的染色和成衣工厂为近 80% 的公司服装所用布料染色。截止到 2008 年 12 月 31 日，公司为此雇用了近 900 名员工。

大部分布料装船运送到公司在洛杉矶市区的主要生产工厂。在那里它们会被检查，然后手工或用自动裁剪机进行裁剪，最后再缝制成为成衣。一些布料直接从第三方处采购，并对其全部进行修剪。服装会被缝制操作工进行分组缝制。一般每组 5～15 人不等，取决于某一具体服装的复杂程度。每一名缝制工人执行不同的缝制工序，并将其传给下一位操作工。缝制工按照一个调整过的计件工资率基数收取报酬。质量控制人员检查成衣缺陷，并拒绝任何有缺陷的产品。美国服饰公司在这个进行编织、检验、包装的工厂中也生产一些针织品，并利用厂外的合同分包商进行清洗和装船。截止到 2008 年 12 月 31 日，在洛杉矶大都市区的工厂里有近 3 900 名员工直接从事裁剪、缝制以及针织业务。

随着时间的推移，美国服饰公司也从各卖方手中采购纱线、一些布料和其他原料。该公司没有任何专门的主要的原材料供应商来支持它的生产运营。公司使用的投入品都是大量有潜力的供应商在充分竞争的市场中生产出来的。由于投入的是初级产品，因此公司认为假如它现有的供应商无法满足它的需求，那么它也会轻易地从其他的卖方手中得到。[20]

据运营副总裁马丁·贝利（Marty Bailey）所说，"为了我们的成功，我们必须生产出一件好的产品……假如你的产品不好，你都可以计算出你的回头客有多少。垃圾就是垃圾，无论你怎样对它进行营销或包装。"[21]贝利认为公司的成功基于四大因素：坚决执行严格的质量控制，使用低价产品实现快速周转，有具体的目标市场，生产运营的严格监控。贝利继续说："当你可以掌控你的事业时，你就处于好的状态。我们是一家民主的公司，有透明度。我们对我们的顾客做出了其他人无法做出的承诺。"[22]

工人们被按照服装工序的类别组织起来。在模块化的生产团队中，成员们经常轮岗以减轻压力和烦躁情绪。一次轮班平均包括 100 个缝制团队。质量控制监督者站在编织团队的过道上，从每 24 件衣服中挑选一件进行认真测量和检查，以确保尺寸和质量的一致性。[23]每名计件工人在每件衣服上花费 11～13 秒；平均生产一件衣服需要 140 秒。每天生产大约 25 万件，一周生产 125 万件。为了减轻疲劳和压力，每一次轮班都会有一段 5 分钟的伸展和有氧运动时间稍作休息，并伴随着大声的流行音乐。

每一种岗位的人都会穿不同的衣服，计件工人穿牛仔裤和 T 恤。监督员、机械工、清洁员以及裁剪员穿着胸前印有英语和西班牙语的代表其岗位的一种特殊颜色的衣服。质检员穿紫色衬衫，线上监督员穿蓝色衬衫，机械工穿红色衬衫。

零售和批发分销

在 2009 年年初，公司在 19 个国家拥有并经营着 260 家零售店（见表 16—3）它们都由洛杉矶、蒙特利尔和诺伊斯（德国）的分销中心提供服务，其零售经营描述如下：

> 公司零售业务主要瞄准 20～32 岁的年轻人群。通过它独特的时尚服饰的分类和它令人信服的店内销售经验，公司在消费者心中建立了一种充满文化内涵的、有创造性的、有独立意识的形象。提供的产品包括女式和男式的基本服装与饰品，也有新添加的针对小孩和宠物的产品类别。每家店大约有 2 500～3 000 平方英尺的销售面积。店铺一般位于大都市区、新兴社区和一些大学社区。[24]

公司主张选址远离传统的主干道。在独特的环境中使用非传统的零售建筑。店面选择和设计由道夫·恰尼的老朋友——Jordan Parnass Digital Architecture（JPDA）的乔丹·帕纳斯（Jordan Parnass）负责。选址也要搜寻那些艺术家、音乐家和年轻人住所聚集的城市，一旦一个合适的店址被选中，来自 JPDA 的设计者就会研究"地区性的味道"，开发出融合这一地区特色以及带有建筑结构特色的设计构思。[25]一些独特的沿街商店的例子有一个装饰有各种颜色荧光三角灯的影院大帐篷、一个以前的车库等。[26]

美国服饰公司的批发销售涉及 12 个授权的经销商以及超过 10 000 个丝印机公司。后者将公司标志、品牌和其他图片印制到空白衬衫上。批发顾客由在洛杉矶的基地呼叫中心提供服务。公司以快捷的订单回应为傲：在下午4:30之前收到的订单将会在当天就装船。

美国服饰公司通过它的 www.americanapparel.com 网站进行在线销售。网站进一步拓展了公司提供的产品线，包括鞋、笔、瑞士军刀、自动CD机甚至一些录像带。[27]

表16—4和表16—5展示了公司按销售渠道及地理区域划分的销售、利润和资产。

表16—3　　　　　　　　美国服饰公司的零售店

零售店数量	2008年12月31日	2007年12月31日	2006年12月31日	2005年12月31日	2004年12月31日
美国	148	105	93	66	25
加拿大	37	30	26	20	9
国际	75	47	30	18	3

资料来源：American Apparel, 10-K Report for 2008.

表16—4　　　美国服饰公司各经营部分的财务结果（百万美元）

	2008年	2007年	2006年
美国批发			
销售额	162.7	144.5	127.8
总利润	46.9	40.1	31.7
运营收入[a]	21.0	19.7	14.2
可辨认资产	178.1	125.4	n.a.
资本支出	7.1	5.3	4.3
美国零售			
销售额	168.7	115.6	80.2
总利润	127.9	88.8	63.0
运营收入[a]	33.5	24.8	11.5
可辨认资产	98.9	60.0	n.a.
资本支出	30.9	9.3	8.6
加拿大			
销售额	67.3	42.4	30.6
总利润	40.1	27.1	19.2
运营收入[a]	10.8	1.5	3.5
可辨认资产	17.1	16.5	n.a.
资本支出	4.7	2.0	1.7
国际			
销售额	146.4	84.5	46.4
总利润	84.2	59.4	31.7
运营收入[a]	8.0	14.8	4.7
可辨认资产	38.9	31.5	n.a.
资本支出	18.3	7.1	2.4

a. 扣除管理费用、利息、其他收入和进行外汇调节之前的收入。

资料来源：American Apparel, 10-K Report for 2008.

表 16—5　　销售额和固定资产的地理分布，2007 年和 2008 年（百万美元）

	2008 年	2007 年
地区消费者净销售额		
美国	331.3	206.1
加拿大	67.3	42.4
欧洲（除去英国）	74.3	45.1
英国	35.7	17.6
日本	14.9	9.8
韩国	10.5	9.2
其他外国国家	11.1	2.8
总净销售额	545.1	387.0
财产和设备（12 月 31 日）		
美国	79.3	44.0
加拿大	7.3	6.6
欧洲（除去英国）	12.7	7.3
英国	6.4	4.6
日本	3.3	1.6
韩国	0.7	0.5
其他外国国家	2.8	0.2
总财产和设备	112.4	64.9

资料来源：American Apparel, 10-K Report for 2008.

员工关系：一个"非血汗工厂"的工作环境

美国服饰公司提供全年的工作。其所支付的工资使得甚至收入最低的工人仍能得到两倍于最低工资的钱。计件工人的基本工资是每小时 8 美元，根据其生产效率可以挣到每小时 25 美元。公司给工人们及其家人提供医疗补贴、早餐补贴（公司付 25%）、免费停车服务、班车和低成本的汽车保险。有 5 名现场按摩师为所有的雇员提供定期的服务。还提供瑜伽课，并且有提供咨询服务的健康专家。工人也可以在任何时候洗澡，在工作期间可使用手机办私事。其他员工福利包括公共交通补贴和一个租借自行车项目，在租借自行车项目中，提供自行车、头盔和锁链。

工人们接受培训，以提高他们的工作和管理技能。美国服饰公司也提供英语和数学课程、关于人际关系和团队合作的课程以及月度检查和管理培训。人力资源部门也帮助员工合理避税，将银行引入工厂，方便员工管理账户。

虽然有服装工人工会的运动，但美国服饰公司的雇员并没有成立工会。恰尼感觉他们没有理由这样做。他对失败的工会运动评论道：

> 工会问题是从纽约的总工会带过来的。那就是它歪曲真相。在这个城市中，没有一家裁剪和缝制工厂组成工会。假如人们想要一个工会，他们早就要了……工会介入工厂管理是需要有原因的。这个原因就是他们对我

们不够好，所以我们要站起来把枪对准管理者的脸。[28]

正如《经济学人》杂志所评论的：

> 他提供的福利是昂贵的：健康保险补贴一年花费 400 万～500 万美元，食物补贴花费 50 万美元。即使这样，恰尼先生仍说他没有计划缩减这些福利。他认为员工满意是他成功的原因。对他们好意味着他们不太可能离开，这也就意味着省钱。"公司不是一家利他主义的公司，"恰尼说，"我相信资本主义和自利，自利也可以是慷慨地对待他人。"[29]

营销和广告

美国服饰公司独立地发展了所有的它的营销和广告。广告和促销所使用的照片经常是由恰尼和其他业余摄影者所拍摄的。模特们也都是业余的，没有化妆或别致的发式。许多是雇员、顾客、朋友或只是恰尼想要拍照的女人：

> 公司所印广告中的模特挑战着美丽的传统观念。不同于大吹大擂的多芬肥皂广告活动，恰尼信奉"真实"广告的观念，拍摄年轻的不同种族和混血的不匀称的身体、不完美的容貌、有瑕疵的皮肤和其衣服上可以看到的汗渍。
>
> 广告也有很强的暗示性，不只是因为他们在玻璃橱窗展示内衣或紧身衣。他们描绘年轻人在睡觉或洗澡的画面等。在这些画面中，他们看起来不像是广告而是某人个人空间中的照片……这些不是你能在公共汽车或者杂志上看到的广告。公司在博客圈投放广告，在像 Gawker.com 这样的流行文化的网站或者自己的网站上刊登摄影小品；在一些非主流报纸像《小村之声》、《洛杉矶周刊》或《洋葱报》的封底刊登广告；在不太著名的时尚艺术出版物如《紫色时尚》、*Fantastic Man* 上刊登广告；在一个世俗的、反正统思想生活方式的杂志 *Vice* 上做广告，该杂志颓废的品味和态度与恰尼非常接近。[30]

美国服饰公司对于网络营销的使用远不止它大量的线上产品目录和网站。在 2006 年 6 月，它与林登实验室（Linden Lab）合作建成"第一家在'第二人生'的虚拟世界中开店的现实生活公司"。[31]第二人生是网上的 3D 虚拟世界。访问者可以创造叫"化身"的另一个自己。顾客用虚拟货币为他们的虚拟形象购买公司服装。

社会和环境责任

公司积极关注社会政治热点，并将社会责任感注入它实际的运营当中。公司给主流社会边缘的人提供工作岗位。比如，它雇用来自 Homeboy 实业公司——一个帮助处于危险中的年轻人和以前的一些帮派成员的公司——的雇员。恰尼自己也是一名移民，它在洛杉矶的移民社区也很积极，他是一名自由贸易和移民权利的忠实拥护者。2006 年 5 月 1 日，恰尼给公司在洛杉矶的员工提供了带薪假期，以及一件印有支持移民文字的 T 恤，并鼓励他们加入在洛杉矶举行的抗议缺乏移民权的示威运动。公司也支持一些国际事业,他把他的"美国制造"和"非血汗工厂"证书作为他广告宣传信息中的一部分。

公司也强调环境友好地生产制作衣服。因为在大部分棉花生长过程中使用了大量杀虫剂和其他污染物,因此在 2004 年,公司开发了它的可持续发展的生产线——衣服由 100% 的有机棉制成。公司每年循环使用 100 万磅的碎布。恰尼补充说:"实际上,我们之所以开发了一款女式运动短裤,就是为了利用我们过多的碎布。"[32]

进入市场的速度

美国服饰公司商业模式的基本表现是它的速度和灵活性:

> 公司垂直一体化的商业模式,以及把生产及各个其他业务流程集中于洛杉矶,使得公司能够在创新方面发挥重要作用,同时使公司能够快速响应市场和顾客对经典款式和新产品的需求。至于公司的批发业务,能够快速回应来满足大的订单,使得公司能够占得商机。快速回应市场的能力意味着公司的零售业务能够及时地将流行中的服装送到顾客手中。在零售店中可以坚持不打折扣,补充本应售罄的产品,最大化受欢迎款式的销售。[33]

一件衣服从设计到进入公司商店货架,需花费 2 周时间。一个白天之内,一名设计人员提出想法,设计一件衣服,创造出一个样品,然后裁剪并缝制在一起。到晚上,衣服将被穿在模特身上进行拍照,并发邮件给恰尼,等待其即时的观点看法。假如衣服得到恰尼的支持,那么它将在一些公司零售店进行测试。[34] 顾客购买信息将被跟踪和分析。假如产品成功了,那么它将会被全力生产并装船运送到公司其他的零售店。[35]

图 16—1 描绘的是公司垂直一体化的商业模式。

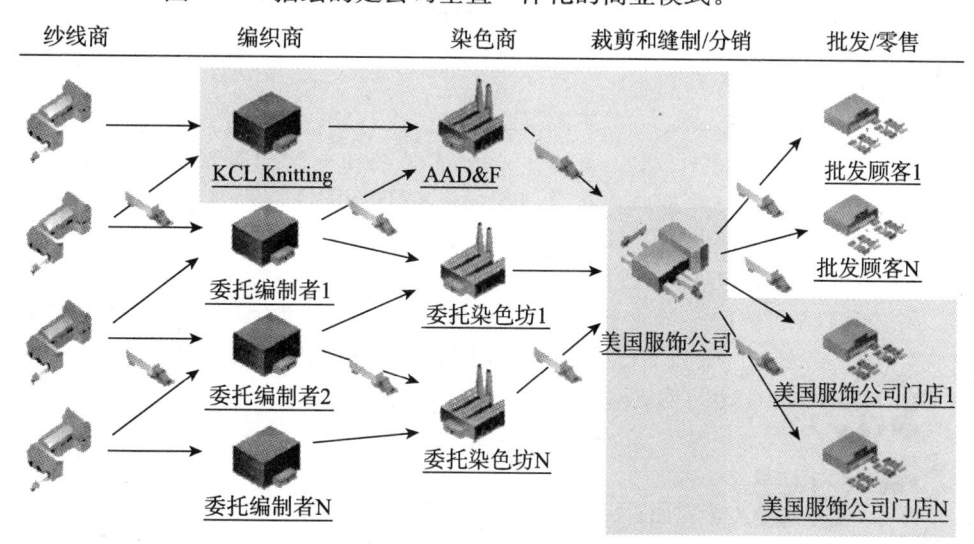

图 16—1 美国服饰公司垂直一体化的商业模式

资料来源:American Apparel, Investors' Presentation (March 2009).

未来发展

在 2009 年 4 月给投资者的报告中，公司概括出了它的长期发展目标，即成为基本服装的 1 号店——顾客能想到的 T 恤的第一品牌，宽松长运动裤的第一品牌，内衣、袜子等的第一品牌。要达到这个目标，需要公司抓住能够促进增长和国际发展的机遇。它所定义的机遇包括：

- 商店基数的增长。
- 在潜力巨大的美国、加拿大及其他国际城市市场的扩张。
- 进入新市场。
- 更好的供应链管理下产品生产效率的改进和企业资源计划（ERP）下的原料资源计划。
- 生产数量与库存相适应。
- 改进商品在各个门店中的分配。
- 通过占得更多销售额、增加库存周转率来提高商店的生产率。
- 增加目录，提供给顾客一个更加完整的基本产品类别（夹克、睡裤等）。
- 通过提高顾客访问量、交易量和单价来改进商店的生产率。
- 通过密钥管理改进执行。
- 提高品牌知名度，传达给每一个都市成人。[36]

然而在 2009 年，公司的基本重点是效率和效果而不是增长。它预示着在 2009 年仅有 25 家新店开业。销售额的增长将会减慢至 5%～10% 之间。提高产品效率和物流有效性的努力包括执行 ERP 系统，通过执行 Hyperion 财务管理系统来改进财务方面的管理，通过聘请各级财务执行官来实现财务管理的升级。改进财务管理已经变成了优先的事，因为审计员在公司的财务报告系统中发现存在重大缺陷。

公司展示出了一个不同寻常的能力去适应改变，抓住新的机会。它由一家地区性的 T 恤批发供应商成长为一个从棉花采购到服装零售的垂直一体化的跨国公司。尽管如此，在很多方面，它仍旧只是一个中型的企业性质的公司，其创业者从事批准新设计到拍广告照片，再到新店选址的大小活动。扩张将使公司建立一个不同的基本管理结构成为必要吗？它的洛杉矶基地的生产系统能为不断扩张的全球零售网络服务吗？公司能够继续为它的风格、社会责任、"美国制造"服装支付同样的溢价吗？过度扩张使得星巴克不得不采取削减成本的举措，也许是在说这不再是一个吸引人的想法。

[注释]

[1] "American Apparel's Unusual Flotation is Typical of Dov Charney, its Founder," *The Economist*, January 4, 2007.

[2] American Apparel, Investor Presentation June 2009, Piper Jaffray

Consumer Conference, June 9, 2009, http://investors.american-apparel.net/events.cfm, accessed October 29, 2009.

[3] P. Rivoli, *The Travel of a T-shirt in the Global Economy: An Economist Examines the Markets, Power, and Politics of World Trade*, 2nd edn, John Wiley&Sons, Ltd, Chichester, 2009.

[4] "T-shirts Prices are Falling," Trade Fact of Week, Progressive Policy Institute, February 15, 2006, http://www.ppionline.org/ppi_ci.cfm?contentid=253748&knlgAreaID=108&subsecid=900003, accessed October 29, 2009.

[5] D. Charney, interview, "Charlie Rose," KQED9 (TV broadcasting Station), July, 2006.

[6] D. Charney, interview, "The New Rich," *20/20*, ABC, 2006; M. Mendelssohn, "Sweatshop-Free Zone," *The Gazette*, May 23, 2004.

[7] D. Charney, interview, "The New Rich," *20/20*, ABC, (2006); M. Silcott, "Dov Charney, 32, Senior Partner, American Apparel," *The Counselor*, April, 2001.

[8] J. Elwain, "American Apparel Takes on the T-shirts," *Bobbin Magazine*, May, 2001.

[9] A. A. Nieder, "The Branding of Blank Tees," http://americanapparel.net/presscenter/articles/20000818caaparelnews.html, accessed August 18, 2008.

[10] J. Elwain, "American Apparel Takes on the T-shirts," *Bobbin Magazine*, May, 2001.

[11] C. M. Chensvold, "American Apparel Opens Three Retail Stores," *California Apparel News*, October 31, 2003.

[12] J. Elwain, "American Apparel Takes on the T-shirts," *Bobbin Magazine*, May, 2001.

[13] J. Mankiewicz, "Sexy Marketing or Sexual Harassment?" NBC Dateline, http://www.msnbc.msn.com/id/14082498/, accessed July 28, 2006.

[14] American Apparel, 10-K Report for 2008, 2009, p. 31.

[15] "Living on the Edge at American Apparel," *Business Week*, July 27, 2007.

[16] "And You Thought Abercrombie & Fitch Was Pushing It," *New York Times*, April 23, 2006.

[17] D. Charney, interview, "Worldwide," Chicago Public Radio, November 13. 2003.

[18] American Apparel, 10-K Report for 2008, 2009, p. 2.

[19] D. Charney, interview, "Charlie Ross," KQED9, July, 2006.

[20] American Apparel, 10-K Report for 2008, 2009, p. 5.

[21] H. Aquirre, "Go Team," *The Manufacturer*, June, 2004.

[22] H. Aquirre, "Go Team," *The Manufacturer*, June, 2004.

[23] A. Lopez, 接受案例作者的采访, April, 2007.

[24] American Apparel, 10-K Report for 2008, 2009, p. 5.

[25] A. DiNardo, "The Anti-Brand," *Visual Store*, December 4, 2006.

[26] A. DiNardo, "The Anti-Brand," *Visual Store*, December 4, 2006.

[27] http://store.americanapparel.net/sexctydvd.html, accessed July 2009.

[28] "The Apprenticeship of Dov Charney," CBC Radio, March 20, 2005.

[29] "American Apparel's Unusual Flotation is Typical of Dov Charney," *The Economist*, January 4, 2007.

[30] J. Wolf, "And You Thought Abercrombie & Fitch Was Pushing It?" *New York Times Magazine*, April 23, 2006.

[31] "American Apparel's Virtual Clothes," *Business Week*, June 27, 2006.

[32] "American Apparel to Recycle over One Million Pounds of Cotton Cutting per Year," *American Apparel Media Advisory*, August 13, 2002.

[33] American Apparel, 10-K Report for 2008, 2009, p. 3.

[34] A. Lopez, 接受案例作者的采访, April 2007.

[35] D. Charney, interview, "Charlie Ross," KQED9, July, 2006.

[36] American Apparel, Investor Presentation June 2009, Piper Jaffray Consumer Conference, June 9, 2009, http://investors.americanapparel.net/events.cfm, accessed October 29, 2009.

17

澳拜客牛排馆：进军国际市场*

到1995年，澳拜客牛排馆（Outback Steakhouse）是北美增长最快、最受人拥护的连锁餐厅。在竞争激烈的美国餐饮业中精准的定位、高质量的食品和服务以及模仿澳洲主题的放松的环境推动着连锁餐厅惊人的增长（见表17—1）。

表17—1　　澳拜客牛排馆公司：增长和盈利，1990—1995年

	收入（百万美元）	净收入（百万美元）	平均股东权益收益率(%)	公司直营餐厅数	特许经营和合资餐厅数	餐厅总数
1990年	34	2.3	41.2	23	0	23
1991年	91	6.1	34.4	49	0	49
1992年	189	14.8	23.6	81	4	85
1993年	310	25.2	22.2	124	24	148
1994年	516	43.4	27.4	164	50	214
1995年	734	61.3	27.0	262	58	320[a]

a. 其中，297家为澳拜客牛排馆，23家为卡拉巴意大利烧烤（Garrabba's Italian Grills）餐厅。

---

* 由玛丽琳·L·泰勒（Marilyn L. Taylor）和罗伯特·M·格兰特撰写。本案例是一篇早期案例 "Outback Steakhouse Goes International" by Marilyn L. Taylor, George M. Puia, Krishnan and Madelyn Gengelbach 的删减版（得到作者许可）。增加的一些材料来自公司报告和 "A Stake in the Business," by Chris L. Sullivan, *Harvard Business Review*, September 2005, pp. 57-64。Copyright (c) 2008 Marilyn L. Taylor and Robert M. Grant。

主席和联合创建者克里斯·苏利文（Chris Sullivan）认为按目前的增长率（每年70家新餐厅），澳拜客在5年内将会面临市场饱和。澳拜客的增长机会可以是差异化的非传统的餐厅概念（它已经开始经营它的卡拉巴意大利烧烤餐厅），也可以是在国际市场上进行扩张。

> 我们可以开500～600家（澳拜客）餐厅，5年后可能更多……（然而）世界正在变成一个大市场，我们想占据其中一个位置，因此我们不想错过机会。有一些问题，也有一些挑战；但是在此刻，已经有一些餐饮连锁店走出了美国，它们的平均单店销售额远远高于美国的销售额水平。因此潜力就在那里。显然，有一些分销问题要解决。事情就是这样，但我们真的对国际化的未来很兴奋。这将给我们在美国之外继续增长带来一些潜力。[1]

在1994年较晚的时候，休·康纳蒂（Hugh Connerty）被任命为澳拜客国际的主席来领导公司的海外扩张。康纳蒂在餐饮业有相当丰富的经验，也曾是澳拜客最为成功的特许经销商，在佛罗里达州和南佐治亚州发展了很多澳拜客餐厅。康纳蒂怀着一腔热情抓住了这个机会：

> 我们在全世界有成百上千的加盟需求。（因此）我只花了大约2秒钟的时间就做出决定（成为澳拜客国际的主席）……我已经和其他各国际分区的主管们有过会谈，他们所有人都有相同的经历。在某一时刻一盏灯及时地亮起，他们说："哇，我们有伟大的产品，我们从哪儿开始呢？"假期里我做了一些旅行。世界并不是你认为的那样大。大部分走向全球的公司并没有用到一些固定的战略。[2]

康纳蒂的挑战是，决定选择进入哪个国家；是选择特许加盟而进行直接管理，还是建立合资公司；澳拜客的餐厅概念应该怎样被海外市场所接受，应该以怎样的节奏进行扩张。

澳拜客的战略

澳拜客是由克里斯·苏利文、鲍勃·芭莎姆（Bob Basham）和蒂姆·甘农（Tim Gannon）成立的。他们三个在作为Steak and Ale餐饮连锁店的管理培训生时相识。虽然暗红色生肉的消费在下降，但他们认为这主要是因为家庭中的消费在减少；牛排餐厅仍是十分受欢迎的。他们看到了一个尚未被发掘的机会，以合适的价格提供高质量的牛排——正好填充了高价牛排和廉价牛排之间的市场空白。利用一个澳大利亚主题再加上户外和冒险，澳拜客将自己定位为一个不仅提供优质食物，还提供美妙的、有趣的和舒适的体验的公司。公司解释其战略如下：

公司认为澳拜客牛排餐厅区别于其他餐厅是通过以下方式：

- 采用始终如一的高质量成分和准备好的限量的能够吸引大多数人的口味的菜单条目。

- 以适中的价格体现餐厅的慷慨大方。
- 通过提供非常贴心的服务,创造出非正式的用餐氛围,吸引各式各样的顾客。
- 通过将10%的利润作为激励提供给总经理,吸引有经验的餐厅管理者。
- 限制正餐的服务时间(一般从下午4:30到晚上11:00),减少餐厅的管理和用工时间。[3]

高质量的食物是该连锁店区别于其他竞争对手的核心。对质量的重视从原料开始。澳拜客视供应商为"合作伙伴",忠实地与它们进行合作,以确保质量,并发展长期的合作关系。澳拜客的食物成本是这一行业当中最高的——不只是从成分方面来看,从制作方面来看也是这样,每一家餐厅内大部分制作的菜品都是即时出产。例如,澳拜客油煎的方形小面包每天都由17种不同的调味品在现场制成,并切成不规则形状以表明它们是手工完成的。

对于质量的强调,也扩展到了服务上,在澳拜客的"原则和信条"中有一条是"没有规则,只有适合"——员工要做需要做的,不管是什么,都要满足顾客的需求和偏好。

不可避免地,对于质量和服务的强调意味着,其他餐饮连锁店的工作方法可能被认为是低效率的。克里斯·苏利文主席解释澳拜客有一个不同的管理模式:

餐饮业中有三种流动——顾客、员工和餐桌。大部分餐饮连锁店担心第一个,把它们委托给第二个,鼓励第三个。在澳拜客并不这么简单:我们认为这三个是相互关联的一个整体。具体而言,我们的管理方式和方法反映了我们将减少员工流动放到了重要位置。我们的警句之一是"人员配备齐全,充分培训"。而且,顾客喜欢看到一张熟悉的脸。

餐厅的工作是有压力的。员工状态越好,他们在做事时就越体贴——如果他们遇到问题,他们就会对所给予的设备和工具更加失望,无论是由于刀子迟钝还是由于缺少火炉……鲍勃·芭莎姆坚持要将我们的厨房做成至少2 500平方英尺的大小,而且还要保证有大量的低温空气从中吹过。对于一些典型的澳拜客餐厅而言,这些厨房占用了它们计划楼层面积的一半,而这些地方,其他餐厅通常是用来放置餐桌的。但是我们想提供相对于20世纪80年代那些典型的休闲餐厅所做的更多的菜肴,因此我们知道我们将不得不给厨师和制作人员空间来努力实现它。

同样地,我们最多只会要求服务员在同一时间内去服务三个餐桌,而行业标准是五个或者更多。在营业的时候,会有形形色色的客人在不同的时间选择就餐,是顾客而不是我们的服务员或者厨房员工决定就餐的频率。因此,我们的服务员需要时间去了解客人们的情绪和对于就餐的期望,除此之外,为了使客人点的菜能够被尽快送给他们,需要厨房里的优秀员工和设备作为保证。

我们认为那些没有过多压力的员工能够比那些超负荷工作的员工在他们的岗位上待更长的时间,而且员工们需要时间去熟悉那些经常光顾的客人的习惯以及如何能够在一个团队里面表现得更加优秀。对于顾客而言,我们工作的熟练程度、对于顾客行为的熟悉程度和冷静的态度配合在一起才能够为顾客带去更好的体验，而且那些有充足就餐时间的顾客往往会更愿意再次光临。总而言之，低的员工流动率能够带来更好的翻桌率，这样最终能够带来更低的顾客流失率。[4]

这个模式将两个在澳拜客餐厅战略中关系不是很大的因素联系在了一起。

第一，澳拜客只提供晚餐。在苏利文看来，对于餐厅而言，明智的做法是午餐和晚餐都要提供。这样才能最大效率地利用餐厅的资本，从而降低因为长期营业而带来的隐性成本。这些隐性成本包括雇用多余的员工和由员工流失带来的成本，换班的"分裂"效应（disruptive effect），还有员工因为在中午工作而在晚上会变得比较疲劳。这对于食物而言也是一样的，如果食物被过早地准备，那么它们晚上的时候就会变得不那么新鲜。

第二，澳拜客餐厅坐落于居民区而不是市中心。这加强了它们只在晚上营业的好处，降低了租金以及增加了顾客和员工的忠诚度。

澳拜客餐厅的管理模式和所有权模式都与一般餐厅不同。澳拜客直接拥有的每一个餐厅都是一个独立的合伙人，对于每个餐厅而言，澳拜客牛排馆公司以一个一般合伙人的身份掌握着71%~90%的所有权。每一个餐厅都被一个管理合伙人（managing partner）管理着，同时在每一个区域又有10%~20%的餐厅被一个合资合伙人（joint venture partner, JVP）管理着。苏利文对这种关系是这样解释的：

> 这两个不同的管理岗位不是单纯的名称上的扩充，它们明确地指出了这两个不同岗位的职责。大多数管理合伙人都是从公司的员工发展而来的，他们必须向公司投资25 000美元作为他们参加公司管理层的条件，这并不是因为公司需要这些钱，而是因为投资了这些钱，会使得他们对他们所投资的事业更加忠实，更加勇于承担。他们同样需要签订一份5年期的合同，在合同期满的时候，他们被授予拥有公司1 000股受限制的股票。作为回报，管理合伙人可以留有他们所管理餐厅每年10%的现金收入，这样在第五年的年末，他们每个人所持有的股票将会增值至100 000美元左右。其中表现得好的，他们还会续签这样的合同去管理同一个或者另外一个餐厅。
>
> 对于另外60个左右的合资合伙人，他们就必须向公司投资50 000美元，作为回报，他们将被允许留有公司所有餐厅每年10%的现金收入。与管理合伙人不同的是，合资合伙人的管理核心不是公司的运营情况和社区关系的处理，而是管理公司的业绩、在陌生的地区开拓新的市场以及发掘新的管理人才包括管理合伙人和合资合伙人。他们的地位介于公司总部6位运营主管和餐厅的管理合伙人之间。[5]

最初，澳拜客希望它的餐厅都能由公司直接拥有和经营。然而在1990年，对于特许经营的需求使得公司同意授权给那些创始人认识的知名的熟人。澳拜客在选择特许授予对象时是十分小心谨慎的，公司希望他们能够完全理解公司的经营理念。

公司对于餐厅小时工的管理与其他餐厅的管理是完全不同的。公司的一位主管这样说："对于结果的要求是严厉的，但是对于他们人的要求是和蔼的。"对于员工的选拔是严厉的,在选拔环节包括对于他们才能的测试、心理的测试以及公司两位管理人员的面试。这样做的目的在于帮助他们建立起一种事业心,这种事业心能够帮助他们更快地学习以及更好地成长。所有的雇员都能够参与公司的股份计划,而且公司能够保证公司所有的员工都能够参与健康保险。

公司那种"没有规则"的文化以及对于质量和服务的保证,是公司创新和改进的永久的驱动力:

> 几乎所有的变革都是源于每个独立的餐厅,更确切地说是源于公司的服务人员和厨师。他们将会把他们的建议提给餐厅的经理,然后经理将会以其餐厅为试验地。如果这种变革是好的,经理就会将这些变革告诉其合资合伙人。如果这些变革符合公司的要求,它们将会以录像或者其他的形式传播到其他的合资合伙人那里。合资合伙人们有权选择接受或者不接受。[6]

在1993年,澳拜客和休斯敦的卡拉巴意大利烧烤建立了合资关系。在1995年的1月,澳拜客获得了在全国范围内经营卡拉巴的权利。卡拉巴有着和澳拜客相似的运营、管理和所有权结构。

为国际扩张做准备

澳拜客公司的全球化主管休·康纳蒂勾勒出了他对于全球化的构想:

> 我们开设澳拜客餐厅有着我们自己的一些原则和信条。这听起来几乎有些狂热。我们希望国际化对于我们的供货商而言是一个机会。多年以来,我们从未更换过我们的供货商,所以我们希望,在我们对他们做出承诺的同时,他们也能够给我们一些承诺。他们必须证明他们(在海外)也能站住脚。
>
> 我认为我们在全球进行采购以及去了解不同国家的法律和文化是非常愚蠢的。因此我们的全球化战略应该是授予不同国家一些特许经营权,这样我们才能够专注于我认为是我们力所能及的事情上,比如说支持性运营。[7]

康纳蒂认为他在国内进行扩张所采用的特许经营的方式能够运用到全球市场上。

> 每一个特许经营者在他们的经营区域内都有着他们特定的关系,这些关系能够帮助他们获取经营许可。这一点,在全球范围内并没有什么不同。在每个区域内,顾客的忠诚度是十分重要的。我们将会一个一个地授予特许经营权,所以我们最重要的问题是如何选取合作者。获得特许经营权的人必须能够和我们合作,与我们有着类似的思维模式以及认同我们的原则和信条。
>
> 信任是最为重要的、神圣的。(澳拜客)与每一个特许经营者之间的信任同样是不能够被亵渎的。公司一次只授予一个特许经营权。在没有任何保证的情况下投资数百万美元需要大量的信任,因而你才要谨慎地进行

下一个投资。[8]

在地理位置的选取上，康纳蒂最初的想法是从离本地区最近的地方开始，然后逐渐向拉丁美洲和远东地区发展：

> 第一年将会在加拿大，然后是夏威夷，接着是南美，最后我们将逐渐和远东地区、韩国、日本等东方的一系列国家建立合作关系。在第二年，我们将会和英国合作，然后再在欧洲开始比较和缓的扩张，这将是我们的一个长期计划。这些国家和地区的人和我们国家的人有着不同的思维方式。[9]

美国餐饮连锁的海外扩张

国际市场的扩张为美国的餐饮业提供了大量的机会。尽管有一些市场仅限于加拿大和波多黎各，但是对于快餐业，特别地像麦当劳、汉堡王和肯德基，海外市场的营业额占了公司总营业额的一半。而对于一些提供正餐的餐厅而言，比如说 Denny's、Applebee's、T. G. I. Friday's 和 Tony Roma's，它们很少在北美以外的地区扩张。表 17—2 展示了美国几个主要餐厅的连锁经营情况。

表 17—2　　　　　美国十大特许连锁餐厅，1994 年

	总销售额（百万美元）	国际销售额（百万美元）	总门店数	国际门店数
麦当劳	25 986	11 046	15 205	5 461
汉堡王	7 500	1 400	7 684	1 357
肯德基	7 100	3 600	9 407	4 258
塔可钟	4 290	130	5 614	162
温迪汉堡	4 277	390	4 411	413
哈迪斯汉堡	3 491	63	3 561	72
Daily Queen	3 170	300	3 516	628
达美乐	2 500	415	5 079	840
赛百味	2 500	265	179	8 450
小凯撒	2 000	70	4 855	155

资料来源："Top 50 Franchises," *Restaurant Business*, November 1, 1995, pp. 35 - 41.

对于这些餐饮企业而言，海外市场的最大吸引力是那些市场并不像美国市场那样饱和，大部分的当地竞争者是独立的家族控制的餐厅而非大型的连锁餐厅。在海外市场，市场趋势的预期会与美国一样，具体而言就是随着财富的增加以及家庭生活的弱化，将会导致外出就餐的增加。

显然，在海外市场，不仅仅是一些快餐连锁店取得了成功，而且其中大部分的佼佼者都是一些有着数十年国际经验的大型跨国公司的子公司。比如说肯德基、塔可钟、必胜客都是百事（PepsiCo.）旗下的公司，汉堡王是英国一个叫大都会（Grand Metropolitan）的子公司。

全球化的一个主要动力是美国市场的成熟。在 1994 年，有超过 3 000 家

的连锁餐饮企业经营着近 600 000 家连锁餐厅。在这种情况下,不仅竞争激烈,而且企业的发展也非常缓慢。在 20 世纪 90 年代初,每家店的销售额都仅仅增加了 3%。

然而,海外市场也为这些公司带去了不少管理的挑战。这些问题主要包括:

- 市场需求。对于餐饮企业而言,市场的需求主要取决于当地的可支配收入水平、城市化进程、人口数以及一些其他影响经济、社会和生活习惯的因素。最重要的是如何去适应当地的消费餐饮习惯。即使麦当劳这种高度标准化的跨国公司,也要进行大量的本土化改革。比如说在法国推出的 Croque McDos,在中国香港推出的米汉堡,在沙特阿拉伯地区推出的 McArabia Koftas,在以色列推出的犹太食物专营店以及在印度不出售含牛肉和猪肉的产品。

- 文化和社会因素。这些因素极大地影响了消费者的偏好。因此在设计菜单、招聘餐厅员工以及设计餐厅环境的时候必须考虑这些因素。这些因素同样影响着公司在当地的管理方式和业务扩展进程。

- 基础设施。交通、社区、基础设施比如水电、当地供应商的情况对于是否引进一种独特的餐厅概念是十分重要的。一个餐厅必须能够在当地获取它所需要的原材料。如何能够更加容易地购买原材料、烹饪设备,以及员工和顾客的流动性对于一家餐饮企业都是非常重要的。

- 原材料的供应。海外市场上的餐厅需要当地的供应商去为它们提供食物的原材料。美国国际贸易协会这样说:"跨国经营的连锁企业经常在寻求供货商时,遇到诸如不能保证品质、价格和数量的问题。地理上的距离同样也会影响到这些连锁企业。过长的距离将会从沟通以及交通环节上使原料的供应、海外运营或者提供质量管理服务等等一系列问题变得复杂。"[10] 因此一个连锁企业需要建立起它自己的供应链。比如麦当劳,在它进入苏联的时候就投入了大量的时间与金钱去建立这些供应链。

- 贸易的控制。进口限制对于一些在本土采购原材料的餐饮企业而言,影响不是那么大。但是,一些国家使得这些餐厅在进口设备时变得困难和昂贵。对于外商直接投资的控制在一些新兴市场国家显得格外明显。还有食品规格、商业执照和商业合同的限制同样不可小觑。在大多数国家开设连锁企业将会比在美国本土开设企业需要更多的精力去进行管理。连锁经营合约是一个非常复杂的合约,它包括商标、特许使用金以及对于质量的控制和监督。虽然乌拉圭回合签署了《服务贸易总协定》(General Agreement on Trade in Service),但是大多数国家还没有放开对于连锁经营的限制。在一些国家,连锁经营合约上的一些条款被视为是商业上的限制。劳动法同样是非常重要的,尤其是一些对雇主解雇雇员的限制、工会的要求以及全国性的关于工资和工作环境的谈判。

[注释]

[1] M. L. Taylor, G. M. Puia, K. Ramaya and M. Gengelback, "Outback Steakhouse Goes International," in A. A. Thompson and A. J. Strickland,

Strategic Management: Concepts and Cases, 11th edn, McGraw-Hill, New York, 1999, p. C296 – 297.

[2] M. L. Taylor, G. M. Puia, K. Ramaya and M. Gengelback, "Outback Steakhouse Goes International," in A. A. Thompson and A. J. Strickland, *Strategic Management: Concepts and Cases*, 11th edn, McGraw-Hill, New York, 1999, p. C291.

[3] Outback Steakhouse Inc., 10-K Report, 1996.

[4] Chris T. Sullivan, "A Stake in the Business," *Harvard Business Review*, September, 2005, pp. 57 – 64.

[5] Chris T. Sullivan, "A Stake in the Business," *Harvard Business Review*, September, 2005, pp. 59 – 60.

[6] Chris T. Sullivan, "A Stake in the Business," *Harvard Business Review*, September, 2005, pp. 58.

[7] M. L. Taylor, G. M. Puia, K. Ramaya and M. Gengelback, "Outback Steakhouse Goes International," in A. A. Thompson and A. J. Strickland, *Strategic Management: Concepts and Cases*, 11th edn, McGraw-Hill, New York, 1999, p. C297.

[8] M. L. Taylor, G. M. Puia, K. Ramaya and M. Gengelback, "Outback Steakhouse Goes International," in A. A. Thompson and A. J. Strickland, *Strategic Management: Concepts and Cases*, 11th edn, McGraw-Hill, New York, 1999, p. C297.

[9] M. L. Taylor, G. M. Puia, K. Ramaya and M. Gengelback, "Outback Steakhouse Goes International," in A. A. Thompson and A. J. Strickland, *Strategic Management: Concepts and Cases*, 11th edn, McGraw-Hill, New York, 1999, p. C299.

[10] U. S. International Trade Commission, *Industry and Trade Summary: Franchising*, Washington, DC, 1995, pp. 15 – 16.

18

欧洲迪士尼：从梦想到梦魇*

欧洲迪士尼SCA到1994年9月30日这一财年底的财务结果在新闻发布会上被宣读出来，CEO菲利普·勃艮第（Philippe Bourguignon）用简练的一句话总结这一年："1994年最好的事情就是它终于结束了。"

实际上，这一年的结果要好于很多欧洲迪士尼长期股东预测的结果。虽然营业额下降了15%——游客数量不断下降引起了人们的广泛猜测，认为公园将会关闭——但成本已经被削减了12%，结果产生了与前一年相近的运营利润。账目盈亏结算线上仍然显示的是一个相当大的亏损（税后净亏损约为18亿法郎）；然而，这与上年相比有了很大的改进（约53.4亿法郎的亏损）。表18—1和表18—2显示的是财务状况的细节。

表18—1 欧洲迪士尼SCA 1993—1994年的财务业绩：运营收入和支出（百万法郎）

	1994年	1993年
收入		
主题公园	2 212	2 594
酒店	1 613	1 721
其他	322	559
建筑物销售	114	851
总收入	4 261	5 725

* Copyright © 2008 Robert M. Grant.

续前表

	1994年	1993年
直接成本/费用		
公园和酒店	(2 961)	(3 382)
建筑物销售	(114)	(846)
运营收入	1 186	1 497
折旧	(291)	(227)
融资租赁费用	(889)	(1 712)
专利费用	—	(262)
管理费用	(854)	(1 113)
财务收益	538	719
财务费用	(972)	(615)
损失	(1 282)	(1 713)
特殊损失（净）	(515)	(3 624)
净损失	(1 797)	(5 337)
员工（演艺人员）		
数量	11 865	10 172
年成本	2 108	1 892

勃艮第明确地认为未来是乐观的。接下来 6 月份 130 亿法郎的重组得到了信贷银行的支持，欧洲迪士尼现在有一个非常坚实的财务基础。重组的结果是，欧洲迪士尼 SCA 留下了大约 55 亿法郎的资产以及 159 亿法郎的借款——相比于上年下降了四分之一。随着破产危险的解除，欧洲迪士尼现在处在一个非常好的境地去吸引游客和合作伙伴。

表 18—2　欧洲迪士尼 SCA：1992—1994 年的财务报表（依照美国公认会计原则）（百万法郎）

资产负债表	1994年	1993年	1992年
现金和投资	289	211	479
应收账款	227	268	459
固定资产（净）	3 791	3 704	4 346
其他资产	137	214	873
总资产	4 444	4 397	6 157
应付账款和其他债务	560	647	797
借款	3 051	3 683	3 960
股东权益	833	67	1 400
总负债和股东权益	4 444	4 397	6 157
运营表	1994年	1993年	1992年
收入	751	873	738
成本和费用	1 198	1 114	808
净利息费用	280	287	95
所得税前损失和会计变更的累积效应	(727)	(528)	(165)
所得税可退税款	—	—	30
会计变更累积效应损失	(727)	(528)	(135)
开业成本的会计变更累积效应	—	(578)	—
净亏损	(727)	(1 106)	(135)

资料来源：Walt Disney Company, 10-K Report, 1994.

推动措施包括一个新的广告计划,一个造价 6 亿法郎的将在 1996 年 6 月开放的新项目(太空山(Space Mountain)),更改公园的名字即由欧洲迪士尼改为巴黎迪士尼。

并且,迪士尼也做了一些运营上的改进。勃艮第先生报告说在这一年通过新的景点和现有景点的重新设计,排队时间已经减少了 45%;酒店的入住率已由上年的 55%上升到 60%,经理们被给予了更大的激励。勃艮第声明,最终结果是,公司将在 1996 年的时候实现盈利。

股票市场对这些结果给予了积极的响应。在伦敦,欧洲迪士尼 SCA 的股价由 13 便士上升到 96 便士。然而,这并没有使得股价走出低谷区太多。在 1989 年 11 月 6 日,即欧洲迪士尼首次公开募股后的第一个交易日,股价达到了 880 便士。自那以后,欧洲迪士尼的股价便呈几乎持续性的下跌趋势(见图 18—1)。《金融时报》的 Lex 专栏也表达了不乐观的看法:

> 受高成本和低到访率的困扰,欧洲迪士尼将会发现在 1996 年 9 月底实现盈利的目标是困难的。通过引进更为灵活的劳工协议(更多的兼职人员,岗位间的兼任,在繁忙时候对学生的更多使用)以及在酒店经营上的外包合同,这一年的成本减少了 5 亿法郎。公司承认现在已经意识到了成本削减中占大头的部分。现在它希望公园的游客数量能够上升……让他们在公园里进行更多的消费可能是非常困难的。欧洲迪士尼将它的希望压在了欧洲经济的复苏上。它在今后的五年时间里将不得不再一次支付利息、管理费用和专利费。管理层们也无法保证能够应付得来。[1]

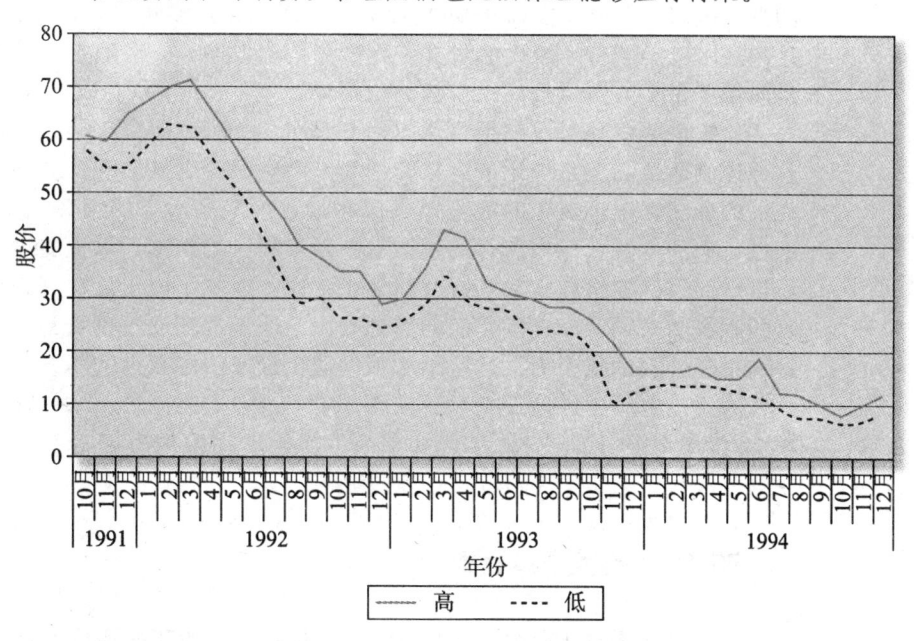

图 18—1 欧洲迪士尼在巴黎市场上的股价,1991—1994 年(法郎)

在新闻发布会结束后回到办公室,勃艮第发出了叹息。自 1993 年接替上一任首席执行官罗伯特·费茨帕特里克(Robert Fitzpatrick)以来,这个 46 岁的人就在为确保欧洲迪士尼的生存进行着持续的战斗了。现在,生存已经不再是一个问题,勃艮第面对的是下一个挑战:欧洲迪士尼能否盈利——尤其是一旦欧洲迪士尼在 1998 年后不得不重新向沃尔特迪士尼公司支付特许费和管理费（一年花费 5 亿法郎），能否盈利？

迪士尼主题公园

沃尔特·迪士尼（Walt Disney）首倡了主题公园的概念。他的目标是创造一种独特的结合了幻想、历史、冒险和学习的娱乐体验，在此过程中，顾客将会是一个参与者和旁观者。现在迪士尼在加利福尼亚、佛罗里达和东京都设计了主题公园。这些主题公园包括美国大街、边境之地、明日乐园、幻想乐园和冒险乐园。目标是让顾客沉浸在独特乐园的氛围当中。每个乐园的主题反映在乘具和游乐设施、员工的服装、建筑的艺术风格甚至食品和在特定区域范围内销售的纪念品上。迪士尼乐园不是将过山车、旋转木马和其他乘具进行随机排列加以展示，而是通过精心设计、紧凑布置创造了一种充满幻想的全方位体验比如太空飞船、加勒比海盗的袭击、和彼得潘一起飞行或者在雪橇上冲向马特洪峰。

迪士尼主题公园受益于沃尔特迪士尼"大家庭"的人才和专门技术。公园由一家全资拥有的子公司——WED 公司的工程师和艺术家所设计。景点的主题和其体现出来的特点经常是来源于其原创卡通和由迪士尼电影制片公司制作的真人电影。公园也受益于迪士尼先进的管理和其多年开发出来的产品技术。这些技术已经获得了极大的成功。在产品销售方面，一些迪士尼零售店在美国也取得了每平方英尺最高销售额的纪录。

迪士尼的成功可以归结为通过对环境的控制从而为游客创造独特的体验。这种控制通过高度系统化的运营管理和人力资源管理来实现。迪士尼拥有一套先进的甄选和培训员工的流程以确保在行业内最高水平的服务、安全和维护。通过每天的运营数据对游客的到访水平做出先进的预测，以及通过对公园的精心设计使人群拥挤程度和等待时间最小，这些造就了迪士尼在高到访率、高水平的服务和高顾客满意度之间的协调能力。迪士尼还通过投资新的景点来不断提高主题公园的吸引力。这些措施帮助迪士尼取得了很大的提升。

迪士尼也历史性地在全世界获得了比其他主题娱乐公园更高的到访水平。在 20 世纪 80 年代末—90 年代初期间，迪士尼在阿纳海姆、奥兰多和东京的主题公园每年共吸引超过 5 000 万的游客到访。

☐ 迪士尼的美国公园

洛杉矶迪士尼主题公园最终于 1955 年 7 月在加利尼福尼亚州奥兰治郡的阿纳海姆开业，占地 160 英亩。迪士尼乐园的成功带来了阿纳海姆地产业的繁荣，迪士尼乐园周边被酒店、汽车旅馆、餐厅和其他商业所包围。

对于沃尔特·迪士尼的第二个主题公园计划，他旨在完全控制其运营和收入来源。沃尔特迪士尼世界度假区（Walt Disney World Resort）于 1971 年开业，在佛罗里达州的奥兰多郊外，按沃尔特的要求占地 29 000 英亩。沃尔特迪士尼世界最终由三个独立的主题公园组成：原始的神奇王国、1982年开业并体现了两个主题——未来世界和世界之窗——的艾波卡特明日世界（Experimental Prototype Community of Tomorrow，EPCOT）中心以及1989年开业的迪士尼-米高梅影城。

创立一个主题公园作为度假胜地，代表了迪士尼主题公园概念的主要发展，且对其进入欧洲进行扩张产生了影响。庞大的占地面积允许迪士尼拓展其主题公园运营活动的范围，比如创立主题旅馆、提供高尔夫课程和其他运动、提供会议设施、经营夜总会、经营一系列零售店甚至进行住宅房屋销售。其可以举办多种商业活动（会议、一个技术园区）的度假设施与主题公园互补，成为了迪士尼主题公园战略的核心。

到1990年，沃尔特迪士尼世界已经成为了美国容量最大的酒店中心，将近有7万个客房，其中近10%是由迪士尼拥有和经营的。由迪士尼管理的酒店的入住率显著地高于临近的其他酒店，在20世纪80年代末它们甚至取得了94%的令人意想不到的入住率。

东京迪士尼乐园

东京迪士尼乐园于1983年开业，是沃尔特迪士尼公司主要的境外组成部分。东方乐园有限公司（The Oriental Land Company Limited，OLCL）——一家日本开发商——从迪士尼那里取得了在日本建立一个迪士尼乐园的许可。迪士尼高层管理者认为在另外一个不同气候、不同文化的国家建立一个迪士尼主题公园是一件有风险的事。因此迪士尼坚持达成了一项交易，将全部风险都留给了OLCL：公园将由OLCL拥有和运营，迪士尼将收取10%的门票收入以及5%的来自食物、饮料和纪念品销售的收入，把其作为专利费。这些专利费包括了迪士尼品牌商标、知识产权、乘具的工程设计以及持续的技术支持的特许费用。虽然面临着空间有限、冬天较冷等挑战，东京迪士尼乐园仍取得了巨大的成功。到1980年年末，它一年吸引了1 500万名游客——超过其他任何一家迪士尼乐园。[2] 到1989年，迪士尼从东京迪士尼乐园得到的专利费上升到了5.73亿美元——大大超过来自美国迪士尼主题公园的运营收入。

计划和开发

欧洲迪士尼乐园的开始

东京迪士尼乐园的成功对于迪士尼高层来说是迪士尼主题公园在国际市场上具有潜力的明确证据。欧洲被认为是下一个迪士尼乐园显而易见的选择。欧洲一直是一个强大的迪士尼电影的市场，并且对于带有迪士尼卡通形象的玩具、书和动漫有很强的需求——欧洲消费者带来了迪士尼特许消费产品的大约四分之一的营业额。每年有200万欧洲游客去迪士尼乐园和沃尔特迪士尼世界证明了迪士尼主题公园在欧洲人中的受欢迎程度。并且，西欧拥有大量的人口以及支持一个较大的迪士尼主题公园的充足的能力。

1984年，迪士尼管理层决定致力于开发一个欧洲的主题公园，并开始着手制定可行性计划以及选址。在评估可供选择的位置方面，遵循以下标准：

- 临近一个高密度的可支配收入水平高的人口区。
- 能够吸引大量当地游客，有可供利用的合适的劳动力，交通便利。
- 可以提供足够的土地来满足计划扩张所带来的对于土地的增长的需求。
- 有必要基础设施的供应，比如水和电力。

两个选址很快脱颖而出：巴塞罗那和巴黎。巴塞罗那拥有全年的气候优势，而巴黎有关键的经济和基础设施优势，并且得到了来自法国政府的大力支持。迪士尼对于欧洲主题公园的兴趣符合法国政府开发巴黎东部地区马恩河谷（Marne-la-Vallée）的计划。迪士尼同当地政府各主管部门和必要的相关公共团体的正式协商进展得非常快。这个所提议的选址的人口特征也符合一个成功主题公园所需要的条件。这个主题公园就建立在巴黎东部32公里的4 500英亩的土地上，临近大都市圈，也有足够的扩张空间；大巴黎地区（超过1 000万）和欧洲（超过3.3亿）的大量人口提供了巨大的消费市场以及现有的和计划中的便捷交通，使公园能够接近必要的基础设施。巴黎已经是一个主要的游客目的地，有优质的空气以及连接欧洲其他地方的公路和铁路线。

在1987年3月24日，沃尔特迪士尼公司与法兰西共和国、法兰西岛、塞纳-马恩省、马恩河谷新区公共规划局以及巴黎交通管理局签署了关于在法国创建和运营欧洲迪士尼乐园的协议。紧接着是欧洲迪士尼SCA（以下简称"公司"）的组建，以及与法国国家铁路公司（SNCF）的协议，协议结果是从1994年6月开始，SNCF提供法国高铁（TVG）服务到欧洲迪士尼。协议包括的迪士尼的承诺是，迪士尼在法国注册建立一家欧洲迪士尼乐园公司，来开发一个大型的国际性的主题公园，并在这一过程中创造3万个工作岗位。法国当局承诺在到2017年结束的未来30年的项目开发期中提供土地和基础设施。真正重要的协议包括迪士尼所需的在马恩河谷的1 700公顷（近4 300英亩）[3]的农业土地。另外，还有243公顷的备用的公共设施和基础设施建设用地。土地的支付价格包括原始土地价格（每平方米11.1法郎或每英亩近8 360美元）、直接或间接的辅助基础设施成本、法国当局的专项财务费用和额外开销。公园总的面积相当于巴黎市的五分之一。第一阶段开发的土地费用全部由欧洲迪士尼乐园SCA支付，并且其拥有剩余土地的购买优先权（purchase options）。欧洲迪士尼SCA也有权将土地卖给第三方，只要任何买主的开发计划得到了法国规划当局的同意。

协议提到到巴黎和斯特拉斯堡的高速公路连线，以及服务于巴黎的两个国际机场——戴高乐机场和奥利机场，与此同时，计划中的巴黎快速铁路网交通系统（RER）的延伸部分将允许游客在40分钟内从巴黎市中心到达神奇王国。[4] 欧洲迪士尼也将接入法国高铁系统中，拥有专门为自己服务的车站。而且协议也能够提供通过海底隧道从英国到法国的铁路服务。另外对于基础设施，法国政府提供的金融优惠政策包括48亿法郎的贷款和有利的税率

（34％）。一揽子激励计划合计价值约 60 亿法郎。[5]

☐ 市场：需求和竞争

吸引迪士尼到巴黎的一个关键因素是市场潜力。大巴黎都市圈有超过 1 000 万的人口。大概 1 600 万人居住在选址的 160 千米半径范围内；320 千米半径范围内有 4 100 万人；480 千米半径范围内有 1.09 亿人。巴黎的交通连线能够进入这个巨大的市场。因此，即使其所获得的市场渗透率比其在加利福尼亚和佛罗里达的低，欧洲迪士尼仍将能够得到一个高水平的设施利用率。欧洲的假期模式也被认为有助于游客的到访——欧洲人有比美国工人更多的节假日，另外他们还有夏季假期，欧洲的家庭还经常在全年进行短期度假。作为欧洲迪士尼 SCA 财务计划的一部分，对到欧洲迪士尼游玩的游客数量和他们的消费的估计由顾问阿瑟·D·利特尔（Arthur D. Little）做出（见附录 1）。

欧洲迪士尼达到它的游客目标的能力将不仅取决于市场规模，还取决于相对的吸引力和其他有竞争能力的旅游景点的数量。虽然迪士尼认为它的主题公园就所提供的娱乐体验的质量和集中度而言是独一无二的，但是公司也认为，最终，会有大量各种各样的家庭休闲娱乐方式或项目对家庭可支配收入进行竞争。虽然在欧洲基本没有大规模的主题公园直接和欧洲迪士尼进行竞争（世界上大的主题公园大部分都坐落在美国），但是在欧洲范围内有很多家庭娱乐度假地，它们是潜在的竞争者（见表 18—3）。并且，欧洲城市——比如伦敦、巴黎、罗马、布拉格、巴塞罗那以及其他许多城市——能够提供丰富的多种多样的文化和历史体验，很少有美国城市能够与之匹敌，而且它们所代表的是一种区别于欧洲迪士尼的另外一种短期家庭休假的选择。更进一步地讲，在欧洲有一种主导的家庭娱乐的传统形式，包括博览会、狂欢节、节日庆典等，一些是小的、当地性质的，而另外一些——比如慕尼黑啤酒节、潘普洛纳的奔牛节、爱丁堡的文化艺术节以及荷兰的郁金香节——是能够吸引大量国际游客的盛大活动。

表 18—3　　　　　　　　　　主要主题公园的到访人数

	1988 年估计的到访人数（百万）
海洋世界——佛罗里达州	4.6
蒂沃丽花园——丹麦	4.5
环球影城——加利福尼亚州	4.2
纳氏草莓园——加利福尼亚州	4.0
碧煦园——佛罗里达州	3.7
海洋世界——加利福尼亚州	3.4
六旗魔术山——加利福尼亚州	3.1
国王岛——俄亥俄州	3.0
游乐园——瑞典	2.8
顿塔——英国	2.3
艾芙特林——荷兰	2.3
梦幻乐园——联邦德国	2.2

资料来源：由欧洲迪士尼 SCA 提供，进行了删减。

迪士尼建立欧洲迪士尼的计划也刺激了自己竞争者的产生。在迪士尼宣布建立欧洲迪士尼的两年内，三个法国主题公园——Mirapolis、Futuroscope 和 Zygofolis——开业，意欲阻止迪士尼的市场进入。到1989年夏天时，另外两家主题公园——Asterix 和 Big Bang Schtroumph——开门营业。然而，面对总投资超过6亿美元、总计每年大约4 300万美元的损失，这些公园都被认为陷入了财务危机之中。[6]

开发计划

欧洲迪士尼的开发项目将建造一个主题公园，基本上接近于美国迪士尼主题公园的主题和概念。它将是欧洲最大的主题公园和度假开发项目。计划中该项目分两个阶段。

第1阶段 第1阶段是全计划的主要阶段，可以分为两个部分。1A 阶段包括神奇王国主题公园、神奇王国酒店（作为主题公园的入口区域而提供服务）以及帐篷区。这些将会花费149亿法郎的预算。570英亩的土地被分配给第一阶段，其中 1A 阶段用去240英亩。剩下的土地将会在 1B 阶段被开发，提供5家另外的酒店、一个娱乐中心、一个餐厅、一个综合的购物中心、包含18洞锦标赛高尔夫球场的运动设施等。1A 阶段也为法国政府提供基础设施用地，用来建设与附近高速公路、主要的通往公园的道路、一个饮水供应和分配系统、排水系统、污水处理管道、固体废弃物处理以及电信网络相连的两个枢纽。包括与 RER 和 TVG 相连接的额外基础设施的费用将由欧洲迪士尼 SCA 承担。

神奇王国主题公园包括五个主要板块：作为公园入口的美国大街；边境之地，一个典型的19世纪中期的边境小镇木质街道的再现；公园内最具异域风情的热带冒险乐园；来源于知名迪士尼故事题材的幻想乐园；通过先进技术的应用来图说过去和未来的发现乐园。每一部分都提供适当的主题餐馆和购物设施。

为了支持全年的运营，欧洲迪士尼进行了一些适应性设计比如采用了相比于其他迪士尼乐园更多的相互连接的覆盖区域来减少参观对于气候的依赖性。很多对于主题、建筑和饮食设施的调整都更多地结合了欧洲市场的特点。例如，虽然法语是公园的第一语言，但是全部的指路标也尽可能地帮助不说法语的游客，许多游乐设施通过可视化的提示得以辨认。

第2阶段 作为长期开发战略的第二阶段延伸到了2011年。它预想了在神奇王国附近再建立一个主题公园（迪士尼-米高梅影城）；能够提供13 000间客房的另外15家酒店；一个水资源再生中心、第二个高尔夫球场以及住宅和商业开发项目。这一阶段将根据法国当局的政策、经济和市场条件、合作者的需要以及游客的偏好进行灵活调整。

建设 迪士尼对于 1A 阶段欧洲迪士尼的设计和建设进行完全控制。Lehrer McGovern Bovis 公司（LMB），一家独立的在大的建设项目方面有着国际经验的建设管理公司，是主要的承包商。它对欧洲迪士尼幻想 SARL（EDLI）工程负责，后者是迪士尼的一家法国子公司，全权负责第1、2阶段主题公园的设计建造。

合作者 如同其他迪士尼主题公园一样，在欧洲迪士尼项目上，"合作者"在财务和营销方面同样发挥了重要作用。合作者们是与公司签订了长期营销协议的公司或组织。一般地，这些关系代表了一个十年的约定，实际上将合作者和神奇王国连接到了一起，在其中它们负责管理或协助管理一个或多个主题公园的景点、餐馆或其他设施。与合作者的关系也涉及营销活动，体现了合作者与公司之间的联盟特点。每一个合作者与公司单独谈判后支付一定的年费，这有助于促进某一具体景点或设施的财务状况。

欧洲迪士尼最初的合作者包括柯达、法国巴黎银行（Banque Nationale de Paris）、雷诺（Renault）和欧洲汽车出租公司（Europcar）。

财务和管理结构

对于欧洲迪士尼乐园，迪士尼选择了一个独特的财务和管理结构。与类似于东京迪士尼那样的纯粹的特许经营模式不同，迪士尼选择了保留对公园的管理和运营的控制，但与此同时，允许欧洲的投资者拥有多数股份，由欧洲的银行提供大部分贷款。沃尔特迪士尼公司和欧洲迪士尼间的关系可以用图18—2来描绘。

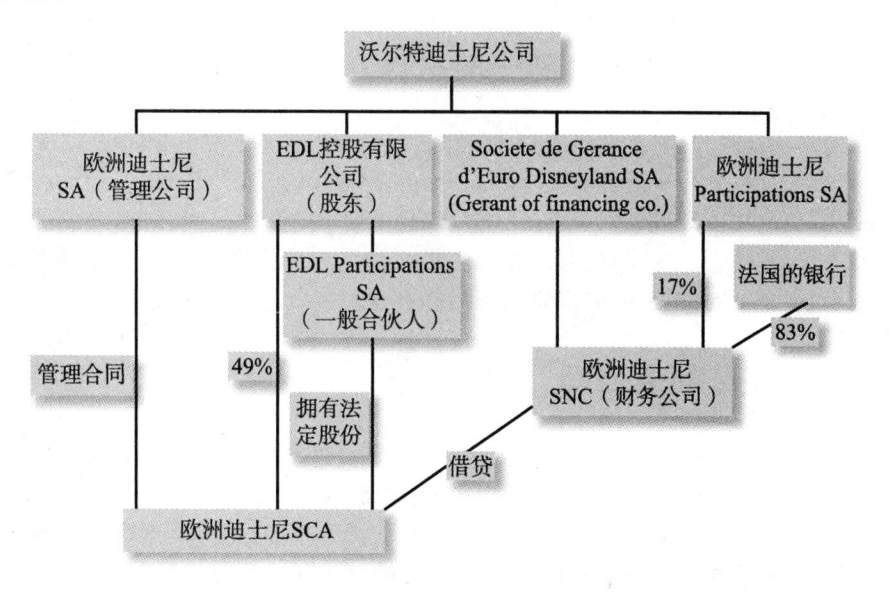

图 18—2 沃尔特迪士尼和欧洲迪士尼间的财务和管理关系

欧洲迪士尼 SCA

成立欧洲迪士尼 SCA 是用来建设和最终拥有欧洲迪士尼乐园的。公司是一个有限责任公司。公司由股东选举出的监事会进行管理，由卢浮宫公司（Societe du Louvre）和卢浮宫银行（Banque du Louvre）的主席和董事长让·泰亭哲（Jean Taittinger）担任主席。迪士尼控股欧洲迪士尼 SCA 的49%，剩下的51%由三家投资银行承销来进行首次公开募股集资。股票在巴黎和伦敦证券交易所挂牌交易。虽然迪士尼掌握着欧洲迪士尼SCA 49%的股份，但它只支付了股票账面价值的13%（得到了2.73亿法郎的净奖励）。这个差额是被"授予"给公司的，这既是认可迪士尼在投资界声誉和信用而表现出的一种善意"姿态"，也是对迪士尼承诺所承担的风险的补偿。

□ 管理公司

欧洲迪士尼SCA由独立的管理公司欧洲迪士尼SA（以下简称"管理公司"）进行管理，管理公司由迪士尼全资拥有。

管理公司，或者说gerant（荷兰语"管理"），负责在法国法律下从公司的最大利益出发管理欧洲迪士尼SCA和它的相关事务。反过来，管理公司同意将向公司提供管理服务作为它唯一的业务。在组织细则中，管理公司可以得到由基本费用和管理激励费用组成的年费。每一年的基本费用被设定为公司总营业额的3%，并在运营5年后或者在达到公司满意的特定财务目标后增加到6%。在基本费用之上，管理公司可以得到基于欧洲迪士尼SCA的税前现金流的激励费用。这些激励费用将分阶段增加到最大可能达到的欧洲迪士尼SCA净利润的50%。管理公司也会得到酒店税前收入的35%。欧洲迪士尼SCA也有义务报销管理公司所有直接或间接的发生在管理上的费用。管理合同期为五年。

□ 持股公司和一般合伙人

迪士尼在欧洲迪士尼SCA的股份由迪士尼的全资子公司EDL持有，这个持股公司也拥有EDL Participations SA，EDL Participations SA在欧洲迪士尼SCA中扮演"一般合伙人"的关键角色——它承担无限的债务责任和欧洲迪士尼SCA的债务。作为一般合伙人，EDL Participations SA每年会从欧洲迪士尼SCA那里得到其税后净利润的0.5%作为分成。

□ 财务公司

成立欧洲迪士尼SNC是为了以账面价值加上开发成本从欧洲迪士尼SCA那里购买公园设施，然后再把它们回租给欧洲迪士尼SCA。欧洲迪士尼SNC由迪士尼控股17%，法国公司控股83%。原因是这样可以允许法国公司利用欧洲迪士尼初期预计的亏损的税收优惠。同样，欧洲迪士尼SNC将被迪士尼的子公司来管理，迪士尼将会作为它的承担全部债务违约责任的一般合伙人。

□ 特许协议

在特许协议下，沃尔特迪士尼公司授予欧洲迪士尼SCA一项特许，允许其在欧洲迪士尼上使用任何现有的或未来的体现在迪士尼各种设施上的迪士尼知识和产业的产权。这些包括沃尔特迪士尼的名字、迪士尼的形象以及公园游乐设施上的专利技术。迪士尼将收取专利费如下：

- 在所有主题公园和其他游乐设施（包括神奇王国和任何未来的主题公园）中来自交通工具、管理和某些相关收费（比如停车费、导游费和类似费用）的总收入（扣除 TVA（法国增值税）以及类似的税种）的 10%。
- 在主题公园或其他景点或任何其他总体设计理念主要基于迪士尼主题的设施（除了神奇王国酒店）中（或其邻近处）来自商品、食物和饮料销售的总收入（扣除 TVA 和类似的税种）的 5%。
- 来源于合伙人的所有费用的 10%。
- 在带有迪士尼主题的住所（不包括神奇王国酒店）中来自客房入住和相关收费的总收入（扣除 TVA 和类似的税种）的 5%。

文化上的问题

欧洲迪士尼乐园对迪士尼来说展现出了巨大的挑战。气候是一个主要问题。法国北部长时间的灰色冬天带来了复杂的设计上的问题，而这些是在迪士尼的沐浴在阳光中的加利福尼亚和佛罗里达公园里不曾有过的。然而，不利天气条件造成的挑战主要是技术上的，能够经过认真分析加以解决。文化上的问题则不易处理。

东京迪士尼乐园的成功是决定建立欧洲迪士尼的主要原因，法国文化上的挑战非常不同于日本。东京迪士尼乐园从构想、建设再到运营都一直受到日本人的欢迎。结果，东京迪士尼乐园只对日本文化做出了非常少的让步。最初迪士尼想要调整一些景点以符合日本背景（比如用武士之地代替边境之地），但其日本合作伙伴却强烈抵制"本地化"迪士尼的努力，并认为完美复制美国迪士尼乐园将能够吸引更多的日本人。合作伙伴强调日本人非常熟悉迪士尼的卡通形象，游客们想要"真正的东西"。结果，仅仅只做了一些较小的变化，比如增加了灰姑娘城堡和米老鼠剧院。

在感受到日本人对于迪士尼进入的渴望和热情后，迪士尼感觉自己在法国的反响本不应该这么不同。但法国的确展现出了非常不同的情况。法国知识分子长期以来都表现出对于美国流行文化的反抗。他们也得到了那些认为法语和法国文化受到英语全球霸权威胁的广泛的民族主义情绪的支持。从政治层面来看也是这样，从它独立的外交政策和不愿接受美国对于世界事务的领导来看，法国是西欧最为独立的力量。欧洲迪士尼乐园计划的宣布引起了法国媒体和知识分子的强烈愤慨，他们将公园视为"文化上的切尔诺贝利"、"同化世界的危险一步"，"由硬纸板、塑料、骇人的颜色、变硬的口香糖一样的建筑和直接取材于肥胖的美国人所画的漫画书的白痴民间传说组成的令人恐惧的东西"。[7] 欧洲迪士尼很快就成为各种反美争议的避雷针。比如，在开放后不久，欧洲迪士尼就受到了抗议美国农业政策的农民们的封堵。

公园的设计结合法国和欧洲文化进行了许多改进。迪士尼突出强调许多迪士尼形象和故事线索（被主席迈克尔·艾斯纳（Michael Eisner）认为是"绕道堪萨斯的欧洲民间故事"）对于欧洲文化的继承。一些景点做了体现欧洲特色的改进：灰姑娘住在一个法国的小客栈，白雪公主的家在巴伐利亚的村庄。

其他游乐设施对于欧洲迪士尼来说是独一无二的：发现乐园（代替了其他迪士尼公园的明日乐园）是基于来源于凡尔纳和莱昂纳多·达芬奇的主题；"Visionarium"是一个360度地展示法国文化的电影剧院；"爱丽丝仙境"的景点被一个5 000平方英尺的篱笆迷宫所环绕。设计和建造这些体现欧洲特色的景点使欧洲迪士尼增加了不少成本。

一些"美国"主题景点基于市场研究的发现做了一些改进。比如，研究发现去迪士尼美国公园的欧洲游客对于体现美国西部特色的主题的反响是积极的，这就鼓励迪士尼在"西部荒野"主题周边重新设计了一些景点——包括一个设有乘具的采矿小镇，一个"大卫·克罗克特"主题的营地，命名为"夏安族"、"圣菲"、"红杉旅社"的酒店。

其他的一些适应性调整主要是为了迎合欧洲人的社会习惯和烹饪口味。考虑到欧洲人对于排队的反感，欧洲迪士尼为排队的顾客准备了荧光屏、电影和其他娱乐项目。迪士尼的禁止饮酒政策也通过允许在节日迪士尼（一个主题公园外面的综合的娱乐中心）中提供白酒和啤酒得到调整。在餐馆设施中，重点被放在了坐下来用餐的部分而非快餐。在1990年加利福尼亚大学洛杉矶分校（UCLA）的研讨会上，罗伯特·费茨帕特里克在公司的决定中主要强调在欧洲迪士尼要提供最高的质量标准。这在菜肴、装修和酒店的服务标准方面是很明显的。在这些领域，费茨帕特里克认为，其质量要好于迪士尼的美国公园的标准。

人力关系的管理造成了进一步的文化上的冲突。迪士尼体验的核心是"演员们"与顾客之间的互动。迪士尼有非常严格的招聘方法，它对于员工的培训和严格的员工品行标准的维护是很有名的。例如，迪士尼的员工手册中详细说明了一套要求严格遵守的穿着容貌的规范，包括：

- 平均身高以上和平均体重以下。
- 令人愉悦的面貌（牙齿整齐，没有面部缺陷）。
- 保守的打扮（胡须和长头发是禁止的）。
- 非常适度的妆容，佩戴非常有限的珠宝首饰（比如一只手上不能佩戴一个以上的戒指）。
- 员工需要穿具体类型和颜色的衬衣；只有中性颜色的连袜裤是允许的。[8]

培训包括一般准则、具体知识和行为举止。例如，员工们被教导他们工作上的行为应该遵守三个主要准则："第一，我们应保持友好的微笑。第二，我们只用友好的措辞。第三，我们不能自大。"

本地招聘的员工可以提供何种水平、质量的服务以及其持续性如何从而使得欧洲迪士尼比得上其他迪士尼主题公园？迪士尼可以简单地移植它在美国的人力资源管理措施到什么程度？欧洲迪士尼的甄选和培训接近于迪士尼在美国的做法。迪士尼大学的欧洲迪士尼分支在1991年9月开业并招收了10 000名员工。甄选标准是"申请者亲切、热情并喜欢与人打交道"。职位申请人的相关规定在一个录像报告和员工手册《欧洲迪士尼员工仪容仪表》中都有详细说明。规定远不止体重、身高方面的要求，还包括对男人头发、胡须长度的要求，以及对文身覆盖面积的要求和头发颜色的规范（例如，头发必须是自然颜色，不能有白发，也不能漂染头发）等。只允许适度使用化妆品。女性在一个耳朵上只能戴一个耳环，并且耳环的直径不能超过四分之三英寸。[9] 为了模糊国籍以匹配欧洲迪士尼的顾客，迪士尼的目标是大约 45% 的雇员为法国人。然而，后来为了回应来自当地的压力和大量的本地申请者，雇员中的 70% 为法国人。在管理层当中，迪士尼依靠来自其他迪士尼公园的外国管理者，并培训了 270 名本地招聘的管理者（这包括在其他迪士尼主题公园进行培训）。

迪士尼的招聘措施和员工政策遭到了强烈的反对。欧洲迪士尼开始面试申请者时，法国工会也开始进行抗议。劳工联合会的代表在欧洲迪士尼的总部前散发传单，警告申请者迪士尼的雇佣做法代表了"对于个人自由的侵害"。迪士尼标准的美国式的雇佣做法中很多都违反了法国的法律。迪士尼工作人员的灵活性受到了关于限制解雇在公司超过两年的员工的相关规定以及高额的强制离职费用的限制。也有对于招聘和解雇季节性工人的法律上的限制。至于迪士尼关于穿着和个人打扮的规定，法国法律禁止雇主限制"个人和集体的自由"，除非这种限制能够为"雇员要完成的任务的性质所证明，或者与雇主所要追求的目标成比例"。由于迪士尼估计只有不超过 700 人涉及"剧场表演"，因此公司服装规定的限制只适用于那些员工，而不适用于"后台"人员。

第一年

欧洲迪士尼于 1992 年 4 月 12 日在欢呼声和抗议声中开业。开业典礼极为隆重，请来了一些世界顶级艺人并向 22 个国家进行电视转播。迈克尔·艾斯纳宣称欧洲迪士尼将会成为"世界上最大的人工景点之一"，与此同时，法国总理将公园描述成一个"超越国界的难以置信的成果……在我们的大陆和你们的大陆之间，我们友谊的纽带牢牢地连在了一起。欧洲迪士尼是这种横跨大西洋的友谊的象征"。然而，伴随着开业的是当地居民的示威、通往公园的火车线路的停运和一个恐怖分子的炸弹威胁。第一天结束时，公园参观人数很少，只有预期数量的一半。

公园很早就遇到了初期所要遇到的困难。设计方面的问题包括早餐设施的缺乏、大巴司机休息所需的卫生设施的缺乏，以及员工住宿的短缺。在运营的头九个星期里，1 000 名员工离开了欧洲迪士尼，大约一半是自愿的。长时间工作和较快的工作节奏是离开的主要原因。然而，游客的反应大部分还是很积极的。消极的批评涉及的主要是景点设施的排队等待时间太长和门票、食品、纪念品太贵。一些声音关注到了欧洲迪士尼的多国家、多文化风格："他们并没有搞清楚它是一个美国公园、法国公园还是一个欧洲公园……排队等候的差异是引人注目的。比如，斯堪的纳维亚人在等待时表现得相当满足，反之，一些南欧人看起来则很不耐烦。"一些游客很难设想一个欧洲环境下的迪士尼："迪士尼是一个非常美国化的东西。佛罗里达是真正的迪士尼世界，有迪士尼一直尝试表达出来的迪士尼的真正的感觉。美国人是其中的一部分，而法国人不是。"[10]

起步的困难对于主题公园的经营来说是正常的——所有主要的主题公园，包括迪士尼其他的公园，在开始经营的时候都经历了初创时期的困难。佛罗里达的环球影城在头几个月的经营非常惨淡，但是随后便反弹了。1992 年夏天每天有3万名游客,让人感觉到欧洲迪士尼可能会实现计划的每年1 100万游客的目标。然而,不久就清楚地看到,虽然夏天有不错的游客数量,但是欧洲迪士尼的盈利却远远低于预期。有大量的一日游游客,而很少有预期中的玩好几天的游客。结果,欧洲迪士尼的酒店入住率减少了25%。并且,游客在饮料、食物和礼物上的平均消费支出比预期中的每天33美元少了12%。部分问题在于经济状况——在1992年,大部分西欧国家陷入了自第二次世界大战以来最为严重的经济萧条。法国萧条的不动产市场也妨碍了欧洲迪士尼通过土地销售来提高营业额。

在欧洲迪士尼第一财年结束的时候,公司的糟糕业绩清晰地呈现出来。甚至在优惠的条款下,公司仍损失了17亿法郎。从美国公认会计原则的角度来看,欧洲迪士尼乐园的税前损失为5亿美元。首行数字的表现是一个关键问题。欧洲迪士尼在第一年只吸引了980万游客,而并非所预测的1 100万游客。同样严重的事实还有游客的平均花费低于目标,而且低于美国和日本的迪士尼。在迪士尼主题酒店过夜的游客也少于预期,因为其房价高于巴黎同类酒店。酒店的入住率在50%以下而预期是60%。在成本方面,迪士尼对于质量的强调抬高了建设和运营成本,高于预期债务,并且利率上升引起了利息支付的螺旋上升。劳动力成本占销售额的比例高达24%,而不是预期中的13%的水平。很多成本的溢出可以归因于迪士尼的信条"喜爱鳄鱼和保罗这些高档品牌"的欧洲人将不会容忍任何简单和便宜的东西。例如,在美国,"沃尔特"餐馆用墙纸覆盖墙壁,而在欧洲迪士尼墙壁由摩洛哥皮革覆盖。然而,当精致复杂遇到低价时,大部分欧洲游客选择了后者。

对于沃尔特迪士尼公司来说,财务上的回报要好于欧洲迪士尼乐园的其他股东。在1992—1993年期间,迪士尼所分摊的49%的欧洲迪士尼乐园的损失被特许协议下的专利费所抵消。这些1993年总计为3 630万美元,1992年总计为3 290万美元;然而,迪士尼同意在1992年和1993年不收取管理费。

重组

在1993年冬天与1994年冬天,欧洲迪士尼的游客数量大幅下跌。虽然法国法郎相对于美元贬值,但许多欧洲人认为佛罗里达的迪士尼乐园不仅在冬天是一个更有吸引力的目的地,而且也更便宜。"在佛罗里达进行两周的度假要比在欧洲迪士尼待五天还便宜",一位有着四口之家的英国游客说。由于横跨大西洋的交通费比较便宜,在1992—1993年期间,去奥兰多的迪士尼世界的欧洲游客剧增。到1994年早些时候,欧洲迪士尼陷入了危机。面对游客数量的减少、上升的债务和对于公司支付利息能力的怀疑,普遍的传言是公园将被迫关闭。

1994年6月,财务重组一揽子计划在欧洲迪士尼乐园和它的债权人之间达成,包括如下措施:

- 发行11亿美元的新股,迪士尼认购其中的49%*。

---

* 原文为41%,疑有误,故作此修改。——译者注

- 迪士尼以 1% 的利率，提供 2.55 亿美元的融资租赁。
- 取消迪士尼 2.1 亿美元的对欧洲迪士尼乐园的应收账款。
- 迪士尼同意在五年内放弃专利费和管理费。
- 迪士尼将认购欧洲迪士尼乐园 2 800 万股股份，并且一旦第二阶段的开发计划开始实施，迪士尼将收到一笔 2.25 亿美元的开发费用。欧洲迪士尼乐园的贷方同意承销欧洲迪士尼 51% 的新股，并且免除到 2003 年 9 月的部分利息，延缓收取所有的委托费用 3 年。作为回报，欧洲迪士尼同意向贷方发行每股价格为 40 法郎的多达 4 000 万股欧洲迪士尼股票的 10 年期认股凭证。

在一份单独协议中，迪士尼同意把 7 500 万股股份——相当于欧洲迪士尼总股份的 10%——出售给沙特阿拉伯王子阿尔瓦利德·本·塔拉尔·本·阿布杜勒阿齐兹（Alwaleed Bin Talal Bin Abdulaziz Al Saud）。这项交易将使迪士尼在欧洲迪士尼乐园的股份减少到 39%。

展望未来

虽然重组计划暂时防止了灾难的发生，但是上一年的精神创伤使勃艮第对于未来忧心忡忡。虽然投入了大量广告，添加了新的景点，迪士尼的形象、顾客服务、食物饮料纪念品也有了调整，但是欧洲迪士尼仍然没能达到最初预期的每年 1 100 万的游客。成本削减收到了明显的效果；但假如欧洲迪士尼仍然要保持迪士尼的高服务标准，那么进一步成本削减的空间就会很有限。然而勃艮第确信公司到 1995 年将会产生运营利润，这样的利润将是迪士尼放弃其专利费和管理费的结果。一旦这些得以恢复，欧洲迪士尼的成本每年将会增加 5 亿法郎。

勃艮第认为许多从一开始就伴随欧洲迪士尼的问题已经得到了解决。尤其是，公园重新命名为巴黎迪士尼乐园帮助减缓了公园身份的模糊性和关于公园身份的冲突。巴黎迪士尼乐园将是一家坐落在巴黎附近的迪士尼主题公园。去掉"欧洲"这一前缀释放了公众对所有关于欧洲的事物的怀疑，帮助公园避免了关于欧洲文化和欧洲身份到底意味着什么的争论。并且，新名字牢牢地将欧洲迪士尼和巴黎这座城市的浪漫内涵联系在了一起。从区分欧洲迪士尼与其他迪士尼主题公园的需要这一角度来看，过去两年的经验暗示着欧洲迪士尼为迎合欧洲品味和欧洲文化所做出的成本高昂的调整并不被消费者认同。对于大部分游客而言，他们喜欢乘坐和美国迪士尼中的乘具一样的乘具，也更喜欢享用快餐而非精致的菜肴。

六个月之后，勃艮第意识到需要做出关键决定：

- 为了提高参观的游客数量，迪士尼应该削减门票价格到多少？一项内部研究估计门票降价 20% 将会增加大约 80 万游客；然而，净结果将会是总营业额减少大约 5%。
- 需求不足的问题主要涉及冬季月份。在先前的几个冬天，一些高级经理就在争论公园是否该关闭。然而，只要欧洲迪士尼的员工是固定员工，这样的一个关闭对总成本的减少就于事无补。

● 勃艮第已经推迟了第二阶段的开发计划——建设一个迪士尼-米高梅影城主题公园。他的高级经理团队的其他成员极力劝说他将这一阶段的开发继续下去。他们认为，只有有了另一个主题公园，欧洲迪士尼变成一个主要度假目的地的目标才会实现。然而，勃艮第敏锐地意识到欧洲迪士尼仍然处在一个不安全的财务状况之中。净资产55亿法郎，总贷款159亿法郎，使得欧洲迪士尼无法安排第二阶段所需要的大规模资本支出。

当勃艮第在漫长的一天结束后整理桌子上的文件时，他反思了自己在推出挽救计划上的成功以及为推动计划的尽早实现所做出的不懈努力。战时丘吉尔曾说过一句经典的总结时局的话："这不是结束。这甚至不是结束的开始，而是开始的结束。"

附录1：欧洲迪士尼SCA的财务模型

公司已经准备了一个财务模型，基于如下描述的主要假设，从1992年4月1日开始，到2017年3月31日结束，其计划的以12个月为一个期间的公司营业额、费用、利润、现金流和股息如表18—4所示。虽然公司财年结束是在9月30日，但在计划中从4月1日开始能够代表从神奇王国开业日期开始的所有的运营年份。模型所包含的预测并没有形成一份精确的关于公司营业额、费用、利润、现金流和股息的预报。模型假设公司将完成在这份文件中所描述的第1阶段，并将根据长期开发战略开发剩下的单元。正如以上所讨论的，公司保持了改变长期发展战略和视未来条件而对1B阶段进行设计的灵活性。表18—5总结了发展计划的主要组成部分。

表18—4　欧洲迪士尼乐园SCA：计划收入和利润（百万法郎）

1992—1996年：12个月开始于4月1日	1992年	1993年	1994年	1995年	1996年
收入					
神奇王国	4 246	4 657	5 384	5 835	6 415
第二个主题公园	0	0	0	0	3 128
度假地和房地产开发	1 236	2 144	3 520	5 077	6 386
总收入	5 482	6 801	8 904	10 930	15 929
税前利润	351	620	870	1 676	1 941
净利润	204	360	504	972	1 121
应付股息	275	425	625	900	1 100
税收抵免或支付	0	138	213	313	450
总回报	275	563	838	1 213	1 550
每股（法郎）	1.6	3.3	4.9	7.1	9.1

之后的年份：12个月开始于4月1日	2001年	2006年	2011年	2016年
收入				
神奇王国	9 730	13 055	18 181	24 118
第二个主题公园	4 565	6 656	9 313	12 954
度假地和房地产开发	8 133	9 498	8 979	5 923
总收入	22 428	29 209	36 473	42 995
税前利润	3 034	4 375	6 539	9 951
净利润	1 760	2 538	3 793	5 771
应付股息	1 750	2 524	3 379	5 719
税收抵免或支付	536	865	1 908	2 373
总回报	2 286	3 389	5 287	8 092
每股（法郎）	13.4	19.9	31.1	47.6

资料来源：由欧洲迪士尼乐园 SCA 提供，进行了删减。

表 18—5　　　　　　　　　　欧洲迪士尼乐园计划中的开发项目

	1A 阶段	1B 阶段	长期开发	总计
主题公园	1	—	1	2
酒店容量（房间）	500	4 700	13 000	18 200
露营场地（营地）	595	—	1 505	2 100
娱乐中心（平方米）	—	22 000	38 000	60 000
办公室（平方米）	—	30 000	670 000	700 000
企业园区（平方米）	—	50 000	700 000	750 000
高尔夫球场		1	1	2
独户住宅	—	570	1 930	2 500
零售中心（平方米）	—	—	95 000	95 000
水循环中心			1	1
多户住宅	—	—	3 000	3 000
分时享用的住房	—	—	2 400	2 400

资料来源：由欧洲迪士尼乐园 SCA 提供，进行了删减。

　　模型基于公司所设定的其他假设，这些假设根据迪士尼现有主题公园和度假地的经验，并结合当地市场状况和关于可能的未来经济、市场和其他因素的评估，进行数据分析后得出。主要假设也经过了 Authur D. Little International, Inc.（"ADL"）——公司拥有的独立的咨询公司——通过测试和核实其合理性所进行的审核。在"财务模型"的结束部分展示了 ADL 对于其报告的看法。虽然公司认为模型的基本假设是合理的，但是描绘如下的预期的公司表现能否实现是不确定的。

财务模型的主要假设和基本原理

□ 主题公园的到访人数

为了预测希望参观欧洲迪士尼主题公园的游客数量，公司委托了一些内部的和外部的研究机构。这些研究中最近的是在1989年由ADL所承担的，该公司核实在先前的研究中用到的方法和假设并做出自己对于到访率的估计。

神奇王国 模型假设神奇王国将如这份文件中所描述的那样进行建设，到1992年4月它将开业并全部开始运营。

假设的参观神奇王国的人数的总结数据在下表中展示出来。到访人数是按照每年每日顾客的总数进行计算的。比如，一个游客在主题公园游玩三个独立的一天，那么这将计为三个每日游客。

	1992年	1996年	2001年	2011年
神奇王国（百万人）	11.0	13.3	15.2	16.2

假设的神奇王国全年运营的第一年1 100万的到访人数与在佛罗里达和东京的主题公园的神奇王国运营的第一年到访人数相一致，并且低于由ADL进行的到访人数研究中潜在的最初到访人数1 170万～1 780万的估计范围。依靠其季节性分布，要达到范围中的较大值，就需要加速景点的投资进度。ADL总结说，假如设想的1A阶段的开发进程能够完成，并且体现欧洲特色的很好的营销活动构想能够实施以支持神奇王国的运营，那么1 100万的到访目标将能够实现。

神奇王国的到访人数被假设以平均每年2%的复合增长率进行增长。这个增长率是与加利福尼亚、佛罗里达、东京的三个主题公园年均3.8%的增长率相比较的。

假设的增长率在最初几年比较高，包括一个基本的增长率，并根据每两年或三年增加新的景点的影响以及第二个主题公园开业的影响进行调整。全部假设的增长率分解如下表所示：

	2～5年	6～10年	11～20年	20年以上
年增长率（%）	4.9	2.7	0.6	0.0

ADL使用的方法有三步：第1步，通过距离和人口进行单个目标市场的确认；第2步，对每一个目标市场的渗透率（目标市场中参观主题公园的人数占总人数的百分比）进行估计；第3步，对每一个目标市场上每位游客每年的平均参观天数进行估计。

ADL指出了一些有助于迪士尼设计的主题公园的高到访水平的因素，包括以下几点：

- 神奇王国主题公园的设计和规模使得要参观完全部景点,不止需要一整天。这就意味着游客可能留下来过夜或者在以后的某个日子再回来参观。
- 迪士尼酒店提供的质量和容量能够满足停留更长时间的游客的需求,使其满意。
- 迪士尼名字的知名度和体验的质量使迪士尼成为受欢迎的度假目的地。

在 ADL 看来,这些因素将迪士尼设计的主题公园与现有的欧洲主题公园和娱乐公园区分开来,后者往往更小,主要针对的就是一日游的游客。因此,在确定潜在的渗透率和每位顾客每年的参观天数以得到欧洲迪士尼乐园预测的到访水平时,ADL 更多地依靠迪士尼其他的主题公园的经验。

ADL 得出结论,由于大量人口居住在欧洲迪士尼乐园的一个方便旅行的距离范围之内,模型中假设的到访人数数据能够以同样的或者低于一个迪士尼其他主题公园的经验的市场渗透率来实现。

公司认为这些因素在欧洲迪士尼乐园中是存在的,而且将支持所假设的渗透率和到访水平,这和那些已经运营多年的迪士尼设计的主题公园是一致的。公司也认为在人口密度高、交通便利地区的中心地方选址将能够使欧洲迪士尼吸引更多的来自本地和更远市场的游客。

第二个主题公园 模型假设第二个主题公园将建成,并将在 1996 年春天对公众开放。总结出的第二个主题公园假设的到访人数数据如下表所示:

	1992 年	1996 年	2001 年	2011 年
第二个主题公园(百万人)	—	8.0	8.8	10.0

第二个主题公园的到访人数假设在第 1 个十年中以每年 2% 的复合增长率进行增长,到 2016 年的第 2 个十年中则为每年 1%。这些假设主要基于迪士尼在沃尔特迪士尼世界开设第二个主题公园 EPCOT 中心的经验得出,EPCOT 中心在第一年的运营中就吸引了超过 1 100 万的游客。

人均花费 主题公园获得的营业收入主要来自门票、公园内的食品饮料以及商品销售。从这些途径获得的营业额将按照人均消费支出进行计算,即每日游客花费的平均数。

公司假设的两个主题公园的四项人均消费支出的数据如下表所示:

	神奇王国		第二个主题公园	
	以 1988 年法郎计算[a]	年增长率(%)	以 1988 年法郎计算[a]	年增长率(%)
门票	137.6	6.5	137.6	6.5
食物、饮料	56.7	5.0	53.2	5.0
商品	74.9	5.0	46.5	5.0
停车及其他	5.2	5.0	5.2	5.0

a. 不包括增值税。

假设的门票价格的实际增长率为每年 1.5%,低于迪士尼主题公园 1972 年以来平均 2.6% 的经验值。

人均消费支出假设基于迪士尼设计的主题公园的经验，再根据当地情况做相应调整。ADL承担了一份单独的关于人均花费的报告。为了评估假设门票价格的合理性，ADL审核了在巴黎从娱乐价值的角度来看能够被视为有竞争力的主要景点的门票价格以及欧洲的主题公园和娱乐公园的价格。审核显示假设的欧洲迪士尼乐园的门票价格虽然高于那些其他欧洲的主题公园和娱乐公园，但是（1）与巴黎地区为成人提供高质量娱乐服务的场所的门票价格相比是低的，（2）与其他面向家庭的景点的门票价格保持一致。ADL得出结论，考虑到欧洲迪士尼度假目的地的特点以及它娱乐服务的高质量，公司的假设门票价格是合理的。

为了评估食物和饮料假定价格的合理性，ADL分析了居民和游客去巴黎那些非常有吸引力的地方所支付的价格。他们也检查了其他欧洲主题公园和娱乐公园的食物饮料价格，审核了与美国相比在法国的典型的食物和饮料消费支出模型。他们得出结论，欧洲迪士尼假设的关于食物和饮料的消费支出是合理的。

ADL确定，在假定的商品销售方面，巴黎地区主要是小的高集中度的零售店，而迪士尼设计的主题公园都要面对大量游客，因而没有可比经验。他们下结论认为，基于其他的迪士尼主题公园来预测迪士尼的零售额是合理的。

收入 在财务模型中，两个主题公园的总收入的总结数据如下表所示（单位是百万法郎）：

	1992年	1996年	2001年	2011年
神奇王国				
门票和停车费	1 909	2 981	4 664	9 314
食物、饮料和商品	1 759	2 692	4 065	7 401
合伙者费用和其他	229	303	417	421
第二个主题公园				
门票和停车费	—	1 788	2 697	5 794
食物、饮料和商品	—	1 178	1 660	3 107
合伙者费用和其他	—	162	208	412

前两条预测的收入是基于如上描述的假设到访人数和人均消费支出而定的。预期的合伙者费用是基于近十份到神奇王国开业时就要签署的合同的假设而定的。其中四份合同已经签署，每一份为期十年。

运营费用 主要运营费用的假设是基于以下估计。劳工成本（包括相关的税）已经根据迪士尼公园的经验做出估计，再根据法国劳工市场的情况进行调整。它们包括一个超过市场平均值近10%的优厚劳动力价格，打算以此吸引高质量的人才。在此基础上，假设在这两个公园各自的开业年份，花费在神奇王国上的总运营劳动力成本将为4.24亿法郎，花费在第二个主题公园上的总运营劳动力成本将为2.32亿法郎（以1988年法国法郎计算），且它们将按照一定的通货膨胀率并在考虑到员工人数由于到访水平的提高而增加这个因素的情况下进行增长。销售成本已经根据迪士尼公园的经验进行了估计，并根据欧洲迪士尼反映的具体因素进行调整。假设如下（见下表）：

	销售成本（占收入的百分比）
神奇王国	
商品	40～43[a]
食物、饮料	31
第二个主题公园	
商品	41.5
食物、饮料	31

a. 从1992年的43％下降到1996年及以后的40％。

类似地，其他的运营费用也根据迪士尼之前的经验，再结合当地市场条件进行调整。它们的个别假定如下：

- 维护成本：
  神奇王国：收入的6％。
  第二个主题公园：收入的6.5％。
- 一般管理费用（包括营销、法务、财务和数据处理费用）：
  神奇王国：收入的14％。
  第二个主题公园：收入的16％。
- 不动产税和营业税，根据法国税收政策进行估计：
  基本管理费。

运营收入 运营收入是总收入减去运营成本但是没有扣除专利费、财务成本、利息收入、折旧和摊销、租赁费用、管理层激励费用和所得税的所得。下表展示了财务模型中两个主题公园的运营收入：

	1992年	1996年	2001年	2011年
神奇王国（百万法郎）	1 603	2 773	4 226	8 006
第二个主题公园（百万法郎）	—	1 334	1 921	4 293
总计	1 603	4 107	6 147	12 299

建设成本 神奇王国的建设成本假设为95亿法郎，1A阶段的总成本假设为149亿法郎，与1A阶段的估计成本相一致。第二个主题公园的成本假定为59亿法郎，建设和相关开支在1994年和1995年相同。第二个主题公园的建设成本是基于迪士尼最近的主题公园建设，尤其是已完成的沃尔特迪士尼世界中的迪士尼-米高梅影城主题公园的直接经验而进行估计的。在那个主题公园的建设成本的基础上再根据容量、通货膨胀情况以及佛罗里达和巴黎之间的建设成本差异进行调整。

表18—6摘录了沃尔特迪士尼公司1984—1988年的财务结果。

表18—6 沃尔特迪士尼公司的财务业绩摘要，1984—1988年（百万美元）

	1984年	1985年	1986年	1987年	1988年
收入					
主题公园和度假地	1 097.4	1 257.5	1 523.9	1 834.2	2 042.0

续前表

	1984年	1985年	1986年	1987年	1988年
电影娱乐	244.5	320.0	511.7	875.6	1 149.2
产品消费	109.7	122.6	130.2	167.0	247.0
运营收入					
主题公园和度假地	185.7	255.7	403.7	548.9	564.8
电影娱乐	2.2	33.7	51.6	130.6	186.3
产品消费	53.9	56.3	72.4	97.3	133.7
净收入	97.8	173.5	247.3	444.7	522.0

资料来源：沃尔特迪士尼公司的年报。

附录2：摘录自沃尔特迪士尼1994年年报

对欧洲迪士尼的投资

1994年 vs. 1993年 1994年公司在欧洲迪士尼的投资导致了1.104亿美元的损失。损失包括第三季度公司参与欧洲迪士尼财务重组所承担的5 280万美元的付款以及第四季度公司运营所造成的部分损失。欧洲迪士尼上一年的运营所造成的部分损失、用于冲销应收账款的3.5亿美元付款以及承诺对欧洲迪士尼提供的资金，部分抵消了专利费和投资的分期所得。承诺提供的资金是用来帮助和支持欧洲迪士尼在一定时期内进行财务重组的。

一份推荐给欧洲迪士尼的重组计划于1994年3月宣布。在1994年第三季度，公司和欧洲迪士尼以及欧洲迪士尼的债权人在重组事务中进行合作并达成协议，向欧洲迪士尼提供一定的借款、股权和融资租赁。

在重组协议下，公司承诺通过认购11亿美元增发新股中的49%来增加在欧洲迪士尼的股权投资；提供以1%为利率的针对近2.55亿美元的主题公园资产的长期租赁融资；认购面值约1.8亿美元、息票利率为1%的可偿还债券，部分通过之前预备的承诺对欧洲迪士尼提供的资金来抵消。另外，公司同意取消全部的保留的对欧洲迪士尼近2.1亿美元的应收账款，免收专利费和基本管理费5年并在此后的具体时期里减少其数量，修改管理层激励费用的计算方法。在1994年第四季度期间，财务重组完成，公司提供了相应的资金。

除了以上描述的承诺之外，公司同意准备一个10年期无担保的备用信贷安排，数额近2.1亿美元，按巴黎银行同业拆借利率（PIBOR）计息。到1994年9月30日时，欧洲迪士尼没有要求公司实行这一举措。

作为重组计划的一部分，公司收到了十年期的每股价格为40法郎、总计多达2 780万股欧洲迪士尼股份的认股凭证。重组条款也规定，欧洲迪士尼在实施其第二阶段的发展计划时，公司将得到近2.25亿美元的开发费用。在收到开发费用时，通过执行如上描述的认股凭证购买，公司得到的欧洲迪士尼的股份将减少到1 500万股。

与重组相关，Euro Disney Associes SNC（"迪士尼 SNC"）——公司间接全资拥有的一家附属机构——与实际上为巴黎迪士尼主题公园资产筹措经费的实体公司（"公园财务公司"）签订了一份租赁协议（"租赁"），并和欧洲迪士尼签订了转租协议（"转租"）。在替换了欧洲迪士尼和公园财务公司之间现有的出租协议的情况下，迪士尼 SNC 出租公园财务公司的公园资产 12 年，不可取消。在转租协议下应从欧洲迪士尼处获得的为期 12 年的出租金合计为 105 亿法郎（20 亿美元），接近于迪士尼 SNC 在出租协议下的应付账款数量。

在签订的转租条款中，欧洲迪士尼将有优先权以租赁的形式继承迪士尼 SNC 的权利和债务。假如欧洲迪士尼没有行使其优先权，迪士尼 SNC 可以继续出租其资产，以一个不间断的优先权购买这些资产来平衡公园财务公司未偿债务所需的数量。此外，在迪士尼 SNC 向公园财务公司支付相当于其未偿债务的 75%，估计为 14 亿美元的数额后，迪士尼 SNC 可以终结租赁；然后迪士尼 SNC 可以代表公园财务公司销售或出租其资产，并用支付给迪士尼 SNC 的任何超额利润来偿还剩余债务。

作为重组的一部分，贷方同意承销近 3 亿美元现值的 51% 的欧洲迪士尼新股，从 1994 年 4 月 1 日到 2003 年 9 月 30 日期间免除一定的利息，推迟收取所有的主要费用直到原定计划的 3 年以后。考虑到其财务重组上的合作者，欧洲迪士尼向贷方发行每股价格为 40 法郎的多达 4 000 万股欧洲迪士尼股票的 10 年期认股凭证。

欧洲迪士尼已经报告了在 1995 年预期发生的损失，这些损失将对公司业绩产生消极的影响。然而，由于公司在 1994 年 10 月向沙特王子出售了近 7 500 万股也就是欧洲迪士尼 10%[*] 的股份，所以其损失对公司收益的影响得以减小。交易将减少公司在欧洲迪士尼的所有者权益到 39%。从 1995 年开始，公司将按照减少后的所有者权益来计算在欧洲迪士尼运营过程中发生的亏损。公司同意，只要对于贷方的任何债务尚未偿付，就将保持欧洲迪士尼发行在外的普通股的 34% 的所有权，后五年则为至少 25%，在此之后为至少 16.67%。

1993 年 vs. 1992 年 1993 年公司在欧洲迪士尼的投资在部分地由专利费和相关投资的分期所得抵消后，出现了 5.147 亿美元的损失，包括下面涉及的付款。欧洲迪士尼的运营结果低于预期，部分是由于欧洲的衰退影响了欧洲迪士尼最大的市场。

在 1993 年间，欧洲迪士尼、它的主要贷方和公司开始研究欧洲迪士尼的财务重组。公司同意在一定时期内向欧洲迪士尼提供资金，以给予欧洲迪士尼时间来完成财务重组。考虑到公司回收其应收账款的能力和履行向欧洲迪士尼提供资金的承诺，第四季度和全年的运营结果以及财务重组的需要产生了一些不确定性。结果，公司在第四季度记录了一笔 3.5 亿美元的付款，来冲销其现有的应收账款，并为欧洲迪士尼提供资金。

1992 年，公司在欧洲迪士尼的投资获得了 1.12 亿美元的收入。虽然欧洲迪士尼在 1992 年发生了损失，但公司 49% 的股份份额的净损失被专利费和相关投资的分期所得抵消了。

---

[*] 原书为 20%，疑有误，故作此修改。——译者注

[注释]

[1] "Euro Disney," *Financial Times*, October 30, 1996.

[2] "Disney Goes to Tokyo," in D. Ancona, T. Kochan, M. Scully, J. Van Maanen and E. Westney, *Organizational Behavior and Processes*, Southwestern College Publishing, Cincinnati, OH, 1999, pp. M-10, 25.

[3] 案例中的单位转换是：1 公顷＝2.47 英亩，1 英亩＝4 047 平方米。美元/法国法郎汇率在每年年初是：1987 年为 6.35，1988 年为 5.36，1989 年为 6.03，1990 年为 5.84，1991 年为 5.08，1992 年为 5.22，1993 年为 5.59，1994 年为 5.93。

[4] "欧洲迪士尼"用来指代"欧洲迪士尼主题公园"，"欧洲迪士尼 SCA"或"公司"用来指代拥有欧洲迪士尼的公司。

[5] J. D. Finnerty, "Case Study: The Euro Disneyland Project," in *Project Financing: Asset-based Financial Engineering*, John Wiley & Sons, Inc., New York, 1995, pp. 338-350.

[6] "No magic in these kingdoms," *Los Angeles*, December 15, 1989.

[7] "Disney Goes to Europe," in D. Ancona, T. Kochan, M. Scully, J. Van Maanen and E. Westney, *Organizational Behavior and Processes*, Southwestern College Publishing, Cincinnati, OH, 1999, pp. 38-39.

[8] "Disney Goes to Europe," in D. Ancona, T. Kochan, M. Scully, J. Van Maanen and E. Westney, *Organizational Behavior and Processes*, Southwestern College Publishing, Cincinnati, OH, 1999, p. 15.

[9] J. Neher, "France Amazed, Amused by Disney Dress Code," *New York Times*, October 5, 1995.

[10] Euro Disney, "the First 100 Days" (Harvard Business School Case No. 9-693-013, 1993), p. 14.

19

沃达丰：重新考虑国际化战略

2009 年 5 月

　　2009 年 5 月 19 号，维特略·克劳（Vittorio Colao），沃达丰（Vodafone）的总执行官，展示了他们集团截至 2009 年 3 月 31 日的业绩。尽管克劳强调了沃达丰增长的收入、调整后的经营利润和现金流（见表 19—1），但这些结果仍旧不能给分析家留下深刻的印象。报告里面的利润增长完全是由外币汇率变动造成的（这一年度欧元相对英镑来说升值许多）；潜在的收益已经收缩了 0.4%。一旦"减值损失"（主要是西班牙的资产减值）被列为考虑因素，净利润就至少减少一半。沃达丰的股份在那天几乎减少了 4%。对于沃达丰长期受苦的股东来说，这个报告引出了关于世界顶级无线电通信经营商如何从它巨大的全球市场中获得巨大利润的问题。

　　2008 年 7 月克劳的任命标志着他的前任阿伦·萨林（Arun Sarin）制定的战略进入了新的阶段。在萨林的领导下，沃达丰的战略重点从增长转移到了合并。而在维特略·克劳的领导下，战略重点发生了更为强烈的转变，从高速的利润增长和大胆的战略创新转向了更加平凡的削减成本和提高效率。在 2008 年 11 月，克劳为沃达丰提出了战略大纲。《财经时报》（*Financial Times*）报道说：

当维特略·克劳作为沃达丰的首席执行官为世界上最大的移动电话运营商设定利润目标时，他把自己比作了船长。

在维特略·克劳自7月担任总裁以来首次公开演讲中所公布的战略里面，包含了相对于2006年他的前任阿伦·萨林更多的改变。

但是大规模的变化意味着这位意大利出生的克劳先生面临着挑战：来自经济的、竞争的、调控的压力的强有力的融合。

当被问到他的战略和萨林先生的有多少相似之处时，这位麦肯锡前合伙人克劳说："你知道，这有点儿像在大海中航行，每位新船长从原来的船长手中接过船时，总会有风向和海浪的变化，甚至有几名生病的水手。"

表19—1 沃达丰集团股份有限公司：2005—2009年的重要财务数据
（单位：百万英镑，特殊说明除外）

截止到每年3月31日	2009年	2008年	2007年	2006年	2005年
合并报表中的收入数据					
收入	41 017	35 478	31 104	29 350	26 678
经营（亏损）利润	5 857	10 047	(1 564)	(14 084)	7 878
调整后经营利润[a]	11 757	10 075	9 531	9 399	8 353
税前（亏损）盈利	4 189	9 001	(2 383)	(14 853)	7 285
年度净（亏损）盈利	3 080	6 756	(5 297)	(21 821)	6 518
合并报表中的现金流量数据					
经营活动产生的净现金流	12 213	10 474	10 328	10 190	9 240
投资活动产生的净现金流	(6 834)	(8 544)	3 865	(6 654)	(4 122)
自由现金流[b]	4 987	5 540	6 127	6 418	6 592
合并的收支平衡表					
总资产	152 699	127 270	109 617	126 738	147 197
所有者权益	86 162	78 043	67 067	85 425	113 800
总负债	67 922	50 799	42 324	41 426	33 549
盈利率					
经营利润/总资产（%）	3.8	8.0	(1.4)	(11.1)	5.4
净资产收益率[c]（%）	3.6	8.7	(7.8)	(23.6)	5.9

a. 不包括合作人的营业外收入、减值损失和其他收入及支出。

b. 自由现金流衡量可用于再投资、股东回报、偿还债务的现金数量。通过从经营现金流中扣除固定资产上的支出而计算得出。

c. 等于税后（亏损）利润除以所有者权益。

在维特略·克劳的战略中，最切实际的一点就是提出了要提高沃达丰的最低绩效。他想要在2010—2011年间降低10亿英镑的成本，但是如果全球经济萧条进一步发展，则不排除降低更多的可能性。这既定的承诺的成本节约主要集中在沃达丰的核心市场欧洲，因为考虑到这是个几乎人手一部手机的成熟市场。

但是在他的战略中也包含了增加收入的计划。这一计划将通过说服更多的消费者购买能够上网的手机实现。克劳先生也希望沃达丰通过更加努力地向公司提供无线电通信服务而增加收入。

对最大限度地发展沃达丰在新兴市场的现有业务的重视同样是克劳先生战略思想的核心。沃达丰认为它向发展中国家扩张最好能尽早完成，这一扩张始于2005年，并于去年通过购买印度手机运营商109亿美元（约合71亿英镑）的股份拥有了控制权。

克劳先生保留在发展中国家进一步发展生意的权利，他说很少有吸引他的大市场。在国外的市场，他会采取比较保守的方式进行扩张，这正好符合之前承诺的更严格的资产管理计划。

沃达丰支持其在已有市场的合并业务，尤其是欧洲，因为考虑到许多手机运营商都退出了。克劳先生说沃达丰可能会收购竞争对手，尽管他强调有可能通过卖出业务而获得资金。他拒绝详细说明出售业务的本质，但是他指出不会从沃达丰在德国、意大利、西班牙和英国的核心欧洲业务中退出。克劳先生还指出他想像前任那样，重新获得沃达丰在美国第二大的手机运营商威瑞森无线电（Verizon Wireless）45%的股份。

昨天克劳先生谈到的严格的资金运用还包括了对自由现金流——经营活动现金流减去花费的资金给予更多关注。沃达丰的目标是每年有50亿~60亿英镑的自由现金流，它未来的绩效表现很可能由这一衡量指标加以指导。[1]

在克劳先生2009年5月19日的演讲中，他承认了消费需求减少——主要是因为经济衰退——以及由不断强化的竞争给边际收益造成的持续压力。他宣布沃达丰需要加速其成本削减计划。

大多数评论员赞赏沃达丰对削减成本的承诺——"经过几年收购驱动式的增长，对更为经常性业务的效率的关注正是世界上最大的移动电话运营商所需要的"[2]——考虑到沃达丰主要市场的日益成熟和商品化，削减成本可能并不足以使沃达丰重获往日的财富。沃达丰在无线电通信服务领域的战略定位最显著的特点是国际扩张——由于在全世界有3.02亿手机用户和在52个国家开展业务，沃达丰在全世界的占有率在业内是无与伦比的（见表19—2和表19—3）。对克劳来说，一个重要的议题就是沃达丰如何通过更进一步的功能和运营的跨国界整合来最好地利用其全球占有率，以及沃达丰是否应该将自己看作是共享同一品牌和相同经营方式的独立国家运营商的集合体。

表19—2　　　　　　　　　　沃达丰的全球扩张，2009年3月

国家	消费者数量[a]		国家	消费者数量[a]	
	（%）	（千人）		（%）	（千人）
子公司			罗马尼亚	100.0	9 588
德国	100.0	35 471	土耳其	100.0	15 481
意大利	76.9	22 914	埃及	54.9	10 405
西班牙	100.0	16 910	英国	100.0	18 716

续前表

国家	消费者数量[a] (%)	消费者数量[a] (千人)	国家	消费者数量[a] (%)	消费者数量[a] (千人)
阿尔巴尼亚	99.9	1 395	南非	50.0	30 149
希腊	99.9	5 899	澳大利亚	100.0	3 970
爱尔兰	100.0	2 175	斐济	49.0	339
马耳他	100.0	201	新西兰	100.0	2 502
荷兰	100.0	4 618	合作企业及投资者		
葡萄牙	100.0	5 639	美国	45.0	38 948[b]
捷克共和国	100.0	2 909	中国	3.2	15 324
匈牙利	100.0	2 562	法国	44.0	8 620
波兰	24.4	3 555	印度	51.6	46 065
肯尼亚	40.0	5 345			

合作伙伴协议书[c]

国家/地区	公司	国家/地区	公司
阿富汗	Roshan	拉脱维亚	Bité
亚美尼亚	MTS	立陶宛	Bité
奥地利	A1	卢森堡	Tango
巴林岛	Zain	马其顿	VIP operator
比利时	Proximus	马来西亚	Celcom
保加利亚	Mobiltel	挪威	TDC
加勒比	Digicel	巴拿马	Digicel
智利	Entel	俄罗斯	MTS
克罗地亚	VIPnet	塞尔维亚	VIP mobile
塞浦路斯	Cytamobile-Vodafone	新加坡	M1
丹麦	TDC	斯洛文尼亚	Si. mobile-Vodafone
爱沙尼亚	Elisa	斯里兰卡	Dialog
法罗群岛	Vodafone Iceland	瑞典	TDC
芬兰	Elisa	瑞士	Swisscom
根西岛	Airtel-Vodafone	泰国	DTAC
洪都拉斯	Digicel	土库曼斯坦	MTS
中国香港	SmarTone-Vodafone	乌克兰	MTS
冰岛	Vodafone Iceland	阿拉伯联合酋长国	Du
日本	SoftBank	乌兹别克斯坦	MTS
泽西岛	Airtel-Vodafone		

a. 该国子公司或联合公司的消费者总数。

b. 因为威瑞森无线电是一家合作企业,这些数字并未包括在相关集团总数中。

c. 与拉丁美洲的合作是通过美洲移动达成的。

资料来源:Vodafone Group plc,Annual Report 2009.

表19—3　2005—2008年按国家划分的沃达丰公司的顾客基础(年末的消费者数量)

	2008年 (千人)	2007年 (千人)	2006年 (千人)	2005年 (千人)	预先付款的消费者(%)
德国	35 471	33 920	30 622	29 165	54.4
意大利	22 914	22 791	20 129	18 208	92.1
西班牙	16 910	15 810	14 464	12 923	45.9

续前表

	2008年（千人）	2007年（千人）	2006年（千人）	2005年（千人）	预先付款的消费者（%）
英国	18 716	18 447	16 939	16 325	60.6
阿尔巴尼亚	1 395	1 127	920	749	96.9
希腊	5 889	5 438	4 961	4 438	68.5
爱尔兰	2 175	2 265	2 178	2 047	74.0
马耳他	201	201	188	177	89.9
荷兰	4 618	4 038	3 817	3 981	46.9
葡萄牙	5 639	5 111	4 618	4 119	79.5
瑞典	—	—	—	1 573	—
捷克共和国	2 909	2 658	2 413	2 142	n.a.
罗马尼亚	9 588	8 808	7 717	6 132	n.a.
匈牙利	2 562	2 304	2 134	2 038	n.a.
土耳其	15 481	16 116	12 748	—	n.a.
波兰	3 555	2 638	2 355	1 774	n.a.
埃及	10 405	13 333	8 704	6 125	92.7
肯尼亚	5 345	3 698	2 134	1 395	98.3
南非	16 521	16 521	14 103	7 524	89.3
印度	46 065	39 865	3 197	1 633	87.2
澳大利亚	3 970	3 573	3 278	3 126	73.5
新西兰	2 502	2 309	2 200	2 024	76.4
斐济	339	186	135	95	95.2
沃达丰集团合作企业	327 181	221 157	159 954	127 713	74.9
美国	38 948	29 568	26 230	22 785	5.4
其他国家和地区	25 194	22 784	17 714	17 780	76.4
总计的消费者	391 323	273 509	203 898	168 278	68.9

建立世界顶尖的无线电通信服务提供商，1984—2003年

沃达丰创建于1984年，成立时使用名称瑞卡尔电信有限公司（Racal Telecom Limited），为瑞卡尔电子有限责任公司——一家设立在英国的防御和电子公司的子公司。它是为了开发新的无线电移动通信业务而建立的。1983年，瑞卡尔和Cellnet（一个英国通信公司的子公司）赢得了在英国提供移动无线电通信业务的执照。1988年，沃达丰20%的股份售予公众。1991年，沃达丰完全从瑞卡尔电子有限责任公司脱离出来。

在公司CEO杰拉尔德·温特（Gerald Whent）的带领下，沃达丰通过在其他无线电通信公司的少部分股份和为了取得执照与开发新的无线电通信业务而成立的合资公司稳健地扩展它在全球的业务。1997年克里斯·根特（Chris Gent）被任命为CEO开启了沃达丰发展的新纪元。为了达到成为世界顶尖级无线电通信公司并提高其公司股价的目标，沃达丰迅速开展了一系列的收购业务。在消费者数量方面将沃达丰打造成世界上最大的无线电通信公司的过程

中，收购美国的 Airtouch、德国的 Mannesmannn 和日本的 Telecom 是沃达丰公司最大的三个收获。表 19—4 列出了沃达丰扩张的里程碑。

表 19—4　　　　　　沃达丰的全球收购和出售事件，1989—2009 年

年份	公司	国家/地区	用户	备注
1989	Telecel	马耳他	n. a.	与 TeleMalta 成立的联合企业，沃达丰持有 80% 的股份
1990	SFR	法国	6 万	沃达丰收购了 4% 的股份
1991	AB Nordic Tel	瑞典，丹麦	n. a.	沃达丰收购了 10% 的股份
1991	Pacific Link Communication Ltd	中国香港	4.2 万	沃达丰收购了 30% 的股份
1993	Vodacom	南非	n. a.	建立合资公司，沃达丰占 35% 的股份
1993	Panafon	希腊	n. a.	建立合资公司，沃达丰占 45% 的股份
1996	Talkland	英国	40 万	沃达丰惊人地收购了三分之二的股份，价值为 3 060 万英镑
1996	Peoples Phone	英国	n. a.	拥有 181 家店铺的零售商，花费 7 700 万英镑收购
1996	Astec Communications	英国	n. a.	拥有 21 家店铺的服务提供商，收购花费 7 700 万英镑
1998	Misrfone	埃及	n. a.	Misrfone 合资公司（沃达丰占 30%）获得建立埃及第二大通信网络的执照
1998	Bell South New Zealand	新西兰	13.8 万	收购并重命名为新西兰沃达丰公司
1999	Airtouch Communications, Inc.	美国	320 万	花费 620 亿美元进行合并，成立了 Vodafone Airtouch 公司。包括来自德国、意大利（Omnitel）、波兰、日本和印度的 100 万用户
2000	Verizon Wireless	美国	n. a.	与美国沃达丰无线电资产和 Bell Atlantic 成立了合资企业
2000	Mannesmann	德国	950 万	花费 1 120 亿英镑收购
2001	Eircell	爱尔兰	120 万	花费 500 万欧元收购，重命名为爱尔兰沃达丰
2001	TDC Mobil	丹麦	n. a.	第一个"合作伙伴网络"协议；沃达丰为丹麦市场提供了多品牌服务
2001	中国移动（香港）	中国香港	n. a.	建立战略联盟
2001	Swisscom Mobile	瑞士	n. a.	收购 25% 的股份
2001	Airtel Movil SA	西班牙	n. a.	股东权益上升到 91.6%
2001	Japan Telecom and J-Phone	日本	1 100 万	收购 J-Phone 公司 69.7% 的股份（J-Phone 是日本第三大通信公司）及其母公司 Japan Telecom 66.7% 的股份
2002	Radiolinja	芬兰和爱沙尼亚	n. a.	签署了合作伙伴网络协议
2002	Vizzavi	法国/英国	n. a.	沃达丰斥资 1.427 亿欧元购买了 Vizzavi 移动网络门户 Vivendi 50% 的股份
2003	Mobilcom, Bité	奥地利，立陶宛	n. a.	签署了合作伙伴网络协议
2004	Cyta	塞浦路斯	n. a.	签署了合作伙伴网络协议
2004	AT&T Wireless	美国	n. a.	380 亿美元的收购计划失败了；Cingular 公司出价更高
2005	Connex	罗马尼亚	n. a.	股份上升到了 99%；还买下了捷克的手机经营商

续前表

年份	公司	国家/地区	用户	备注
2005	Oskar	捷克共和国	n.a.	收购
2006	Vodafone Sweden	瑞典	n.a.	卖了9.7亿欧元（合6.6亿英镑）
2006	Vodafone Japan	日本	n.a.	以69亿英镑的价格将97.7%的股份出售给Softbank
2006	Belgacom Mobile SA; Swisscom Mobile AG	比利时和瑞士	n.a.	以总共31亿英镑的价格将25%的股份出售给两个公司
2007	Hutchison Essar	印度	2 290万	以109亿美元获得了印度第四大无线电通信公司52%的股份
2007	Bharti Airtel	印度	n.a.	以16亿美元的价格把5.6%的股份卖给了Bharti Airtel
2007	Tele 2	意大利和西班牙	n.a.	以7.75亿欧元获得了Tele2 Italia SpA和Tele2 Telecommunications Services SLU
2007	The Qatar Foundation	卡塔尔	n.a.	沃达丰和The Qatar Foundation的合资公司作为竞拍的成功者，成为了卡塔尔第二大手机运营商
2008	Arcor	阿尔卡	n.a.	用4.6亿欧元增持了它在Arcor的股份，现在有100%的股权
2008	Ghana Telecommunications	加纳	n.a.	以4.86亿英镑收购了加纳通讯70%的股份
2008	BroadNet	捷克共和国	n.a.	沃达丰的捷克公司收购了BroadNet Czech 100%的股份
2008	Crazy John's	奥地利	n.a.	控制了Crazy John's 83%的股份
2009	Verizon Wireless/Alltel	美国	n.a.	威瑞森无线电公司以59亿美元收购了Alltel公司
2009	Hutchison Telecommunications (Australia)	澳大利亚	n.a.	Hutchison Telecommunications (Australia)和沃达丰澳大利亚公司成立了合资公司
2009	Vodacom	南非	n.a.	以16亿英镑增持了15%的股份
2009	Central Telecom	英国	n.a.	收购了英国的系统整合商

n.a.＝无法提供或者不可用。
资料来源：沃达丰年报。

全球化战略

在克里斯·根特的领导下，沃达丰的全球扩张充满着机会主义和激进的行为，但是也不缺乏战略根据。集团战略主管艾伦·哈珀（Alan Harper）解释说：

> 我们的业务始终以移动电话为核心。1995年当我加入沃达丰时，公司是以移动电话为核心的。拥有80亿英镑的营业额，80%的收入来自英国。如今我们依然以移动电话为核心，拥有1 000亿英镑的营业额，但是

只有10%来自英国……

我们的愿景是获得规模和范围收益，减少反应时间，确保我们的服务能高效地送达客户手中。我们通过收购国营企业并赋予这些企业"挑战者"的使命来实现愿景。举个例子来说，沃达丰和SFR的联合是法国电信的挑战者，沃达丰英国公司是英国电信的挑战者，沃达丰德国公司是德国电信的挑战者。在这种挑战者的精神状态下，我们在沃达丰公司里培育并灌输企业家精神，从这一点看，我们表现得并不像传统的电话公司，沃达丰员工的文化共识是维系这种挑战者和企业家精神的一个关键因素。为了关注这种文化共识，我们给了当地公司自治权，并重申本土公司并不需要像IBM和HP那样加入全球公司。当地的子公司必须在矩阵型组织中运行，并且在电话等通信领域保持着一种等待挑战的状态，挑战它自身的地位，并且受本地企业激励。[3]

这个地方自治的概念也意味着沃达丰公司在整合全球收购业务时不会采用任何标准化模板。它更倾向于将其子公司统一到沃达丰这一品牌之下，在某些情况下这种统一是很迅速的，而在其他情况（例如，在意大利和德国，现有的当地品牌十分强大）下要花好几年的时间。在某些情况下，沃达丰看到了转换其经营和营销方式以及定价结构的优点——但只限于当地市场具有足够包容性的情况。除了要把沃达丰打造成全球性的品牌和在其各子公司中鼓励挑战者和企业家精神，沃达丰还鼓励集团内的竞争。在选择收购目标和发展其收购业务时，沃达丰致力于成为该收购所在国家市场份额最大或第二大的运营商——这对于分摊基础设施建设、科技、市场营销的固定成本是非常关键的。在争夺市场份额的过程中，沃达丰没有采取打"价格战"的方式，而是通过增值服务、网络质量和消费者服务打造区别于竞争对手的高端形象。

□ 21世纪的挑战

新世纪见证了沃达丰发展遇到的种种困难。这个公司被两个发展计划严重伤害了。第一个是政府拍卖第三代无线电通信执照。在2000—2001年之间，沃达丰为了这个新的执照花了300多亿美元（包括用于购买英国的3G营业执照的95亿美元）。但是很明显地，和同行业许多其他公司一样，沃达丰严重高估了3G无线电通信的商业潜能，为这个执照浪费了不少财力。第二个因素是"TMT"（科技、媒体、通信）股票市场的繁荣发展。在2001年第一季度，沃达丰的股票价格创造了历史最高。在接下来的30个月里，它下跌了72%。

这两件事极大地打击了沃达丰的底线。在2001—2004年的四年间，沃达丰的净亏损总共多达450亿英镑——主要是由溢价收购业务账面价值的降低和购买3G执照的成本的摊销造成的。这些各种各样的"减值损失"带来的影响，在表19—1经营利润和调整后经营利润的对比之下更加显著了。

在2003年阿伦·萨林取代克里斯·根特担任CEO后，沃达丰的管理在实质和形式方面都有了改变。"阿伦·萨林和克里斯·根特的共同之处，"一个内部员工透露，"就是两个人都喜爱板球运动。"然而，根特是一个十足的英伦公民，萨林是个世界公民；萨林出生在印度，但是他的职业生涯基本上是在美国建立的。根特只是个决策者，而萨林却是个有着强大技术背景的经营者。

"一个沃达丰"计划

2004年有一点变得越来越清楚了，即沃达丰面临的最大挑战是从它遍布世界的全球帝国中获得附加价值。在2004年年底的时候，阿伦·萨林开展了一项雄心勃勃的统一其不同的全球网络和从它无可比拟的扩张中获取价值的计划。实施这一计划需要全新的全球化战略，这一战略有三个驱动因素。第一，来自投资者——尤其是机构投资者的压力迫使沃达丰提高最低绩效和股东回报。第二，伴随着电信公司并购的无节制的扩张，"越大越好"的思想受到了质疑，反对者认为全球扩张带来的利益微乎其微，大多数与市场份额相关的电信领域的规模经济都能够在一个国家内实现。第三，3G带来的潜能为全球扩张提供了机会——尤其是手机互联网的接入。《经济学家》杂志这样评价这些创新措施：

> 克里斯先生推出了单项措施：萨林先生的任务就是把它们都整合起来实现规模经济，以此来验证沃达丰"越大越好"战略的正确性。在过去的15个月里，萨林先生都是这么做的，尽管大部分时候没有公开。直到这个月3G手机业务在12个欧洲国家开展以及在日本重新开展，这个新战略才展现在公众面前。萨林先生说，3G的测试将会是检验他自己的领导力和沃达丰作为一个整体来运行的能力的试金石。
>
> 重建组织结构、优化后台系统和削减成本几乎不可能是能产生头条新闻效应的那种活动，所以比起原来在克里斯先生的领导下，沃达丰显得缺少活力。但是这种看似枯燥实则必需的工作正是萨林先生的擅长之处，也是沃达丰整合其扩张业务所需要的。他的"一个沃达丰"项目已经在整理沃达丰各个国家子公司后台杂乱不一的地方，以便它们能够采用同种科学技术。通过开发出一种新服务，随后同时将其引进到不同的市场，就能削减成本。
>
> 萨林先生还改变了沃达丰的管理方式。各大地区执行经理现在都直接向他报告。各个国家的市场经理现在向集团市场总监报告，而不是简单地报告给当地的老板，等等。这样做的目的是把各个国家的经营商联系在一起，并能够让萨林更为直接地掌控公司。他希望按照这种战略实现结构上的联接，可以让公司"完美地执行计划"。
>
> 这并不是火箭科学。他相信，简化沃达丰的组织结构是3G成功的基础，因为它让沃达丰从其全球规模中获得了利益。唯一的技术平台能够让沃达丰先在一个市场进行手机或服务测试，然后推广到任何地方。这样确保了全球无缝对接，甚至视频电话也是如此。这也使得沃达丰能够利用它在日本的经营，将其作为3G的实验基地。
>
> 至今为止，由沃达丰的规模带来的最大好处便是它对手机制造商拥有很强的影响力。它为它的3G手机制造商限定了严格的标准，甚至连最大的手机制造商都只好遵守其规则，否则会失去与沃达丰的合作。在日本和

欧洲采用同一种技术意味着沃达丰可以给日本的手机制造商提供进入欧洲市场的机会，同时也为欧洲手机制造商进入日本市场创造机会，这样就能让它们相互竞争、相互牵制。[4]

"一个沃达丰"计划包括了重组公司结构以便实现管理中心和运营公司之间更紧密的联接以及更好的一体性。2005年年初引进的这一新结构包括以下内容：

- 六个按照地理范围划分的业务分区要直接报告给CEO。包括：英国、德国、意大利、亚太地区、其他EMEA的子公司[5]，以及其他欧洲和非欧洲分公司（包括了美国、南非、中国、法国和其他国家）。
- 强化全球功能，其中的每一个职能部门都直接报告给CEO。市场营销职能部门新增了多国公司部门，负责全球公司客户的业务处理，市场营销职能部门还负责联系与全球手机生产商的合作。科技职能部门负责设计标准化网络和提供IT共享服务。业务发展是新增加的职能部门，"负责将沃达丰的产品和服务组合融入子公司和合作伙伴网络中。"
- 成立了两个监督高层所制定的战略的执行情况的管理委员会。执行管委会将注重战略、财务结构和组织的发展；综合和经营委员会将为经营和预算计划、产品和服务的开发负责。这两个管委会都由阿伦·萨林领导。

作为战略的领导者，哈珀解释说：

我们从世界各地收购企业，我们的其中一个挑战就是把技术和员工无缝地整合起来。通过技术整合，各国的技术水平会是相似的。这个重组项目带来的挑战是如何平衡协调一致和配合当地创新这两种需要。我们正在尝试整合各国经营商……并在尝试保留地方自治和"挑战者"应变能力的同时获得规模和范围收益。[6]

"一个沃达丰"计划包括一系列广泛的业务整合，包括收费业务（2005年沃达丰使用了8种不同的收费系统）、网络设计、采购、IT（包括收费、后台、ERP系统、人力资源（HR）以及数据处理）、服务中心平台、漫游、客户服务和零售运营。对于哈珀来说：

"一个沃达丰"计划想要达到的目标是，在品牌力量和整合当地文化及经营程序方面简化整合问题。我们将我们所有的市场营销成果、品牌和产品开发集中起来。科技是标准化的，网络设计是协调过的。最好的经营方式通过先进的服务得到效仿，知识在集团内实现了共享……我们保持并鼓励客户服务、销售等方面的当地创新。[7]

□ 调整国际化战略

"一个沃达丰"计划的不足之处很快在三个非常重要的市场上显现出来。日本和美国采用与沃达丰在其多数市场使用的GSM欧洲标准不同的移动电话无线电技术。威瑞森无线电采用CDMA无线电通信技术。这种技术与GSM无法兼容意味着沃达丰不能从它的美国业务和其他国际业务之间获得明显的经济性。沃达丰在威瑞森无线电公司中仅持有少数股的情形和沃达丰品牌的缺失进一步孤立了沃达丰在美国与其他地区的投资。

这些技术上的差异被这些市场的其他重要特点强化了。日本（包括韩国）被认为是世界上最先进的无线电市场，至少比欧洲市场早两年采用新的无线电技术。沃达丰将它的全球手机引进日本后，引发了日本用户的大批减少；因为这些手机被认为技术过时了。在美国，情况相反，在采用新的无线电技术方面落后于欧洲和远东地区——主要是因为美国市场多重的无法兼容的无线电标准。

法国在融入沃达丰全球网络的进程中也遇到了困难。正如威瑞森无线电一样，沃达丰仅持有SFR40%的股份，也还没有把SFR并购到自己的品牌下。并且，SFR提供手机、固定电话和网络通信服务，而沃达丰避免涉足固定电话。

在接下来的12个月里，更多沃达丰全球化战略的变动接踵而来。北美、西欧和日本这些成熟市场中强烈的竞争和调控压力使得沃达丰把焦点转向了东欧、非洲和亚洲这些正在成长的市场。2006年3月，沃达丰卖掉了沃达丰日本的大部分股份。随后，沃达丰出售了瑞典、荷兰、比利时和瑞士的股份，并在埃及、匈牙利、罗马尼亚、南非和印度进行收购。

沃达丰在国际化过程中还扩展了它的非股权购买模式。起初，沃达丰和海外移动电话运营商的合作仅限于漫游业务。但是，在萨林的带领下，沃达丰与移动电话运营商之间的合作伙伴关系有了进一步的发展，将沃达丰的服务和内容直接提供给其合作伙伴自己的客户。2006年，冰岛成为了第一个能够采用沃达丰品牌的特许合作商。

2008—2009年沃达丰的全球化战略

在担任沃达丰CEO的前10个月中，维特略·克劳对由萨林制定的沃达丰全球化战略做出了几个改变，包括以下几个方面：

- 克劳放慢了沃达丰向新兴市场扩张的脚步。在他的领导下，在新兴市场仅有的重大收购就是收购加纳电信和增持南非沃达丰的股份。
- 通过扩展沃达丰的全球业务（经营沃达丰与它270家最大的跨国企业顾客的关系）来提升沃达丰在其公司客户市场中的占有率："沃达丰全球业务简化了向跨国企业顾客提供固定电话、移动电话和宽带服务的流程。跨国企业顾客希望与沃达丰在世界范围内建立一种运转良好的商业关系。它提供了一系列诸如中央订货系统、顾客自服务门户网站、电信花费管理工具和设备管理那样的服务，并配套提供了合同及服务等级保证协议。"[8]
- 克劳致力于打造沃达丰在行业内科技发展方面的影响力——尤其是在手机互联网的应用方面。但是，在很大程度上，沃达丰在不同国家的经营体现出很强的自主性。这在沃达丰的组织结构图上体现得很明显（见图19—1）。因此，在每一个国家运营的子公司都由一位对总部负有盈亏责任的CEO来领导。

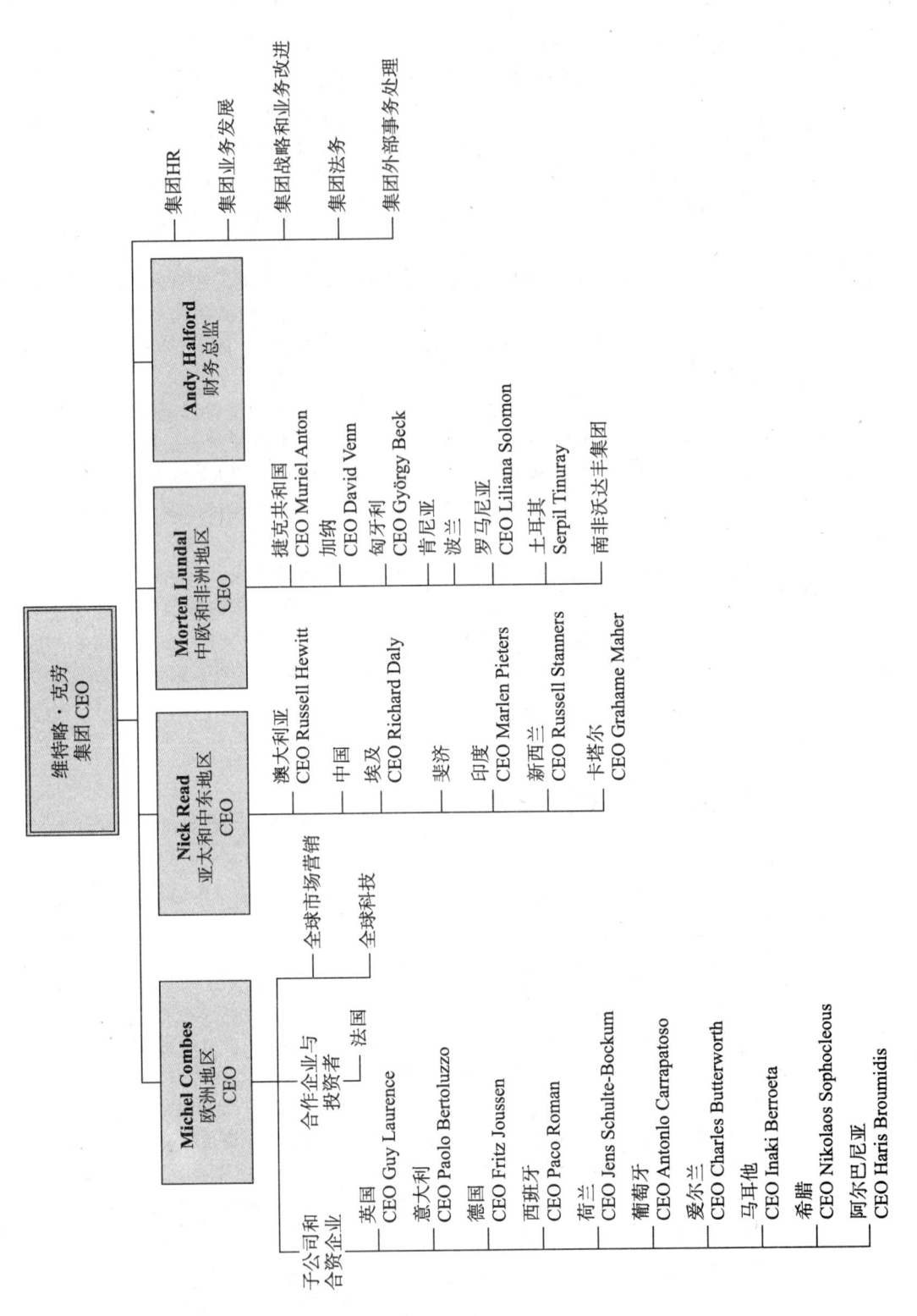

图19—1 沃达丰：组织结构图，2009年3月

```
                        维特略·克劳
                        集团CEO
    ┌───────────────────┬───────────────────┬───────────────────┐
Michel Combes        Nick Read        Morten Lundal      Andy Halford
欧洲地区CEO         亚太和中东地区CEO   中欧和非洲地区CEO     财务总监
```

Michel Combes（欧洲地区CEO）

- 全球市场营销
- 全球科技
- 合作企业与投资者
  - 法国 CEO Guy Laurence
- 子公司和合资企业
  - 英国 CEO Guy Laurence
  - 意大利 CEO Paolo Bertoluzzo
  - 德国 CEO Fritz Joussen
  - 西班牙 CEO Paco Roman
  - 荷兰 CEO Jens Schulte-Bockum
  - 葡萄牙 CEO Antonlo Carrapatoso
  - 爱尔兰 CEO Charles Butterworth
  - 马耳他 CEO Inaki Berroeta
  - 希腊 CEO Nikolaos Sophocleous
  - 阿尔巴尼亚 CEO Haris Broumidis

Nick Read（亚太和中东地区CEO）

- 澳大利亚 CEO Russell Hewitt
- 中国
- 埃及 CEO Richard Daly
- 斐济
- 印度 CEO Marlen Pieters
- 新西兰 CEO Russell Stanners
- 卡塔尔 CEO Grahame Maher

Morten Lundal（中欧和非洲地区CEO）

- 捷克共和国 CEO Muriel Anton
- 加纳 CEO David Venn
- 匈牙利 CEO György Beck
- 肯尼亚
- 波兰
- 罗马尼亚 CEO Liliana Solomon
- 土耳其 Serpil Tinuray
- 南非沃达丰集团

Andy Halford（财务总监）

- 集团HR
- 集团业务发展
- 集团战略和业务改进
- 集团法务
- 集团外部事务处理

□ 电信服务的规模经济

在评价企业跨国经营的好处和建立跨国界联系的潜能的时候，对于沃达丰来说，一个关键的问题就是资源和全球规模经济的程度。毫无疑问，在国家层面上，规模经济是十分重要的：基础设施、市场营销活动、销售和收费系统都产生了大量的固定成本，这些都需要很大的顾客基础来分摊。但是在全球层面上，这些经济性就显得不是很明显了。表19—5显示了盈利能力与规模和全球扩张没有明显的关系。

表19—5　　　　　　　　全球最大的电信服务公司，2008年

	收入（百万美元）	净利润（百万美元）	净利（%）
1. 美国电话电报公司	124 028	12 867	10.4
2. 日本电信电话株式会社	103 684	5 362	5.2
3. 威瑞森电信	97 354	6 428	4.4
4. 德国电信	90 260	2 171	2.4
5. 西班牙电信	84 815	11 112	13.1
6. 法国电信	78 290	5 956	7.6
7. 沃达丰	69 138	5 188	7.5
8. 中国移动通信	65 015	11 442	17.5
9. 意大利电信	45 118	3 241	7.2
10. 威望迪	37 166	3 810	10.2
11. 英国电信	36 626	−140	(0.4)
12. 斯普林特	34 814	2 217	6.4
13. KDDI	35 635	−2 796	(7.9)
14. 康卡斯特	34 256	2 547	7.4
15. 中国电信	31 814	−51	(0.0)
16. 美洲移动	31 012	5 337	17.2
17. 日本软银	26 608	430	1.6
18. 澳洲电信	22 371	3 304	14.8
19. 中国联通	21 981	2 840	12.9
20. 荷兰皇家KPN	21 373	1 950	9.1

资料来源：Fortune Global 500（2009）.

全球规模带来的最明显的成本方面的好处就在于集中采购。除了它自身的设备和软件需求，沃达丰是全世界最大的手机购买者之一（在很多国家，消费者购买的是捆绑了沃达丰服务条款的手机）。在和手机制造商谈判时，沃达丰对手机的需求赋予了它很大的影响力。

但是，采购体现出的规模优势还依赖于所有沃达丰子公司都使用相同的技术——在第二代无线电技术（2G）的使用中这一点基本是对的：沃达丰采用了欧洲GSM标准。最主要的例外是美国，在美国，沃达丰的合作公司威瑞森无线电采用了CDMA——一种不兼容的无线电通信技术。

全球化品牌同样在广告和品牌发展方面提供了经济性，这得益于超出国界

的广告效应以及利用媒体和促销活动吸引全球顾客的潜能。其他经济性来自集中某些功能。技术研发、网站支持、财务报告和法律服务功能都被集中起来了。

经济性同样可以产生自标准化管理和经营措施。"一个沃达丰"计划的一个关键方面就是寻求类似标准化的机会。波兹·艾伦（Booz Allen）描述了他在这一过程中的作用：

> 这个项目不仅仅是两个职能部门或是在两个国家间的整合，也不是两家公司的合并，而是跨越 16 个包含了不同顾客和不同市场的国家的整合项目。波兹·艾伦维也纳办公室的负责人 Klaus Hölbling 说道，"因为市场是非常不同的，我们不能确保像整合某项业务那样整合别的业务。针对不同的业务，我们需要不同的方法。"
>
> 实施这个项目之前我们重点关注了整合的业务案例。第一步建立计划和设计标准，将供应链管理提升到全球层次，搭建普通的服务平台。第二步的工作包括：建立新的操作模型，评估全球和本地业务如何开展以及开发新的组织结构和实施计划……
>
> 沃达丰仍在寻找本土化和全球化的最佳平衡——尽管整合已经带来了极大的成本节约和新颖的市场战略、更加具有竞争性和差异性的定价以及领先的产品和服务的提供。新的组织有利于资源和人才的快速流动，也有利于最好的方法和专业知识的共享。[9]

值得怀疑的是，从全球性品牌或标准化全球系统中开发经济性是否是海外电信公司获得所有权所必需的。沃达丰的合作伙伴网络让沃达丰不用在这些国家做出投资，就能够从为当地经营商提供品牌和特殊服务里面获得特许的收入。

除了这些和全球化相联系的成本费用的节约，还有由国际化扩张带来的消费者收益。在为全球企业顾客提供服务时这一点尤为突出。对于个人用户，国际漫游可以通过与当地服务提供者的进入协议来实现。在不同的国家拥有子公司提供的漫游，其好处就是能提供"无缝"的漫游服务——顾客在每个国家都能享受到相同的服务。它还为促销方式的选择提供了灵活性。例如，2009 年夏天沃达丰的护照项目喊出了口号："今年夏天在超过 35 个国家不收取漫游费用！"

☐ 适应当地市场需求

对于沃达丰来说，它所面临的问题不仅是从全球规模中能否获得潜在利益以及能够获得多少利益，而且是为了追寻这些利益是否会降低沃达丰适应当地市场需求的能力。从 Swissair 和 DoCoMo（日本手机生产商）失败的国际化战略中，《亚洲华尔街日报》（*Asian Wall Street Journal*）总结了关于全球化战略的三条经验（见展示 19—1）。

日本沃达丰的经验突出了一些向全球的无线电领域扩张固有的风险。2001 年沃达丰掌控了日本第三大运营商 J-Phone。把 J-Phone 转移到沃达丰品牌下、转移到沃达丰的欧洲 3G 技术（UMITS）之下、转移到沃达丰全球手机业务之下产生了灾难性的后果。在失去市场份额之后，2006年沃达丰把日本的子公司卖给了Softbank。据《经济学人》报道，沃达丰日本业务的出售标志着沃达丰"越大越好"战略的终结，指向了更加集中的区域战略。例如，在欧洲，沃达丰集中在一个日渐统一的市场中寻求规模优势。[10]

和它的集中于国内业务的竞争者相比较，沃达丰因为其仅关注手机业务显得没有优势。一个主流趋势是通过整合固定电话和移动电话网络，向消费者提供捆绑服务。许多经营商提供了包含固定电话、移动通信、宽带接入和电视服务的"四重"捆绑式服务。沃达丰对提供捆绑式服务这一潮流反应缓慢："沃达丰管理层还没有制定提供综合服务的战略，"2006年一个专家分析说。[11]

2008年11月克劳的战略政策回顾的一个主题就是把服务推向"提供全方位的通信服务"：

> 三个目标领域包括移动手机数据、企业和宽带业务。沃达丰已经在移动手机数据方面取得了巨大进步，年收入是30亿英镑，比去年同期数据高出了26%，但是在欧洲市场，经常使用数据服务的消费者只占总消费者人数的10%左右，沃达丰还是有很多机会的。在企业业务方面，沃达丰在核心手机业务方面占据优势地位，尤其是在大型企业之中。它的目标是，以这种优势地位为基础扩张到更广阔的通信市场，为小型和中型企业提供固定和移动电话综合产品及服务，并且继续加强集团对跨国公司的渗透。在固定宽带业务方面，集团业务遍及所有欧洲市场并在全球拥有160万顾客。[12]

全方位通信服务使得沃达丰从其他通信提供商那里租赁固定电话产能。在英国，沃达丰是BT公司的无线电通信合作伙伴，BT公司是一家英国固定电话主体运营商，该公司缺乏移动电话网络。沃达丰还获得了一些它自己的固定电话产能；2008年它在意大利和西班牙并购了Tele 2公司的固定电话和宽带服务。

☞ **展示19—1**

从Swissair和DoCoMo中总结出来的关于全球化战略的三条经验

第一条经验是从考虑微观经济学入手：弄清楚是什么原因造成了良好的经济表现，不要对于国内的成功想当然。航空业和通信行业都是高度管制、技术导向和资金密集型行业，拥有很高的固定成本和很低的边际成本（单个飞机座位或每分钟通话的花费）。在通信行业，高额的固定成本来源于很多业务（网络、产品研发、品牌推广等），和市场追随者比起来，固定成本为市场领导者提供了单位成本的优势。

除了规章制度的改变，手机行业在本质上仍然是本国化的。也就是说，在一个国家的市场上当领头羊比在两个国家的市场上当追随者要好得多。有迹象表明，更广泛的地理范围增加了通信行业的附加值。增加的用户漫游业务和更高的手机渗透率将越来越多的跨国界交通从固定网络转移到了移动网络。

这两种趋势都需要在一个地区性大陆市场如欧洲或者北美的多数城市均能占领导地位的手机运营商。类似"地区性"的整合能够创造价值。沃达丰在欧洲实现了这个目标，在大多数主要国家市场拥有排名第一或者第二的手机运营商。

当 NTT DoCoMo 和 Swissair 决定开拓国外市场时，力图实现它们全球抱负的竞赛似乎更关注对数量的投资，而不是对能够在行业内产生良好收益的基本经济因素进行投资。这两个冒失的扩张战略的风险被无法享有大多数国际投资的控制权这一事实加大了。

这也意味着，从两大公司存在的问题中得出的第三条经验就是，如果你真的想从收购中获得协同效应，就要获得对管理的控制……同样地，当电信市场泡沫最多的时候，DoCoMo 在短期内几乎全部用现金购买了 9 家移动电信运营商的直接或间接股份。但是这波收购狂潮仅仅包括了在相对次要的地理市场上获得两家市场领导者的股权——荷兰的 KPN 和中国香港的 Hutchison。其他收购的都是较小的运营商。DoCoMo 购买了在美国市场排名第 3 位的 AT&T、在中国台湾市场排名第 4 位的 KG 电信、在英国市场排名第 5 位的 Hutchison 以及在比利时市场排名较后的 KPN Oranye 和德国 E-Plus 的股权。更为糟糕的是，DoCoMo 在所有这些投资中只拥有少数股份，DoCoMo 在对这些运营商的关键战略和经营问题实施控制时权力有限。

相比较之下，新加坡电信似乎在追求更加集中的战略。从早期的分散的欧洲市场的投资中撤退，新加坡电信最近把目标锁定在南亚的手机运营商身上。现在在新加坡、泰国、印度尼西亚、菲律宾和澳大利亚，它拥有这些国家手机运营商中排名第一或者强大的第二名的股份。

资料来源："When Global Strategies Go Wrong," *The Asian Wall Street Journal*（April 4，2007）。转载经许可。

☐ 科技方面的发展

对行业产生影响的科技变化进一步增加了评估全球化收益和成本的复杂性。沃达丰以及若干其他新型无线电话公司如 Orange、Nextel 和 Wind 就是为了开发新的移动电话无线通信科技而建立的。25 年之后，这一科技正在飞速变化。尽管移动电话无线通信科技的一些潜在替代品缺乏商业成功（例如，分页系统、铱卫星通信系统），但科技进步的步伐却在加速。最直观的科技变化体现在硬件方面。移动电话增加了新的功能，技术的融合正在模糊移动电话、掌上电脑、手持游戏机（例如任天堂）和便携式音乐播放器之间的功能差别。苹果公司 iPhone 的巨大成功表明了我们对于手机概念的改变程度。

无线电话供应商面临的情况是复杂的。在一个层面上，不断增加的无线通信设备和对移动互联网接入需求的增长极大增加了对无线通信的总需求。但是，可用替代物的种类也在不断增多。由于遍布城市的 WiFi 网络和全球微波互联接入（WiMax）的出现，与移动电话网络竞争的 WiFi 技术的潜能不断增强。更多直接竞争可能来自无线电通信射频技术的开发。在 2008 年 3 月，联邦通信委员会拍卖了 C-block 系列的特许执照，授予了经营 700 MHz 频段的权利。一个令人惊讶的投标人是谷歌。连同它的安卓操作平台，谷歌发出了一个清晰的信号：意图在移动科技的发展中成为一个核心竞争者。[13]

尽管新科技为开发新内容和服务提供了机会，但沃达丰和其他移动电话服务提供商面临的问题是，新技术要么被硬件公司（如诺基亚、苹果、英特尔、高通）控制着，要么为软件公司（如谷歌、微软）所垄断。尤其苹果公司iPhone的成功对于沃达丰是一个警示。由于苹果公司与O2公司（为德国电信所有）的独家协议，沃达丰被排除在了为iPhone手机用户提供的一系列范围广泛的移动服务之外。[14]通过苹果公司的应用程序商店（为第三方开发商提供支持，为iPhone提供服务和内容），iPhone是苹果公司进入3G手机服务的关键通道。作为回应，2009年5月沃达丰发布了它自己的软件应用商店——联合创新研究实验室。威瑞森无线电、中国移动和日本软银与沃达丰开展了合作，沃达丰软件应用商店的目标是为开发者创建一个单一的平台，让他们在多个操作系统中开发手机部件和应用程序以及让沃达丰进入其合作伙伴加起来多达11亿的顾客市场。[15]然而，苹果公司不是唯一一个试图建立强大的能够影响无线电科技发展进程的战略地位的硬件公司。诺基亚是全球最大的手机供应商，并且它拥有塞班系统，这是最广泛应用的手机操作系统。

硬件提供商和服务提供商之间的权力战争对于沃达丰的全球战略有着重要的意义。如果苹果公司、诺基亚、RIM公司和谷歌不断加强它们对无线通信技术和内容的控制，那么无线服务将出现逐渐商品化的风险。在这样的情形下，通过跨国界提供无线服务来创造价值的可能性将会越来越小。

[注释]

[1] "Captain Colao Takes the Helm and Changes Course in Stormy Seas," *Financial Times*, November 12, 2008.

[2] "Vodafone," Lex column, *Financial Times*, May 19, 2009.

[3] "Vodafone: Out of Many, One" (ESSEC Business School Case Study, 2005).

[4] "Foundation and Empire," *The Economist*, November 25, 2004.

[5] 欧洲、中东、非洲。

[6] 引自"Vodafone: Out of Many, One" (ESSEC Business School Case Study, 2005): 9。

[7] 引自"Vodafone: Out of Many, One" (ESSEC Business School Case Study, 2005): 9。

[8] Vodafone Group Plc, Annual Report, 2009, p. 20.

[9] 详见 www.boozallen.com/media/file/06_2005AR_PEA.pdf, accessed April 16, 2008。

[10] "Vodafone: Not-so-big is Beautiful," *Economist*, March 9, 2006.

[11] "Vodafone: Calling for a Rethink," *Economist*, January 26, 2006.

[12] Vodafone Group plc, Annual Report. 2009, p. 9.

[13] "An Auction That Google Was Content to Lose," *New York Times*, April 4, 2008. 详见 www.nytimes.com/2008/04/04/technology/04auction.html?_r=1&oref=slogin, accessed October 22, 2009。

[14] "Vodafone in Consolidation Call," *Financial Times*, July 24, 2009.

[15] 详见 www.jil.org, accessed May 28, 2009。

20

理查德·布兰森和 2007 年的维珍集团公司*

尽管理查德·布兰森（Richard Branson）正在庆祝 57 岁生日，但是他并没有显示出精力下降或企业家活力减少的迹象。在 2007 年 1 月的最后两周里，维珍宣布了一系列新措施。这包括一个名为 Virgin Bioverda 的项目——一家在美国开发乙醇作物的合资企业的成立、旅游公司（First Choice）的投标以及一个关于接管伦敦到爱丁堡间的铁路运输的策划案。与此同时，布兰森正与塔塔集团（Tata Group）商谈建立联盟，共同在印度建设维珍移动通信（Virgin Mobile）。他也筹备在中国澳门买入 50 英亩的土地，用于建设斥资 30 亿美元的赌场和娱乐设施。在此期间，维珍美国航空（Virgin America）——布兰森位于旧金山的低价航空公司——正在为获得美国联邦运输局的运输许可而努力。一些人甚至预测维珍银河（Virgin Galactic）——布兰森的宇宙飞船客运服务——将会最先上天。

尽管公众赞美布兰森的杰出企业家才能、出其不意的行为和"资本主义友好形象"的化身，但是他的维珍集团公司对大多数公众甚至一些内部人士来说仍然十分神秘。2007 年伊始，215 家维珍子公司在英国的办公楼里登记注册，其中有 20 家被认定将于近期解散。无论如何，大多数的运营都被维珍网页（详见附录）上列出的 36 家维珍子公司控制着。然而许多维珍子公司被认为是"控股公司"——它们的存在仅仅是为了拥有和管理其他维珍子公司——维珍

---

* Copyright © 2008 Robert M. Grant.

集团没有一个掌控全集团的母公司。

维珍集团的公司架构和公司财务具有不透明性，这一特点导致集团公司在公司表现上常出现投机行为。20世纪90年代末期，曾有一系列证据表明这个集团公司整体表现不容乐观。《经济学人》杂志曾评论道："维珍旅游公司是维珍集团公司中唯一一个有大量盈利的公司……布兰森先生其余的公司总体上都在亏损。"[1]《金融时报》也指出这个集团公司整体上只有净现金流出和负面的经济附加值。[2]最近几年里，由于维珍的无线通信业务带来的高速增长和2002年后期航空业的复苏，维珍集团公司整体的财务状况有所提升。尽管如此，许多维珍子公司仍然持续亏损。

但是，布兰森无视外界的批评，声称分析师和金融记者误解了他的商业帝国。他争辩道，每一个维珍子公司的资金供给都基于独立的体系，因此子公司试图巩固集团公司的收入与资产是误导性的、子虚乌有的言论。更重要的是，布兰森不在乎利润，而更重视现金流与资本价值，并将它们视作关键性的效益指标。所以，绝大多数的维珍子公司都在扩展业务以增加它们的实际价值与创造长期现金流的潜力，即使会计利润表现消极：

> 私人集团公司的运营方法与上市公司有巨大差异。短期内获得具有丰厚股息分红的应付税利润是上市公司运行的先决条件。然而，避免短期股价应付税利润和寻找长期股价增值项目是使私人公司壮大的最好途径。[3]

除了财务方面的问题，外部观察者也在考虑这个超过200家独立公司的杂乱组合的战略方向。维珍集团涉猎的业务领域极其广泛，从航空领域到婚礼店铺。在公司重新调整主营业务和培育核心竞争力的时期里，什么业务逻辑链能解释维珍公司的架构和构成？这不仅仅是维珍公司财务资源所冒的风险日益扩大的问题。维珍这一品牌是否会因冒过多风险，而致使它的号召力和信誉度受损？对于布兰森本人，他是否应该尝试亲身领导多样化的维珍公司呢？当公司持续扩大以及布兰森从事必躬亲的经理人转变为一个着眼大局和具有感召力的领导者时，维珍是否需要建立一个更加系统性的管理方法来进行控制、风险管理和战略部署？

维珍的发展

理查德·布兰森的商业生涯开始于学生时代。他就读于私人寄宿制的斯多（Stowe）中学。他创办的第一份杂志《学生》首刊于1968年1月26日。这份杂志早期的成功促使布兰森在17岁时毅然决然地放弃期末考试而离开学校。在同意这个男孩退学请求的时候，校长赠给他一句预言性的话，"理查德，你若不是在监狱终老，就是成为百万富翁。"这两个预言都实现了。[4]

布兰森早期投资出版业展现出来的特质勾勒出许多布兰森随后将迸发的企业家创新精神。这本杂志的主要目标群体是16～25岁的婴儿潮群体。杂志被设计为宣传乐观主义、桀骜不驯、反独裁主义和新一代的潮流意识。它正好弥补了一个未被满足的市场需求。《学生》被视为"青年的呼声"和将"给世界带来正义"。杂志创立者向社会名流约稿的能力和许多区别于老牌杂志的栏目使这本杂志呈现出兼容并蓄的风格。诺曼·梅勒（Norman Mailer）、范尼莎·雷德格雷夫（Vanessa Redgrave）和让-保罗·萨特（Jean-Paul Sartre）也在这本杂志上发表过作品，一起刊出的还有一些涉及性、摇滚乐、恐怖主义者访谈和教育改革倡议的文章。

维珍唱片

布兰森的下一个投资是邮购唱片业务。受一个印在最后一期《学生》杂志上的广告的启发，布兰森发现他能够创立一个兴旺的生意。这种生意几乎不需要前期投资，不需要运营资本并且可以很容易以低价将产品出售给已成熟的零售链。"维珍"这个名字来自布莱森同事的灵感。他认为这个名字的原意"处女"可以显示出他们在商业上初出茅庐，同时它也具有新颖性和适度的冲击力。维珍唱片公司让布兰森和他儿时的伙伴尼克·鲍威尔（Nik Powell）又走到了一起。尼克·鲍威尔拥有公司40%的股权，他在运营和财务管理方面一丝不苟的风格正好与布兰森天马行空的行事风格互补。在1971年，布兰森在伦敦最繁华的牛津街开了第一家零售商店。

进军唱片出版业是维珍唱片的一个买主西蒙·德雷珀（Simon Draper）的主意。德雷珀把布兰森介绍给了麦克·欧菲尔德（Michael Oldfield）。麦克·欧菲尔德很快就在布兰森位于牛津郡的家装备了许多录制唱片的设备。专辑《管钟》（*Tubular Bells*）发行于1973年，是第一张唱片，最终在全球销量超过5亿张。这是维珍唱片里程碑式的战绩，这让其开始签约一些音乐或生活方式不同于主流唱片公司的乐队。其中，最成功的是Sex Pistols乐队。

1979—1982年间的持续衰退是维珍公司的一个重大考验。此时，许多商业投机失败并且许多包括尼克·鲍威尔在内的曾与布兰森并肩作战的同事离开。尼克·鲍威尔将他价值100万英镑的股权加上维珍唱片和电影业务的权益卖给了布兰森。尽管有阻碍，20世纪80年代维珍公司的快速增长令人瞩目，比如签约了菲尔·科林斯（Phi Collins）、人类联盟（Human League）、头脑简单乐团（Simple Minds）和乔治男孩（Boy George）的文化俱乐部乐队。到1983年为止，维珍集团在总收入低于5 000万英镑的情况下赚得税前利润200万英镑。

维珍大西洋航空

维珍大西洋航空创始于雷道夫·费尔兹（Randolph Fields）的一个电话。雷道夫·费尔兹是一名加利福尼亚州执业律师，他建议创立一个业务跨大西洋的廉价航空公司。布兰森很快就被这个主意迷住了，这让布兰森维珍唱片公司的经理们不寒而栗。1984年6月24日，布兰森头戴一个第一次世界大战时期的飞行头盔，通过驾驶一架买于阿根廷的二手747飞机来庆祝维珍大西洋航空的首飞。成立维珍大西洋航空之后，布兰森开始走上星罗棋布的早期航空业留下的小企业的艰难道路，这些企业包括湖人航空公司（Laker）、布拉尼夫航空公司（Braniff）和人民捷运航空公司（People Express）。与布兰森其他公司所处的行业不同，航空业是高度资本密集型产业——它要求一套全新的商业管理模式，特别是需要与政府、管制部门、银行和飞机制造商进行谈判的能力。

□ 从私有到上市再重新回到私有

截至1985年，一场跨大西洋航线的机票价格战和维珍大西洋航空的投资需求造成了维珍的现金紧缩。布兰森试图说服大家认同扩大集团股本的需要。唐·克鲁克香克（Don Cruikshank）是一位拥有曼彻斯特大学工商管理硕士学位的苏格兰会计师，是布兰森集团的常务董事，组织操作了维珍音乐、零售和影像业务——这些构成了维珍集团公开有限公司——的股票的公开发行。这一上市公司35%的股份在伦敦和纳斯达克股票交易所公开发售。

布兰森并不喜欢做上市公司的主席。他认为投资分析师误解了他的商业做法并且市场总是低估他公司的价值。最明显的矛盾就是上市公司主席的财务期望与布兰森的个人风格的冲突。在1987年10月股市崩盘的时候，布兰森抓住机会增加了2亿英镑的投入，将股票从外部股东手中全部买下。

作为一个私人公司，维珍持续不断地进行扩张。资金来源主要是外部融资和以维珍大西洋铁路运输为支柱的外部现金流。它的零售集团极具进攻性地向世界上的新兴市场转移。维珍大卖场的概念成为日本、美国、澳大利亚、荷兰和西班牙的新兴零售商店的基础。与美国录影店巨头Blockbuster公司合资成立的公司促进了增长。20世纪90年代早期设立的新企业有维珍飞艇（Virgin Lightship，一家航空广告商）、复古航空公司（Vintage Airtours，恢复了奥兰多到基韦斯特的航线的操作者）、维珍游戏（Virgin Games，生产视频游戏）、West One Television（一家电视生产厂商）和维珍欧洲磁性公司（Virgin Euromagnetics，一家个人电脑公司）。与此同时，维珍大西洋航空公司将业务范围拓展到包括东京和中国香港等20个城市。它在客户服务上也赢得了美誉。

□ 1990—2006年：持续增长与选择性投资

企业扩张增加了现金流压力并且1990—1991年的波斯海湾战争削减了航空利润。布兰森渐渐依赖于通过合资为新的企业发展融资。它主要在零售方面与丸井（Marui，日本零售公司巨头）和W. H. 史密斯（W. H. Smith，一个杰出的英国零售商）签署了合作协议。

最终，维珍大西洋航空所需要的资本使得布兰森不得不做出极端行为。1992年3月，布兰森卖了他利润回报最好并且最成功的企业——维珍音乐，这个世界上最大的独立唱片公司。维珍音乐以5.6亿英镑（近10亿美元）的价格被卖给了百代唱片（Thorn EMI）。维珍音乐当时的资产负债表上实际资产只有300万英镑。这个交易标志着维珍公司的主营业务从娱乐产业向航空和旅游产业转移的巨变。它为新业务投资提供了资本。

与此同时，布兰森的长期竞争对手英国航空公司变得更糟糕。证据表明英国航空公司用了很多不堪的手段打击维珍公司。这些手段包括侵入维珍公司的电脑系统，把维珍的顾客转移到英国航空公司，并且散布维珍财务状况不佳的谣言。最后的结局是一个英国法庭裁决英国航空公司赔付1.5亿美元给布兰森和维珍公司。

20世纪90年代下半期见证了维珍公司商业的高速发展，维珍公司成为新市场中新投资的主导者。维珍的新投资主要用于三种类型的机会：

- 私有化与撤销政府管制。英国或其他国家全民所有制和管制的衰退产生了大量的商业机会。理查德·布兰森非常渴望抓住它们。维珍最重要的私有化创新举措是它成功竞标得到了两条客运铁路的特许经营权：西海岸铁路服务和城际铁路服务。由此引发的业务是建立维珍铁路公司，这是与运输业专业户Stagecoach成立的一家合资企业。全球航空业政府管制撤销这一举措为维珍公司制造了很多机会。1996年，欧洲比利时航空公司被收购并被重新组建为维珍快运（Virgin Express），并且维珍蓝航空公司（Virgin Blue）于2000年期间在澳大利亚开始运营。虽然布兰森旨在运营英国国家彩票公司的竞标失败了，但是在2001年，维珍大西洋航空公司是获得英国空中交通管制特权的财团之一。
- 向顾客直销产品与服务。布兰森长期持续地寻找向消费者提供新服务的商业机会，大多数投资包括向消费者直接销售以及通过绕开传统分销渠道而降低成本。维珍直线（Virgin Direct）是于1995年与诺威奇联合保险公司（Norwich Union）合资成立的一个公司，向顾客提供电话金融服务。在随后的几年里，维珍直线扩展了它提供的金融产品的范围并将它们放上了互联网上。维珍汽车（Virgin Car）和维珍自行车（Virgin Bike）挑战已经根深蒂固的特许经销商系统。在这一系统中汽车与摩托车制造商以折扣价格将汽车和电动自行车直销给特许经销商。维珍酒业（Virgin Wine）也成立了。
- TMT。1998—2000年"TMT"（技术、媒体、电信）的潮流在维珍内部产生了巨大的轰动。虽然维珍起源于大众传媒，然而互联网为维珍提供了接触消费者的新渠道。1997年维珍网络（Virgin Net）成立了，它是一家互联网服务提供商和入口提供者，是维珍和有线电视运营商NTL的合资公司。第二年，维珍移动——合并德国电信公司（Deutsche Telecom）的一对一无线电话服务后成立的合资公司——在英国开展了业务。维珍移动在英国的成功——第一年就有50万入网用户并且2004用户年增长到了400万——激励着维珍扩张进入美国、澳大利亚、南非和东南亚的市场。维珍在线业务增长的势头被视为整个维珍集团重要的电子商务机会。Train Line Company（www.thetrainline.com）建立并为火车旅客提供在线预订服务，维珍直线提供音乐下载服务。Virgin.com这一入口成为所有维珍客户服务的前台。

一些其他投资机会的出现很大程度上取决于布兰森的突发奇想与投机并且拒绝任何形式的分类。这些包括健身连锁俱乐部（Virgin Active）、宇宙飞船服务（Virgin Galactic）和生物石油（Virgin Fuels, Virgin Bioverda）。

为了建立许多新的投资产业，布兰森力图将一些已建立和正在发展的公司的股票发售出去。主要的投资回报有：

- 维珍大西洋航空：1991年，49%的价值6亿英镑的股权被售给新加坡航空公司。

- 法国维珍大卖场在 2001 年以 1 亿英镑的价格被卖给了 Legardere 传媒。
- 维珍唯一账户（Virgin One）：2001 年以 1 亿英镑的价格把维珍的房贷业务卖给了苏格兰皇家银行。
- 维珍蓝：2001 年以 2.5 亿英镑把 50% 的股份卖给了帕特里克公司，另有 25% 的股份在 2003 年那家公司的首次发行中售出，募集了相同的金额。
- 维珍移动（英国）在 2006 年以 9.62 亿英镑的价格被有线电视运营商 NTL 收购。

再者，维珍快运——以布鲁塞尔为基地的维珍亏损运营的航空公司——2005 年与 SN Brussels Airlines 合并形成 SN Airholdings，其中维珍公司有 30% 的股份。附录列出了维珍公司发展的时间线。

2007 年的维珍集团公司

在形成维珍集团的 200 多家公司中，就业务收入和市场表现而言的主要公司都显示在表 20—1 中。这些不同领域企业的主要共同点是，首先它们都使用维珍公司的商标名，其次理查德·布兰森是它们的主要指导者和大多数情况下的投资者。

维珍品牌

维珍品牌名是维珍集团最大的单项资产。很少有商标像维珍这样覆盖了范围如此广泛的产品。试问一个覆盖范围从火车旅行到金融服务、从夜总会到音乐下载的商标品牌有什么意义的特性吗？维珍的网页这样解释维珍的品牌：

维珍公司所有的运营市场都呈现出共同的特征：

维珍公司会出现在顾客流失或需求未被满足的市场，会出现在前景迷茫或者已经近乎垄断的市场。在这些市场中，维珍能够打开市场并且重组市场。我们的角色是成为消费者捍卫者，并且在此过程中我们传播品牌价值观。我们品牌的价值观是：

- 物有所值：简单、诚实和真实的价格——不必是市场上最低的价格。
- 质量上乘：高标准，注重细节，有信用和传递承诺。
- 杰出的客户服务：友好的、人性化的和令人轻松愉悦的；提供私人服务而非公共服务。
- 创新性：用大大小小的产品/服务创意挑战传统；创新、现代和个性化的设计。
- 极具竞争性的挑战：要轻而易举地建立新产业，并且打败行业巨头——而且常常用很幽默的方式。
- 娱乐：这世界上的几乎每个公司都十分严肃，所以我们认为为公众和我们的顾客提供一些娱乐很重要——同时把维珍公司打造成我们的员工从事工作的好地方。[5]

这些价值观通过不同的方式向客户传播着。维珍大西洋航空公司大范围地进行了客户服务改革（主要针对它的商务舱乘客）。这些服务包括飞行提醒短信、发型设计、香薰疗法、航空运输车和房车提取服务。1998年它在泰晤士河上提供从希斯罗到伦敦的快艇服务，使得公司高管和银行家能够免于伦敦的交通堵塞。英国航空公司——庞大、臃肿且官僚主义严重——反对维珍大西洋航空公司改变这一切。当英国航空公司在建立它自己的"费里斯摩天轮"即伦敦眼（London Eye）遇到困难的时候，维珍把它的快艇置于此地并写上"BA Can't Get It up!"（英国航空公司不能使摩天轮坚立）的语句。

表20—1　　　　　　　　　　2006年维珍集团中的主要公司

Virgin Active	英国和南非的健康及休闲俱乐部连锁店
Virgin Atlantic	以伦敦为基地服务于美国、加勒比、南非和亚洲20个目的地的航空公司
Virgin Atlantic Cargo	使用维珍大西洋航空公司的网络空运货物
Virgin Balloon Flights	乘客在英国、荷兰和比利时乘气球旅行
Virgin Blue	在澳大利亚航行的廉价航班
Virgin Books	出版关于音乐、运动、电视、电影和喜剧片的书籍
Virgin Brides	婚礼用品连锁零售商店
Virgin Comics	与作家狄巴克·乔布拉（Deepak Chopra）、电影制片人谢加·凯普尔（Shekhar Kapur）和理查德·布兰森（Richard Branson）爵士合作
Virgin Cosmetics	特别配制的化妆品的直销
Virgin Credit Card	由维珍理财（Virgin Money）发行的信用卡
Virgin Digital	在线数码音乐集合
Virgin Drinks	配送维珍品牌下的软饮料
Virgin Experience Days	提供从蹦极到法拉利赛车的创新休闲体验
Virgin Express	以布鲁塞尔为基地提供到英国和其他欧洲目的地的预定航班
Virgin Galactic	为太空旅行提供机会
Virgin Games	在线游戏
Virgin Holidays	以英国为基地的使用维珍大西洋航空公司航班的到美国、远东、澳大利亚和南非的专业化长途航行的旅途控制台
Virgin Jewellery	提供一系列银质和时尚的珠宝
Virgin Limited Edition	在世界范围内的高级饭店提供假期旅行一揽子服务
Virgin Limobike	伦敦的移动出租车服务
Virgin Limousines	提供服务于北加利福尼亚州的豪华轿车
Virgin Megastores	在欧洲、日本和北美出售音乐、电影、电脑游戏和书籍的80家商店
Virgin Mobile	提供附无线租赁或固定期限合同的简易税收服务的无线电话代理商

Virgin Money	提供借贷、共同基金和期货交易的在线金融服务
Virgin.net	基于英国的网络服务提供商
Virgin Play	西班牙电脑和交互式游戏的分销商、超市提供商和促销商
Virgin Radio	英国数码收音机播报商
Virgin Spa	提供在南非的水疗服务
Virgin Trains	英国主要的旅客火车服务及设施控制商,允许在线预订维珍火车票
Virgin Unite	福利性质的、支持绿地基础慈善的自愿者组织
Virgin Vacations	提供假期旅行一揽子服务
Virgin Ware	内衣的零售和在线卖家
Virgin Wines	酒的直销商
V2 Music	独立唱片公司(包括立体音响乐队(Stereophonics)、汤姆·琼斯(Tom Jones)、莫比(Moby)和黑道乐队(Underworld)等艺术家)
Pacific Blue	在澳大利亚和新西兰之间提供日常服务的航班

资料来源:www.virgin.com.

布兰森的一些商业冒险看起来似乎更多地被玩乐的心态和拥有的渴望而非商业逻辑所激发。维珍可乐于1994年被装在以电视剧《护滩使者》的主演帕米拉·安德森(Pamela Anderson)的身形为模型的瓶子里。据布兰森所说,他的目标是将"可口可乐公司驱逐出美国"[6]。截至1997年,维珍可乐此举已使其在总收入3 000万英镑的基础上损失500万英镑。

维珍有能力让它的品牌声名远扬的关键在于战略上有针对性地凸显了维珍的价值观和商业规则。而维珍的大多数价值观和商业规则都与理查德·布兰森的个人风格及公众形象密切相关。维珍品牌宣扬的这些价值与特征都与布兰森作为企业家、爱开玩笑的人、公平竞争的英国佬以及打败巨大竞争对手的形象不可分离。另外,大多数维珍初创的公司也凭借着其创新和新锐的战略及市场营销而被公众辨识,布兰森在使自己的新企业区别于既有市场领导者方面迈出了巨大的一步。所以,维珍大西洋航空公司与英国航空公司的差异、维珍可乐公司与可口可乐公司的差异、维珍理财公司与主要银行的差异并不主要体现在产品上,而更多地取决于公司本身的特质和它们的客户关系管理。随着维珍公司的日益国际化,一个重要的问题是布兰森和他的维珍品牌在世界其他国家与地区能否像在美国一样赢得相同程度的消费者支持与信赖。布兰森虽然在欧洲和北美声名远扬,但是他在很多方面都表现出典型的英国人的特征,这些特征是时代和地域的产物。

一个不断出现的问题是维珍品牌有被滥用的风险。兰道合伙公司(Landor Associates)的品牌形象首席顾问评论道:"他的战略仍然不集中。他应该从那些不符合维珍或布兰森特点的业务中脱离出来,比如说饮料行业、化妆品行业、专门金融服务,或者将它们改为其他的名字。"[7]在英国,普通民众对铁路服务不满意,他们指出维珍铁路旅客新服务标准在英国拥挤的铁路基础设施这一前提下可能不能实现。

尽管他的声望很高,但布兰森仍需面对日渐式微的市场吸引力。在见识过布兰森当空中服务人员、布兰森穿婚纱、布兰森和连任的首相在一起、布兰森试图坐热气球飞越全球这一系列举动后，是否会有公众对布兰森的事迹感到厌烦的风险？

在20世纪90年代下半期，维珍不得不转向巩固许多核心业务，尤其是旅游、娱乐和零售。然而，这些业务的生命力随着时代潮流的变化而变得越来越脆弱，电信和网络革命所带来的新机会的冲击使它们的优势不复存在。

作为企业家的布兰森

维珍几乎所有的业务都是新的起点。从《学生》杂志的创立到维珍银河的建立，布兰森作为一个商人的首要优势就在于相信并执行了新的商业创意——布兰森并非是维珍新兴业务创意的源头。布兰森扮演了未来企业家吸引者（磁体）这一角色，维珍积极地鼓励将新的商业点子上报到伦敦、悉尼和纽约的企业发展办公室。维珍的员工也被鼓励为新兴商业提供新的意见。维珍婚纱公司的点子是由维珍大西洋航空公司的员工提出的，他对现有的英国婚纱商店的产品和服务不满。尼尔森·曼德拉（Nelson Mandela）曾经为布兰森提过建议，提议布兰森收购一个由于提供了太多岗位而破产的南非健身俱乐部。南非维珍行动（Virgin Active South Africa）现在是南非最大的健身俱乐部连锁店。

布兰森在维珍集团的领导地位已经超过作为创新点子引进人的角色。作为维珍和它独家企业文化的创始人以及品牌形象和企业家精神的主要推广者，布兰森和维珍是同义词。对于许多他那代的人来说，他代表着"新不列颠人"的精神。商业领袖同时是当权派的成员且这可以从已存在的社会结构中识别出来，在这样一个国家里，布兰森被看成是一个革命者。尽管有一个享有特权的家庭背景（他的父亲是名律师，理查德上的是私人寄宿学校），但布兰森有能力超越传统地划分英国社会和细分消费者市场的社会阶层。同样地，他是英国文化和社会运动的一员，该活动致力于逃离充斥着没落贵族、阶级对抗、维多利亚价值观和虚伪的保守主义的旧英国。理查德·布兰森标志着从"统治大不列颠"（Rule Britannia）到"酷大不列颠"（Cool Britannia）的转变。

布兰森商业道路的核心是非正式化及蔑视传统。布兰森的羊毛衫、胡子、被风吹散的头发和露齿微笑实际上是维珍公司的一个商标。他对办公建筑的厌恶和企业成功的常用符号反映在没有办公大楼以及他喜欢在家里办公，无论是在梅达谷的游艇上还是在尼克群岛的加勒比隐居处。工作、家庭和休闲的不分离表现在亲戚、儿时伙伴的参与以及有商业关系的熟人晚宴上——反映了事业是人生的一部分，就像人生一样，应该包含兴奋、创造性和趣味。

关于维珍的一个早期案例研究阐释了布兰森开启新业务的倾向：

> 许多运营风格并非通过设计而建立，而是由维珍创立期的紧迫事件所决定。它已被证明是一个布兰森能够复制的成功模式。他的理念是使自己沉浸于一家新企业直到他能理解这一业务的复杂细节，然后把它交给一个好的总经理及财务监控者，他们被授予这一公司的股票，之后期望公司起飞。他知道通过创造额外独立的法人实体来扩张不仅能保护维珍集团，也能赋予人们一种参与感和忠诚度，尤其是当他以完全授权的方式信任他们并向分公司的经理们提供少数股份的时候。他为维珍已经创造了数量可观

的百万富翁这一事实而骄傲。他曾说过，他不想他最好的员工离开公司而在外面创立一家企业。他更喜欢在内部创造百万富翁。[8]

他对合资企业的使用是此模式在他和日本人交易后得到强化的表现。布兰森对日本商业模式印象深刻，钦佩他们对长期发展所作的努力及致力于有机发展。他唯一的重要收购是收购英国铁路公司的部分股权而组成维珍铁路公司。在此之前，布兰森只作了两次显著的收购：以600万英镑拿下Rushes Video，以及收购一个航空公司而组建为维珍快运公司。他看到了维珍和日本经连体系（通过一个合作网络的管理和股东权益关联来实现多个公司的连锁）的相似之处。维珍小公司的网络把"小的即是美的"和"联合创造力量"结合在一起。他在1993年董事会的一次讲话上对此及他认为的成功的必要商业格言作了解释。"员工第一，然后是顾客和股东"在目标被更好地执行的情况下应该成为主席的首要信条。"在人群中塑造业务"、"构建而不是购买"、"成为最好的，而不是最大的"、"成为先锋，而不是跟随者"、"抓住每一个转瞬即逝的创意"以及"推动变革"是布兰森哲学里的其他指导性准则。

布兰森关于纯真、变革及蔑视权力的价值观很明显地体现在他新企业的选择中。他很重视组织内部其他人的创意并准备投资创立新公司，即使在由长期存续企业主导的市场。他的商业企业，正如他的运动壮举一样，反映了一个"好好享受生活"的态度及"挑战越大，乐趣越大"的信念。在鉴别机会方面，他特别专注于鉴别市场，在这一市场中，既有企业的保守和想象力的缺乏意味着它们正丧失为顾客创造价值的能力。布兰森以致力于为顾客提供一个更好的替代品的"新的"和"反建制的态度"进入市场。这一态度的一个例子是维珍进入金融服务市场。布兰森希望为这一长期被认为是传统古板的市场带来"一股新鲜空气"。

与此同时，英国公众对布兰森的喜爱反映了布兰森的价值观及其公平竞争的观念与许多定义了英国角色的传统价值观一致。他与诸如英国航空公司和可口可乐公司这样的商业巨头的竞争大战把他与以前反抗暴政和邪恶势力的亚瑟王、罗宾汉和圣乔治等英雄人物很好地联系在一起。抵抗英国铁路公司的"卑鄙手段"的运动及他与其他企业巨头的战斗使得他与英国正派的行事准则很好地产生了共鸣。甚至他喜欢穿异国风格的服饰也反映了一个不管是在化装舞会上还是在英国上议院里都装扮滑稽的英国倾向。

□ 维珍集团的管理结构

在维珍200多个子公司中，大部分是拥有资产、雇用员工和提供良好商品及服务的经营公司。这些经营公司是由约20个控股公司拥有和控制的。这些控股公司大多数都在同一条产品线上拥有几家经营公司。例如，维珍旅游（控股）有限公司拥有维珍集团在维珍大西洋航空公司、维珍蓝公司、维珍美国航空公司和比利时布鲁塞尔航空控股集团的投资。维珍集团大部分的总体所有权在维珍集团投资有限公司的手里，这一公司是在英属维珍群岛登记注册的私人公司。维珍集团投资有限公司由理查德·布兰森所有，一系列信托获益权归布兰森及其家庭成员所有。

维珍集团最关键的管理结构特点是它法律上的复杂性。例如，维珍的客运列车公司是维珍群岛西海岸干线公司和维珍越野公司，这些由维珍铁路集团控股有限公司所有，其51%的股权由归属于维珍集团投资有限公司的第一大股东Ivanco有限公司所有。

这一财务和法律结构反映了布兰森非常规的商业创意和他对金融界的小心谨慎。离岸私人公司错综复杂的结构为维珍帝国蒙上了一层神秘的面纱。这更被几家维珍控股公司通过不能被识别的少数股份持有者（投机资本家和其他投资者）的"无记名股票"的使用强化了。然而，布兰森也看到了该集团与他以人为本的资本主义这一愿景相一致的松散结构：

> 我们被构建得好像是由150家小公司组成的。每一家都必须用自己的两只脚站立，就像它们是它们自己的公司。员工与这些公司利害攸关。他们对公司的感觉是很重要的，因为他们是五十分之一或者一百分之一，而不是几万分之一。这些小公司实际上都是在维珍这个"大伞"下，但它们在通常意义上又不是子公司。有一些人喜欢扩大的封地这一概念——那些喜欢吹嘘自己每年的销售额超过5亿美元的公司——但是并没有逻辑上的原因让人觉得大公司有哪些好处。实际上，历史表明，恰恰相反。那些触角伸及许多地方、具有分公司与分部的超大型企业是不明智的，它们增长缓慢、停滞不前。一些董事会主席想让他们的公司变得那样大是因为那样做的话，一个部门的损失就可以由另一个部门的利润来弥补，但我们宁愿有许多都盈利的令人振奋的公司——必须是我们所有的公司。[9]

维珍集团已被比拟成一个品牌的特许经营以及日本的企业集团。在这个集团里成员公司之间具有财务方面和管理方面的联系并共享一份认同感。据《今日管理》[10]所载，事实总是存在于这两方面的某些地方。威尔·怀特霍恩（Will Whitehorn）是布兰森的长期策划师和经济发展顾问，他把维珍描述成"一个有品牌的创业投资机构"。

子公司之间的正式联系包括以下几个方面：

- 所有权。布兰森大部分的股票利润由维珍集团投资有限公司所持有。
- 品牌。维珍的商标——包括维珍这一名称和标志——由维珍企业有限公司所拥有。维珍企业有限公司的知识产权律师尼尔·霍布斯（Neil Hobbs）解释道："我们的角色既是优化和提高这一品牌的价值，也是通过确保这一价值不会因第三方侵害而有所减损，以此达到保护它的目的。集团内外具有维珍企业有限公司许可证的公司可以使用维珍的品牌。"[11] "伦敦百代唱片公司是一个第三方被许可的公司，它拥有维珍唱片公司并被许可使用维珍这一名称。"
- 管理。维珍管理有限公司是维珍集团的管理臂膀。它负责管理这些不同的维珍子公司董事会成员和高级执行官的任命，在协调这些公司方面起协助作用并负责新兴业务企业的发展。2005年，维珍管理有限公司在维珍伦敦总部拥有87名雇员。

然而，维珍集团管理的关键在于布兰森和一些小范围的长期核心合伙人。这些合伙人组成了维珍集团的高层管理团队并在各家独立运营的公司里占据关键的执行性职位。布兰森的内部圈子包括：

- 威尔·怀特霍恩，最初是布兰森的新闻发言人，曾任维珍集团的品牌发展总监并在过去的十年里处理大大小小的事务，现在是维珍银河公司的首席执行官。他被广泛地认为是布兰森的副指挥官和核心战略策划者。[12]
- 戈登·麦卡勒姆（Gordon McCallum），在1997年从麦肯锡公司离开并以集团战略总监的职位加入维珍。他是维珍进入移动通信市场的先锋，从2005年9月开始担任维珍管理有限公司的首席执行官。
- 帕特里克·麦考尔（Patrick McCall），之前是瑞银华宝的投资银行家。他在维珍集团里是维珍管理有限公司的一名总监，曾是许多包括维珍铁路和维珍蓝在内的许多维珍子公司的董事会成员。
- 史蒂芬·墨菲（Stephen Murphy），从桂格燕麦离开后加入维珍。他在1994—2000年期间是维珍集团的财务总监，2001年后他以执行董事的身份担任维珍管理有限公司的董事会成员。
- 罗恩·戈姆利（Rowan Gormley），之前是约瑟·安德森会计师事务所（Arthur Anderson & Co）的一名会计，后作为企业发展总监加入维珍集团。他在1995年以维珍直线首席执行官的身份带领维珍跨进了金融服务行业。2000年1月，他成为维珍酒业的首席执行官。
- 弗朗西斯·法罗（Frances Farrow），之前在宾德·哈姆林（Binder Hamlyn）律师事务所任职，后以商业服务总监的身份加入维珍大西洋航空公司。她成为了美国维珍股份有限公司的首席执行官。

图20—1展示了维珍集团各家公司的结构，包括一些主要的经营公司及它们的控股公司。

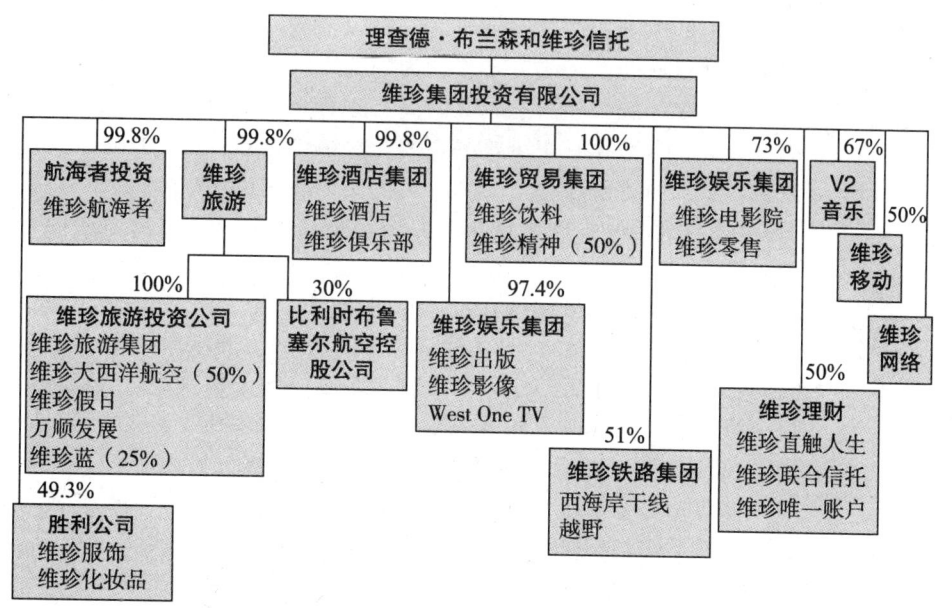

图20—1 维珍集团公司

注：本图旨在提供维珍集团结构框架的一个概览，它只包括维珍2001年的一些公司。

资料来源：*Financial Times*, August 13, 1998, p. 25, updated from www.virgin.com.

□ 维珍的组织文化

维珍集团能够以这么小而正式的公司构架及管理经营系统有效运营，主要归功于集团独特的组织文化。这几乎全部是由布兰森自己的价值观和管理风格所定义的。它反映了他的古怪、幽默感、对等级制度和正式权力的蔑视、对员工和消费者的承诺、努力工作的信念以及个人的责任感。这一集团为那些天生聪颖且胸怀大志的人提供了做最好的自己并且为取得一个更高的成绩而努力的良好环境氛围。尽管集团的工作环境是非正式、非公司化的，并且被它所处的时代所限定，但是人们对它的期望值是很高的。布兰森期待一个高水平的承诺、对个人责任感的接受，并且在需要的时候能够工作更长时间。对大多数员工财务上的奖励是极少的，但是有其他包括社交活动、公司赞助的周末外出游玩及即兴宴会等福利。

维珍集团表面上的混乱、它的休闲风格、正式的结构和控制体系的缺失掩盖了它强烈的商业敏感性和强有力的决心。较传统的商业企业很容易看轻维珍——就像英国航空公司所犯的致命错误。维珍具有可观的财务和管理天赋，且它在正式结构方面的缺失由承诺和紧密的私人关系所弥补。维珍的组织架构具有很小的层级，提供短线沟通和灵活的反应能力。为了激发新创意的产生、创新、承诺和乐趣，员工被大量授权，相当自由。正式控制的缺乏有利于团队合作和培养企业家精神。

□ 维珍的财务表现

维珍的财务报告是不完整的，难以定位，且很难解释清楚。这一集团作为一个整体没有合并报表。不仅因为它拥有许多经营公司，还因为这些公司的所有权归许多控股公司所有，其中，有些有合并的附属报表，而有些却没有。查询过去的财务数据是很困难的，因为对维珍经营公司的投资在集团内部会经常流动。私人所有的维珍子公司（至少是那些在英国注册的公司）向公司注册处（一个政府机构）提交审计报告。表20—2展示了一些维珍的经营和控股公司的成果。

维珍集团的财务结构在近几年发生了实质性的变化。需要特别指出的是，维珍集团在1990—1992年大萧条时期几近崩塌直接导致了财务上更为保守的倾向。在过去的十五年中，布兰森越来越倾向于依赖股东为他的新商业企业负担经费。典型的是，入股的股东们除了承担大多数股本权益以外，还要负担起49%或者50%的新商业企业的股份。维珍品牌的影响力、布兰森名人的地位和宣传功能意味着布兰森已经在新商机中取得了与他典型的规模十分小的财务投资极其不相称的股权。举个例子，布兰森一开始只以2 000英镑持有维珍服饰和维珍化妆品的少数股权；而在维珍蓝，布兰森最初的投资是近1 200万美元。维珍的合资企业如下所示：

- 维珍大西洋航空公司，49%的股份由新加坡航空公司持有。
- 维珍铁路，49%的股份由Stage Coach公司持有。

- 维珍零售有不同的合伙人和投资者。其中包括百事达和丸井。
- 维珍饮料贸易企业由威廉·格兰特（William Grant）和柯兹（Cotts）注资设立。
- 胜利公司是一家时尚化妆品公司，是由企业家和投资者罗里·麦卡锡（Rory McCarthy）发起设立的。另外，外部投资者拥有25%的股权。麦卡锡也持有V2音乐1/3的股权。
- 维珍快运是比利时布鲁塞尔航空控股公司的子公司，维珍持有30%的股权。
- 维珍蓝是一家公共贸易公司，维珍持有25%股份。
- 另外，私人投资者（包括主要的股票和风险资本基金）也在一些维珍子公司拥有股份。

表20—2　　　　　　　　　　维珍部分公司的财务成果

公司	收入（百万英镑）	净利润（百万英镑）	总资产（百万英镑）	雇员（包括主管）	财年截止日期	备注
维珍集团有限公司	0.2	(151.4)	69.9	4	2005年3月31日	投资控股公司；旗下有航海者集团有限公司和维珍美国有限公司；2005年意外亏损1.51亿英镑
维珍企业有限公司	13.3	3.3	129.3	4	2006年3月31日	拥有维珍商标的所有权及许可权
维珍管理有限公司	5.7	(13.3)	548.7	97	2006年3月31日	其他维珍公司的管理部门；旗下有维珍婚礼有限公司、维珍移动（新加坡）、万顺集团有限公司以及维珍生活保健投资有限公司
维珍旅游集团有限公司	0	0.7	250.1	10	2006年2月28日	控股公司；旗下有维珍大西洋航空有限公司以及维珍假日有限公司
维珍大西洋航空有限公司	1 912.3	60.3	1 196.7	8 939	2006年2月28日	航空公司
维珍娱乐有限公司	0	36.9	216.2	n.a.	2006年3月31日	投资控股公司；旗下有维珍行动集团有限公司
维珍移动控股（英国）有限公司	563.1	44.9	106.3	1 488	2006年3月31日	电信公司；于2006年7月4日被NTL并购
维珍移动集团（英国）有限公司	80.0	65.8	374.8	3	2006年3月31日	控股公司；旗下有维珍移动电信有限公司
维珍理财有限公司	51.1	12.8	20.0	4	2005年12月31日	提供在线理财服务，以信用卡服务为主
维珍理财控股（英国）有限公司	258.2	8.5	40.3	376	2005年12月31日	提供在线理财服务，以个人投资产品为主

续前表

公司	收入（百万英镑）	净利润（百万英镑）	总资产（百万英镑）	雇员（包括主管）	财年截止日期	备注
维珍铁路集团控股有限公司	717.1	(1.2)	372.6	4 456	2006年3月4日	旗下有西海岸铁路有限公司及英国铁路有限公司
维珍零售集团有限公司	0	(82.6)	39.2	4	2004年3月31日	控股公司；旗下有维珍零售有限公司及虚拟空间有限公司（虚拟咖啡厅）
维珍零售有限公司	376.3	(74.7)	203.7	3 240	2004年3月27日	控股公司；旗下有维珍大西洋航空有限公司及维珍假日有限公司
维珍贸易集团有限公司	0	(7.0)	7.6	4	2005年3月31日	投资控股公司；旗下有维珍饮料集团有限公司

n.a.＝数据未知。

资料来源：呈报给公司总部的公司年报。

回顾

2007年早期，维珍集团似乎从它的现金流和之前困扰它的债务服务问题中相对解脱出来了。尽管维珍的大量业务都亏损了且其他的一些业务（比如维珍大西洋航空）只有少量盈利，但最近的撤资已经填满了集团的金库。然而，更长远来看，维珍存在一些关于未来形态和运作原理的基本战略问题。维珍是一个什么样的企业？它是一个品牌管理和授权公司，还是一个新兴业务的孵化器，抑或是理查德·布兰森个人雄心的载体或者企业集团的新颖形式呢？假设是多样化的，那么维珍是一个联合的企业，还是由许多独立企业组合而成的松散的联合体？

不管维珍集团的身份和运作原理是什么，已有的组织架构与以下任何一个类别匹配得都不明显：

- 如果维珍是一个品牌授权机构，那么维珍集团的重要角色就是发展和保护品牌，并从其他公司使用品牌中最大化其许可收入。很明显布兰森需要在提升品牌方面扮演重要角色，但他并不需要在使用这一品牌的公司中扮演战略性、运营性或者所有者角色。
- 如果维珍是一个新兴企业的孵化器，那么需要有一个更系统的方法来评估新的商机和监控它们的进步与发展。
- 如果维珍是一个载体，那么这是否意味着一个更强的法人角色？需要什么样的战略规划和财务控制来保证这一价值不会被浪费？而且维珍能否真正地在这么大范围的业务里运转？

不管维珍走的是哪条道路，为了管理内部公司之间的联系，进行组织变革都显得很有必要。尽管布兰森喜欢保持不同公司间的独立性并且让它们"用自己的两只脚站立",但是事实多少有点不一样。一些公司是强大的现金流产生者,一些公司则是严重的损失制造者。公司之间的关系是特定的,而且布兰森对即使是为了内部管理目的也不需要准备合并财务报表这一事实感到自豪。此外,英国资本利得税的相关法律即将清除离岸控股公司的优势。实际上,为了从维珍的亏损业务中获得税收利益,合并具有明显的优势。关键问题也围绕着维珍这一品牌的管理。在一定程度上,这一品牌是一项普通资源,如何才能使其受到最好的保护呢?维珍铁路的经验表明其中一家公司不当的宣传会负面影响维珍品牌的整体状态。

就像往常一样,如果没有考虑布兰森自己的话,维珍集团的未来难以想象。在他已经庆祝过他的 57 岁生日后,他还扮演着一个怎样的角色呢?如果布兰森将更少地作为维珍公司的一名首席企业家、公关总监和战略建设师参与其中,谁或者什么将取代他的位置?

附录

维珍集团大事记

1968 年——1 月 26 日,《学生》杂志创刊问世。
1970 年——维珍邮购开始营业。
1971 年——第一间维珍唱片店在伦敦牛津街开张。
1972 年——第一间维珍录音棚在牛津街附近的庄园开张。
1977 年——维珍唱片公司发行第一张唱片:麦克·欧菲尔德的《管钟》。
——维珍唱片签下 Sex Pistols 乐队。
1978 年——第一个维珍夜总会场所在伦敦开业。
1980—1982 年——维珍唱片拓展海外市场。相继签下菲尔·科林斯、乔治男孩/文化俱乐部。
1983 年——维珍传播的前身维珍影视成立,公司业务是经营电视和广播以及制作分销影片和录像带。
——广顺发展成立,经营不动产。
——维珍游戏(从事电脑游戏软件的出版)成立。
——维珍集团在销售收入 5 000 万英镑的基础上赚了 200 万英镑的税前利润。
1984 年——维珍大西洋航空与维珍货运成立。
——投资第一家酒店(马略卡岛的德亚)。
——维珍影视开通 24 小时的卫星电视音乐频道并拍摄了首部故事片《1984 年》,主演为理查德·伯顿(Richard Burton)和约翰·赫特(John Hurt)。
1985 年——维珍获得当年最佳商业企业奖。
——维珍影视扩大了影片和录像带的国际分销量。
——维珍假日成立。

1986年——拥有音乐、零售、地产、传播四大分支的维珍集团在伦敦股票市场正式挂牌上市。股东持有35%的普通股股份,筹集到5 600万美元。
　　　——航空公司、俱乐部、旅游公司与航空服务仍归私人所有,组成航海者集团。
1987年——维珍唱片美国、日本分公司相继成立。
　　　——英国卫星广播公司(维珍是少数股东之一)获得了卫星电视频道执照。(维珍于1988年卖掉了其股份。)
　　　——维珍取得了世嘉游戏欧洲经销商Mastertronic集团的股份。
　　　——维珍汽船公司与热气球公司成立,提供航空服务。
1988年——录音棚在伦敦巴尔内斯开张。
　　　——新的国际唱片公司成立。
　　　——维珍广播成立,致力于进一步发展维珍的广播与电视事业。
　　　——维珍酒店成立。
　　　——维珍卖场在悉尼、巴黎和格拉斯哥开业。
　　　——布兰森以24 800万英镑回购发行在外的股票,收购公司经营权。
1989年——维珍音乐集团与富士产经合资,后者以15 000万英镑获得25%的股份。
　　　——维珍影视旗下的录影带发行公司以8 300万英镑卖给洛杉矶的MCEG公司。
1990年——维珍零售集团与日本主要零售公司丸井集团宣布成立合资公司,经营日本大卖场。
　　　——维珍飞艇公司成立,开发可做广告的空中飞艇。
1991年——取得W. H. Allen上市公司的股份,与维珍图书合并为维珍出版。
　　　——向世嘉出售维珍Mastertronic公司,保留部分部门,扩张为维珍游戏公司。
　　　——维珍零售集团与W. H. 史密斯宣布成立对等投资公司,经营英国的零售业务。
1992年——将维珍音乐集团出售给索恩百代公司。
　　　——与Blockbuster公司合资开发欧洲、澳大利亚及美国的大卖场。
　　　——维珍传播获得了经营英国首家全国商业性摇滚电台的执照(1993年4月维珍1215AM正式播音)。
　　　——维珍买下专营个人电脑消费配件的欧洲磁性产品公司100%的股权。
　　　——成立复古航空公司,开通奥兰多至佛罗里达的航线,DC-3飞机承担飞行任务。
1993年——维珍游戏改名为维珍互动娱乐有限公司,Blockbuster公司与Hasbro公司一起成为战略小股东。
　　　——维珍欧洲磁性公司推出一系列个人电脑。
1994年——与Cott Corp公司共同投资成立维珍可乐公司。

——与 W. Grant 签约成立维珍伏特加酒公司。

——维珍取得了 W. H. 史密斯在"我们的价格"音乐零售店 75％的股份。

——维珍零售集团宣布参与投资开发中国香港和韩国的大卖场。

——维珍城市开始提供都柏林至伦敦机场之间的空中服务。

1995 年——与 Norwich Union（其股份后来被 Australian Mutual Provident 公司收购）合资成立维珍个人理财公司。

——收购英国最大的影院经营商米高梅影院，成立维珍影院。

1996 年——维珍旅游集团购买欧洲比利时航空公司，改名为维珍快运。

——V2 唱片公司与 V2 音乐出版公司成立。

——伦敦与欧陆火车公司（维珍为主要股东）赢得 3 亿英镑的合同，建造海底火车隧道，经营欧洲之星火车。

1997 年——维珍铁路成功赢得西海岸经营权。

——与 NTL 合资成立维珍网络，成为因特网服务提供商。

——布兰森买下伦敦野马队 15％的股份。

——维多利亚公司与 Rory McCarthy 公司合资成立维珍服饰和维珍化妆品公司。

——维珍广播公司将主要股份出售给 Chris Evan 的 Ginger 媒体集团。

——维珍婚礼零售店开张。

——维珍唯一账户与苏格兰皇家银行合作开发了电话银行账户及一站式金融服务。

1998 年——维珍娱乐买下 W. H. 史密斯在维珍"我们的价格"公司 75％的股份。

——维珍可乐美国分公司开张。

1999 年——维珍以 2.15 亿英镑的价格将其英国的影院出售给 UGC 集团。

——11 月维珍集团与 Deutsche 电信的 One-to-One 公司共同开发了移动电话服务。

——维珍大西洋航空以 6 亿英镑的价格将 49％的股份出售给新加坡航空。

——重组亏损的"我们的价格"唱片店。

2000 年——维珍移动与 Sprint 公司合作开发了美国无线电话服务。

——维珍移动澳大利亚分公司（与 Cable&Wireless 合资开设）成立。

——维珍网络即维珍的网络门户站点及 ISP 业务商关闭了其内容部门。

——2 月维珍集团宣布关闭维珍服饰公司。

——维珍汽车开始进行网上新车销售。

——维珍和 Bear Stearns 共同出资 1.3 亿美元成立猞猁新媒体风险投资基金。

——维珍在澳大利亚的低成本航线维珍蓝开始启用。

——布兰森被女王封为理查德·布兰森爵士。

——维珍对英国政府所有的全国彩票经营权的争取以失败告终。

2001年——维珍蓝以1.38亿美元的价格将50%的股份售予Patrick公司。

——维珍集团与新加坡和东南亚当地的公司合作拓展其电台、化妆品零售及无线通信服务。

——维珍网络合并其ISP及网络门户站点业务。

——16家法国维珍大卖场以1.5亿欧元的价格被售予拉尔戴尔媒体公司。

2002年——维珍自行车（英国）开始新摩托车的打折促销。

——维珍移动开始在美国提供无线电信服务。

2003年——维珍蓝首次公开募股，维珍集团持有25%的股份。

2004年——维珍集团以9 000万英镑从AMP集团回购维珍理财50%的股份。

——维珍数码成立。提供在线音乐试听及音乐下载服务。

——维珍汽车和维珍自行车以未公开的价格被售予英国MotorSolutions有限公司。

2005年——维珍移动加拿大分公司成立。

——维珍大西洋航空扩展了其在上海的服务项目并开通飞往北京的航线。

——维珍大西洋航空向所有乘客开通自助办理登记手续服务。

2006年——维珍大西洋航空信用卡开通。

——NTL买进维珍移动的股份。

——维珍移动及维珍理财的南非分公司成立。

资料来源：www.virgin.com。

[注释]

[1] "Behind Branson," *The Economist*, February 21, 1998, pp. 63-66.

[2] "The Future for Virgin," *Financial Times*, August 13, 1998, pp. 24-25.

[3] Richard Branson, letter to *The Economist*, March 7, 1998, p. 6.

[4] 布兰森是英国最为富有的人之一，他有着超过两亿美元的净资产。布兰森也在通过他的维珍商店以出口为目的卖了一批维珍唱片后因违反税务要求而在多弗尔警方的单人牢房里待了一个晚上。这一案件在法庭外解决。

[5] "The Virgin Brand," www.virgin.com/aboutvirgin/howitallworks/, accessed October 23, 2009.

[6] P. Robison, "Briton Hopes Beverage will Conquer Coke's Monopoly," *Bloomberg News*, December 14, 1997.

[7] M. Wells, "Red Baron," *Fortune*, July 3, 2000.

[8] R. Dick, *The House that Branson Built: Virgin's Entry into the New Millennium*, INSEAD Fontainebleau, France, 2000.

[9] R. Dick, *The House that Branson Built: Virgin's Entry into the New Millennium*, INSEAD, Fontainebleau, France, 2000.

[10] C. Blackhurst, "At the Court of King Richard," *Management To-

day, May 1998, pp. 40 – 45.
[11] "Consolidating and Protecting the Licensed Virgin Brand," www.cscorporatedomains.com/downloads/IPScan _ issue1 0 _ virgin.pdf, accessed March 3, 2007.
[12] "Will Whitehorn: Galactico of the Airways," *Independent*, November 27, 2006.

21

谷歌公司：疯狂的成长？

2009 年 7 月

2009 年 7 月 7 日，谷歌公司（Google）宣布将会在它的 Chrome 网页浏览器上加入一个计算机操作系统，此举在整个 IT（信息技术）业内引发了冲击波。而谷歌和微软在网络空间领导者地位上的竞争又前进了一大步。这个正在形成的"泰坦之战"对新编辑们来说一个礼物。股票分析师们就没有那么惊讶于这件事了，他们正在等着谷歌即将于 7 月 15 日发布的第二季度财务数据。他们最关心的是，在这样一个经济低谷挤压掉广告盈利的时期，谷歌很多野心勃勃的新创意都在增加成本、分散管理。《圣荷西信使报》的克里斯·奥布赖恩（Chris O'Brien）总结了很多人对一篇名为《谷歌日渐增长的个性危机》的博客文章的感受：

人们一般会引用不少理由来解释谷歌的成功。例如，它强大的搜索引擎算法能力，将文字广告与搜索内容匹配起来的高超的商业模式，一个不断追求提升和发展自己产品的创新型文化。

谷歌总是让我感到震惊的地方在于：它的简单。谷歌起初把一件事做得惊人的好。它的搜索引擎是那么的高超，以至于谷歌公司的名称成为了"搜索"的同义词。谷歌的主页曾经是而且一直是简单原则的栩栩如生的模范：大量留白的空间，谷歌的标志，一个搜索框，一些链接，而没有任何广告。

然而，撇开主页不说，谷歌越来越让人感到它是一家同时向着一千个方向努力的公司。在过去的几年中，公司持续发布了一系列高利润产品，这些产品似乎同它在公司主页上表述的核心定位——"整合全球信息，使人人皆可访问并从中受益。"——几乎或根本没有联系。问题在于，谷歌扩张进入了如此之多的领域——生产能力应用程序、动态操作系统、一个网页浏览器——它自身的定位已经变得不清晰了。毋庸置疑，这些都是遵循了谷歌总部内部的一些清晰的逻辑，但在外人看来，要说清谷歌是什么则一天比一天困难了。它是一家网络公司，还是一家软件公司，抑或是一个别的什么公司？[1]

对于塞吉·布林（Sergey Brin）——谷歌的一名合作创始人而言，谷歌帝国领域不断扩大的宽度是值得骄傲的：

每分钟都有15个小时长度的视频被上传到YouTube上。今天，我们有能力搜索到大概1 000万本书的全文。尽管将全世界的书籍全部数字化是一个雄心勃勃的目标，但将这个世界数字化则更富有挑战性。以我们在2004年10月收购Keyhole（谷歌地图的基础）为开端，我们一直将为了地理需要而提供高品质的信息作为我们的目标……去年，广告联盟（AdSense，我们面向出版商的项目）为我们众多的出版商合作方创造了超过50亿美元的收入……除了Gmail和谷歌文档（Google Docs），谷歌应用程序组的产品如今还包括电子数据表格、日历、网站等等……谷歌翻译支持1 640组语言间的机器自动翻译……[2]

许多股票分析师的关注焦点是谷歌多样化创新的大部分并不能增加收益，更不用说创造利润了。《金融时报》的LEX专栏给谷歌起了个名字叫"只会一招的小马驹"："谷歌相当于拥有一个能印钱的许可证，通过将自己嵌入到世界的店家和顾客之间，这个搜索业务提供者在每次连接起两者时收取少量的佣金。"除了它核心的搜索业务，谷歌的活动只是增加了成本：

以YouTube为例，这个分享视频的网站是谷歌在2006年主要通过股票购买的，花了18亿美元。网站提供的可在世界各地线上观看的视频中，40%是免费的。这种慷慨大方是以巨大的成本为代价的，因为极少数的视频是带广告的。瑞士信贷估计YoutTube今年的运营成本将在5亿～10亿美元之间，但收入却只在2.4美元亿左右。即使添加了更专业的创造性的内容，其经济状况看起来也仍难以为继。[3]

谷歌在成本持续快速上升的情况下又遭到2008年经济衰退对其收入增长的打击，一些投资者认为，是时候遏制谷歌混乱的扩张和建立一个更加集中的战略了，而这个战略的前提是对谷歌商业模式基础的清晰认知——谷歌商业模式的基础在于网络词汇搜索优势带来的广告收入。表21—1显示了谷歌的财务数据。

表 21—1　　　　谷歌股份有限公司：主要财务数据（单位：百万美元）

	2004 年	2005 年	2006 年	2007 年	2008 年
利润表数据：					
收入	3 189	6 139	10 605	16 594	21 796
花费和成本：					
主营业务成本	1 469	2 577	4 225	6 649	8 622
研发费用	395	600	1 229	2 120	2 793
营销费用	296	468	850	1 461	1 946
一般费用与行政费用	188	387	752	1 279	1 803
总成本和费用	2 549	4 121	7 055	11 510	15 164
经营净收入	640	2 017	3 550	5 084	6 632
利息收益和其他	10	124	461	590	316
所得税前收入	650	2 142	4 011	5 674	5 854
净收入	399	1 465	3 077	4 204	4 227
资产负债表数据					
现金和有价证券	2 132	8 034	11 243	14 218	15 845
长期负债	43	107	128	610	1 226
股东权益	2 929	9 418	17 039	22 689	28 238

资料来源：Google，10-K Report，2008.

谷歌的成立

谷歌是由两名斯坦福大学博士毕业生拉里·佩奇（Larry Page）和塞吉·布林创立的。1996 年 1 月，佩奇对一篇论文题目的搜索使他开始调查全世界网络的连接结构。佩奇和布林开发出了一种页面排名算法，使用反向链接数据（一个网页对其他网页的引用）来测定网页的重要性。尽管当时存在着若干初级的网络搜索引擎，但大部分都是基于特定的搜索关键词出现的频率来挑选页面的。他们将他们的搜索引擎命名为"Google"，并在 1997 年 9 月 15 日注册了网域名称"google.com"。1998 年 9 月 7 日，他们在加利福尼亚州的门洛帕克成立了谷歌股份有限公司。谷歌的页面排名算法于 2001 年 9 月 4 日获得了专利。

越来越多的人开始使用互联网寻找信息和进行商业交易，谷歌正好满足了这些基本的需要。随着网页数量的指数化增长，定位相关网页的内容成为一个关键的需要。并非只有佩奇和布林意识到了搜索引擎的潜力。早期基于爬虫的网络搜索引擎有 WebCrawler、Lycos、Excite、Infoseek、Inktomi、Northern Light 和 AltaVista。这些搜索引擎中的几个成为了著名的"门户网站"——为用户提供入网第一个端口的网站。考虑到一个门户的基本用途是将用户引向网络提供的信息和商业服务，其他门户网站迅速意识到提供一个搜索设施的需要。雅虎（Yahoo!）获准使用 AltaVista 的搜索引擎，之后在 1998 年用 Inktomi 替代了 AltaVista。

由于有着出众的页面排名系统和简单的设计，谷歌搜索引擎吸引了迅速增加的跟随者——它并没有因努力成为门户网站而危害自己的搜索功能。在2000年，谷歌开始销售广告——与搜索关键词相关的付费网络链接。这些"赞助商链接"是带有可点击的URL（网页地址）的文字广告，写得很简洁易懂，出现在特定关键词搜索结果的旁边。广告客户们为关键词出价；正是这些取决于广告的点击率（CTR）的"根据点击数付费"的出价，决定了一个赞助商链接的出现顺序。在提供一个将第三方广告客户与信息化网络搜索引擎连接起来的广告系统方面，谷歌复制了当时的市场领导者Overture的许多特性。2000年之后，谷歌体验了爆炸式的增长，而AOL在2002年5月做出的采用谷歌搜索引擎和付费列表服务的决定则是为谷歌锦上添花。

佩奇和布林的起步资金是来自太阳计算机系统公司联合创始人安迪·贝托西姆（Andy Bechtolsheim）的100 000美元资助。1999年6月，谷歌从风险投资公司Kleiner Perkins Caufield & Byers和Sequoia Capital得到了更多的资金。在2004年8月19日，谷歌首次公开募股，公司以7%的股份筹到了16.7亿美元，为谷歌带来了230亿美元的股票市值。

谷歌的扩张，2004—2009年

由首次公开募股带来的财务上的繁荣刺激了谷歌业务的更快发展。在它的核心网络搜索业务中，谷歌一直在探索提升用户的搜索体验和通过广告更好地将自己在网页搜索方面的优势转换为货币的方法。但是，谷歌发展过程中最引人注目的一点是，它决定超出其核心网络搜索业务进行扩展。这种扩张冲动反映了公司的存在目的：它从未把自己仅仅看作是一个网络搜索引擎的提供者，它公开宣布的使命是："整合全球信息，使人人皆可访问并从中受益。"谷歌首次公开募股时的招股书阐述了这样的意图：

> 我们通过开发产品来服务用户，这些产品使人们能够更快捷和更便利地找到、创造与组织信息。我们重视对许多人来说都很重要的产品，而且我们有潜力改善人们的生活，尤其是在专业技术使我们胜过别人的领域。
>
> 搜索就是这样一个领域。人们经常使用搜索引擎，搜索的结果对他们而言十分重要。例如，人们搜索有关医疗条件、购买决策、技术问题、久未联系的朋友等的信息，以及其他他们十分关心的主题。提供高质量的搜索结果需要有突出的计算能力、高级的软件和复杂综合的流程——这些都是我们擅长且专注的领域。[4]

谷歌努力满足全社会信息需要的追求，使它不断寻找接触新信息并通过额外的媒体渠道来提供这些信息的机会。正如展示21—1所示，谷歌对于全球信息无障碍提供的追求，将其带入了新的传播媒介（特别是无线电话以及收音机、电视和视频游戏）和除了第三方网页以外的信息来源。[5] 这些新的信息来源包括图片（谷歌图片搜索）、地图（谷歌地图）、学术论文（谷歌学术）、书籍（谷歌图书搜索）、卫星图像（谷歌地球）、视频（谷歌视频、YouTube）、财经（谷歌财经）和网络日志（谷歌博客搜索）。

☞ 展示 21—1

谷歌大事年表

1996 年 1 月，拉里·佩奇和塞吉·布林开始合作开发一个叫做 BackRub 的搜索引擎。

1998 年 9 月，谷歌股份有限公司在加利福尼亚州的门洛帕克成立、开始运营，并雇用了第一名员工。

1999 年 6 月，谷歌获得创业资金 2 500 万美元，谷歌总部搬到加利福尼亚州的山景城。

1999 年 9 月，正式推出 google.com。

2000 年，谷歌不断扩大，包括谷歌词典、通过无线设备进行搜索的能力和最早推出的十个非英语版本。谷歌正式成为全世界最大的搜索引擎。谷歌推出了关键字广告（AdWords），一个能被在线激活的自服务广告程序。谷歌工具栏使人们不用登录谷歌主页就可以进行谷歌搜索。

2001 年 2 月，收购 Deja.com 的资产并开始将其巨大的 Usenet 文档——世界性新闻组网络文档转换成可供搜索的格式。

2001 年 8 月，Novell 公司的前首席执行官、太阳计算机系统公司的首席技术官艾瑞克·施密特（Eric Schmidt）成为谷歌公司的首席执行官。

2001 年 9 月，谷歌公司开始盈利。

2001 年 12 月，推出谷歌图片搜索和谷歌目录搜索（提供超过 1 100 种邮购商品目录的搜索）。年终，谷歌时代精神程序总结出了 2001 年度搜索模式、趋势和热门搜索关键字。

2002 年 2 月，谷歌搜索应用的推出使得搜索可以越过防火墙扩展到公司内网、电子商务网站和大学校园网络。谷歌计算（Google Compute）使用用户计算机上可用的运算来帮助解决计算密集型的科学问题。

2002 年 5，AOL 选择了谷歌来为它的 3 400 万成员提供搜索和广告业务。

2002 年 9 月，谷歌新闻推出：可提供 4 500 个全球领先新闻来源。

2002 年 12 月，推出 Froogle，一种商品搜索服务。

2003 年 4 月，谷歌并购 Applied Semantics；推出谷歌广告联盟：通过在内容附近放置高针对性的广告来创造收入。

2004 年 1 月，本地搜索（Local Search）允许进行地理集中的网页搜索，谷歌实验室（Google Lab）上的个性化搜索使得用户可指定其兴趣爱好并可定制他们的搜索结果。

2004 年 4 月，推出 Gmail，一个基于网络的邮件服务。Gmail 旨在在与邮件信息相邻的地方递送相关的广告。

2004 年 7 月，收购 Picasa 股份有限公司，这是一家帮助用户组织、管理和分享照片的数字照片管理公司。

2004 年 8 月，通过荷兰式拍卖流程，在纳斯达克首次公开募股。

2004 年 10 月，发布谷歌桌面搜索。推出谷歌短信（Google SMS）：向使用手机或手提设备通过短信提问的用户提供即时、准确的答案。收购 Keyhole 公司——一家数字和卫星地图测绘公司。

2004 年 11 月，谷歌的索引中的网页数达到 80 亿个。

2004年12月，谷歌群组（Google Groups）推出：使人们可以创建与管理自己的电子邮件小组和讨论名单。谷歌图书搜索开始从世界许多知名图书馆扫描书籍。

2005年1月，Google Mini推出，这是一个供中小型企业使用的搜索工具。谷歌地图推出，提供地图视图和卫星视图。

2005年6月，谷歌实验室提供个性化的主页。推出谷歌地球。

2005年8月，推出谷歌即时通信（Google Talk）：免费的网络电话。

2005年9月，推出谷歌博客搜索。

2005年10月，推出谷歌阅读器（Google Reader），将博客、网页和新闻资源集中到一个页面上。

2005年11月，推出谷歌基地（Google Base），允许人们上传结构化格式的、搜索者在此之后也可以找到的内容。一个在线广告管理工具谷歌分析（Google Analytics）替代了"Urchin"。

2006年1月，谷歌视频商店（Google Video Store）提供了一系列使用新的谷歌视频播放器放映的内容。谷歌宣布了在中国的域名。

2006年2月，谷歌聊天（Google Chat）：将电子邮件和即时信息整合在一个网页浏览器上。发布了升级版的谷歌桌面。谷歌页面生成器（Google Page Creator）帮助人们进行简单的网页设计和创建。

2006年3月，谷歌财经首次推出：提供财政和商业信息。

2006年4月，谷歌日历发布，可简单地获得和分享个人日历。

2006年6月，谷歌关键字广告推出了即点即播的视频广告。还推出了谷歌支付系统（Google Checkout），提供更快捷、安全、方便的网购体验。谷歌地图允许商家将它们的网页嵌入地图。

2006年8月，与Fox达成协议，可使用其新近收购的MySpace。收购SketchUp。与EarthLink合作倡议在圣弗朗西斯科提供免费无线网。

2006年10月，收购YouTube。发布基于网页的应用文档和表格。收购在线协作维基平台Jobspot，该平台后来成为了谷歌协作平台（Google Sites）。

2006年11月，谷歌应用服务教育版（Google Apps for Education）扩展其服务给老师和学生。Google for Educators是一个新的延展计划，通过谷歌师范学院为小学教师颁发谷歌证书。

2006年12月，发布专利搜索，可索引到700多万项美国专利。

2007年1月，宣布与中国移动合作。

2007年2月，收购游戏内置广告商Adscape。

2007年4月，收购DoubleClick。Froogle变为谷歌商品搜索。收购可用于创建和分享在线报告的软件Zenter。收购TiSP，提供面向家庭的宽带服务。

2007年5月，开始进军通用搜索——视频、新闻、书籍、图片和本地结果的综合搜索。

2007年6月，收购Feedburner，为网站种子管理和分析提供工具。

2007年9月，推出针对手机用户的广告联盟。随即，新的文件演示功能被加入到谷歌文档中。

2007年11月，谷歌与它在开放手机联盟中的合作伙伴一起发布了第一个移动设备开放平台安卓。Google.org宣布美国无线电公司（REC）通过可再生资源为其提供低成本电力。

2008年1月，谷歌参与700Mhz频谱的竞拍。

2008年2月，（在收购JotSpot的基础上）推出谷歌协作平台，允许人们用嵌入式视频、文件和日历创建合作网页。

2008年3月，实现对DoubleClick的收购。

2008年5月，发布谷歌健康（Google Health）——允许人们实现在线收集、存储和管理自己的医疗记录和健康信息。

2008年6月，谷歌财经提供实时的股票报价。推出谷歌站内搜索（Google Site Search）——页面拥有者能够在他们自己的网页内嵌入谷歌搜索。

2008年9月，发布Chrome，新的开放资源网页浏览器。T-Mobile发布了G1，首款配置安卓操作系统的手机。

2009年2月，谷歌纵横（Google Latitude）移动设备允许人们分享地点信息。

2009年3月，建立谷歌风险投资（Google Ventures），一项支持创新和新技术的创业投资基金。

2009年5月，发布针对安卓系统的Sky Map：可通过安卓手机识别恒星和行星。

但是，谷歌管理层面和技术层面的活力也引发了将业务扩展到信息的处理和组织领域的首创精神。自从2004年推出Gmail以来，谷歌提供了一系列不断扩展的软件和通信服务、创作与处理2D和3D图像的服务、文件制作服务、网页创建服务、时间管理服务和社交网络服务。例如：谷歌文档就是一系列软件，可用来创作、储存和分享文本文件、表格及报告；Blogger是帮助人们创建自己的网页日志的软件；谷歌群组使人们能够在围绕特定兴趣或身份创建的小组中建立并维持沟通；Orkut是一项社交网络服务；Picasa则是一款可供下载的软件，用于组织、编辑和分享照片。本章附录中描述了谷歌的产品和服务。

这些额外产品和服务中的大部分并没有为谷歌提供新的创收机会。然而，谷歌过去也一直在扩展它基于广告的收入模式。谷歌广告收入的基本来源是2000年推出的关键字广告。广告客户们列举出能够引发他们的广告的词汇，并详细说明他们愿为每次点击所支付的最高价格。当一个用户使用google.com进行搜索时，简短的文字广告就会以"赞助商链接"的方式出现在屏幕的右方，关键字广告还通过谷歌的合作伙伴网络在第三方网站上布置广告。

广告联盟使用了一种由Applied Semantics（谷歌在2003年收购该公司）所开发的广告布置技术。这种技术使谷歌能在第三方网站上放置广告。在2008年，谷歌的广告收入中有32%来自合作方的网站，68%来自它自己的网站。

本章附录更详细地解释了关键字广告和广告联盟。表21—2显示了谷歌来自广告的收入。

在2007年和2008年，谷歌多元化的努力出现了新的引人注目的动向，谷歌进入了移动电话和网页浏览器领域。

表 21—2　　　　　　　　　　谷歌的收入数据（单位：百万美元）

	2006 年	2007 年	2008 年
广告收入			
谷歌网站	6 332.8	10 624.7	14 413.8
谷歌合作伙伴网站	4 159.8	5 787.9	6 714.7
总广告收入	10 492.6	16 412.6	21 128.5
许可及其他收入	112.3	181.4	667.1
总收入	10 604.9	16 594.0	21 795.6

资料来源：Google, 10-K Report, 2008.

□ 安卓和移动科技

2007 年 11 月，谷歌与它在开放手机联盟中的合作伙伴一起发布了安卓无线通信软件平台。《电脑顾问》杂志评论道：

> 谷歌安卓移动开发平台的发布……是显示了这家公司想要长久保持其广告业务以令人惊叹的速度增长的另一个例子。也是一个令人振奋——从另一个角度看，是令人恐惧的——的表现，展示了谷歌可以发动的技术和商业资源，以及它所具备的影响、扰乱和重塑市场的能力。
>
> "我们现在所知的是，谷歌正在试图通过这个联盟将整个移动网络向前推进。"斯特林市场咨询公司的行业分析师格雷格·斯特林（Greg Sterling）说。
>
> 概括一下，谷歌为移动设备发布了一个免费的、开放资源的应用开发平台安卓，目的是使目前存在的操作系统微软、塞班、Palm 等黯然失色。
>
> 安卓系统将拥有一套完整的组件。包括一个基于 Linux 的操作系统、中间件栈、可定制的用户界面和应用程序。
>
> 谷歌预想，有了安卓系统，手机市场上的开发者们将会开发出大量的新应用程序和在线服务，这些一次性写成的程序和服务可以配置在许多手机中，而谷歌认为这是目前散乱的移动技术所做不到的。
>
> 目标：从根本上促进移动在线服务和应用程序的创新、传递和供应，希望随着人们体验满意度的提升，他们对移动网络和互联网的使用会大量增加，同时带来在线广告收入的增长……
>
> 从根本上讲，推动谷歌进行这方面努力的是它的核心广告业务，公司认为这一业务必须扩展到手机市场中去。尽管如今市场尚小，但未来手机广告将会达到非常引人注目的规模。根据欧帕斯调研公司的调研，北美和西欧手机广告费用的总支出在 2012 年将会达到 50.8 亿美元，高于今年年底的估计费用开支 1.068 亿美元。这表明，复合年增长率达到了 116%。上周公布了这一预测的欧帕斯调研公司说，提升手机用户的体验会促使更多人花更多的时间使用手机上网。而这反过来将会加快广告收入的增长。
>
> 最后，杜拉尼（Dulaney）说道，撇开最后发生的一切不谈，谷歌进入手机市场是一个受欢迎的发展动向。"我们需要强有力的从'有线的'互联网市场进入到手机领域的竞争者，来打破运营商对于内容的严格控

制，"杜拉尼说，"迄今为止，运营商控制了所有内容而且它们做得很糟糕。创新被扼杀了。"[6]

几个星期之后，谷歌宣布它将在联邦通信委员会（FCC）即将举办的700Mhz无线频谱拍卖会中投标。谷歌的投标有趣的特征是它并不想赢得拍卖。它的目的是推动主要的电信业务提供商进行竞拍，这样一个新的无线频谱部分将会被开发出来，提供无线网络服务。谷歌的游说已经保证了无论是谁开发这一部分的频谱，都将被要求允许用户在他们的无线设备上下载他们想要的任意软件和在那个无线网络上使用任意无线设备。2008年1月，FCC宣布AT&T和威瑞森总共投标160亿美元而赢得了拍卖。很多观察家相信真正的赢家是谷歌：虽然AT&T和威瑞森将承担开发700Mhz波段的全部成本，但谷歌却能够在没有任何预付成本的情况下提供它的安卓系统和手机网络服务。[7]

Chrome

谷歌在2008年9月2日发布的Chrome网页浏览器，引起了巨大的关注，但不怎么令人惊讶。人们都知道在谷歌发展的早期，创建者布林和佩奇一直想发布一个网页浏览器。几年来，谷歌一直是Mozilla的火狐浏览器技术和财政支持的主要来源。根据谷歌产品开发主管桑德·皮克海（Sundar Pichai）的说法："谷歌的全部业务是让人们使用一个浏览器来接触并使用我们和网络。"谷歌对于推出自己的网页浏览器这一决定所做的解释，强调了针对用户而改进的功能："Google Chrome是一款将简约设计与复杂技术相结合的浏览器，它使网络更加迅速、安全和便捷，"谷歌的网站上说。相反，微软的网页浏览器（IE）却为其15年历史的遗产所限制，这表明谷歌对JavaScript或Web2.0进行了优化。

但是，多数观察家认为谷歌的战略意图并非仅仅是优化用户体验。另外的一个动机是，这是谷歌面临微软IE新版本带来的威胁时出于自我保护的要求。2008年8月以测试模式推出的IE8（IE的第八个版本）提供了一种"隐私"保护模式，能够删除储存在本地终端上的用户数据并能使追踪用户的浏览习惯变得更加困难。这一结果将会给谷歌利用此类信息定位广告的能力造成限制。

其他人则认为，谷歌的基本意图与其说是为了保护自己免受微软的竞争，不如说是发动一场针对微软个人电脑控制权的攻击以及加速计算机信息处理技术向新的在线环境转换：

[Google Chrome]表明了想要加速计算机信息处理技术从桌面向云计算转移的明确企图——而云计算是谷歌拥有优势的领域。而这一积极行动注定会把谷歌公司放到让它的竞争对手微软更加正视的十字光标上。[8]

10个月后谷歌宣布将为其Chrome浏览器增加操作系统，这被视为证实了Chrome的基本动机即是打击微软市场力量的核心。

谷歌的管理和能力

谷歌的显著增长和创新能力取决于一个即使根据硅谷的非正统标准衡量也

十分独特的管理系统。加里·哈梅尔（Gary Hamel）在他的著作《管理的未来》中定义了拉里·佩奇（产品主管）和塞吉·布林（技术主管）以及他们的"成人主管"艾瑞克·施密特（主席和执行总裁）所建立的管理系统的几个关键特征：

  1. 雇佣政策。谷歌只雇用它认定的特别有才能的人："谷歌的领导者认为，一个格外出色的技术员比一个平庸的工程师价值高出许多倍；因此他们坚持雇用聪明人中的最聪明者——处在正态分布曲线最右端的人。他们同样相信，如果让一个'傻瓜'进入谷歌，那么更多的'傻瓜'会蜂拥而至。他们的逻辑很简单：A 层次的人希望和 A 层次的人一起工作——能够启发他们的思考和加速他们的学习。问题在于，B 层次的人会被 A 层次人的天赋所威胁，所以他们一旦进入公司，他们会倾向于雇用像他们一样平凡的同事。"

  2. 一个"非常扁平的、根本上是分散化"的组织结构。"在很多方面，谷歌的组织形式就像因特网一样：它非常民主，紧紧地相连，而且是扁平的。正如谷歌的很多文化一样，公司彻底的分权制的来源可以追溯到布林和佩奇，他们俩都曾就读于蒙特梭利学校，并将他们大部分的独立思考能力归功于那一经历。迈耶（Mayer）说'他们不喜欢权威，而且他们不喜欢被人命令去做什么。'布林和佩奇知道，突破总是来自质疑假设和打破范例。"

  3. 小规模的、自我管理的团队。"谷歌一万名员工中大概有一半——即所有进行产品开发的人员——都在小组内工作，平均每个团队有三名工程师。即使是像 Gmail 那样可能会用到 30 人的大项目，也被分割成 3～4 个小组，每个小组从事一项具体的服务增强工作，如创建垃圾邮件过滤器或提升转发特性。每个队伍都有一个'处于金字塔顶端的技术领导者'，这也是一种在小组成员间轮换的责任，取决于项目转换的需要。大部分工程师在不止一个小组工作，而且转换小组不需要人力资源部的允许。"

  4. 快速、低成本的试验。"划时代的应用不是伟大计划的结果，而是无情实验的产物……谷歌'去试试看'的哲学被应用到了甚至是公司最艰巨的项目中，如将全球的图书馆数字化。就像所有新计划一样，谷歌图书搜索始于一个临时的试验，旨在回答一个关键的问题：数字化一本书需要多长时间？为找到答案，佩奇和迈耶装配了一个带有几个夹钳的夹板，然后，使用一个节拍器来保持步调，他们拍下了一本 300 页的书的每一页。迈耶负责翻页，佩奇进行数字快照，这样用了 40 分钟他们将油墨变成了像素。一个光学字符辨识程序迅速将数字图像转换成数字文本，在 5 天的时间内这对搭档就开发出了一款能搜索书籍的软件。这种逐步的、边干边学的方式，屡次帮助谷歌检验关键假设和避免大的经营风险。"[9]

这一切的结果是对不断追求活力、创新和企业进取精神的促进。事实上，考虑到谷歌员工的才干和品格，想不把谷歌公司当做创新的温床都难：

  我们的员工，自称为谷歌人，是公司的一切。谷歌是围绕着吸引和挖掘杰出技术人员和商业人士的天赋这一能力组织起来的。我们很幸运地招聘到了许多有创造力、有原则、努力工作的人，并且希望将来能得到更多这样的人才。我们将奖赏他们并给予很好的待遇……正因为有了员工的天分，谷歌才在几乎所有的计算机科学领域做出了令人兴奋的成就。天资卓著的人都被吸引到谷歌旗下，因为我们给他们改变世界的能力。谷歌有着巨大的计算机资源及分布，能够让每个人都做出贡献。我们主要的福利在于一个有着重要项目的工作环境，所有员工都能在此成长、奉献……[10]

创造和创新的文化被谷歌的"70—20—10"原则所制度化，这个原则规定，谷歌要把70%的工程资源用于发展核心业务，20%用于将核心业务扩展到相关领域，剩下10%的资源用于边缘的想法。

谷歌的创新能力和新计划的有效执行，是其他高科技公司所无法比拟的一系列资源。2008年79亿美元的运营现金流量和158亿美元的大笔现金，让谷歌成为只有微软、IBM、惠普和苹果公司才能比得上的金融巨头。财政实力让谷歌能通过收购进入几乎所有市场或高科技领域。许多时候，谷歌不需要出资即可进入一个新的市场：就像苹果公司一样，它的品牌（2008年被世界知名品牌顾问公司Interband估值为250亿美元——价值位居世界第十）直接就提供了可信性，而最重要的是它拥有一个其他IT公司无法匹敌的用户群。谷歌的网站每天有7.76亿的有效访客，达到了全球互联网受众的77%左右。

未来的挑战

对比那些认为谷歌有活力且注定将引领新一代信息技术的人，有些人——包括谷歌总部和外界——察觉到谷歌的发展轨道上存在着危机。尽管2008年发展有所减慢，但谷歌还是在迅速地扩张。从2003年到2007年，它的收入从15亿美元增长到218亿美元，员工数从1 628人增加到20 222人。[11]协调是一个日益严重的问题，尽管大部分的谷歌员工集中在加利福尼亚州山景城的总部，但公司还在美国的另外18个城市分布有研发、销售、项目支持办公室，而且在阿根廷、奥地利、澳大利亚、比利时、巴西、加拿大、中国大陆、捷克、丹麦、埃及、英国、芬兰、法国、德国、匈牙利、印度、爱尔兰、以色列、意大利、日本、韩国、墨西哥、新西兰、挪威、波兰、俄罗斯、新加坡、西班牙、瑞士、瑞典、中国台湾、土耳其和阿拉伯联合酋长国分布有其他机构。[12]

谷歌认为不断扩大的规模和增加的复杂性是风险的一个显著来源：

我们在员工总数和经营方面经历了迅速的增长，这已经而且将会一直对我们的管理、经营和财务基础设施提出严峻的要求。如果我们不能有效地控制我们的增长，我们产品和服务的质量就会受到损害，这将会对我们的品牌和经营结果产生不利的影响。我们在全球市场的扩张和增长提高了这些风险，因为在一个有着不同的语言、文化、习俗、法律系统、替代性纠纷解决方式、监管系统和商业基础设施的环境中维持高增长是十分具有挑战性的。为了有效控制增长，我们需要继续改进我们的经营、财务、管理控制，改善我们的反馈机制和流程。[13]

随着谷歌逐渐地替代微软成为世界上优秀的IT公司，它将会成为批评的对象并面临监管的压力。《商业周刊》在 2007 年年初以《谷歌是不是太强大了?》为标题，探讨了谷歌统治互联网和媒体广告的可能性：

……谷歌开始代表了我们对于互联网混乱的前途和威胁的希望、幻想及恐惧。随着这个冲突在未来的几年中上演，其后果将会决定我们在网上进行娱乐、购物、社交和经商的方式。最首要的问题是：互联网巨大的商业景观会不会像过去的其他高科技市场一样，在一个可预见的未来浓缩为一个支配力量？我们会不会用谷歌搜索所有东西？[14]

到了 2009 年，人们对传统意义上的市场影响力的关注减少，而更多地关注谷歌已经得到的相当多的个人数据。谷歌的信息记录程序使它可以追踪每个用户的网络浏览过程。它的在线地图服务"街景"可以显示个人家庭财物的图像以及参观者对这些房屋的观察。Gmail 使谷歌可以毫无障碍地看到 Gmail 的 3 000 万注册用户的私人谈话。

这些对隐私以及市场影响力关注的不断加强将对谷歌的高层领导团队施加额外的压力。谷歌的领导三人组——布林、佩奇和施密特——是不是该相应缩减谷歌的野心并为谷歌的公司策略划定界限了？

附录：谷歌业务和产品描述（从 2008 年谷歌 10-K 报告中摘录）

□ 综述

谷歌是一个全球科技的领导者，专注于改善人们获得信息的方法。我们对网络搜索和广告的创新已经使我们的网站成为了顶级的因特网财产，而且我们的品牌在全世界广为人知。我们保持了大量网页的索引和其他在线资源，并通过我们的搜索引擎将其免费地提供给任何一个拥有网络链接的人。我们的自动化搜索技术帮助人们近乎即时地从我们的巨大在线索引中获得相关的信息。

我们主要通过传送相关的、低成本的在线广告获得收入。商家使用我们的关键字广告程序和针对性广告来促销他们的产品和服务。另外，组成了谷歌网络的成千上万的第三方网页使用我们的广告联盟程序来传递相关的广告以获取收入及增强用户体验……

□ 我们的使命

我们的使命是整合全球信息，使人人皆可访问并从中受益。我们相信最有效并且最终最有利可图的履行我们使命的方式是把我们用户的需要放在第一位。我们已经发现提供高质量的用户体验能够产生更多访问流量和更强有力的口碑营销。我们用户至上的奉献精神可以在三个关键的承诺中体现出来：

● 我们将竭尽所能提供最相关和最有用的搜索结果，但不依赖于财务上的动力。我们的搜索结果将会是客观的，我们不接受为了提高搜索结果排名或为了进入搜索结果而付的钱。

● 我们将竭尽所能提供最相关和最有用的广告。广告不应是烦人的干扰。如果搜索结果页上的任何因素被交给我们的钱款所影响，我们将会对我们的用户说明清楚。

● 我们将不会停止改善我们的用户体验、搜索技术和信息组织的其他关键领域的努力。

我们相信迄今为止我们成功的基础是对用户的关注。我们同时相信这种关注对于长期价值的创造也是至关重要的。我们不会为了短期的经济效益而牺牲我们对用户的关注。

□ 我们如何为用户提供价值

我们通过开发能够快速简便地找到、创造、组织和分享信息的产品来服务于用户。我们重视那些对于多数人很重要的而且具有改善他们生活的潜力的产品。

我们所提供的主要好处包括：

综合性和相关性

我们的搜索技术从数量巨大而且不断增加的信息中进行分类整理，提供相关和有用的搜索结果以响应用户的问题。这是一个我们不断改善的领域。1998年当我们成立公司的时候，我们的网页索引包括将近3 000万个文件，我们现在的索引中有数十亿的网页，我们在努力提供最为综合的搜索体验……

客观性

我们认为，用户从谷歌中得到的搜索结果只取决于他们脑中感兴趣的东西，这是十分重要的。我们不接受为了使搜索结果排名靠前或为了进入搜索结果而付的钱。我们对广告确实收取一定费用，但登出的广告是做了明显的记号并独立出来的，并不对搜索结果的生成产生影响。这与一份报纸很相像，报纸的广告也是独立于文章的……

全球访问

我们努力将服务提供给全世界的每一个人，谷歌的网络界面有120种语言版本……

使用便捷

我们始终认为，一个最有用、最强大的搜索科技是不会让用户看到自己复杂的一面的，而是为他们获取想要的信息提供一个简便的、凭直觉的方法。我们花大力气来创造一个流畅的、使用简便的互动界面，这一界面是基于在没有杂乱广告的页面上突出而简洁的搜索框。

相关的、有用的商业信息

信息的搜索常常包括对商业信息的兴趣——搜索一个要购买的东西、比较产品和服务或积极购物。通过我们的搜索服务和广告产品，我们帮助人们找到商业信息。

多重存取平台

手机是世界各地人们上网的主要工具。我们一直在对提高移动搜索技术进行持续投资，且发布了允许用户通过移动设备使用搜索、邮件、地图、指导和卫星图像的应用程序。

改善网络

我们尽最大努力使全世界用户的网络体验变得足够好。这包括为开发者提供平台来创造、配置和推出越来越丰富的应用程序。对于用户，我们正在网络程序的领域进行投资以改善其体验，包括使浏览器更加稳定和强大。

□ 我们为用户提供的产品和服务

我们的产品开发原则包括迅速而持续的创新，频繁地推出初期的产品，然后进行改善和更新换代。在产品的开发阶段，我们就常常将它们公布到谷歌实验室的在线测试地点或直接放到 Google.com 上供用户使用。如果用户认为产品有用，我们会将其改进为测试版进行更多测试。一旦我们对产品的高质量和有效性感到满意，我们就会移除测试标签，将它作为谷歌的核心产品。我们的主要产品和服务描述如下：

Google.com——搜索和个性化

我们致力于在网页上创建对用户有益的产品和服务，让他们可以迅速方便地找到相关信息。这些产品和服务包括：

谷歌网页搜索

除了提供数以十亿计的网页的简便链接之外，我们在谷歌网络搜索中融入了独特的要素，帮助人们精确地找到他们想要在网络上找的东西。

谷歌图片搜索

谷歌图片搜索是可被搜索的网络图片索引。为扩大谷歌图片搜索的可用性，我们提供高级的特征，如使用图片大小、格式和着色进行搜索，对于特定网页或域名进行有限定的搜索。

谷歌图书搜索

谷歌图书搜索帮助用户在一个图书馆大小的一系列藏书中搜索感兴趣的书

籍全文，并能知道在哪里能购买或借到它们……

谷歌学术
谷歌学术提供一个广泛搜索相关学术文献的方式，文献包括同行评议的论文、报告、书籍、摘要和文章等等。

谷歌财经
谷歌财经提供了一个简单的用户界面，通过一种直觉的方式，提供复杂的财经类信息的导航……

谷歌新闻
谷歌新闻从数以千计的全球新闻来源中搜集信息，并在新闻在网上公布的数分钟时间内，以可搜索的格式展现新闻报道……

谷歌视频
谷歌视频允许用户上传、寻找、观看并分享全世界的视频内容。

谷歌博客搜索
谷歌博客搜索帮助用户更有效地搜索全世界的博客、发现用户对于各种各样问题的意见。谷歌博客搜索索引包括了所有公布了网站种子的博客。

IGoogle 和个性化搜索
IGoogle 通过一个简便、定制化的模式，将用户与更有用更重要的信息链接起来……

谷歌产品搜索
谷歌产品搜索帮助用户找到并比较来自网上商店的商品，并将用户送往他们能买到这些产品的地方……

谷歌自定义搜索
谷歌自定义搜索帮助用户团体熟悉特定的主题，来创建自定义的搜索引擎……

谷歌数据搜索
谷歌数据搜索允许用户上传任何他们想在谷歌网站上分享的东西……

谷歌网站管理工具
谷歌网站管理工具为网站管理者提供信息，帮助他们增进对于他们的网页与谷歌搜索引擎的互动方式的了解。

☐ 应用程序

当一个用户创造的信息与来自其他人或地方的信息分享、结合起来的时候，价值就会大大增加。因此我们在这一空间开发产品的策略是很简单的：开发可供用户创建、分享和沟通任何信息的工具，使信息变得更有用、更易控制。我们秉持这一战略所开发的产品包括：

谷歌文档

谷歌文档让我们的用户通过浏览器在世界的任意地点创建、查看和编辑文件、表格和报告。

谷歌日历

谷歌日历是一个在线的可分享的免费日历服务，允许用户记录他们生活中的重要事件、约会和特别的时刻，并可与他们选中的任何人分享这些信息……

Gmail

Gmail 是与嵌入式谷歌搜索技术一同推出的一项免费网页邮件服务……我们同时供应与 Gmail 邮箱中的信息相关的文字小广告。

谷歌群组

谷歌群组是一项免费服务，帮助群体找到信息和对该群体感兴趣的人们。用户可以通过对一个群组发布消息来讨论问题，其他人可以在那里看到信息并回应……

谷歌阅读器

谷歌阅读器提供的免费服务允许用户勾选订阅内容以及在一个单一平台上得到来自大量网页的更新信息。

Orkut

Orkut 帮助用户通过可信赖的朋友找到并联系上其他用户。用户可以创建一个主页、个人电子邮箱，可以张贴照片，可以加入或管理在线的社团。

Blogger

Blogger 是一个基于网络的发布工具，人们可以使用网络日志或"博客"，即时地将信息发布到网络上。

谷歌协作平台

谷歌协作平台让用户可以简便地创建、更新和发布在线内容……

YouTube

YouTube 是一个在线社区，全世界的用户都可以上传、分享、观看视频，并可以为视频排名和写评论。从用户拍摄的视频，到针对专业受众的视频，到最优质的视频……YouTube 提供一系列的视频，并为广告商接近其目标观众提供了互动的版式。

□ 客户端

谷歌工具栏

谷歌工具栏是一款免费的应用，为网页浏览器（微软网页浏览器、火狐浏览器）增加一个谷歌搜索栏。

谷歌浏览器

Google Chrome 是一款开放源代码的浏览器，它将最简约的设计与科技结合起来，创造一个更快、更安全、更简便的网络供人们浏览。

谷歌软件精选

谷歌软件精选是来自谷歌和其他公司的安全、有效的软件程序的免费集合，这些软件可以改善在线的和在桌面上的用户体验。

Picasa

Picasa 是一项帮助用户查看、管理和分享照片的免费服务……

谷歌桌面搜索

谷歌桌面搜索可以对一个人的电子邮件、电子文档、即时聊天记录和网页浏览历史等进行全文搜索。

□ 谷歌地理（地图、地球和本地）

谷歌地球

谷歌地球允许用户超越电脑桌面去观察和探索世界。用户能够垂直地飞到一个特定地点的上方，通过详细的卫星和航空景象来了解这个地方……

谷歌地图

谷歌地图为人们提供地图信息……

谷歌草图大师和建筑草图大师

谷歌草图大师是一个帮助人们模拟 3D 建筑物的免费工具……它的建筑大师版本包括了其他的特性，销售给专业设计师使用……

□ 谷歌移动和安卓

谷歌移动

谷歌移动允许人们浏览和查看由专门为无线设备创建的网络组成的"移动网络"，以及整个谷歌索引。用户还可以使用谷歌短信获取在线信息，只需向谷歌简码中键入问题并使用移动 Gmail 收发邮件。全球的许多无线移动手机设备都可用谷歌移动。

谷歌行动地图

谷歌行动地图是使用 Java 客户端的免费应用程序，帮助用户在手机上查看地图和卫星图像，找到当地的商家以及获知驾驶方向。

移动博客

有了手机设备可用的博客，用户就可以用他们的手机照相，然后使用 MMS 或电子邮件将他们的照片及评论上传到自己的博客里。

手机用谷歌 Gmail、新闻和个性化主页

我们的一些服务如 Gmail、新闻和个性化主页同样可用作移动应用程序。

GOOG-411

GOOG-411 是一款具有语音功能的免费应用，允许用户拨打 1-800-GOOG-411 凭名字或种类搜索商业信息。

安卓

安卓是一个免费、开放资源的移动软件平台，允许开发商为移动设备开发应用程序，以及允许手机制造商安装这一平台。

语音搜索

通过语音搜寻，用户只需说出他们在寻找的东西就可以进行谷歌网络搜索……

谷歌支付系统

谷歌支付系统是提供给我们的用户、广告商和合作商家的一项服务，目的

是让在线购物更快捷、方便、安全……

谷歌实验室
谷歌实验室是提供给我们的工程师和富有探索精神的谷歌用户的实验平台……

□ 搜索和我们的用户产品、服务背后的科技

我们的网络搜索技术使用了若干技术的组合来决定独立于某个特定搜索问题的一个网页重要度,以及一个页面与一个特定搜索问题的相关度。

排名技术
……网页排名是一个独立于搜索问题的技术,能够通过网络的页面链接结构决定一个页面的重要度。

文本匹配技术
我们使用了文本匹配技术,将搜索问题与网页内容进行对比来决定相关度……通过将独立于搜索问题的技术如网页排名与我们的文本匹配技术结合起来,我们有能力提供与人们想要找的东西密切相关的搜索结果。

基础设施
我们使用自产的软硬件设施提供产品和服务,这些设施提供了大量低成本的计算资源。我们目前使用的是运行在商用计算机集群上的现成或定制的软件集合……

□ 我们如何为广告商及资源所有者创造价值

谷歌关键字广告
对于想要在市场上向消费者出售产品和服务的广告商们以及网络上的商业用户们,我们提供一项名为谷歌关键字广告的基于拍卖的广告程序,帮助广告商在谷歌网站上和我们的谷歌网络——一个使用我们的广告程序将相关广告连同搜索结果和内容一起传递给用户的线上线下第三方网络——的其他网页上针对某个搜索问题或网络内容传递相关广告……关键字广告有 41 种不同的界面语言供广告商选择使用。

使用我们的关键字广告程序的广告商创作文本的或陈列式的广告,投标给能够引发其广告的关键词并设定每日开支预算。关键字广告以一个自动在线签约程序为特征,帮助广告商在谷歌产品和我们的谷歌网络成员的网页上快速完成广告发布活动。在关键字广告中,广告的显示顺序是根据广告商设定的每次点击成本的最大值、点击率和其他用于决定广告相关度的因素所综合决定的。

这对于与用户最相关的广告有利，同时改善了寻找信息的人们以及创造相关广告的广告商的体验。

谷歌广告联盟

我们热心帮助内容拥有者用内容创造货币收入，这也促进了更好的内容的创造……我们的谷歌广告联盟项目使得作为谷歌网络成员一部分的网页可以发布与搜索结果或页面上内容相关的关键字广告。同时，它也允许线下的媒体公司如电视台、广播站为它们自己提供的内容递送广告和音频广告。我们把谷歌网络的一个成员展示的广告所获得的大部分收入与该成员分享。我们为谷歌网络成员提供的主要好处包括：

接近广告商

许多小型网页公司和内容生产者没有足够的时间或资源来开发有效的程序以通过在线广告获得收入。即使是大的、拥有专门销售团队的网站，也会觉得从一个特定内容的网页上创收有一定的困难。谷歌广告联盟通过为谷歌网络成员提供接近谷歌广告商及其广泛的广告集合的便利，来促进收入的有效获得。

改善了的用户满意度

许多网页被植入的或无针对性的广告弄得混乱不堪，这些广告可能会使用户分心或迷惑，也可能降低用户找到他们想要的信息的能力……我们的关键字广告项目延伸了我们的承诺，（用我们认为会使人们感到有用而非混乱的方式）通过展示关键字广告来改善整体的网络体验。

更好的存储、管理、使用和可见性

我们已开发出新的存储、管理和使用技术帮助内容拥有者和生产者分配内容，如果他们愿意，还可以将线上和线下的更多种类的内容货币化……

企业组合的搜索

我们向不同规模的合作伙伴提供搜索科技，并允许合作者通过自己的产品提供谷歌搜索服务。对于商业合作伙伴，我们提供一个更宽范围的个性化的选择。

陈列式广告

典型的陈列式广告包括了静态或动态图像以及互动的音频或视频媒体，如你在许多著名网站的顶部或边上看到的横幅广告。我们的目的是让任何人都能够简便地使用陈列式广告。我们通过提供管理和传递广告的工具、平台和渠道，让广告商们通过陈列式广告活动实现更大收益，让出版商们最大化网站内容的价值。

在 2008 年 3 月，我们完成了对 DoubleClick 的收购，正在将 DoubleClick 的在线广告服务和管理服务整合到谷歌的广告解决方案中去。DoubleClick 为谷歌提供了一个发布陈列式广告的平台。DoubleClick 还提供了与陈列式广告发布相关的服务，包括媒体策划、购买及供广告商和代理商使用的实施与评测工具，以及供出版商使用的预测和报告工具。通过这些工具，我们还为出版商提供接近代理商和广告商的方式，帮助它们销售广告目录以合理化广告销售流程。

我们还在 YouTube 上通过一系列的视频、静态或动态图像以及互动模式来提供广告解决方案。

谷歌广告项目背后的科技

基于人们输入的搜索词或他们在网络上看到的内容，我们的关键字广告和广告联盟项目每天为成千上万的相关的、有针对性的广告服务。我们的广告技术的关键部分包括：

谷歌关键字拍卖系统

谷歌关键字拍卖系统使广告商自动发布相关的、有针对性的广告。我们处理的每个搜索词都包括了一个拍卖的自动执行过程，因此我们的广告系统每天经常处理数百万个拍卖。为了决定一个广告是否与一个特定的搜索相关，这个系统会衡量广告商为自己在广告清单中的显著程度出价的意愿（每次点击成本或每次展示出价），以及由点击率和其他因素衡量的用户对广告的感兴趣程度……关键字拍卖系统还包含了关键字折扣功能，这个功能会自动降低广告商为保证它们的广告位置实际所需支付的最低价格。

谷歌广告联盟的上下文广告技术

我们的谷歌广告联盟所使用的技术能考虑到许多因素例如关键字分析、词汇出现频率和网络整体链接结构等，通过使用这些技术对个人网页内容进行分析，能够近乎即时地将广告匹配给网页……我们的陈列式广告项目为广告商和出版商提供与品牌陈列式广告相关的服务。我们的陈列式广告项目技术的关键要素包括：

双击广告平台

双击广告平台为媒体策划、购买、销售、广告传递、评测和最优化提供工具……

YouTube

YouTube 为广告商提供视频广告解决方案。广告商们既可以将它们的广告内容推广到 YouTube 社区，也可以将它们与它们的目标观众正在观看的内容联系起来……

谷歌企业搜索

学校和商家越来越多地转向使用基于网络的应用程序而非正版软件。由于网络应用程序要求最小的前期投资，所以商家可以边使用边付款，并可下载升级版。

谷歌应用套件

谷歌应用套件为例如商家、学校和社团这样的组织提供托管通信和合作的工具。谷歌应用套件包括了很多通信特征如 Gmail、谷歌日历、谷歌视频、谷歌网页和谷歌即时通信，以及很多合作特征如谷歌文档。谷歌应用套件在一个组织自己的域名内就可使用……

谷歌 Mini

谷歌 Mini 是为中小型商家设计的，让它们的员工和顾客搜索指定的文件、企业内网和网页。

谷歌搜索工具

谷歌搜索工具与谷歌 Mini 很像，但它能处理更多的文件，提供了更高级的功能。一些更高级的特征包括与升级的企业安全协议的融合，与其他企业应用程序如内容管理系统、门户网站和其他系统以及实时搜索业务应用的集成……

[注释]

[1] "Google's Growing Identity Crisis"：Chris O'Brien's blog，July 19，2009，www. mercurynews. com/ci _ 12853656？IADID，accessed July 20，2009.

[2] 引自 D. Rowan，"Inside Google：The Man with All the Answers," *Wired*，August 2009，P. 77。

[3] "Lex：Google the One-trick Pony," *Financial Times*，April 17，2009.

[4] Google Inc. SEC form 424B3，filed November 23，2004.

[5] 在 2008 年 3 月联邦通信委员会的"C-block"频段招标中，谷歌是竞标者之一。谷歌很高兴输给了总共出资超过 180 亿美元的 AT&T 和威瑞森，因为 FCC 曾命令新波段的拥有者必须将它们的网络开放给第三方供应商。因此，谷歌不需要投资于基础设施即可免费提供它的无线服务。见"An Auction that Google was Content to Lose," *New York Times*，April 4，2008，www. nytimes. com/2008/04/04/technology/04auction. html？_ r=1&oref=slogin，accessed October 29，2009。

[6] "Analysis：Google's Android Mobile Strategy Explained," *PCAdvisor*，November 6，2007，www. pcadvisor. co. uk/news/index. cfm？newsid=11248，accessed July 21，2009.

[7] "Wireless Auction：Google Likely Out，and Happy," Forbes，February 6，2008.

[8] "Inside Chrome：The Secret Project to Crush IE and Remake the Web," *Wired Magazine*，October 16，2008.

[9] G. Hamel, *The Future of Management*, Harvard Business School Press, Boston MA, 2007

[10] Letter from the Founders, "An Owner's Manual" for Google's Shareholders, http://investor.google.com/ipo_letter.html, accessed 30 March, 2008.

[11] 包括从事研发的 7 254 人、从事销售和市场推广的 8 002 人、从事综合行政管理的 3 109 人和从事运营的 1 857 人。

[12] Google Inc., 10-K Report to the SEC for 2007, p. 33.

[13] Google Inc., 10-K Report to the SEC for 2008, p. 20.

[14] "Is Google Too Powerful?" *Business Week*, April 9, 2007.

22

美国银行对美林的收购

2008 年 12 月

在 2008 年 12 月 22 日（星期一）的下午，美国银行的主席和 CEO 肯·刘易斯（Ken Lewis）正在准备一场特殊的美国银行董事会会议。会议将在下午 4:00 通过电话进行。

这场会议对美国银行的未来和刘易斯及其高层管理团队的职业发展至关重要。这次会议给董事会提供最后一次机会来终止将在 10 天后（2009 年 1 月 1 日）完成的对美林公司的收购业务。

这次于 2008 年 9 月 15 日宣布的收购（见展示 22—1 中关于发布会宣布的内容），将创造出美国在总资产方面最大的金融服务公司。这达到了北卡罗来纳州夏洛特市银行业近 25 年来不断进行的收购的一个顶峰。1983—2001 年间，在公司 CEO 休·麦科尔（Hugh McColl）的带领下，北卡罗来纳国民银行首先成为了国家性银行，随后在 1998 年收购总部设在旧金山的美洲银行后，其改名为美国银行（Bank of America Corporation，美银）。表 22—1 展示了美国银行的主要收购。

尽管收购的规模很大，但这并不是一个经过详细计划的结果。就在雷曼兄弟申请破产保护的这天，由于担心全球经济系统会遭受重创，因而发布了兼并声明。预期到美林公司将会成为下一个破产的主要金融机构,美联储主席本·伯南克(Ben Bernanke)和美国财长汉克·保尔森(Hank Paulson)匆匆促成了这次兼并。美国银行的主席兼 CEO 肯·刘易斯在宣布兼并时说:"在 48 小时内完成合并可以使我们双方都获益,通过简短的交谈,我们一致认为这一举措是有战略性作用的,对双方都具有重大意义。"

但有许多人并不那么认同,他们最担心的是美国银行会不会超支,《金融时报》的 Lex 专栏评论道:

> 尽管美林公司以 52 周中最高价格的三分之一被收购,但其实目前它的价值很难达到实际账面价值的 1.8 倍,或者 2009 年收入的 12 倍。塞恩(Thain)的做法避免了其股东彻底被市场淘汰。正如收购美国贝尔斯登亚洲有限公司后摩根大通的 CEO 杰米·戴蒙(Jamie Dimon)所说:买一所房子和买一栋着了火的房子实在太不一样了。就在火焰张开大口吞噬美林的后院时,塞恩依然向肯·刘易斯保证说肯定有充足时间来修缮,但在刘易斯用有力证据证实美林只是门面上的轻伤前,仍需耗费大量力气来说服其投资者对其保持乐观,让投资者相信美林仍值 70 亿美元或者其基数的 10%。美国银行的股份下跌了 15%,损失了 230 亿美元的价值。

如果此交易继续,美国银行将能够保全美林的牌子,同时将会拥有美国最大的散户经纪关系网,因为它同时拥有 17 000 人的强大顾问团、头号投资银行以及财富管理机构。但是,与此同时,它也面临两个巨大的风险。其一,美林公司卖出去的那些有毒证券在流通过程中会对其新的持有者产生影响。其二,由薪金制度差异导致的两公司间的文化冲突也是不可避免的。[1]

表 22—1　美国银行通过收购所获得的增长

年份	收购的公司	备注
1960	Security National Back of Greensboro merges American Commercial Bank of Charlotte	收购后银行命名为北卡罗来纳国民银行(NCNB)
1982	First National Bank of Lake City (Florida)	第一次由 NCNB 执行的非国家并购
1991	C&S/Sovren of Atlanta	NCNB 把它的名称改为联合国银行
1993	MNC Financial of Maryland	
1998	BancAmerica Corporation of San Francisco	联合国银行重新命名为美国银行
2004	Fleet Boston Financial Corporation	扩张到东北部
2006	MBNA	美国银行变成最大的美国信用卡发行商
2007	U. S. Trust	美国银行建立了面向富有个人的私有银行的领先地位
2007	ABN AMBRO North America	主要子公司是 La Salle Bank Corporation
2008	Countrywide Financial	美国银行成为美国最大的抵押借贷商
2008	Merrill Lynch & Company, Inc.	2008 年 9 月 15 日投标,2009 年 1 月 1 日生效

2008年第四季度，对于兼并的悲观情绪还在增加——美国银行的股票价格从9月16日的29.55美元下跌至12月22日的13.53美元。此时最大的担心莫过于美林的报表。12月16日，美林报告中前三季度的51亿美元损失都是由它的债务抵押债券减记造成的。

到12月中旬，美林公司最后一季度的财务状况甚至比前三季度的更恶劣。2008年12月14日美银的首席财务官（CFO）乔·普赖斯（Joe Price）告知CEO刘易斯，美林的财务状况在恶化，前一周美林公司第四季度的损失已从90亿美元上升至120亿美元。

美林公司的这种财务状况使得人们对美银的确以过高价收购美林这一点确信无疑：当下的损失和未来的资产减值可能意味着美林公司将会一文不值。于是，刘易斯与董事会的争论聚焦在是否应把MAC条款（重大不利条款：在目标公司的条件发生重大不利变化时，能够为买方提供一种解除交易的机会）引入这次收购中。

于是刘易斯、美联储主席伯南克以及美国财长保尔森进行了一场大讨论。由于想退出此次收购，刘易斯持续受到美国财政部施加的压力。

保尔森告诫刘易斯如果美银取消此次收购，那么将会导致美国整个金融市场面临巨大的风险，适时，美银也将在劫难逃，并且如果启动MAC条款，美国政府有可能会撤换美银的董事会和管理层。但如果美银全力促成此次兼并，那么美联储和财政部可以保证为其提供一切所需的财务资金支持，而且避免美林公司的"有毒"资产给美银带来任何负面影响。[2]

刘易斯需将此事汇报给董事会，他认识到这是他职业生涯中一个艰难的决定和巨大的挑战：如果美银接受兼并美林，那么美林糟糕的财务状况可能会拖美银的后腿，使其股票价格全面下跌，同时会造成股东的恐慌和不安。但他相信仅需2～3年时间股东就会从这个金融巨擘中收获长期利益。如果退出兼并，的确可以避免受到美林财务问题的牵连，但又会卷入新的问题：它将会使刘易斯的理想——把美银发展成世界级卓越的银行——延迟实现甚至化为泡影。更为严峻的是，保尔森的确警告过这会引起美银整个管理层的撤换，一旦发生，美银连上诉的机会都很渺茫。

对于其股东和整个国家的责任感使得刘易斯进退维谷。作为主席和CEO，他有义务告知其股东一切与他们利益相关的公司事务。尽管他的股东们已经在12月5日通过了对美林公司的收购决议，但他们还对美林公司第四季度的损失状况并不知情。而当刘易斯提出要公开这些损失状况时，伯南克和保尔森指出这样可能还会危及全美的金融状况。[3]

☞ **展示 22—1**

新闻发布：美银收购美林，成立独特的金融服务公司

夏洛特（2008年9月15日）——美国银行公司今天宣布它同意以500亿美元的全股份交易来收购美林公司，这将使其成为具有全球最广泛金融服务的公司。美国银行的主席兼CEO肯·刘易斯说：收购这家在财富管理、资本市场及咨询业务方面表现卓越的公司对我们的股东来说是一个绝佳的机会，并且由于两家公司在业务中可以协同合作，因此合并后的

公司将更具价值。美林公司的主席兼 CEO 约翰·塞恩（John Thain）说：美林是一个巨大的全球性的商业机构，我期待与肯·刘易斯的合作，我们的资深管理人员将会利用这次合并为我们成长为世界顶级金融机构创造机会。

在这次交易中，美国银行将以美银 0.859 5 普通股兑换美林 1 普通股的比率与美林公司进行兑换。该价格是实际账面价值的 1.8 倍。美国银行期望在 2012 年之前能够获得价值 70 亿美元的税前开支存款。收购交易预计将从 2010 年开始带来更多盈利。交易于 2009 年第一季度结束。这一计划已经得到两大公司领导层的批准并且提上了股东大会的日程。协议规定美林公司的三位主管将加入美国银行的管理层。

合并后的公司将会成为零售经纪业及财富管理领域的领头羊。在美林公司 16 000 多名金融咨询顾问加入之后，美国银行将会有 2 万多个咨询人员，同时管理的客户资产总价值将达到 2.5 万亿美元。合并后的公司将涉足全球范围的投资管理业务，这包括拥有黑石集团（Black Rock）约 50% 的股份，目前黑石集团管理着价值 1.4 万亿美元的资产。美国银行则管理着价值 5 890 亿美元的资产。美林公司的加入不仅会加强美国公司的实力，而且还会创造美国银行在美国之外的实力。美林公司还会增强美国银行在全球债券承销、全球股市及全球合并及收购咨询等业务方面的能力。根据 2008 年上半年的统计，合并后，美国银行将成为全球第一大高收益率债券承销商、全球第三大股票承销商以及全球第九大合并及收购咨询公司。

资料来源：http://newsroom.bankofamerica.com/index.php?s=43&item=8255，accessed August 13, 2009.

收购的战略

2008 年 9 月 15 日，收购美林的战略讨论在美银和美林的 CEO 联合记者招待会上展开了。无论在个人金融业务还是在公司金融业务方面，刘易斯都视美林为加入美银的重要力量。图 22—1 显示了收购展示中的两页幻灯片。

在个人业务方面，美林公司在全美的公司关系网以及其金牌顾问团队对美银现存的理财经纪业务是一个扩张，而且美银预期此次合作将为经纪人业务提供更多机会。

美林公司在海外的巨大市场也会为美银带来更多国际财富管理业务。

从公司业务方面来看，此次收购将使得美银从一个仅有小规模公司投资业务的银行一跃成为一个具有大型规模的公司投资业务的世界级领先大银行。美林不仅跻身于世界各大金融中心，并且它在亚洲、东欧、拉丁美洲、非洲以及中东这些新型的金融市场中也已占有一席之地。附录 1 和附录 2 分别展示了两大公司的业务和绩效状况。

创造了世界上顶级的金融服务公司

肯·刘易斯	约翰·塞恩
美国银行	美林
主席和CEO	主席和CEO

战略阐述

- 多样化业务组合
- 显著提升我们的投资银行业务能力
  ——在如下方面创造领先地位
  - 全球债券承销
  - 全球股市
  - 全球合并及收购咨询
- 零售经纪业和财富管理领域的领先地位
  ——20 000位金融咨询顾问（16 690位美林顾问）
  ——2.5万亿美元的客户资产
- 带来全球范围的投资管理
  ——拥有管理着1.4万亿美元资产的黑石集团50%的股份
  ——哥伦比亚基金管理着4 250亿美元的资产（美国银行共管理着5 890亿美元的资产）

美国银行和美林公司多样化业务的组合

美国银行收入组成：
- 全球机构和投资银行业务 24%
- 全球财富和投资管理业务 11%
- 全球个人和小型企业业务 65%

美林公司收入组成：
- 全球市场和投资银行业务 56%
- 全球财富管理业务 44%

组合收入组成：
- 全球个人及小型企业业务 48%
- 全球机构和投资银行业务 32%
- 全球财富管理业务 20%

Merrill Lynch　　Bank of America

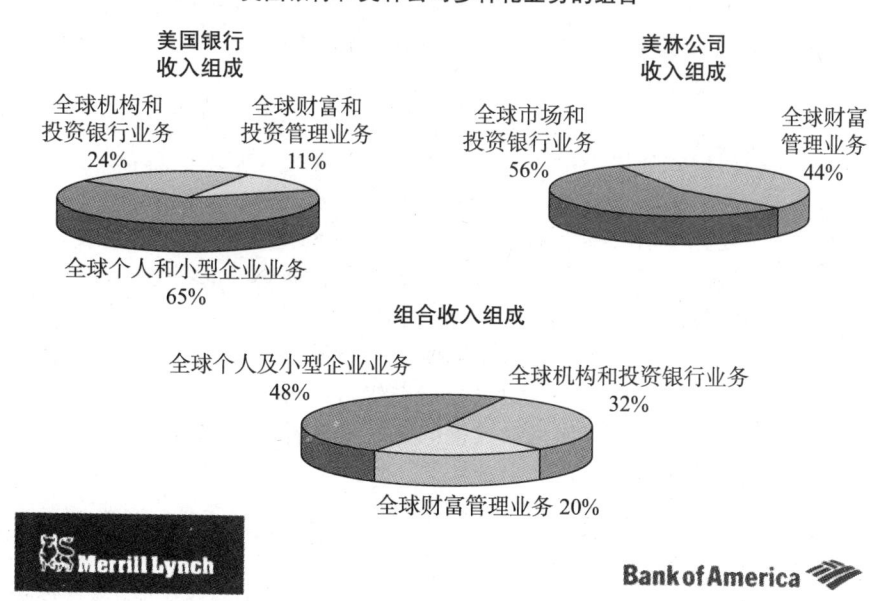

图22—1 摘自肯·刘易斯和约翰·塞恩的收购展示

对于收购的争论超出了收购美林的细节部分，而涉及了美银的收购策略。美银是美国为数不多的借助《格拉斯-斯蒂格尔法案》的撤销而合并了商业银行与投资银行业务的银行之一，另外两家是花旗集团和摩根大通。这种综合性银行在欧洲很常见，比如瑞士联合银行、德意志银行、瑞士信贷银行、巴黎国民银行、巴克莱银行、苏格兰皇家银行、意大利联合信贷银行，它们往往集传统业务、资本市场运作、公司咨询、做市交易和自营交易为一体。

2008—2009年的金融危机证实了这种综合性银行的抗击力。在几个主要的美国投资银行中，只有高盛和摩根士丹利幸存。综合性银行则借机收购，除美银收购美林公司外，摩根大通收购了贝尔斯登。综合性银行表明作为多样化的结果，其能利用风险分散的好处，并且它们不用完全依靠整个资本市场，而是通过零售银行存款获得稳定的财务状况。

另外，综合性银行具有战略性优势。首先，"一站式购物"为私人和机构客户提供综合的产品和服务。其次，纵向合并有利于零售分销网支持诸如债务抵押减记等投资银行活动。

但也有些人认为综合性的投资和商业银行的利益很小，但成本却很高。这些持批评态度的人指出，很少有金融机构能有效掌控这些金融产品的交叉营销，因为多样化的金融公司太过庞大，所以公司很难组织和管理。花旗公司经常被拿来当反面教材，其由于庞大的规模和复杂性而难以管理。部分问题在于如何设计管理系统，从而能充分利用商业银行和投资银行的协同作用，同时避免两者之间的内在冲突（见展示22—2）。

☞ 展示 22—2

综合性银行需要谨慎监管

作为独立银行的贝尔斯登、雷曼兄弟以及美林银行的破产，给投行敲响了警钟。高盛和摩根士丹利向公司银行的转化是对投行的致命一击。同时，银行中诸如摩根大通、美国银行、巴克莱银行这些新秀的成长成为了综合性银行战胜专业银行的典范。

美国财政部希望阻止金融垮台，它也对银行模式有了一个全新的认识，银行模式如果不恰当，就会为以后的金融风暴埋下隐患。通过允许并鼓励摩根大通、美国银行和巴克莱去支援那些陷入危机的银行，短期内是有效的。它同时还去培植一些大的综合性银行，它们规模庞大到无法破产，也就是TBTF原则。但这种基于高度多样化的经济企业集团的兼并银行模式也存在一些稳定性的问题。

过去的历史告诉我们联合大企业的管理比较复杂，它们会将盈利投资于一些落后的单位，这也是投资者肯对股价打折的原因。但这些金融综合企业也存在与风险管理相关的其他问题、利益冲突、资本配置等，这给银行稳定性带来了巨大的挑战。

综合性银行的首要问题是风险管理。一方面，这些银行有低风险的传统银行业务——比如存款、商业贷款——这些业务有政府的保险机制做支撑。同时它们也进行期货交易、借钱进行兼并、为个人管理证券投资组合、把它们的存款投资于衍生产品，同时设计一些复杂的贷款组合。这些银行由于业务多样，所以看起来相对稳定，但其实多样化也同样会产生问题。

美国有几家综合性银行，比如美国银行、摩根大通，它们也曾渡过一些难关。在欧洲，像桑坦德银行、西班牙比尔巴鄂比斯开银行，尽管只是强大的零售银行，也不像其美国同行业务那么多元化，但也非常成功。如果不去看这些特例，同时管理银行传统业务和有风险的金融业务，不仅给银行的基本业务带来更多风险，同时也给整个银行造成巨大压力。这也是美林、瑞银、福瑞斯以及美联银行的关键问题之一。

在综合性银行中，利益冲突普遍存在。这个问题由来已久，也难以避免。这是因为银行各部门所扮演的角色、发挥的功能各不相同：并购咨询、为并购提供资金、管理资产组合。职能划分制度和许多规章的变动缓解了矛盾，但不能从根本上消除矛盾。

信息披露和保护股东是另一个重要问题。当然，大型综合企业的资本配置无论在实施还是在编制上都很复杂。除非银行肯花心思去解释清楚，不然就像这次危机似的，无论监控者还是投资者都很难了解风险具体在哪里。

综合性银行所与生俱来的利益冲突不足以阻止其产生和存在，也不足以让人们重新使用《格拉斯-斯蒂格尔法案》。

但监控者应该紧密监督它们并督促它们尽快合法地将银行基本职能与金融服务业务分离。银行应该向投资者及股东提供更透明化、金融化的资本配置信息和风险信息。

会计也会在其中发挥相应作用。就拿这些破产的公司的年报来说，近三年来它们的年报大部分时间上看上去并没问题，甚至几乎都是免于风险的。

一个动态的经济需要能良好运作的银行。但是通用模型则需要对管制和非管制活动做一个明确的划分，而且要求有更高的透明度和更好的信息披露制度。除非我们能克服这一挑战，否则我们将来可能会面对一个更弱而不是一个更强的金融体系。

资料来源：J. Canals, Universal banks need careful monitoring, *Financial Times*, October 19, 2008. Reproduced by permission of Prof. Jordi Canals, IESE Business School, University of Navara.

附录1：美国银行的业务和业绩

概述

美国银行公司是一家在特拉华州注册的公司（以下简称美国银行或公司），是根据美国的《金融服务现代化法案》成立的银行控股公司和金融控股公司。我们的主要行政办公室位于美国北卡罗来纳州夏洛特市的美国银行中心。

我们的银行分支机构和各种各样的非银行分支机构遍布美国和精选的国际市场，我们提供各种各样的银行业务和非银行服务及产品，这些业务主要有三大块：全球个人和小型企业银行、全球机构和投资银行以及全球财富和投资管理。我们的业务已覆盖32个州、哥伦比亚地区以及其他30多个国家。美国82%的人口和44%的富裕家庭都在美国银行有业务。在美国，我们通过6 100多个零售银行中心、18 500多台自动柜员机以及网上银行（常用用户约为2 400万人），为5 900多万个人和小型企业客户提供服务。在15个发展最快的州中，我们在其中的13个州中设有银行金融中心，其中6个州我们占有最大的市场份额……

截止到 2007 年 12 月 31 日，我们有大约 210 000 名全职职员。其中，约 116 000 名负责全球个人和小型企业银行业务，21 000 名负责全球机构和投资银行业务，14 000 名负责全球财富和投资管理业务。

（单位为百万美元，除另有说明外）	2007 年	2006 年	2005 年	2004 年	2003 年
损益表					
净利息收入	34 433	34 591	30 737	27 960	20 505
非利息收入	31 866	37 989	26 438	22 729	18 270
扣除利息费用的总收入	66 319	72 580	57 175	50 689	38 775
信贷损失准备	8 385	5 010	4 014	2 769	2 839
非利息支出，不计合并和重组成本	36 600	34 792	28 269	26 394	20 155
合并和重组成本	410	805	412	618	—
所得税前收入	20 924	31 973	24 480	20 908	15 781
所得税支出	5 942	10 840	8 015	6 961	5 019
净收入	14 982	21 133	16 465	13 947	10 762
经营收益率					
平均资产回报率（%）	0.94	1.44	1.30	1.34	1.44
平均普通股股东权益收益率（%）	11.08	16.27	16.51	16.47	21.50
平均有形股东权益收益率（%）	22.25	32.80	30.19	28.93	27.84
总期末股本比总期末资产（%）	8.56	9.27	7.86	9.03	6.76
总平均股本比总平均资产（%）	8.53	8.90	7.86	8.12	6.69
派息比率（%）	72.26	45.66	46.61	46.31	39.76
普通股每股市场价格					
收盘价（美元）	41.26	53.39	46.15	46.99	40.22
最高收盘价（美元）	54.05	54.90	47.08	47.44	41.77
最低收盘价（美元）	41.10	43.09	41.57	38.96	32.82
市值	183 107	238 021	184 586	190 147	115 926
平均资产负债表					
总贷款和租赁	776 154	652 417	537 218	472 617	356 220
总资产	1 602 073	1 466 681	1 269 892	1 044 631	749 104
总存款	717 182	672 995	632 432	551 559	406 233
长期负债	169 855	130 124	97 709	92 303	67 077
所有者权益合计	136 662	130 463	99 861	84 815	50 091
资产质量					
补贴信贷损失	12 106	9 413	8 440	9 028	6 579
根据历史成本计算的不良资产	5 948	1 856	1 603	2 455	3 021
贷款和租赁的损失准备占未偿还贷款和租赁总额的百分比	1.33	1.28	1.40	1.65	1.66
贷款和租赁的损失准备占总不良资产和租赁的百分比	207	505	532	390	215
净坏账	6 480	4 539	4 562	3 113	3 106
净坏账占平均未偿还贷款和租赁的百分比	0.84	0.70	0.85	0.66	0.87

续前表

（单位为百万美元，除另有说明外）	2007年	2006年	2005年	2004年	2003年
不良贷款和租赁占按历史成本计算的未偿还贷款和租赁总额的百分比	0.64	0.25	0.26	0.42	0.77
不良资产占总贷款、租赁和所丧失抵押权的百分比	0.68	0.26	0.28	0.47	0.81
12月31日贷款和租赁的损失准备与净坏账的比率	1.79	1.99	1.76	2.77	1.98
资本比率（期末）					
基于风险的资本金					
一级	6.87	8.64	8.25	8.20	8.02
总数	11.02	11.88	11.08	11.73	12.05
一级杠杆	5.04	6.36	5.91	5.89	5.86

□ 全球个人和小型企业银行

2007年（百万美元）	总数	存款	卡服务	个人房地产	其他资产负债管理
净利息收入	28 809	9 423	16 562	2 281	543
非利息收入：					
卡收入	10 189	2 155	8 028	6	
服务收费	6 008	6 003	—	5	—
抵押银行收入	1 333	—	—	1 333	
其他所有收入	1 343	(4)	943	54	350
非利息收入总额	18 873	8 154	8 971	1 398	350
总收益，扣除利息支出	47 682	17 577	25 533	3 679	893
信贷损失准备	12 929	256	11 317	1 041	315
非利息支出	20 060	9 106	8 294	2 033	627
所得税前收入（损失）	14 693	8 215	5 922	605	(49)
所得税支出（收入）	5 263	2 988	2 210	234	(169)
净收入	9 430	5 227	3 712	371	120
净利息收益率*（%）	8.15	2.97	7.87	2.04	n/m
平均权益收益率（%）	14.94	33.61	8.43	9.00	n/m
效益比*	42.07	51.81	32.49	55.24	n/m
期末总资产	442 987	358 626	257 000	133 324	n/m

* 效益比衡量了获得一美元收入所支出的成本；净利息收入估计了我们在资金成本之上获得了多少基点。

全球个人和小型企业银行业务（GCSBB）的策略是维持原来的客户，同时吸引新的客户。我们通过遍布32个州和哥伦比亚地区的分支机构来提供更广范围的产品和服务，并利用这种能力来实现这个策略。我们还为加拿大、爱尔兰、西班牙以及英国的顾客提供信用卡。在美国，我们通过6 149个零售银行中心、18 753台国内自动柜员机以及电话和网络渠道，为5 900多万个人和小型企业客户提供服务。GCSBB有三项主要业务：

- 存款：为个人客户和小型商务组织提供各种存款服务，包括传统存款业务、短期资金借贷、个人退休账户、无息和计息支票账户、借记卡。
- 卡服务：除了借记卡以外，提供了一系列的卡产品，包括美国客户卡和对公卡、无抵押贷款以及国际卡。我们也提供各种联名卡，因此成为了美国和欧洲认可的权威银行卡签发者。
- 个人房地产：通过提供一系列房地产产品和服务而获利。个人房地产产品可以从6 149个网点获得，也可以从将近200个地区的信贷员那里获得，或者直接通过电话和网络获得。个人房地产产品包括针对购置房屋或再融资需要而提供的固定利率和可调整利率的按揭贷款、反向抵押贷款等。抵押贷款产品要么在保持美国银行与顾客的关系的同时通过二级抵押市场卖给投资者，要么以资产负债管理为目的记入资产负债表中。个人房地产业务不仅仅受公司的抵押贷款产品保留决策的影响。
- 个人房地产业务包括个贷的发起、执行以及第一抵押贷款产品、反向抵押贷款产品和不动产产品的销售和服务。服务主要包括为借贷筹集资金，从借款人那里获取利息和转让费，将利息付给投资者并将转让费付给第三方组织。服务收入包括与这些活动有关的辅助收入。

全球机构和投资银行

2007年（百万美元）	总数	企业借贷	资本市场和咨询	资金管理
净利息收入	11 217	5 020	2 786	3 814
非利息收入：				
服务收费	2 769	507	134	2 128
投资和经纪服务	910	1	867	42
投资银行收入	2 537	—	2 537	—
贸易账户盈利（损失）	(5 164)	(180)	(5 050)	63
所有其他收入	1 148	824	(971)	1 092
非利息收入总额	2 200	1 152	(2 483)	3 325
扣除利息费用的总收入	13 417	6 172	303	7 139
信贷损失准备	652	647	—	5
非利息支出	11 925	2 158	5 642	3 856
所得税前收入（损失）	840	3 367	(5 339)	3 278
所得税支出（收入）	302	1 246	(1 977)	1 213
净收入（损失）	538	2 121	(3 362)	2 065
净利息收益率（%）	1.66	2.00	n/m	2.79
平均权益收益率（%）	1.19	13.12	(25.41)	26.31
效益比	88.88	34.98	n/m	54.02
期末总资产	776 107	305 548	413 115	180 369

全球机构和投资银行业务部门为我们的股票、债券发行客户和投资客户——无论是商业银行、大型跨国公司还是投资机构——提供一系列金融服务，我们会为它们提供一些增值金融产品和咨询建议。全球机构和投资银行业务主要包括三个业务：企业借贷、资本市场和咨询、资金管理，这些业务通过

国际客户关系管理小组为客户提供服务和产品。另外，资产负债管理包括资产负债管理活动以及其他活动（比如商业保险）。我们的客户服务点覆盖22个国家，从地理上分为四大区域：美国和加拿大；亚洲；欧洲、中东和非洲；拉丁美洲。

- 企业借贷：提供广泛的与借贷有关的产品和服务。产品主要包括商业企业银行贷款和委托安排。这些产品面向我们的商业银行客户、中间市场商业客户以及大的跨国公司客户。房地产贷款主要贷给公、私房地产开发商和商业房地产公司。还包括租赁和资产抵押贷款、间接消费贷款。
- 资本市场和咨询：提供一些金融产品咨询服务以及为我们的投资者客户提供它们投资所需的资金。我们为商业和企业客户提供债券和股票承销及发行、兼并咨询服务，以及通过利率、股票、信用、外汇、货币和商品衍生品、固定收益证券、抵押贷款产品等各种风险管理产品为客户提供风险管理解决方案。
- 资金管理：通过我们各客户公司的网络提供资金管理的综合性服务。我们的客户来自海内外，包括中间市场公司、代理行、房地产公司和政府。我们的产品和服务包括资金管理、贸易融资、外汇、短期信用贷款和短期投资期权。我们通过无息存款、有息存款和其他负债管理来获得一定的利润。

□ 全球财富和投资管理

2007年（百万美元）	总数	美国信托	哥伦比亚管理	高端银行业务及投资
净利息收入	3 857	1 036	15	2 655
非利息收入：				
投资和经纪服务	4 210	1 226	1 857	950
所有其他收入	(144)	57	(366)	146
非利息收入总额	4 066	1 283	1 491	1 096
扣除利息费用的总收入	7 923	2 319	1 506	3 751
信贷损失准备	14	14	—	27
非利息支出	4 635	1 592	1 196	1 700
所得税前收入	3 274	741	310	2 024
所得税支出	1 179	274	114	749
净收入	2 095	467	196	1 275
净利息收益率（%）	3.06	2.69	n/m	2.70
平均权益收益率（%）	18.87	17.25	11.29	72.44
效益比	58.50	68.67	79.39	45.31
期末总资产	157 157	51 044	2 617	113 329

全球财富和投资管理为个人和机构客户提供为其量身定制的满足其不同财富管理要求的一系列定制银行业务、投资及经纪业务。此业务主要由三大部门提供：美国信托，即美国私人财富管理信托银行；哥伦比亚管理；高端银行业务及投资。

美国信托

2007年7月我们完成了美国信托公司的33亿美元资金与私人银行和家庭财富咨询的合并，成立了美国信托。成立的消息是2007年7月1日公布的。在这一天之前，合并的结果仅仅反映出之前的美国私人信托给那些拥有超过300万美元可投资资产的富豪或超级富豪提供综合的投资管理方案。除此之外，美国信托还为客户提供财富规划、投资管理、信托和银行服务以及一些特殊资产管理服务（比如油、汽、房地产、农田等）。客户也可通过公司享有可利用资源来获利，这些可利用资源包括资本市场产品、复杂的融资方案及广泛的银行平台。

哥伦比亚管理

它为个人和机构客户提供资产管理服务，包括共同基金和独立账户。哥伦比亚共同基金提供一系列的投资策略和产品，包括股票、固定收益产品（应税收益和非应税收益）和货币市场（应税和非应税）基金。哥伦比亚管理部门将产品和服务直接提供给机构客户，通过高端银行业务及投资部门、美国信托以及包括其他经纪商号在内的非专属渠道将产品和服务分配给个人客户。

高端银行业务及投资

它包括美国投资银行部门、全方位零售经纪业务部门以及高端银行业务部门。它通过一对一的客户服务团队所提供的优先服务为客户带来个性化的银行和投资专业服务。它通过5 600个客户小组来为富裕客户提供高端的银行及投资服务，这些富裕客户拥有超过500万美元的投资和抵押资产，或者至少拥有100万美元的投资资产。

附录2：美林公司的业务和业绩（摘自2007年的10-K报告）

□ 业务

美林公司正式成立于1914年，1971年6月23日发展成为公共贸易公司，1973年发展成为证券投资公司。在40多个国家和地区设有分支机构，是世界领先的资本市场、咨询和财富管理公司。在国际财富管理业务中，到2008年12月26日，我们共有大约1.2亿美元的客户资产。作为投资银行，我们是一家领先的金融衍生品与证券承销商和交易商，涉及各种各样的资产类别，同时我们也为世界范围内的公司、政府、机构和个人提供战略咨询服务。另外，正如2008年12月26日所说，我们拥有黑石集团一半的经济利益，黑石集团是世界上最大的公开交易投资管理公司之一，截至2008年年底管理着大约1.3万亿美元的资产。

☐ 全球市场和投资银行

全球市场业务部门由固定收益证券、货币及商品期货部以及针对投资者的销售和交易活动的权益投资市场部组成，而投资银行业务部门提供一系列的发行建议和战略咨询服务。全球市场将证券、衍生品、货币和其他金融投资工具引入市场来满足客户的需求。此外，全球市场也从事一定的自营交易活动。全球市场是一家领先的固定收益证券、货币和能源产品及衍生品的全球分销商。全球市场还是世界上最大的股权交易操作商之一，以及领先的股权及股权相关产品的发行和分销商。

另外，全球市场向客户提供融资、证券结算、交割和保管服务，并从事各种各样资产类别的本金投资和私募股权投资业务。投资银行部通过股票、债券和相关证券的发行与承销来为客户筹集资本。投资银行还向客户提供战略管理、评估、兼并、收购和重组方面的咨询服务。

☐ 全球财富管理

全球财富管理是我们提供全方位服务的零售财富管理部门，提供经纪服务、投资建议和金融规划服务，同时它也为个人、中小型企业和员工福利计划提供自营的第三方财富管理产品与服务。全球财富管理由全球个人客户和全球投资管理组成。

全球个人客户通过 Total Merrill^{SM} 平台提供各方面的财富管理产品来协助客户管理财富。Total Merrill^{SM} 是全球个人客户的核心平台，为客户提供投资选择、经纪、建议、规划和/或运营分析服务。全球个人客户提供的产品和服务包括：收取佣金和服务费的投资账户、银行服务、现金管理、信用卡服务（包括个人消费者和小型企业借贷以及维萨卡）；信托和代际规划服务；养老金服务和保险产品。

正如 2008 年 12 月 26 日所说，全球个人客户通过大约 16 090 名理财顾问向个人和中小型公司及机构提供服务。

全球投资管理包括创造和管理财富管理产品，包括为客户提供的替代性投资产品。全球投资管理还包括管理我们在其他投资管理公司（比如黑石集团）所拥有的股份。

	全球市场和投资银行	全球财富管理
客户	公司、金融机构、机构投资者和政府	个人、中小型企业和员工福利计划
产品和业务	**全球市场** （包括固定收益证券、货币及商品期货以及权益投资市场）便利客户交易以及将证券、衍生品、货币、商品和其他金融投资工具引入市场来满足客户的需求；向客户提供融资、证券结算、交割和保管服务；从事本金投资和私募股权投资业务，包括管理投资基金和从事一定的自营交易活动。	**全球个人客户** 主要通过理财顾问委员会的收取服务费的投资账户向客户提供产品和服务；还向客户提供银行服务、现金管理和信用卡服务（包括个人消费者和小型企业借贷以及维萨卡）、信托和代际规划服务、养老金服务和保险产品。

续前表

	全球市场和投资银行	全球财富管理
	投资银行 向发行商客户提供一系列证券发行服务，包括公众及私募股权、债券和相关证券的发行和承销，以及面向全球客户的借贷和融资活动；向客户提供战略管理、评估、兼并、收购和重组方面的咨询服务。	**全球投资管理** 为全球个人客户创造和管理对冲基金及其他替代性投资产品，包括管理我们在其他投资管理公司比如黑石集团所拥有的股份。

按地理区域划分的结果（2008年）见下表：

（百万美元）	2008年	2007年	2006年
净收入			
欧洲、中东和非洲	(2 390)	5 973	6 896
太平洋沿岸	69	5 065	3 703
拉丁美洲	1 237	1 401	1 009
加拿大	161	430	386
美国以外区域的总额	−923	12 869	11 994
美国	−11 670	−1 619	21 787
净收入总计	(12 593)	11 250	33 781
连续营业的税前收入			
欧洲、中东和非洲	(6 735)	1 211	2 091
太平洋沿岸	−2 559	2 403	1 204
拉丁美洲	340	632	357
加拿大	5	235	181
美国以外区域的总额	−8 949	4 481	3 833
美国	−32 882	−17 312	5 977
连续营业的税前收入总计	(41 831)	(12 831)	9 810

业务组合的结果（2008年）见下表：

（百万美元）	全球市场和投资银行	全球财富管理	美林投资管理	公司	总计
非利息收入	(25 416)	10 464	—	(1 675)	(16 627)
净收入	(26 460)	12 778	—	1 089	(12 593)
非利息支出	15 084	10 432	—	3 722	29 238
连续营业的税前（损失）收入	(41 544)	2 346	—	(2 633)	(41 831)
年底总资产	568 868	97 849		826	667 543
2007年					
非利息收入	(4 950)	11 719	—	(1 068)	5 701
净收入	(2 668)	14 021	—	(103)	11 250
非利息支出	13 677	10 391	—	13	24 081
连续营业的税前（损失）收入	(16 345)	3 630	—	(116)	(12 831)
年底总资产	920 388	99 196		466	1 020 050

附录3："金融业的黄金时代已经结束了"——肖恩·杜力

□ 美国银行CEO和肯·刘易斯——金融行业中新的领军人物谈华尔街的未来和经济的前景

到华尔街的新的中心，跳上去拉瓜迪亚的出租车，乘坐到夏洛特的飞机，走进褐色的巨塔，路过描述那些忙碌的人们的壁画，乘坐电梯到达58层，那么你就到达了美国银行的总部，你马上就会进入肯·刘易斯的办公室。

刘易斯并不喜欢现在失去了道德和理智的唯利是图的现象，他的公司代表的是金融的未来，美国银行以500亿美元收购美林的事件成为了一个榜样。它的同行摩根大通和花旗银行也是投资银行和商业银行的结合体。但美银和美林是有史以来规模最大的结合。

这次兼并能否使股东富有，市场什么时候能结束混乱的状态，这些都不得而知。但可以确定的是，刘易斯看到了他梦想实现的曙光。他说："我与美林集团主席、总裁兼首席执行官接触过，但他没有太大兴趣。"然而现在危机带来了机遇，"我们开始实施我们的蓝图。"

兼并美林正是刘易斯所需要的，这16 700名金融咨询师加入美银后，美国银行将拥有2.5万亿美元的客户资产，成为世界上最大的经纪商。如果两个公司都保持其现有的市场份额，美银将从世界投资银行的第二梯队跃入全球债券和股票承销的第一梯队。在这次创造了真正的全国性银行业品牌的兼并的几年之后，美银通过最近对全美金融公司的兼并，已跃居成为信业卡、零售银行业务和抵押业务领域的第一。美银现在已经是一个成熟的金融超级市场了。这种金融市场模式在摩根大通银行试行得比较成功，但在花旗银行较为失败。

61岁的刘易斯认为美国银行会比摩根大通和花旗银行更有优势，因为他有更丰富的经验——在商业以及其他更多的领域。坐在他那挂着哈德逊河学校美景图的办公室中，他认为金融的未来应该描述为"小心的狂欢"。他预言恣意消费的终结和艰难的市场会带来一大片伤亡，只有少数巨头冠军企业会幸免于难。这终究对他有好处，虽然他讨厌华尔街上涨的薪水，但金融危机给他带来了兼并美林的机会，并且其他投行实力的削弱对他也是有利的。他说："我们得到了不少机会。"

刘易斯并没有幻想接下来几年会好过。他对《财富》杂志说："金融业的黄金时期已经结束了，赚钱越来越难了，时代不同了。"对他而言最大的困难是消费者的困境。比如美国信贷缩水、巨额的抵押贷款、油价及长期的失业危险使消费者意识到，他们可能付不起欠下的债务，更不用说扩大消费贷款。他说："恐怕消费者也和许多银行一样，将不会有那么大的杠杆了。"

在他看来，银行和消费者一样，存在危机。结果，银行可能连满足抵押和信用贷款都面临重重困难。他说："明年至2010年，我们会发现更多的银行减记，那时将会有许多大银行没有充足的资金支持债务。"他认为想通过信用来扩大市场份额的计划是渺茫的。

刘易斯认为美国银行的优势不仅在于资金丰富,而且美国银行还是幸存的几家投资银行之一,除了美银之外,也就是高盛和摩根士丹利了。它们都成为了银行控股公司,它们这样做的优势在于发生危机时还有稳定的存款可以提供支持,而不是像短期债务那样在危机中就失灵了。但这样做的同时也会使它们的资产缩水。

刘易斯认为这种转变将使它们在资本市场的实力大大削弱。为什么呢?理由很复杂,但有一点原因是明确的:由于高盛和摩根士丹利必须通过降低它们的高杠杆来缩减资产和负债,它们没有办法为公司客户不断增长的需求提供相应的财务方面的选择——因为给予高盛和摩根士丹利承销业务的公司往往希望银行能够扩大它们的循环信贷额度和过桥贷款来作为银行所提供服务的一部分。刘易斯说:"作为银行控股公司,高盛和摩根士丹利必须缩减资产和负债,但同时只有扩大资产和负债才能给它们带来业务。因此它们在这方面的竞争力被削弱。"那么刘易斯是如何面对的呢?他说:"我们早有安排,不用担心。"

但刘易斯也面临许多困难。首先就是美银的资金,因为收购了美林,它在资金上多少会有些影响。除非银行提高资产净值,否则它的资本与资产的比重会下降到 7.4%,低于刘易斯 8%~8.5%的目标。刘易斯正在考虑减少美银的股利,每季度减少约 30 亿美元,全年共减少 118 亿美元。"这是第一次需要把美林考虑到报表中,资金的需求越来越明显和紧张,"刘易斯说。

但减少红利会打击到那些因为美银可靠的、持续上涨的支付率而购买美银股票的投资者,而且这对他来说也是一种退却,因为他不久前告知他们不会减少红利。"如果宣布这一举措,就会打击投资者,从而导致股价下跌。"奥本海默集团的梅雷迪恩·惠特尼(Meredith Whitney)说。

美银另一个重大的问题就是是否向美林支付了过多的钱。刘易斯称它为"一个终生的机会"。但果真如此吗?尽管长期可能会有很大收益,但美银收购时还是可能超支了。直到 9 月 12 日(周五)刘易斯衡量已经倒闭的雷曼兄弟时,才发现雷曼兄弟约有 850 亿美元的有毒资产。"我们估计这 850 亿美元里有 100 亿美元是'在水面以下的'。"他通过计算发现雷曼兄弟的有用资产不足以补偿其损失,他想让政府资助 650 亿~700 亿美元。周五晚上刘易斯与财政部部长保尔森通话时说,如果政府不予以财力支持,他将无法收购雷曼兄弟,保尔森说他无能为力,刘易斯只好放弃收购。

9 月 13 日(周六)早上美林 CEO 塞恩给身在夏洛特的刘易斯打电话,商议合并事宜,两人在 36 小时内达成了这一重大决议。一个巨大的疑问就是刘易斯为什么要花 500 亿美元,以每股 29 美元的价格收购,而这个价格是美林周五收盘价的 1.7 倍。看上去下周起雷曼兄弟的倒闭就会危及美银而带来美银的倒闭,的确,雷曼兄弟在周一早上破产了。接下来的一周巴克莱银行以 17 亿美元收购了雷曼兄弟在北美的投资银行业务及其总部的资产。

但刘易斯为什么不等到周一早上美林公司面临破产时,"乘人之危"一把用低价收购美林呢?刘易斯解释道,如果美林破产,那么会有许多收购者觊觎美林,美银的收购就不会太顺利。"如果那样,我们会有更多竞争者,高盛和摩根士丹利也会插手。"所以他不想丧失这个机会,他也没有在价钱问题上与塞恩进行过多次谈判,"他出价高一些,我出价低一些,"他简单地说。

如果刘易斯等待时机的话，机会也许就在等待中溜走了。他并不后悔用那个价钱收购了美林，他说："美林的价值绝对不止 500 亿美元。"他向股东保证会节省 70 亿美元的税前开支，可能吗？除非考虑刘易斯从全美金融公司的收购或从 2004 年波士顿舰队金融公司的收购中节省异常多的成本。刘易斯特别急切地要改变美林的工资标准。他说："美林公司员工的工资是华尔街的水平，高于我们公司，但这不会持续很久，我会将工资调整到市场正常水平。"

如果新员工对工资不满，或者对刘易斯对于美林的任何改变不满，那么他们也不用浪费时间抱怨。因为刘易斯没有耐心听他们抱怨。几年前有个顶级管理人员抱怨另外一个管理人员暗中诋毁他，几天后他在桌上发现了刘易斯的信，上面写着三个字："克服它"。

[注释]

［1］ "BofA/Merrill Lynch," *Financial Times*，September 16，2008.

［2］ 参见 A. M. Cuomo, "Bank of America—Merrill Lynch Merger Investigation," State of New York Office of the Attorney General（April 29，2009）, http://online.wsj.com/public/resources/documents/BofAmergLetter-Cuomo4232009.pdf, accessed July 3，2009。

［3］ 关于这一点，刘易斯与美国政府官员之间的说话内容不是很清楚。参见 A. M. Cuomo, "Bank of America—Merrill Lynch Merger Investigation," State of New York Office of the Attorney General（April 29，2009）, http://online.wsj.com/public/resources/documents/BofAmergLetter-Cuomo4232009.pdf, accessed July 3，2009。

23

杰夫·伊梅尔特和 2009 年的通用电气变革

2009 年 4 月

  2009 年 4 月 22 日，通用电气公司（General Electric Company，简称 GE 公司）的主席和首席执行官杰夫·伊梅尔特（Jeff Immelt）正在佛罗里达的奥兰多市准备年度股东大会——这是自他担任 CEO 以来的第八次会议。这次会议将会缺乏他的前任杰克·韦尔奇（Jack Welch）任职期间开会时一贯乐观、快乐的氛围。这一天通用电气的股票交易价格略低于 12 美元——比起六周前的 6 美元来说有了起色，但是远远低于 2000 年后半年伊梅尔特宣告任职时的 53 美元的股票价格。股东被通用电气决定大幅削减股息的决定进一步激怒了——这是自 1938 年以来通用电气第一次削减股息。

  自从担任了通用电气的领导者，伊梅尔特逐渐熟悉了如何在逆境中生存。如果说从杰克·韦尔奇手中接过了"活着的神话"和"过去半个世纪以来最杰出的管理者"这一重任已经足以令人却步的话，外部事件马上就表明了他的工作将会是多么艰难。

  伊梅尔特接过主席一职四天后，两架被劫持的客机袭击了纽约世贸中心，引发了一系列深刻影响通用电气经营环境的事情。一个月后，安然公司的倒闭恶化了关于公司治理、行政道德和财务报告的信任危机。特科国际（一家明确效仿通用电气的公司）的丑闻和分解成三个独立公司的决定加深了人们对企业集团商业模式的怀疑。通用电气不久就被卷进了有关操纵财务报告和管理层薪资水平的争议中。在分析家们惊叹于通用电气平稳的收入增长速度不久之后，人们发现通用电气是通过有规划地动用储备资金和季度末资产销售以取得季度销售收入的。更加严厉的批评指向了通用电气对其真实风险的掩饰，这一风险源于通用电气合并它的工业业务和金融服务业务（通用电气资本公司）的财务报表。2002年3月，IPCO基金管理集团的比尔·格罗斯（Bill Gross）认为通用电气资本公司主要是一家金融服务公司，但因为有了通用电气工业业务的支持，通用电气资本公司得以在有限的资金基础上运营并保持AAA的信用评级。伊梅尔特进一步遇到的问题出现在2002年9月，有关韦尔奇从通用电气退休细节的惊人消息被透露给了媒体。

到了2006年，伊梅尔特似乎成功地将杰克·韦尔奇的影子驱除出了通用电气，并赢得了对抗外部逆境的战役。在2003—2006年间，伊梅尔特新的成长战略实现了收入和利润目标。与投资团体更好的交流和更加详细的财务报告对于重塑投资者对通用电气的信心是很有帮助的。从2003年到2007年前期，通用电气的股票价格经历了持续的恢复上涨。2005年和2006年，重获《财富》杂志评选的"最受尊敬的公司"头衔证实了通用电气的复兴。

接踵而来的是2008—2009年的金融危机。次级抵押贷款、按揭证券问题加剧了全球信用危机，促成了很多美国最大的金融机构的破产或促使它们接受政府的紧急财政救助。这些公司包括贝尔斯登公司、雷曼兄弟、美国国际集团、房利美和花旗集团，危机也深刻地影响了通用电气。通用电气资本公司——通用电气的金融服务臂膀——是美国最大的金融服务公司之一。20年来通用电气资本公司一直是通用电气的主要增长发动机，而现在却被看成是集坏账和资产减值于一身的"定时炸弹"。

2008年第一季度结束两周前，伊梅尔特确定通用电气将会实现每股0.5～0.53美元的预计季度收入。六周后通用电气仅获得了每股0.44美元的收益，这一消息十分令人失望——通用电气长久以来保持着可靠的盈利预期和不变地实现甚至超过其财务目标的记录。前CEO杰克·韦尔奇非常愤怒："如果他（伊梅尔特）没能使他现在承诺的事情发生，我会掏出枪来把他毙了。这是他搞砸的地方：你做出了一个承诺并把它传播出去，但你在三周后却没有履行诺言。杰夫存在信誉问题。"

随着金融危机的加剧，伊梅尔特被迫采取迅速行动来支撑通用电气的资产负债表。9月25日，他暂停了通用电气的股票回购项目，重申通用电气不需要外部资金。然而，一周后伊梅尔特与沃伦·巴菲特达成了一项协议，后者购买通用电气30亿美元的股票，而通用电气保证后者每年能获得10%的股利。消费者信心进一步减弱：股东们害怕通用电气资本公司——2007年创造了通用电气42%的利润——会拖垮整个通用电气。正如詹姆斯·奎因（James Quinn）在seekingalpha.com中所评论的那样：

> 大多数人认识的通用电气是一个生产电灯泡、家电和飞机发动机的工业企业集团。事实是……通用电气是一家伪装成工业企业集团的银行……

在2004—2007年繁荣时期作为银行的通用电气在利润方面创造了奇迹，如今作为银行的通用电气是一条需要拆毁的石子路。[1]

"通用电气资本公司的盈利奇迹"的核心在于通用电气AAA的信用评级，这使通用电气资本公司能够以较低的资金成本和比其他金融机构更弱的资产负债结构筹集资金。3月12日，标准普尔将通用电气的信用级别从3A降到了AA+，进一步破坏了公司及其CEO的名声。

伊梅尔特和公司首席财务执行官基思·谢林（Keith Sherrin）在2009年4月22日股东大会上的讲话集中在两个关键的战略问题上。谢林就通用电气如何恢复其财务优势以度过如今的衰退时期发表了讲话。伊梅尔特的讲话则集中在通用电气更长远的战略上。伊梅尔特重申了自七年半前他接任CEO以来不断发展起来的公司战略的主要元素。伊梅尔特特别强调了通用电气承诺有机增长，探寻技术进步和全球化；在环境保护、基础设施和医疗保健方面通过使其与通用电气现有的能力和出现的机会相匹配来创造新的商业机遇以及在即将到来的时代发展能使通用电气繁荣壮大的领导力。同时，伊梅尔特强调如今的金融和经济危机为什么是百年一遇的重新"洗牌"。未来会发生很多改变，例如金融服务的重要性减弱、政府的作用增强、更低水平的富裕程度以及对名誉和信任更多的关注。

伊梅尔特指出了能使通用电气"度过衰退周期，并在之后建立长期专营权"的五大方面：

● "建立强大的业务。"通用电气的四大主要业务——能源基础建设、技术基础建设、通用电气资本公司和NBC环球——将会是通用电气成长的基础以及未来创造现金流的源泉。通用电气已经放弃了它最缺乏吸引力的项目（例如保险和再保险，塑料和有机业务），并进入了几个极具潜力的工业领域：可再生能源，石油和天然气，水资源，医疗保健信息技术，航空电子技术和电缆。通用电气战略组合中最主要的变化是通过退出一些产品领域来缩减通用电气资本公司的规模，逐渐转移到建立通用电气资本公司和通用电气的其他业务（例如飞机租赁业务）的关系上来。

● "在创新、服务和全球化方面投资。"在当下的十年，通用电气在研发方面投入了约500亿美元的资金。例如通用电气在智能电网方面的投资，这一创新能使通用电气节省大量能源。通用电气新的钠电池在能量储存方面有了巨大进步，并在电能生产和交通运输（尤其是机车）方面具有潜在的应用价值。在大众传媒方面通用电气研发出了Hulu，是继YouTube之后世界上最大的视频网站。在大脑成像和从煤炭中生产清洁能源方面，通用电气同样是世界领先者。在通用电气所有的工业业务之中，客户服务和技术支持与维护将会成为通用电气成长的主要源泉以及创造利润的主要贡献者。

● "对基本主题的姿态。"对通用电气来说，基本主题是充满着进入机会的关键领域。这些基本主题中最重要的一个是"绿色创想"计划——在诸如"绿色能源"之类的对环境负责的活动中进行业务的创新和发展。在不远的将来，通用电气将基础设施建设看作一个巨大的机会。通用电气对机遇的寻求同样集中在那些国内基础设施、医疗保健和能源等公共花费将有巨大增长的国家，这些国家包括美国、加拿大、中国、巴西、英国、法国、德国以及中东地区。

- "驱动竞争优势。"和往常一样，雄心勃勃的绩效目标是通用电气战略制定的基础。继将绝对的焦点集中在以飞速增长作为盈利的主要驱动力之后，2009年伊梅尔特将通用电气的焦点转为成本削减，并设定了年削减成本50亿美元的目标。
- "对人才做出承诺。"伊梅尔特重申了通用电气对发展人力资源的承诺。这一承诺包括在培训方面进行投资、重视保留金的作用以及培育员工忠诚度。[2]

尽管在2009年3月和4月通用电气展现出了更好的财务稳定性，其股价也开始恢复，但笼罩在通用电气的前景和由公司主席及CEO制定的战略上的阴云仍将继续存在。大多数的担心都和通用电气资本公司在整个通用电气中扮演的核心角色有关。尽管伊梅尔特打算缩小通用电气资本公司，但通用电气资本公司在可以预见的将来仍旧是通用电气资产的一个主要部分。这样的话，通用电气资本公司将一直是通用电气风险的来源。伴随着通用电气3A信用评级的丧失，通用电气工业部分和金融部分的财务协同效应不再那么明显。

对通用电气进一步的担忧是伊梅尔特基于创新和探索"基本主题"的有机增长战略能否实现投资者预期的长期利润增长。正如哈佛大学的克莱·克里斯滕森（Clay Christensen）观察到的那样：

> 通用电气的主要增长发动机是通用电气资本公司……但它在过去是一个巨大的增长发动机并不意味着它在将来也是。这就是我对通用电气最担心的地方。我没有看到一部能够和它过去的那部相提并论的新增长发动机。公司面临的一个挑战是，如果一家公司变得越来越大，那么这家公司对小机会的兴趣就越来越少。而所有在未来成长很快的大市场如今都是成长缓慢的小市场。[3]

通用电气已经展示了内部增长的能力。然而，通用电气的增长主要是靠获得重要的新业务并通过全球化和运用其强大的管理系统进行扩展的结果。

此外，通用电气正在寻求的重要增长机会涉及整个产品和服务系统的发展和销售。在医疗保健方面，通用电气寻求的交易不仅包括医疗图像设备的供应，还包括发电机、技术支持、培训和金融服务的供应。在基础设施建设方面，通用电气热衷于涉及硬件系统、支持服务、金融和培训的多方面的交易。发展这些类型的业务机会需要高水平的跨越多个组织单元的协调——这将不可避免地增加组织复杂度，并使连接个人动机与个人及组织绩效的系统更难实施。

最后，伊梅尔特不得不面对通用电气到底还有没有意义这一问题。投资者和管理学家认为近20年来综合性大企业已经十分过时了。大多数综合性大企业不是将自己重组为更加专业化的公司（例如，德事隆集团，通用磨坊食品公司，天合汽车集团，贝特尔公司），就是完全破产（例如，ITT公司，汉森公司，威望迪环球集团，泰科国际有限公司）。尽管最近几年通用电气已经被建议破产好几次，但这一想法极少获得严肃的支持：通用电气是一个例外；它的质量管理避免了曾经困扰其他大型高度多元化企业的问题。这一推论在2009年4月并没有获得人们太多的信任。通用电气广泛的多元化并没有为通用电气在经济周期中保持稳定提供多少帮助——削减股利就清楚地表明了这一点。更为糟糕的是，通用电气的管理者们很大程度上失去了他们的英雄地位。伊梅尔特撤回他曾经在收入、资金需求和股利上做出的担保，而未能预见到依赖大规模信贷市场的通用电气资本公司的脆弱性极大地削弱了伊梅尔特的信誉，动摇了通用电气的管理能有效应对市场波动的信念。

在通用电气120年历史的绝大多数时期，它都是现代管理的先驱。通用电气提出了许多构成当今大型公司运作基础的原则和方法。伊梅尔特想要在2008—2010年的衰退后彻底重建商业环境的想法存在一个关键问题，即这个新的商业环境能否为通用电气在公司发展中开创新纪元提供机会，或者是否会暴露出商业模式建立在前一个世纪的管理逻辑上的企业巨头的弱点。

表23—1总结了通用电气2002—2008年的财务表现。

表23—1　　　　　　　　通用电气：2002—2008年的部分财务数据

（百万美元）	2008年	2007年	2006年	2005年	2004年	2003年	2002年
通用电气合并报表数据							
收入	182 515	172 488	151 568	136 262	123 814	113 421	111 967
净收入	17 410	22 208	20 742	16 720	17 222	15 561	12 998
经营活动现金收入	48 601	43 322	31 455	37 691	36 493	29 229	28 766
投资活动现金支出	(40 901)	(69 504)	(52 647)	(35 099)	(38 423)	(21 843)	(61 227)
平均股东权益收益率	15.9%	20.4%	19.8%	18.1%	18.8%	20.0%	25.2%
股票价格	38.52—	42.15—	38.49—	37.34—	37.75—	32.42—	41.84—
变动幅度（美元）	12.58	33.90	32.06	32.67	28.88	21.30	21.40
年终结算股票价格（美元）	16.20	37.07	37.21	35.05	36.50	30.98	24.35
总资产	797 769	795 683	697 273	673 210	750 252	647 834	575 018
长期负债	330 067	319 013	260 749	212 167	207 784	170 309	138 570
总雇员	323 000	327 000	319 000	316 000	307 000	305 000	315 000
美国	152 000	155 000	155 000	161 000	165 000	155 000	161 000
其他国家	171 000	172 000	164 000	155 000	142 000	150 000	154 000
通用电气数据（工业业务）							
短期负债	2 375	4 106	2 076	972	3 252	2 555	8 786
长期负债	9 827	11 656	9 043	8 986	7 561	8 388	970
股东权益	104 665	115 559	111 509	108 633	110 181	79 666	63 979
总资本投资	123 545	137 824	128 172	123 899	128 230	91 684	74 763
总资产收益率	14.8%	18.9%	18.5%	16.7%	16.9%	18.1%	24.0%
资产负债率	9.9%	11.4%	8.7%	8.0%	9.0%	11.9%	13.0%
运营资金	3 904	6 433	7 527	7 853	7 788	5 282	3 821
GECS数据（金融服务业务）							
收入	71 287	71 936	61 351	54 889	50 320	43 513	38 456
净利润	7 055	10 301	10 658	7 577	8 728	7 974	2 491
股东权益	53 279	57 676	54 097	50 812	54 379	45 790	37 202
总借款	514 601	500 922	426 262	362 042	355 463	316 593	267 014
通用电气资本公司的负债权益比	8.76:1	8.10:1	7.52:1	7.09:2	6.45:1	6.62:1	6.48:1
总资产	660 902	646 485	565 258	540 584	618 614	554 877	489 602

资料来源：General Electric, 10-K reports 2006 and 2008。

通用电气公司

杰夫·伊梅尔特在2001年继承的通用电气是世界上最有价值的公司,并被广泛看作是世界上最成功的公司。它是自1896年道琼斯指数设立以来至今唯一仍在道琼斯工业指数榜上的公司。通用电气成功的关键在于将巨大的规模和不断的适应相结合。在过去的几十年中,通用电气不断调整其业务组合与管理系统以适应变动世界中的需求和机遇。

通用电气建立于1892年,由托马斯·爱迪生(Thomas Edison)的电灯公司和托马斯休斯敦公司合并而来。它的业务基于探索爱迪生的与电能生产和分配、电灯泡以及电动汽车相关的专利。在20世纪,通用电气不仅是世界上最大的工业企业,而且是"经营管理的典型——是一所供商学院研究的实验室和被其他寻找有经验管理者的公司挖取人才的地方"[4]。1892—1922年在查尔斯·科芬(Charles Coffin)的领导下,通用电气成功地和爱迪生工业研发实验室联姻,拥有了一个能够将科学发现转化为市场产品的商业系统。第二次世界大战以后,在彼得·德鲁克(Peter Drucker)的帮助下,董事长拉尔夫·科迪纳(Ralph Cordiner)开创了企业管理系统化的新方法。在弗雷德·伯什(Fred Borch,于1963—1972年担任通用电气的CEO)的领导下,通用电气建立了一套基于战略业务单元和投资组合分析的战略管理系统,这一系统也成为了大多数多元化企业效仿的典范。1973—1981年通用电气的董事长雷吉·琼斯(Reg Jones)进一步发展了通用电气将战略计划制定技巧与财务管理系统相结合的公司管理系统。

在担任领导人的20年里,杰克·韦尔奇引发了一场在通用电气历史中最为全面的战略和组织变革之一。通用电气的业务组合通过从缺乏成为全球领导者潜能的开采与制造业务中大量退出并向服务业务——尤其是金融业务转移而重新形成。到了他退休的时候,通用电气资本公司创造了通用电气接近一半的利润并成为了通用电气最主要的资产。韦尔奇认为:通用电气是绩效文化的产物,支撑这种文化的,是设定、监督绩效目标以及激励员工取得成就的全面的系统。

> 改变文化——使文化发生跃变——意味着不是经常问自己走得有多快,与去年或者两年前相比做得多么好,而是经常问自己相比外面的世界跑得有多快和做得有多好。比起外部标准来我们前进得够快了吗,我们做得更好了吗?
>
> 展望意味着用梦想设立商业目标——至于如何达到并没有真正可行的想法……当我们设定每年达到10次存货周转的目标时我们当然不清楚如何达到这个目标,但是当我们逐渐接近目标以及当我们开始确信我们能达到这个目标时——是时候开始另一个展望了。[5]

韦尔奇对通用电气复杂的官僚体制发动了一场战争,消除了等级层次。他的管理风格建立在直接的人际交往这一基础上——这种风格通常会与这样的沟通格格不入：经理承诺实现宏大的绩效目标，之后逼迫自己和下属去实现这个目标。通用电气管理系统的每一个方面都被彻头彻尾地重新设计，从战略计划到人力资源管理。除了重建通用电气的文化和基础设施，每隔几年韦尔奇都会提出一项重大的能够改变通用电气战略方向的公司提议。这些提议包括：在你所在的全球行业中成为第一或是第二；"群策群力"，一种在举行公司会议时允许有关组织变革的基层意见得以实施的做法；"六西格玛"，一种倡议在整个公司范围内提升质量和可靠度的计划；以及"摧毁你的业务网站"，一项鼓励探索网络科技的倡议。

这一变革的结果是 20 年杰出的公司业绩。在 1981—2001 年间，通用电气的收入从 300 亿美元增长到 1 260 亿美元，净收入从不到 20 亿美元增长到 140 亿美元，股票市场资本总额从 140 亿美元增长到 5 100 亿美元——股东年均收益占到了股票市场资本总额的 24%。

杰夫·伊梅尔特

杰夫·R·伊梅尔特在 44 岁的时候被任命为通用电气的 CEO。他之前曾担任过通用电气塑料集团的副总裁，之后担任通用电气医疗系统集团的总裁。他拥有达特茅斯学院的经济与应用数学学位以及哈佛大学的 MBA 学位。他宣称自己在通用电气的经历超越了他与公司 20 年的联系——他的父亲将他的整个职业生涯献给了通用电气。自 1982 年通用电气把伊梅尔特从哈佛大学招进公司以来，伊梅尔特就被看作是一名其进步被通用电气的高级管理人员追踪记录的"极具潜力的年轻人"。伊梅尔特 1987 年被邀请参加通用电气克劳顿管理学院——通用电气管理发展中心——的中高级管理人员发展课程。这门课被认为是通向通用电气高级管理层的大门。在 GE 家电集团、GE 塑料集团和 GE 医疗系统集团，伊梅尔特获得了领导人们扭转困境中的业务、推动客户服务和探索新技术的好名声。他还展现出了激励他人的能力———一种 20 世纪 70 年代他在达特茅斯学院足球队时的一次进攻性抢球所展现出来的一种态度。[6]

1994 年 12 月，通用电气董事会开始考虑替换杰克·韦尔奇的合适人选。伊梅尔特出现在一份韦尔奇提交给董事会考虑的包含 20 名通用电气高级管理者的名单之中。经过五年仔细的观察和评估，供考虑的名单缩减为三个人：吉姆·麦勒尼（Jim McNerney）、鲍勃·纳德里（Bob Nardelli）和伊梅尔特。

伊梅尔特以先驱者的形象出现很大程度上归功于他在 GE 医疗系统集团的极大成功。伊梅尔特于 1997 年被任命为 GE 医疗系统集团的总经理。除了展现出严格的成本削减和制定超出预期的预算的能力外，伊梅尔特还展现出了挑选、激励优秀经理和领导新技术的研发以及扩展业务的能力。他的优势在于鼓动和激励他人："他带来了驱动重要成长的生气和活力"，通用电气人力资源管理总经理这样评价他。

伊梅尔特形成的个性和领导风格与韦尔奇的个性和风格截然不同。然而，他们在驱动业务绩效上似乎同样有效。《商业周刊》评论道："在韦尔奇通过恐吓进行管理并被视为崇拜偶像而成功的时候，伊梅尔特选择了一种更为友善、常规的做法。当韦尔奇采取奚落的态度时伊梅尔特选择鼓励的方式。伊梅尔特喜欢鼓舞人而不是对人进行严厉责骂。在通用电气，这种风格带来了一种非常不同的氛围。他也许不是一个英雄人物，但是他亲民的天性引来了从公司高层直至最普通员工的称赞。"[7] 伊梅尔特知道他与韦尔奇不同的管理风格对于他作为 CEO 的作用以及他影响通用电气的战略、结构和系统的方式有着重要的意义。然而，伊梅尔特相信将要在通用电气发生的主要变化是变动的环境和通用电气所面临重点的改变产生的结果。

2001—2009 年通用电气面临的商业环境

韦尔奇时期通用电气吸引人的利润增长和股票市场价值是在一个经济形势洋溢着乐观、自信和增长的背景下获得的。21 世纪展现出了一系列新挑战。伊梅尔特在他给股东写的第一封信中评价道："20 世纪 90 年代晚期的繁荣以及无法避免的衰退已经造就了艰难的时期。整个行业都在衰落，糟糕的商业模式被暴露出来，大型公司申请破产保护，公司信誉也遭到了质疑。"[8]

在这个充满地缘政治和经济动乱的世界，伊梅尔特相信通用电气多元化的业务组合能够在任何经济周期中让公司保持稳定："通用电气的战略组合被放到一起是为了一个目的——在每一个经济周期中保持收入增长，我们经常在总和大于部分的经营中成功度过这些周期。"[9]

然而，2008—2009 年揭示了这种"通过多元化保持稳定性"理论的局限性。尽管通用电气逃过了吞噬了很多金融服务公司的金融危机所带来的可怕后果，但 GE 资本公司出现的问题严重威胁到了整个公司，公司迫切需要改善——例如来自沃伦·巴菲特的股资注入。

商业环境的一个更为关键的变化是对 20 世纪 90 年代股东价值最大化思想的怀疑。从一开始，伊梅尔特就急于将自己和更为原始的股东价值最大化版本撇清关系。在他和股东的所有交谈中，伊梅尔特强调 CEO 的工作不是经营股票价格，而是经营公司使之保持长期的收入增长，而长期的收入增长能够推动股票价格："我们都希望股价上涨，但是为了股票上涨我们必须经营好公司。实际上，你能经营 GE 的唯一方法就是相信绩效最终会推动股票价格。"[10] 除了保证基本的收入增长以外，管理的另外一个影响就是通过详细的财务报告向投资者提供公司透明度。如果年度报告必须是"像纽约市的电话号码簿一样的规模，那么年度报告就是在记录生活"，伊梅尔特这样说。然而，尽管有"新透明度"的保障，对 GE 资本公司债务的不确定性还是加重了人们的担忧，进而抑制了 2009 年第一季度 GE 股票价格的上涨。

然而，伊梅尔特认为通用电气最为关键的问题是识别出公司未来可能的利润源泉。在韦尔奇的领导下，通过削减成本和消除表现不佳的资产来挖掘价值创造的潜力可能已经充分实现了。伊梅尔特需要关注新的领域。高增长必须成为底线回报的驱动力。然而，价值创造的机会很可能是稀少的："我看着'9·11'后的世界，意识到在接下来的 10 年或者 20 年内，并不会有很多顺风的时候。"伊梅尔特估计，这种增长的主要驱动力是有机增长——考虑到企业并购活动的水平以及大量流入私募股权投资基金的资金,收购极易损害股东价值。怀着对世界经济增长不看好的展望,最主要的挑战是识别出最有希望的利润增长机会在哪里。

为了识别利润有机增长的机会,伊梅尔特搜寻能够给通用电气带来商业机会的关键性全球趋势。在 2001—2009 年期间,伊梅尔特数次修改所认为的关键性全球趋势。例如 2007 年年初,伊梅尔特确认通用电气能进行探索的关键性增长趋势有:基础设施建设、新兴市场、环境解决方案、数字连接、全球流动和人口统计学特征。[11]两年以后,"主要趋势"为基础设施建设、新兴市场增长、清洁能源以及可持续的医疗健康。[12]纵观从 2001 年到 2009 年的时期,四大关键外部趋势是最重要的:

- 人口统计学特征。世界人口的老龄化将会在老年食品和服务方面创造机遇——尤其是医疗健康服务。发展中国家人口的增长同样扩展了对通用电气的许多其他业务的需求——包括娱乐需求。
- 基础设施。通用电气预计截至 2015 年公司会在基础设施方面投入大量资金。通用电气在提供基础设施产品、服务和融资方面的地位提供了在能源、航空、铁路交通、水资源以及石油和天然气生产等领域的机遇。
- 新兴市场。中国、印度、东欧、俄罗斯、中东、非洲、拉丁美洲和东南亚的 GDP 增长率将大约是整个世界 GDP 增长率的 3 倍。这些国家和地区将会是通用电气业务机会的关键中心。
- 环境。全球变暖、水资源稀缺和水资源保护的挑战将不断催生出对减缓这些问题的技术和创新的需求。

通用电气的成长战略

增长——尤其是有机增长——成为了伊梅尔特对通用电气战略构想的中心主题。在 2002 年,伊梅尔特承诺通用电气将会有每年 8% 的有机增长率(在韦尔奇担任 CEO 时有机增长率为年均 5%)和"两位数"的净收入增长。8%的收入增长率基于通用电气应该能以 2~3 倍于世界 GDP 的增速增长的假设。利润将会比收入增长更快,伊梅尔特解释道,因为企业管理费占销售收入的比重有所下降以及新产品和新服务带来了更高的利润。2002—2007 年间,通用电气很轻松地达到了这些目标:收入以每年 13% 的速度增长,运营净收入以每年 14% 的速度增长。然而,2008 年收入增长仅为 6%,净收入下降了 19%。伊梅尔特的增长战略包含了几个要素。

重建业务组合

为了使通用电气能够更强劲地增长,公司需要退出增长缓慢的业务,将资源重新配置到增长前景很好的业务中,并进入新的业务领域。尽管伊梅尔特将焦点放在有机增长上,但重新定位需要对外进行收购。伊梅尔特强调通用电气的收购将会是有选择性的和集中的:"我们不会因为我们能够收购公司就收购公司。我们不会涉及不相关的领域。我们只收购那些能给提供我们新的增长平台的企业,从而通用电气的潜能可以改善财务绩效和创造股东价值。"[13]

伊梅尔特担任 CEO 的前五年是通用电气开展激烈并购活动的时期。2001年 9 月—2009 年 3 月之间,通用电气的主要并购集中在五大主要领域:

- 广播和娱乐。对德莱门多和 Bravo 电视网、威望迪环球的娱乐业务和 Oxygen Media 的收购表现了通用电气在电影和电视产业中的大规模扩张。
- 医疗健康。主要收购包括:Amersham(一家英国诊断和医疗设备公司)、HPSC(一家为医疗和牙科诊所提供金融服务的公司)和雅培诊断(世界上领先的体外诊断产品提供者)。
- 能源。主要的增长领域在替代能源方面(例如,收购安然公司的风能业务、BHA 集团控股公司的减排设备、雪佛龙—德士古公司的煤炭气化业务、天体电力公司的太阳能产品,以及 Vetco Gray 公司的海德里尔压力控制公司(石油钻探设备))。
- 技术基础设施。主要收购集中在安全系统(InVision Technologies 公司的爆炸物检测系统、爱德华系统技术公司的火警探测器和 Interlogix 公司的安全系统)、水处理系统(Ionics 和 BetzDearborn)以及航空航天领域(Smith Aerospace 的航空电子设备及飞机零件)。
- 金融。GE 资本公司继续在设备租赁、商业融资、信用卡业务和消费者金融服务方面进行收购。

表 23—2 展示了通用电气 2001—2008 年期间主要的收购业务。表 23—3 展示了通用电气业务集团的基本财务数据,表 23—4 展示了 GE 资本公司的详细信息。

表 23—2　　　　　　　　2001—2008 年通用电气的主要收购和转让事件

2001 年	NBC 收购了德莱门多——一家主要的西班牙语电视网。
2003 年	GE 医疗健康集团收购了芬兰的 Instrumentarium 医疗器械公司。
2003 年	GE 资本公司从获得了 Transamerica 公司剩余股权的埃贡公司收购了 Transamerica Finance。
2004 年	NBC 收购了威望迪环球的娱乐部分资产,不包括环球音乐集团(Universal Music)。由此形成了 NBC 环球,通用电气拥有 NBC 环球 80% 的股份。
2004 年	GE 医疗健康集团收购了 Amersham 有限公司。
2004 年	GE 资本公司斥资 12.5 亿美元收购了迪拉德的信用卡部门。
2004 年	GE 将 GE 资本公司国际业务(GECIS)60% 的价值 50 亿美元的股份卖给了私人股本公司橡树山资本合伙人以及美国泛大西洋投资集团。
2004 年	通用电气将人寿和抵押贷款保险业务剥离通用电气,成立了简沃瑟金融。
2004 年	GE 安防收购了 InVision Technologies——一家领先的机场安全设备制造商。
2005 年	GE 商务融资集团以 14 亿美元收购了庞巴迪的金融资产,庞巴迪是一家加拿大飞机制造商。
2006 年	GE 医疗健康集团以 12 亿美元收购了 IDX Systems——一家医疗软件公司。
2006 年	GE 先进材料集团以 38 亿美元被出售给了阿波罗管理公司。

2006年	GE水处理技术集团以7.58亿美元收购了Zenon Environmental Systems。
2006年	将GE保险解决方案集团和GE人寿出售给瑞士再保险公司。
2007年	GE航空集团以46亿美元收购了Smith Aerospace。
2007年	GE石油和天然气集团以14亿美元收购了Vetco Gray。
2007年	GE塑料集团以117亿美元被出售给了沙特阿拉伯基础工业公司。
2007年	GE NBC环球收购了Oxygen Media（有线电视频道）。
2008年	通用电气公司以8.6亿美元收购了Vital Signs Inc.。
2008年	GE能源基础设施集团收购了海德里尔压力控制公司（生产油田设施）。
2008年	GE金融财务集团收购了美林证券公司、花旗资本和BPH银行。

表23—3　　通用电气：2004—2008年各业务集团的绩效（百万美元）

	2008年	2007年	2006年	2005年	2004年
收入					
能源基础设施	38 571	30 698	25 221	21 921	19 841
能源	29 309	22456	19 406	—	—
石油和天然气	7 417	6 849	4 340	—	—
技术基础设施	46 316	42 801	37 687	33 873	30 142
航空	19 239	16 819	13 017	—	—
企业解决方案	4 710	4 462	3 951	—	—
医疗健康	17 392	16 997	16 560	—	—
交通运输	5 016	4 523	4 159	—	—
NBC环球	16 969	15 416	16 188	14 689	12 886
金融财务	67 008	66 301	56 378	49 071	43 750
消费者与工业	11 737	12 663	13 202	13 040	12 408
利润					
能源基础设施	6 080	4 817	3 518	3 222	3 100
能源	4 880	3 835	2 918	—	—
石油和天然气	1 127	860	548	—	—
技术基础设施	8 152	7 883	7 308	6 188	5 412
航空	3 684	3 222	2 802	—	—
企业解决方案	691	697	620	—	—
医疗健康	2 851	3 056	3 142	—	—
交通运输	962	936	774	—	—
NBC环球	3 131	3 107	2 919	3 092	2 558
金融财务	8 632	12 243	10 397	8 414	6 593
消费者与工业	365	1 034	970	732	601
资产					
能源基础设施	33 836	31 466	24 456	—	—
技术基础设施	58 967	57 670	49 641	—	—
NBC环球	33 781	33 089	31 425	—	—
金融财务	572 903	583 965	491 000	—	—

续前表

	2008年	2007年	2006年	2005年	2004年
消费者与工业	5 065	5 351	5 740	—	—
投资（资产、工厂和设备添置）					
能源基础设施	1 226	1 054	867	—	—
技术基础设施	1 395	1 954	1 389	—	—
NBC环球	131	306	352	—	—
金融财务	15 313	17 832	14 489	—	—
消费者与工业	284	363	373	—	—

资料来源：General Electric，10-K Report，2008.

表23—4　　通用电气的金融财务：按业务集团统计的财务数据（百万美元）

	2008年	2007年	2006年
收入			
商业贷款及租赁	26 742	27 267	25 833
GE金融	25 012	24 769	19 508
房地产	6 646	7 021	5 020
能源金融服务	3 707	2 405	1 664
GE商业航空服务	4 901	4 839	4 353
利润			
商业贷款及租赁	1 805	3 801	3 503
GE金融	3 664	4 269	3 231
房地产	1 144	2 285	1 841
能源金融服务	825	677	648
GE商业航空服务	1 194	1 211	1 174
总资产			
商业贷款及租赁	232 486	229 608	
GE金融	183 617	209 178	
房地产	85 266	79 285	
能源金融服务	22 079	18 705	
GE商业航空服务	49 455	47 189	

资料来源：General Electric，10-K Report，2008.

　　伊梅尔特朝着更高增长目标来重建通用电气业务组合的一个关键主题是建立新的"增长平台"。增长平台可以是对现有业务的延伸，也可以是全新的业务领域。例如，通用电气向西班牙语广播业务的扩张（以收购德莱门多公司为先锋）就是通用电气的一项业务（NBC环球）向一个新的、快速增长的市场扩张的例子。其他的增长平台可以是利用了通用电气某些现有优势的全新的业务。例如，可再生能源和安防服务对通用电气来说就是全新的业务领域。

　　识别新的增长平台被看作是通用电气业务的主要战略挑战。识别新增长平台的方法包括分析和细分市场以识别具备创造可观回报潜力的高增长细分市场，然后将小的并购作为配置通用电气财务、科技和管理资源的基础，从而建立领先地位。伊梅尔特对通用电气并购的作用解释如下：

因为我们没有足够的精力，所以我们在重建业务组合的时候异常艰辛。我们看到了我们需要到达的地方，我们也发现了以我们现有的业务无法走到那里。所以，我们购买了国土安全、生物科技和水资源业务——那些可以给我们创造更强创新基础的业务。[14]

通用电气还退出了包括保险和塑料、日本的消费者金融服务在内的许多低增长、低利润的业务。人们普遍认为家电和照明也将会是通用电气舍弃的候选业务。尽管伊梅尔特保证"我们将会继续发展这些业务，这两个业务都能赚回当时投入的资本成本"[15]，但通用电气的消费者与工业业务还是没能包含在伊梅尔特提到的通用电气将努力建造的较强的业务中。附录介绍了2008年年底通用电气的主要业务。

□ 科技

伊梅尔特指出这样一个事实：他代表着一个和杰克·韦尔奇不同的时代，他的时代与科技有着更加密切的关系。他把科技作为通用电气未来增长的一个主要驱动因素，并强调在公司范围内加速新技术扩散以及把公司的研发中心变成一个培育知识的温室的必要性。伊梅尔特对发展科技的承诺体现在增加公司的研发预算上。预算增加始于对通用电气位于纽约州尼什卡纳的研发中心耗资1亿美元的更新以及随后在中国上海、德国慕尼黑建立的新的全球研发中心。到了2008年年底，通用电气全球研发中心拥有超过2 500名研发人员在通用电气位于纽约、班加罗尔、上海和慕尼黑的研发中心工作。

伊梅尔特对科技的重视反映了他的"优质产品是销售的主要驱动力"的观念："你可以执行六西格玛，你可以做强大的配送，你可以在中国市场上做得很好，你可以做到其他所有的一切——但是如果你没有好的产品，你卖得也不会太多。"[16] 不断提高的产品质量和产品创新成为了通用电气所有业务的一个重要的绩效指标。

在韦尔奇的领导下，对研发的重视体现在短期产品开发上。在伊梅尔特的领导下，时间范围变长了，研发集中在更少的、更大的项目上：项目的数量从超过1 000个缩减为只有100个。考虑到比单个项目的生命周期更加长远的问题，五个科学技术方面的宽阔领域被给予了特别的重视，这些领域包括纳米技术、先进驱动系统和生物科技。

在新项目中，伊梅尔特尤其对识别和支持能提供大规模市场潜力的项目感兴趣。"想象突破"是具有在3年时间内创造1亿美元销售潜力的充满希望的项目。到了2006年中期，伊梅尔特识别并批准了100项想象突破成果。主要的想象突破包括：

- 新型混合动力机车：一款使用储存在电池中的刹车时所损失的能量的节能机车。
- 智能电网：IT技术与电气基础设施相结合的产物，能满足21世纪的能源需求。
- 钠电池：一款新颖的、获得专利的用于大规模电力储存的电池。

☐ 以客户为中心及综合解决方案

伊梅尔特在通用电气的职业生涯中，一个主要特点就是客户导向的程度以及他花费在客户上与之建立关系和解决他们的问题的时间。伊梅尔特预见到了将来通用电气运用 IT 技术和重新设计的流程会变得越来越以客户为中心。担任 CEO 不久之后，伊梅尔特认识到了以客户为中心的重要性："我们正将我们的资源基础从提供支持改变为创造价值。每一项业务都有通过驱动增长增加高价值的功能。这些功能包括处理客户关系、创造新产品、销售、生产制造、管理资金以及驱动管理。我们把这些称作'前厅'。每一家公司都有起支持性功能作用的'后室'，这些后室有时变得很庞大，充满官僚主义，它们给公司的系统造成了负担并阻止我们满足客户需要和阻止我们成长。因此我们要从后室拿取更多的资源并把它配置在前厅中——更多的销售人员、更多的工程师、更多的产品设计者。我们要改变公司的形态，并且是在经济衰退的时候这么做。"[17]增加的客户服务涉及对通用电气市场部门增加投资——包括雇用有才能的营销经理、改进识别新产品和新服务以及识别尚未满足的客户需求的流程。一些问题将在后面"改变通用电气的管理模式"的有关部分进行探讨。

通用电气客户服务加强的一个重要结果是增强了通过捆绑产品和支持性服务以及将不同业务集团的产品和服务结合起来满足客户需求的能力。每一集团业务都被鼓励通过将产品和各种各样的包括技术服务、金融服务、培训等客户服务捆绑在一起创造顾客价值。跨业务集团的公司销售更加显著。例如，在设立一家新医院的例子中，不仅可能存在对医疗设备的需求，也可能存在对照明、涡轮机和通用电气其他业务的需求。为了寻求通用电气现有组织结构中包含的新机遇，通用电气开始开展跨越业务单元、高度可见的市场营销活动。

"绿色创想"出现在通用电气 2004 年的战略规划过程中，作为通用电气将减排、节能、水供应和稀缺管理方面的倡议结合起来以更好地利用更加强烈的环保意识的方式。绿色创想提议之后就被提上商业理事会讨论的议程，商业理事会制定了一项包含 17 种产品的计划。[18]

伊梅尔特通过将原有部门合并成几个宽泛的业务领域来重组通用电气的结构，主要是为了增强通用电气利用综合解决方案服务客户的能力，重组公司结构便于进一步整合相关业务。（在下一节的"变更组织结构"部分将会对此做出更加详细的解释。）

伊梅尔特相信增强了的客户服务的一部分最大收益将会来自通用电气在全球市场上的更大成功。这将会涉及更多的本地产品开发，以及不断加强的对真正将产品和服务对准当地市场的需求而不是简单地改变产品特点的强调。就开发诸如印度和中国等主要增长市场的机会而言，伊梅尔特意识到了从"简化"心态（提供简装版美国产品）向"客户最优化"心态转变的必要性。

寻求全球机会同样意味着全球化通用电气的人才基础。在伊梅尔特的领导下，通用电气致力于使它的员工队伍全球化——包括公司核心职能部门的员工。截至 2006 年，在通用电气 400 名更年轻的审计员工中，有大约 60 名印度人。

□ 通用电气的竞争优势

在通用电气2008年的年度报告中，伊梅尔特概括出了通用电气将要建立"长期坚固的竞争优势"的基础：

我们的战略

我们的战略借鉴了过去的关键优势，并使这些优势适用于全球业务的新时代：

全球化。在我们所处的这十年中，我们的非美国业务年均利润增长为13%。我们期望2009年我们的全球增长能超过美国业务的增长。这对通用电气来说是竞争优势的一个来源。我们正在完善一个称为"连接和扩展本土化"的方法，以通过扩展我们的本地生产线、服务新客户和与当地冠军建立强大的伙伴关系来加速发展。通用电气在25个国家拥有单个国家超过10亿美元的收入，因此授权给我们当地的团队对于驱动增长是非常重要的。在这个周期中全球多样性是非常重要的，因为它使收入来源多样化并分散了风险。因为我们的客户忙于应付削减的预算，我们预计医疗系统集团的诊断成像业务会在美国市场遭受打击。然而，我们拥有90亿美元的全球医疗健康业务，我们预计会经历强劲的人口增长，因此可以弥补该业务在美国的劣势。

驱动创新。2009年我们会在技术方面投资100亿美元，这一投资水平与2008年相同。从2000年开始，我们已经在产品技术方面投入了大约500亿美元。2009年我们会开发"有经济价值的产品"，例如高效和有更大容量、更低价格的260万瓦特的风力涡轮机。我们会继续建设我们的创新管道。我们在电子病理学领域成立了一家企业，我们认为电子病理学将来会发展成价值20亿美元的市场。我们开发了Hulu，它是NBC环球和新闻集团成立的一家合资企业，也是一个与YouTube竞争的创新数字内容平台。我们在给我们的混合动力机车提供能量的电池技术方面投资了1.5亿美元。在经济衰退中我们能继续为创新筹集资金。

建立关系。通用电气拥有很多能在全球基础上帮助我们成长和分散风险的企业和伙伴。我们多业务的结构让我们成为了政府和其他大型投资者非常理想的合作伙伴。一个极好的例子就是我们在2008年北京奥林匹克运动会上取得的极大成功。这一活动在通用电气多个平台上产生了20亿美元的收入，同时也建立了和中国关系。2008年，我们与阿布扎比商业投资的有力臂膀穆巴达拉发展公司建立了多方面的伙伴关系，成果包括一家商业金融联合企业、在可再生能源领域的合作项目以及一家位于阿布扎比的培训中心。穆巴达拉发展公司同样也将成为通用电气的"十大投资者"之一。

杠杆优势。我们具备核心流程的业务集中于有机增长、经营优势以及领导力发展方面。这些流程的目标是在公司范围内传播最好的方法。我们以单个员工所得与世界同行的综合水平相比的进步来测量行业有机收入增长、利润、总资产回报率和产量这些常见指标。我们会继续好好表现。除此之外，我们继续每年对人才和领导力发展投资10亿美元。我们珍视我们的团队。我们将继续发展多元化的和"经过战争考验的"全球领导者。[19]

改变通用电气的管理模式

伊梅尔特继承的管理系统在他的前任和导师杰克·韦尔奇任职期间重新形成，但是通用电气的管理系统仍旧是120年连续发展的产物。伊梅尔特尊敬通用电气的管理系统和流程，并意识到这一系统和流程中的很多元素已经深深地根植于通用电气的文化中，以至于它们成为了通用电气的形象以及通用电气"世界观"不可或缺的组成部分。通用电气管理系统的核心是管理发展系统——所谓的"人才机器"——和绩效管理系统。

通用电气在众多领先公司中因它依靠内部发展起来的领导力而独特：通用电气所有的CEO们都从公司内部选拔而来。通用电气的开发和推广精英领导系统由1892年击败爱迪生担任CEO的查尔斯·科芬（Charles Coffin）推出。从那以后通用电气成为了一个"CEO工厂"，不仅为通用电气而且为其他许多公司"生产"高级管理人才。20世纪50年代期间，通用电气致力于发展其管理发展系统的两个关键支柱：位于纽约州克罗顿维尔的企业大学以及它的绩效评估系统。Session C系统用于跟踪、评价、规划管理者的职业发展，并为通用电气部门经理以上的每一个管理职务制定连续的计划。杰克·韦尔奇大大强化了高级经理人对管理发展和职业规划过程重点的重视。使用Session C绩效评估系统成为了通用电气每个部门全天性的活动，韦尔奇和部门CEO评估每一个经理的表现、价值观以及潜力。

通用电气的管理评估和管理发展过程成为了致力于驱动高绩效的管理系统的一个方面。公司的财务计划、战略计划以及人力资源评价和发展都基于测量绩效和识别决定优秀表现原因的精密流程。在杰克·韦尔奇担任CEO期间，通用电气的绩效管理系统越来越基于量化的目标，这样可以让人们关注重点、划分责任。"在公司，如果没有输出的标准，什么也不会发生，"伊梅尔特说道。伊梅尔特所有的战略倡议——从8%的有机增长目标到提高生产力、减少经常性费用支出和六西格玛——都与精确的质量目标相联系。2005年通用电气统一了它的客户满意度指标，这一指标关注"净推荐值"（等于会将通用电气推荐给朋友的客户占总客户的比例减去不会将通用电气推荐给朋友的客户占总客户的比例）。

通用电气对管理发展和基于度量的绩效管理的承诺在伊梅尔特担任CEO时期将会继续作为通用电气管理系统的基石。与此同时，重新制定通用电气的战略方向以使其更加重视科技、客户服务以及对通用电气不同业务集团更加有力的整合同样需要对通用电气的组织结构和系统做重大调整。正如《哈佛商业评论》的编辑汤姆·斯图尔特（Tom Stewart）评论的那样：

> 伊梅尔特将通用电气的两大传统优势——过程导向以及开发、测试、运用新的管理思想的能力——运用在具有不同目标的业务中。这意味着设计一种能够确保从现有业务中产生新利润流的流程。[20]

□ 变更组织结构

伊梅尔特开展的管理变革中最容易看到的就是组织整体结构的变动。

2002—2008年，伊梅尔特对韦尔奇20世纪80年代引进的一些重要结构变动做出了调整。作为"扁平化"的一部分和韦尔奇为创建一个反应更灵敏的公司做出的努力，韦尔奇将通用电气的主要工业部门拆分成更小的部门。为了方便更强的业务间整合、将产品和服务捆绑成"系统"以及创建新的"增长平台"，伊梅尔特逐步将通用电气的分部重组为更少的领域更宽的部门。紧接着2002年的第一次重组，2005年又进行了进一步的重组："2005年，我们将公司重组为六项围绕我们提供服务的广阔市场的业务：基础设施、商业金融服务、消费者金融服务、医疗健康、NBC环球和工业领域。每一项业务都有一定的规模、市场领导力以及最好的产品和服务。"[21] 2008年，这六项业务缩减为五项。图23—1和图23—2分别展示了2001年和2009年3月通用电气的组织结构。

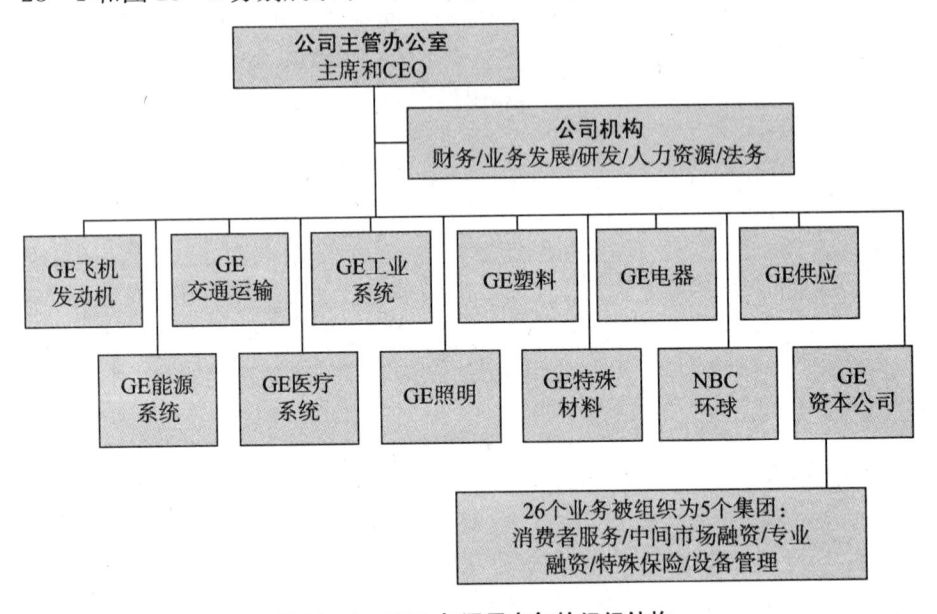

图23—1 2001年通用电气的组织结构

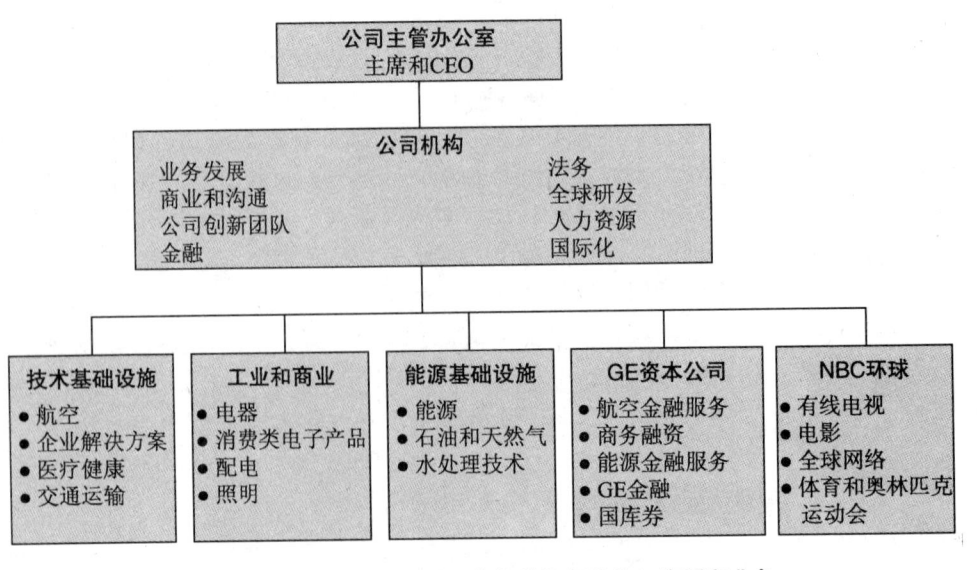

图23—2 2009年3月通用电气的组织结构：集团和业务

☐ 领导力发展

与杰克·韦尔奇一样,伊梅尔特把自己最重要的任务看作是帮助发展通用电气的管理人才。为了实现他的成长战略,需要每一位通用电气员工将公司战略内化为个人任务的一部分。这不仅需要经常的交流和 CEO 对战略的强化,还需要具备成为一名"成长领导者"所需的技能和态度。一项包含了有持久的收入增长记录的 15 家公司(例如丰田和戴尔)的标杆管理实践试图识别出这些公司优秀管理者的特点,最终将这些"成长特点"分成了五类。这五类成长特点包括:外部关注,想象力和创造性,决断和清晰的思维能力,包容,以及深厚的专业领域知识。

这些成长特点成为了通用电气年度人力资源评审的一部分,对通用电气 5 000 名高级管理人员中的每一位都要分别根据这五项成长特点进行评估,评估结果构成了他们的后续培养计划。职业设计也发生了改变:因为"专业领域知识"(关于具体业务的知识)的重要性,经理人被要求在他们的岗位上待更长的时间。

☐ 创新和新业务发展

通用电气面临的一个关键挑战是协调其出名的对赚取利润的执著以及培育能够驱动成长的创新时成本控制之间的关系。创新,尤其是当包含了大型的、长期的项目的时候,会涉及极大的风险。通用电气所面临的危险是,对绩效指标的追求会挫败业务单元领导者对充满希望的新机会下大赌注的积极性。此外,考虑到很多最大的机会很有可能需要跨部门的合作,这就进一步增加了他们无法获取所需帮助的可能性。"想象突破"倡议被设计成用于保证重大的、有创新性的项目能够得到探索他们潜能所需的投资和关注。"想象突破"是创造新业务的有希望的项目,这些项目具有在 3 年时间内创造 1 亿美元销售收入的潜力。到了 2006 年中期,100 项想象突破项目被伊梅尔特识别出来,并得到了他个人的批准。一旦被批准,这些项目就受到了保护,免于遭受通常预算的压力。这 100 个项目中大约一半涉及新产品开发,另一半涉及商业结构的改变。伊梅尔特把这些创新性突破看作是将注意力集中在业务创造和发展这一目标上的一种方式。考虑到部分"想象突破"项目需要持续的投资(例如,通用电气的混合动力机车需要数千万美元的投资),通过将这些项目从业务层面提高到公司层面会减轻部门领导的压力。伊梅尔特认为还存在一个问题就是通用电气缺乏能负责高度可见的具有巨大风险和巨大可能回报项目的产品经理和系统工程师。

☐ 营销和销售

伊梅尔特创建消费者驱动公司的一个关键方面是通用电气市场功能的复兴。"市场营销部门是被淘汰了的销售人员去的地方。"[22]通过建立首席市场官这一新的高级公司职位、重建通用电气高级市场营销研讨会、开发有经验的商业领袖项目、要求每个业务部门任命一名副经理级别的市场营销主管,通用电气的市场营销体系获得了提升。最重要的是通用电气商业理事会的建立,通用电气商业理事会将通用电气的杰出销售和营销领导人汇聚在一起,共同开发新业务创意、传递最好的实践方法并在通用电气内部灌输商业文化。一个重要的提议是"依靠消费者,为了消费者",这是一项在市场营销、销售和客户关系活动中开展六西格玛管理,将通用电气的六西格玛管理方法应用到顾客自己的业务中,并使用新的衡量标准跟踪消费者满意度和消费者态度的计划。

如同通用电气管理方法的所有方面一样,市场营销和公司内所有其他职能一样受制于相同的系统化的、指标导向的分析,通常会有一些让人吃惊的事情发生:

> 我们让销售人员接受更好的培训,配备更好的工具和度量体系。一个很好的例子是我们如何制定定价规则。不久前,这里一个叫戴维·麦卡尔平(Dave McCalpin)的人对我们家电的价格做了一个分析,发现其中有50亿美元是随意制定的。考虑到销售代表做出的所有决定,会有多少是他们在开玩笑呢?这是我听到过的最震惊的数字——况且那仅仅是家电产品。推测我们所有的业务部门,可能有高达500亿美元的定价是极少有人追查和负责的。在成本制定方面,我们绝不会让类似的事情发生。当涉及我们要支付的价钱时,我们仔细研究、详细计划,并为之付出努力。但涉及我们对顾客的要价时,我们表现得太马虎了。[23]

□ 通用电气的成长过程

2006年上半年,有关改变通用电气绩效测评体系、修正管理发展过程、培育创新和开发更强的市场营销功能的各种各样的管理倡议被整合到伊梅尔特所称的通用电气成长过程中。正如伊梅尔特解释的那样:

> 如果你经营一家像通用电气一样多业务的公司,并且你打算领导一场变革,而这场变革的目标与在整个公司范围内撬动杠杆有关——随着时间的推移必须使杠杆能够被撬动起来——那么你就需要一个过程。从内部观点看那是对的,但那也是你在市场上获取利润的唯一途径。投资者必须看到那是可重复的。
>
> 我知道如果我能够定义一个过程并设定正确的测评标准,这家公司可以在正确的方向上以每小时100英里的速度前进,尽管将成长理解为一个过程要花费一些时间。如果我在2001年就想出那个轮子形状的图,我那时就会着手这样做。但事实上,通过片刻的沉迷于其中,你就会得到这些。我们在2003年想出了几步,但又花了两年的时间来完善整个过程。[24]

2006年期间,伊梅尔特将通用电气的成长发动机看作是一个整体的、由六个部分组成的过程的观点在公司范围内得到传播,并成为了伊梅尔特与通用电气外部投资者沟通的一个主要部分(见图23—3)。

□ 来自业务整合和企业复杂度的挑战

伊梅尔特发起的大多数组织结构变革的共同之处在于期望通过通用电气许

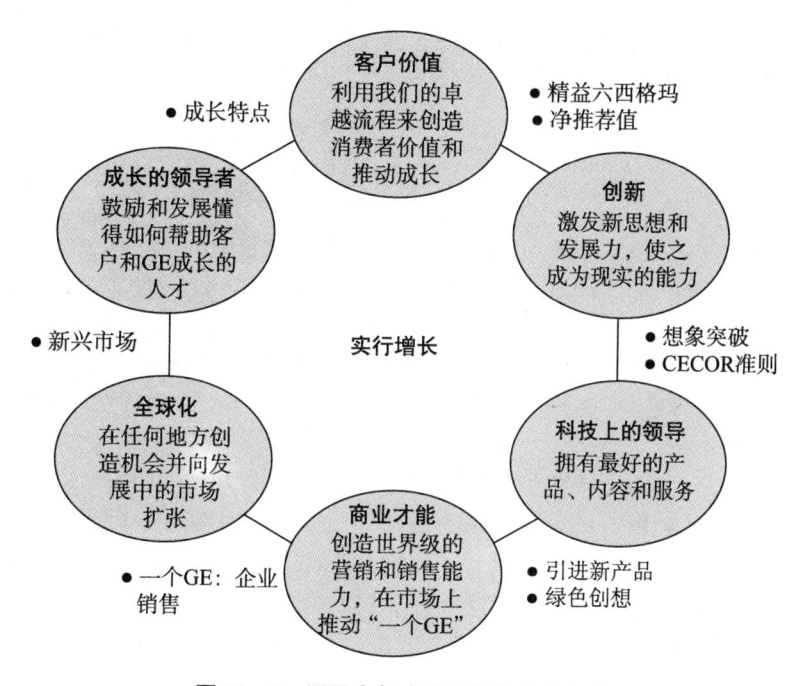

图 23—3 通用电气成长过程的六个部分

多业务更紧密和更有效的合作来创造价值。"在通用电气工作是一门想得很远、做得很大的艺术；我们的经理需要跨职能、跨地区、跨公司地工作。我们必须为了大的目的，"伊梅尔特评论道。[25]

然而，跨越通用电气不同业务部门的更有力的整合带来了复杂的协调问题。通用电气已经超出了交叉销售和产品捆绑销售，运用"企业销售"的概念：

> 我们经常在"点对点"的基础上进行企业销售，但是我们想要超越便利的交叉销售机会，我们想更系统地思考顾客能从我们广泛的销售组合中得到什么种类。如果有人建立了一所医院，那可能代表着总价为10亿美元的需求组合，通用电气在这笔单子中的市场潜力可能是1亿美元。我们可能已经和最高管理层讨论过了，因为我们销售医疗设备。我们需要做的就是把事情准备好以便我们的医疗设备销售代表能够将照明设备销售代表、涡轮机销售代表等引荐过来。[26]

企业销售的概念同样被应用到整个国家中：

> 在卡塔尔，埃米尔想认识每一个在他的国家做生意的人。在一场谈论石油和天然气竞标的晚宴中，他可能会说，"杰夫，我将会向一家医院投资100亿美元，"或者他有可能提到他们将会为卡塔尔航空购买通用电气的发动机。[27]

对于像通用电气一样的多元化公司来说，探索消费者对一系列产品和服务的需求是非常有吸引力的，但是这样的公司有复杂的组织结构分支。销售和营销人员对他们特定业务的关注度有所减少，而是倾向于关注整个公司层面提供的机会。在实际操作中，这引发了有关组织、专业知识和动机的复杂问题。展示 23—1 描述了从表面上看简单的医疗诊断设备和咨询服务捆绑销售所遇到的困难。

☞ **展示 23—1**

通用电气医疗系统集团客户解决方案计划

最早寻求产品和服务捆绑销售的计划之一是将医疗影像设备和咨询服务结合起来。2001 年，通用电气医疗系统集团（不久之后成为通用电气医疗健康集团）成立了一个新部门即绩效解决方案部门，通过有技术支持的设备和病人管理系统的结合为医院诊断成像部门提供整体解决方案。斯坦福大学医学中心是最重要的顾客之一，绩效解决方案部门能够将它的医院和门诊部门的造影方式转变为全数字化成像。

在充满希望的开始过后，绩效解决方案部门 2005 年陷入了困境。医疗设备销售人员对绩效解决方案部门提供的咨询服务知之甚少，无法为新的综合销售创造很多销售机会。他们也不愿意和来自绩效解决方案部门的销售人员分享他们的客户。与此同时，来自绩效解决方案部门的销售人员认为他们是"解决方案的提供者"，并因为只能将他们的解决方案限定于通用电气产品和服务的销售而感到被束缚了。

资料来源：Based on Ranjay Gulati, "Silo Busting How to Execute on the Promise of Customer Focus," *Harvard Business Review* (May, 2007).

正如伊梅尔特承认的那样，为了满足消费者的需求而形成的组织方式意味着与为了运营效率而形成的组织方式不同的一种组织结构。相似的挑战存在于通用电气努力开发跨越现有基于业务的结构的大规模创新中。调和这些不同的需求提出了连通用电气都没有完全解决的组织上的挑战：

> 我发现极少有公司真正按同步提供产品和服务的方式组织，这种方式从消费者的角度看是很有吸引力的。单个部门沿袭历史因素而专注于完善它们的产品和流程，而对于如何与其他部门相配合从而使它们的产品和服务对终端使用者来说更有价值关注很少。这不仅仅是现实状况不鼓励合作行为——尽管正确的激励同样是关键的。问题是联系简直就不存在。

制造这些联系的一种方法是完全废除传统的部门，创造依据消费者群体和消费者需求而组建的新部门。然而，无法理解的是，很多公司不愿意放弃规模经济以及与非以客户为中心的部门相关的知识和技能的深度。例如，一家因地理因素而组建的公司可以定制产品和服务以满足当地消费者的偏好，而一家以科技为中心的企业可以凭借技术创新紧随市场变动。在很多情况下，职能部门和地理部门是为了帮助公司协调诸如设计创新产品或以地域为中心等活动而明确设立的。以客户为中心要求公司将重点放在一系列不同的活动上并以不同的方式来协调这些活动。

在其提供客户解决方案的最初尝试中，公司很有可能改善原有部门的结构和流程而不是废弃那些部门。这种跨越部门界限的努力可能是非常不正式的——甚至简单到希望或鼓励新奇的发现、即兴谈话这种形式，结果是未经计划的跨部门解决方案。但高级经理之间随意的信息和想法交流通常是最有效的,高级经理们比他们的下属更了解公司目标,也更容易接近公司内其他领导人。[28]

跨越部门界限的广泛合作也会缓和通用电气绩效管理系统某些方面的矛盾。通用电气矛盾的一部分是合作与内部竞争激烈的企业文化之间的矛盾。激烈的内部竞争不仅是争夺资源的竞争,也是人们争取认可和奖励的竞争。当伊梅尔特将跨部门的提议推向创新、新业务开发以及营销和销售时,达到部门绩效目标的强大的内部压力很可能会有所减缓。

韦尔奇创立的绩效驱动组织的一个关键特色是清楚地划分了集团部门的作用与公司总部的作用。集团部门以及它们各自的 CEO 负责既有操作性又有战略性地经营自己的业务。公司总部的职责是通过处理不同的集中业务来支持业务集团以及通过将部门最高管理置于强大的压力下来驱动集团绩效。

由于总部越来越多地推进和开发诸如"想象突破"和企业销售等促进发展的计划,公司总部也相应地向集团部门的合作伙伴这一角色转变,而不是部门绩效的监督者和集团战略的询问者。

因此,韦尔奇管理风格的简单和直接大部分被对管理整合的强调所取代,强调管理整合不可避免地涉及更加复杂的战略执行方法。开发新产品、新业务和消费者解决方案需要通用电气内部新的和更复杂的跨集团和跨职能的协调。新的绩效要求是建立在通用电气现有的对效率、质量和财务表现的承诺的基础上的。这种增加的复杂度能不能由一个稳步发展壮大和包含了宽泛的业务产品组合的公司催生出来?管理学研究指出,在快速变动的商业环境中,大多数追求创新和效率相结合的企业为了保持优秀的表现而被迫减少多元化业务。在 2006 年《财富》杂志评选的"最受尊敬"的其他 20 家顶级公司中,宝洁公司、强生公司、伯克希尔·哈撒韦公司以及 3M 公司(明尼苏达矿务及制造业公司)都是高度多元化的——其他 15 家公司业务则比较集中,大多数都是单一业务公司(联邦快递、西南航空、戴尔、丰田、沃尔玛、UPS 公司、美国家得宝公司、好市多公司)。就像伊梅尔特对他的高级经理们阐明的那样,通用电气正在步入一片未知的水域:"能帮助你的商业指导书还没有写好。"当伊梅尔特正在颂扬作为通用电气优势和机会来源的多元化的优点时,其他公司却向相反的方向发展,为了将焦点放在更加狭窄的核心业务上而剥除其他业务。正如贝恩公司全球战略部经理克里斯·祖克(Chris Zook)所说:"综合性大企业正在消亡。除了极少数例外,综合性大企业的业务模式属于过去,并且不太可能重现。"[29]

■ 附录:通用电气的业务(摘自 2008 年的 10-K 报告)

□ 能源基础设施集团

能源基础设施集团(2008 年、2007 年和 2006 年的收入分别占通用电气合并报表收入的 21.1%、17.8%和 16.6%）是利用诸如风力、石油、天然气和水力等能源开发以及实现和改善相关产品与技术的领先者……

能源集团

通用电气能源集团服务于电力生产商、工业客户、政府和世界上其他客户，提供关于能源生产、能源分配和能源管理的产品与服务。作为我们可再生能源战略组合的一部分，除了提供太阳能技术，我们还提供风力涡轮机。我们还销售飞机引擎。天然气涡轮机和天然气生产装置主要用于能源工厂，具体地它们被用于发电、工业废热发电和机械驱动。我们是整体煤气化联合循环发电（IGCC）系统技术设计和开发的领先供应商。IGCC 系统将煤炭和其他碳氢化合物转化成合成气体，这些气体经净化后是联合循环发电系统中天然气涡轮机的主要燃料……核反应堆、燃料和为新的或是已安装的沸水反应装置提供的支持性服务由日立集团和东芝集团的联合企业提供……

石油和天然气集团

我们的技术帮助许多石油和天然气公司更有效、更持久地使用世界能源。

通用电气石油和天然气集团向全球石油和天然气工业提供关键设备，这些设备用于从钻探、开采到生产、运输、管道检查以及包括下游在炼油厂和石油化工工厂的处理过程的一系列贯穿整个价值链的应用。该集团设计并生产海面和海底钻探及生产系统、使生产平台浮在水面上的设备、压缩机、涡轮机、膨胀涡轮、高压反应器、工业发电装置以及一系列的辅助设备。我们的服务业务在世界上主要的石油及天然气开采及生产地区有超过 40 个服务中心和工作室……

水处理技术集团

水处理技术集团为工业和市政自来水系统提供水处理解决方案，包括特殊化学品处理、污水净化系统、水泵、阀门、过滤器和旨在改善水的性能的水流控制设备、废水处理系统（包括移动处理系统和脱盐处理工艺）的供应与相关服务的提供……

□ 技术基础设施集团

技术基础设施业务集团（2008 年、2007 年和 2006 年的收入分别占通用电气合并报表收入的 25.4%、24.8%和 24.9%）是世界领先的关键技术提供商。其产品向发达国家、发展中国家和新兴市场国家出售。在全世界范围内帮助建设医疗健康、交通运输和技术基础设施。

航空集团

航空集团生产、销售用于军用和民航飞机的发动机、涡轮螺旋桨发动机、涡轮轴发动机以及相关替换部件，并提供相应的服务。我们的军用飞机发动机广泛用于战斗机、轰炸机、空中加油机、直升机、侦察机等飞机中，也用于海洋应用、所有类型（短中程、中远程）的商用飞机以及公务机和支线飞机中。我们还生产和销售来自 CFM 国际（通用电气和法国赛峰集团的子公司斯奈克玛公司联合控股的公司）、发动机联盟公司、LLC 公司（通用电气和美国联合技术公司下属的普拉特·惠特尼公司联合控股的公司）的发动机。通用电气分别与劳斯莱斯集团和本田航空（本田汽车的下属公司）合资设立的企业也设计和销售新型发动机。

企业解决方案集团

企业解决方案集团为企业提供综合解决方案，提高客户的生产效率和利润水平。我们使用传感器和非破坏性试验、安防和生命安全技术、电力系统保护与控制技术、装置自动化和嵌入式计算机系统提供综合解决方案。从家庭安全到行业安全再到国家安全，我们的技术覆盖了安全解决方案的全部范围，包括卡片进入系统、高科技视频监控、入侵探测和火灾探测、房地产和财产控制以及爆炸物和毒品探测。我们设计和制造能够使客户监控、防护、控制和确保其关键应用安全的设备和系统……

医疗健康集团

医疗健康集团在医疗成像和信息技术、医疗诊断、病人监控系统、疾病研究、药物开发和生物制药制造技术方面有专长。我们致力于更早地预防和检测疾病、监控疾病发展、通知医生、帮助医生为每一位病人找到合适的治疗方法。医疗健康集团生产、销售范围广泛的医疗设备并提供服务。这些设备为医生提供快速、非入侵的诊断方式，帮助医生查看碎裂的骨头、在急诊室诊断外伤情况、观察心脏和心脏功能以及识别早期癌症和神经错乱。医疗健康集团拥有 X 光、乳腺 X 线照相术、电脑 X 射线断层扫描技术、磁共振以及分子成像技术，可以生产行业领先的医疗产品，这些产品能够使医生比以往更清楚地看到人体内部。除此之外，医疗健康集团生产病人监护、心脏诊断、超声波、骨密度、麻醉和氧气疗法技术以及新生儿重症监护设备……

交通运输集团

交通运输集团为包括铁路、运输、采矿、石油和天然气、能源生产和海运等不同行业的顾客提供技术解决方案。我们为 100 多个国家的顾客提供服务。

交通运输集团生产大马力的柴油电动机车……我们也为采矿、运输、海运及钻探行业提供领先的驱动技术解决方案。我们的电动机用于数以千计的应用中，从采矿业大型运输卡车的电气驱动系统到运输车辆和钻探装置，我们的发动机用于船用动力……

交通运输集团还提供服务销售组合，能够改善车队效率，减少运营费用……

☐ NBC 环球

NBC 环球（2008 年、2007 年和 2006 年的收入分别占通用电气合并报表收入的9.3%、8.9%和10.7%)是一家多元化的传媒和娱乐公司,业务集中于面向全球观众的娱乐、新闻和信息节目的开发、生产与销售。由通用电气控股80%、威望迪S.A.控股20%的NBC环球经营电影和电视节目的生产与分配、全世界领先的有线/卫星电视网的运营、美国境内自有和附属电视台的网络电视播放以及对数字传媒和网络的投资和编程活动。我们最早的电影公司即环球影视公司经营戏剧、家庭娱乐和电视节目的生产及其在全世界范围的发行。我们拥有世界知名的主题公园好莱坞环球影视城,经营并持有环球影视城佛罗里达主题公园和商标的所有权,拥有设计和开发全球性主题公园的独家经营权。我们的有线/卫星电视网向全世界的家庭提供生产和收购的娱乐、新闻和信息节目。我们的有线/卫星电视网包括美国电视台、Bravo、消费者新闻与商业频道、科幻电影频道、美国有线新闻频道、Oxygen、UniHD、Chiller、Sleuth、mun2以及欧洲、亚洲和拉丁美洲的品牌频道。NBC电视网是美国四大主要商业广播电视网之一;并且,NBC电视网和德莱门多——我们在美国的西班牙语广播电视网——服务于美国境内210个附属电台。2008年12月31日,我们拥有并经营26家电视台,每一家都受美国联邦通信委员会条例管制。我们拥有2008年和2012年奥运会、美国国家橄榄球联盟和周日橄榄球之夜以及2012年超级碗的美国电视独家转播权……

□ 金融财务集团

金融财务集团(2008年、2007年和2006年的收入分别占通用电气合并报表收入的36.7%、38.4%和37.2%)在世界范围内提供范围广泛的金融产品和服务。服务包括商业贷款、经营租赁、车队管理、财务计划、家庭贷款、信用卡服务、个人借贷和其他金融服务……

商业贷款及租赁集团

商业贷款及租赁集团在世界范围内提供范围广泛的金融服务。我们拥有独特的中间市场专业知识,向包括制造商、分销商和终端使用者在内的顾客提供各种各样的设备和主要资本资产的借贷、租赁和其他金融服务。这些资产包括与工业相关的器材和设备、交通工具、公务机以及用于建设、制造、交通运输、电信和医疗健康等许多行业的设备……

通用电气金融集团

通用电气金融集团通过综合实体和联营公司成为面向世界50多个国家的消费者和零售商提供金融服务的领先者。我们提供全面的创新性金融产品以满足客户的需求。这些产品包括全球性的私人标签信用卡、个人贷款、银行卡、汽车贷款和租赁、抵押贷款、债务合并、房屋净值贷款、存款和其他储蓄产品以及中小企业贷款……

房地产集团

房地产集团提供一系列全面的资本和投资解决方案,包括用于收购或发展的权益资本,以及用于世界范围的新收购或商业房地产资本重组的固定和浮动利率抵押贷款。我们利用股票结构和贷款结构,为办公楼、公寓楼、零售设施、酒店、停车场设施和工业地产的购买、再融资和整修提供融资服务。我们典型的房地产贷款是中期的、优先的,按固定或浮动利率计算,并得到了现有的产生收入的商业资产的保障。我们投资于抵押贷款业务组合、免税债券,并提供重组融资服务。

能源金融服务集团

能源金融服务集团向全球的能源和水资源工业提供结构性股票、借款、租赁、合伙融资、项目融资以及无限的商业融资,并投资于这些行业的经营性资产。能源金融服务集团还拥有 Regency Energy Partners LP 公司的控股权益。Regency Energy Partners LP 公司是一家从事天然气和液化天然气的采集、处理、运输和营销的中游业主有限责任合伙企业。

通用电气商业航空服务集团

通用电气商业航空服务集团是一家世界领先的商用飞机租赁和融资、为商用飞机提供机群和融资方案的公司。我们的机场融资业务部门主要对中型区域性机场发放贷款和进行股票投资。

☐ 消费者与工业集团

消费者与工业集团(2008 年、2007 年和 2006 年的收入分别占通用电气合并报表收入的 6.4%、7.3%和 8.7%)销售有以下几个共同特点的产品——有竞争力的设计、高效的生产以及高效的分销和服务。激烈的全球竞争几乎不允许溢价销售,因此包括提高生产力的成本控制是关键。我们销售包括冰箱、冷冻机、电气和煤气灶、炉灶,洗碗机、洗衣机和烘干机、微波炉、室内空调以及居民区水系统在内的主要家用电器并提供相关服务。消费者与工业集团还供应用于分配、保护和控制能源及设备的综合电气设备与系统。我们生产和分销电力配置和控制产品、照明和电源板、开关设备和断路器……

[注释]

[1] James Quinn, "General Electric: Genuine Risk of Collapse?" *Seeking Alfa*, November 17, 2008, http://seekingalpha.com/article/106445-general-electric-genuine-risk-of-collaps, accessed October 24, 2009.

[2] Transcript of Presentation to General Electric Annual Shareowners Meeting, April 22, 2009.

[3] "The GE Mystique," *Fortune*, March 6, 2006, p.100. "Less than the Sum of the Parts? Decline Sets in at the Conglomerate," *Financial Times*, February 5, 2007, p.9.

[4] "What Makes GE Great?" *Fortune*, March 6, 2006, pp.90-96.

[5] General Electric, Annual Report, 1993, p. 5.
[6] "Running the House that Jack Built," *Business Week*, October 2, 2000.
[7] "The Days of Welch and Roses," *Business Week*, April 29, 2002.
[8] General Electric, Annual Report, 2002.
[9] General Electric, Annual Report, 2002.
[10] Address to shareholders, Annual Share Owners' Meeting, Philadelphia, April 26, 2006.
[11] General Electric, Annual Report, 2006, pp. 4 – 5.
[12] General Electric, Annual Report, 2008, pp. 4.
[13] General Electric, Annual Report, 2002.
[14] "Growth as a Process: An Interview with Jeff Immelt," *Harvard Business Review*, June, 2006.
[15] General Electric, Annual Report, 2002.
[16] "Growth as a Process: An Interview with Jeff Immelt," *Harvard Business Review*, June, 2006.
[17] "Growth as a Process: An Interview with Jeff Immelt," *Harvard Business Review*, June, 2006.
[18] "Growth as a Process: An Interview with Jeff Immelt," *Harvard Business Review*, June, 2006.
[19] General Electric, Annual Report, 2008, pp. 6 – 7.
[20] "Growth as a Process: An Interview with Jeff Immelt," *Harvard Business Review*, June, 2006.
[21] "Letter to Shareholders," General Electric, 2005 Annual Report.
[22] "Growth as a Process: An Interview with Jeff Immelt," *Harvard Business Review*, June, 2006.
[23] "Growth as a Process: An Interview with Jeff Immelt," *Harvard Business Review*, June, 2006.
[24] "Growth as a Process: An Interview with Jeff Immelt," *Harvard Business Review*, June, 2006.
[25] "Growth as a Process: An Interview with Jeff Immelt," *Harvard Business Review*, June, 2006.
[26] "Growth as a Process: An Interview with Jeff Immelt," *Harvard Business Review*, June, 2006.
[27] "Growth as a Process: An Interview with Jeff Immelt," *Harvard Business Review*, June, 2006.
[28] "Growth as a Process: An Interview with Jeff Immelt," *Harvard Business Review*, June, 2006.
[29] "Less than the Sum of the Parts? Decline Sets in at the Conglomerate," *Financial Times*, February 5, 2007, p. 9.

24

W. L. 戈尔联合公司：谁掌管着这里？*

"如果一个人能够顺流而下，按自然之道成长，那么他将比逆流而上获得更多，在这一过程中也更快乐。"

——W. L. 戈尔（W. L. Gore）

马尔科姆·格拉德威尔（Malcolm Gladwell，《引爆流行》的作者）描述了他对 W. L. 戈尔联合公司的访问经历：

> 当我来到公司位于特拉华州的一家工厂拜访一位叫做鲍勃·亨（Bob Hen）的戈尔员工时，我试图但并未成功地让他告诉我他的职务是什么。从他被介绍给我这一事实来看，我怀疑他是一位高级行政官。但是他的办公室并不比其他人的办公室大。他名片上的称呼也只写着"员工"。他似乎没有一个我随处都可以见到的秘书。他的穿着和其他人并没有什么不同，当我一遍又一遍问他问题的时候，他最后总是咧嘴笑着说："我是一个爱管闲事的人"。[1]

职位头衔的缺乏和标准的等级符号的缺失并不是 W. L. 戈尔联合公司（简称"戈尔"）唯一特别的地方。自从 1958 年公司建立以来，戈尔有意采取了一套与其他已建立公司完全不同的管理体系。尽管所有新成立公司的管理风格都

---

* 本案例由罗伯特·M·格兰特准备。© 2010 Robert M. Grant。

反映了其创建者的个性和价值观，但值得注意的是，戈尔公司作为拥有 8 500 名雇员、资产达到 25 亿美元、遍布世界上 24 个国家的公司，其组织结构和管理系统仍旧违背了那些规模和复杂度相似的企业的管理原则。

W. L. 戈尔联合公司的成立

1958 年威尔伯特·L（比尔）·戈尔在当了 17 年分析科学家后离开了杜邦公司。在杜邦公司，戈尔一直在研究一种冠以"铁氟龙"商标的新型合成材料聚四氟乙烯（PTFE）。戈尔坚信杜邦公司对基于"基本化学产品拥有很大的工业市场"的商业模式的承诺忽略了一系列对 PTFE 创新性应用的可能。创造活力和热情也激励着戈尔与他的妻子维夫（Vieve）共同组建企业。这种活力和热情戈尔在杜邦公司所工作的研究小组中体验过，在很多情况下，戈尔和他的同事们被给予了充分的自由去创新。

离开他们位于特拉华州纽瓦克的家，在他们的儿子鲍勃（Bob）的帮助下，戈尔的第一个产品是铁氟龙绝缘电缆（该电缆曾在众多申请中被选中而应用在阿波罗空间项目中）。

公司最大的突破是鲍勃·戈尔的发现，他发现了铁氟龙能够伸展并在拉伸后出现极小的小洞的性质。这种拉伸后的布料有几种理想的性质，特别是，它不仅能防水还能透气。戈尔特斯于 1976 年获得了美国专利。这种材料不仅在户外衣着方面有着广泛的应用，而且戈尔特斯的化学惰性和抗污染特性使它成为了诸如人造动脉、静脉注射袋等医疗应用的优质材料。戈尔特斯极小小洞的尺寸能够改变的特性使得它成为了种类繁多的渗透应用的绝佳选择。

戈尔管理哲学的起源

FundingUniverse.com 对比尔·戈尔管理思想的发展描述如下：

在戈尔一家的家乡特拉华州的纽瓦克，戈尔一家将他们的地下室扩展为一家独立的生产车间。在最初的产品推出后销量是十分可观的。到了 1965 年，也就是公司成立后的第七年，戈尔联合公司雇用了大约 200 人。差不多是这个时候戈尔开始发展和采用日后公司得以被认可的独特的管理系统和哲学。戈尔意识到随着公司的成长，效率和生产率开始下降。他需要一套新的管理方法，但是他担心当时非常流行的金字塔式的管理结构会抑制他非常珍视的创造和革新。戈尔没有采取金字塔式的管理结构，而是决定创建自己的管理系统。

在第二次世界大战期间，尽管是在杜邦公司的一个专案小组工作，但戈尔了解了另一种称为晶格结构的组织结构。这种组织结构用于增强朝一个目标努力的团队的创造性和总体绩效。这种结构强调交流与合作而不是权威等级。在由戈尔发展起来的这种管理系统下，任何人都被允许做决策，只要这个决策是公平的、被他人鼓励的以及能对公司负责的。只有在决策可能对企业造成潜在的严重破坏时才需要进行磋商。而且，加入公司的新同事和所有其他员工（包括戈尔和维夫）一样属于同一个有效的管理级别。除了极少几个特例外，公司内没有头衔和上司，命令被个人承诺所替代。

新员工一开始就在最适合他们天赋的领域内工作，并在一位负责人的指导下工作。随着员工的进步，他们也会产生越来越多的责任，员工根据他们的个人贡献获取报酬。"团队成员知道谁在生产，"比尔在 1986 年 2 月的《凤凰商业周刊》上这样解释说。"他们无法容忍糟糕的表现。他们有来自同伴的极大压力。你通过每天获取知识和努力工作提升自己。这里没有竞争，除了和你自己的竞争。"这一管理系统的作用是鼓励员工创新、勇于承担风险，并表现出他们的最高水平。[2]

比尔·戈尔的管理思想受到了道格拉斯·麦格雷戈（Douglas McGregor）的著作《企业的人性面》的影响。《企业的人性面》在戈尔公司的起步阶段出版。麦格雷戈提出了两种管理模型：被他定义为"X 理论"的传统管理模型，这一模型根植于泰勒（Taylor）的科学管理理论和韦伯（Weber）的官僚原则。这一理论的根本假设是：工作是不愉快的，员工只能靠金钱驱使，管理的首要任务是防止偷懒。"Y 理论"根植于管理学院人际关系的著作，这一理论假设个体是能够自我激励的，是急于解决问题的，并能在联合任务中与他人和谐共处。

比尔·戈尔管理思想的一个关键要素与组织规模的极限有关。他认为一旦组织成员达到了 200 人，为了获得人与人之间的信任，会导致组织效率的降低。因此，1967 年比尔和维夫决定在亚利桑那州的弗拉格斯塔夫建立第二家制造工厂。从那以后，每当一家现有工厂达到了 200 名员工时，戈尔都会再建一家新的工厂。

根据马尔科姆·格拉德威尔（Malcolm Gladwell）的观点，戈尔坚持小型组织单元的主张是对人类学家罗宾·邓巴（Robin Dunbar）发展的一条原则的运用。根据邓巴的观点，社会群体的规模受到个体处理复杂社会关系的能力的限制。在灵长类动物中，一个种群的典型社会群体的规模与这个种群成员大脑新皮层的规模有关。对于人类来说，邓巴估计一个人最多能与 148 人建立舒适的社会关系。通过研究不同的社会群体，邓巴发现对于部落、宗教团体和军队来说 150 个个体是典型的最大组织规模。[3]

组织结构和管理原则

戈尔公司的组织结构确实包含了等级的成分。例如，作为一家企业，法律上需要有董事会——董事会由鲍勃·戈尔担任主席。这里还有一位首席执行官查克·卡罗尔（Chuck Carroll）。这家公司由四个部门组成（布料、医药、工业产品和电器产品），每个部门都有一个认定的"领导"。在这些部门内部有一些具体的业务单元，每个业务单元都依赖于一组产品。公司内也有专业的、服务于整个公司的职能部门，例如人力资源部门和信息技术部门。

公司所缺乏的是一系列经过编制的等级和职位。戈尔公司希望员工适应他们的角色，并能将角色和技能及态度匹配起来。最基本的组织单元是小型的自我管理团队。

团队内和团队间的关系基于"晶格"的概念而不是传统的等级制度。"晶格"的意思是在一个特定的场所内，每一个组织成员和其他组织的每一个成员都有联系。在晶格式的沟通交流中，人们的关系是伙伴对伙伴的关系，而不是上级对下级的关系。对于比尔·戈尔来说，这是更加自然的组织方式。他观察到在大多数的正式组织中，事情实际上是通过非正式的联系做好的："我们中的大多数乐于先观察一下正式的流程，然后以最直接和最方便的方式做事。"[4]

在戈尔公司，领导力是很重要的。但是最基本的领导原则是自然领导："如果你发起一个会议并且人们也到场了——你就是一位领导。"[5] 团队成员可以任命团队领导，也可以撤换他们的领导——因此每个团队领导都要对团队负责。"习惯于打响指并要让其他人回应的人将会受挫，"戈尔的员工约翰·麦克米兰（John McMillan）说道。"我打了一个响指但没有人会做什么。我的工作是建立伙伴关系，清楚地表达目标并达到目标……以及希望其他人认为我说的有道理。"[6]

新员工被分派给一位"负责人"，负责人的工作就是向新员工介绍公司，通过晶格结构给他或她提供指导。新员工很可能要和好几个团队度过最开始的几个月。直到这位新员工和某一个团队发现他们相互匹配。如果新员工提出要求，他或她随时可以另找一位负责人。一般情况下，每一位员工同时在2～3个不同的项目小组中工作。

年度评价是基于同事的。信息从其他至少20位员工那里收集，然后每一位员工都和部门内其他员工就总体贡献进行评比。这一排名决定报酬的多少。

戈尔公司的信念、管理原则和工作文化清楚地写在它的网站上（见展示24—1）。

☞ 展示 24—1

W. L. 戈尔联合公司：信念、原则和文化

我们相信什么

创立者比尔·戈尔在一系列的信念和原则上建立了公司，这些信念和原则在我们所做的决定、我们所做的工作以及我们对待他人的行为中指导着我们。我们相信的是我们强大文化的基础，而这种文化通过普通的纽带把全世界的戈尔人联系在一起。

基本信念

- 相信个人：如果你相信个人并信任他们，他们会被激励做对公司正确的事。

- 小团队的力量：我们的晶格式组织结构能发挥快速决策、多样化视角以及小团队合作的作用。
- 所有人都在同一条船上：所有的戈尔员工都能通过员工股票计划部分拥有公司。这样不但能让我们共担风险、共享利润，而且给了我们额外的激励来持续对公司的长期成功做出承诺。因此，我们感觉到我们在共同努力，当我们进行决策时，我们应该经常考虑什么是对公司整体最好的。
- 长期观念：我们的投资决策基于公司的长期收益，我们最基本的观念是不要为了短期盈利做出牺牲。

指导原则

- 自由：公司被设计成这样一种组织：员工通过致力于公司的成功就能最好地实现自己的目标；行动是能获得奖励的；想法是被鼓励的；犯错误被看作是创新过程的一部分。我们将自由定义为给个人自由以鼓励他们在知识、技能、责任和活动范围方面获得成长。我们相信当员工们被赋予自由这么做的时候，他们的表现会超出预期。
- 公平：戈尔的每个人真诚地希望对每个人都公平，包括我们的供应商、我们的客户以及其他任何与我们做生意的人。
- 承诺：我们并没有被分配任务，相反地，我们每一个人做出我们的承诺并遵守它们。
- 预警线：戈尔的任何人在采取可能会"低于预警线"——对公司造成严重损害——的行动之前要和其他员工磋商。

在我们独特的文化中工作

我们的创立人比尔·戈尔曾经说过，"公司的目标是赚钱并在赚钱过程中获得乐趣。"50多年后的今天，我们仍然相信。

因为通过员工持股计划我们都是公司的所有者，戈尔的员工对彼此的期望都很高：创新和创造性、高尚的道德和正直、做出承诺并坚守承诺。我们渴望获得成功，我们努力实现那些期望。但我们互相信任和尊重，并认为为了获得成功，这是非常重要的。

戈尔的公司环境与其他公司相比远远没有那么正式。我们同事之间的联系是开放的、非正式的，我们力求尊重和公平地看待每一个人。这种环境自然而然地促进了社交互动，并且许多在戈尔工作的同事结下了终生的友谊。

做一些你抱有热情的事

在戈尔公司，我们认为对自己所做的事情抱有热情是非常重要的。如果你热爱你的工作，你自然会变得高度自我激励和高度专注。如果你感到自豪并拥有所有权，你会乐意竭尽所能去获得成功、去发挥作用。因此，当你申请加入戈尔公司时，请确保你将会对你要做的工作充满热情。

晶格结构和个人责任

戈尔公司特别的"晶格"管理结构没有传统的老板和经理，这一管理结构在员工间相互联系的基础上诠释了一个没有等级的系统。没有指定的管理者，我们凭借着获得同事尊重的能力和吸引别人的能力成为领导者。

你需要负责管理你自己的工作量并对你所在团队的其他成员负责。更为重要的是，只有你能做出要去做某事的承诺（例如，一项任务、一个项目或者是扮演一个新的角色）——但一旦你做出承诺，你就应该兑现它。"核心承诺"是你应该首要关注的地方。你可以依据你的兴趣、公司的需求和你的能力承担额外的责任。

关系和直接沟通

在戈尔公司，关系是一切——相互之间的关系、与客户的关系、与供应商的关系以及与我们周边社区的关系。我们鼓励人们通过直接的交流建立并维护长久的关系。当然了，我们所有人都用邮件沟通，但是我们发现当和别人合作时面对面的会议和电话交谈更有效。

负责人

戈尔的每个人都有一位负责人。负责人承诺帮助你成功。负责人负责支持你成长，将你的优势和充满发展机会的领域反馈给你，帮助你和组织中其他人建立联系。

资料来源：www.gore.com/en_xx/careers/whoweare/about-gore.html。此次引用得到了 W. L. 戈尔联合公司的许可。

创新

戈尔公司不同寻常的管理系统的成功是公司创新能力的体现。在 1976 年至 2009 年 7 月间，戈尔公司获得了 918 项专利。更值得注意的是公司将现有的科技突破延伸至多种多样的新应用的能力。戈尔公司创新能力的核心是公司愿意给予个人从事他们自己项目的自由：每一位员工每周都有半天的"嬉水时间"。戈尔的公司网站列举了这些首创精神的结果（见展示 24—2）。

☞展示 24—2

W. L. 戈尔联合公司创新举例

改变音乐

戈尔特斯®（GORE-TEX®）——全世界户外运动爱好者和倡导积极生活方式的人们的穿着材料——的创造者如何发明了一种新的吉他琴弦？

尽管多年来制造商们给他们的吉他琴弦涂上保护层以期望通过防止琴弦遭受汗水、油脂和灰尘等的污染而保存更长时间，但覆盖物却严重降低了琴弦的音质。

戈尔公司的产品一直没有出现在音乐产业，直至一名员工想象出一种全新的吉他琴弦。这种琴弦能够防止被污染、保存得更长久，并能让演奏的音乐家感到更加舒适。有赖于公司独特的文化和指导体系对他努力的支持，这名员工组建了一个跨职能小组——包括迈克和约翰——来制造这种全新的琴弦。

这个戈尔团队的每一位成员都拥有研发这一令人激动的新产品所需的知识和技术。在戈尔拥有的进取精神的作用下，他们在两年之内就将这一创造性想法转化为市场产品。

但是这一团队对正直的承诺并没有止步于实验室。在产品问世前，他们邀请了 15 000 位音乐家测试新琴弦的音质效果。从那以后，具有革命性的 E-LIXIR® 琴弦鼓舞了全世界的一代音乐家拾起吉他进行演奏。这些戈尔员工创造 ELIXIR® 琴弦的经历以及他们克服了的挑战也改变了他们的生活。

改变生活

戈尔特斯®——全世界户外运动爱好者和倡导积极生活方式的人们的穿着材料——的创造者如何发明了修补人类心脏的材料？

对于患有房间隔缺损或"心脏缺损"这一严重心脏疾病的人们来说，心内直视手术曾经是唯一的治疗方法。外科医生在病人胸脯上切口使心脏裸露出来。当心脏停止跳动和修补缺损时，只能靠心肺机发挥血泵的作用。很多患有这种疾病的人都是婴儿和小孩，对于他们来说，做这种手术要面临更大的风险。

一个有奉献精神的戈尔团队——包括汉娜（Hannah）、尼廷（Nitin）和萨拉（Sarah）——研发出了一个能最小化侵害的装置。医生不需要做大的手术，只需通过心脏导管将这种装置植入心脏便可以永久性地填补心脏上的洞。受到戈尔公司正直、创新和高质量的核心价值观的驱动，这一团队在将产品带入市场之前花费了数年来不断完善这一装置。以这种方式治疗的病人经历了较少的痛苦，康复也更加容易和迅速，也不再那么恐惧。

从那以后，戈尔 HELEX 隔膜闭塞器改变了医生治疗心脏缺陷病人的方式，并帮助了全世界数以千计的病人——超过半数的病人是婴儿及儿童——过上了正常、健康的生活。这一团队研发隔膜闭塞器的经历也改变了他们的生活。

改变行业

戈尔特斯®——全世界户外运动爱好者和倡导积极生活方式的人们的穿着材料——的创造者如何发明了保护消防员远离灼热、火焰和有害化学物的材料？

戈尔根据它获得专利的薄膜技术制作了一种具有保护性质的面料。这种面料被戈尔的顾客——服装制造商——用作军事和执法部门的制服、医疗防护服、工作装以及消防和安保人员的消防战斗服的一层保护性面料。

消防人员依赖于防护装备——包括靴子、长裤、夹克衫、手套和头盔——保证他们的安全。尽管已经采用戈尔特斯面料来提升装备的舒适度和质量，但消防行业还是对有"阻挡"作用的布料提出了需求，这种布料可以保护消防员免于遭受血源性病原体和普通着火面化学物质的侵害。戴维（Dave）、亨利（Henri）和罗恩（Ron）是这个准备设计满足这种需求的高性能 CROSSTECH® 防护阻挡布料的跨职能小组的成员。

通过与消防员、供应商和行业专家建立合作关系，这个全球性的戈尔团队逐渐了解到消防员所面临的恶劣处境。深入利用了戈尔的薄膜技术知识以及他们想要做出改变的热情，他们研发出了改变消防员应对危机方式的戈尔防护阻挡布料。这一团队的消防业经历和他们攻克了的挑战同样也改变了他们的生活。

资料来源：www.gore.com/en_xx/careers/associatestories/1234722965408.html。此次引用得到了 W. L. 戈尔联合公司的许可。

加里·哈梅尔（Gary Hamel）在结束他与 W. L. 戈尔联合公司的谈话时提出了如下的挑战：

> 当比尔·戈尔奠定他的创新民主的基础时是一位 40 多岁的化学工程师。我不知道你是怎么想的，但是一位中年的热爱聚四氟乙烯的化学家不是我想象中的具有远见的管理创新者形象。不过，想想戈尔的想法在 1958 年是多么的激进啊。50 年后，后现代的管理学家们提出了诸如复杂适应系统和自我组织团队的新概念。这样看来，他们只落后了半个世纪。所以问问你自己吧，你想象得已经足够远了吗？你的管理创新日程会让比尔·戈尔感到骄傲吗？[7]

[注释]

[1] M. Gladwell, *The Tipping Point*, Little, Brown & Co., London, 2000.

[2] 参见 www.funginguniverse.com/company-histories/WL-Gore-amp;-Associates-Inc-Company-history.html, accessed October 25, 2009。

[3] M. Gladwell, *The Tipping Point*, Little, Brown & Co., London, 2000, pp. 177-181.

[4] 引自 G. Hamel with B. Breen, *The Future of Management*, Harvard Business School Press, Boston MA, 2007, P. 87。

[5] 引自 G. Hamel with B. Breen, *The Future of Management*, Harvard Business School Press, Boston MA, 2007, P. 88。

[6] W. L. Gore & Associates, Inc.: Quality's Different Drummer, IMPO, www.impomag.com/scripts/ShowPR.asp?RID=3923&CommonCount=0, accessed October 25, 2009.

[7] Gary Hamel with Bill Breen, *The Future of Management*, Harvard Business School Press, Boston MA, 2007, p. 100.

翻译说明

翻译图书是一个艰苦的过程，一本几十万字甚至上百万字的英文书译成中文至少需要一两年或者更长的时间，并且需要经过许多环节，这期间需要经过许多人的不懈努力才能完成。不管是教材还是学术著作，其翻译都是一个艰难的过程，也是对一个人意志的磨炼，许多译者感叹道，之所以还愿意默默无闻地在翻译田野里耕耘着（翻译周期长、报酬低），是因为喜欢图书，这应该是大多数译者的境界。这些年来，许多译者参加了《经济科学译丛》、《当代世界学术名著》、《行为与实验经济学经典译丛》多部图书的推荐工作，这里要感谢的有：周业安、贺京同、姚开建、贾根良、杨斌、赵英军、王忠玉、陈彦斌、李军林、张友仁、柳茂森、李辉文、马志英、覃福晓、李凤华、江挺、王志标等；许多译者不辞辛苦地参加了多部图书的翻译或校译工作，这里要感谢的有：顾晓波、冯丽君、马幕远、胡安荣、曾景、王晓、孙晖、程诗、付欢、王小芽、马慕禹、张伟、李军、王建昌、王晓东、李一凡、刘燕平、刘蕊、范阳阳、秦升、程悦、徐秋慧、钟红英、赵文荣、杨威、崔学峰、王博、刘伟琳、周尧、刘奇、李君、彭超、张树林、李果、张小军、徐志浩、李朝气、马二排、罗宇、刘兴坤、蔡彤娟、邓娟、张宏宇、王宝来、陈月兰、刘立文、谢官香、江挺、赵旭东、张华、唐海波、于欣、杭鑫、唐仁、杨介棒、王新荣、李非、段顾、杨媛、徐晨、周尧、李冬蕾、曾小楚、李陶亚、冯凌秉、胡棋智、张略钊、许飞虎、姚东旻、米超、罗建平、侯锦慎、肖璇、王行寿、潘碧玥、胡善斌、王杰彪、秦旭、何富彩、李昊、周嘉舟、高梦沉、张略钊、林榕、施芳凝、宗旋、洪蓓芸、陆洪；此外，赵燕伟、杨林林、黄立伟、韩裕平、郭媛媛、周斌、张小芳、朱军、胡京利、苗玮参加了多部图书的校对工作（一校、二校），他们付出了艰辛的劳动，在此表示感谢。

经济科学译丛

序号	书名	作者	Author	单价	出版年份	ISBN
1	现代战略分析案例集	罗伯特·M·格兰特	Robert M. Grant	48.00	2013	978-7-300-16038-2
2	高级国际贸易:理论与实证	罗伯特·C·芬斯特拉	Robert C. Feenstra	59.00	2013	978-7-300-17157-9
3	经济学简史——处理沉闷科学的巧妙方法(第二版)	E·雷·坎特伯里	E. Ray Canterbery	58.00	2013	978-7-300-17571-3
4	微观经济学(第八版)	罗伯特·S·平狄克等	Robert S. Pindyck	79.00	2013	978-7-300-17133-3
5	克鲁格曼《微观经济学(第二版)》学习手册	伊丽莎白·索耶·凯利	Elizabeth Sawyer Kelly	58.00	2013	978-7-300-17002-2
6	克鲁格曼《宏观经济学(第二版)》学习手册	伊丽莎白·索耶·凯利	Elizabeth Sawyer Kelly	36.00	2013	978-7-300-17024-4
7	管理经济学(第四版)	方博亮等	Ivan Png	80.00	2013	978-7-300-17000-8
8	微观经济学原理(第五版)	巴德、帕金	Bade, Parkin	65.00	2013	978-7-300-16930-9
9	宏观经济学原理(第五版)	巴德、帕金	Bade, Parkin	63.00	2013	978-7-300-16929-3
10	环境经济学	彼得·伯克等	Peter Berck	55.00	2013	978-7-300-16538-7
11	高级微观经济理论	杰弗里·杰里	Geoffrey A. Jehle	69.00	2012	978-7-300-16613-1
12	多恩布什《宏观经济学(第十版)》学习指导	鲁迪格·多恩布什等	Rudiger Dornbusch	29.00	2012	978-7-300-16030-6
13	高级宏观经济学导论:增长与经济周期(第二版)	彼得·伯奇·索伦森等	Peter Birch Sørensen	95.00	2012	978-7-300-15871-6
14	宏观经济学:政策与实践	弗雷德里克·S·米什金	Frederic S. Mishkin	69.00	2012	978-7-300-16443-4
15	宏观经济学(第二版)	保罗·克鲁格曼	Paul Krugman	45.00	2012	978-7-300-15029-1
16	微观经济学(第二版)	保罗·克鲁格曼	Paul Krugman	69.80	2012	978-7-300-14835-9
17	微观经济学(第十一版)	埃德温·曼斯费尔德	Edwin Mansfield	88.00	2012	978-7-300-15050-5
18	《计量经济学基础》(第五版)学生习题解答手册	达摩达尔·N·古扎拉蒂等	Damodar N. Gujarati	23.00	2012	978-7-300-15091-8
19	《宏观经济学》学生指导和练习册	罗杰·T·考夫曼	Roger T. Kaufman	52.00	2012	978-7-300-15307-0
20	国际宏观经济学	罗伯特·C·芬斯特拉等	Feenstra, Taylor	64.00	2011	978-7-300-14795-6
21	《国际宏观经济学》学习指导与习题集	斯蒂芬·罗斯·耶普尔	Stephen Ross Yeaple	26.00	2011	978-7-300-14794-9
22	卫生经济学(第六版)	舍曼·富兰等	Sherman Folland	79.00	2011	978-7-300-14645-4
23	宏观经济学(第七版)	安德鲁·B·亚伯等	Andrew B. Abel	78.00	2011	978-7-300-14223-4
24	现代劳动经济学:理论与公共政策(第十版)	罗纳德·G·伊兰伯格等	Ronald G. Ehrenberg	69.00	2011	978-7-300-14482-5
25	宏观经济学(第七版)	N·格里高利·曼昆	N. Gregory Mankiw	65.00	2011	978-7-300-14018-6
26	环境与自然资源经济学(第八版)	汤姆·蒂坦伯格等	Tom Tietenberg	69.00	2011	978-7-300-14810-0
27	宏观经济学:理论与政策(第九版)	理查德·T·弗罗恩	Richard T. Froyen	55.00	2011	978-7-300-14108-4
28	经济学原理(第四版)	威廉·博伊斯等	William Boyes	59.00	2011	978-7-300-13518-2
29	计量经济学基础(第五版)(上下册)	达摩达尔·N·古扎拉蒂	Damodar N. Gujarati	99.00	2011	978-7-300-13693-6
30	计量经济分析(第六版)(上下册)	威廉·H·格林	William H. Greene	128.00	2011	978-7-300-12779-8
31	米什金《货币金融学》(第九版)学习指导	爱德华·甘伯、戴维·哈克斯	Edward Gamber	29.00	2011	978-7-300-13542-7
32	国际经济学:理论与政策(第八版)(上册 国际贸易部分)	保罗·R·克鲁格曼等	Paul R. Krugman	36.00	2011	978-7-300-13102-3
33	国际经济学:理论与政策(第八版)(下册 国际金融部分)	保罗·R·克鲁格曼等	Paul R. Krugman	49.00	2011	978-7-300-13101-6
34	克鲁格曼《国际经济学:理论与政策》(第八版)(学习指导)	琳达·戈德堡等	Linda Goldberg	22.00	2011	978-7-300-13692-9
35	国际贸易	罗伯特·C·芬斯特拉等	Robert C. Feenstra	49.00	2011	978-7-300-13704-9
36	芬斯特拉《国际贸易》学习指导与习题集	斯蒂芬·罗斯·耶普尔	Stephen Ross Yeaple	26.00	2011	978-7-300-13879-4
37	经济增长(第二版)	戴维·N·韦尔	David N. Weil	63.00	2011	978-7-300-12778-1
38	投资科学	戴维·G·卢恩伯格	David G. Luenberger	58.00	2011	978-7-300-14747-5
39	宏观经济学(第十版)	鲁迪格·多恩布什等	Rudiger Dornbusch	60.00	2010	978-7-300-11528-3

经济科学译丛

序号	书名	作者	Author	单价	出版年份	ISBN
40	宏观经济学(第三版)	斯蒂芬·D·威廉森	Stephen D. Williamson	65.00	2010	978-7-300-11133-9
41	平狄克《微观经济学》(第七版)学习指导	乔纳森·汉密尔顿	Jonathan Hamilton	28.00	2010	978-7-300-11928-1
42	计量经济学导论(第四版)	杰弗里·M·伍德里奇	Jeffrey M. Wooldridge	95.00	2010	978-7-300-12319-6
43	货币金融学(第九版)	弗雷德里克·S·米什金等	Frederic S. Mishkin	79.00	2010	978-7-300-12926-6
44	金融学(第二版)	兹维·博迪等	Zvi Bodie	59.00	2010	978-7-300-11134-6
45	国际经济学(第三版)	W·查尔斯·索耶等	W. Charles Sawyer	58.00	2010	978-7-300-12150-5
46	博弈论	朱·弗登博格等	Drew Fudenberg	68.00	2010	978-7-300-11785-0
47	投资学精要(第七版)(上下册)	兹维·博迪等	Zvi Bodie	99.00	2010	978-7-300-12417-9
48	财政学(第八版)	哈维·S·罗森等	Harvey S. Rosen	63.00	2009	978-7-300-11092-9
49	社会问题经济学(第十八版)	安塞尔·M·夏普等	Ansel M. Sharp	45.00	2009	978-7-300-10995-4

经济科学译库

序号	书名	作者	Author	单价	出版年份	ISBN
1	克鲁格曼经济学原理(第二版)	保罗·克鲁格曼等	Paul Krugman	65.00	2013	978-7-300-17409-9
2	国际经济学(第13版)	罗比特·J·凯伯等	Robert J. Carbaugh	68.00	2013	978-7-300-16931-6
3	货币政策:目标、机构、策略和工具	彼得·博芬格	Peter Bofinger	55.00	2013	978-7-300-17166-1
4	MBA微观经济学(第二版)	理查德·B·麦肯齐等	Richard B. McKenzie	55.00	2013	978-7-300-17003-9
5	激励理论:动机与信息经济学	唐纳德·E·坎贝尔	Donald E. Campbell	69.80	2013	978-7-300-17025-1
6	微观经济学:价格理论观点(第八版)	斯蒂文·E·兰德斯博格	Steven E. Landsburg	78.00	2013	978-7-300-15885-3
7	经济数学与金融数学	迈克尔·哈里森等	Michael Harrison	65.00	2012	978-7-300-16689-6
8	策略博弈(第三版)	阿维纳什·迪克西特等	Avinash Dixit	72.00	2012	978-7-300-16033-7
9	高级宏观经济学基础	本·J·海德拉等	Ben J. Heijdra	78.00	2012	978-7-300-14836-6
10	行为经济学	尼克·威尔金森	Nick Wilkinson	58.00	2012	978-7-300-16150-1
11	金融风险管理师考试手册(第六版)	菲利普·乔瑞	Philippe Jorion	168.00	2012	978-7-300-14837-3
12	服务经济学	简·欧文·詹森	Jan Owen Jansson	42.00	2012	978-7-300-15886-0
13	统计学:在经济和管理中的应用(第八版)	杰拉德·凯勒	Gerald Keller	98.00	2012	978-7-300-16609-4
14	面板数据分析(第二版)	萧政	Cheng Hsiao	45.00	2012	978-7-300-16708-4
15	中级微观经济学:理论与应用(第10版)	沃尔特·尼科尔森等	Walter Nicholson	85.00	2012	978-7-300-16400-7
16	经济学中的数学	卡尔·P·西蒙等	Carl P. Simon	65.00	2012	978-7-300-16449-6
17	社会网络分析:方法与应用	斯坦利·沃瑟曼等	Stanley Wasserman	78.00	2012	978-7-300-15030-7
18	用Stata学计量经济学	克里斯托弗·F·鲍姆	Christopher F. Baum	65.00	2012	978-7-300-16293-5
19	美国经济史(第10版)	加里·沃尔顿等	Gary M. Walton	78.00	2011	978-7-300-14529-7
20	增长经济学	菲利普·阿格因	Philippe Aghion	58.00	2011	978-7-300-14208-1
21	经济地理学:区域和国家一体化	皮埃尔-菲利普·库姆斯等	Pierre-Philippe Combes	42.00	2011	978-7-300-13702-5
22	社会与经济网络	马修·O·杰克逊	Matthew O. Jackson	58.00	2011	978-7-300-13707-0
23	克鲁格曼经济学原理	保罗·克鲁格曼等	Paul Krugman	58.00	2011	978-7-300-12905-1
24	环境经济学	查尔斯·D·科尔斯塔德	Charles D. Kolstad	53.00	2011	978-7-300-13173-3
25	金融风险管理师考试手册(第五版)	菲利普·乔瑞	Philippe Jorion	148.00	2011	978-7-300-13172-6
26	空间经济学——城市、区域与国际贸易	保罗·克鲁格曼等	Paul Krugman	42.00	2011	978-7-300-13037-8
27	国际贸易理论:对偶和一般均衡方法	阿维纳什·迪克西特等	Avinash Dixit	45.00	2011	978-7-300-13098-9
28	契约经济学:理论和应用	埃里克·布鲁索等	Eric Brousseau	68.00	2011	978-7-300-13223-5

经济科学译库

序号	书名	作者	Author	单价	出版年份	ISBN
29	反垄断与管制经济学(第四版)	W·基普·维斯库斯等	W. Kip Viscusi	89.00	2010	978-7-300-12615-9
30	拍卖理论	维佳·克里斯纳等	Vijay Krishna	42.00	2010	978-7-300-12664-7
31	计量经济学指南(第五版)	皮特·肯尼迪	Peter Kennedy	65.00	2010	978-7-300-12333-2
32	管理者宏观经济学	迈克尔·K·伊万斯等	Michael K. Evans	68.00	2010	978-7-300-12262-5
33	英国历史经济学:1870—1926——经济史学科的兴起与新重商主义	杰拉德·M·库特等	Gerard M. Koot	42.00	2010	978-7-300-11926-7
34	利息与价格——货币政策理论基础	迈克尔·伍德福德	Michael Woodford	68.00	2010	978-7-300-11661-7
35	理解资本主义:竞争、统制与变革(第三版)	塞缪尔·鲍尔斯等	Samuel Bowles	66.00	2010	978-7-300-11596-2
36	递归宏观经济理论(第二版)	萨金特等	Thomas J. Sargent	79.00	2010	978-7-300-11595-5
37	数理经济学(第二版)	高山晟	Akira Takayama	69.00	2009	978-7-300-10860-5
38	时间序列分析——单变量和多变量方法(第二版)	魏武雄	William W. S. Wei	65.00	2009	978-7-300-10313-6
39	经济理论的回顾(第五版)	马克·布劳格	Mark Blang	78.00	2009	978-7-300-10173-6
40	税收筹划原理——经营和投资规划的税收原则(第十一版)	萨莉·M·琼斯等	Sally M. Jones	49.90	2008	978-7-300-09333-8
41	剑桥美国经济史(第一卷):殖民地时期	斯坦利·L·恩格尔曼等	Stanley L. Engerman	48.00	2008	978-7-300-08254-7
42	剑桥美国经济史(第二卷):漫长的19世纪	斯坦利·L·恩格尔曼等	Stanley L. Engerman	88.00	2008	978-7-300-09394-9
43	剑桥美国经济史(第三卷):20世纪	斯坦利·L·恩格尔曼等	Stanley L. Engerman	98.00	2008	978-7-300-09395-6
44	管理者经济学	保罗·G·法尔汉	Paul G. Farnham	68.00	2007	978-7-300-08768-9
45	组织的经济学与管理学:协调、激励与策略	乔治·亨德里克斯	George Hendrikse	58.00	2007	978-7-300-08113-7
46	横截面与面板数据的经济计量分析	J.M.伍德里奇	Jeffrey M. Wooldridge	68.00	2007	978-7-300-08090-1
47	微观经济学:行为、制度和演化	萨缪·鲍尔斯	Saumuel Bowles	58.00	2007	7-300-07170-8

金融学译丛

序号	书名	作者	Author	单价	出版年份	ISBN
1	并购创造价值(第二版)	萨德·苏达斯纳	Sudi Sudarsanam	89.00	2013	978-7-300-17473-0
2	个人理财——理财技能培养方法(第三版)	杰克·R·卡普尔等	Jack R. Kapoor	66.00	2013	978-7-300-16687-2
3	国际财务管理	吉尔特·贝克特	Geert Bekaert	95.00	2012	978-7-300-16031-3
4	金融理论与公司政策(第四版)	托马斯·科普兰等	Thomas Copeland	69.00	2012	978-7-300-15822-8
5	应用公司财务(第三版)	阿斯沃思·达摩达兰	Aswath Damodaran	88.00	2012	978-7-300-16034-4
6	资本市场:机构与工具(第四版)	弗兰克·J·法博齐	Frank J. Fabozzi	85.00	2011	978-7-300-13828-2
7	衍生品市场(第二版)	罗伯特·L·麦克唐纳	Robert L. McDonald	98.00	2011	978-7-300-13130-6
8	债券市场:分析与策略(第七版)	弗兰克·J·法博齐	Frank J. Fabozzi	89.00	2011	978-7-300-13081-1
9	跨国金融原理(第三版)	迈克尔·H·莫菲特等	Michael H. Moffett	78.00	2011	978-7-300-12781-1
10	风险管理与保险原理(第十版)	乔治·E·瑞达	George E. Rejda	95.00	2010	978-7-300-12739-2
11	兼并、收购和公司重组(第四版)	帕特里克·A·高根	Patrick A. Gaughan	69.00	2010	978-7-300-12465-0
12	个人理财(第四版)	阿瑟·J·基翁	Athur J. Keown	79.00	2010	978-7-300-11787-4
13	统计与金融	戴维·鲁珀特	David Ruppert	48.00	2010	978-7-300-11547-4
14	国际投资(第六版)	布鲁诺·索尔尼克等	Bruno Solnik	62.00	2010	978-7-300-11289-3
15	财务报表分析(第三版)	马丁·弗里德森	Martin Fridson	35.00	2010	978-7-300-11290-9

Cases to Accompany Contemporary Strategy Analysis, Seventh Edition
By Robert M. Grant
ISBN: 9780470686331
Copyright © 2010 by Robert M. Grant
First published by Blackwell Publishing Ltd 1996, 1999, 2003, 2005, 2008
Copyright © Robert M. Grant

All Rights Reserved.
Simplified Chinese version © 2013 by China Renmin University Press.
AUTHORIZED TRANSLATION OF THE EDITION PUBLISHED BY JOHN WILEY & SONS, New York, Chichester, Brisbane, Singapore AND Toronto.
No part of this book may be reproduced in any form without the written permission of John Wiley & Sons Inc.

图书在版编目（CIP）数据

现代战略分析案例集/格兰特著；林燕丽等译. —北京：中国人民大学出版社，2012.8
"十一五"国家重点图书出版规划项目
（经济科学译丛）
ISBN 978-7-300-16038-2

Ⅰ.①现… Ⅱ.①格… ②林… Ⅲ.①企业管理-经济发展战略-案例-世界 Ⅳ.①F279.1

中国版本图书馆 CIP 数据核字（2012）第 132637 号

"十一五"国家重点图书出版规划项目
经济科学译丛
现代战略分析案例集
罗伯特·M·格兰特 著
林燕丽 孙 琳 陈梅紫 赵 丹 程 婧 郭婧雅 马幕远 译
Xiandai Zhanlüe Fenxi Anliji

出版发行	中国人民大学出版社		
社　址	北京中关村大街 31 号	邮政编码	100080
电　话	010-62511242（总编室）	010-62511239（出版部）	
	010-82501766（邮购部）	010-62514148（门市部）	
	010-62515195（发行公司）	010-62515275（盗版举报）	
网　址	http://www.crup.com.cn		
	http://www.ttrnet.com（人大教研网）		
经　销	新华书店		
印　刷	涿州市星河印刷有限公司		
开　本	185mm×260mm 16 开本	版　次	2013 年 9 月第 1 版
印　张	26 插页 3	印　次	2013 年 9 月第 1 次印刷
字　数	573 000	定　价	48.00 元

版权所有　侵权必究　印装差错　负责调换

John Wiley 教学支持信息反馈表
www.wiley.com

老师您好，若您需要与 **John Wiley** 教材配套的教辅（免费），烦请填写本表并传真给我们。也可联络 **John Wiley** 北京代表处索取本表的电子文件，填好后 **e-mail** 给我们。

原书信息

原版 ISBN：
英文书名（Title）：
版次（Edition）：
作者（Author）：

配套教辅可能包含下列一项或多项

教师用书（或指导手册）	习题解答	习题库	PPT 讲义	学生指导手册（非免费）	其他

教师信息

学校名称：
院 / 系名称：
课程名称（Course Name）：
年级 / 程度（Year / Level）： □大专 □本科 Grade: 1 2 3 4 □硕士 □博士 □MBA □EMBA
课程性质（多选项）： □必修课 □选修课 □国外合作办学项目 □指定的双语课程
学年（学期）：□春季 □秋季 □整学年使用 □其他（起止月份_____）
使用的教材版本： □中文版 □英文影印（改编）版 □进口英文原版（购买价格为____元）
学生：_____个班共_____人

授课教师姓名：
电话：
传真：
E-mail：
联系地址：
邮编：

WILEY - 约翰威立商务服务（北京）有限公司
John Wiley & Sons Commercial Service (Beijing) Co Ltd
北京市朝阳区太阳宫中路12A号,太阳宫大厦8层 805-808室, 邮政编码100028
Direct +86 10 8418 7815   Fax +86 10 8418 7810
Email: iwang@wiley.com